陆有铨著作集

躁动的百年
20世纪的教育历程

陆有铨 著

图书在版编目（CIP）数据

躁动的百年：20世纪的教育历程/陆有铨著. —北京：北京大学出版社，2012.4
（新视野教师教育丛书）
ISBN 978-7-301-20341-5

Ⅰ.①躁… Ⅱ.①陆… Ⅲ.①教育史—研究—世界 Ⅳ.①G519

中国版本图书馆 CIP 数据核字（2012）第 032340 号

书　　　名：躁动的百年：20世纪的教育历程
著作责任者：陆有铨　著
丛 书 策 划：姚成龙
责 任 编 辑：姚成龙
标 准 书 号：ISBN 978-7-301-20341-5
出 版 发 行：北京大学出版社
地　　　址：北京市海淀区成府路 205 号　100871
网　　　址：http://www.pup.cn　新浪微博：@北京大学出版社
电 子 邮 箱：编辑部 zyjy@pup.cn　总编室 zpup@pup.cn
电　　　话：邮购部 010—62752015　发行部 010—62750672　编辑部 010—62752013
印 刷 者：北京虎彩文化传播有限公司
经 销 者：新华书店
　　　　　787 毫米×1092 毫米　16 开本　33.75 印张　810 千字
　　　　　2012 年 4 月第 1 版　2024 年 1 月第 4 次印刷
定　　　价：98.00 元

未经许可，不得以任何方式复制或抄袭本书之部分或全部内容。
版权所有，侵权必究
举报电话：010—62752024　电子邮箱：fd@pup.cn
图书如有印装质量问题，请与出版部联系，电话：010—62756370

祝贺陆有铨七十寿诞

黄 济

陆有铨同志是我的挚友和知己，从20世纪80年代相遇，至今已有三十多年，我们一直情同手足，在学术和生活上相互砥砺，相互帮助和支持。今逢他七十寿诞，约为其著作集作序。作序不敢，仅就所感略陈一二，作为对他七十寿诞的衷心祝贺！

有铨同志，被其弟子称为"批判型的思想者"，这是名副其实的称谓。在学术上他学贯中西，而且有自己的独到见解，特别是对西方的教育思想，更有深厚的研究。他的《躁动的百年：20世纪的教育历程》一书，是对近现代中国和西方教育发展的全面分析与总结，曾获得上海市哲学社会科学一等奖和中国图书奖。

他的著作集，所涉及的教育问题是极为广泛的：大至近现代世界和中国教育的发展趋势，小至各级学校教育工作的方方面面，都有所论述；尤其对"教育哲学"思想有更深刻的思考和研讨。例如，他曾写过《中国教育哲学的世纪回顾与展望》，对教育思想的引进和传播，中国教育哲学学科的创建与发展，以及教育哲学的发展与功能等，都做了精到的论述，这是一篇指导中国教育哲学学科建设的史论结合的重要论文，对我国教育哲学学科的建设和发展有着重大的指导意义和作用。

他对西方近现代教育思想的研究，尤具特色。我在撰写《教育哲学通论》一书时，有关"西方教育哲学流派"部分，就深得陆君之助，得益匪浅。

他长期担任中国教育学会教育哲学专业委员会主任委员，对教育哲学学科的建设和发展，对专业队伍的形成和壮大都起到了极大的组织和推进作用。在教育哲学学科建设方面，从对学科体系的探讨到专题讨论，从对历史的回顾到现实和未来问题的研究和展望，他对问题的研讨是越来越深入，其影响也越来越大。

他在担任山东师范大学教育系主任期间，由于工作成绩卓著和学术上的造诣，被评为"山东省拔尖人才"。

有铨同志，对待老师、学生和朋友，真正做到了尊师如父，爱生如子，与朋友交往真诚备至。

有铨对导师傅统先先生，真正做到了无微不至的关照和爱戴。在傅先生在世时，对其生活及全家是全面照顾；傅先生逝世后，对葬礼全面负责安排。特别应当提出的是：傅先生和张文郁先生合著的遗作《教育哲学》，是在傅先生逝世之后，由有铨进行了整编，并联系由山东教育出版社出版。这是对傅先生的最大安慰，使其在天之灵得以安息。

他对学生是爱生如子。仅就其培养研究生来说，前后共培养了研究生（包括硕士生、博士生、博士后）七十余人，大都是博士生，外加访问学者十余人，这些同志已成为各个方面的骨干。他对学生真正做到了爱之深，责之切，对学习和为文的要求是一丝不苟，不允许有半点松弛。但对学生的生活，又是关怀备至，从饮食起居直至经济困难，都尽力给予关照和资助。他讲的"好好生活就是好生活"，已成为学生塑造人生的座右铭。

在我和有铨同志的交往中，我从他那里深深体会到了如曾子所说的"君子以文会友，以友辅仁"之圣训的意蕴。我们曾一起编撰《教育大辞典》中的教育哲学分册；并合作写过《我国教育哲学的回顾与前瞻》一文，刊登在《教育研究》1988年第11期上；现在《我国教育哲学的回顾与前瞻》一文又被选为《教育研究》创刊30周年的杰出论文，刊登在《教育研究的时代足音》专集上，并获得"杰出论文"的"荣誉证书"，这些宝贵经历令人难以忘怀。

使我永远不会忘怀的另一件事是：在我离家四十余年之后，适逢我去山东乳山参加教育学年会，有铨同志陪同我返家（即墨县）探亲，一同睡在我儿时住的房间里，情同手足。

我将此拙文作为祝贺陆有铨同志七十寿诞的献礼！祝贺他永葆青春，在教育事业上为祖国和人民作出更大的贡献。

2011年冬日

目 录

前言 ... 1

第一章 西方教育思潮（上） ... 1
  第一节 进步主义教育 ... 1
    一、思想基础 ... 1
    二、进步主义教育的基本主张 ... 6
  第二节 改造主义教育 ... 19
    一、改造主义的产生和发展 ... 19
    二、思想基础 ... 21
    三、改造主义教育的基本主张 ... 23
  第三节 要素主义教育 ... 27
    一、要素主义的产生和发展 ... 27
    二、思想基础 ... 29
    三、要素主义教育的基本主张 ... 31
  第四节 永恒主义教育 ... 35
    一、永恒主义的产生 ... 35
    二、思想基础 ... 37
    三、永恒主义教育的基本主张 ... 39

第二章 西方教育思潮（下） ... 45
  第一节 分析教育哲学 ... 45
    一、分析哲学和分析教育哲学 ... 45
    二、分析教育哲学的发展 ... 48
    三、对几个教育概念的分析 ... 55
  第二节 存在主义教育 ... 60
    一、从存在主义哲学到存在主义教育 ... 61
    二、存在主义哲学的主要论题 ... 65
    三、存在主义教育的基本主张 ... 71
  第三节 后现代主义教育 ... 81
    一、后现代主义的产生和发展 ... 81
    二、后现代主义的思想特征 ... 85
    三、后现代主义的基本教育主张 ... 91

第三章 世界裂变中的教育改革 ... 101

　　第一节　民主主义的教育改革 ································· 101
　　　一、社会背景 ··· 102
　　　二、理论基础：杜威的观点 ····························· 103
　　　三、教育的改革和实践 ································· 111
　　第二节　共产主义的教育改革 ································· 124
　　　一、十月革命前俄国教育民主化的斗争 ··················· 125
　　　二、列宁论共产主义教育 ······························· 133
　　　三、1917—1931年的教育改革 ··························· 140
　　　四、1931—1941年对改革的调整、巩固 ··················· 144
　　第三节　法西斯主义的教育改革 ······························· 149
　　　一、30年代以前德国和日本的教育 ······················· 150
　　　二、法西斯主义教育的基本特征 ························· 158

第四章　对峙双峰的教育改革 ····································· 168
　　第一节　第二次世界大战以后世界的新局面 ····················· 169
　　　一、国际政治的新格局 ································· 169
　　　二、新技术革命 ······································· 171
　　　三、教育面临的挑战 ··································· 175
　　第二节　美国的教育改革 ····································· 181
　　　一、50年代对于教育的批评 ····························· 181
　　　二、种种改革的建议 ··································· 184
　　　三、《1958年国防教育法》 ····························· 189
　　　四、学科结构运动 ····································· 191
　　　五、新行为主义与程序教学 ····························· 198
　　第三节　苏联的教育改革 ····································· 202
　　　一、50年代的苏联教育 ································· 203
　　　二、1958年的教育改革 ································· 209
　　　三、60年代的教育改革 ································· 219

第五章　多极世界中的教育改革 ··································· 228
　　第一节　多极世界的形成及70年代的教育 ······················· 229
　　　一、世界政治经济多极格局的形成 ······················· 229
　　　二、美国70年代的教育 ································· 232
　　　三、苏联70年代的教育 ································· 240
　　　四、第三世界国家60、70年代的教育 ····················· 243
　　第二节　在危机中学会生存和发展 ····························· 251
　　　一、繁荣中的危机 ····································· 251
　　　二、《学会生存》的建议 ······························· 262
　　第三节　80年代重点各异的教育改革 ··························· 270
　　　一、教育优异：美国80年代的教育改革 ··················· 271

二、普通教育与职业教育的接近：苏联80年代的教育改革 …………… 277
　　三、重视个性：日本的第三次教育改革 …………………………………… 285
　　四、重点转移：80年代发展中国家的教育调整 ………………………… 293

第六章　教育的终身化 ……………………………………………………… 302
　第一节　终身教育思想的渊源 ………………………………………………… 302
　　一、古代终身教育的实践及思想 …………………………………………… 302
　　二、近代成人教育的实践 …………………………………………………… 307
　第二节　20世纪的成人教育 …………………………………………………… 313
　　一、第二次世界大战结束以前的成人教育 ………………………………… 313
　　二、战后至70年代的成人教育 …………………………………………… 317
　　三、70年代以后的成人教育 ……………………………………………… 323
　　四、20世纪成人教育发展的几个特点 …………………………………… 330
　第三节　20世纪中国的成人教育 …………………………………………… 341
　　一、中华人民共和国成立以前的成人教育 ………………………………… 341
　　二、中华人民共和国的成人教育 …………………………………………… 351
　第四节　终身教育的理论、实践和未来 …………………………………… 361
　　一、保罗·朗格朗的终身教育思想 ………………………………………… 362
　　二、终身教育理论的确认和推广 …………………………………………… 366
　　三、终身教育的实践 ………………………………………………………… 370
　　四、终身教育的未来：打开21世纪光明之门的钥匙 …………………… 377

第七章　马克思主义与中国教育（上） …………………………………… 383
　第一节　从学习西方文明到接受马克思主义 ……………………………… 383
　　一、从"西化"到"现代化" ……………………………………………… 383
　　二、新文化运动 ……………………………………………………………… 390
　　三、马克思主义思想在中国的传播 ………………………………………… 395
　第二节　中国早期马克思主义教育思想和实践 …………………………… 399
　　一、中国早期马克思主义者的教育观 ……………………………………… 399
　　二、马克思主义教育理论家杨贤江的教育思想 …………………………… 409
　　三、中国早期共产主义者的教育实践 ……………………………………… 416
　第三节　马克思主义教育理论在革命根据地的实践 ……………………… 418
　　一、土地革命时期苏区的教育（1927—1937） ………………………… 419
　　二、抗日战争时期根据地的教育（1937—1945） ……………………… 424
　　三、解放区的教育（1945—1949） ……………………………………… 431

第八章　马克思主义与中国教育（下） …………………………………… 437
　第一节　毛泽东教育思想 ……………………………………………………… 437
　　一、教育与政治、经济的关系 ……………………………………………… 438
　　二、教育与生产劳动相结合 ………………………………………………… 443
　　三、教育着重为工农服务 …………………………………………………… 448

四、坚持多种形式办学的方针……………………………………………452
　　五、加强共产党对教育工作的领导…………………………………………455
第二节　社会主义教育的探索………………………………………………459
　　一、改造旧教育，创建社会主义新教育……………………………………459
　　二、探索社会主义教育发展道路……………………………………………463
　　三、"文化大革命"对社会主义教育事业的破坏……………………………476
第三节　创建中国特色的社会主义教育……………………………………485
　　一、邓小平的有中国特色的社会主义教育思想……………………………486
　　二、创建有中国特色的社会主义教育体制…………………………………493
　　三、学校教育的改革…………………………………………………………497

结束语　20世纪教育发展的历程给我们的启示…………………………………505

参考书目………………………………………………………………………………509

原版后记………………………………………………………………………………514

一个批判型的思想者（代后记）……………………………………………………515

前　言

　　本书力图在一个比较广阔的世界政治、经济、科学技术和文化发展的背景下考察20世纪教育的历史进程。

　　即将过去的100年是人类历史上发展最为迅猛的一个世纪。站在世纪之交的门槛上，回顾这近百年的风起云涌错综复杂的历程，我们感到无比激动：20世纪出现的一种崭新的社会制度——社会主义制度，显露出人类憧憬已久的理想社会的端倪；波澜壮阔的民族解放和民族独立运动使许多国家的人民摆脱了殖民主义的桎梏；具有强大冲击力的新科技革命在很大的程度上改变了人类的生产和生活的面貌；曾经发生过两次世界大战，而且大大小小的战争更是从未停息过；虽然20世纪的发展所造成的生存危机（人口、资源、环境）将留待21世纪去解决，但20世纪的文明成就，却是人类历史上任何一个时代都无可比拟的。

　　透过20世纪纷繁多彩的历史进程，我们看到，作为社会进步和变革一个重要方面的教育，在人类努力把握自身命运的过程中，也形成一个发展的新纪元。在社会急剧变化的时代，教育也在被动或主动地作出相应的调整和适应，从这个意义上来讲，20世纪教育的一个最基本的特征是，教育在不断地进行改革，不断地发生着变化。出于对20世纪教育发展这一基本特征的理解，本书取名为《躁动的百年》。

　　本书主要叙述20世纪教育发展的几个阶段和若干主要方面发展的进程和特征。从时间的范围讲，上起19世纪末、20世纪初，下迄20世纪90年代。在写作中，考虑到20世纪发生的一些事情的相对完整性，上起的时限往往要向前追溯。例如，中国、苏联（俄罗斯）、日本、德国等国教育的发展，一般从19世纪中期写起。从空间的范围来讲，本书力图以世界各种类型国家的教育为对象。但在内容上有所侧重，如欧、美工业化国家和日本等国的情况所占的篇幅相对较多；而中国以外的其他众多的发展中国家的情况所占的篇幅则较少。

　　对于20世纪教育发展的认识，如果把它分解为若干个方面并从每个方面发展历程的角度作纵向的考察，那么每个方面都有其自己的特征。如果把20世纪教育发展作横向的综合考察，那么可以划分为具有不同总体特点的几个阶段。无论纵向的分解或是横向的切割，都是人们对于客观存在的历史进程的主观认识。

　　20世纪教育的发展可以划分为三个阶段。第一阶段从19世纪末、20世纪初开始至1945年第二次世界大战结束；第二阶段从第二次世界大战结束到70年代初；第三阶段从70年代初直至现在。至于这三个阶段的特点的刻画，本书主要是通过这些阶段中发生的重大的教育改革来反映的。换言之，本书通过20世纪呈现的三次教育改革的高潮来表现20世纪教育发展的三个阶段。这三次教育改革的进程分别是本书第三章、第四章、第五章的主题。

马克思在《政治经济学批判》一书中对于经济基础和上层建筑变更的关系，作了经典性的说明：“在考察这些变革时，必须时刻把下面两者区别开来：一种是生产的经济条件方面所发生的物质的、可以用自然科学的精确性指明的变革，一种是人们借以意识到这个冲突并力求把它克服的那些法律的、政治的、宗教的、艺术的或哲学的，简言之，意识形态的形式。我们判断一个人不能以他对自己的看法为根据，同样，我们判断这样一个变革时代也不能以它的意识为根据；相反，这个意识必须从物质生活的矛盾中，从社会生产力和生产关系之间的现存冲突中去解释。”[①] 马克思的论述乃是我们考察20世纪教育改革最根本的指导思想。

第三章叙述的20世纪第一次教育改革，主要反映20世纪初欧美主要资本主义国家的以资产阶级民主主义为主要内容的教育改革，以及资本主义裂变以后所出现的其他内容的教育改革，它们是俄国十月社会主义革命以后工人阶级民主主义即共产主义的教育改革；日本、德国、意大利三国的法西斯主义教育的改革。

第二次世界大战以后，世界政治格局发生了很大的变化。社会主义在欧洲和亚洲的多国取得胜利。随着"冷战"的开始，世界上出现了以美国为盟主的资本主义阵营和以苏联为首的社会主义阵营的严重对峙。在"冷战"的格局下，对峙双方的争斗主要表现在军备、经济领域。发端于20世纪40年代的新科技革命和苏联1957年第一颗人造地球卫星上天，使发展科学技术、提高本国军事实力成为双方竞争的主要内容。为此，教育改革的主要内容便集中在课程和教学方法的领域。这一阶段教育的主要特点可以从美国和苏联战后的教育改革中得到反映，这也是第四章的主要内容。

仅仅用"冷战"形势下两大阵营严重对峙来概括第二次世界大战以后的政治格局，显然不够全面。因为在两大阵营之外，尚存在着一个第三世界，这就是地处亚洲、非洲、拉丁美洲广大区域的发展中国家。第二次世界大战后的民族解放和民族独立运动使老牌帝国主义国家在海外的殖民地体系崩溃，一大批国家摆脱了殖民主义的统治。亚、非、拉广大地区的发展中国家在国际政治中发挥了越来越重要的作用。此外，由于国际共产主义运动的分歧和论战，60年代上半期，社会主义阵营不复存在。资本主义阵营内，西欧诸国和日本对美国也表现出离心的倾向。所以，70年代以后，世界政治格局出现了多极化的趋势。同时，新科技革命的继续，使工业化国家在70年代以后发生了产业结构的变化。在政治、经济发生急剧变化的情况下，教育对社会环境不适应的情况日趋明显。从70年代开始，有的国家即开始酝酿教育的改革。由于70年代工业化国家的经济危机，第三次教育改革的高潮推迟至80年代才出现。本书对于多极政治格局下的教育改革是通过美国、苏联、日本以及发展中国家的情况来加以反映的，这成为第五章的主要内容。

如前所述，对于20世纪教育的考察，除了按其综合特点划分出几个阶段之外，还可以对它的各个方面作纵向的梳理。根据不同的标准，人们可以对20世纪教育的方方面面作不同的分解，而且，无论根据哪种标准，都可以分解出许许多多的方面。即使是把这些方面简单地罗列出来，也是一份很长的清单。本书只是选取笔者个人认为重要的几个方面加以叙述，如教育思想；终身教育的理论和实践；中国的教育等。

---

① 苏联教育科学院编．马克思恩格斯论教育（上卷）．华东师范大学《马克思恩格斯论教育》辑译小组辑译．北京：人民教育出版社，1985：240.

在20世纪教育思想的发展方面，本书着重叙述两种类型教育思想的发展，一种类型是马克思主义的教育思想；另一种类型是西方资产阶级的教育思想。

马克思主义教育是马克思主义的一个重要组成部分。马克思主义的辩证唯物论和历史唯物论提供了研究教育领域中重大理论问题和实践问题的思想武器。20世纪马克思主义教育思想的发展，本书主要是通过列宁、毛泽东、邓小平的教育思想来体现的。他们都是伟大的马克思主义者，在他们的许多著作或文章中对于教育问题作了非常深刻、非常重要的论述。他们的教育思想为我们提供了运用马克思主义的立场、观点和方法解决具体理论和实践问题的光辉典范。

此外，苏联的克鲁普斯卡娅、中国早期马克思主义者李大钊、陈独秀、恽代英以及中国早期马克思主义教育理论家杨贤江等人关于教育的论述，本书也有不同程度的反映。本书第三章第一节，第七章第二节，第八章第一节、第三节，对于马克思主义者的教育思想都有比较集中的叙述。

西方资产阶级教育思想的发展是本书第一章和第二章的主要内容。20世纪西方教育思想发展的一个线索是人文主义教育思想和科学主义[①]教育思想的争斗。需要说明的是，除第二章第三节"后现代主义教育"之外，本书关于西方教育思想发展的资料基本上取自拙著《现代西方教育哲学》一书。

在20世纪教育发展过程中逐渐形成，并将对未来教育发展产生重要影响的一个发展趋势，是教育的终身化，或终身教育。这是本书第六章的主题。

虽然现代终身教育的理论到20世纪60年代初才由保罗·朗格朗系统地提出，但在人类最初的教育实践中就包含有终身教育的观念。20世纪终身教育概念的提出，同19世纪以来工业化进程发展较早国家成人教育的实践有着直接的、密切的联系。本书对于终身教育的叙述相对比较完整。在第六章中，对于终身思想的缘起、发展，近代以来成人教育实践的发展历程作了比较具体的叙述，并力图概括不同发展时期的特点。对于现代终身教育理论和实践的发展及其未来的前景，也作了必要的整理。

正像第七章和第八章的标题所显示的那样，对于20世纪中国教育的发展，本书主要叙述马克思主义教育思想指导下中国教育理论和实践的发展。之所以选择这一视角，是因为马克思主义教育思想指导下的教育理论和实践的发展乃是20世纪中国教育发展的主流和方向。

概言之，本书的主要内容是叙述20世纪世界教育发展的三个阶段，以及20世纪教育思想、终身教育以及中国教育的理论和实践的发展历程。

---

① 科学主义（scientism），也译为"科技主义"、"纯科学主义"、"唯科学主义"。"scientism"指一种主张或信念，它把科学技术所提供的自然界演化图景当做终极的实在图景，并上升到本质的高度。它尤其注重实证知识和实验方法，并夸大了实证知识和实验方法的价值和功能，以致认为，即使对于人文学科和社会科学的研究而言，科学方法也是唯一可靠的方法而不必采用其他的方法。从一定的意义上讲，"scientism"含有一定的贬义成分。在西方思想界，没有人以信奉 scientism 自居，使用这个术语的多为反对者。考虑到中文的特殊性以及这个术语学理上的含义，"scientism"似可译为"纯科学主义"或"唯科学主义"。由于"科学主义"一词在我国学术界已广为流传，本书从众，仅在此作一简要说明。

第一章 西方教育思潮（上）

本章主要叙述20世纪初至第二次世界大战结束以前四种比较重要的教育思潮。

在20世纪不断涌现的西方资产阶级的各种教育思潮之中，影响最大的无疑是进步主义教育。主要由进步主义教育思想推动的进步主义教育运动，构成了20世纪初波及全球的第一次教育改革的浪潮。

进入30年代以后，进步主义教育早先的那种勃勃生机受到了挑战，其主要原因是30年代席卷资本主义世界的经济危机。美国最早陷入这场危机，受到的损失也最大。在危机的年代，进步主义教育的理论和实践，受到了来自不同方面的批评和责难。进步主义教育遭受批评的焦点是教育的社会功能问题。30年代经济大萧条的社会背景，把人们对于进步主义教育的批评不断引向对于教育理论问题的反思：学校究竟应该发挥什么样的社会作用；为了渡过目前的难关，学校首先应做哪些工作；学校怎样为建立一个没有危机的社会作出贡献。

30年代的经济危机以及危机年代关于教育功能的争论，使进步主义教育的理论发生了转向，逐渐放弃早先过分强调的儿童中心主义，并分化出以康茨（George Counts）为代表的改造主义或社会改造主义。与此同时，受到进步主义教育严重冲击的人文主义教育和传统教育也以一种新的面貌出现，这就是永恒主义教育和要素主义教育。

第一节 进步主义教育

发端于19世纪末、20世纪初美国的进步教育运动，同欧洲的"新教育"或"新教育运动"在本质上是一致的，它们都以传统教育为对象，倡导儿童个性的自由发展或"儿童中心"，以适应19世纪下半叶第二次产业革命以后社会迅速发展变化所提出的各种需要。第二次产业革命引起了物质生产方式、交通、运输的巨大变革，由此带来了工业、商业的繁荣和大批城市的兴起。与此同时，人们的思想乃至生活方式都发生了很大的变化。所有这些，都深刻地影响了教育，进步主义教育思潮就是在这种形势之下发展起来的。

一、思想基础

对进步主义教育思想具有直接影响作用的是以卢梭、裴斯泰洛齐等人为代表的欧洲自然主义思想。此外，达尔文的进化论，尤其是杜威的实验主义对进步主义教育也有着很大的作用。

1. 自然主义

进步主义反对传统教育的"进步"精神最早可见之于古代罗马教育。古罗马人注重实际、注重教育的实践性，认为教育要与人现世的生活相联系。此外，14、15世纪时出现于意大利的文艺复兴时期教育冲破了中世纪经院哲学和教会蒙昧主义教育的统治,主张以人为中心,要求个性解放,重视现世生活,崇尚理性和知识。这种教育在一些根本的问题上都与传统主义相异趣,可以说是进步主义教育之先绪。

对美国进步教育具有直接影响作用的是欧洲的自然主义。法国自然主义教育家卢梭(Jean-Jacques Rousseau)在其教育代表作《爱弥儿》中开宗明义便说,"上帝创造的一切都是善的,而人滥于作为,便变为丑恶的"。既然人生来是善的,具有天赋的自由、理性和良心,顺性发展就可成为善良的人,实现善良的社会,如果按照成人的标准来塑造儿童,教育便不会成功,所以,教育要顺应儿童的天性,儿童不应受戒于成人,而只应受到自然的惩罚。卢梭的自由主义教育观经裴斯泰洛齐(Pestalozzi)和福禄培尔(Froebel)的理论和实践活动得以发扬光大,其中以前者对美国的影响为大。

裴斯泰洛齐认为,教育不仅仅是学习书本,它应该包括儿童的情感、智慧以及身体等各个方面的发展。教育应从儿童直接的现实开始,师生间要有爱的气氛。他在《林哈德和葛笃德》以及《葛笃德怎样教育她的子女》中集中地表达了自己的教育思想,认为教育应该是有机的,应做到体育、智育和德育的一体化,教育的作用就是通过对于手、头和心的训练以使人适应生活。他还断言,认识从感性的观察开始,通过对对象的加工而获得概念。有效的教学需要运用具体的事物,只有在得到儿童自己经验支持的时候,他才学得最好。裴斯泰洛齐的思想最早由尼夫(Joseph Neef)于19世纪初期介绍到美国。尼夫曾在瑞士与裴斯泰洛奇共同工作过,返美后在费城、路易斯威里(Louisville)等地教书。[①]

美国"公立学校之父"霍瑞斯·曼(Horace Mann)在担任马萨诸塞州教育厅长期间,于1843年对英国、比利时、荷兰、法国、德国和瑞士的教育进行了几个月的考察。回国后,于1844年写了"第七个年度报告"(Seventh Annual Report)。在报告中,霍瑞斯·曼作为州教育厅长公开地表达了自己对于裴斯泰洛齐教学法的热情。虽然他对裴氏教学法的介绍和热情曾招致波士顿的校长们的不满,然而,他并不气馁,在他于1848年成为众议员辞去教育厅长之前,始终支持这种新的教学法,这对推动美国的教育改革发生了很大的影响。

传统主义教育由于自身存在的缺陷所造成的对于变化了的美国社会的不适应,以及欧洲自然主义教育思想的传入,为进步教育运动的兴起创造了条件。

2. 达尔文的进化论

英国生物学家达尔文在1859年发表了《物种起源》一书。在这本书中,达尔文提出生命的形式乃是长期变化的产物,而造成变化的原因除了环境的因素外,还要依据"用进废退"的原则。在生物求生存的斗争中,其原则是"物竞天择,适者生存"。后来,在《人的降临》(*Descent of Man*)中,达尔文进一步说明人类本身也是进化的产物。

达尔文的理论给人们的启示是:第一,世界的基本特征是变化,任何事物都不是永远固定的、静止的、完善的,这使我们从一个"静止"的宇宙概念转变为"变动"的宇宙概念。在达尔文以前,人们都假定世界上有一个永恒不变的结构,虽然在当时也有人提出过"变化"的概念,但在他们看来,一切变化都不过是永恒形式的具体体现。古希腊哲学家

---

① Howick William H. Philosophies of Western education [M]. Danville: Interstate Printers & Publishers, 1971: 31.

赫拉克利特曾提出"一切皆流,无物常住"的观点,认为世界万事万物都在永远不停地变化,犹如川流不息的河水,"人不能两次踏进同一条河流"。然而,他之所谓变化决不意味着向前发展,而只是一种周而复始的循环。亚里士多德在他的"实体说"中表述了实体是"变中的不变"的思想,实体在保存着自己同一性的同时,能够容受相反的性质,所以,变化只意味着实体具有的性质发生了变化,而实体本身却没有改变。总之,他们不承认变化能造成旧物种的突变,能产生新的生命形式。

进化论的突创原理则与此不同,这种原理说明,进化、变化、发展并不是一种事先的安排,不是在预先安排好的轨道上的运动,它意味着从旧物种中产生新的突变体,出现新的形式。

第二,推翻了上帝造人的观念。根据达尔文的学说,人也是生物进化过程中的突创物,是从别的不太复杂的生命形式中经过长期演变的产物。人类的祖先可以追溯到类人猿、海洋生物,最终可以追溯到无生命的物质。所以,过去那种关于上帝造人,人起源于伊甸园以及人与自然的两分法就无立足的余地。

第三,达尔文的进化论使我们对人类的行为有了新的解释。"人类本身是从低等的生物有机体进化而来的。人和其他生物有共同的基本内驱力。他的起指导作用的道德价值是创造出来的,而不是以事物的本性为根据的……人与其伙伴在生活过程中所要遵守的那些法则是在社会的进程中逐渐形成的;不存在绝对的法规。因为人能够熟练地使用语言,所以人的社会生活比大多数其他的生物要复杂得多。然而,语言也是进化的产物。心灵被认为是一种'生物—社会的突创物'。所谓心灵,事实上并不是人的一个实体部分,相反地,它只是人使用符号的一种行为(即利用符号进行动作)。"①

人产生于自然,人就在自然之中。作为自然一个部分的人所面临的是一个不具人格的现实,其中没有任何神性的痕迹。人要服从于自然的法则、自然的选择。人要生存就必须理解自然演化的运作,人的生活就是与环境求得平衡。由于环境和有机体时刻发生着变化,所以需要不断地进行适应。为了使人更好地适应环境、控制环境以达到我们的目的,人必须要发挥人的心灵、理性的作用。所以,人类发展理性、追求知识的目的不是为发展理性而发展理性,不是为知识而知识,也不是为了文化上的享受,而是为了使人更好地生存。人的价值应当由是否适应演化需要这一点来加以判断。

演化是一个自然的过程,其中没有任何超自然的成分在内。人类和人类的事业都置于自然的环境之中,其发展、变化无须借助于超自然的神的原动力,而是有其自然的起因和自然的背景。

杜威在他的《达尔文主义对哲学的影响》一文中指出,这种产生于进化论的自然主义的新逻辑具有三个积极的特征。② 第一,探究集中于研究特殊变化怎样服务于我们的目的,又怎样使我们的目的遭受挫折,而不是去发现或陈述某种终极意义或这种特殊变化背后的永恒本质。第二,探究就是考虑经验、经验本来的性质和价值在当前有什么用处和意义。第三,探究的观念负起了研究生活的责任。人对于决定未来起着实际的作用,即在不确定的情境中我们的行动是有力量的。我们可以在一定的程度上影响我们环境发展的

---

① 罗伯特·梅逊.西方当代教育理论[M].陆有铨译.北京:文化教育出版社,1984:71—72.
② 同上书,77.

前景。

3. 杜威的经验自然主义

(1) 实用主义和经验的自然主义

在哲学思想方面，实用主义哲学及其主要代表人物皮尔士（Charles S. Peirce）、詹姆斯（William James）和杜威的思想给进步主义教育提供了理论基础。

实用主义出现于19世纪后期的美国，它的产生除了受英国经验主义哲学、尤其是培根和洛克哲学思想的影响之外，还同当时美国社会和文化的发展有关。由于工业革命和经验科学的兴起，人们开始认为现世的生活本身是最有价值的。而且，人们可以改变和改善的，也只是现世的生活。这样，对于宗教以及那些主张维持现状的任何哲学便开始失去兴趣，而对个人自由的要求则越来越强烈。人们更关心的是现世的日常的"实际"生活。实用主义反映的正是这种实际的人生观。

实用主义并不是一种铁板一块似的理论体系，它基本上是一种强调行为结果的哲学思维方法和哲学态度。"在实用主义演化的不同阶段，在它的各个代表人物之间，都存在着不少差异。于是，它又获得了一些其他名称。"[①] 例如，最先使用"实用主义"这个名词的皮尔士后来避免使用这个名词，而采用"实效主义"或"实用化主义"（Pragmaticism）。詹姆斯认为自己是经验主义者。英国的实用主义者席勒（F. C. S. Schiller）认为自己是"科学的人本主义者"。和杜威一起形成实用主义芝加哥学派的米德（George Herbert Mead）则避免任何称号，只承认自己是社会心理学家，而实用主义哲学集大成者杜威则更喜欢用"工具主义"、"实验主义"或经验自然主义。这些有关实用主义的五花八门的别称，并不是简单的文字游戏或出于命名者的别出心裁，而是反映了他们的哲学观。

杜威对实用主义发展的作用在于，他不仅综合了其他人的思想使之成为一个完整的思想体系，而且还将这种思想体系运用于各个领域，其中包括教育。他反对那种以固定不变的原则为基础的哲学方法，而采用从经验出发的、实验的或工具的方法。在一定意义上我们可以说，杜威的经验的自然主义乃是实用主义这种关于真理知识、价值的一般理论在实践领域比较明确而系统的运用。

(2) 经验自然主义的形而上学

经验自然主义者认为实在既不是精神，也不是物质；实在有待于人们去发现，它就是人们所谈论的那样，而除了经验，我们不能谈论什么。经验自然主义的一个重要人物蔡尔兹（John Childs）说，经验自然主义者"绝对地断言，经验乃是我们拥有、而且能够指望拥有的一切。它是'根本的论题'。用一句比较到家的话来说，'它是任何人都能谈论的一切'。它本身既是出发点，又是终结。经验'提出我们的问题'，而且它'检验我们的解决办法'。因此如果人类的经验不能给我们提供一个关于实在的适当的说明，那么人类就不能得到这样的说明"。[②] 这里所讲的是普通人的日常经验，并认为其形而上学的最大优点是它的公众性，它能够公开让大家检验。

经验自然主义形而上学的一个最关键的概念是"经验"。那么，什么是经验呢？

首先，经验自然主义之所谓"经验"的含义比较广泛，它不仅仅局限于我们的感觉经

---

① 刘放桐等编著. 现代西方哲学 [M]. 北京：人民出版社，1981：260.

② John L. Childs. Education and the philosophy of experimentalism [M]. New York: The Century Co. 1931：50—51.

验，而是包括人们所做、所想和所感的一切。经验既包括沉静的反省，也包括积极的行动，既包括感，也包括知，既包括思索，也包括感觉。它绝不包括将这些相当平常的经验转化为超验的东西，因为那是人的智慧所无法达到的。至于超验的东西，人们既不能肯定它存在，也不能断言它不存在；我们对它不能谈论，我们之所以不能对它谈论，是因为我们无法知道它；而我们之所以无法知道它，是因为我们无法经验它。

其次，实验主义认为经验是有机体与环境的相互作用，杜威把它称为"交互作用"（transaction）。人作用于外部世界，然后外部世界反作用于人。例如，人拦河筑坝，然后河流便给人提供水力，这就是一种相互作用，也就是一种"交互作用"。在这种相互作用中，主观和客观不能分开，知者与被知者不能分开。经验自然主义认为，经验便是主观与客观的相互作用，有机体与环境的相互作用。

对于"实在究竟是什么"的问题，经验自然主义的基本回答是经验，认为我们所知道的最后实在是经验。除此之外，经验自然主义对于实在的问题还强调另一点，即认为实在是变化的。从前的哲学都把实在看成是某种物质的或非物质的东西，所以，实在是一种独立存在的实体的名称，是名词。经验自然主义者认为，实在是过程，即经验。它更像动词。由于人的经验是变化的，所以实在也是变化的，它就是我们所说的那样。经验可能会使人对实在作出错误的判断。

（3）经验自然主义的认识论

经验自然主义把知识看做是有机体与环境的相互作用，用杜威的话来说，就是人与宇宙的"交互作用"的对话。在经验的时候，人们会提出各种关于宇宙的假设、猜测，这便是人类认识活动的起点，而这些假设、猜测暂时还不能说就是知识，它们只是可能的知识。人们有了关于宇宙的各种假设和猜测以后，这些假设和猜测就将指导人们的行为。人们作用于宇宙的活动，必然会得到宇宙的回报，也就是说，人们必须要承受自己行动的后果。通过自己行动的后果，我们可以看到自己原先的假设和猜测正确与否。如果能够得到人们在行动前预期的结果，那么原先的假设、猜测就是正确的，就可以称之为知识。如果没有出现预期的结果，那么这种假设、猜测就不能称为知识。这样，人们便会提出另外的假设、猜测，再作出另外的行动。此外，如果人们活动的条件发生变化，我们承受的活动后果也将发生变化。这样，我们就要提出新的假设和猜测，这些新的假设和猜测又将指导人们新的活动，因而出现新的结果。

如上文所述，经验自然主义认为实在的本质是变化的，所以上述过程也就没有终结。这个无终结的过程就是认识的活动，杜威把这称为"反省思维"（reflective thinking）。然而，这种"反省思维"不是传统意义上坐在安乐椅上的沉思默想，而是指思想从经验到人的活动结果再回到原先的尝试的假设和猜测的活动。换言之，它是从我们经验达到的结果对原先假设的再组织，杜威把这称为"经验的改造"。

经验自然主义认为，检验知识真伪的最后标准是，人们尝试性地提出并付诸行动的那些假设和猜测是否真正"有用"。如果它们能够解决问题，能够解决生活中的困难并获得我们希望达到的结果，那么就是真理。所以，经验自然主义之所谓真理往往是或然的、相对的。它仅仅是用以解决问题的一种工具。

总之，经验自然主义认识论认为，认识是人类的一种无止境的、不断发展的活动。它是一种"公众的"认识论，是一种每个人都可以利用的、公开的求知的方法。只有那种适合每一个人并且能够加以检验的经验才是唯一可以成为所谓知识的经验。

（4）经验自然主义的伦理学

经验自然主义既不认为道德是发自内心的一种判断善恶的本性或康德之所谓先验的"善良意志"的"绝对命令"，也不承认有决定道德观点的所谓神秘的自然法则，因为它们都超出了人类经验的范围，人们无法对它进行探究，人们除了服从，别无所为。

经验自然主义认为，就像我们是真理的创造者一样，我们也是我们价值的创造者。我们之所以能够无求于超验力量的帮助而创造价值，是因为我们可以在经验中加以检验，而且，价值判断不是永远不变的或普遍的，它们只适用于某种情境。

在经验自然主义看来，每一种伦理的情境都来源于以一种更合需要的方式来调整经验的渴望。所以，"应该"怎么做的问题必须要考虑到情境，它取决于人们可以预见的结果。在回答"应该"怎么做的问题之前，他必须先要回答这样的问题，即如果我下决心这样做，将会有什么结果，我是否希望有这样的结果。

经验自然主义"主张人的行为动机和他的行为效果乃是一个连续过程的两个方面：一个人的完整道德行为首先是他具有一个他需要达到的目的，即他所预见的结果，经过一番思考，决定采取什么行动才可能达到这个预期的效果，然后采取具体的行动，最后这种行动达到了他所预期的结果，使他的需要获得满足，即他的行动产生了有效的后果，这整个的行为过程就是良好的行为，是具有道德价值的行为"。[①] 显然，善的行为由其结果来衡量，伦理的原则同样也要由依据该原则行事的结果来评判。如果某一原则总是导致人们不想要的结果，人们最终便会抛弃它。

经验自然主义的伦理学同其认识论一样，都非常强调科学方法。就像真理是人们试验出来的，是相对的一样，伦理原则也是人们试验出来的，如果人们按某一原则行动并产生所希望的结果，那么这就是一个伦理的原则。然而，这个原则决不是绝对的、普遍的，而仅仅是尝试性的、暂时的。一般说来，它只是表示，在这样的情境中，我们更愿意如此这般地行动。

当然，科学方法之于伦理道德问题，不能完全等同于科学问题，因为在伦理、道德的范围内，对于结果的检验需经历一个漫长的时间。然而，人们却不能因此而否认科学方法的价值，因为人们确实是根据伦理原则用于日常生活的后果来判断它们价值的。如果说历史是一种硕大无比的、人本主义的"试管"，那么，伦理原则恰恰就是通过科学的方法在人们的经验中获得的，这个过程和在实验室中获得物理学、化学的真理是一致的。

经验自然主义还强调，衡量行为是否道德的结果主要指公众的结果。人们应该从行为的背景，产生某种行为的情景，以及行为的总的公众的结果中去判断行为道德与否。因此，实验主义认为，对于"我们应该如何如何"这一道德领域的终极问题是没有最后答案的。因为价值是在人们的经验中发现的，所以，我们必须得在日常经验的情境中去发现我们的"应该"。

二、进步主义教育的基本主张

进步主义教育虽然受到杜威经验自然主义哲学的影响，但作为一种教育理论和实验，

[①] 傅统先，张文郁. 教育哲学［M］. 济南：山东教育出版社，1986：144.

各个进步主义者在教育方面的主张并不完全一致,而且进步主义在其发展的不同阶段,其侧重点也不尽相同。综合各种概括,进步主义教育的基本主张似可概述如下。

1. 对教育的根本看法

(1) 教育即生活,而不是生活的准备

杜威在批评传统教育的错误时曾经指出,传统教育"或多或少地为遥远的未来作准备",似乎儿童时代是成人生活或他自己人生的准备期。在这种对于教育根本看法的指导下,传统教育总是把过去已经拟订好的知识和技能的体系作为教材,因而学校的主要任务就是把这些知识和技能的体系传授给新的一代,并形成与过去的各种行为标准和规则相一致的行为习惯。在实践上,传统教育往往采取自上而下的灌输方法,将适合成人需要的种种标准和教材强加给尚未成熟的儿童。这种教育,不仅严重地脱离了儿童的实际,而且也不适合儿童的能力和需要,势必要扼杀儿童的个性。

杜威在其名著《民主主义与教育》中,第一章的标题就是"教育是生活的需要"。在他看来,生活乃是人与环境相互作用并不断更新的结果。生活的内容不仅仅指生理意义上的生活,而且也包括个人与种族的全部经验。人作为社会的一分子,有生有死。然而,作为一个"群体"与"种族"的社会生活,不但要继续下去,而且要不断地更新,只有这样,社会生活才得以继续。"因为生活的延续只能通过经久的更新才能达到,所以生活便是一个自我更新的过程。教育和社会生活的关系,正如营养和生殖、生理的生活的关系一样。这种教育首先是通过沟通进行传递。在个人经验成为共同财富之前,沟通乃是一个共同参与经验的过程,通过沟通,参与经验的双方的倾向有所变化。"[①] 没有教育,人类的生活就要停止。"教育在它最广的意义上,就是这种生活的社会延续。"[②]

既然教育是生活所必需,同时生活又为教育提供了具体的内容,那么,最好的教育就应该是"从生活中学习"。教育应该充实儿童的生活,使儿童能够适应生活,更新生活,在内容上应该配合儿童社会生活的需要,教育方法则要以儿童的实际生活经验以及实际的学习活动为出发点,使学校成为儿童真正的生活场所。

(2) 教育即生长

从一定的意义上讲:"教育应当是生活本身,而不是生活的准备"这一命题可以看成是进步教育、尤其是杜威对教育的最根本的看法。如果从"教育即生活"这个命题的纵向的意义来看,教育与人的一生的生活共始终,"我们的最后结论是,生活就是发展;不断发展,不断生长,就是生活"[③]。教育是人的一生持续不断的生长、发展过程,"因为生长是生活的特征,所以教育就是不断生长"[④]。

生长是个体与环境相互作用时儿童整个机体所发生的生理、心理等各个方面的变化。只有在生活的过程中,才能发生"生长",而且,只要有生活,只要有个体与环境的相互作用,就会有自发的生长,所以,生长不是由外部强加进来的事情。

儿童的教育、儿童的生长能决定未来社会的面貌。但是,儿童的生长是有条件的。杜

---

① 杜威.民主主义与教育[M].王承绪译.北京:人民教育出版社,1990:10.
② 同上书,3.
③ 同上书,54.
④ 同上书,57.

威指出，生长的基本条件是"未成熟状态"。① 这种未成熟状态不表示一无所有或缺乏的意思，而是表示积极的、向前发展的能力。

生长表现为习惯。习惯是一种实行的技能，或做事的效率。习惯使我们能控制环境，并且能为了人类的利益利用环境。教育的意义就是使人获得能够使自己适应环境的种种习惯，保持有机体与环境的全面平衡。但这里所说的适应是主动的，而不是对环境的顺从，它要使环境适应于我们自己的活动。

杜威批评了关于生长或发展的错误观点，即"认为生长或发展乃是朝着一个固定目标的运动……把生长看做有一个目的，而不是看做就是目的"。这在教育上产生的相应的错误就是："第一，不考虑儿童的本能或先天的能力；第二，不发展儿童应付新情境的首创精神；第三，过分强调训练和其他方法，牺牲个人的理解力，以养成机械的技能。这三件事都是把成人的环境作为儿童的标准，使儿童成长到这个标准。"②

杜威还批评了卢梭的"遵循自然的学说"。③ 在卢梭看来，任何东西，只要出自造物主之手的东西都是好的；无论何物，经过人的手，都是要退化变质。自然不但能提供开始生长的最初能力，而且供给生长的计划与目标，所以，教育要远离社会环境。杜威承认，腐败的社会制度和风俗固然能给人以一种错误的教育，即使是最审慎的学校教育，也不能补偿这种错误的教育，但是，我们决不能因此就使教育与环境隔离。相反，我们必须要创设一种环境，以便使儿童固有的能力能够在这种环境中获得更好的应用。

（3）教育即经验的改造或改组

这个命题与"教育即生活"有着休戚相关的联系。上文提到，从"教育即生活"的纵向意义，即生活的历程来看，可以说教育即生长，教育即发展。如果从生活横向的方面，即生活各个方面的内容来看，可以说教育即经验的改造或改组。

生活就是有机体与环境相互作用，所谓经验，就是从这种相互作用中产生的。在人与环境相互作用的过程中，由于环境始终处于变动不居的状态之中，所以，为了能够不断地适应环境以求得与环境的平衡，人就必须改造或改组其既有的经验，所以，经验的改造或改组乃是使生活得以继续的手段。而这种经验的改造或改组，既能增加经验的意义，又能提高后来经验进程的能力。

要增加经验的意义，使它具有教育的意义，一个重要的条件就是要对所从事的种种活动相互关系和连续性有认识。这同盲目的活动是有区别的，盲目的活动不知道它干什么，也就是说，不知道它和其他活动有什么相互的作用。而"一个具有教育或教学意义的活动，能使人认识到过去未曾感觉到的某种联系"。④ 所以，只有将人对环境的动作和动作的结果联系起来，经验才具有教育的价值。

杜威认为，"经验包含一个主动的因素和一个被动的因素，这两个因素以特有形式结合着。只有注意到这一点，才能了解经验的性质。在主动的方面，经验就是尝试——这个意义，用实验这个术语来表达就清楚了。在被动的方面，经验就是承受结果。我

---

① 杜威．民主主义与教育［M］．王承绪译．北京：人民教育出版社，1990：45—50．
② 同上书，55．
③ 同上书，125．
④ 同上书，82．

们对事物有所作为，然后它回过来对我们有所影响，这就是一种特殊结合……单纯活动，并不构成经验……作为尝试的经验包含变化，但是，除非变化是有意识地和变化所产生的一系列结果联系起来，否则它不过是无意义的转变。当一个活动继续深入到承受的结果，当行动所造成的变化回过来反映在我们自身所发生的变化中时，这样的变动就具有意义，我们就学到了一点东西"。① 杜威曾经举过一个例子。一个儿童将手指伸进火焰，如果他不将"伸手指"的活动和"被火烧痛"的结果联系起来，这只能说有活动，而无经验。如果将"伸手指"的活动和活动的结果，即"被火烧痛"联系起来之后，才算有了经验。因为只有有了这种联系，儿童才能预见作用于类似环境的结果，并能据此来改变今后的活动方式。这便涉及有教育作用的经验的另一个方面，即这种经验既不同于机械的活动，又不同于任性的活动，它能增加或控制后来经验的能力。也就是说，有教育作用的经验既是日后新经验的基础，又是解决未来问题的方法。当新的问题得到解决以后，经验的内容也因之而增加。换言之，旧的经验得到了改造。经验的特性就是这种前后连贯的不断改造。

杜威指出，"经验的改造可能是个人的，也可能是社会的"。② 经验之改造或改组的作用，在于对人的活动和活动方法具有指导作用，使他更能预料将会发生的事情，由于他能预见，所以就能获得有益的结果，避免不良的结果，以实现趋益避害的目的。环境在不断变化，经验的改造或改组也不能毕其功于一役。

2. 教育目的观

进步主义教育赖以生长、发展的理论基础，无论是达尔文的进化论还是实验主义哲学，都突出了一个"变化"的思想，世界上的一切都处于变化的历程之中。与此相对应，在教育目的观上，进步主义也反对任何普遍的、绝对的、永久不变的教育目的。

(1) 对于传统教育目的的批评

传统教育目的论的根深蒂固的基础乃是"教育即预备"，即对儿童的教育乃是为他们日后的成人生活作准备。杜威在《哲学的改造》③ 中指出，"教育作为预备的观点、和成年作为生长的固定界限的观点，是同一句使人引起反感的不真实的话的两面"。他认为，传统的教育目的把教育看成是预备，看成是学习并获得将来有用的东西。这种目的是遥远的，"童年只是成年生活的预备，成年生活又是另一种生活的预备。教育总是重视将来而轻视现在"。他对这种"教育准备论"大为反对，认为这种理论"只是一般地假定但很少讲清道理"。

综合进步主义对传统教育目的的批评，传统的教育目的计有下列危害：

传统的教育目的是外铄的，这种外铄的目的使受教育者对于自己应该做的事情无考虑的余地，用杜威的话来说，它"要限制人的智慧"；

传统的教育目的与儿童直接的、现实的生活无关，不考虑儿童的发展水平和能力，因而不能引起儿童积极的主动的活动。既然教育与实际生活脱节，教育也因此而失去了达到目的的手段。

---

① 杜威. 民主主义与教育 [M]. 王承绪译. 北京：人民教育出版社，1990：148.
② 同上书，84.
③ 赵祥麟. 杜威教育论著选 [M]. 王承绪编译. 上海：华东师范大学出版社，1981：248—250.

(2) 目的性质以及良好目的的标准

杜威在《民主主义与教育》一书中，通过"影响"和"结局"的比较，说明了"属于活动里面的目的"和"由外面加入这个活动的目的"之差别，[①] 说明"目的所含的意思是指有秩序、安排好的活动，在这个活动中，秩序就是循序地完成一个过程。如果一个活动须经一段时间，在这段时间内，活动逐渐发展，这个活动的目的就是预见终点或可能的结局的能力"。他认为，这种"预见的结局"的目的或先见之明有三个功用：第一，他可以使我们对目前的情境审时度势，发现进行中的障碍，寻求达到预见的结局的方法；第二，使我们能够对方法的应用知道先后缓急的秩序，作出经济的选择和安排；第三，有助于行动方针的选择。这三种功用是互相联系的。目的的作用在于它能够指导我们的活动，避免盲目性。

根据目的性质和功用，可以概括出良好目的的特性。

第一，良好的目的应该产生于活动之中，而不是由外部的权威强加的；此外，活动要"真正的连贯一致"，而不是一串堆积的动作。在活动的过程中，前一项动作将引起后一项动作，后一项动作在前一项动作的基础上产生，而且要运用前一项动作的经验。由于动作是连续的，所以目的也是连续的。

第二，目的要随着情境的变化而改变，使之足以指导我们的行动。目的带有实验的性质，目的价值要受到实践的检验，它是在实验的过程中不断完善，而不是一成不变的。此外，如前所述，既然目的和活动是不可分的，目的产生于活动之中，所以杜威认为，目的作为指挥活动的计划，这种目的既是目的，又是手段。我们之所以有"目的"和"手段"的区别，不过是为了便利起见。在他看来，目的和手段是一个意思，它们在活动的过程中互相交替。某一手段在活动进行之前，我们把它称为目的，一旦这个目的达到，它又变成再促进活动的手段。如果这个手段指示了我们所从事的活动的将来方向，这个时候我们就把它称为目的，如它是指示我们活动的现在方向，我们就把它称为手段。所以，就这个意义上说，目的是完成了的手段，而手段则是未完成的目的。

第三，我们所定的目的，必须能使活动自由。杜威认为，"目标"（end in view）这个名词很有暗示作用，因为它能使我们把某种过程的结果作为对活动的指导来规范我们的活动。

(3) 良好教育目的的几个特征

在杜威看来，目的的价值只在于它能时时刻刻地帮助我们观察、选择和计划，使我们的活动得以顺利进行。教育的目的也是这样，它也是对可能的结果的一种预见，使我们对自己所要做的事情进行更审慎、更广泛地观察，拟订工作计划，规定行动的程序。因此，"只是人，即家长和教师等才有目的；教育这个抽象概念并无目的。所以，他们的目的有无穷的变异，随着不同的儿童而不同，随着儿童的生长和教育者经验的增长而变化"。[②] 即使家长或教师能以文字形式表达出他们的哪怕是最好的目的，其实也只能看做是给教育者有关怎样观察、怎样展望未来和怎样选择的建议。在承认这些条件的前提下，杜威提出了一切良好的教育目的应具备的几个特征：

[①] 杜威. 民主主义与教育[M]. 王承绪译. 北京：人民教育出版社，1990：106-107.
[②] 同上书，114.

第一，它必须要考虑到受教育者特定的个人固有活动和需要（包括原始的本能和获得的习惯）。因为一切知识都是个人在特定时间和特定地点获得的，所以，既要反对不顾受教育者的能力，把遥远的成就和职责作为目的的倾向，又要反对无视个人特殊能力和需要的倾向。

第二，它必须能转化为受教育者的活动进行合作的方法。教育目的一定要有助于制定具体的进行程序，而且这些程序又能加以检验、校正，并扩充这个目的。

第三，它必须不是一种抽象的和终极的目的。抽象意味着遥远而不切实际，抽象的教育目的将导致人们把教和学仅仅作为准备达到和它无关的目的的一种手段。除非学习和训练有它自己的直接价值，否则它们就没有教育意义。

总的说来，杜威和进步主义对于传统教育的反对，不在于它"有目的"，而是反对它有"不好的目的"，而这种目的之所以不好，是因为它有碍于儿童的生长。

对杜威教育目的观的理解不能离开他对教育的根本看法。实验主义哲学的一个核心就是"变化"。此外，杜威又借用了达尔文学说中的"适应"、"生长"等生物学概念，认为人的生活就是与环境永无终止的相互作用，就是对环境的主动的、积极的适应，而教育作为延续人类生活的不可或缺、不可分离的手段，教育的过程即生活的过程。从人与环境相互作用也就是生活的内容来看，教育即经验的改造，而从这种相互作用即生活的过程来看，教育即生长。检验经验是否得到改造的标志，可以用是否有生长来加以衡量，反过来说，人之所以有生长，是因为经验得到了改造。因此，生活、经验的改造、生长乃是"三而一"的事情，对于重"变化"、"重过程"而轻"结果"的经验自然主义来说，三者中最有意义、最有价值的是"生长"，换言之，"生活"、"经验的改造"都可归结为"生长"。人类的生活不会停止，人与环境的相互作用也没有终结，这样，经验的改造和生长也将持续不断地进行下去，所以，生长的观点乃是确定教育价值之最后的标准，它也就是教育的宗旨。

3. 课程论

进步主义认为，传统的以成人为中心，以学科为中心的课程是不可取的，而应代之以以儿童的活动为中心的课程。此外，课程的组织应该心理学化。

（1）课程应以儿童的活动为中心

进步主义的活动课程的理论，其渊源可以追溯至法国的卢梭。在课程的选择和组织上，卢梭是最早将注意力放在儿童内部发展上的人。他认为，儿童既反映了自然的次序（the order of nature），又反映了课程的次序。所以不应使儿童服从课程，而应让课程服从儿童。他主张以自然为教材，"小学生在校园中互相学习知识，比你在课堂上给他们讲的东西还有用一百倍"。①

福禄培尔主张围绕儿童的本性去建立课程。他受康德哲学的影响，认为儿童具有一种内在的自我活动性，所以教育不是外部世界的产物，课程不应是完全外在于儿童的某种东西。相反，学习是内发的，是一种由内向外的活动，是一种实现内在的自我的过程。因此，课程的选择和组织应该考虑到儿童的能动性。当然，强调儿童的内在的自我活动性并

---

① 卢梭. 爱弥儿 [M]. 李平沤译. 北京：商务印书馆，1978：140.

不意味着忽视社会文化。事实上，儿童要充分发展其内在的本性在很大程度上要依赖外部世界，即他人的经验，只有把外在的东西转化为内在的东西时，才能给内在的本性以外在的表现。所以，内在的本性与外在的文化要达到对立的统一。然而社会文化和教材不过是自我实现的养料。

詹姆斯的机能主义心理学也为进步主义的活动课程理论提供了基础。一方面，机能心理学认为人有与生俱来的本能和冲动，课程必须适合它们。另一方面，它认为学习的目的与其说是学习某些内容，不如说是发展一般的心智能力，即发展对特殊情境作出特殊反应的能力。所以，课程的基础应该是特定的反应或活动。

进步教育之父帕克认为教育要根据儿童活动的需要，只有这样，才能引起他的好奇心和探索精神。在昆西的实践中，他打破了传统学科之间的逻辑组织的界限。例如，他不把阅读作为一门独立的学科，而是把阅读作为获得历史、科学等知识的手段。到20世纪初，许多进步学校完全抛弃了传统学校长期袭用的教材，而主要由观察、游戏、故事和手工作业来组成课程。

杜威在活动课程方面有过自己的实验。在芝加哥大学实验学校中，他实践了诸如烹饪、缝纫、木工等儿童已经在其生活中熟悉了的活动为中心的课程，而且，对于教材的学习也一反传统的做法，使之与这些活动相联系。

除了实验之外，杜威还对课程问题作了理论的阐述。他认为，课程必须与儿童的生活相沟通，应该以儿童为出发点、为中心、为目的。理想的课程应该促进儿童的生长和发展，这也是衡量课程价值的标准。课程的内容不能超出儿童经验和生活的范围，而且，课程要考虑到儿童的需要和兴趣，否则不能引起学习的动机，不能有自发的活动。

（2）课程的组织应该心理学化

进步主义课程理论的另一个要点是，主张课程的组织应该心理学化。虽然进步主义者中有许多人在课程组织方面始终坚持浪漫主义的、感情色彩很浓的、以儿童兴趣和需要为主宰的活动课程，但多数进步主义者却赞成杜威在这方面的见解。

19世纪末、20世纪初，在课程的问题上，进步教育与传统教育曾有过激烈的争论，双方各执一词，互相攻击。当时的主要争论点集中在课程的本质上，即以活动为中心的课程同以教材为中心的课程孰优孰劣的问题。杜威作为这场争论的参加者，在1902年发表了《儿童与课程》的小册子，自这本小册子发表之后，争论的中心便逐渐转向教材的逻辑组织和心理组织的问题上，而且使原先势不两立的活动课程和教材课程有调解的趋势。

杜威认为，过分看重儿童的不成熟性或者把儿童理想化都是错误的。这两种看法不是互相矛盾而是互相补充的。"抛弃把教材当做某些固定的和现成的东西，当做在儿童的经验之外的东西的见解；不再把儿童的经验当做是一成不变的东西；而把它当做某些变化的、在形成中的、有生命力的东西；我们认识到，儿童和课程仅仅是构成一个单一的过程的两极。正如两点构成一条直线一样，儿童现在的观点以及构成各种科目的事实和真理，构成了教学。从儿童的现在经验进展到以有组织体系的真理即我们称之为各门科目为代表的东西，是继续改造的过程。"[①] 这就是说，两类课程都有一个共同的特征，即经验。活动课程的活动性固然无须多说，即使学科课程，从本质上讲也是前人活动的经验，它实际

---

① 赵祥麟，王承绪编译．杜威教育论著选［M］．上海：华东师范大学出版社，1981：81．

上也是活动课程。两者并无根本分歧,关键是如何组织课程。

杜威认为,课程的组织应该心理学化。传统的学科课程的逻辑组织对于成人可能是适用的,而对于儿童来说,情况就不一样。因为儿童是初学者,还没有能力接受成人完整的经验,所以,课程的组织应该考虑到心理发展的次序以利用儿童现有的经验和能力。杜威认为,课程的组织之所以要心理学化,是因为"经验的心理的叙述是依照经验实际生长的情况;它是历史性的,它记录了实际采取的步骤,即有效的以及不确定的和迂回曲折的步骤。另一方面,逻辑的观念把发展看做已经达到某一确定的完成的阶段。它忽视了过程,只考虑结果"。①

应该注意的是,尽管杜威主张教材的组织应该心理学化,但他也不绝对排斥逻辑,课程的组织最终取决于它所发挥的功能。逻辑也是一种工具,它是心理次序的一个方面。

4. 教学方法

进步主义认为,教学方法必须与教材统一。所谓教材,实质是人们对于自然界和人类生活中的种种事实和原理作系统的归类而组成的用于教给学生的现成的材料;教学方法就是通过对教材的加工和安排,使之最有效地在学生心中产生印象并转化为学生的知识。两者统一于经验之中。杜威说:"经验作为洞察所尝试的事情和所承受的结果之间的联系,这是一个过程,撇开控制这个过程的进程所作的努力,教材和方法并无区别。只有一个活动,这个活动包括两个方面:个人所做的事和环境所做的事……任何纯熟、流畅进行的活动,如溜冰、谈话、听音乐、欣赏风景都不会意识到一个人的方法和材料之间的划分。在聚精会神的游戏和工作中,也有相同的现象。"②

如果没有教材,教法便无所着落,也无所谓教法;如果没有好的教法,教材也不能发挥作用。所以,"方法就是安排教材,使教材得到最有效的利用,方法从来不是在材料以外的东西"。③ 为了具体说明教材与教法的统一,杜威还举了吃东西的例子。④ 如果有一个人在吃,他不能凭空地吃,他必须吃些东西,所以,他不能把他吃东西的动作分解为吃的动作和吃的东西。如果人们强行把教材和教学方法分离开来,无异于说人没有吃什么东西也能够吃一样的可笑。

传统教育把教学方法与教材牵强地加以划分,所以产生了下列流弊。⑤

其一,学校忽视了经验的具体情境,致使教学方法"机械的一律"。不利于学生增长经验,不能对经验运用自如。

其二,使训练与兴趣对立。致使学校往往"利用兴奋、快乐的冲击和迎合学生的胃口"或是"用恐吓的手段……以痛苦的结果来吓他";再就是"不说明什么理由,直接逼他努力"。

其三,使学生觉得"学习"本身就是一个直接的有意识的目的,这样就使学习与他自身经验的发展失去了联系。

---

① 赵祥麟,王承绪编译. 杜威教育论著选 [M]. 上海:华东师范大学出版社,1981:87.
② 杜威,王承绪译. 民主主义与教育 [M]. 北京:人民教育出版社,1990:177.
③ 同上书,176.
④ 同上书,177-178.
⑤ 同上书,179-180.

其四，使教师的教学方法呆板，不能随机应变，缺乏创造性。

进步主义根据从经验中学习的原则，力求做到使教法与教材统一，目的与活动联系，并通过活动的结果加以检验。他们提出了许多服从于这一宗旨的教学方法。其中最著名的是克伯屈的"设计教学法"和杜威的"问题教学法"，兹分述之。

(1)"问题教学法"

乔治·奈勒在《教育哲学导论》中说①，进步主义反对传统的认为学习基本是接受知识，而知识就是教师堆积到学生头脑中的抽象物的看法，认为知识是解决生活中问题的工具，要使知识有意义，我们必须要用知识来做某些事，所以，知识必须是通过积极主动的活动得来的，必须与经验结合在一起。此外，进步主义还认为，通过解决问题所得到的学问比通过其他学习方法所得到的学问更能使人养成真正的超然物外，不偏不倚，不徇私情的治学态度。

杜威和进步主义的观点相一致，主张学校应鼓励儿童在行动中通过解决问题来求得知识，并提出了一个著名的说法，即"从做中学"。

在杜威看来，所有的学习都要涉及"做"，只有通过"做"得来的知识，才是"真知识"，因为无论从哲学、心理学还是生物学的角度来说，"做"是儿童的本性。应该指出，杜威强调"做"，并不排斥学生内部的思维活动，"做"的目的是为了培养学生的思维能力。杜威认为"持久的改进教学方法和学习方法的唯一直接途径，在于把注意集中在要求思维、促进思维和检验思维的种种条件上"。② 在实践上，他主张通过"主动的作业"，如园艺、木工、金工、烹饪等，来进行教学。

主动作业用于课堂教学的实践就是"问题教学法"。问题教学法的价值在于，一方面可以避免传统教育灌输教材的方法，另一方面，学生可以在解决问题的过程中获得真知。

在课堂教学的实践中，"问题教学法"有五个步骤："①学生必须要意识到一个困难。最好的情况是，他必须在他所从事的某种活动中感受到了障碍，这样引起的问题就是，如何使该活动继续进行下去。②在学生意识到问题以后，他必须随着探索并清楚地界定这个问题。③一旦对情境作过透彻的检查和分析，就会产生诸如一个人原先进行的活动怎样才能继续下去，或怎样将原先的活动改造为比较适当的形式等提示。④然后，学生就要推论出这些提示的含义。他要在头脑中想象，如果按每一个提示去行动，那么结果各是什么。⑤最后，他要对通过活动最可能实现他目的的提示、假设或理论加以检验。"③

杜威认为，问题教学法与赫尔巴特的教学阶段的理论有很大区别。赫尔巴特的教学法是以思维附属于获得知识的过程，问题教学法则是以获得知识附属于思维的过程；而且，解决问题也不是最终目的，它只是从实际问题到理论原则，从具体的感性到抽象的理性的一种手段。此外，问题教学法也不同于福禄培尔的儿童自我活动，福禄培尔只注重自我活动的象征意义，而杜威认为学校乃是一种社会机构，问题教学法是为儿童未来的社会生活

---

① 陈友松主编. 当代西方教育哲学 [M]. 北京：教育科学出版社，1982：75, 79.
② 赵祥麟, 王承绪编译 [M]. 杜威教育论著选. 上海：华东师范大学出版社，1987：164.
③ John Seiler Brubacher. A history of the problems of education [M]. New York：Mc Graw-Hill Book Company, inc, 1947：239.

作准备的。

(2) 设计教学法

设计教学法是克伯屈于1918年从杜威的"从做中学"的教育思想出发，并在"问题教学法"的基础上所创行的一种教学组织形式和方法，其目的在于克服传统教学中呆板的课堂教学，只重书本知识、学生被动学习以及孤立的分科教学体制等缺陷。

克伯屈认为，设计教学法比问题教学法有更广泛的应用范围，而且，它的一个最重要的特征是能够激发学生的动机。用他自己的话来说，设计"是任何有目的之经验的单元，任何有目的之活动的实例，在这种有目的的活动中，作为一种内在的驱策，处于支配地位的目的是：①确定活动的目标，②指导活动的过程，③提供活动的动力以及内在的动机"。①

在设计教学法中，学生可以在活动中选择、计划并进行他们自己的工作，"设计"可以促使儿童作有目的的努力。从理论上讲，设计也是一种解决问题的方式。学生要对从他们经验中产生的问题加以界定，他们的活动不是漫无目的，而是以任务为中心，对于解决问题的办法也需要通过行动的结果来加以检验。

克伯屈认为，学校的课程可以组成四种主要的设计类型。

第一种是创造性的或建构性的设计。它主要是使一种理论的计划以外在的形式具体化。例如，如果学生决定创作，然后上演戏剧。那么，他们可以写出剧本，分配角色，并实际上演。创造性的设计可以是绘制一幢建筑物的蓝图。这种设计的目的在于求得工作、制造和实践的种种经验。

第二种是鉴赏性的或娱乐性的设计。其目的在于培养审美的经验，获得审美的享受和满足。阅读小说、看电影或听交响乐等都是这类设计的例子。

第三种是问题的设计。这类设计要求学生解决一个智力的问题。例如，种族歧视问题的解决办法，解决环境恶化问题的办法等，这些社会问题解决都需要有智慧的探究。

第四种是具体的学习设计。它主要是为了获得某种技能或某个领域的知识，如学习打字、学游泳、学跳舞、学写作等。

设计教学法的实施步骤如下所示。

①确定目的。学生根据其兴趣和需要，从实际生活环境中提出学习的目的，即要解决的问题。真正的设计必须要让学生专心致志地去做。

②拟订计划，即制订达到目的的计划。这是整个过程中最困难的一步。在这个阶段，教师既不能包办代替，又不能撒手不管，而是要巧妙地指导学生，使他们不出大错。

③实施工作。在自然的状态下，运用具体材料，通过实际活动去完成这项工作。这是最有兴趣的一个阶段。

④评判结果。学生在教师指导下，按照设计的活动，使学生获得比较完整的经验，以及分析问题和解决问题的能力。

设计教学法有其确定的教育目的，如发展学生的创造力，提高审美水平，发展智力等。然而，克伯屈认为设计教学法的价值不止于此。他认为，教育乃是一种社会的活动，

---

① John Seiler Brubacher. A history of the problems of education [M]. New York: Mc Graw-Hill Book Company, inc, 1947: 243.

设计必须具有"社会意义"。设计教学法通过学生之间,师生之间心平气和地讨论、争论,做出决定等都要求每个参加者采用开诚布公的,不使用权力的方法,这可以发展学生合作的、民主的精神。而具有民主精神的人将对历史上遗留下来的任何传统、价值和信念加以检验。这对于所谓民主社会的发展是大有裨益的。

5. 教育应有利于发展民主和自由

进步主义作为19世纪末、20世纪初发生于美国的一个范围广泛的教育运动,无论其起因及影响,都不能仅仅局限于教育内部,因此,只有把它放到那个时代美国政治、经济、文化、教育的历史变化的总背景去考察,才能更好地把握其精髓。

南北战争以后,美国的资本主义经济有了很大的发展,到19世纪60年代到70年代,自由资本主义发展到顶点,在政治思想上,资产阶级反对封建专制主义,主张"自由、平等",实行资产阶级民主。到19世纪末、20世纪初,资本主义完成了由自由资本主义向帝国主义的过渡。这时,生产和资本高度集中,形成了垄断组织,银行资本和工业资本融合,形成了金融寡头。其直接结果是国内贫富悬殊、工人大批失业,造成了许多严重的社会问题。为了维护资本主义制度,缓和阶级矛盾,在20世纪初美国出现了一场社会改革运动。西奥多·罗斯福(Theodore Roosevelt)的"新民族主义"、威尔逊(Woodrow Wilson)的"新自由"等政策的提出,以及20世纪初美国各个州的许多立法的产生,都在一定的程度上反映了当时社会政治的变化。

除此之外,还有一个重要的变化,那就是中产阶级的势力有了增加。在那个时候,中产阶级已经有人把教育当做实业看待,表现了对教育的关心。他们除了考察学校的效能、编制之外,更为关心和感兴趣的是,要保证教育满足中产阶级的需要。

资产阶级的理想是通过平和的"渐变"的方式来缓解20世纪初美国尖锐的社会矛盾,以延缓他们所谓的"民主"、"自由"的社会。进步教育从本质上正是迎合资产阶级的这种需要应运而生的。进步主义对传统教育的反对集中到一点,那就是:传统教育的实质是权威主义的,缺乏民主和自由。所以,进步主义之各项主张的精髓,也在于它的所谓民主与自由的精神。

(1) 学校应鼓励合作而不是竞争

进步主义主张,教育应该鼓励合作精神。这一方面是因为互相友爱的精神能够提高人性的社会水准,在社会的环境中,教育作为经验的改造,将导致人性的改造。另一方面,合作也有利于发展民主和自由。因为如前所述,民主既是联合生活的方式,也是共同交流的方式。此外,个人要真正得到实际的自由,他就必须与别人联合,结成团体。

进步主义认为,合作、民主、自由、教育都可以统一到经验的过程之中,统一到科学的探究活动之中。教育首先要鼓励人们从传统和习惯中解放出来,作自由的观察和探究、这样科学和社会才能得到发展。而科学的探究、科学的方法又不允许任何高于团体的权威,因为任何个人得出的结论都必须经受大家的检验、批评、质问,其中不允许任何一个人的独断专行。这种科学的方法和态度,用之于人的社会生活之中,也就是民主的方法和态度。在民主社会里,大家都应参与讨论、批评,做出决定,有言论和出版的自由。所以杜威认为民主态度乃是科学态度的扩大化。

个人的经验、探究不仅是自由的,也是合作的。杜威所概括的科学探究的五个步骤,不是个人的事情,其中充满了合作,这不仅有同辈人之间的合作,也有上一辈人和下一辈人的合作。

进步主义之所以强调科学方法，是因为他们认为，教学生科学方法的最终目的，不在于使每个学生都成为科学家，而在于培养他们的民主态度。

(2) 教育必须与民主社会相适应

进步主义认为，民主的教育对于民主社会是至关重要的，但是，教育若要担负其任务，教育必须要与民主社会相适应。

首先，学校要办成一个雏形的民主社会。

民主无论在观念上和外部表现上，都是发展变化的，所以，学校必须使学生了解当时的社会需要和满足这些社会需要所能利用的一切资源，否则即使学校给学生提供了许多知识，也不能同"社会上的事情怎样做和可能怎样做"联系起来，"不能保证在'关于事物的间接的知识'中将跟着产生了解——明智行动之源泉"。① 这样也就不能保证民主社会的继续存在。所以必须要拆除隔离学校与社会的樊篱。"学校必须呈现现在的生活——即对于儿童说来是真实而生气勃勃的生活。像他在家庭里，在邻里间，在运动场上所经历的生活那样。"②

其次，学校本身要成为一个民主的机构。

杜威认为，每个人都生活在一定的社会制度之下，而社会制度对个人的影响，虽然在数量上可能有差别，但在质量上应该是平等的。人的民主观念不是来自天赋，而是在经验中形成的。在对人的民主观念的影响方面，制度也是一个重要的方面。所以，一切制度都有教育作用，它们对于人的态度、性情、才能等方面都起一定的作用。"这个原理特别能应用于学校方面。因为家庭与学校的主要职责就是直接影响情绪上、理智上和道德上态度与性情的形成与生长。所以，这个教育过程在主导的方面是以民主的或非民主的方式进行的，就成为一个特别重要的问题了……而且在它对于一个专心致力于民主社会生活方式的社会的一切兴趣与活动方面的最后影响中也是重要的。"③ 为了所谓民主社会的根本利益，就必须把学校当做一个合作的社会看待，它本身要成为一个民主的机构。应该鼓励各种思想自由交流，促进学生自治、自由讨论、师生共同制订计划等。

(3) 教师的地位和作用

进步主义教育要求教师要具备不同于传统学校教师的性情、训练和教育方法。要求教师具备诸如历史、数学、生物学等学科的专业知识，并更希望教师的知识要有一定的广度和综合性，尤其要明了知识的发展过程。此外，由于进步主义教育注重学生的活动，如问题的解决、设计，所以要求教师要有一定的组织能力。杜威认为，教师要学习教育理论，要具有时代的精神，要能促进社会发展，"首先需要的就是要明白我们所生活的是一个什么样的世界；要考察它的力量；要看出在争夺领导中各种力量的对立现象；要决定哪些力量是世界在其潜能中从过去遗留下来的过时的东西，以及哪些力量会指向一个更好的和更幸福的未来"。④

---

① 杜威. 人的问题 [M]. 傅统先, 邱椿译. 上海：上海人民出版社, 1965：36.
② 赵祥麟, 王承绪编译. 杜威教育论著选 [M]. 上海：华东师范大学出版社, 1981：4.
③ 杜威. 人的问题 [M]. 傅统先, 邱椿译. 上海：上海人民出版社, 1965：48.
④ 同上书, 56.

在实际的教育过程中，教师的作用不是发号施令，而是建议劝告。他本人要具有民主作风，尊重所有的人，当然也包括学生的自然权力。他要运用心理的方法来组织教材，引起学生学习的动机，而不是灌输知识。

教师作为学生集体活动的领导者，在教学的实践活动中，教师的具体作用表现在下面三个方面：

第一，创设一个活动的、进行探究的课堂环境。教师所创设的课堂环境应该能够使儿童沉浸于智慧探究的活动之中，教师要善于利用儿童的好奇心，并把它引向认识的渠道。

第二，教师必须认识到，兴趣是探究活动中至关重要的因素。教师除了要认识到儿童具有多种多样的、甚至是冲突的好奇心之外，还要看到，他有责任去"引起"学生的兴趣，而不仅仅是发现学生已有的兴趣。

第三，教师要认识到，探究是一个活动过程。组织课程的基础是鼓励智慧的探究，所以课程的内容必须包括有学生的活动。既要有思想的活动，又要有身体的外显的活动。这样就能自然地扩大学生智慧的范围。课程乃是有目的的活动，而教师就是这种活动的组织者。

（4）儿童的地位和作用

19世纪末、20世纪初，进步教育在很大的程度上受到以卢梭为代表的欧洲自然主义的影响，认为从社会习俗中解放出来的人要彻底改变传统学校成人中心、教师中心、书本中心的状况，就必须代之以儿童中心的学校，要强调儿童个人的自由、创造和自然的发展。这一点，在进步主义教育的七项原则中表现得非常明显而系统。

杜威对进步主义教育早期的极端个人主义倾向持不同意见，但在反对传统教育这一点上，他与进步教育是一致的。虽然杜威后来指出儿童的生长或发展需要"社会指导"，并批评进步教育的某些做法，但在他20年代以前的著作中，也表现了明显的"儿童中心"的立场。他主张教育要来自儿童自己的活动，而儿童自己活动的来源则是儿童的本能和需要。在《学校与社会》一书中，他批评旧教育消极地对待儿童，机械地将儿童集合在一起，课程和教育整齐划一，而学校的重心则在教师，在教科书以及其他你所高兴的任何地方，唯独不在儿童即时的本能和活动之中。他提出要对这种旧的教育进行变革，使学校成为儿童生活的地方，在学校里"儿童变成了太阳，而教育的一切措施则围绕着他们转动，儿童是中心，教育的措施便围绕他们而组织起来"。[①] 杜威在1897年写的《我的教育信条》中主张，学校教育不能违反儿童的天性，要避免突然提供与学生社会生活无关的专门科目如读、写、地理等。

杜威认为，理想的学校就是儿童生活的地方，它只是一种更系统、更扩大、更明智、更适当的方式去做大多数家庭以一种比较简单和偶然的形式所完成的工作罢了。理想家庭的父母知道满足对孩子有益的需要，让孩子通过与社会交往和家庭的组织进行学习。在家庭成员的交谈中，在家务劳动中，都有孩子感兴趣并对他们有益的东西，通过叙述、提问、讨论可以陈述他们的经验，纠正错误，养成勤勉、守秩序以及尊重别人的习惯。理想的家庭还应有一个小型实验室，以指导他们的探索研究。儿童的生活还包括远足、散步，这可以开阔他的视野。杜威认为，如果将理想的家庭扩大，使儿童接触更多的成人、更多

---

① 赵祥麟，王承绪编译. 杜威教育论著选[M]. 上海：华东师范大学出版社，1981：32.

的伙伴，并且将家庭中的作业在促进儿童生长这一目的下加以选择和安排，那么，儿童的生活就成了决定学校一切的目的，如果学校以儿童的生活为中心并把儿童的生活组织起来，那么儿童在学校中就不是一个"静听"的人了。

在进步主义者看来，学校应该是儿童生活的场所，是他们在一起做事情的场所。儿童所做的事情不应由教师或固定的、现成的教材来规定，而主要由儿童个人来决定，也就是说，儿童所做的只是那些在他们看来是重要的事情。儿童居于学习过程的中心，他可以自由地探索真理，获取他认为有用的知识。教师的任务是在儿童做的时候给予帮助，提出忠告，并努力创设一个尽可能好的学习情境。

第二节 改造主义教育

改造主义教育是20世纪30年代从进步主义教育营垒中分化出来的一种教育思想的派别。进步主义教育本来就是一个鱼龙混杂的运动，其最重要、最根本的特征是反对传统教育。30年代才从进步主义运动中分化出来的改造主义教育的一些主要人物，代表了进步主义教育运动的左翼。他们与20世纪初作为进步主义教育的主流"儿童中心"不同，强调教育对于社会改造的意义以及社会对于人的制约作用。随着经济危机的不断加深，在30年代的教育争论中，改造主义独树一帜。

一、改造主义的产生和发展

改造主义自称是进步主义的真正继承者。50年代改造主义的重要人物布拉梅尔德也曾说过，改造主义教育哲学"从进步主义那里学到了最多的东西。在某些形式上这两种理论这样相似，以致人们可以合理地问，它们实际上是否分离得开"[①]。这些话不无道理，因为改造主义实际上来源于进步主义的一翼。

然而，进步主义的这一翼并未发展成为进步教育的主流。20世纪初，进步主义者普遍认为个人自由是人类生活的最重要部分，希望在教育上要尊重儿童的首创精神，让儿童自我表现，而在管理、课程方面很少作硬性的规定，表现为儿童中心主义。第一次世界大战结束，特别是1919年进步教育协会成立以后，进步主义者的注意中心更集中于学校教育，而且儿童中心的一翼有了更大的影响。

但是，这绝不是说进步教育内部关心社会改革的一翼便就此消失，从一定的意义上说，他们的力量也在增强。这样，力量分别向两个端点的集中，便意味着迟早要出现分裂。

在30年代的经济危机时期，一些原先主张儿童中心教育的进步主义者如克伯屈等人，也将注意力转向儿童实现创造自由的条件，其中最基本的是，社会必须为儿童的吃、穿、住等方面提供一定的保障。也就是说，他们越来越多地考虑如何使学校为建立一个没有经济危机的新社会做出贡献的问题。"有些人断定，以经验为中心、为学生而设计的活动学校只有在一个已经达到经济上公平的社会里才能存在。既然情况如此，那就必须优先考虑

[①] 华东师范大学教育系，杭州大学教育系编译. 现代西方资产阶级教育思想流派论著选[M]. 北京：人民教育出版社，1980：71.

某些改造社会的教育任务,而人们在20年代谈论的关于理想学校的要求则应放在次要的地位。"① 在他们看来,那种所谓的理想学校不能妥善地处理经济危机时期需要解决的社会问题,并明确指出,进步主义教育需要改变方向,要少强调个人中心、个人主义的教育,多强调社会中心、社会改造的教育;要少关心个人的成长,多关心社会的变革。这种重心的转移,乃是30年代改造主义最终与进步主义分道扬镳的最深刻的基础。

1935年,改造主义者成立了"杜威教育和文化研究会"(John Dewey Society for the Study of Education and Culture)。该会每年都出年鉴。据拉格说,每期年鉴都是对在变化中的美国生活实际结构之中教育的全新而直接的研究。任何重要的问题都没有回避,任何可以论证的条件也都没有忽略。②

由于30年代的改造主义者的观点"激进",所以有时也被称为"前线思想家"。改造主义者的观点表现了一定的政治抱负,而且哥伦比亚大学的校方甚至担心他们将会成为"教师党"(pedagogic party)。③ 然而,据拉格说,"除了两个人之外,我们都避免成为政治组织的成员或参加政治组织,我们的努力局限于研究并批判地评价各种纲领、信条、计划和战略"。④ 另一个明显的特征是,30年代的改造主义倡导者中,不仅仅限于教育理论工作者。许多教育行政部门如教育政策委员会、州的教育管理部门,以及学校的行政人员也都在探索以社会为计划的教育计划。

由于改造主义者所主张的社会改造未带来实际的效果,由于罗斯福行政当局的"新政"完成了一些社会改革,同时失业的压力得到缓解,由于第二次世界大战的爆发,国际反法西斯主义的斗争冲淡了人们对国内问题的关注,由于经济危机开始以后,进步主义原先强烈主张儿童中心的那一翼无论在理论上还是实践上都有一些变化,所以,在第二次世界大战期间,改造主义的活动和影响相对减少。但这并不意味着改造主义的观点完全被湮灭。改造主义者仍然继续使用"社会改造"这一术语,并且努力探索一种方法,以便保留公民基本的民主自由权利,同时又使学校发挥改造社会之工具的作用。

在50年代,使改造主义以新的面貌出现。引起人们关注并给改造主义带来生机的人物是布拉梅尔德。在50年代,布拉梅尔德出版了一系列的教育哲学著作,如《教育的目的和手段:世纪中期的估价》(1946)、《教育哲学模式》(1950)、《从文化的观点来看教育哲学》(1955)、《走向改造的教育哲学》(1956)、《教育哲学的文化基础——一种跨学科的探讨》(1957)、《来临时代的教育》(1959)等。乔治·F.奈勒认为布拉梅尔德"奠定了以教育为手段的社会改造主义的基础","虽然许多理论自称是改造主义派的理论,但是,没有一种理论在重要性上能比得上西奥多·布拉梅尔德的著作"。所以,他对改造主义教育理论的叙述,便"以布拉梅尔德提出的主要论点为限"。有人甚至把布拉梅尔德看做是"改造主义之父",因为他显示了改造主义独立的有组织的范畴。⑤

---

① 罗伯特·梅逊.西方当代教育理论[M].陆有铨译.北京:文化教育出版社,1984:101.
② Harold Rugg. Foundations for American education [M]. New York: World Book Co., 1947: 59.
③ Howick William H. Philosophies of Western education [M]. Danville: Interstate Printers & Publishers, 1971: 70.
④ 同上.
⑤ James A. Johnson. Introduction to the foundations of American education [M]. Boston: Allyn and Bacon, 1973: 370.

在50年代，改造主义重要人物除了布拉梅尔德、拉格、蔡尔兹之外，还有史密斯（B. Othanel Smith）、斯坦利（William O. Stanley）、伯克森（Isaac B. Berkson）等人。伯恩斯（Herbert W. Burns）对改造主义以及布拉梅尔德的著述进行过研究。他认为改造主义的主要观点是："我们处于世界危机的中心，解决危机的唯一有效的办法是创造一种现世的社会秩序，而且全世界的学校应该是对地球上的人和他们的文化进行改造的动力。"[①] 对于布拉梅尔德的观点，伯恩斯作了如下的概括，"他的关心和忧虑蕴涵在这么一个基本的前提之中，即我们正面临文明的终结……拯救的办法只有靠改造过的世界秩序（目的），而这应该是对全世界教育结构、功能和目的进行显著地、激烈地改变的结果（手段）"。[②]

二、思想基础

改造主义教育最根本的思想是，社会需要进行持续不断的改造和变化；社会的改造和变化涉及教育的改造和变化，而且社会改造的实现需要利用教育。通过教育来实现社会改造的理想，在历史上可谓屡见不鲜。这里所讲的"改造主义教育"同历史上形形色色的"改造主义"思想虽然有一定的关系，但它的思想基础主要来源于实用主义，尤其是杜威的哲学思想。正因为改造主义与进步主义有共同的思想基础，所以改造主义才认为进步主义是自己的"亲密盟友"。然而，这两个"亲密盟友"之间并非毫无分歧，而且，正是由于两者之间思想上的分歧，才造成30年代改造主义的异军突起。

1. 哲学基础

同进步主义一样，改造主义教育的本体论强调人的经验乃是第一位的。但是，改造主义之所谓经验，不同于进步主义强调的个人经验，而主要指团体经验（group experience）。其次，同进步主义强调"现在"不同，改造主义认为，过去、现在和未来是不可分割的，"未来"也是本体的一个部分，是存在的一般特征。

在认识论方面，改造主义与进步主义，尤其与杜威的观点有许多一致之处。改造主义认为知识来源于经验，而且认为，观念、概念、学说等对于一定环境的主动改造，或对于排除某种具体的纠纷和困扰来说，乃是一种工具般的东西，其价值取决于能否取得成功。知识的获得无须采用神秘的、超自然的方法，认识论的方法和目标是受人类物质的、经济的和实际利益所决定的。此外，改造主义也不承认绝对的终极真理。虽然上述两者有许多共同之处，然而，在认识论问题的某些方面，两者也存在着分歧。

就像改造主义者强调团体而不是个人的经验一样，在认识论的问题上，他们认为，知识和真理的出发点是社会，而不是个人。一般说来，知识产生于对社会目的以及用于实现这些社会目的之方法进行探索的团体。布拉梅尔德对于进步主义过分注重手段而忽视目的的做法表示不满。进步主义只适用于稳定的文化，当文化处于急剧变动的危机时代，人们必须首先明白我们向何处去的问题。一方面，人们的思维以及由这种思维获得的知识，受到人们对根本目的寻求的制约。另一方面，对目的寻求的理解，对于知识以及获得知识过程的理解是必需的。因此，目的寻求和知识有着内在的联系，人们寻求目的的过程也就是

---

① James A. Johnson. Introduction to the foundations of American education [M]. Boston: Allyn and Bacon, 1973: 370.

② 同上.

获得知识的过程。

在知识的获得方面，改造主义者认为，进步主义主张的实验和"解决问题"可以作为认识的方法而加以使用，但这些方法都有其缺点。拉格主张采取创造和设计的方法。在拉格看来，实验和反省思维的方法不能适用于混乱和复杂的情境。解决问题的方法不完全适用于创造性的工作。实验的方法虽然对民主行为的心理作了有效的描述，但它还需要补充说明目标、目的和价值的地位。①

在价值论方面，改造主义与杜威的价值观有着更多的一致之处。杜威认为，价值和存在的情境紧密相关，而且在不同的存在背景中价值也不相同。"凡有价值的地方就有探究的因素，因为要形成一个目的和追求这个目的，就要采取行动以满足现有的需要，补充现有的匮乏，解决现有的冲突。"② 杜威的这些观点，改造主义都加以接受。改造主义者认为，价值不是永恒不变的，绝对的。价值乃是由"社会一致"决定的社会目标。价值将随社会的改变而改变，所以，不存在任何不可以改变的价值。

2. 人类学基础

20世纪初，人类学的方法开始应用于教育问题的研究。30年代的经济危机，也激发了人类学家利用人类学研究的资料和研究方法对教育理论进行系统的分析。人类学以文化的观点研究了教育的理论和实践，指出了教育具有传递文化、转变文化和改造文化的功能。此外，美国的人类学家还指出了美国教育的不连续性和不公正，即美国的教育具有明显的阶级倾向，是为美国某些权力集团的利益服务的。人类学研究的观点对改造主义产生了很大的影响。改造主义者认为，人们有足够的理由相信，美国的错误的教育能够如此广泛地存在着，这决不是偶然的事情。

改造主义认为，把教育看做主要是传递文化这种思想的根据乃是一种错误的假设。这种错误的假设认为，社会必须使年轻的一代适应现存的文化。改造主义认为，教育必须打破这种从根本上来说是毫无根据的错误的传统。在他们看来，年轻的一代生活的条件同他们父辈生活的条件是不同的，如果教育旨在使儿童适应，那么儿童就不关心变化，不致力于现有环境的改善，因而社会就不可能得到发展。

改造主义强调，教育者需要认识到的一个问题是，把教育看做是传递文化的实践将使越来越多的人不能全面地认识他们的生活同整个社会的关系，因而他们的价值选择将是狭隘的、片面的、不合理的。此外，改造主义还坚持认为，人的最高价值是他的自然的潜在能力的充分实现，因此，最充分的教育就是充分解放个人的创造力，并使个人对自己的创造充满信心。

在改造主义看来，要使个人在社会方面获得自我实现，其障碍不仅仅在个人方面，社会、政治、经济的环境也是一种阻力，而且，从最一般的意义上讲，目前制度的模式将妨碍教育发挥作用。所以改造主义者主张，要使人获得充分的自我实现并获得好的生活，必须要对社会加以改造。

改造主义认为，个人和社会有着密切的联系，我们不能把个人和社会看做是互相对抗和互不相干的。个人不能离开社会，个人就在社会之中。当今的社会就是由个人所创造

---

① 罗伯特·梅逊. 西方当代教育理论 [M]. 陆有铨译. 北京：文化教育出版社, 1984：101.
② 傅统先, 张文郁. 教育哲学 [M]. 济南：山东教育出版社, 1986：96—97.

的。而且社会的形式、功能及发展始终置于个人的影响之下。虽然社会也改变着个人，而且个人的确也不断地调整自己的行为以适合社会的期望，然而，社会具有个人的痕迹，这也是千真万确的事实。所以不能把个人与社会看做是两种对抗的力量，因为它们之间有着内在的联系。

在个人与社会关系的问题上，改造主义者强调个人对于现有文化做出反应的自由以及个人改变现有文化的能力。许多研究表明不同的社会具有不同的文化。这个事实说明，个人对于某一特定环境条件所作的反应不是预先决定的，因此，改造文化并非是不能实现的梦想。

改造主义者认为，可以在新的社会成员中培养诸如设计乌托邦式社会的目标，摆脱"传统"对他们的约束等品质，这些品质对于全面的文化改造是至关重要的，而改造了的文化又将造成个人潜力的充分发展。当代的青年必须学会与传统的社会期望作斗争，必须把自己和自己的同辈看做是人类历史的主人。当代青年要通过自己的创造和智慧来证明，人不但能够理解他的环境，而且还能改变环境。

改造主义认为，人要达到理解环境和改造环境的目的，首先需要树立这样的信念，即人和关于人的科学乃是使人类获得最高文化成就的两种有用的资源。除此之外，还要确立适当的文化改造的目标。

三、改造主义教育的基本主张

1. 教育目的

改造主义认为，教育的主要目的是推动社会的变化，设计并实现理想的社会。

改造主义与进步主义在学校和社会关系的问题上存在着深刻的分歧。虽然进步主义主张持续不断的变化，并通过不断地解决个人和社会的问题来促进社会进步，但在改造主义者看来，进步主义教育实际上成了帮助人"适应"而不是"改变"社会的工具。改造主义认为，教育固然需要帮助人们适应社会，但这决不是教育的首要任务。教育的首要任务是直接促进社会进行持续不断的改造。

在30年代，主张教育以社会改造为己任最烈的是康茨。康茨批评进步教育过分注重学生的个人需要、自由、兴趣以及活动，而没有考虑到社会变革的需要。他认为，学校应该集中致力于社会的改造而不是个人的发展，因为教育的价值和目标是得之于社会的。在他看来，除非有某种关于"好的"社会特征的概念，否则就不可能有"好的"个人。

除了康茨之外，其他的改造主义者如拉格、蔡尔兹等虽然在学校应否承担具体的社会目的方面意见不尽一致，但都主张教育要进一步认识它的社会责任。拉格批评当时流行的教育理论迷恋于"过去的光辉"，看不到目前明显存在着的问题。蔡尔兹认为，教育是一种社会现象，教育的生命力在于它是否处理现代的技术、科学、经验、政治、家庭和宗教等问题。

30年代的改造主义是同美国当时的经济危机密切相关的。虽然当时的改造主义者都主张教育要致力于社会的改造，为建立一个没有经济危机的国家服务，然而，对于所谓以民主理想为基础的"新"社会的情况究竟怎样，以及如何通过教育来建立这种新的社会秩序等，他们并没有清楚的认识。所以在教育目的的论述上显得比较含糊。对于改造主义教育目的论述得比较完整、系统的是布拉梅尔德。

布拉梅尔德认为，衡量任何教育理论适当与否的标准，最终要看该理论是否适合它自己时代的需要。过去人们认为，教育的主要目的是使年轻人虔诚地接受传统的文化，这种关于教育目的的看法显然已经过时了。他认为，教育发挥着两种作用。一方面，根据人类学家的观点，任何一种文化都不可能得之于遗传，也就是说，任何文化都是后天获得的。因此，教育必须承担传递一定文化的任务。另一方面，在向年轻一代传递一定文化模式的同时，我们也在对它加以修改，使之发生逐渐的、有时甚至是相当突然的变化。所以，教育还必须承担纠正、改进和变更文化的职责。

2. 课程

改造主义者看到，进步主义主张的以儿童的需要和兴趣为基础的课程，旨在给儿童以创造性的自我表现和生长的机会，这种课程已经不能适合改造社会的需要。他们认为，迫切需要的是要让学生认识到在社会中发生作用的各种政治、经济和社会的力量，看到不受控制的资本主义经济带来的混乱和社会的不安定。因此，学校的课程应该包括各种社会问题。

哈罗德·拉格对当时流行的课程提出了批评，在他看来，其缺点在于迷恋过去，无视现存的问题，而且无力解决未来的社会问题。他认为，新的学校课程应该从目前社会的问题和特征中直接产生。他带有预见性地提出，今后我们应该关心的主要社会问题有，全球性的人口过剩，无计划的城市化，不受控制的技术的增长，民族主义，生态公害，以及世界贸易和文化的互相依赖。拉格认为，学校应该帮助人们认识这些问题。

约翰·L. 蔡尔兹的观点与拉格相同。他认为教育是社会现象，其生命力在于对现代科学、技术、经济、政治、家庭和宗教生活方面具体问题的处理。教育必须面对未来，而不是面对即将崩溃、即将消失的文化。学校的课程不可能毫无偏见，因为它要发挥选择的功能。虽然每一个学生的独特性以及他个人的兴趣是重要的，学校的课程应予考虑，但这些不是课程的决定因素。决定学校课程的最终还是社会的价值。

布拉梅尔德认为当时流行的学校的课程，就其结构来说，它是一种过时了的"鸡蛋筐"式的课程，是"一个不相连贯的教材的大杂烩"。课程划分为各门独立的学科，而每门学科往往又分割成若干不相连贯的单元，对于一般学生来说，各门学科的教材之间只有很少或毫无意义的联系。

布拉梅尔德认为，课程乃是实现未来社会变化的运载工具（vehicle），所以，普通教育或整体教育的课程设计，"必须使课程结构具有意义的统一性"。由于布拉梅尔德认为人类的任务和目标乃是任何时代所必需的教育的头等重要的事，所以，他之所谓意义的统一性显然指课程的目标要统一到社会改造的意义上来，而且，这种统一的核心乃是人。

改造主义的课程有两个值得注意的特点。第一，改造主义主张学生尽可能多地参与到社会中去，因为社会是学生寻求解决问题方法的实验室。在改造主义者看来，传统的课堂教学固然有其价值，但重要的是要使学生将其所学运用于社会，此外，学生也可以从社会中学到很多东西。

第二，以广泛的社会问题为中心。改造主义者认为，由于报纸、电视以及其他各种宣传媒介的作用，学生对于世界各地以及本国的社会问题非常敏感，这些问题应该在学校的课程里得到反映。学校的课程尤其要关心城市问题，犯罪问题，交通拥挤，家庭分裂，环境污染，住房拥挤，贫困，文化娱乐等社会问题。学生对这些问题要具有批判的见识，并要把这些问题联系成为一个整体。为了给学生认识和解决这些问题提供一定的背景知识，学校的课程还必须包括下列一些论题：工业化、宣传媒介、自动控制、生态学等，此外还要学习诸如物理、化学、社会学、人类学、政治学、数学、历史等科目。

3. 教育方法

改造主义者对目前各级学校所使用的大多数教学方法持批评的态度，因为这些旧的方法支持并加强传统的价值和现状，而且抵制变化，教师不知不觉地成了传统价值和观念的维护者。改造主义者认为，传统的教学方法乃是一种"隐蔽课程"，它起的作用是使学生适应于先存的生活模式，而教师对此却毫不知情，并通过他们的教育方法和过程来维护现状。

改造主义认为，教育乃是人类实现特定目的的工具，因此，改造主义面临的一个重要问题是，澄清教育目的方面存在的各种混乱的甚至矛盾的观点，也就是说，教育目的要统一到解决文化危机，取得高度文化成就这一点上来，并且要使学生对这个真正的教育目的采取积极的态度。在改造主义看来，教育不仅要让学生和教师获得解决文化危机所必需的知识和技能，更重要的是要让他们坚信这个任务的价值。那么，究竟通过什么途径才能达到这一点呢？改造主义者之间有不同的意见。

康茨主张灌输，他在《学校敢建立新的社会秩序吗?》中提出，为了实现教育目的，教育除了必须有勇气正视社会问题、正视生活的现实，学校与社会建立有机联系等之外，还必须不要像目前这样把强迫接受（imposition）和灌输视为洪水猛兽。

康茨承认，那种强调极端自由和儿童权力的主张已经在教育界非常流行，以至于在教育上一提灌输，人们就感到非常可怕。此外，康茨还承认，批判的因素应该在任何教育中发挥重要作用，而且决不可以为了支持一种观点而歪曲和压制另一种观点。但在另一方面，他还强调指出，所有的教育都包含有很大的强迫接受的成分。在康茨看来，从教育的本质来看，要排除强迫接受是不可能的事，社会的存在和演变依赖于它，因而它是特别需要的。

约翰·L.蔡尔兹的观点与康茨相似。他认为，学校是社会的代理机构，这等于说学校是国家的代理机构，甚至可以说是社会统治集团的仆人。学校不可能是中立的。此外，也不能把教育看成是纯粹的批评现存社会秩序的过程。因为要使这种批评具有意义，它必须要借助于一定的标准、伦理判断和社会价值。所以，教育不能仅仅使学习者学会如何思考，还要向他们提出思考些什么。此外，学校还要向学生提供一定的结论性的意见。

在改造主义者中，也有部分人不同意康茨、蔡尔兹等人关于强迫接受和灌输的观点。他们认为，应该说服学生改造他们所生活的社会，而且这种说服应该从学校开始。"教师的责任是在说服学生；使他们相信改造主义者的解决办法是正确可靠并且是迫切需要的，而且他们必须审慎地把这种作法看做是民主程序"。[①] 运用说服的方法要鼓励质疑、讨论，允许有分歧意见。教师所需要的不是宣传而是说服的技巧，通过说服，使人们从思想上理解未来社会的理想，并为之承担义务。说服的技巧包括利用神话、宗教、艺术等，因为人总是要无意识地接受情绪和非理性因素的影响的。

---

① 陈友松主编.当代西方教育哲学 [M].北京：教育科学出版社，1982：96.

布拉梅尔德一再强调，要解决文化危机这个人类面临的紧迫问题，决不能采用强迫的方法。他提出了"正当的定见"原则（the principle of "defensible of partiality"）。他认为，在有关目前世界文化危机的一些问题方面，教育无须坚定地保持那种缺乏创造性的中立。在对那些分歧的观念进行自由的检查的过程中，教育者应该检验各种证据，鉴别各种可供选择的解决办法，并且通过民主的手段最终作出决定，而这种决定的基础不是教条，也不是专横的权威，而是科学研究的结论。

改造主义者批评进步主义只重视过程而忽视目的，而且认为要解决文化危机的问题，首先必须具有明确的目的。因此，目的寻求成了改造主义的一个重要的问题。

布拉梅尔德认为，民主的目的只有通过"社会一致"的民主过程才能够获得。学校教育的过程应该成为民主实践的过程，因此，他把学生的学习活动分为四个方面或阶段。其特点是从学习者的经验开始，通过各种学习达到"一致"的意见，而这种"一致"的意见是以未来的目标为定向的。

"社会一致"的学习活动的四个方面或阶段是，通过证据的学习，通过交流的学习，通过同意的学习和通过行动的学习。

通过证据学习的"证据"，包括直接经验和间接经验两种。注重经验显然与进步主义的主张相类似，但相对于进步主义来说，改造主义的直接经验不仅仅指儿童个人的直接经验，还包括团体的直接经验。通过交流的学习和通过证据的学习两者难以绝然分割开来。因为在通过证据学习的同时也存在着交流。作为民主实践过程的交流，显然要具备不同于过去实践的一些特点。首先，这种交流不纯粹是通过教科书、讲义、图片等自上而下的传递，交流应该包括学生独立见解的表达。其次，交流的方式不限于课堂教学，演说、写作、艺术表演等都是可供选择的表达方式。最后，交流的范围也不限于学校，学校要关心社会的宣传媒介如报纸、电台、电视、各种集会的演说、法庭和立法机关的辩论等，并把社会的各种交流方法作为学校交流的补充。在收集并交流证据的基础上，团体就可以进行通过同意的学习。这种学习的理想目标是对经验的证据达到一致的同意。能否达到一致同意，取决于经验证据的数量、质量以及交流是否充分。不管在什么情况下，少数人的不同意见必须得到尊重，他们也要认识到，尊重大多数人的决定乃是自己的义务。达到一致同意的目标要经过行动的检验和证实，所以，学校要将一致同意的目标转化为行动，并为这种转化提供机会。通过行动的学习既包括即时的或延缓的行动，也包括直接的或间接的行动。

4. 学校是改造社会的工具

改造主义者认为，如果没有合作的智慧，没有组成社会的个人之间的合作，就不可能对现有的文化进行改造，因而也就无法谈及完善的文化。所以，为了实现文化改造的目的，学校必须要比历史上任何时候都更加强调人的社会特性的培养。学校必须把学生当做真正的人加以对待，决不能把他们看做是预先划定的各种类别的成员。学校要努力培养和发展学生的合作精神，因为社会的文明取决于该社会成员在多大程度上用理智的合作的方法来取代赤裸裸的竞争。

如前所述，改造主义者主张通过自己的课程、民主的方法说服学生改造社会。社会的改造不纯粹是一个知识或认识的问题，它要求学生身体力行地参与其间，因为美好的社会不是自然的恩赐。学校应该培养未来前景各种可能性的见识，鼓励他们忠诚于自己的理想并为之而奋斗。除此之外，学校还应该使学生认识到社会改造方面的现实的障碍和困难，要有一种现实的和客观的观点。人的主观性对于社会的改造是必需的，然而又不是充分的，因此还需要有客观性。学校要使学生认识到，在决定自己想要实现的价值和应该采取的策略方面，个人的选择并不是完全自由的。他的结论要服从于所获得的证据。

5. 教师的责任

教师要在改造社会方面起模范的作用。康茨早在30年代就提出，教师要把自己从传统的关于教师作用的思想中解放出来；教师要勇敢地面对社会问题；教师要同社会建立更好关系。

改造主义认为，教师要敢于参与政治活动，在社会改造方面发挥自己的作用。改造主义者认识到，要引起真正的社会改革，只有三种途径，即通过阴谋活动搞政变，通过公开的动员人民来反对现行的制度，或者说服现政权的掌权者。前两种途径显然是不可取的，只有第三种途径才是切实可行的办法。

改造主义者认为，所谓政治就是获得并利用权力，而且它同教育是不可分离的。要改变当前社会中不合理的现象，人们就要利用任何可以得到的政治势力来实现改造社会的目标。除了要对有影响的国会议员，立法机关的成员，市政会成员，学校董事会成员进行游说、疏通之外，教师形成一种压力集团在危机的时代是绝对不可少的。教师应该处于政治过程的中心地位，同时应该组织有影响力的教师的组织。

在保证学生和自己真正参与民主政治的斗争中，教师应该处于斗争的前列。教师应该表现出比社会上其他人更强烈的参政愿望，因为实现改造社会的目标极为重要，而且极其复杂，一般的公民是不能当此重任的。改造主义者除了看到权力的重要性之外，还认识到需要有民主的参与，需要在取得社会一致的过程中不断地发现新的证据。

教师除了自己要行动起来之外，还要说服学生投身于社会的改造。在说服学生，讨论社会问题的过程中，教师发挥小组讨论领导者的作用，同时又要以小组成员的身份参加讨论和作出决定。在这个过程中，教师没有任何超出于学生的特权。教师的作用在于有根据有条理地阐明自己的观点。他要通过自己的示范使学生明白，一个"改造过的人"乃是一种有自主性的人，他能够理解自己的思想和感情，自己的能力和局限性，能够根据自己的理解去行动、并对自己的行动负责。

第三节 要素主义教育

要素主义教育被普遍认为是一种保守的教育思想。要素主义在很大的程度上代表了受到进步主义猛烈冲击的传统教育思想，因此，有时人们也把它称作"新传统主义"教育。

要素主义承认世界的变化，但强调人类文化中的"要素"或"精华"对于变化中的世界的价值。要素主义也因此而得名。

虽然要素主义产生于20世纪30年代，但它对于教育实践的影响却历久不衰。在20世纪50年代、70年代美国的教育改革中，人们仍然可以看到要素主义教育思想的影响。

一、要素主义的产生和发展

要素主义教育思想是在30年代反对进步主义教育的过程中产生的。"要素主义"这个名词最早是在 1935 年由德米亚西克维奇（Michael Demiashkevich）提出。据哈威克（William H. Howick）说，要素主义虽然对当时进步主义的理论和实践表示不满，但"无意于对进步主义宣战"。① 关于要素主义者自己组织的成立，还有一个小小的插曲，"1937年，迈克尔·德米亚西克维奇和 F. 奥尔登·肖（F. Alden Shaw）同哥伦比亚师范学院的威廉·C. 巴格莱（William C. Bagley）教授商议，准备成立一个组织，以反对当时在许多公立和私立学校中占支配地位的进步主义教育，并致力于使公众了解美国教育的软弱无力和进步主义教育的危险。德米亚西克维奇把那些以保存和传递人类文化的基本要素为教育之首要职责的人们称为'要素主义者'。初步商议之后，巴格莱接受了他们的建议并马上开始支持他们的主张。他迈出的第一步，就是起草《要素主义者促进美国教育之纲领》"。② 然而巴格莱起草的"纲领"未经批准而出版发行，这遭到美国教育理论界重要人物的激烈谴责，这反而使他们名声大振，使要素主义从一开始就引起人们的注意。1938年，"要素主义者促进美国教育委员会"在美国亚特兰大成立。在要素主义者中，巴格莱居于最重要的地位，人们认为，巴格莱之于要素主义者甚于杜威之于进步主义者的作用。

要素主义之兴起，除了对进步主义教育表示不满以外，以希特勒为代表的德国纳粹主义和以墨索里尼为代表的意大利法西斯主义的兴起也是一个极为重要的原因。当时美国许多教育家都意识到，德、意等国独裁势力的兴起是对所谓"美国的民主理想"的直接挑战。巴格莱认为，如果美国人民不想在绝望中抛弃民主而屈服于独裁，那么任何真诚的教育学者就必须与其他公民协作来捍卫美国的民主。

教育对于美国的所谓民主理想的作用是如此之重要，对照当时美国教育的状况，巴格莱认为不堪负此重任。在《要素主义的纲领》中，巴格莱历数美国教育的种种弊端：①美国初等学校的学生没有达到其他国家达到的基础教育的学业标准；②美国中等学校学生的学术水准落后于其他国家 18 岁学生达到的水平；③高等学校学生缺乏基础文化知识（illiterate）的人数越来越多，而且实际上不能阅读，由于缺乏基本的和中等的水平，所以许多高等学校不得不开设补修阅读课程；④除了文化水平降低之外，数学、语法的水准也明显地降低；⑤尽管美国的教育经费增加了，但重大的犯罪率还是有了明显的提高。

除了描绘当时美国教育的病态之外，巴格莱还指出了造成这种现象的两个主要原因。第一，诸如进步主义之类的占支配地位的教育理论"从根本上讲是软弱的"；第二，许多学校系统学校标准的放松导致了一种普遍的"促进社会性"的政策。他认为，在这个方面进步主义也是不能辞其咎的。巴格莱严厉谴责进步主义过分强调儿童的自由、兴趣和活动，而放弃训练、努力和工作，所以，"进步主义教育在许多学校系统中完全放弃了以严格的学业成绩标准作为学生升级的一个条件"。

为了传播要素主义教育的观点和价值，巴格莱创办了《学校与社会》（School and Society）杂志。该杂志刊登了不少指责进步主义教育实践中失误的文章，而且在一个比较长的时期内，巴格莱的著述和讲演也不离这个主旨。1934 年巴格莱出版了《教育与新人》（Education and Emergent Man; New York: Ronald Press），在这本书中，巴格莱在批

---

① Howick William H. Philosophies of Western education [M]. Danville: Interstate Printers & Publishers, 1971: 50.

② 刘要悟，李定仁. 要素主义教育理论再评 [M]. 外国教育研究. 1989（2）.

评进步主义降低智力标准的基础上,还指责进步主义降低了美国青少年的道德标准,并指出其危险性。巴格莱考察了无机界的进化和社会进化,指出人能够积累、传递知识乃是人类进化的原因,也是与生物进化根本区别之所在。在"教育与社会进步"这一章中,他指出社会利益高于个人利益,学校的首要功能是促进社会进步;由于美国教育过分强调个人主义,导致了美国社会犯罪率提高,政治腐败等。

巴格莱作为要素主义的首脑人物和代言人,在30年代和40年代曾一度使要素主义声名大振。但是,巴格莱本人于1946年逝世,这对于要素主义无疑是一个极大的损失。虽然布里克曼(William Brickman)(《学校与社会》杂志编辑)等人勉力支撑局面,但作为30年代勃然兴起的一种新的教育哲学思潮,其影响大大削弱。直到50年代后期,由于国际形势的巨大变化,要素主义教育才得以再度复兴。

二、思想基础

要素主义教育思潮的哲学基础比较复杂,虽然也有人说要素主义同新托马斯主义也有内在的联系,但一般说来,要素主义者主要采纳观念论或实在论的哲学观点。由于各个要素主义者信奉的哲学观点不尽一致,所以在教育观上他们之间既有共同之处,也存在一些分歧。然而,在人性观和社会观方面,要素主义者的保守主义观点却是基本相同的。

1. 保守的政治观、人性观

要素主义教育同西方资产阶级保守的政治主张、保守的政治势力有着内在的联系。"许多论述教育哲学的著作,在列举要素主义教育的设计师时,提到了下列名声不好的保守主义者,如英国的埃德蒙德·伯克(Edmund Burke),美国的拉塞尔·柯克(Russell Kirk)和威廉·F. 布克莱(William F. Buckley)。当然,如果坚持认为保守主义思想的代表者制止了他们保守主义的教育倾向,那是错误的,所以他们中许多人最后都要对要素主义美言几句,但是,如果认为所有的要素主义者都没有偏离保守主义社会的、政治的和经济的理论,那也是错误的。我决不是说持自由主义政治和经济观点的人就不可能赞同要素主义教育,这并无任何不可理解或不合逻辑之处;要素主义最一般的论题是,确信基础文化具有一种能够保证社会平衡的共同核心。所有学校的首要作用就是认真对待这种核心并热情地忠诚地传达它。"①

保守主义的人性观认为,人性从根本上讲是恶的,如果不加控制地按照人的欲望和感情行事,他总是要倾向于胡作非为,捣乱,不守纪律。在保守主义看来,包括进步主义在内的自由主义,其错误的根源就在于对人性的看法。他们没有看到人性的缺陷。自由主义不加分析接受了卢梭的人性观,认为人的自然本性是好的,应该自由地发展人的自然本性;人受外力的控制越少,人性的发展也就越好。

从保守主义的人性观出发,既然人性恶,那么世界上的罪恶之源就不在于社会或人的无知,恰恰相反,世界的罪恶之源乃是人类本身的邪恶。上文提到的埃德蒙德·伯克认为,在日常生活中,人之所以没有做出他们本来能够做的兽性的行为,主要是由于社会约束。所以,伯克得出了与卢梭完全相反的结论,即人之所以得到拯救,人之所以没有导致

---

① Edward J. Power. Philosophy of education: studies in philosophies, Schooling and educational policies [M]. New Jersey: Prientice-Hall, 1982: 190.

毁灭，是因为人加入了社会，服从于社会的传统、习俗等。

2. 社会观

保守主义认为，社会乃是一种契约，它不能用人的善意或恶意来加以解释。现代人正是由于社会才能居于文明的顶峰。因此，人不仅要承认从过去以及体现了过去最好思想的当今社会制度中得到好处，而且他还必须支持社会的安排，正是由于社会，人才能守纪律。不管用革命的手段或是非暴力手段，只要想去除社会的机构和社会已经形成的生活方式都是错误的，都是对前辈和新生一代的背叛，因为社会不仅表现了现在活着的人之间的合作，而且还代表了已死的一代和未来一代之间的合作。

拉塞尔·柯克认为，"社会所代表的这种合作是不可侵犯的，因为它体现了人对于某种高于现代生活的东西的调整，它也体现人对于规范的调整。在柯克看来，正是由于有了这种规范，人的生活才具有价值。然而，人要理解这种规范，就必须了解几千年来的传统。社会之所以能如此长期存在而没有崩溃，其主要原因在于人能尊重那些受到保护的传统"。[①] 所以，人必须要忠诚于社会，尊重传统，并对那些企图改革的人表示仇恨。

保守主义强调个人服从社会，但也承认个人的尊严和自由。他们认为，个人有一种不可剥夺的自由生活的权利，但是，自然的法则使人结成了一定的联系，因此，在强调个人自由的时候，不能忽视个人对社会的责任。权力和责任是不可分离的，而且，有些保守主义者，例如伯克认为，责任先于权力，在自然的权力成为法则之前，人们必须先要服从这个法则。然而，许多美国人，尤其是头脑糊涂的自由主义者过分强调个人的权力而忽略了他的责任，这引起了年轻人思想的混乱。

保守主义认为现代教育的失败就在于没有向年轻人灌输责任的意识，因而造成了学生的骚乱、青少年犯罪等。要克服这种现象，就必须让青年人学习过去和过去的传统，以此来控制青年学生的感情和狂想，青年人必须通过社会才能得到改造和拯救。

保守主义者普遍认为，社会具有一种结构，它是能够被人理解的。要理解社会的结构，必须要了解包括了社会结构之本质的所谓"西方的传统"。从历史上看，解释这种传统的人往往是上层阶级的精英人物，因为他们智力高，受过良好的教育，因而是可以信赖的。所以，具有高度智慧的杰出人物应该成为社会的领导者，只有当最聪明，最有才能的人管理社会时，才能很好地继承社会历史遗产，而这对于社会的每一个成员来说，都是有益的。

3. 知识观

在知识和真理的问题上，保守主义普遍持"符合说"（the theory of correspondence），认为知识就是思想和观察到的事实相符合。而知识的获得乃是一个过程，在这个过程中，人要用自己的智慧对一些零星的、片断的事实加以反省思考，这样才能对世界的真正本质以及目的有较好的理解。这种获得知识的方法基本上是一个理性的过程，而且，人类的理性可以使人把从经验中获得的一些材料整理成知识。所以，从根本上说，认识的过程乃是联系从事认识的个人和有待认识的外部世界的桥梁。

保守主义反对完全依赖经验的认识方法以及在教育上与之对应的"从做中学"，认为

---

① Philip H. Phenix. Philosophy of education [M]. New York: Holt, 1965: 98.

实验主义的这些主张将使许多有价值的传统课程在学校中失去立足之地。应该指出，保守主义的这些主张并不意味着他们否认科学以及科学在智慧训练方面的价值。他们的目的是，在承认科学价值的同时，也要重视诸如数学、现代语言、文学、历史等科目。

保守主义认为，真理并不是某种神秘的、不可理解的东西。根据"符合说"，所谓真理就是与事实相符的陈述，它是公开的、公众的。外部世界的存在是谁也不能否定的，我们可以知道外部世界的真实情况，因此，人们可以发现事实，也可以了解我们的陈述究竟是否与事实相符。保守主义认为，这实际上就给人们提供了一个判断真、伪的客观标准。实验主义否定了普遍的真理，否定了不变的原则，在教育上，它主张向学生传授所谓获得真理的科学方法，而不是教学生知识和真理，所以实验主义的真理观毫无意义，因而也是不足取的。

保守主义认为，教育就是传授真理、传授知识的艺术，重要的是，教师传授的必须是真理，至于儿童对所学的东西是否有兴趣，那是次要的，当然，教师在首先传授真理的前提下，也要引起学生对真理的兴趣，尤其要引起学生为真理而掌握真理的兴趣。在保守主义看来，西方资产阶级的文化遗产都是实实在在的事实和原则，因而都是真理。学校应该成为传授"文化遗产"的机构，要通过教育使这些遗产在新生的一代中再生出来。

三、要素主义教育的基本主张

1. 教育目的

要素主义者一般认为，教育的目的是为了社会"进步"，他们对进步持保守主义观点，因为人性是邪恶的，人的发展可能趋向邪恶的方向，如果情况是这样，那么，所谓越进步，实际上就是越堕落。例如，对一个小偷来说，他的"进步"便意味着偷盗的技术越高明，越熟练。对于希特勒来说，社会的所谓进步则意味着对犹太人的种族灭绝。此外，在取得进步的手段上，自由主义认为解放人性，让人的自然的善良的本性充分发展，就可以得到个人和社会的进步；在自由主义者看来，进步的方向就包含在自然的发展之中。换言之，进步是自我导向的。对于这些观点，保守主义也深深地不以为然，从保守主义的观点来看，进步的获得乃是在于消除人的本性。

要素主义认为，要促进社会进步，就必须通过理智和道德的训练来保存文化遗产。在要素主义看来，文化是人类共同努力，分工协作的结果，人类只有接受文化，才能避免堕落和毁灭，人类只有继承文化遗产，才能使之发扬光大。

从教育目的来说，要素主义认为教育目的有两个方面。第一，从教育目的的宏观方面讲，教育就是传递人类文化遗产的要素或核心，认为只有掌握了文化，人才能够准确预见各种行为方式的后果，从而达到他期望达到的目的。第二，从教育目的的微观方面讲，教育就是帮助个人实现理智和道德的训练，因为这对于个人理智和人格的和谐发展是必不可少的。

巴格莱1934年在副标题为"一种特别应用于美国公共教育的教育理论"的著作《教育与新人》中说："社会环境以某种与混乱有内在联系的东西为其特征的时候，正是学校想要避免混乱之时。社会环境充满怀疑和规范被破坏的时候，正是学校强调那些与确定和稳定有关的价值之时。教育跟随着，而不是领导者。如果要使教育成为一种稳定的力量，这就意味着学校必须要发挥那种实际上的训练的作用。教材、教法以及作为一种社会组织之学校的生活必须要在下列方面加以典范化和理想化，这些方面是：合作，愉快，对于职任和职守的忠诚，勇气，对于挫折的不屈不挠，对于人们发现要做以及能够做的工作的进取性的努力，对朋友、家庭以及自己负有责任的人的忠诚,不弄虚作假以及愿意正视现实,清晰而可靠的思考。虽然这些可能并不是不朽的价值,但人们却可以非常自信地作这么一个大胆的预言,即它们对于今后千百年中的重要性同它们在过去的重要性是一样的。"①

从上面巴格莱所列举的十几个方面来看,可以分为两大类,即道德方面的训练和智慧方面的训练。这两方面训练的目的,乃是在于使社会环境有稳定的、确定的价值,并不致出现混乱。可见,要素主义教育的终极目的是为了资本主义社会的稳定和发展。

2. 课程

乔治·F. 奈勒认为,要素主义并不反对整个进步主义,而只反对它的某些具体的学说;要素主义者并不拒绝接受杜威的认识论,但否定他的轻率的追随者的言论,因为许多这样的追随者公开地否定教材的重要性。② 在课程的问题上,要素主义与进步主义的分歧决不是仅仅在于是否承认教材的重要性这一点上。事实上,要素主义不仅否定杜威的"轻率的追随者的言论",而且同杜威本人的课程论观点也是对立的。

第一,要素主义教育主张课程的内容应该是"文化要素",它提出的课程设置的原则是:

(1) 课程的设置首先要考虑国家和民族的利益。

巴格莱在《要素主义者的纲领》中,对于当时美国的"课程改革"运动提出了严厉的批评。巴格莱的批评集中到一点,那就是当时课程改革的理论从来没有认识到国家或民族对于学校教学的内容有着一种利害的关系,因而实际上否定了在全国人民的基础文化中,特别是在民主社会中所需要的共同因素。

(2) 要具有长期的目标

要素主义认为,"种族经验"之所以比"个人经验"重要,就在于前者具有永久的价值,它对于个人一生的生活也是受益不浅的。要素主义认为进步主义的一个失误就在于它破坏了教育上已经建立起来的一些模式,而过分强调儿童眼前兴趣和利益的重要性,过分注重"看来似乎是当前值得解决的重大问题",因而失去了长远的目标,这是不足取的。

(3) 要包含价值标准

在本节"教育目的"部分中已经提到,要素主义教育目的一个重要的方面是它的道德训练的特征。不言而喻,要素主义要求包含的当然是资产阶级所需要的"某种有关集体的价值标准,也就是社会上传统阶级的社会文化价值标准、本国政治领导人和思想界领导人(已故的和活着的)的价值标准,以及西方文明的'伟大'著作家的价值标准。为传授社会的传统,人们也必须传授社会的传统价值标准"。③

第二,强调学科中心和教材的逻辑组织。

进步主义主张"从做中学"的活动课程,它的一个明显的特点是,打破了学科之间的界线,同时也打破了每门学科自身的逻辑组织。对于这些,要素主义都是反对的。

---

① William C. Bagley. Education and emergent man: a theory of education with particular application to public education in the United States. New York: T. Nelson and sons, 1934: 155.
② 陈友松主编. 当代西方教育哲学 [M]. 北京:教育科学出版社, 1982: 86.
③ 理查德·D. 范斯科德等著. 美国教育基础 [M]. 北京师范大学外国教育研究所译. 北京:教育科学出版社, 1984: 54.

要素主义认为，学校的课程应该给学生提供分化了的、有组织的经验，即知识。如果给学生提供未经分化的经验，学生势必要自己对它们加以分化和组织，这将妨碍教育的效能。在要素主义者看来，要给学生提供分化了的、有组织的经验之最有效能和最有效率的方法就是学科课程。这种课程的一个重要特点或作用在于，它是由若干门学科组成的，而每一门学科都有自己特定的组织，这样，每一门学科及其发挥的智力训练的作用就能得到充分的发挥，不致造成活动课程那样的相互混淆以致削弱的现象。

要素主义主张课程严格的逻辑组织显然与进步主义和杜威关于教材组织应该心理学化的观点是相对立的。当然，关于课程的心理组织与逻辑组织两者之间的分歧，并非开始于进步主义与要素主义的抗争，而是起源于进步主义对传统主义教育的反对。早在进步主义主张教材组织应该心理学化时，传统主义教育就嘲讽这种新的课程组织除了能纵容孩子外，什么有益的结果也不能得到。当初两派争论得甚为激烈，并不断扩大范围，从普通教育扩大到师范教育中去。主张课程心理组织的人认为，教师对儿童要有同情心，而这种同情心需通过学习儿童心理学来加以培养，因此，教师的培训应该加强儿童心理学的教学。主张课程逻辑组织的人则认为，对于教师来说，最重要的是专业知识，而增加儿童心理学的教学，势必削弱专业课程的学习，因而也影响了教师的素质。这场争论的结果是明显的，随着进步主义势力的增长和传统主义的步步退却，主张心理组织的人也越来越多。

1935年，巴格莱发表了一篇题为《教材过时了吗？》的文章。在这篇文章中，巴格莱旧话重提，坚持教材的逻辑组织。这又引起了要素主义和进步主义的争执，一直到20世纪中期才结束。[①] 对于绝大多数要素主义来说，巴格莱的观点显然代表了他们的主张。

要素主义认为，小学阶段学习的"要素"是：阅读、说话、写作、拼音和算术，以及以后的历史入门、地理（也许还有其他一些社会科学，它们总是作为单独的学科来学习的）、自然科学与生物科学、外语；次一等的要素是美术、音乐和体育。中学阶段要把小学的各门要素加以扩大，使之更专门、更艰深。例如，算术要变成数学（代数、几何、三角、微积分）；自然科学变成物理学、化学和地质学。次一等的要素是美术、音乐和体育，还有职业科目和业余爱好的科目。允许各种形式的课外活动，如各种学生社团，体育运动、乐队或合唱队。要素主义强调，一些要求严格的科目如拉丁语、代数、几何，对心智的训练有特殊的价值，这些科目在课程中应占有重要的地位，应该作为中等学校的共同必修科目。此外，只有在这些学科不致受到干扰的情况下才能学习一些非要素的东西。

要素主义还要求，各门学科的讲授要有一定的次序，要组织成一个体系，此外，还要求有一定的难度，对学生的智力发展要有挑战的作用。

3. 教学

要素主义与进步主义在教师地位和作用问题上是对立的，其根源乃是在于两者哲学基础的差异。实验主义认为，由于实在是变化的，所以知识也不是静止的，人只有在经验的过程中，在活动中才能求得真知；真理不是某种外在于人类等待人们去发现的东西，它是由我们自己创造出来的。要素主义者或者认为"世界是按预定规律运行的"，或者认为"真理是外在于人而存在的，真理是发现的"。而且，要素主义的保守特征要求"发现属于

---

① John S. Brubacher. A history of the problems of education [M]. New York: Mc Graw-Hill Book Company, inc, 1947: 306.

事物本身的秩序，而不是把秩序强加于事物之上"。概括地说，两者在认识论和真理观方面的分歧在于，进步主义主张"创造"真理，而要素主义则认为真理是"发现"的。"创造"和"发现"导致了一系列的差异，在教师问题上的对立只是比较集中罢了。

从要素主义的观点来看，既然实在是客观存在着的，那么，无论教师还是学生，都是对这个实在的观察者，然而，两者又有区别，即教师是一个有知识有见识的观察者，而且，教师要使学生明白，我们的任务不是"创造"真理，而是"发现"真理。此外，他还要设法引起学生观察实在并"发现"真理的愿望。由于学生"想要"知道的东西和他"应该"知道的东西往往不一致，甚至还常有冲突，如果出现这种情况，那么教师还必须迫使学生明白，发现真理是必要的，在他形成自己对实在的看法之前，他必须首先明白专家、权威们是怎么认为的，否则他将一事无成。在要素主义者看来，教师应该成为学生心目中的专家、权威。

要素主义认为，教育过程中的主动性在于教师而不在于学生，教师应该处于教育过程的中心地位。因为组织儿童学习活动的是教师；在教室里保持学生遵守纪律，维护严格的价值标准，为学生提供有益于学生学习优良环境的也是教师。只有在教师的指导和控制下，儿童才能充分实现人类所具有的潜在的能力。

要素主义认为，教师应该拥有较大的权威，要用教师的权威去对"火热的一代"进行严格的控制。巴格莱说，"'权威主义'是一个令人讨厌的词，但当鄙视这词的人在以值得称赞的精神反对这词的某些含义时，甚至否认明显事实的权威，那么，他的论证也许正好适应激进的一代，可是却可悲地缺乏见解"[①]。

在教学方法方面，要素主义既反对进步主义，又区别于传统主义那种"布置作业——学生记忆——背诵"的方法，而是注重心智的训练。

要素主义认为进步主义倡导的问题教学法或设计教学法固然有一定的可取之处，但无普遍的适用性，因为不是所有的内容都能够通过经验、问题解决或设计来学到。此外，这些方法可能将学生的注意力引向一些具体问题，而忽视了知识的掌握。在要素主义者看来，学习的目的在于使学生掌握使他终身受用的知识、技能，而不能只以是否具有目前的价值为标准。为此，有些知识，即使眼前没有直接的实际效用，也必须要求学生加以掌握，并贮存在大脑中，以备日后之用。所以，在教学中，对要求学生掌握知识的内容和范围加以指定是完全必要的。此外，教学方法也不能完全排除记忆，不过，要素主义提倡的记忆，不同于传统教育鹦鹉学舌般的死记硬背，而是强调在对观念深刻理解基础上的记忆，有目的的记忆。

巴格莱在1905年写的《教育过程》一书中，充分利用了当时著名的权威学者提供的科学数据，从心理学和生理学的方面，论述了获得较好教学效果必不可少的基本原理。而他提出的教学方法基本上采用了赫尔巴特的五段教学法。此书曾再版27次，在当时具有非常广泛的影响。1934年，巴格莱发表《教育与新人》。在这本书中，巴格莱认为进化乃是一个由低级到高级的过程，在这个过程中不断地有新质的出现，而且这些"新质"不能由在它出现以前的低级阶段来加以说明。新人的出现意味着有两种"新质"的出现，即抽

---

① 华东师范大学教育系，杭州大学教育系编译. 现代西方资产阶级教育思想流派论著选[M]. 北京：人民教育出版社，1980：160.

象思维的能力和高级意志。因此，人的学习不同于动物的学习，人的高级阶段的学习也不同于低级阶段的学习；人的教育应当注意严格的理智教育，并要求学生刻苦努力。巴格莱还认为，教育是社会进化的主要因素，而教育的最高目的就是进行心智的训练。

关于要素主义提倡的心智训练，有两点需要加以说明。第一，心智的训练不能凭空进行，它必须要凭借具体的内容来完成，因此，任何学校都必须审慎地计划和安排包含有实质内容的教材。此外，不能把心智训练看成是强加到教学过程的东西，在他们看来，这种训练本身就是学习，也就是经验，如果离开了它，任何真正意义上的学习都不可能发生。

第二，由于人的本性，儿童往往不能专心致志于心智训练，甚至厌恶它，所以，心智训练不能凭借进步主义提倡的兴趣原则。然而，更重要的是不能把心智的训练看成是对儿童的一种惩罚。心智训练乃是对儿童具有积极意义的、有效的智慧、情感方面的陶冶。只有经过心智训练的人，才能对他自己的生活进行理性的思考并作出有理性的决定和行动；只有经过心智训练的人，才能够理智地分析环境而不是简单地适应环境。

在心智训练思想指导下的教学实践，要求学生刻苦学习，并强迫自己专心致志；教师要严格学业标准，否则将造成教育资金和"智力资源"的浪费，对于学习者和民主集体也是严重的不公道；教师要机智地运用奖励和惩罚手段，以创设良好的学习环境。在教学过程中不排除灌输，对学生最大的要求就是服从。

第四节 永恒主义教育

永恒主义教育代表了在西方有着悠久历史传统的人文主义教育思潮，或者说，永恒主义乃是 30 年代人们为复兴西方古老的人文主义教育传统所作的努力。因此，永恒主义教育最根本的特征是复古。

永恒主义者从根本上否定世界是变化的这种说法。他们认为，变化只是表面现象，而控制世界的最根本的原则是亘古不变的、永恒的，这是他们自称为永恒主义者的主要原因。

永恒主义者在 30 年代同进步主义者言辞激烈的争论，实际上是 20 世纪科学和人文主义竞争的一种表现。事实上，科学和人文主义的竞争，贯穿于 20 世纪教育思想发展的过程之中，这种竞争乃是理解 20 世纪教育思想发展的一个重要的线索。

一、永恒主义的产生

永恒主义与历史悠久的人文主义教育传统有着一脉相承的联系。进步主义教育的兴起不仅引起了以保守为特征的要素主义的批评，而且因为它降低了人文主义研究的重要性，使人文主义学者深深不安，于是，"他们开始写文章、发表讲演，呼吁人们注意教育理论、学校实践与他们认为是体现在人文主义传统之中的价值之间的矛盾"[1]。

关于以恢复西方历史悠久的人文主义传统为宗旨的永恒主义教育的由来和发展，拉格（Harold Rugg）作了比较具体的阐述[2]。根据拉格的叙述，20 世纪 20 年代，在美国一些

---

[1] 罗伯特·梅逊. 西方当代教育理论 [M]. 陆有铨译. 北京：文化教育出版社，1984：26—27.
[2] Harold Rugg. Foundations for American education [M]. New York：World Book Co., 1947：4—8, 612—627.

学院和大学讲授经典著作的"不受约束"的青年教师形成了一个小团体，其中的核心人物是：赫钦斯（Robert Maynard Hutchins），人们称他为"神童"，29岁任耶鲁大学法学院院长，30岁任芝加哥大学校长；艾德勒（Mortimer J. Adler），哲学教授；麦克凯恩（Richard McKeon）和布坎南（Scott Buchana）；巴尔（Stringfellow Barr）；多琳（Mark Van Doren）。这些人都出生于1900年前后，而且都是在保守的私立学校和学院接受教育的。

20年代后期，艾德勒和多琳都成为哥伦比亚大学约翰·埃斯克纳"优等"课程（John Erskine's "honors" course）的教师，这个学程由少数学生和教师组成，主要是在一起阅读和讨论大约50部经典名著。在这期间，艾德勒和布坎南产生了后来被称作为"百本名著（the Great Books）计划"的念头，而且把这种想法告诉了赫钦斯。布坎南带着这个想法来到弗吉尼亚大学，在那里他与巴尔反复斟酌，在原先的50部名著的基础上又增加了50部名著。几年以后，赫钦斯担任芝加哥大学校长（1929），并将艾德勒、麦克凯恩、布坎南都聘为芝加哥大学的教师。

这些青年教师为宣传自己的观点，发表了大量的著述和讲演，因而逐渐扩大了影响。开始时人们把他们称作为"Great Book Boys"（似可译为"名著仔"）。艾德勒对这个名称不太满意，提出他们应该自称为"Perennialists"（永恒主义者），永恒主义也因此而得名。

赫钦斯担任芝加哥大学校长并把艾德勒等著名的永恒主义者招募到他麾下之时，正是美国开始陷入经济危机的时候。在30年代，围绕学校社会作用这一问题的争论，进步主义教育备受批评和攻击，永恒主义趁势而起，成为在美国有很大影响的一个教育哲学流派。1930年以后，虽然永恒主义者之间对一些具体的细节上存在着分歧，但他们对于下列几点的意见是一致的：

"（1）自然主义的、实用主义的和科学的哲学以及学校中居支配地位的教育实践是不适当的；

（2）学校需要有来源于自然主义哲学和实用主义学说之外的指导价值和标准；

（3）我们所需要的这些价值和标准可以在希腊、希伯来和西方世界的基督教传统中找到。"[①]

永恒主义者强调，教育的中心应该是体现在"名著"之中的西方的伟大传统和智慧，而它们之所以重要，是因为可以给人们提供一个关于人性、人的价值、人的命运的永恒的真理，可以引导我们解决当前社会存在的问题，并可避免错误和混乱。永恒主义者认为，虽然不能绝对排除科学和科学方法，不能将它们从学校的课程中全部勾销，但它们必须从属于人文主义的传统并要采用获得真理的理性的方法。

永恒主义者对进步主义教育提出了直接的批评。攻击进步主义是"无政府主义的个人主义"、"腐败的解放主义"、"对民主主义最恶毒的歪曲"。

永恒主义者对当时的苏联抱敌视、攻击的态度。30年代后期，德国纳粹和意大利法西斯主义兴起，永恒主义者把当时的苏联和它们相提并论，而且认为杜威的哲学将破坏美国的所谓民主传统，杜威所主张的民主主义实质上是一种披着民主主义外衣的极权主义，其危害作用甚至超过希特勒。艾德勒说，"现代文化的缺点乃是它的智力领导人，它的教师和学者的缺点……对于民主的最严重的威胁是这些教授们的实证主义，它支配着现代教

---

① 罗伯特·梅逊. 西方当代教育理论[M]. 陆有铨译. 北京：文化教育出版社，1984：27.

育的每一个方面，而且是现代文化的最主要的腐败。民主主义害怕它的教师的思想更甚于害怕希特勒的恐怖手段。两者是相同的恐怖，但希特勒的恐怖手段更诚实、更始终如一……因而危险性也小一些"。①

永恒主义者一方面著书、讲演，宣传自己的观点，同与自己意见相左的其他教育哲学流派，尤其是进步主义开展论战，另一方面还身体力行地进行他们的实践，推行他们的"百本名著计划"。

永恒主义作为现代的一种教育哲学流派，是在反对进步主义的过程中勃然兴起的，而且永恒主义者和进步教育之间的论争也有声有色、声势浩大，一直持续到第二次世界大战之后。这也吸引了其他许多在大学里讲授古典著作的教授，以及诗人、作家参加到他们的行列，其中著名的有诺克（A. J. Nock，著有《美国的教育学说》）、巴比特（Irving Babbitt，著有《人文主义和美国》），莫尔（Paul Elmer More，著有《希腊传统》），福尔斯特（Norman Foerster，著有《美国的州立大学》），海特（Gilber Highet，著有《教学的艺术》）和埃利奥特（T. S. Eliot，著有《对一种文化定义的注释》），此外还有英国的希腊学研究者利文斯通（Richard Livingston，著有《保卫古典语言》、《论教育》、《虹桥》等）。

永恒主义的代表人物赫钦斯于1977年去世，而另一位重要代表人物艾德勒针对美国教育改革问题在1985年还发表了"派地亚建议"一文（"派地亚"是希腊语Paideia，现一般指古典时期希腊文化和希腊化时期文化的教育体系），这篇文章仍然体现了他的永恒主义观点。

二、思想基础

1. 哲学基础

根据对于宗教的态度，永恒主义可以分为世俗派和宗教派，这两派的哲学基础都是古希腊时代以来的唯心主义哲学。

布拉梅尔德曾对永恒主义的哲学基础作过评论。他认为，永恒主义"大量地吸收了柏拉图、亚里士多德和阿奎那这三位思想家的思想，仅仅对他们的原则作一些表面的修正，而且往往只是以一种更适合于20世纪的术语来表达他们的原则。宗教派永恒主义者和世俗派永恒主义者的区别在于神学方面——前者维护罗马天主教会的至上权威，以及罗马天主教会对于永恒主义学说的解释。然而，如果从文化的，因而也是教育的推断来加以识别，那么，永恒主义哲学的这两翼都承认许多共同的原则，这至少同要素主义哲学之实在论与观念论两翼的情况是一样的"②。

布拉梅尔德还对永恒主义者根本的哲学观点作过概括。永恒主义者认为实在乃是潜在于物质之中的永恒的形式之展现。在肯定这个原则的前提下，永恒主义者之间对实在的观点也有一些差异，一种是对实在的目的论倾向，认为所有的存在都有一种追求目的的特征；另一种是超自然主义的倾向，认为存在着一种绝对的精神领域，它最终控制着所有低于它的领域。在认识论方面，永恒主义者认为，认识要经历从全然无知到经验的和意见的

---

① Harold Rugg. Foundations for American education [M]. New York: World Book Co., 1947: 623—624.
② James A. Johnson. Introduction to the foundations of American education [M]. Boston: Allyn and Bacon, 1973: 364.

水平，再到理性和精神的水平。在价值论方面，则认为道德从属于"智慧"。

2. 崇尚古代文明

在永恒主义者看来，古希腊是人类的黄金时代。在那个时代，人与自然、人与社会以及人与人的关系完美和谐；人们知道人的价值并且尊重人的价值，知道如何教育自己的孩子，知道教育是使人过真正的人的生活的重要手段。永恒主义认为，人性是不变的，控制宇宙的永恒法则也是独立于时间和空间的，所以，适合古希腊人的教育同样也适合20世纪的美国人。

哈罗德·拉格曾经说过，"从对他们作品的研究中，我们只能得出这样的结论，即他们要把历史时钟的指针倒拨几百年，并且从'过去'那里获得他们的第一原理以及他们的教材"。①

永恒主义赞赏过去的黄金时代，并非真正要现代的人过古代的生活。永恒主义也不是主张社会的发展就此停止。从一定的意义上说，永恒主义不仅承认变化的事实，而且也主张变化和改善。这一点同进步主义应该说没有根本的对立。永恒主义同进步主义的深刻分歧在于如何看待这种变化。永恒主义认为，在变化的现象中存在着一种永远不变的模式或形式，教育的任务就是使青年人理解它们，从而使人可以预言并规范变化。否则人们便不能理解宇宙和生活的意义，人类也就没有希望。

永恒主义与要素主义也有差别。要素主义同进步主义一样，也强调经验。要素主义和进步主义的区别在于前者强调的是经过历史检验的种族的经验，后者则重视个人的经验。然而永恒主义则从根本上否定经验的作用。无论是个人的经验还是种族的经验，他们认为都是不可靠的。在永恒主义看来，只有人的理性才是可靠的。此外，永恒主义想从这些传统中发现的乃是普遍的永恒的真理，并用它来改造现存的文化模式。

对于现代的科学技术文明，永恒主义者认为，科学固然可以确定事实，给人以力量，然而，科学并不能告诉我们发展、变化的目标；它既可以为好的目标服务，也可以助纣为虐。此外，科学本身无法认识人、知识、道德的价值，它也无法发现生活的真理。所以，科学、技术的进步并不意味着文明的发展。因此，人的生活的价值，美好生活的标准并不取决于科学、技术发展给人带来的物质享受，而取决于人的灵魂、理性对永恒原则的理解，而且这种理解并不带有功利的性质，而是为理解而理解。

永恒主义认为，无论人的价值实现，美好生活的获得，或是统一和谐社会的建立，都必须求助于对永恒原则的追求。现代社会出现的种种麻烦、混乱，其根源全在于人们无视、抛弃了这些永恒的真、善、美原则，迷恋于科学技术的作用。由于人们对科学主义的崇拜，造成了社会上普遍存在的物质主义。赫钦斯对这一点作出了概括。他认为，当时美国出现的问题"是道德的、理智的和精神的。我们发现，当今世界麻烦的根源乃是一种普遍性的物质主义（materialism），一种破坏性的对于物质的欲望，它把一切都席卷到地狱的边缘，或许已越过了这个边缘"。②永恒主义认为，物质主义已经占领了美国的文化、国家、教育和道德。对于物质享受和金钱的追求造成了教育上的"商业主义"和"职业主义"，要从根本上扭转这种现象，教育必须转轨，抛弃科学主义，而转向对第一原则的追求。因此，教育要回到古代去。

---

① Harold Rugg. Foundations for American education [M]. New York: World Book Co., 1947: 8.
② 同上书，620.

永恒主义认为，对于人类来说最重要的是诸如什么是美好生活、什么是好的社会、人的本性和命运是什么等关于人类存在的问题，而对于这些问题的认识和解决，只能通过自由教育。赫钦斯说，"自由教育包括自由艺术方面的训练以及对于那些使人类生气勃勃之最主要观念的理解。它旨在帮助人类学会为他自己思考，发展他的最高级的人的力量。诚如我说过的那样，这是一种为了最好的最好的（the best for the best）教育，这一点从未被否认过"①。永恒主义强调，自由教育要发展纯粹的理性，要获得形而上学的知识，要能使学生"像古人思考的那样去思考"，要"回到古人那儿去"，"和古代伟大人物的思想取得接触"。为此，自由教育注重概念和理论的理解，而不重视现成的事实材料的传递、吸收，以及具体技能技巧的发展。因为前者是永恒的，而后者只有暂时的用途。

应该强调指出，永恒主义蔑视近代实验科学的"复古"特征，不仅仅是反对体现在科学、技术之中的各种混杂的观念，以及由此带来的不确定、不可靠的特征。他们主要反对的是依据实验科学和技术所形成的当代文化的模式。科学技术所形成的文化模式改变了对于人性、知识和价值的传统观点，使人成为技术社会里的奴隶。在永恒主义者看来，科学技术就像英国女作家雪莱（Mary W. Shelley）小说中的生理学研究者所创造的怪物一样，他创造了这个怪物，然后他本人却被这个怪物毁灭。人类发展了科学技术，然而，如果人类不以永恒的真、善、美原则指导科学技术，那么，现代社会也可能毁于科学技术，成为一种没有灵魂的做法自毙者，它最终将导致资本主义社会的覆灭。

三、永恒主义教育的基本主张

1. 教育的性质和目的

永恒主义对教育的性质的看法有两个前提。一个前提是，世界受真、善、美原则的控制，而这些原则是独立于时间和空间，独立于特定社会条件的，换言之，它们是亘古不变的、永恒的。另一个前提是，人性是不变的。由这两个前提，永恒主义得出结论：教育的性质是不变的、永恒的。

永恒主义强调人性不变，并不排斥儿童具有可塑性。事实上，如果否认儿童的可塑性，任何教育都无从谈起，这是一个不言而喻的前提，对永恒主义教育来说，当然也是如此。永恒主义关于人性不变的观点，包含两个要点，第一，儿童的可塑性是有限的；第二，任何时代，任何地方的儿童都具有一种普遍的、共同的本性。正因为如此，赫钦斯在《民主社会中教育上的冲突》这本书中花了大量的篇幅分析了诸如适应论、直接需要论、社会改造论等学说的"明显的失误"，并从这些失误中想到"我们需要一个比较好的教育定义"。

永恒主义对教育目的的论述有一个重要的前提，即教育乃是人类的一种活动，是人类许多活动的一个方面，所以，对教育目的的论述应该局限于教育这种活动的范围之内。根据亚里士多德的观点，世界上万事万物都是一种追求目的的活动，都是潜在能力的展开。对于人的种种活动来说，所追求的根本目的就是幸福。在永恒主义者看来，幸福不能作为教育目的。艾德勒认为，之所以不能把幸福作为教育的根本目的，是因为这样做将不能把教育活动

---

① Robert M. Hutchins. The conflict in education in a democratic society [M]. New York: Greewood press, 1953: 83—84.

同政治活动、家事活动以及其他人类的艺术活动区别开来,因为所有这些活动的根本目的都是为了幸福。所以,对教育目的的理解,应该针对教育这种特殊的人类活动的过程。

永恒主义认为,教育的根本目的就是发展那些使人同动物区别开来的根本特征,即人之所以为人的特征,把人塑造成为人。当然,不同的永恒主义者,甚至同一个人在不同的场合下,对于教育目的的表述措辞各异,如"培养人类的智慧"、"发扬人性"、"改善人"、"使人成为人"、"培养各种理智的美德"等,然而万变不离其宗,都涉及"人"以及其理性的、道德的、精神的方面。

永恒主义的这种教育目的观,诚如上文所述,乃是基于他们的人性观,世界观。如果人性得到发展,他就可以理解控制真实世界的永恒原理,并把这些永恒的原理应用于特定的情境,从而表现出和谐、自制和文明,成为一个高尚的人。如果人性得到充分发展,他不仅能够控制环境,而且还由于掌握了真理而富有人性。此外,由于人性得到充分发展,他能更好地理解他所生活的世界,以及自己在这个世界中的地位、作用和责任。最重要的是,发展人性的教育将努力使学生知道什么是最大的善,帮助学生了解并建立一个价值等级,这将使他具有高度判断力和道德感。

2. 社会文明需要自由教育

永恒主义者认为,对于工业和技术的迷恋,造成了西方社会精神和文化的堕落,使西方社会面临覆灭的危险。

由迷恋科学技术所造成的物质主义,需要由道德、智慧和精神的力量加以改造,其基础乃是自古希腊社会以来西方传统的对于人性、生活的目的观念的信任。拯救危机的最有效的办法就是恢复所谓西方的伟大传统,至少要在实际上恢复古代的那种稳定的,以哲学而不是科学为定向的社会。在教育方面,西方社会的文明则需要自由教育。

第一,自由教育是西方的、传统的。自由教育起源于古希腊时代,为古罗马人所延续,并在中世纪的教会学校中得到蓬勃发展,迄于19世纪末,在欧洲和美国的中等教育中始终有着影响。作为西方的、传统的自由教育并不因为具体历史条件的变化而过时,因为了解传统乃是使人获得自由的一个重要条件。在美国,自20世纪开始,人们曾用工业主义、民主主义的教育来替代它(赫钦斯认为自由教育是在1925年被扫除的,其标志是那一年耶鲁大学关于文科学士学位是否需要拉丁语的争论),然而,这导致了教育上的满足直接需要论,适应环境论,职业训练泛滥,物质主义流行等弊端。

第二,民主社会需要自由教育。自由教育起源于古希腊。当时的自由教育主要是为了巩固理想的社会秩序,所以,自由教育是为有闲暇时间的人和社会统治者即"哲学王"设计的。"柏拉图的全部教育体系归宿于这种'哲学王'……因为他们是根据来自理念世界的普遍、绝对真理来治理国家的;这样的国家将是万世一系的,因为'善'的观念是永恒不变的。"[①] 关于古代的自由教育为贵族统治服务这一事实,永恒主义并不否认,然而,这丝毫不妨碍自由教育为现代的民主社会服务,而且,民主社会对自由教育不仅是需要的,而且是可能的。因为,民主社会的每个公民都有选举权,都是统治者,所以民主社会的每个公民都应接受这种教育。此外,工业的发展为社会成员提供了很多闲暇的时间,这

---

① 曹孚,滕大春等编. 外国古代教育史[M]. 北京:人民教育出版社,1981:57.

不仅为所有的人接受自由教育提出了可能性，而且还提出了必要性，因为公民不能理智地利用闲暇时间是危险的，它将导致道德的衰败、社会的退化。

第三，工业社会需要自由教育。工业社会变化迅速，各种职业层出不穷，教育若以职业培训为定向，难免疲于应付。在这种情况下，更需要自由教育。永恒主义认为，自由教育以理论思维为定向，凭借理论的力量，自由教育可以产生适用于各种环境的知识。"更重要的是，这种类型的教育比其他类型的教育更容易使学生领悟理论乃是一种使知识一体化的手段（device），它可以填补已知东西之间的间隙，能够灵活地对付新的、不确定的情境，而且能够探索未知的东西。"①

3. 课程

从教育理论的角度考虑，教育内容或课程涉及的第一个根本问题就是，为了实现教育目的，什么知识最有价值或如何选择学科。永恒主义对这个问题的回答是明确而肯定的，那就是具有理智训练价值的传统的"永恒学科"的价值高于实用学科的价值。在永恒主义的课程里，"那些职业训练方面的'如何做'（'how-to-do-it'）的学程（couse）是列在黑名单中的，其根据是它们强调技术，而不是理解；它们强调具体的技能，而不是理论"。②

赫钦斯在《美国高等教育》一书中说，"课程应当主要地由永恒学科组成。我们提倡永恒学科，因为这些学科绅绎出我们人性的共同因素，因为它们使人与人联系起来，因为它们使我们和人们曾经想过的最美好的事物联系起来，因为它们对于任何进一步的研究和对于世界的任何理解是首要的"。③ 他紧接着说，"永恒学科首先是那些经历了许多世纪而达到古典著作水平的书籍"，然后他比较具体地论述了"这些书"的重要作用。

如果把重要的永恒主义者对于教育内容或永恒学科加以综合并系统化，那么永恒主义提出的永恒学科围绕着理智训练这一宗旨，大体上可以分为三类：理智训练的内容；理智训练的方法；进行理智训练的工具。这些都和"不因时代改变而改变"的传统的"自由艺术"（liberal arts）有着密切的联系。

就理智训练的内容来说，永恒学科有：哲学、文学、历史。这些学科表达了人类普遍关心的问题，体现了某些永恒不变的东西，可以指导我们解决当前的政治、经济、道德和科学的问题。

就理智训练的方法来说，永恒的学科有数学、科学、艺术。数学是一门以最明确最严格的形式阐明推理的学科；"几何学是自然的钥匙，谁不是几何学者，谁就永不明了他所生活和依存的世界。"（阿兰语）科学可以培养人们归纳的习惯，论证的习惯。艺术乃是正确的推理过程和创作的能力。

为了使理智的训练得以顺利进行，学生还必须掌握一些必需的工具或技能，这主要是指读、写、算的知识技能。此外，为了能直接阅读经典著作，除了掌握本国的语言即英语之外，还必须掌握古典的语言，主要是拉丁语和希腊语。根据拉格的说法，永恒主义者提

---

① Richard Pratte. Contemprary theories of education [M]. Scranton: Intext Educational Publishers, 1971: 180.
② 同上.
③ 华东师范大学教育系，杭州大学教育系编译. 现代西方资产阶级教育思想流派论著选 [M]. 北京：人民教育出版社，1980：206.

出的名著有一百本左右。① 在这份清单中，四分之三写于1800年之前，三分之二写于1700年之前，只有两本是20世纪的。美国人写的只有一本，即詹姆斯（William James）的《心理学原理》。近一百年来欧洲人写的著作只有2本，即马克思的《资本论》和弗洛伊德的《癔症研究》（Studies in Hysteria）。② 其余的多为古典的哲学、文学、历史等人文学科方面的著作，也有部分自然科学方面的，其中多数为古希腊和罗马时期的作品。例如古希腊盲诗人荷马的《伊利亚特》，古希腊戏剧家埃斯库罗斯的《阿加绵农》，柏拉图和亚里士多德的哲学著作，古希腊历史学家修昔底德（Thou-kydides）的《伯罗奔尼撒战争史》，欧几里得的《几何原理》，古罗马历史学家塔西佗的《年代记》；中世纪教父哲学主要代表圣·奥古斯丁的作品，阿奎那的《神学大全》；近代的有牛顿的《原理》，麦克斯威尔的《电磁学》，莎士比亚的戏剧作品，黑格尔的哲学著作等。

对于永恒主义者之所以选定这些书作为教材，它们之所以称得起"名著"的理由，赫钦斯作了很好的说明，"这些书历经若干世纪，获得了经典性。经典著作乃是在每一个时代都具有当代性的书籍。例如，苏格拉底对话提出的那些问题，对于今天来说，就是同柏拉图写这些问题的时候同样地紧迫。这些乃是我们知道的最好的书籍。没有读过这些书的人就是没有受到过教育。如果我们读牛顿的《原理》，我们便看到了一个伟大的天才在活动"。③

马克·范·多琳认为，名著课程和教材对于克服当时以科学主义、实证主义为基础的美国教育尤为重要。他说，"如果这份书单不完美的话，它可以由那些已经学过和将要这么学的人来完善。它目前对于自由教育的关系在任何情况下都是巨大的，因为它代表了当代美国在建立一个……唯一合理的课程方面所作的头等认真的努力"。④

永恒主义者认为，名著课程和教材具有下列优越性。第一，它是实现教育目的的最好途径。经典的名著包含了关于宇宙的见解和观念、正确的思维方法，论述了人类永恒的道德问题，因而体现人类应该考虑的永恒的原则和内容。第二，名著的定向都是概念的、理论的，从任何意义上讲，它都不是技术的、应用的。学习名著比学习一般的教科书更能对一个人的智力提出挑战，它可以促进学生智慧的发展。第三，读书本身就是一种很好的理智的训练。名著都是出自作为人类之精华的伟大的知识分子之手。人们在阅读名著的过程中，不仅受到他们伟大思想的熏陶，而且实际上也是在同这些伟大人物进行交流、对话和讨论。最重要的是，读书对智慧训练的价值还在于可以发展人们独立思考的能力，养成独立思考的习惯，所以赫钦斯说，"要破坏西方独立思考的传统，并不需要焚毁书籍。只要两个世代不去读它们就可以做到"。⑤ 第四，不读这些名著，就不可能理解当代的世界。在永恒主义看来，现代的伟大成就早在这些名著中已见端倪。赫钦斯称之为"原始的开始"，利文斯通则说作"各门学科得以生长的土壤"，两种表述的意思是一致的。除了能够

---

① 关于永恒主义者提出的"名著"的数量，不完全一致。布坎南和巴尔提出的书单是100本，马克·范·多琳提出的是125本。

② Harold Rugg. Foundations for American education [M]. New York: World Book Co., 1947: 624—625.

③ 同上书, 625.

④ 同上.

⑤ 华东师范大学教育系，杭州大学教育系编译. 现代西方资产阶级教育思想流派论著选. 北京：人民教育出版社，1980：214.

理解当前各个学术领域的发展之外，名著还能使我们理解当前世界的各种病态的，混乱的现象，人们会明白，这一切都是"由于失去更早的时代曾经想的和做的事情所导致的"。

在初等教育方面，永恒主义认为其主要任务不是提供经验，因为这可以由儿童的生活去完成。学校应该给年幼儿童为他们将来成熟的理性生活打下基础，主要是养成良好的道德习惯、进行读、写、算的基本训练。

中等教育是在初等教育的基础上进行自由教育，为以后学习"名著"做好准备。中等教育的课程主要是人文学科，如哲学、语言、历史、艺术、数学、自然科学等。在中等教育方面，永恒主义特别强调下列几点：第一，注重语言的学习，除了英语之外，还要学习希腊语和拉丁语，因为掌握语言技巧乃是自由教育的基础。第二，中学三、四年级的学生要阅读名著。第三，科学置于次要地位，经验科学不能成为课程的中心。第四，纯粹的职业训练肯定要排除在外。第五，不设选修课，因为学生尚未掌握选择的标准，而且往往要受时尚和自己一时的兴趣所诱惑。

4. 教学方法

具体教学方法之选择都离不开对于人性的基本看法，正如赫钦斯所言，"如果人是像别的动物那样的野兽，那么，权力超过他们的那些人就没有理由不该拿他们当野兽对待。而且，他们也没有理由不受到像训练野兽似的训练"。① 人是有理性的动物，所以，塑造人，使人成为人的教育，既不能将学生当野兽对待，也不宜使他们受野兽似的训练，而是要"帮助"、"促进"人的灵魂积极的活动。

散见在永恒主义者论著中关于具体教育方法的论述有：反对灌输；反对填鸭式的记忆；发挥家长作用，督促、鼓励孩子多做家庭作业；严格要求、"沉思"的学习方法，教室有修道院气氛，等等。上面所列各项，或者由于它们是一般教学理论的"常规武器"，或者由于永恒主义者的论述流于一般，在此不拟作全面介绍。在永恒主义者关于教学方法方面的主张中，最有特色的是苏格拉底的问答法和读书。

永恒主义之所以极力推崇苏格拉底的方法，是有其深刻的文化背景的。如上文所述，永恒主义者在一定的意义上把所谓西方文明界说为"自由探索"的文明，通过"交流"、"对话"、"辩论"探索永恒真理的文明，而苏格拉底方法乃是这种文明的始作俑者。这种通过对话、辩论实现对话、辩论双方共同训练理智的传统，自中世纪结束以后，特别是实验科学的兴起遭到了冲击，人们逐渐注重个别发现、发明。为了保存作为所谓西方文明的脉系，他们除了主张学习西方传统、阅读西方名著之外，还要强调苏格拉底的教学方法。

除了上述文化上的原因之外，永恒主义还认为，苏格拉底的方法最能发展人性、实现理智训练的目的。苏格拉底善于从任何一个极普通的论题中引出最重要的问题，并围绕问题展开批评、讨论、质疑、争辩，其中没有任何强迫、灌输。控制对话双方的是一个、也只有一个共同的原则，即矛盾律。所以，这种方法从根本上避免了知识、道德观念的灌输，符合人性发展的规律，所以，这乃是真正的施之于人的教学方法。

几乎所有的永恒主义者都强调要读书，因为"自由艺术就是交流（communication）的艺术"，而读书就是同杰出知识分子、"名著"作者交流的最好的方法。

---

① Robert M. Hutchins. The conflict in education in a democratic society [M]. New York: Greewood Press, 1953: 69.

永恒主义之所以强调思想的交流，读书，是因为他们认为交流既是必要的，又是可能的。第一，人类思想的伟大产品乃是全人类共同的遗产，也是不同国家得以协作相互理解的共同的思想基础。第二，无论当代的政治还是实验科学，都破坏了世界的统一性。然而，人类的共性多于他们的个别差异，人类应该有共同的基础，而这种基础只有通过交流取得一致意见才能达到。

作为一种重要的教学方法，永恒主义者心目中的"读书"，除了它本身具有的交流思想的功用之外，更重要的还在于它具有理智训练的价值。

为了要读书，首先要知道怎样去读，所以，要读书必须首先接受文法的训练。赫钦斯认为，文法的训练可以训练心灵的逻辑能力。这对培养有条理的思维是大有裨益的。艾德勒认为，真正的读书不仅仅是接受，他要同作者进行讨论，此外，他还要通过读的时候发现的问题进行思考和推理，显然，这本身就是一种理智的训练。

总而言之，永恒主义主张的教学方法，无论是苏格拉底的方法还是读书，都注重思想的交流。在高等教育阶段，其主要的方法就是阅读名著和讨论（苏格拉底法也可以说是一种讨论），在他们看来，这些乃是进行理智训练，发展人的理性的最好方法。艾德勒在《如何读书》中的一段话对此作了很好的说明，他说："受过良好阅读训练的心灵已经发展了它的分析和批判的力量。受过良好的讨论训练的心灵进一步增强了这种分析和批判的力量。通过耐心的、通情达理的辩论，人们获得了在辩论中容忍对方的修养。这样就抑制了那种把自己的意见强加给别人的动物性的冲动。我们懂得了只有理性才是唯一的权威；在任何争端中，只有理性和证据才是唯一的仲裁者。我们不能试图通过显示力量或以众压寡来取得优势。真诚的辩论不能依靠意见的力量来解决。我们必须诉诸理性，而不是依靠人多而造成的压力。"[①]

---

① 罗伯特·梅逊. 西方当代教育理论[M]. 陆有铨译. 北京：文化教育出版社，1984：46.

第二章 西方教育思潮（下）

本章主要叙述第二次世界大战以后几种比较重要的教育思潮，它们是分析教育哲学、存在主义教育和后现代主义教育。

20世纪以来，科学和人文主义的竞争始终是西方教育理论和教育实践的一个重要主题。在维护资本主义制度的前提下，两者争论的焦点在于，教育是否接受科学以及建立在科学基础之上的哲学的指导。30年代西方各种教育思潮的派别之争，充分地说明了这一点。

第二次世界大战以后，30年代开始的争论以新的形式仍然继续进行。然而，战后出现的资本主义阵营与社会主义阵营之间的"冷战"，以及"冷战"态势下增强国家军事、经济实力的迫切需要，迫使国家对教育进行直接干预，以培养国家急需的专业人才。在这种形势下，围绕进步主义教育而展开的那种争论显得没有多大的意义。教育关注的新的焦点是"效率"和"优秀"。以美国为例，20世纪50和60年代，美国几乎同时出现了主要以心理学理论为基础的两个教育运动。一个是以布鲁纳（Jerome Bruner）和施瓦布（Joseph Schwab）为代表的学科结构运动，另一个是以斯金纳为代表的新行为主义教育理论。两者的理论基础迥异，然而所要达到的目的却是殊途同归，因为两者所要解决的问题都是怎样才能教得更多、更快、更透彻。

上述两个运动的重点分别在于课程和教学方法的改革。在教育理论的建构方面，由于分析哲学和存在主义哲学的影响，这一时期出现了两种教育思潮，一个是以教育理论科学化和实践化为主旨的分析教育哲学，另一个是以人文主义为内涵的存在主义教育。60年代以后，西方国家出现了一股新的哲学、文化思潮——后现代主义，此后，后现代主义思潮开始陆续影响教育，80年代以后形成了后现代主义教育思潮。

第一节 分析教育哲学

分析教育哲学是将分析哲学的方法应用于教育领域而形成的一种学术性的教育哲学思潮。它认为教育哲学不是一个知识体系，而是一种"清思"活动。分析教育哲学家不应该对教育工作者发布指令，为他们提供教育准则，设计教育方案，而应该对教育领域的概念和命题进行澄清，并通过澄清，使教育理论科学化、实践化。

一、分析哲学和分析教育哲学

1. 分析哲学

分析哲学是20世纪以来西方最主要的哲学思潮之一，其源流可以追溯到苏格拉底。苏格拉底的"谈话法"（dialogue）体现了哲学活动"清思"的特点。他与听众讨论诸如

"正义"、"知识"等概念时,采用分析的方法进行检查和澄清,从而获得适当的界说,使大家意见一致。后来西方哲学的发展偏离了这个方向,正像怀特海曾经评论过的那样,西方哲学成了柏拉图哲学的注脚,就是说,西方哲学传统抛弃了分析的方法,专注于哲学的内容。直到20世纪初期,作为一种"哲学的革命",分析哲学才又兴起。

分析哲学有两个主要的分支:一个是逻辑实证主义,另一个是日常语言学派。

逻辑实证主义。逻辑实证主义形成于20世纪20年代前后,其倡导者主要是维也纳小组成员,然后流行于英国和美国。

逻辑实证主义的产生同自然科学的迅速发展有关。自然科学运用经验的方法来发现真理所取得的成功,使西方哲学感到,哲学依靠纯粹的思辨、推理所获得的关于世界的那些结论,同自然科学和社会科学通过经验的方法所得到的结论相比,显得没有根据。为此,他们认为只有科学才是真正的学问,只有科学的方法才是真正的哲学方法,并提出了著名的"证实原则":一个陈述只有能够用数学或逻辑的原则加以证实,或者得到经验的或感觉的材料的证实,才算是真的,才具有意义,如果不能得到这两种证实,那么就是无意义的。在他们看来,传统哲学关于本体论、价值论的那些陈述都没有实际的、客观的意义,仅仅表达了人们的感情。

逻辑实证主义的基本观点可概述如下。

(1)哲学的任务是逻辑分析。真正的哲学完全是批判的和分析的,而不是思辨的。它并不创造新知识,而是通过检查名词的意义和名词之间的逻辑关系把旧知识解释清楚。

(2)大多数规范性判断,无论是道德判断、宗教判断,还是审美判断,都是不能用经验证实的,因而是无意义的。

(3)所有在认识上显示出具有重要意义的论述,都可以毫无例外地分为分析命题或综合命题。所谓分析命题,又称重言论述(tautologies),即被定义的名词内涵的意义可保证该命题的真实性。例如"老处女是女性","老处女"这名词本身就意指"女性"。所谓综合命题,即这种论断已超出该名词内涵的意义,必须由后面的经验证实,只有被经验证实之后,才是真实的。上述两类命题包括逻辑和数学的形式命题、科学的论述以及可以通过经验证实的一切其他命题。

(4)所有综合性的命题都可以简化为能用逻辑—符号—语言来表达的基本经验的论述。只有使用逻辑—符号—语言来表达才能使之意义精确,概念前后一致,更经得起验证。

日常语言学派。逻辑实证主义的严厉观点引起了哲学界的不满,甚至一些分析哲学家也批评它的概念和方法过于死板和狭窄。但这些分析哲学家又不愿意回复到传统的思辨和形而上学的哲学方法上去,而主张把哲学分析的重点转移到人们日常所使用的语言和概念上去,因而被称为日常语言学派。

日常语言学派认为,长期以来,哲学想要解决的许多问题是由于人们对一些重要的概念加以混淆并作出了错误的解释所造成的。如果人们能够澄清这些概念并确定其一般的意义,那么我们至少就能够理解这些问题究竟是什么,以及如何来解决它们。任何概念的意义都是同人们所使用的日常语言有关的。虽然哲学不能创造出它自己的特殊的语言,但它却能够根据使用各种词汇的背景来澄清它们的意义,这样人们就能达到一致的理解。

日常语言学派出现于30年代后期,在50—60年代兴盛起来。它的主要代表人物有吉尔伯特·赖尔（Gilbert Ryle）、约翰·奥斯丁（John Austin）和穆尔（G. E. Moore）等人。对日常语言学派产生深刻影响的是维特根斯坦（Ludwig Wittgenstein）后期的思想。应该指出，就像维特根斯坦早期的思想影响了维也纳学派，但他本人并不是逻辑实证主义者一样，他也不是语言分析哲学家。

日常语言学派跟逻辑实证主义的主要分歧表现在以下三点。

（1）逻辑实证主义认为自然语言或日常语言不精确，有必要用一种理想的人工语言、符号、逻辑来代替它；而日常语言学派则强调自然语言是完善的，根本不需要人工语言。这个分歧可以说是最主要的分歧。分析哲学由此形成两大分支。

（2）对数理逻辑的意义估价不同。逻辑实证主义很强调数理逻辑的巨大意义，把它作为语言分析的主要工具；日常语言学派一般不重视数理逻辑的研究或运用，而十分注意词、短语和句法及其意义的研究。

（3）对形而上学的态度不同。逻辑实证主义对形而上学持全盘否定的态度，主张把形而上学和伦理学逐出哲学领域；而日常语言学派对此则持较温和的态度，认为形而上学不是罪犯，只是病人，是可以治疗的。

从上面的描述不难看出，这两派尽管有分歧，并且将对教育产生不同的影响，但也有基本的共同点。他们都强调对语言进行分析，使语言更加清晰、明确、合乎逻辑，避免因对语言的使用不当和理解分歧而产生混乱和无谓的争论。

2. 分析教育哲学

分析教育哲学脱胎于分析哲学，主张运用分析哲学的方法对教育的概念、命题以及问题进行分析和澄清，以便使教育活动更有意义，更富成效。

分析哲学的方法在教育中的运用，原因是多方面的。回顾教育理论的发展，我们可以看到，教育理论不断受到同时代各种哲学思潮和思维方式的影响。当哲学界运用演绎的方式把社会生活的各个领域囊括在一个庞大的思想体系中，并将此作为其主要的哲学任务时，教育理论家往往也以体系的建立作为主要目标。柏拉图和赫尔巴特的教育理论可称得上是其典范。同样，当分析哲学抨击传统哲学，力主以精确的分析方法来消除传统哲学争论不休的哲学命题时，一些哲学家和教育家也主张采用同样的方法来解决教育理论界长期未能解决的问题。然而如果仅仅只有外部思潮的影响，分析哲学是不能进入教育哲学领域的。那么，传统教育哲学有哪些内在的特点呢？

（1）系统性。传统教育哲学一个最显著的特点就是系统性。它强调自身必须是一个系统的、综合的、连贯的、完整的思想体系，至少应包括伦理学、形而上学和认识论，并把它们作为整个体系的基础。

（2）演绎性。布鲁巴克（John S. Brubacher）在其著作《现代教育哲学》1963年修订版的序言中对传统教育哲学的演绎性作了生动的说明，传统教育哲学或者以阐述哲学范畴为主牺牲真正的教育问题，或者围绕着哲学派别打转，"这两种情况，都是将教育问题，如教育目标、课程与方法等等，附属于哲学范畴之内。而教育反倒像仅是附在哲学骨骼上的皮肉一样，只用来阐明哲学的原则。"[①] 这表明，传统的教育哲学仅仅是传统哲学的演

---

① 张家祥等. 教育哲学研究［M］. 上海：复旦大学出版社，1990：11.

绎或附属物。一旦传统哲学受到分析哲学的猛烈批评，传统的教育哲学是没有避难所的。

（3）规范性。美国教育哲学家弗兰肯纳（W. K. Frankenna）认为，从历史上看，绝大多数教育哲学用规范的型式构造。教育哲学的这种规范性在于为教育工作规定行为的纲领，甚至发出指令。其表征是"应该"这个词经常出现在这种教育哲学的文献中。

（4）情感性。如果说西方文明史就是在理性和激情的两难选择的困惑中左右摇摆的历史，那么传统的教育哲学也可以划分为两大类。一类偏重用理性的演绎来构造体系；另一类偏重以激情的方式来表现主观的情感。后一类往往表现出强烈的诗意和情绪。在分析哲学家看来，所有这些命题纯粹是情感的表现，是根本无法用有确定的经验意义的材料来证实的。

传统教育哲学依附于传统哲学，注重体系的建设，强调规范的作用，大量运用无法证实的术语和概念，等等，所有这一切在受过分析哲学方法训练的哲学家和教育家看来，都是导致教育哲学概念模糊不清、教育理论争论不休的根本原因。当分析哲学风起云涌，对传统哲学进行"革命"时，他们必然把"革命"的火种引入传统教育哲学领域。

分析教育哲学得以在五六十年代风行于英国和美国教育界，还有一些直接的原因。战后随着中小学就学人数剧增，不仅教师的需要量增加，而且还有许多实际的教育问题需要思考和解决。然而，传统的教育哲学往往脱离教育的实践。并且各派争论不休，使实际工作者莫衷一是。正是在这种情况下，分析学派的教育哲学另辟新径，着重于逻辑或语言的分析工作，特别是集中分析那些模糊不清的教育概念，明确各种所谓定义、口号、比喻以及一些形式的或非形式的推理谬误。尽管后来有些分析教育哲学者带有较大的学究气，脱离了教育实践，但不可否认，他们最初的意图确是试图使理论和实际能正确地结合，由此提高教育质量。

二、分析教育哲学的发展

1. 分析哲学对教育的影响

分析教育哲学的萌发是由分析哲学家启动的，在这方面作出较大贡献的分析哲学家有英国的吉尔伯特·赖尔、赫尔（R. M. Hare）、史密斯（P. H. Nowell-Smith）和美国的布莱克（Max Black）、霍斯帕斯（John Hospers）、佩里（R. B. Perry）。

分析哲学家并未专门就教育问题展开论述。在他们进行哲学分析的过程中，往往要涉及一些与教育有密切关系的概念或问题，对这些概念和问题的分析，造成了对教育界的影响。赖尔的名著《心的概念》一书就是一个很好的例证。他的这部使教育哲学界感到"震动"的著作，旨在一劳永逸地推翻笛卡儿的身心二元论，而其方法则主要是找出语言混淆的根源。赖尔认为，许多问题都是由于语言所造成的混乱所引起的，在"知"（knowing）这个词语方面，也有类似的情况。该书第二章对"知如何"（knowing how）和"知什么"（Knowing that）作了辨析，并力图纠正唯理智论者把所有的"知"都看做是"知什么"的倾向。赖尔认为，"知如何"是一种行动的能力，是指能够做什么等等；而"知什么"却不一定意指我们知道如何去做。同样的，能够行动或能够做也不一定意指我们理解做的目的和理由。然而，我们却习以为常地认为"知"基本上就是"知什么"，因而只注意向学生的头脑里装填事实和知识，以为这样就可以使学生成功地去行动，这显然是错误的。所以，"知"应该既包括"知什么"，又包括"知如何"。

虽然赖尔等人对于有关教育的一些概念作了分析,并为教育哲学家就如何分析概念作了示范,但他们的志趣毕竟在于哲学而不是教育,而且对教育问题的研究也缺乏系统。就对分析教育哲学发展所作的贡献而言,下列5位教育家显然在分析教育哲学的整个发展过程中打下了深深的烙印。他们是哈迪、奥康纳、谢夫勒、彼得斯和索尔蒂斯。这5个人都是分析教育哲学的积极推动者,他们相互之间在观点上有很大的出入,但这恰恰反映了分析教育哲学发展的轨迹。

2. 分析教育哲学的产生

分析教育哲学名副其实的先驱是哈迪(Charles D. Hardie)。1942年,他出版了《教育理论中的真理与谬误》,成为第一本系统明确地运用分析哲学的方法讨论教育问题的著作。麦克(J. E. Mcc)在该书美国版前言中指出:"《真理和谬误》……毫无疑问是一个里程碑。"[①] 它之所以被称作里程碑,是因为它试图用分析哲学的方法来消除传统教育哲学中的分歧和矛盾,使分析的思维模式成为教育研究的一个特点,使教育研究不再是传统地下指令,而成为一种分析的活动。该书一篇简短的前言,可看做是分析教育哲学诞生的宣言。

"由于存在着许多互相冲突的学说,教育理论的现状很难令人满意。本书的目的在于消除某些不同意见。习惯上,人们一向认为教育这个学科中的不同意见是无可非议的,正如长期以来哲学理论界也把不同意见看成是无可非议的一样。但是近些年来有些专业哲学家的态度看来有所变化……即不同哲学家之间意见不一致,显然是有关事实材料不一致,或者是有关词的用法不一致,或者经常是纯粹感情上的不一致。我认为,在教育理论领域内普遍采用同样的态度,现在是时候了。也就是说,两个教育理论家如果意见不一,应弄清争执是事实上的,还是语词上的,或者是由于某种情绪冲突。要做到这一点,必须总是尽可能用最清楚的方式阐述每种教育理论。这样,就不允许用模棱两可的话来文饰那些隐藏的东西。"[②]

哈迪在这本书中针对传统教育哲学最有代表性的三位教育家——卢梭、赫尔巴特和杜威的三种影响最大的教育理论——"教育遵循自然"、"通过教学发展性格"(教学的教育性)、"通过实际生活情景进行教育"(教育即生活)进行了分析批评。麦克认为,就分析方法而言,哈迪在这本薄薄的著作中运用了不同的哲学分析方法,并且都用得很好。在概念和理论的澄清上,美国教育理论家普拉特(Richard Pratte)认为"哈迪的书在完成这个任务上是成功的"。[③]

但是,哈迪的这本书并没有被教育哲学界普遍接受。传统教育哲学界把它看做异端,给予排斥,一些分析教育哲学家当时也拒绝给予充分肯定,甚至谢夫勒在1960年出版的《教育的语言》一书中根本不提哈迪的《教育理论中的真理与谬误》。这绝不是一种疏忽。根本原因至少有两点。

首先,哈迪在书中集中对一些具体的教育概念和命题进行分析,而没有像他的后人奥

---

① Charles Dunn. Hardie. Truth and fallacy in educational theory [M]. New York: Bureau of Publications, Teachers College, Columbia University, 1962: ix.
② 同上书,xix.
③ 陈友松主编. 当代西方教育哲学 [M]. 北京:教育科学出版社,1982:208.

康纳那样从理论的整体上阐明分析教育哲学观。人们批评道："由于它对教育理论（教育哲学）的分析过专过窄，因而未被人们很好地理解。事实上人们可能从这本书出版时起就认为它流产了。"①

其次，尽管哈迪把分析方法提到相当的高度，但同时他并不排斥传统的教育思想体系。在他心目中，所谓的分析教育哲学，只是根据分析的新方法来修补传统教育哲学中含混不清的地方，而不是彻底改造旧的教育哲学体系。正因为这样，麦克认为，与"20世纪的哲学革命"相比较，哈迪著作中的革新并不代表与过去断然决裂。正是这种"革命的不彻底性"，导致他的著作在当时未能产生轰动效应。然而这里应该补充的是，历史是曲折地螺旋式地发展的，恰恰是这种当时被批评为不彻底的缺点，后来却被证明是"先见之明"。

3. 分析哲学与教育哲学的结合

哈迪在1942年出版的具有里程碑意义的《教育理论中的真理与谬误》一书，并没有引起教育哲学界的普遍重视，这固然与哈迪研究自身的缺点有关，但更重要的是，哲学界的分析运动并未引起教育哲学界的重视。这种情况到50年代中期才得到扭转。

1955年美国教育研究会出版了第54期年鉴，这期年鉴反映了教育哲学研究的新的转折。这一期年鉴的哲学与教育部分，除了介绍老的哲学流派之外，又介绍了包括语言分析方法、逻辑经验主义在内的新的哲学思潮，而且哲学派别的撰稿人多为哲学家。该年鉴出版以后，分析哲学的方法逐渐受到教育哲学家们的重视。

在著名教育哲学家布劳迪（H. S. Broudy）和普赖斯（K. Price）发起的关于教育哲学本质问题讨论的促动下，1956年《哈佛教育评论》（春季号）杂志出了一期"教育哲学：目的和内容"的专辑，集中就此问题展开讨论。以此为契机，其他刊物也相继发起了讨论。通过这场讨论，教育哲学家们明确，"现代"教育哲学应该是分析的。也就是说，对哈迪的开创性工作应该加以注意和重视。

1957年，奥康纳（D. J. O'Connor）的《教育哲学导论》一书出版。这位热心教育问题的哲学家的工作进一步加强了教育哲学分析化的趋势，将分析哲学与教育哲学结合起来。他在该书的护封上写道："虽然过去四十年间哲学的研究范围和方法已经完全改变，但在这以前并没有试图把这个重要的理智上的革命与教育哲学联系起来。本书在这样做的时候，对哲学能为教育思想做些什么的问题，给予简单明了的解释。"② 该书很快就成为分析教育哲学的名著。

奥康纳把逻辑实证主义作为公开宣称或不言而喻的出发点。跟哈迪相比，他有两个显著特点。第一，他把分析哲学的工具运用于"价值标准"、"价值判断"、"教育理论"、"解释"、"道德与宗教"等一些一般概念。这样他的论述就带有更大的普遍意义。第二，他对哲学在教育理论中所能起的作用问题，采取了更强硬的立场。他试图变分析哲学的方法为一把"奥卡姆剃刀"，把无法用经验证实的形而上学、价值论等传统教育哲学的核心内容全部剃光，以净化教育理论，使之成为科学。

奥康纳理论的特点在于以严厉的逻辑实证主义观点，以自然科学为模式，试图把形而上学和伦理学逐出教育理论领域，彻底更新教育理论。这种偏激的观点当时就遭到不少人

---

① 陈友松主编. 当代西方教育哲学 [M]. 北京：教育科学出版社，1982：209.
② 同上.

的批评。因为它从根本上忽视了教育理论与一般自然科学理论质的区别。赫斯特（Paul H. Hirst）跟奥康纳在这个问题上进行了长期的争论，成为教育理论界的热点。也许正是由于这广泛、深入的争论，造成了分析教育哲学高潮的来临。

4. 分析教育哲学的大发展

20世纪60—70年代，许多从事专业教育哲学研究的学者看到了分析哲学及其方法论的价值，致力于分析教育哲学的研究。在此期间，不仅出版了许多教育哲学专著，而且培养了不少年轻的分析教育哲学专家，使分析教育哲学有了蓬勃的发展。由于研究的重点和风格的不同，分析教育哲学内部又形成了分别以谢夫勒和彼得斯为代表的美国派和伦敦学派，兹分述之。

伊斯雷尔·谢夫勒（Israel Scheffler）在分析教育哲学发展史上是一个重要人物，他对分析教育哲学发展的贡献表现在三个方面。第一，发表了许多重要的分析教育哲学的著作，其中著名的有1960年出版的《教育的语言》和1973年出版的《理性和教学》。第二，培养了许多杰出的学生，如彼得斯和索尔蒂斯等，许多学生又已培养出自己的教育哲学博士研究生，可谓桃李满天下。这些人成为60—70年代在分析教育哲学论坛上最活跃的人物。第三，以他为首的一批美国分析教育哲学家，形成了自己的独特风格，被称作"美国派"。

谢夫勒（也可算是美国派）的观点可概括为以下两点。

首先，哲学分析的对象究竟应该是什么。我们前面讲过分析哲学有两大支。一支是逻辑实证主义，强调逻辑的经验实证。奥康纳倾向这一派。另一支是日常语言学派，更关心日常语言的表达。由于通常的教育理论是按照定义、口号等语言提出来的，所以日常语言学派比逻辑实证主义对教育有更广泛的兴趣。他们制定各种标准，来分析在有关教育政策的辩论中所使用的语言。谢夫勒显然属于这一派。谢夫勒关心的是用严格的语言分析法对教育中警句、隐喻和口号的意义进行澄清。认为分析教育哲学只能是一种方法，任务是澄清概念。

其次，谢夫勒不仅分析了教育理论中的许多概念和命题，还为教育哲学带来了一套精确的、用于分析的工具，这就是"形式化的"、"纯"的分析。所谓"形式化"的分析，要点是分析一个句子或概念的起点应该是形式，而不是句子的意义或句子中词的意义。因为分析语言的最终结果必然是探明句子的意义，但意义只能是分析的结果，而不应是起点。如果把句子的意义或句子中词的意义作为分析的起点，就可能陷入逻辑上的同义反复。正因为起点是非意义的，所以也就是"纯"的了，就像形式逻辑排除内容，纯粹就句子的逻辑关系进行研究一样。"形式化"的分析，意味着在分析语言时，应把两个要比较的句子或词置于同一形式之中来比较异同。例如"我告诉了你一句谎话"和"我教了你一句谎话"，在日常语言中，前者是经常使用的，而后者是违反习惯用法的。这意味着"教"这个词与"谎话"不能构成动宾结构，也就是说，教必然带有某种价值意义。

在谢夫勒的影响下，美国一大批分析教育哲学家投入到分析教育语言的洪流之中。在60年代，几乎所有主要的教育理论刊物都刊载过此类文章。这种声势和规模表明，分析教育哲学在美国教育哲学界取得了优势地位。

这里必须指出的是，用分析方法来澄清教育的概念和命题，它的最初目的是"清思"，使教育工作者具有更清晰的思维，由此排除混乱。实际上，这个时期已表现出一种学究气越来越浓，日益脱离实践，陷入毫无意义的咬文嚼字的文字游戏之中的倾向。

就像谢夫勒被看做美国派的代表人物那样，彼得斯（Richard S. Peters）被看做伦敦学派的代表。彼得斯的主要著作有《教育的概念》、《伦理学与教育》、《论教育家文集》等。

彼得斯之所以被称作伦敦派，是因为该时期英国很多分析教育哲学家都执教于伦敦大学教育系，有些人即使不在伦敦大学教育系工作，也可能是在该校获得学位的。这一派的代表人物除彼得斯之外，还有赫斯特、迪尔登（R. F. Dearden）、威尔逊（John Wilson）、埃利奥特（R. K. Elliot）等。由于彼得斯从1963—1982年一直担任伦敦大学教育学院教育哲学讲座的主讲，并且是英国教育哲学协会的创始人和主席，更重要的是，他比其他人更明确地阐述自己的哲学观点，注重对教育哲学的全景发表意见，因此通过他，我们可以发现伦敦派的基本特征。

彼得斯曾就学于谢夫勒。但他从纯哲学研究一转入教育哲学领域，就表现出自己独特的见解。奥康纳认为"对价值判断的批判和澄清"[①]是教育研究的主要任务。谢夫勒主张"哲学分析的主要任务是对基本概念和论证方式的澄清"[②]。彼得斯则强调教育研究"是一种使人们对值得去追求的东西看得清楚，并集中注意于此的一种方式"[③]。彼得斯也重视澄清，但他重视澄清的目的是为了追求某种有价值的东西。这跟视澄清为目标的奥康纳和谢夫勒有很大的差异。

彼得斯的教育主张在很大程度上是在批判当时和他之前的教育哲学的基础上提出来的。他认为当时流行的分析教育哲学从本质上来说，是教育家从旁观者的角度来分析批判教育理论，自己不是积极的参与者，并且这样的研究属于第二层次，而不是第一层次。所谓第一层次的研究，就是直接了解世界，所谓第二层次的研究，就是通过对了解世界的表述所用的语言和思维形式进行分析。由于这些分析教育哲学家专注于第二层次的研究，并且孤立地探究一些思维形式，所以他们公开抛弃了指令性和规范性的东西。他们不再对教育提出自己的看法，不再提出建设性的建议，不再对"自由"、"不朽"、"生活的意义"等概念进行表态。彼得斯认为这是"听之任之"的消极态度。很显然，他的矛头所指主要是美国派为分析而分析的主张。

尽管彼得斯带有传统教育哲学的痕迹，但他毕竟是一个分析教育哲学家。他的分析方法来自维特根斯坦的"语言游戏说"和"生活形式"理论。彼得斯认为词的意义在于用法而不在于名称。例如游戏，它包括各种各样的游戏，根本无法找到能包含所有游戏内涵的本质的定义。所以他反对有些分析教育哲学家用定义法进行分析。定义法主张在考察一个概念之前先寻找某种标准，制定概念的界说。彼得斯认为概念总是具体的，分析一个概念必须了解它在某个时期的语言交往中是如何使用的。这样，所有的概念总跟一定的社会生活形式相联系。通过不断的分析、再分析，不仅可以对重要的教育概念作理论分析，还可以形成对社会和文化价值的理性的批评和论证，由此对教育实践进行批判性的分析，进而提出高水准的建设性意见。

对彼得斯来讲，"分析"和"综合"并不是绝对对立的。分析是手段，只是第二层次

[①] D. Cato. Getting clearer about 'Getting Clearer': R. S. Peters and second-order conceptual analysis [J]. Journal of philosophy of education, 1987 (1): 23.

[②] 同上.

[③] 同上.

的一种研究,而通过分析,看见有价值的目标,才是真正的目的所在。因此"分析"和"综合"同等重要,两者是互为前提、互相补充的。更有意义的是,对奥康纳来说,分析是"奥卡姆剃刀",要剃光所有有价值性和先验性的陈述;而对彼得斯来说,语言是社会生活形式的反映,从对语言的分析可以看到教育目标的价值性。

5. 对分析教育哲学的反思

分析教育哲学脱离了传统教育哲学规范的或系统的方法,把教育哲学看做是一种活动。也引起了分析教育哲学家的反思。

在20世纪70年代,一些著名的分析教育哲学家,如彼得斯、索尔蒂斯(Jonas F. Soltis)等人都意识到分析教育哲学遇到了麻烦。他们对分析教育哲学的批评,集中在下列两个方面。第一,分析教育哲学已经有意无意地脱离了教育的中心问题,没有考虑作为教育研究之基础的教育价值、教育目的问题。第二,方法的局限性。分析教育哲学把分析的和经验的、规范的叙述互相对立了起来。它只注重语言的分析,缺乏对传统的或当代的教育问题的阐述。

在对分析教育哲学的反思方面,索尔蒂斯和彼得斯对旧分析方法的批评确有相似性,但两者的治疗方法不同,对前景的展望也不同。正是由于这种不同,索尔蒂斯被称为后分析教育哲学的代表。他的研究具有两个特点:

第一,公开承认传统教育哲学和分析教育哲学各有自己的研究对象。

索尔蒂斯立体地勾画了教育哲学研究的图景,认为教育哲学的研究可以有三条途径。一是综合——概要的研究。它从广泛的世界观的角度讨论教育哲学,注重一般的哲学问题在教育中的应用。特点是开阔,不是狭窄地就教育论教育。可以等同于三维空间的"宽"。他强调这种主题,例如人的本质等是人类史上经久不衰的讨论对象,因此不能轻易抛弃。二是分析——解释性研究。它的主要任务是分析对教育者产生重大影响的口号、隐喻以及关键性的概念。特点是精深,使表面上似是而非的术语和表述经分析后暴露出深层的矛盾和不一致,可以比作三维空间的"深"。三是规定——纲领性研究。它关心教育哲学的价值维度。从历史上看,分析教育哲学家就是通过价值判断和价值评解对教育发表指令性意见的。从现实来看,由于分析方法不涉及价值判断,因此规范的教育哲学家应该尽其所能地为教育应该做什么提供一种合理的、有充分理由的思考,为分析的局限性填补一个重要的裂缝。它的特点是高瞻远瞩,从价值的高度指导教育应遵循什么方向,可比作三维空间的"高"。[①] 这三条途径应该"相互补充而不是互相对立"。他说"分析的技术可用来使纲领性哲学系统的概括和综合的概念变得清晰,使之更精确、易懂"。[②]

在索尔蒂斯看来,传统哲学和分析哲学作为两种工具,各有自己所擅长的操作领域,是绝不能相互替代的。"如果我们能够把分析的运用比作显微镜的运用,那么我们也可以把传统的哲学世界观的构造比作天文学家在绘制宇宙图时使用望远镜。"[③] 微观和宏观,

---

[①] Jonis F. Soltis. Philosophy of education: the forth dimension [J]. Columbia Unieversity, Teachers College Record, 1966 (4): 525.

[②] Jonis F. Soltis. An introduction to the analysis of education concepts [M]. Boston: Addison-Wesley Pub. Co., 1968: 67.

[③] 同上书, 68.

传统教育研究方法和分析方法成为绘制教育哲学图景不可缺少的武器。彼得斯也主张教育理论应该保留伦理价值。

第二，十分重视教育哲学对实践产生积极效果的问题。

索尔蒂斯认为，"除非教育哲学对教育实践有某种结果，否则它将是一个令人无法容忍的研究领域"。[①] 虽然谢夫勒和彼得斯也经常提起"教育实践"，但他们所指的实践主要是指对实践中的用语和问题进行分析。索尔蒂斯则系统地阐明了教育哲学应该面向教育实践的问题，并探讨了教育哲学与教育实践的联系方式。他认为，教育哲学应该有三个层次，即个人的教育哲学、公众的教育哲学和专业的教育哲学。在这三个层次上，教育哲学的表现形式是既相联系又有区别的。

个人的教育哲学指教育实际工作者关于教育工作的基本信念和理想，也就是他个人的教育观。个人的教育哲学既可以是加以系统阐述的个人的深思熟虑，也可以是未经加工的下意识的。个人的教育哲学支配着个人的教育实践；只有明确地意识到自己的教育观并在实践中坚决加以贯彻的人，才是自觉的、明智的和对自己的事业充满热情的教育工作者。

公众的教育哲学既体现在政府和学校所制定的各种教育政策和规定中，也体现在公众的有关教育问题的著述或各种教育思潮、教育运动中。它要影响和改变许多人的教育实践。索尔蒂斯认为，无论科南特、布拉梅尔德、斯金纳、倪尔等对教育问题进行系统考察的人士，或是诸如进步主义、永恒主义、要素主义、改造主义等教育思潮，都提出了当代教育哲学值得加以研究的论题和实践，应该受到重视。

专业的教育哲学指受过专门哲学训练的哲学家的教育观。由于专业的教育哲学也是一种经过系统阐述的哲学家的"个人的教育哲学"，同时它通过自己的教育观来影响公众的教育观，所以，专业的教育哲学与个人的和公众的教育哲学有着密切的联系。但是，专业的教育哲学家的主要任务在于提供对各种教育问题进行分析、考察、反省的武器和方法论，由此促进教育工作者的理解力和洞察力，而不是仅仅提供有关教育问题现成的答案或行动方案。为了达到这一目的，他们必须熟悉从柏拉图、亚里士多德、卢梭、洛克、怀特海到杜威的教育思想史资料和当代一般哲学的文献。既增强对当代教育问题的历史透视能力，又从新理论得到启示，以明了教育思想发展的轨迹。除此之外，他们还应该学习一般的哲学文献，以求系统阐发其中有启发意义的理论观点，昭示教育思想发展的逻辑。

索尔蒂斯认为，教育哲学与教育实践的联系方式不同于教育科学与教育实践的联系方式。教育科学同教育实践的联系主要在于向教育工作者的具体实践提供操作的步骤和技术，而教育哲学则主要为教育工作者的教育实践提供明晰的、正确的、自觉地思考问题、作出决策的立场和方法论，使他们明确自己的使命并把握自己的方向。

需要强调指出的是，索尔蒂斯作为分析教育哲学家的特色始终是鲜明的。

索尔蒂斯不仅承认传统教育哲学的价值，而且力图使传统意识和现代的方法结合起来。虽然他主张向传统教育哲学复归，但仍然保持了分析教育哲学家的特色。他强调教育研究的科学性，认为不能满足于传统教育哲学中常有的常识性陈述。他强调以理性，而不是以经常出现在传统教育哲学中的情绪性的指令为基础来分析和规定价值标准。他强调教

---

① Jonas F. Soltis. Analysis and Anomalies in Philosophy of Education [J]. Educational Philosophy and Theory, 1971 (3): 40.

育哲学研究应该是一种动态研究,而不应该仅仅是一种静态研究。他还认为,在各种形式下,成熟的当代教育哲学主要是一种反思的、理性的、批判的活动,而不是一件事,一个被接受的学说或者一个不能置疑的对世界和教育的正统观点。可见,索尔蒂斯所复归的传统教育哲学已不是封闭的、静止的、权威的体系,而是一种既包括形而上学和伦理学原则,又以开放的心态和理性的分析为特征的、不断对教育问题进行探索的活动。

我们以上述五个人为代表,简略地呈现了分析教育哲学的发展历程。从断然拒绝教育理论中的形而上学和伦理学的成分,到重新把它们列为教育研究的一大领域,从逻辑实证主义强调逻辑分析到充满学究气的"纯形式"分析,再到呼吁分析哲学必须跟教育实践相结合,这个否定之否定的历程表明:教育理论确有其特殊性,不能简单地把科学理论模式作为改造教育理论的典范;向传统教育哲学回归不是简单地回到起点,而是螺旋式地进入高一层次,表面上也有形而上学和伦理学,可是他们所主张的这种形而上学和伦理学已经过澄清分析,语义明确,已丧失了昔日的终极性,真正的价值在于引导人们不断钻研,不断求索。

三、对几个教育概念的分析

分析哲学的两大分支——逻辑实证主义和日常语言学派以不同的方式影响着教育。逻辑实证主义强调经验验证,强调经验的精确性,主要通过社会学、心理学施加影响,对程序教学和教育测量有较大的影响。日常语言学派认为很多古老的哲学问题,其中包括一些教育基本理论问题,实质上都可以还原为语言问题。因此,就教育哲学而言,显然日常语言学派对它有更大的影响。他们力求重新评价教育论述中所使用的专门语言。他们对专门语言的分析基本上可分为两大类:一类是讨论教育界常用的最基本的概念,如"教育"、"教学"等;另一类主要讨论教育上争论的问题,如"教育机会均等"。问题的争论最终仍然要还原为一些基本的概念。如"教育机会均等",可归结为"每个人有平等的受教育的权利"和"每个人有权利得到平等的教育"的争论。问题的争论往往带有特定的社会、政治、经济和文化的特点,带有较大的特殊性;而教育的基本概念带有较大的普遍性,是整个教育体系的基本元件,可称为"元教育概念"。这一部分将集中论述对"教育"、"知识"和"教学"的分析。

1. "教育"

分析教育哲学家认为"教育"是人们经常使用的一个概念,从表面上看,人们似乎也掌握了"教育"在各种场合的意义,然而,如果认真分析一下,情况就要复杂得多。

"教育"这个概念使用的范围极广,除了正规的学校教育之外,还包括家庭、同伴集体、传播媒介、宗教等非正式的教育。为了不使各种用法互相混淆和矛盾,便需要确定"教育"这个词标准或规范的用法,具体地说,需要确定它的意思是什么,教育或受教育的标准是什么。"教育"显然是一个模糊的概念,适用于许多种活动和过程。以学校教育而言,人们通常将发生在学校中的全部活动看做是教育。但是,为什么说一堂课也具有教育性?说它们是教育活动而不是其他活动的根据何在?它们的教育性何在?这些活动的共同特征是什么?人们仍然不很清晰。至于学校教育之外的非正式教育,引起的问题就更多。家庭和同伴集体以什么方式来教育儿童?广播、电视、报纸、政治宣言等是怎样进行教育的?涵盖于教育这个概念之下的所有这些方面是否具有某种共同的特征?此外,如果找出了一些共同的特征，人们还可以进一步查问，这些是不是教育的真正特征？换言之，即使我们发现并列举了所有"教育"的途径和方法，那也只是罗列了做了些什么，而没有说明应该做什么。也就是说，我们还没有规定真正的教育应该具有的标准。而这一点却是至关重要的。教育者如果不掌握这个标准，就可能出现这样的情况：自己以为是在进行教育，实际上却在做着与教育相对立的事情。因此，包括彼得斯和谢夫勒在内的当代许多分析教育哲学家都首先对"教育"这个概念作了许多专门的分析。

彼得斯是通过两条密切相关的途径对"教育"概念进行分析的。第一，通过分析什么样的人才称得上是"受过教育的人"（the educated man），即通过检查受过教育的人的技能、态度、性向等来确定教育的标准。第二，通过分析教育过程本身，即通过检查真正的教育活动的特征来分析教育概念。

彼得斯认为，受过教育的人应该具有下列特征。

第一，不仅仅具有一些专门的技能。一个很出色的钳工、车工不一定是"受过教育的"。被称为受过教育的人必须掌握大量的知识或概念图式，这些知识或概念图式形成他的认知结构。因此体育教育不同于体育训练，前者意味着他理解身体的发展，并有一种系统的知识体系。

第二，所掌握的知识不是"无活力的"。这种知识应该能使受教育者形成一种推理能力，进而重组他的经验，并能改变他的思维方式和行动能力。因此，一个有知识的人如果不能使知识产生活力，以改变他的信仰和生活方式，那就像放在书架上的百科全书，不能算作"受过教育的人"。还有，像打高尔夫球的知识，由于它对其他活动极少有认识上的联系，因此它也只有极少的教育价值。

第三，不把专业知识和自己的工作看做是谋生的手段。从某种程度上来说，他是为了工作而工作，为了求知而求知，行为不具有工具性。

不难看出，彼得斯对受过教育的人的分析带有很大的古典人文主义和自由教育的痕迹。为此，有些人对彼得斯的分析提出了反对意见。这些批评集中在下列几点。第一，彼得斯的分析过分强调个人和个人的兴趣。他忽视了人是社会动物，人的教育发展只能通过与他人的交往，即通过社会才能得以实现。第二，彼得斯只强调人的认知方面的发展，而忽视情感、意志方面的发展。更重要的是，他把理智的充分发展，而不是人格的全面发展作为"受过教育的人"的主要标志。第三，彼得斯的这种分析说明，他的教育实际上只限于学校教育，他只认为受过正规学校教育的人是受过教育的人。

对教育的考察历来就有不同的角度。早在古希腊，柏拉图就既从教育的结果，又从教育的过程来谈论教育。《理想国》就是从教育所产生的知识和气质来谈教育本质的，《泰阿泰德篇》则认为专门的知识活动或过程才是教育的真正本质。为了对教育有更完整的理解，一些分析教育哲学家认为还要检查教育过程。

对于教育过程本身，彼得斯认为"它并不指一个特定的过程，而是包含了一些标准"[1]。这些标准是教育过程中的任何一项活动都必须服从的。这些标准中缺掉任何一个，这种活动就根本不能称作教育活动。彼得斯认为堪称教育活动的那些活动应该符合下列标准。

---

[1] R. S. Peters. The concept of education [M]. London: Routledge & K. Paul, 1973: 240.

第一，有意识地使受教育者的心灵状态产生一种变化。这种变化必须是朝着更好的目标或所希望的方向的。彼得斯称之为"欲求条件"(desirability condition)。教育意味着把受教育者引入有价值的活动中。

第二，教育是一种有目的而不是任意的活动，不是那种自然成熟或自发生长的生物过程。因此受教育者所发生的变化必须是有意识的、精心计划的、朝向一个目标的。

第三，学习者必须拥有知识和理解力，能从"认知的角度"来看待活动。彼得斯称之为"知识条件"(knowledge condition)。

第四，传授知识或技能的方式必须是在道德等方面可以接受的。具体地说，受教育者参与教育活动必须是自觉自愿的，而不是被迫的。此外，有效的教育活动必须适合受教育者的理解能力和智力水平。

美国教育哲学家弗兰肯纳(W. K. Frankena)将上述标准概括为这么一句话：当 X 用方法 M 促进或试图促进 Y 产生某种素质 D 时，教育就产生了。[①] 其中 X 表示社会、教师或包括自己在内的任何教育者；Y 表示学习者，可以是儿童、青年、成人甚至教育者自己；D 表示学习者认为是实际上也确实是他自己和社会所需要的性情、信仰、行为、知识、技能和态度等；M 表示令人满意的方法。弗兰肯纳的这种概括，既考虑到"受过教育的人"的特征，也注意到"教育过程"的标准，而且克服了彼得斯过分从专门化的教育这一视角来分析"教育"这一概念的局限性。

由于人们承认，随着时间的推移，教育这一概念的含义也在变化，因此，雷迪福德(R. F. Reddiford)认为，"教育的概念不只是两个而是许多"。教育是一个有许多用法的概念……这些用法不是相互竞争、相互排斥的，而是相互补充、相互加强的。彼得斯在70年代后期对教育这一概念的分析中，也接受了这种看法，改变了他自己早期的分析。[②]

2. "知识"

课程是教育理论中十分重要的一个方面。课程总由某种知识构成，因此课程的设置离不开对"知识"的看法。从历史上来看，课程的设置一直是教育界争论的热点。很自然，分析教育哲学家会对"知识"产生很大的兴趣。1965年英国分析教育哲学家赫斯特发表《自由教育和知识的性质》，引起了人们热烈持久的争论。直到现在，涉及课程设置问题时，人们还是将赫斯特的观点作为基本的参照点，而不管他是赞成还是反对赫斯特的观点。

赫斯特的这篇文章主要是通过对哈佛委员会的一份名为《自由社会中的普通教育》的报告的批评提出自己对"知识形式"的分析的。哈佛委员会的报告主张通过对三种领域的知识的追求，即自然科学、人文学科和社会科学的研究，培养某种心灵的能力，其中最主要的是有效地思维、交流思想、作相应的判断和分辨价值的能力。赫斯特认为，这份报告就如何通过上述三种知识培养四种心灵能力的论述是模糊不清的。为此，他提出，任何心灵的能力只能通过对相应知识形式的追求而获得。

赫斯特认为，知识的形式实际上就是系统表述的经验方式。由于经验对象和表述不

---

① James F. Doyle. Educational judgments: papers in the philosophy of education [M]. London: Routledge and Kegan Paul, 1973: 21.

② 参见陈友松主编. 当代西方教育哲学 [M]. 北京：教育科学出版社，1982：177.

同,各种知识形式在某些重要方面各有其特殊性。这些特殊性就是不同知识形式的特征。

(1) 每种形式的知识都包括一些自己所特有的中心概念。如地心引力、加速度等是自然科学的中心概念;上帝、原罪、天堂等是宗教的中心概念;善、错等是道德的中心概念。

(2) 在一特定形式的知识中,许多中心概念形成一张可能的关系之网,经验可以在其中得到理解。这张网形成了这种形式的知识独特的逻辑结构。

(3) 一种知识,依靠其特殊的术语,拥有一些表达方式或陈述式。这些表达方式无论多么间接,都可以用某种方式得到经验的验证。

(4) 对于知识的这些形式,人们已经形成了一套特殊的探索经验和检验其独特表述的技术和技巧。

根据上述这四个特征,赫斯特将人类知识分成七种形式:

(1) 形式逻辑和数学。这种知识的真理包括那些区分抽象关系的概念。真理的检验取决于一个公理体系内部的可推理性。

(2) 自然科学。它所涉及的是那些能被考察证明或否定的陈述。

(3) 对自己和他人心智的理解。这种知识在人际关系、社会科学和心理学中占有很重要的地位,能帮助人更好地生活和工作。

(4) 道德判断和意识。尽管人们对道德判断的客观性仍有争议,但这种知识所使用的概念,如"必须"、"错"、"责任"等是其他知识都没有的。

(5) 美感经验。它不仅仅运用概念表述,还运用音符、线条、颜色等符号表述。

(6) 宗教主张。它的客观性还有待争议,但它的判断显然不同于其他知识。

(7) 哲学理解。从概念来说,它包括一些独一无二的"第二级概念",用它可以寻求理解其他知识形式的理性基础。它具有其他知识所不能替代的特征,主要作为一种方法论而存在。

人们对赫斯特知识形式的评价涉及面极广,基本上可分为两大类。第一类主要涉及知识形式的分类问题。例如,划分知识形式是遵循某一条标准呢,还是必须同时遵循四项标准?由于这类问题与教育关系不太密切,这里不作论述。第二类主要涉及知识形式的分类与教育上运用的关系问题。下面我们集中讨论这方面的三个问题。

(1) 自由教育的范围、结构和内容是否应由知识形式来决定。赫斯特认为自由教育源自古希腊。这种教育之所以受到重视,是因为它扎根于当时的哲学传统。心灵的本质就是追求知识,真正的知识能消除假象。基于上述的两点,自由教育被认为自身是一种善,具有价值性和真实性。由于教育有价值指向,而这种价值来自知识本身,因此教育的内容和结构必须来自知识,而不是学生、社会和政治家的要求。赫斯特进一步认为,尽管现在自由教育的古典哲学基础已经失去了,但我们理性的发展在很大程度上仍基于一些最基本的范畴,通过这些范畴,我们能达到一种所有时空的所有理性思维都不变的结构。一些最重要的范畴,也就是传统文化中不同知识形式的内核。这种知识形式能促进理性发展,所以知识形式应该决定教育内容。对此,有人根据库恩(Thomas Kuhn)的《科学革命的结构》,反对知识形式的永恒不变。还有人提出:"如果我们认为音乐不是知识,难道就不该进行音乐教育吗?"由此提出决定教育内容的不应该是知识形式,而应该是利用知识的人的兴趣和代表这些人的社会兴趣。赫斯特后来修改了他的单一决定论思想,承认课程设计要考虑社会集团的利益，学生的身心特征。

（2）心智能力和知识形式的关系。这个问题实际上是形式教育论和实质教育论争论的延续。赫斯特认为：能力的特征必须根据知识的共同特征来表述……无疑，后者在逻辑上是优先的，前者是次要的，派生的。很明显，心智能力的培养必须有赖于相应的知识，没有知识的教育是空洞的。对此，埃利奥特提出不同意见。首先，心灵的发展与知识形式的特征是没有关系的。他说："心灵的发展是通过任何数量的知识达到的，而不管它们的特征如何。"① 其次，他不同意知识形式在逻辑上先于思维能力，认为知识形式恰恰是思维能力的产物，"知识形式应该把它们的产生、特征和成就归功于思维能力"②。

（3）自由教育广义和狭义的理解。赫斯特列举的七种形式的知识，在很大程度上反映了古典人文主义的课程体系。为此，克拉尼希（John Kleinig）说："赫斯特的早期著作可看做是对传统文法或公学课程的捍卫。阿诺德（Matthew Arnold）是会热烈赞成的。"③ 这种课程只强调知识和理解。对此，马丁（Roland Martin）批评道，"这种知识形式忽视了情感和情绪以及其他的非认知因素，尤其是忽视了技能性的知识"。④ 应该说这个批评是击中了要害。

3. "教学"

分析教育哲学家一般认为，"教学"是一个非常复杂的概念，有多种用法。可以指一种专业或职业，也可以指将某一事物教给某人的活动。当然，在教育领域里，最重要的是要分析学校内所发生的教学活动。

要对教学活动下一个完整的定义，并不是一件很容易的事情。人们可以提出许多不同的定义。分析教育哲学家一般认为"教学"应该符合下列五个标准。或者说，只有具备下列五种要素的活动，才能称之为"教学"。

（1）有一个有意识地进行教的人。教学是人类从事的活动，涉及两个人的问题，其作用是造成这两个人的行为或观点的变化。对这个标准，人们可能会举出反例子（counter-instance）：自学，即施教者和受教者是同一个人。事实上绝对的自学是不可能有的。他总要涉及一些外来的因素，如阅读别人写的书或利用过去得之于其他人的知识经验等。所以自学还是要涉及两个人的。另一个反例子是，如果一个年幼儿童的手被火炉烫伤，人们可以说这个儿童从这个事件中学到了些什么，这个说法是可以成立的。但是，学习的发生未必都是教的结果，也就是说，没有教学，也可以发生学习，但教学乃是涉及两个人的问题。所以，这个例子也不能否定教学的这一项要素。

（2）有一个受教的人。从逻辑的角度来讲，教学活动必须有接受教的学习者。人们通常说"我教物理"，话中看不出受教的人。实际上这是一句简略的话。没有受教者的教学是不可能的事。至于受教者从教中学到了些什么，那是另一回事。

（3）有某种教学内容。教学内容可以是知识、技能或某种信息等。如果只有施教者和

---

① De Léon. Classificatory schemes and the justification of educational content: a re-interpretation of the Hirstian approach [J]. Journal of Philosophy of Education, 1987（1）：104—106.
② John Kleinig. Philosophical issues in education [M]. London：Groom Helm, 1982：150.
③ 克拉尼希. 教育中的哲学问题（英文版）. 1982：150.
④ Jonas F. Soltis. Philosophy and education [M]. Chicago：NSSE, 1981：29.

受教者而没有教学内容,那也不能称其为教学。此外,就教育的意义来讲,教学内容必须是有价值的。

(4) 施教者至少想要造成受教者的学。从根本上说,学是受教育的活动。这种活动除了学习者自己参与,是任何人所不能代替的。从逻辑上讲,受教者的学不一定就是教的结果。施教者所能做的只是激发或促进受教者的学。但是,施教者必须有想要造成受教者学会的意图。

(5) 教的方法必须是从道德和教育学的角度来讲可以接受的。正是从这个方面,可以把"教学"和"灌输"区分开来。

分析教育哲学家内部对"教学"这一概念的分析是有争议的。例如,有人认为"教学"的意图是施教者这一要素固有的内在特征,而不能作为"教学"的独立特征或标准。但上述分析还是有一定积极意义的。首先,强调教育者必须认识到,学是学习者的活动,是任何其他人所不能代替的,而且应该是学习者自觉自愿的活动。因此,教学不是操练、训练和灌输;教学内容不能超出学习者能够掌握、内化的水平;既不能强迫受教者学,也不能采用欺骗的手段或使用药物等引诱受教者学。

其次,强调教学不是一个人对另一个人的强迫,而是一种施教者和受教者之间相互作用、相互交流的活动。施教者必须合理解释他的动作(谢夫勒称之为"evidence-giving",即"提供证据"),承认学生有提问的权力和要求施教者对问题作出判断并说明理由的权力。正像谢夫勒所说的那样,"就其标准的意思来说,教学,至少在某一点上,就是使施教者服从于学生的理解和独立判断,服从于学生理性的需要,服从于学生适当的理解水平"。[①] 教学包含合理的解释和批判性的对话。

再次,强调施教者不仅要熟悉所教内容,而且要了解学生的智力、才能、局限性以及学生理解知识的水平和技能。只有这样,施教者才谈得上是教学(teaching),而不仅仅是在讲(talking)。

第二节 存在主义教育

存在主义教育哲学同存在主义哲学密切相关,从一定的意义上讲,存在主义教育哲学是从存在主义哲学中引申出来的。

存在主义自称与传统哲学有着根本的区别。它注重人的存在,注重现实人生,并以此作为自己的出发点。这实际上是资本主义社会中个人生存危机在意识形态上的反映。所以,"存在主义也许对这些人具有最大的吸引力,这些是:那些在现代生活中除了毫无意义、荒谬可笑、残忍、恐怖外,别的什么也看不见的人;那些在工业技术社会所创立的制度下感觉压抑的人;那些感到默默无闻和失去自由的人"。[②]

在存在主义者中,有无神论者,也有有神论者,因此,存在主义教育哲学也可分为这两派。

---

① Israel Scheffler. Conditions of knowledge: an introduction to epistemology and education [M]. Chicago: Foresman, 1965: 106—107.

② 理查德·D. 范科斯德等. 美国教育基础. 北京:教育科学出版社,1984:61.

一、从存在主义哲学到存在主义教育

1. 存在主义的先驱者

存在主义哲学萌芽于19世纪下半叶。关于存在主义的先驱者,存在主义者一般认为,丹麦哲学家克尔凯郭尔和德国的唯意志论者尼采的哲学思想为存在主义哲学的形成开辟了道路。

克尔凯郭尔哲学的中心思想是人如何实现自己的存在,即人如何成为他自己的问题。他认为,哲学研究的目的不是为了获得真理,而是指导人类的生活,所以哲学要研究人。克尔凯郭尔强调"主观性即真理",其意思是,对我为真的就是真理。在他看来,每个人都能内在地意识到他自己的感情、情绪、心境、欲望、思想、决断、计划和目的。这种对一个人自己存在的内在的意识乃是人的本质。个人愿意为之奋斗、为之牺牲的信念就是真理。所以,个人的真理是自己选择的,而不是用理性的方法探索出来的。

尼采认为权力意志是万物的基原,是自然界和社会的决定力量。根据尼采的权力意志论,人不仅与世界的万事万物是对立的,而且人与人之间的关系也是对立的。人生的目的就在于实现自我的权力意志,人与物、人与人的关系都要用新的价值标准来衡量。善和恶,真与伪,美与丑都要用权力意志能否实现、能否扩张来加以判断,所以尼采说,"唯有我才掌握着'真理'的准绳,我是唯一的仲裁者"。[①]

克尔凯郭尔主张抛弃理性,笃信上帝,而尼采则认为人与上帝无关。然而,他们都强调主观性,反对理性主义和科学的客观性等。他们的这些特点对存在主义哲学产生了深刻的影响。他们二人也因为对宗教态度的差异分别被人们看做是有神论和无神论存在主义的鼻祖。

2. 存在主义在德国产生

存在主义产生于20世纪20年代的德国。存在主义首先得以在德国形成一股哲学思潮,不是一件偶然的事件。存在主义出现在德国,固然有多方面的因素,但社会政治因素起了很大的作用。

从19世纪后半期开始,马克思主义逐渐得到越来越广泛的传播。俄国十月社会主义革命的成功,使资本主义世界受到沉重打击,资产阶级感到莫大的沮丧。此外,在第一次世界大战中,德国付出了高昂的代价。200万德国人葬身战场,连同被俘和受伤的共达750万人。战争使德国的工业和农业遭受很大破坏。大战以后,处于战败国地位的德国,投资和贸易市场都受到了限制,国内笼罩着悲观和失望的情绪,人们感到生存受到威胁,尊严遭到破坏。在这种情况下,强调个人生存的存在主义便应运而生。实际上它是资本主义危机在意识形态上的反映。

德国存在主义哲学的主要代表人物是海德格尔和雅斯贝尔斯。

海德格尔(Martin Heidegger,1889—1976)是当代最重要的存在主义者之一。有人认为,存在主义作为一种哲学流派,其标志是海德格尔于1927年出版的著作《存在与时间》。海德格尔对存在主义的贡献,除了培养出包括法国的萨特在内的许多年轻的存在主

---

① 刘放桐等编著. 现代西方哲学 [M]. 北京:人民出版社,1981:91.

义者之外,还将胡塞尔创立的现象学作为方法论,用于存在主义哲学的研究。

海德格尔以存在作为自己哲学研究的出发点。他认为,从柏拉图以来,人们一直使用"存在"这个词,然而,存在的意义却没有人懂得,而他的研究就是重新提出并解决这个问题。

海德格尔认为,过去的哲学研究专注于"存在者",而忽略了"存在",而存在乃是任何一个存在者在具有任何内容的时候都必然已经具有的性质,没有存在,就不可能有存在者。也就是说,必须先有存在,然后才可能有存在者。

然而,要解决存在的问题,必须要追溯到一种存在者,这种存在者必须在具有任何内容之前就已经明确它的存在。在海德格尔看来,只有个人才是这种存在物,所以,海德格尔对于存在的研究,在很大程度上乃是基于对个人存在的分析。

德国的另一位存在主义代表人物雅斯贝尔斯(Karl Jaspers,1883—1969)同海德格尔一样,认为个人的存在是一切存在的出发点,如果没有个人的存在,其他一切事物就不可能成为真实的存在。所以,哲学研究应该重视个人存在的问题。

在雅斯贝尔斯看来,个人获得存在的途径是阐明存在、实现存在,因为只有明白存在的意义,才能实现存在。

阐明存在需要借助于交往。这种交往可以在三个方面进行,与每一个方面的交往都能体验到一种特定的存在形式。他所说的三种交往分别是:与世界的交往,与人的交往和与神的交往。个人与世界的交往就是认识和征服,个人体验到的是客观的存在,它需要自然科学;个人与人的交往不能采用与世界交往的形式,人与人之间需要用仁爱交往,体验到的是自我的存在,这需要哲学;只有在与神的交往中,才能真正实现自我的存在,个人与神交往需要的是信仰。

雅斯贝尔斯的主要著作除了三卷本的《哲学》、《世界观的心理学》、《存在哲学》、《哲学概论》等之外,还有论述教育问题的《大学的观念》。他认为,大学是学者与学生从事追求真理的团体。在大学里,教师和学生都受一个简单的动机所驱使,这个动机就是探求知识的欲望。大学是真理的保卫者。大学承担三个主要功能,即专业训练,整个人(the whole man)的教育以及研究,这三个功能是一个统一的整体。

3. 存在主义在法国的发展

苏联的索洛维约夫在《存在主义》一文中指出:"存在主义被公正地称为'危机哲学'。之所以如此并不是由于它对现代资本主义的矛盾给予理论上的解释,而是由于它表现了资产阶级社会的危机意识本身(并以自己的方式提出了异议)。它利用对历史极端绝望的最典型的(正因为如此才表现为概括的哲学的)表现形式作为自己的出发点。"[①] 显然,存在主义这种"危机哲学"的特点,很能切合资产阶级社会处于危机时期的需要,当处于危机状态时,就信奉它。然而,在希特勒于30年代攫取德国政权并飞扬跋扈时,存在主义哲学便不再适合他们的需要了。

在第二次世界大战期间,存在主义的中心便由德国转移到法国。这种转移的主要原因仍然在于社会政治因素。它同法国在第二次世界大战开始不久便很快被德国法西斯军队占

---

① 米特洛欣等编. 二十世纪资产阶级哲学 [M]. 北京:商务印书馆,1983:199.

领有关。法国沦为德国占领区以后,法国的知识分子感到失望、痛苦,从而心情沮丧,而这正是存在主义赖以滋生、发展的土壤。

法国的存在主义主要代表人物有萨特,马塞尔(Gabriel Marcel),卡缪(Albert Camus),梅洛—庞蒂(Maurice Merleau-Ponty)等人,其中以萨特影响最大。

萨特(Jean-Paul Sartre)是当代最有影响的存在主义哲学家,1933—1934年曾赴德国学习胡塞尔的现象学,并师从海德格尔学习存在主义哲学。早在30年代,他就创作了多部小说和剧本,用以反映他的哲学思想,并在欧洲产生一定影响。其最重要的哲学专著是1943年出版的《存在与虚无》,该书系统地表达了他的哲学思想,成为法国存在主义者最有影响的著作。

萨特的一个重重的哲学观点是"存在先于本质"。他认为世界是荒唐的,人被无缘无故地抛到这个世界上来,人的存在本来是毫无意义可言。但是,人可以为自己构造意义。人的存在意义的获得,完全在于个人的选择。萨特是无神论者,他不认为有什么上帝或"第一原理",所以,既然人是无缘无故地被抛进这个荒唐的世界的,没有任何先定的本质,那么就没有任何东西可以阻碍我们自己构造意义,即成为我们想要成为的那样。所以,人的本质是人选择的结果。

既然人的意义是自己选择的结果,那么,一切都是可能的。既然人是绝对自由的,那么他也要完全为他自己的选择和行动负责。换言之,我们没有任何借口,说什么我之所以做什么或没有做什么,是由于诸如上帝的意愿、科学的法则或社会的法律等,而使自己无能为力。在他看来,因为我们是自由的,所以我们要负责。

在萨特看来,人不仅为自己构造意义,而且也为自然、法律和科学创造意义。例如,自然的"法则"在不断地变化,原先人们认为自己生活在一块扁平的土地上,后来才知道我们生活的地方是球体。谁能保证从今往后自然的"法则"不再变化?这个事实说明,人给自然赋予了意义。通过赋予自然的意义,我们就能控制自然。如果说我们还没有控制自然的话,那是因为我们还未给自然赋予充分的意义。人之所以要给自然、科学等创造意义,其目的乃是为个人的存在赋予意义。

4. 存在主义对教育的影响:存在主义教育哲学

从20世纪50年代起,存在主义哲学有了广泛的传播。存在主义的传播,不仅地域广泛,而且其影响也不止于哲学领域,它扩及文学、艺术、社会学、宗教等意识形态和社会生活的各个方面,教育当然也包括在其中。

存在主义哲学对教育的影响并非始于50年代。存在主义的先驱者之一尼采早在1872年的《德国教育制度的未来》讲演中就表述了他的天才教育思想。此外,犹太哲学家布贝尔1923年的《我与你》、1939年的《品格教育》,雅斯贝尔斯1946年的《大学的观念》等,都是存在主义教育方面的著作。

存在主义哲学思潮对教育哲学的影响,主要表现在50年代以后。这除了同存在主义的传播有关之外,对于20世纪以来流行的教育哲学思想不满也是很重要的因素。

从存在主义哲学的立场来看,20世纪以来西方流行的主要教育哲学思想都忽视了人的存在问题。进步主义教育重视儿童的生长和儿童的活动,然而它更重视科学方法,对于人的活动往往是从科学方法的方法论意义上来强调的。要素主义注重的是文化要素。永恒主义看到的是传统的人文学科的价值。改造主义把教育看做是实现国家目的的工具。结构主义把智慧和能力置于人的价值之上，教育的中心是课程结构，学校则是发展智力的场所。新行为主义更是几乎将人等同于动物或没有生命、没有情感、没有意识的机器，企求通过控制学生的正确行为来达到预期的效果。所有这些，在存在主义者看来都是不能容忍的错误，因为它们都把人置于次要地位，使人役于物。

存在主义认为，教育不仅要关心如何使人存在于自然界，更要注意如何使人存在于工业社会。在目前的工业社会中，人只不过是自动化生产线中的一个部件，个体的真实存在被破坏了。现在应该用强调真实的、人道的个人存在来抵消工业社会中的机械化和非人格化的现象。

下面我们通过美国存在主义教育哲学的发展来说明存在主义哲学对教育的影响。[①]

在美国，最早将存在主义哲学应用于教育的，是贝恩（K. Benne）于1951年发表在《教育理论》杂志上的《悲剧的教育》。此后，重要的存在主义教育的文章有：

1954年佛立柯（A. Fallico）和摩里斯（V. C. Morris）分别发表于《教育理论》杂志的文章，佛立柯强调在教育中需要创造自我，摩里斯则主张将普遍流行的萨特存在主义中关于选择自由的观念应用于教育。

1955年美国全国教育研究会第54期年鉴上登载的哈帕尔（R. Harper）的文章《存在与认知对于教育的意义》，突出说明了存在主义之所谓"孤独"的一个主要征兆以及教育如何才能克服它。哈帕尔说明，教育的目的就是克服个人的"孤独无依"感，教育要承认学生是独立的个体，是社会之一员，是人。他强调需要发展学生同世界和真理的关系，强调需要了解自己，了解自己在地球上的处境。哈帕尔力图表明，存在主义不一定是反理智主义的。

1955年布劳迪（H. S. Broudy）在《哲学杂志》上发表《教育哲学怎样才能具有哲学性？》的文章。他的文章对于鼓励人们将存在主义与教育结合起来有很大的促进作用，此后出现了四十多篇这方面的文章。

1958年，奈勒出版了专著《存在主义与教育》。

1964年，索德奎斯特（H. O. Soderquist）出版《人与教育》。

1966年，摩里斯出版《教育中的存在主义》。

1967年，贝恩出版了与他1951年发表的文章题目相同的专著《悲剧的教育》。

在60年代中期以前，存在主义教育哲学的研究主要注重于对存在主义哲学思想本身的认识和理解，但由于对存在主义哲学缺乏全面了解，往往出现以偏概全的现象。不少人只研究个别存在主义者的部分著述，并力图将其运用于教育。在方法上往往简单地从存在主义哲学的主张中引申其教育的含义。此外，对存在主义思想的阐发往往将其纳入自己的思想模式，因而有欠准确。

从60年代早期开始，有人开始认识到教育哲学的研究采用微言大义的引申方法是不足取的。1961年伯内特（J. R. Burnett）在《教育理论》杂志上发表《关于哲学对于教育理论和实践的含义的考察》，反对从预先抱有的哲学主张中推论出教育含义的方法。此后，教育哲学家们对方法论的问题引起了重视，出现了不少探讨教育哲学方法论的文章，并提

---

① Jonas F. Soltis. Philosophy of education since mid-century [M]. New York：Teachers College Press，1981：38—63.

出了种种主张。除了有人主张运用语言分析的方法之外，还有人提出了存在主义的现象学方法。

在美国教育哲学学会 1964 年的年会上，巴特勒（J. D. Butler）提出要发展一种能够对于人类存在的变化作出反应的逻辑，以应用于教育理论。索德奎斯特提出，教育应该考虑到存在的现象，应该认识到最终的实在乃是作为一个人的学生。在这次会议上，人们认为具有"宣言"性质的是特劳特纳（L. Troutner）题为《存在主义、现象学和教育哲学》的讲演。他主张，(1) 存在主义和现象学都是关心特定的、存在的个人；(2) 现象学是研究教育的合适的方法，因为教育是和这个现实的生活世界有关的。由于现象学对于教育现象的描述将把教育看做是发生在生活世界中的事，所以它能使教育者始终盯住真实的生活情境，而不是充满统计数字的书籍。

从 60 年代中期开始，存在主义现象学的方法直接运用于教育研究，并出现了一系列重要的著述，如 1965 年史密斯（Huston Smith）在杜威学会的演讲——《关于意义的申斥》；1966 年范登伯格在教育哲学学会年会上的论文《存在主义教育与教育权威》等。1974 年，邓通（D. E. Denton）编辑的《教育中的存在主义与现象学》出版。该书的出版标志着存在主义现象学对教育哲学的研究已经发生了深刻的影响，而且，它本身已经不是一种纯粹的方法，而是已经成为一种主义，一种学说了。

70 年代中期以后，出现了一种存在主义现象学和分析哲学结合，或用日常语言分析的方法来补充现象学的趋势。1974 年范登伯格发表的《现象学与教育研究》一文具体地论证了这一点。他认为，教育哲学理论家的任务在于建立一种概括教育现象的概念结构。只有在明确了教育现象的本质特征之后，才能对这些教育现象进行经验的量化的研究。然而，对于概括教育现象的概念的理解，需要借助于日常语言分析哲学。日常语言的分析可以使我们对这些概念的含义更为明确。现象学和日常语言分析哲学结合的教育理论研究方法，也叫做解释学的方法。

二、存在主义哲学的主要论题

存在主义者有着强烈的主观性和非理性主义的倾向，他们也不注重、甚至反对将他们的哲学观点像传统哲学那样加以系统化，而且，一些重要的存在主义者如海德格尔、雅斯贝尔斯等人也不同意使用存在主义的标签。存在主义者的主观性特征决定了他们难以取得一致的观点。然而，这并不妨碍他们对一些重要问题的论述从不同的角度表现出共同之处，所以，人们还是可以根据存在主义者关心的一些主要论题来阐述他们的共同点的。

1. 存在先于本质

这是萨特的一句名言，并被他称作为存在主义哲学的第一原理，存在主义的形而上学。

关于"存在先于本质"的含义究竟指什么，曾有不同的误解。根据萨特自己在《存在主义是一种人道主义》一义中的解释："这句话的意思就是说，首先是人存在、露面、出场，后来才说明自身。假如说人，在存在主义者看来是不可能给予定义的话，这是因为人之初，是空无所有；只在后来人要变成某种东西，于是人就按照自己的意志而造成他自身。所以说，世间并无人类本性，因为世间并无设定人类本性的上帝。人，不仅是他自己所设想（conceive）的人，而且还只是他投入存在以后，自己所志愿（will）变成的人。"①

"存在先于本质"与传统的形而上学完全不同。传统形而上学一般给"本质"赋予了普遍的、抽象的以及形式的特征，而且一般认为在时间上本质先于存在。

存在主义认为，本质先于存在不是一种绝对的、普遍的规定，它只适用于物。对于物来说，不可能先存在，然后才获得本质。工匠在制造一个物件之前，他先有了关于将要制造的物品的概念和方法，这可以说是本质先于存在。然而对于人来说，这不适用。人与物的区别就在于人有主观性，对于人来说，应该是存在先于本质。也就是说，人先存在着，然后才试图给自己下定义。人是无缘无故地被抛到这个世界上来的，是偶然的，所以人的本质也不是预先给定的。人的本质，也就是人将要成为什么样子，要由他自己负责，由他自己选择。如果人放弃了自己的主观性，让别人替自己选择自己的本质，这也是一种选择。归根到底，人的本质是人自己通过自己的选择而创造的，不是给定的。

在存在主义者看来，传统哲学由于将本质先于存在看做是一种普遍的规定，因而便致力于永恒本质的探索，忽略了人的主观性，最后把人等同于物。所以，宗教认为人是上帝创造的，在上帝创造人之前，人的概念已经在他的头脑里存在了，然后按照这个概念以一定的程序造人，这是本质先于存在。无神论者如18世纪的狄德罗、伏尔泰等，都主张有普遍的、不变的、先于具体人而出现的人性，也是一种本质先于存在。根据柏拉图的理念论，甚至在地球上没有人出现的时候，人的理念早已先验地存在着了。存在主义认为这些都是宿命论的观点。在存在主义看来，人既能超越他自己，又能超越他的文化，存在的中心是人，而不是真理、法律和原则或本质。萨特"把人描述为至高无上的，只有他自己才可以回答他自己的问题并对他的行为负责。不是文化决定一个人的命运，而是文化由人来创造和掌握。是人把意义强加于宇宙，虽然宇宙在没有人的情况下也可以很好地运行。根本就没有柏拉图的独立存在的理念，也不存在无法被人直接掌握的最后真理"。② 如果把人的本质看成先于人的存在，那就是对人的主观性的蔑视和否定。

2. 存在是偶然的、荒诞的

存在主义者认为，包括人的存在在内的所有的存在都是偶然的，是偶然发生的事物。但这并不是说，物质的宇宙杂乱无序，毫无规律、法则可言，也不是说科学对物质世界研究所发现的规律完全虚幻，不可信赖。所谓偶然，是指物质世界的存在是没有理由的，也不是根据某种绝对的观念、思想或精神演绎出来预先具有一定意义的。所以，无论对于人还是物质的宇宙来说，都没有任何先定的东西。

既然所有的存在都不是决定的，而是偶然的，所以，存在是不确定的。由此可以推知，从根本上讲，存在是荒诞的。因此，我们没有任何理由事先决定事物应该这样而不应该那样，同样，我们也没有理由事先决定人应该这样而不应该那样。

存在主义者认为，这种反理性反决定论的观点乃是存在主义的一个要点。在他们看来，理性主义和决定论的错误就在于忽视了人的各种可能性，人与人的差别，人的激情和情感。理性主义和决定论使人看不到荒诞，因而使人失去了自由。

法国的存在主义者卡缪对"荒诞"的问题作了比较具体的阐述。他认为，荒诞具有无

---

① 中国社会科学院哲学研究所西方哲学史组编. 存在主义哲学[M]. 北京：商务印书馆，1963：337.
② 罗伯特·梅逊. 西方当代教育理论[M]. 陆有铨译. 北京：文化教育出版社，1984：250.

所不包的性质。当我们认识到荒诞时，一个严肃的人生哲学就摆到了我们面前。

卡缪认为，荒诞产生于人和世界的对抗之中，然而，现代社会的人没有看到这种荒诞，这是由于人的理智化、规律化的生活掩盖了存在的荒诞性。如果人们提出"为什么我就是这样的"问题，那么他就领悟到荒诞，他就懂得，这个世界是没有意义可言的。

关于荒诞这个问题的解决，有神论的存在主义者提出的途径是宗教信仰，而无神论的存在主义者如卡缪等则认为应该行动起来为自己争得生命的意义，创造自己的价值。

3. 自由和选择

存在是偶然的、荒诞的。对于人来说，人首先存在着，然后通过自由的选择去决定自己的本质。所以，人的存在同人的选择以及为自己的选择负责是分不开的。

萨特认为，人的自由是绝对的，因为人生活在一个孤立无援的世界上。人是被"抛"到世界上来的，上帝、科学、理性、道德等对人都不相干，也就是说，它们都不能告诉我们生活的真理、生活的方式，同时，它们对人也没有任何的控制和约束的作用。正因为如此，人有绝对的自由。

人的自由表现在两个方面，即选择和行动。只有通过自己选择的行动，人才能认识到自由，因为人的本质是由自己选择的所作所为来决定的。显然，在存在主义者看来，人的存在、自由、选择、行动都是内在地联系在一起的。做人就是谋求自由、也就是选择和行动；如果人没有自由或选择和行动，也就没有人的存在。

存在主义者认为，个人的自由首先表现在他认识到由于受传统文化和习俗的束缚而缺乏自由，因此，对于人来说，最重要的是认识选择的重要性，并按自己的选择去行动和承担生活的责任。

(1) 实在是人的自我选择

无论是海德格尔、雅斯贝尔斯，还是萨特，他们一般都不完全否认人以外的客观世界的存在。但是，他们一般都强调个人的存在乃是客观世界存在的依据。如果没有人的存在，不通过人对这些事物的关系的考察，这些事物就毫无意义。无论自然物质、工具或科学规律，它们的存在、功用或真理性，都是由于人的存在才得到揭示、说明或证明的。海德格尔认为，没有人的存在，外界事物没有一项是存在的；雅斯贝尔斯认为，离开了人的存在，一切事物就失去了统一性，处于杂乱无序的状态；萨特认为，没有人的意识，人以外的事物就是一片混沌，一个巨大的虚无。

人以外世界的存在依据于人的存在，所以，人的存在是第一性的，其他存在是第二性的。然而，人的存在首先是由于人的主观性，说到底，人以外的世界乃是个人主观的经验的存在。没有人的主观性，没有个人的经验，实在也就失去了意义和统一性，所以，实在不具备任何绝对的或必然的属性，它不能独立于人的主观性之外。因此，萨特认为，实在乃是人的实在。

个人对于实在的意义可能有各种体验，也可能有各种解释，但不管作出什么解释，它都是个人选择的结果。所以，实在是人造的，是个人的选择。

(2) 真理是个人的选择

上文讲到，存在主义者认为选择同行动是互相联系的，因此，从某种意义上说，选择就是行动，就是决定做什么事情。

然而，选择的意义不限于此，在存在主义者看来，选择还包括决定相信什么，也就是说，决定将什么当做真理加以接受。所以，选择的自由还包括选择真理的自由；每个人都是判断真伪这个认识论最高法院的法官。

存在主义者强调真理是主观的选择，并不意味着他们不关心究竟"什么是真的"问题，然而，如果同关于他们自己的真理、即自己究竟是什么相比较，他们更关心后者。所以，对于"什么是真的"的了解，其目的还是在于了解"我是什么"。换言之，探求知识的目的是为了看清我是什么。

把真理看做是个人的选择，同时也意味着存在主义者不承认有一般的真理。在存在主义者看来，无论是感觉、知觉，科学的证明，还是逻辑的证明、直觉，所有知识的真伪，最终必须由个人作出判断，任何力量都无法对个人施加影响。概括地说，在存在主义者看来，主观性即真理，在我为真者即真理。

（3）价值存在于选择之中

就像在认识论领域里否认一般真理一样，在价值的领域里，存在主义也不承认有任何绝对的、确定的价值。他们认为，价值是主观的，它存在于个人的选择之中。

存在主义者认为，如果我们认为存在着绝对的价值，那就意味着我们放弃选择的自由和权力，这样，我们将失去选择的能力，失去我们自己，失去我们的价值。

在存在主义者看来，在价值的领域里，任何有关绝对价值的说法都将有损于人性和人的选择的自由，都意味着放弃人的道德自主性。

存在主义也不同意实验主义关于价值通过行动的结果加以检验的说法。实验主义把社会历史比作化学实验室里的试管，通过它，人们就可以发现伦理的原则。在存在主义者看来，这将创造出一个新的"绝对"来，这个新的绝对就是社会团体。实验主义只不过是用社会团体这个绝对来代替上帝或其他的先定的伦理原则。这同样剥夺了个人的自由选择，它最终将使个人丧失自己独特的存在。

存在主义坚持认为，无论上帝还是社会，都不能给我们规定价值，价值由我们的选择组成。我们的每一个举动，每一句话，每一种感情表达都体现了我们的价值。当然，上帝、社会可能会坚持某种东西，但这并不意味着我们必须服从。如果人放弃自己的选择，那他将成为另一种低级的存在，一种等同于动物的存在。

概言之，在存在主义者看来，不存在任何对个人有指导作用或规范作用的价值观。个人的选择就是最高的价值。至于个人具体选择什么，那是次要的，关键在于你的选择是不是自由的，主观的。

（4）责任

与存在主义强调的个人的自由、选择密切相关的是责任。个人不仅要对自己的存在和自己将要成为的样子负责，而且要对自己的选择负责，对他人和社会负责，因为当我在自由选择、塑造自己的形象时，也是在选择和塑造人的形象。

在存在主义者看来，既然人有绝对的选择的自由，这就意味着人没有理由不选择，即使你放弃自己选择的权力、顺从外在的权威或势力，这也是一种选择。所以，绝对的选择的自由就是绝对的负责。他们认为，这是存在主义哲学与传统哲学的一个很大的差别。

传统哲学以探索宇宙和人生一般的规律、一般的真理为宗旨，并对人的本质属性也作了具体的规定，所以，从传统哲学的立场来看，人必须是这样或那样的。在存在主义者看来，这种对人的本质的预先规定，一方面剥夺了人的自由和自由选择的权力，另一方面也卸掉了个人应负的责任,给人逃避自己的责任提供了很好的借口,因为在不可抗拒的规律或外在压力面前,人的一切所作所为都是可以不负责任的。这种逃避责任的做法实际上是懦夫,是放弃做人的权力,是把自己等同于物。

存在主义认为黑格尔的哲学是这方面的典型。黑格尔愚蠢地建构了一种理智极权主义的体系,在黑格尔的体系中,一切都作了规定,而且他把所有的东西都描绘成和谐的、合理的、有根据的。然而,这对人却不适宜。在存在主义者看来,不仅黑格尔的理智极权主义是错误的,实验主义从本质上讲也是同出一辙。实验主义故意回避了人的本质问题,并力图从社会或科学方法的背景中对人的本质做某种规定。它们两者都放弃了人的责任。

存在主义者认为,绝对自由的人没有、也无需传统哲学的种种规定、根据或理由,他在这个荒诞的世界里独立无依,唯一能决定他的是他的主观性,他必须对自己的主观性和自由选择负责。他不仅要决定什么是真,什么是伪,还要在什么是善、什么是恶之间作出选择。所以,当一个人争得自己的绝对自由并意识到自己的责任时,他就会产生焦虑,苦恼,甚至恐惧和绝望。所以,焦虑,苦恼等是人意识到自己责任的一种表现,也是自由选择无法回避的一个方面,只有通过对这些状态的体验,人才能真正意识到自己的存在和责任。

4. 人与人的关系

人与他人的关系,是存在主义的又一个重要论题,就像对其他问题一样,存在主义者之间在人与他人的关系方面,也有不一致之处。

克尔凯郭尔认为,人独一无二的主观性说明,他只能是他自己,任何人都不能像他似地看待事物,他和别人终究是疏远的,他和别人无法沟通,别人无法分担他的忧虑。要摆脱焦虑,就必须成为一个真正的基督教徒,在孤独的内心深处同上帝交流。

海德格尔认为,在这个世界中,不但有一个人自己的亲在,而且还有其他许多"亲在",即其他人的存在。一个人在世界里必须和他人打交道,他和其他人的关系是"麻烦"或"烦恼"。我同别的人接触,将产生无限多的烦事。他或者与他人合谋,或者赞成他人,或者反对他人。

在萨特看来,他人乃是一个存在的客体,这种客体不同于物,他不但存在着,而且还对我构成了威胁,因为他是自由的物体。在他的"目光"之下,他可能把我变成物。如果我变成了他人的物,那么我就丧失了自己的主观性。所以,就这个意义来说,他人能够消灭我,这样,在人生的舞台上,我将不再是主角,而是他人世界的一个配角。

既然萨特把人与他人的关系看成是主体与客体,或人与物的关系,那么,一个人如果要从他人的目光或他人的地狱中解脱出来,只能有两种途径。或者心甘情愿地做别人的物,或者使他人做自己的物,去操纵他人。

第二次世界大战结束后,萨特对于个人与他人关系的认识也发生了转变。萨特不再认为他人就是地狱。萨特承认每个人都是有主观性的存在,每个人都要为自己的自由而奋斗。这样,有多少个人就有多少个自由奋斗的目标,相互之间必然发生碰撞,在碰撞中,每个人都不能实现自己的目的。所以,为了保证个人的自由目的的实现,个人在进行自由选择的时候必须要考虑他人的自由问题。然而,虽然他人不再是自己自由的障碍,但他人的自由还应该是实现个人自由的条件,换言之,考虑他人的自由,目的在于实现自己的自由。所以,在萨特的思想中,自己同他人最终还是对立的。

上文提到的克尔凯郭尔、海德格尔、萨特等人对个人和他人关系的观点，虽然不完全一致，但基本上属于一种类型，即个人与他人的关系是对立的，实际上是一种主体与客体、人与物的关系。

在存在主义者中，还有与他们相反的另一类观点。这一类观点以布贝尔和马塞尔为代表。

布贝尔（Martin Buber）是犹太神学家、哲学家，他是少数几个出版过教育方面、尤其是师生关系之性质方面专著的存在主义者之一。在其专著《我与你》中，布贝尔详细地表达了我与他人关系的观点。

布贝尔认为，人与外部世界有两种性质绝然不同的关系。一种是客观的关系，其特征是"我与它"（I—It）。在这种关系中，个人以纯粹客观的方式看待外部的东西，把它看做是为了自己的目的而加以利用和操纵的物。另一类是看待他人的"我与你"（I-Thou）的关系，在这种关系中，每一个人都具有他自己的内在的意义世界。如果人轻视或否认这个主观的或个人的实在，那么人就不能在"荒诞"的痛苦中自拔。如果我们把人与人之间的"我与你"的关系当做人与物之间的"我与它"的关系来对待，那么人性就将毁灭。

布贝尔认为，"我与你"关系的特点是发自两个人内心的友谊。它需要的是热情和理解，至于相识时间的长短、名誉、地位、财富等，与此都不相干。如果两个人认为相互之间值得信任，那么相互之间就能彼此了解。在这种关系中，除了相互之间的认可和爱之外，不掺杂任何目的，丝毫也不存在利用和被利用、控制和被控制的问题。我与你两者都是主体，他们互相同情、互相信任、互相理解。

布贝尔认为，一系列的"我与你"的关系就构成了人与上帝的联系。在这个过程中，人最终会认识上帝。无论牧师还是人，通过他自己与他们的交流，他就会体验到一种神圣的生活。

在人与人的关系方面，法国著名的有神论存在主义哲学家马塞尔（Gabriel Marcel，1889—1973）表达了与布贝尔相同的观点。马塞尔发现当代文明的一个特征是人与神、人与人之间的隔离，在战争期间，更是"人人出卖人人"。他认为，出现这种现象的原因不在于环境，而在于人的内心。主要是由于人对自己的孤独感麻木不仁，缺乏交流。

马塞尔认为，人不仅可以和自己交流，而且可以和他人交流，而使自己和他人联系起来的是同情和爱。所以，要用爱来代替出卖。他认为，人与人的交流是社会生活的必要条件。只有与他人交流时，他才会意识到自己并不是孤独的，从而看到希望。

概括地说，人与人的关系是存在主义者共同关心的一个问题。不同的存在主义者对这个问题有不同的看法。但是，他们都认为，我可以理解他人，他人也可以理解我，分歧仅在于：我将他人或他人将我当作物还是当做有主观性的人。

5. 人生是一场悲剧

许多存在主义者认为他们的哲学是"危机哲学"。其含义一方面指存在主义的出现是为了挽救哲学的危机。他们认为，传统哲学不研究人，不研究人生和个人生存的问题，而去研究什么绝对真理、客观本质等破坏个人存在的问题，走进了思想的死巷。由于哲学忘记了人，所以哲学就成了与人没有直接关系的东西。存在主义作为挽救哲学危机的危机哲学，就是要把传统哲学忘掉的人召回来，研究个人的存在，个人的生存，使人过真正的人的生活。

危机哲学的另一含义是，存在主义的哲学思维同社会政治的危机是密切相关的。在本章的上一节中，根据存在主义哲学产生、发展和传播的历史背景，人们可以看到，存在主义哲学尽管讲的是个人生存的危机，但实际上乃是资本主义政治经济危机在意识形态上的反映。雅斯贝尔斯就曾经说过，他的哲学思维的源泉是来自1914年以来每个人都发生过的个人生存的危机和危难极境、边缘状况。

　　存在主义作为危机哲学的这一特点，决定了它的浓厚的悲观主义的色彩。克尔凯郭尔认为，要了解真正的人的存在，必须深入到人的内在的、个人的特性中去，把人的主观心理意识当做出发点，如果从这个角度来看人，那么人就是一个孤独的个体，他的存在可以归结为烦恼、恐惧、忧郁等非理性的心理状态。克尔凯郭尔的思想的浓厚的神秘主义，悲观主义色彩，对存在主义哲学产生了很大的影响。

　　存在主义者的反理性特征，使他们感到人的理性的无能。它不能把握现实，也不能把握自己的存在。在现代社会中，包括人的存在在内的一切东西都已经机械化，普遍化，人不成其个人。虽然个人拥有绝对的自由，具有自由选择的权力，但对自由选择的前景却茫然无知。雅斯贝尔斯认为，在西方世界的历史里，大多数争取自由的尝试都失败了。历史的发展表明，人的自由不是越来越多、而是越来越少。到了现在社会的大生产时代，人性遭到毁灭，实现自由更是难乎其难。人生无望，最终走向死亡；在死亡面前保存下来的东西就是生存完成了的东西。所以，从事哲学活动就是学会死亡。

　　海德格尔认为人生就是一场大悲剧，个人只有处于畏惧、烦恼和死亡状态时，才能体会到自己的存在。所谓畏惧，指孤独的个人面对的一切、包括他人都是个人实现自由的障碍，个人感到被遗弃，从而产生的一种茫然失措的状态。烦恼是一种情绪状态，是人与社会、人与他人之间险恶关系的反映。人生笼罩在死亡的阴影之下，而且死亡是人生最根本的可能性，是至高无上、伟大而真实的存在，只有为死亡而生活，才能给人生以绝对的目标。第二次世界大战期间，海德格尔的"死亡哲学"曾被德国纳粹分子用以刺激德国士兵在战场上卖命。

　　在存在主义者看来，人生活在一个与自己对立的、失望的世界之中，人在世界上的地位是不确定的。绝对自由的人也是烦恼和无所依靠的孤独者。人虽然有选择的自由，但他面对的未来的生活却是混沌而没有目标的。他只是盲目地走向未来，他只知道人生的真实的终结就是死亡。

　　存在主义者认为，人面临的死亡的情景是生活不可回避的一个方面。死亡作为人生的最后归宿，对于个人的存在具有非常重要的意义。知死方能知生，人要在荒诞的世界中使自己的生活不荒诞，使自己的生活富有意义，那就要珍惜自己短暂存在的价值，坚决地选择自己认为最好的东西，努力作一个自由的人。所谓自由的人，既不是国家的公民，也不是老师的学生、父亲的儿子，而是一个绝对自由的人，一个只对自己的选择负责的人。

三、存在主义教育的基本主张

　　存在主义强调个人主观性、个人选择的这一根本特点，使它很难在哲学上形成一个囊括所有的存在主义者哲学观的完整而统一的体系，同样的，在教育领域里，也很难形成一个体系完整的"存在主义教育哲学"。下面拟就存在主义者对一些重要教育问题的比较共同的看法作一介绍。

1. 教育目的

存在主义者认为，人是被抛到这个世界来的，所有的存在都是偶然的，所以，教育纯粹是个人的事。教育无论对公众、集体还是社会，都不承担任何责任。教育的目的就是使每一个人都认识到自己的存在，并形成一套不同于他人的独特的生活方式。因此，教育要维护个人的自由，帮助个人进行自我选择，并对自己的选择负责。由于受传统哲学的影响，以往的教育不强调人和人的存在，而专注于与人的生存不相干的事情，这是错误的。传统教育的错误表现在下面几个方面。

第一，专注于人的理性的发展。传统的教育把人看成是生活在合乎理性的世界中的有理性生物；人能够理解他在宇宙中的地位，而且这种理解主要是通过运用理性来获得的。于是，教育便以发展人的理性为目的。

第二，注重抽象观念。这是传统哲学追求永恒性、一般性的结果。在存在主义者看来，这种所谓永恒性、一般性在教育上的后果就是把人当作物，使教育者按照一个模式来塑造或制作人，这完全抹杀了人的个性，使个人在团体中消失，实际上是取消了个人的存在。

第三，注重科学和科学的客观性。科学的对象是没有主观性的物，它追求的是客观性和一般规律，如果把科学的方法和结论运用于有主观性的人的教育，就会把人解释为自然现象，成为没有内在生命的物体，这就势必抹杀人的主观性。

总之，传统教育对于理性、抽象观念和客观性的强调，忽视了个人的存在，这些都是应该加以反对的。奈勒（G. F. Knellor）在 1961 年发表于《哈佛教育评论》的一篇文章《教育、知识和存在的问题》中表达了存在主义教育的最根本的观点："它取消了三个传统看法：教育从根本上讲是社会的一种代理机构，其目的在于使文化遗产永存不朽；教育是永恒真理的传递渠道；教育是使年轻人适应民主社会生活的一种手段。取代这些观念的是，让教育为个人而存在。让教育教会个人像他自己的本性要求他那样的自发而真诚地生活。"[①]

存在主义强调，教育要使每个人认识自己的存在，教育的最好结果就是使学生养成正确地对待生活的态度，其中最重要的是要培养他们真诚（authenticity）、选择和决定，以及责任感等。

（1）真诚

所谓真诚，指既不要与社会、团体随波逐流，人云亦云，也不要自欺欺人。要使学生认识到，每个人都是孤独地面对世界，他不可能在社会或团体求得安全和认同。如果缺乏真诚，把自己融化于社会和团体，不仅言行举止、甚至连思考问题的方式都与别人趋同，最终将丧失自我。此外，真诚的人也不能自欺，要抗拒不真诚的诱惑。例如，男孩可能为了表现冷静、自制、成熟而故意压抑自己的激情；女孩为了展示自己的妩媚而否认她的聪明才智；小学生为了扮演有礼貌的角色而把自己弄得精疲力竭，结果什么也没有得到。这些都是以丧失个人的存在为代价的。要使学生具备真诚的气质，除了教师必须首先做一个真诚的人之外，还要鼓励学生在需要道德勇气的情境里坚持自己的信念。

---

① James A. Johnson. Introduction to the foundations of American education [M]. Boston: Allyn and Bacon, 1973: 374.

为了培养真诚的人，教育要反对文化中压抑人、阻碍人无拘无束发展的那些方面。在存在主义者看来，人肯定是为他自己的，而且人也应该为他自己。所以，从根本上讲，个人与社会、团体总是对立的，人不应该湮没在团体和社会之中。个人既不应该成为团体和社会的一个部件，也不应该成为团体和社会统一模式中的标准件。个人应该真诚地显示他的主观性和与众不同的独特性。因此，人有充分的理由反对社会的现有秩序。应该使学生不怕孤立，不怕受到团体的敌视，因为受人欢迎的人往往是以自己的真诚为代价换取的。

教育不应该强调温顺服从和循规蹈矩，教育的大问题不在于学生无纪律，而在于学生安于习俗。教育应该强调学生的自律（autonomy），要提供一种可以使学生真诚地表现自己"真诚"的环境和气氛，使他们无拘无束地发展。

（2）选择和决定

关于选择和决定气质的培养，教育一方面让学生认识荒诞和自由，要使他们知道，自己是在自己的选择、决断和行动的过程中创造自己的。因此，要鼓励学生作有意识的选择，正像布贝尔所说的那样，要使青年人认识到，"凡是不再能以全副精神决定有所为和有所不为，并对这种决定负责的人，就会变成一个心灵空虚的人。而一个心灵空虚的人立刻就不成其为人了"。[①] 另一方面，要让学生了解他们拥有比他们所知道的多得多的选择的余地，这一点尤为重要。

在存在主义者看来，人的存在决不是静止不变的，强调人的存在实际上就是强调人的形成。因此，教育的一个主要目标就是要向受教育者展示未来的种种可能性，而不仅仅是纠缠于过去和目前的状况，从而扩大学生的选择范围。

巴西教育家弗雷尔（Paulo Freire）提出，教育的真正目标是使人重新检查自己和他的生活世界，并努力加以改造，只有这样，人才能有自我实现的生活。他认为，教育不可能是中性的，它或者是统治者的"统治工具"，用以使受压迫者屈服、顺从；或者是"自由演练"，使人思考自己的境遇，并加以改变。要使学生成为真正自由的人，作为自由演练的教育，就要鼓励学生摆脱过去和现存的模式，看到各种可能性，而且认识到，通过实践（Praxis）或有目的的行动，这种可能性是可以实现的。

美国的格林（Maxine Greene）认为，关于可能性教育的目的是使学习者关心并认识到各种可能性，这实际上是向学生展示人的存在的各种可能性。她认为，在当代社会中，有许多事情人们缺乏清醒的认识。社会中有一部分人是统治者，一部分人穷困而无知。然而，这种状况在很大的程度上讲是能够改变的，要改变它，就要求每个人思考他在世界上的状况，弄清究竟是什么力量在支配他们。她坚信教育能够在这方面发挥很大的作用，但是，要做到这一点，教育就应该转向正确的轨道。

在存在主义者看来，人的选择空间是无限大的。本体论、认识论和价值论中的问题都是由主观性决定的，问题在于学生并不一定认识到这一点，除了扩大学生的选择范围之外，还要使他认识到，当一个人进行选择时，他实际上就是将他自己推向了未来。在选择和决定的过程中，一个人决定了自己的道路，使自己改变了目前的状况，而且能够使可能性转变为现实。

---

① 华东师范大学教育系，杭州大学教育系编译. 现代西方资产阶级教育思想流派论著选［M］. 北京：人民教育出版社，1980：312.

(3) 责任感

自由意味着选择，其中也包括了人的责任。既然人的一切所作所为都是具有主观性的个人自由选择的结果，都是个人意识的反映，就这个意义来说，个人生活中所发生的一切都不是偶然的，都是个人的有意识的决定的结果。

人的选择及其结果都是在一定的情境、人与他人的关系中发生的，因此，与此伴随而来的就是个人对于环境和他人的责任，这也是生活不可规避的一个重要的方面。既然人是绝对自由的，那么人对于伴随自由而来的责任也就没有任何逃避的理由和借口。萨特在谈到纳粹德国占领法国的现实条件下个人选择和承担道德责任的问题时指出："人……肩负着世界的全部重担；他为世界负责，也为作为一定存在方式的自己本人负责……任何一个突然发生并吸引着我的社会事件都不是来自外部的；如果我被动员去打仗，这就是我的战争，我因战争而犯了罪，也就应受战争的报应。我之所以该受战争的报应，首先是因为我本来可以逃避它——开小差或者自杀。既然我没有这样做，也就是说，我选择了战争，成了战争的从犯。"①

教育在帮助学生意识到自己绝对自由的同时，也要使学生认识到自己的责任。要敦促学生对自己的哪怕是漫不经心的选择负责。要使学生形成这样的生活态度，即生活是自己的，任何人都无法代替他生活，因此，不能把自己应该肩负的责任推诿于环境、家庭或他人的影响、外在的压力、客观的规律等。为此，学校应该创设一定的条件和环境，使他能够有发现自由和责任的机会。

焦虑、苦恼、恐惧甚至绝望的情绪状态是人意识到自己责任的一种表现，这是由于自由和各种危险和威胁的对抗、尤其是自由与死亡的对抗造成的。所以，教育应该向学生展现生活的悲剧性，使学生明白人的存在、人的生活是痛苦的、短暂的，死亡是不可避免的。教育不仅是为了生，而且也要为死。虽然死亡对于年轻人来说并不迫切，但学校应该高度重视死的问题。

学校应该通过关于死亡的教育，使学生明白为了自己的理想而死往往比保全个人的生命好得多，教师应通过历史上甘愿作出崇高牺牲的人们的光辉典范来激励学生。此外，死亡也是进行自我检查的最有力的刺激，教师要引导学生透过死来检查他们自己活的质量。"学生必须在知道某一天生命将要结束的情况下过他的生活。然后，让他问他自己：他活着是为了什么？他是像一个自由人那样充分地活了吗？还是他只是满足于存在着？当他死时，他究竟活过与否有什么要紧吗？要让学生记住'今天要像你明天就死去似的活着'。"②

概括地说，存在主义的教育目的表现了极端的个人主义和个人的主观性，教育纯粹是个人的事情。教育的目的在于使人认识个人的存在，形成自己独特的生活方式，为此，教育应使学生形成真诚、选择和负责的生活态度。

2. 教师和学生

(1) 教师的作用

如前所述，存在主义非常重视个人的主观性、个人的选择和责任，在这种情况下，教

---

① 见〔苏〕π.H.米特洛欣等编.二十世纪资产阶级哲学.北京：商务印书馆，1983：226.
② 黄济.教育哲学初稿［M］.北京：北京师范大学出版社，1982：215.

师似乎没有发挥作用的余地。既然学生作为一个存在的个体,他的一切都由他本人决定,教师的介入肯定要破坏他的存在。在存在主义者看来,情况并不如此简单。教师有发挥作用的余地,但是,教师要发挥自己的作用,应该有所不为有所为。

有所不为者,指教师不能作为学生知识和道德的源泉或输送者,也不能作为他们的监督者。换言之,教师既不传道、授业,也不解惑。有所为者,指教师一方面要尊重学生的主观性,把学生当做一个人而不是物来对待,同时又要维护自己的主观性,使自己作为一个自由的人来行动。

要维护学生的主观性,在教学的过程中,教师不仅要避免课堂上的个人专制,还要反对布贝尔之所谓非人格化的知识专制。教师在教学的过程中,不是把知识"传授"给学生,而是把知识"提供"给学生,其中不能包含任何强制的成分。当然,教师应该掌握丰富的知识,并要对所掌握的知识具有深刻的理解,然而,在教学的过程中,教师应该充分注意学生的情绪、情感、创造能力以及知识对于学生生活的意义。

为了具体说明这一点,奈勒在《教育学基础》中举了下面的一个例子。"例如,当教师跟全班讨论一个题目时,当教师讲授文学和历史的某一个方面时,他力求介绍尽可能多的观点,他力图把这个题目描述为许多人思考的成果以及继续思考的焦点。实际上,重要的是一切知识本身的发展情况,如果要知识有持久性的话,就必须对之重新加以解释,并且在使用时能够产生新的意义。但是教师的意图并不是要学生随心所欲地选择有关这个题目的任何观点……教师也不能把自己的解释强加于学生,或是潜移默化地施加影响,因为这样做就会把学生贬低为教学策略的对象。反之,在充分讨论之后,教师向学生提出关于这个问题的最好的观点,然后问学生是否接受这一观点。"[1] 如果学生不接受,那也无妨,因为教师得承认"主观性即真理"。

同样的,在伦理道德领域,教师也无"道"可传。教师无权支配学生,他既不能强迫学生服从学校或教师制定的纪律,也不能把自己的价值观念和道德标准强加给学生。同教学的情况相类似,教师需要做的只是把自己信奉的原则,以及自己之所以信奉这些原则的理由告诉学生,至于学生是否接受,教师不必强求。

总之,教师对学生发挥的作用应该是"生产性"而不是"复制性"的,也就是说,教师要造就特色各具的个人,而不是按照他的模式复制出一个类型的人。所以本章第一节提到的那个哈帕尔认为,如果教师能使学生与他的差异比他们刚接触时的差异更显著而不是更接近的话,那么他就是一位好教师。显然,这种显著的差异乃是各自都发挥了自己主观性的结果。

教师除了要尊重学生的主观性之外,还要维护自身的主观性。教师要通过自己的真诚、选择和负责的态度激励学生,使他们意识到自己的存在。

教师应该真诚地教。他应该有自己教的目的,他既不是顺从于校长或教育行政部门的要求,也不屈服于外在的压力。教师的教或者出于关心、爱护青年,或者是为了继承某种传统,或者是为了通过年轻一代改造社会。有什么样的目的无关紧要,关键在于要有自己的目的。此外,在教法上要有创造性,即按照自己的方式而不是按常规来教。教师面对的每一位学生都具有独特性,所以教师应该避免自己或别人经验的影响,因为经验往往会将

---

[1] 陈友松主编. 当代西方教育哲学 [M]. 北京:教育科学出版社,1982:116—117.

学生和情境加以分类，这就抹杀了个性。

教师对学生应该一视同仁，不怀成见，不能对学生硬作阶级、出身、家庭背景、经济条件等等的分类，也不能用智商、学习成绩、年龄等给学生画框框，因为每个学生的行为表现以及他们与环境的关系，都是由学生的主观性决定的，将学生区别为类，不能说明每个人的独特性。

总之，教师处于一种创造者和激励者的地位，他要按照自己的意志去创造性地工作，他无需、也无权迫使学生来接受，大有"但问耕耘，不计收获"的意味。

（2）学生的地位

在阐述教师的地位时，实际上也反衬了学生的地位。所以，明白了教师的地位之后，学生地位的问题也就迎刃而解了。概括地说，根据存在主义的基本观点，在教育过程中，学生处于选择而不是模仿和服从的地位。

在教育过程中的三个主要因素，即教师、学生、教育内容中，尽管教师和教育内容都是很重要的，然而更重要的是学生的存在。真正的教育，必须保证学生对于教师的创造和教育内容的主观选择。

学生不仅可以决定学什么，而且可以决定学多少，因为人不是文化影响的产物，他的本质是他选择的结果。所以，学习的出发点不是知识或道德规则，而是存在的个人。在学习的过程中，学生决不是现成的知识和道德规则的消极接受者，而是要从个人的角度积极地辨别和检验它们的价值及其对个人生活的意义。学生学习它们没有任何功利性的目的，他只是为了充实个人的存在，所以，他不能受到它们的改造而泯灭个性。他们追求的是个人生存的真理，是个人愿意为之生也愿意为之死的真理。

学生也无需模仿教师的形象，或对教师的要求亦步亦趋，因为教师的形象只不过是他的广泛的选择范围中的一种。他为之负责的是他自己，而不是教师。

（3）师生关系

教师和学生都是有主观性的个人，他们之间的关系从根本上说决定于存在主义关于人和他人关系的观点。

存在主义对于人与他人关系的看法并不一致。如果根据萨特关于"他人就是地狱"的观点，那么师生之间只能是对立的。这可能有三种结果，虐待，被虐待，或者互不相干。这样，也就不存在真正合乎人的教育。

多数存在主义的教育家赞同布贝尔关于人与他人关系的看法。布贝尔认为，个人与他人，教师与学生之间的关系是"我与你"而不是"我与它"的关系。

布贝尔认为，"我与你"的关系真诚地表现了两个具有主体性的人的关系。在这种关系中，双方都没有自己追求的现实利益，双方都不把对方作为实现自己目的的手段，而是真诚地赏识对方，欢迎对方，肯定对方，同时也受到对方的赏识、欢迎和肯定。这种关系也可以叫做"对话"（dialogue）或"交流"（communion）。

教育中师生之间的对话和交流对于实现教育目的，使学生实现真正的自由是至关重要的。对于学生来说，由于他们知之甚少，自由还没有对象，所以它还只是一种潜能。此外，自由本身也无法加以利用，没有自由固然什么也无法完成，然而只有自由，同样也无法完成什么。所以，教师应该向学生提供使学生的各种潜能得以发展的知识和方法，与学生进行对话或交流，这正是教育的力量之所在。

上述学生本身的特点和教育的性质也决定了师生之间的对话具有与一般的人与人之间对话不同的特点，要使师生之间的对话关系不至演变成"我与它"的关系，需要注意两个方面。

首先，师生之间要有信任。相互之间的信任是师生之间对话的基础。布贝尔认为，那些具有独立品格的学生不愿意听任自己被人教育，而且，如果有人告诉他关于什么是善，什么是恶的问题乃是早已确定的真理，他们也会对抗起来。在这种情况下，对话就无法进行。布贝尔指出："教师只能以他的整个人，以他的全部自发性才足以对学生的整个人起着真实的影响。因为在培养品格时，你无需一个道德方面的天才，但你却需要一个完全生气勃勃的人，而且能与自己的同伴坦率交谈的人。当他无意影响他们时，他的蓬勃的生气向他倾注着，极其有力而彻底地影响着他们。"① 布贝尔认为，对于一个面对不可信赖的世界因面感到恐惧、失望的青少年来说，信任能使他豁然开朗地领悟到人生的真理，人的存在的真理。当教师赢得学生的信任时，学生对于接受教育就不会反感。只有在师生互相信任的情况下，才可能有真正的对话。

信任不取决于教师的意图。取得学生的信任无需采用诡秘圆滑、玩弄手段的行为，它需要的是教师对学生的信任和真诚。布贝尔认为，只有坦率而真诚地参与自己学生的生活，并担负起因这样地参与生活所引起的责任，才能赢得学生的信任。

其次，要妥善处理师生之间的冲突。信任意味着打破师生双方的限制，摧毁束缚学生心灵的枷锁，使对话在两个平等的人之间进行。然而，这不等于两个人无条件地协调一致。所以，要使师生间的对话进行下去，教师必须妥善处理师生之间的冲突。

布贝尔认为："师生之间的冲突是对教育者的考验。教育者必须面对这种冲突，不论这种冲突会怎样变化，他必须设法排除冲突而进入生活，我必须补充一句，进入一种生活，其中不仅有继续不动摇的信任，甚至这种信任更加神秘地增加着。"② 这就是说，师生之间的冲突的结果不纯粹是消极的，如果妥善处理，它也具有教育的价值。

面对冲突，教师必须专心一致地运用他的洞察力和见识，"切勿使他的知识锋芒失去冲刺作用"。但是，教师既不能采用诡辩的技巧为真理进行辩护，也不能用强制的手段迫使学生就范。另一方面，教师应该允许并鼓励学生坦诚地面对自己，"同时做好准备对于被它刺伤的心灵敷以刀伤药膏"。如果教师是冲突的胜利者，"他就必须帮助战败者忍受失败；由于征服人心的胜利不是容易取得的，如果他不能征服他所面临的这个执拗的人心，他就必须寻求爱的言辞，只有这种爱的言辞才能有助于摆脱这种艰难的困境"。③

3. 教育方法

在教育方法的问题上，大多数存在主义教育家认为首先要改变传统的教育态度，并认识传统的教育方法的弊端。传统的观点认为教育就是向学生灌输或传授某些东西，或者认为教育是为了使学生能够适应什么，或者是为了使学生能够解决问题。所以，传统教育的方法往往以某种外在的东西为定向，完全忽略了学生作为人的个人的存在。

范登伯格在1971年出版的《存在与教育》一书中认为，传统教育方法的特征是"支

---

① 华东师范大学教育系，杭州大学教育系编译. 现代西方资产阶级教育思想流派论著选 [M]. 北京：人民教育出版社，1980：301.
② 同上书，305.
③ 同上书，303—304.

配—服从"和"指挥—执行"的关系。其中支配者和指挥者当然是教师,而学生只是服从者和执行者。教师花费了大量的时间用于控制学生,而学生也想出各种主意来对付教师。教育的方法不是用于帮助学生充分认识并实现他们的各种可能性,也不是用来帮助学生认识并实现他们潜在的能力。这样的教育肯定是要失败的。

存在主义认为,教育是为了使学生认识到自己的存在,所以在教育方法上,存在主义最注重的方法论原则就是允许学生最大限度地自我表现和自我选择。

(1) 苏格拉底式的方法

苏格拉底的方法不是把现成的知识以某种方式传授给学习者,而是从学习者那里引出知识,并由学习者自己决定和选择。

存在主义认为,苏格拉底的方法在道德教育方面尤其重要,而且也切实可行,因为在这个领域,教师在学生没有事先学习和研究的情况下就可以对学生提出问题,并引发道德的知识。

存在主义者之所以推崇苏格拉底的方法,是因为这种方法最适合于人的教育。观念主义、实在主义或新托马斯主义的道德教育方法,将一套系统的道德原则呈现给学生,并采用各种方法让学习者接受,这样,学生在它面前毫无选择的余地,他唯一需要做的就是接受。在存在主义者看来,这不是将学生当做人的教育。

存在主义提倡的这种方法也不同于进步主义教育的方法。进步主义教育虽然承认人是价值和道德的创造者,但进步主义者却坚持真、善、美的标准最终要接受科学方法的检验,而且价值的选择要由社会公众来决定。在存在主义者看来,这实质上是用另一种系统来代替理想主义、实在主义和新托马斯主义所主张的系统,而且,公众的决定事实上也取消了孤独的个人的存在。所以,奈勒批评进步主义的方法是"非生产性的"(unproductive)、"非个人的"(impersonal),因为进步主义主张的以问题为中心的方法是以社会为定向的,它直接关心的是个人承担的社会义务。

在存在主义者看来,苏格拉底的方法区别于上述方法的最成功之处,在于通过这种方法获得的是"自己的"知识。它可以使人认识到在人的存在中必然会碰到的道德难题,以及自由选择的责任。此外,就这种方法的过程来说,它也可以通过教师的发问来激发并引导学生的思考,避免讲授法所带来的机械式的师生关系。存在主义者认为,这种方法可以消除以往在师生关系中司空见惯的保护性伪装,建立真诚的、正直的关系。

(2) 个别化教育

存在主义者对工业社会中的"非个人化"的现象,以及行为科学否认人的自由和主动性的观念表示非常反感。这些在教育方面的表现是,无视儿童独特的个性,把儿童像羊群似地赶进教育工厂,然后在那里按照一个模式对儿童进行加工和塑造。学生不仅聚集在一起,而且对他们每个人的要求都是统一的,所以,学生在无形中便丧失了个人的意义和个性。这种统一的、非个人化的教学,造成学生的异化自不待言,同时它还造成了教师的异化。在课堂教学中,教师被迫发挥某种作用,扮演某种角色,并按规定的教材和教学过程进行教学,而不是作为一个真实的人而存在。此外,在这样的教育工厂中,教师和学生是作为具有一定属性的两类人而不是有主观性的两个人发生关系,师生的关系将是疏远的,教师也将被他的学生所异化。

存在主义者认为,人的现实部分与人的遗传素质有关,此外,人还要受到他自身以外的力量，如家庭背景、社会地位、早期教育经验等的影响，所以，每个人的气质、兴趣、需要等都是各不相同的。如果人们承认这一点，那么要求每个儿童都接受同样的教育，那简直是不可思议的事。所以，存在主义提倡个别化的教育。

存在主义主张，无论在教学内容、教学方法或教学进度方面，都要有很大的灵活性，不可整齐划一，此外，也不能用一个统一的标准对学生提出学业成绩的要求，以利于每个学生的发展和自我实现。虽然存在主义并不完全排斥必要的班级和小组教学，但他们强调，如果必须要进行这种类型的集体教学，那它的目的也是为了教育个人，使个人利用集体来取得个人的自我实现。

在反对将学生放到群体中进行教育，主张使教育个别化方面，出现了各种各样的建议：

摩里斯（V，C. Morris）认为英国夏山学校（Summerhill School）的做法可资仿效。夏山学校的创办人是英国教育家倪尔（Alexander sutherlan Neill，1883—1973）。该校以学校适合儿童，而不是儿童适合学校为宗旨。学校不设年级，而是按学生的年龄（5～7岁，8～10岁，11～15岁）分为三个组。如果学生不提出要求，学校也不测验，不评分。学生可以参与学校的管理，与学校行政人员共同制订学校的规章制度。学校的主要责任是鼓励学生自由选择，参与各种活动。

奈勒提出了一个他自己也认为是"激进"的建议。他的建议与马塞尔的观点相类似，认为应当取消目前这种形式的学校，但保留诸如图书馆、大礼堂、体操房、操场等学校的设施。学生可以利用这些设施进行学习和小组活动。师生的相见可以在教师家里，可以在学生家里，也可以在外面。他认为这种安排可以使学生学得更好。

(3) 创造性活动

在存在主义者看来，游戏、绘画、艺术、创作等创造性活动具有很大的教育价值。在创造性活动里，个人可以毫无顾虑地发挥他的选择的能力。个人的活动是自由的、主动的。学生可以通过自己的创造发现自我，产生新颖的事物，在创造性活动里培养的创造精神将来可以用于社会文明的再创造。

创造力不是少数特殊人才的天赋。相反，它是一个过程，而进行这个过程的能力是每个人都具备的。创造力来自渴求、好奇、想象，所以，学校应该鼓励学生大胆地想象、甚至想入非非，运用限制的手段不能造就有创造才能的学生。

4. 课程

由于存在主义反对理性，反对永恒的、不变的知识体系，所以，存在主义者对于"怎么教"的问题比对于"教什么"的问题更重视。然而这不等于说存在主义教育家对课程的问题没有考虑。下面主要阐述一下存在主义在课程问题上的基本主张。

(1) 确定课程的依据

存在主义认为，在确定课程的时候，一个重要的前提就是，要承认学生本人为他自己的存在负责，换言之，课程最终要由学生的需要来决定。

人的存在和人的自由是分不开的，而所谓自由，就是把人从愚昧中拯救出来，并使人如实地看待自己，所以知识能够增进人的自由。从存在主义的观点来看，一个必然的结论应该是，人之所以学习知识，仅仅是因为它能增进自由，它是人实现自由的工具，而不是驾驭人的外在的因素。

在存在主义者看来，为学生规定一种固定不变的课程是不适当的，因为它没有考虑到学生对知识的态度。规定固定课程的出发点是，它能消除学生的无知，并能给予学生一定的知识。因此就要求学生学习各门学科，而要求学生学习它们的最终理由是某些权威人士已经确认学习它们是有好处的。然而，人的境遇是时刻在变化，没有任何东西是固定的，绝对的，而固定的课程难以适合学生的情况和需要，成了和学生没有关系的东西。这样的课程无助于学生的发展。

需要指出的是，存在主义之所以反对固定的课程，主要是因为它没有考虑到学生对这种课程的态度，而不是反对课程本身、反对体现各门学科知识的教材。此外还有一点应该强调，存在主义认为知识离不开人的主观性，它仅仅是作为人的意识和感情才存在的。如果知识不能引起学习者的感情，那么对于他来说，就不可能是明确的知识。所以，重要的是学生对于知识或教材的态度和他们的关系。

奈勒认为，既不能把各科教材，也就是编纂成帙的知识本身看做是目的，不能把这些教材看做是为学生谋求职业做好准备的手段，也不能把它们看做是进行心智训练的材料，而应当把它们看做是用来作为自我发展和自我实现的手段。不能使学生受教材的支配，而应该使学生成为教材的主宰。知识和有效的学习必须具有个人的意义，必须与人的真正目的，人的生活有联系，只有这样，个人才能够在时间和环境都适宜的条件下按照他选择的知识和对于知识的理解来行动。既然个人的主观性是一切的判断者，所以，每一门学科的价值和重要性就没有一个客观的标准，学科的价值取决于学生主观上对它的感受、吸收和利用的程度。教育行政部门规定了每门学科的教学大纲和教材，并提出了基本的要求，然而学生学和教师教的效果却大不一样，其原因盖在于此。

(2) 以人格世界为重点的课程

存在主义者认为，虽然各门学科自身供学生选择的价值是同等的，但人文学科应该占有重要的地位。这一方面可能是由于大多数存在主义者是大学里的人文学科的教师，但更重要的是，他们认为人文学科同人的存在有着本质的联系，人文学科涉及的主要论题是人与人之间的关系，人的生活的悲剧和喜悦，人的生活的荒诞和意义，人性的堕落和高尚等。由于人文学科比其他学科更深刻、更直接地表现了人的本性及人与世界的关系，更能洞察和发展人的存在的意义，所以它应该成为课程的重点。

然而，人文学科的价值不是绝对的，它也有如何教如何学的问题。如果把人文学科的知识作为武断的真理要求学生接受，如果不引导和鼓励学生利用它们来领会他自己生活的意义，那么学生将不能从中受益。

存在主义者认为，历史的学习应该注重人类的活动，而人类的这些活动乃是人类根据事态所作的自由选择。这样，历史就不再是一些事件的排列，而是给历史事件赋予了意义。所以，即使是历史事件，对它的叙述和学习也不是纯"客观的"。文学也有很大的教育价值，可以帮助学生解释个人和社会面临的道德两难问题，能够表达学生生活的意义。自由和死亡是文学作品的两个永恒的主题，也是人的生活的两个重要因素。通过文学的学习，学生可以发现人的生活的悲剧性，即自由是人的负担，死亡是人的终结。这对于使人们看清现代工业社会和城市化社会给个人生存构成的威胁是有很大作用的。

宗教也应该加以研究。宗教的内容是个人的，而且宗教信仰的最后的基础乃是个人的主观选择，而不是模糊的逻辑体系。虽然人的选择自由没有限制，但要一个人不选择任何信仰几乎也是不可能的。在个人接受并赞赏的所有的观念中，总有一些是无法证明的假设。只是学校不能采取强制的手段进行宗教的灌输，而应该让儿童自由地发展他们对宗教的态度。

存在主义的学校课程以人文学科为主。至于自然科学的学科，由于它们的客观性及非人格性，与人的主观存在没有直接联系，所以不应成为课程的重点。纯粹职业训练的课程应该加以反对，因为教育的重要性在于使人达到自我实现，而不在于客观上获得怎样的效果。我们既不能为多挣钱去接受教育，也不能为了找到一个更好的职业去接受教育。职业训练只能使人成为某一类别的人，而不能使个人成为一个自由的人。

第三节 后现代主义教育①

后现代主义（postmodernism）是20世纪后半叶在西方社会流行的一种哲学、文化思潮。作为一种思想观念和理解当今社会文化趋向的方式，它在西方正日益引起人们的注意，致使当代西方几乎所有的一流学者都在不同程度上介入了有关后现代主义的各种讨论。后现代主义涉及范围非常之广，从建筑风格和艺术表达方式到各种哲学流派，从大众传播媒介方面的电视节目设计到教育方面的学校课程设置争议等，后现代主义都产生了很大的影响。

后现代主义不是一种真正意义上的思想体系，其概念与传统的一套迥然相异。它是相当复杂的，又是多元的。它拒绝简单化的还原倾向的解释。从形态上看，既有破坏性向度的后现代主义对现代西方资本主义制度乃至整个资本主义文化进行否定，又有建设性向度的后现代主义主张综合思考以往一些思想文化的长处，以多元化方式创造性地构建新的哲学文化主张。因此，后现代主义流行至今，尚无一个普遍被人们接受的确切的定义。大致说来，它是一种对"现代主义"或"现代性"的反思，是对一些不言自明的主流社会观念的质疑，是一种崇尚多元性和差异性的思维方式。

后现代主义对教育的影响已经出现，而且影响日益扩大，以至在西方教育哲学领域内出现了后现代主义教育思潮。后现代主义教育思潮与后现代主义是密切相关的，其对教育的影响集中体现在教育研究方法、教育目的观、课程设置、教师与学生关系等方面，但考察这些问题必须在充分了解后现代主义的前提下进行。

一、后现代主义的产生和发展

关于后现代主义，当今法国著名哲学家让—弗朗索瓦·利奥塔（Jean Francois Lyotard）有一段论述："我决定用'后现代'来描述这一状况，缘于它正在美洲大陆的社会学家和批评家中流行。19世纪后，我们的文化经历了一系列的嬗变：科学、文学、艺术的语言游戏规则全变了，'后现代'一词，恰好标示出当今文化的方位和状况。"② 这段话反映了后现代的各种现象，也在一定程度上揭示了后现代主义产生的社会背景。利奥塔是从揭示现代性危机入手，进而探讨后现代知识状况的。他认为，后现代就是对"后设理论"（meta-discourse）的质疑。而所谓"后设理论"，就是指现代性下的一套既成说法。除利奥塔外，其他后现代主义代表人物的论述也是从对现代性的分析、批判入手，探讨

---

① 这一节由博士生陈建华同志撰写。
② 让—弗朗索瓦·利奥塔. 后现代状况[M]. 岛子译. 长沙：湖南美术出版社，1996：28.

"后现代性"、"后现代主义"等问题的。难怪有人把后现代主义的特征概括为一句话:"对现代性的反思"。

要了解"后现代主义",分辨"前现代"、"现代"、"后现代"、"现代性"等关键词是很有必要的。吉特琳(D. Gatlin)认为,前现代是指具有统一声音的看法,如文艺复兴时期将古典文化视为具最高地位的优势文化(high culture)。现代时期,仍主张统一性文化观念的传承与传统权威,但握有权威的不是宗教而是科学。后现代则放弃对统一性思维权威的追求,而以多元思维及反对独尊科学知识的思索为方向。①"现代性"是指相对于中世纪以后的文艺复兴时期的古典性,但有影响的德国社会理论学者,却将它指称为18世纪以后在西方发展的社会、经济及政治体系所代表的社会特征。

反思现代性的后现代主义的思潮的产生与发展,并非空穴来风,而是有其深刻的社会历史背景。

1. 后现代主义的产生背景

(1) 社会经济背景

从经济上看,由于电脑的出现,导致信息(information)产业的蓬勃发展,革新了传统工业社会的生产工具、生产力及生产方式,也造成了人类生活形态的重大改变。

与第二次世界大战前的传统工业社会不同,战后西方社会发展出一种与传统工业社会不同的新模式,大步走向一个全新的时代。关于社会新时代的名称,有称之为"信息社会"的,有称之为"后结构社会"(post-instructural society)的,有称之为"晚期资本主义社会"(late-capitalist society)的,也有称之为"后工业社会"(post-industrial society)的。其中"后工业社会"这个称呼得到大多数学者的认同。从社会经济组织上看,后工业社会的产生标志着两种改变:一是从工业资本主义到消费资本主义的转变;二是从商品生产到信息生产的转变。这两种转变也导致整个社会的劳动力从工业生产行业转向服务性行业。更具体地说,它表明在跨国公司普及及会球性通讯交流战略情况下,生产、服务提供以及信息的国际化,与生产力的统一性。后工业社会的轴心原则是经济化,这是一种根据最小限度的输出来达到最大限度的输入的一种经济原则,按照这种原则,人被降到机能动物(经济动物)的地位,消费意识的渗透使人日益商品化。

经济上消费意识的渗透使整个社会文化呈现一种"物化"态势。后现代文化因而出现深刻的危机。美国当代后现代主义学者杰姆逊(Jameson, F)把这种文化危机的特征概括为以下两点:

混杂拼贴。随着大众文化商品意识的泛滥,后现代文化个性泯灭,创新的可能性枯竭,因而逐步沦落为复制商品,生产并销售一些既无个性,又丧失批判功能的大众时尚作品。这些时尚作品是混乱拼合的。

精神分裂。大量的商品广告,无穷无尽的电子信息,不断翻新的杂乱拼贴,导致符号、文字和视听形象全面混淆,失掉确切意义。资本主义疯狂的物质生产和消费享受,造成了一种精神分裂、意义混乱的文化系统。②对后现代社会的经济化原则所导致的文化危

---

① Howard A. Ozmon, Samuel M. Craver. Philosophical foundations of education [M]. Columbus: Merrill, 1995: 362.

② 赵一凡. 欧美新学赏析[M]. 北京:中央编译出版社,1996:190—200.

机的思索与批评是后现代主义思想的重要内容。

(2) 对生存危机的反思

后现代主义的产生，也来自人们对人类社会生存危机①的反思。当今世界，人们面临着各种生存危机，从空气污染、水域污染、噪声污染、绿化面积的减少、沙漠的扩张、核能危机到地球的温室效应，各种危机的存在使人们对自身所处的环境产生不安，这种不安反映在思想文化上也构成后现代主义的一些特征。其中一个主要的方面是对科学技术效用的质疑。对于科学技术作用的质疑，几乎从科学产生之时即已开始。但工业革命以来，科学给社会带来了在物质利益方面巨大的进步和发展，以至于人们对科学技术的作用产生了片面的、夸张的看法，认为科学技术可以解决社会、人类所有的问题。随着人们对科学技术副作用的认识加深，对科技理性的怀疑也逐渐成为思想界的思考主题，后现代主义思想中也有这方面的反映。

(3) 社会多元化趋势

讨论后现代主义，我们还需要指出当今西方社会多元化发展趋势对其所带来的深刻影响。20世纪后半期，全球社会现象逐渐由一元或二元转变而为多元形态。从政治上看，自二战以来，古巴危机、中华人民共和国的成立所导致的社会主义阵营的强大、越南战争、中东战争以及冷战后中国政治地位的日益强大等，使得以美国为首的西方政治秩序开始动摇，"西方社会"不再能以一元化的方式统治这个世界。70年代以后，世界政治格局呈现多元化。在经济方面，太平洋地区经济力量的崛起，尤其是亚洲新兴国家的经济振兴，中国改革开放后经济的复苏，也迅速地改变了世界经济格局。在科技方面，电脑的产生与普及，使得科技知识的积累方式有了巨大的改变，这直接影响到人们的世界观和宇宙观。在文化方面，女权主义的发展，使得传统的以男子为中心的阐述世界的方式产生了改变。美国社会不断扩张的黑人运动，也使得西方社会白种人创造历史的神话开始动摇。在当今世界，少数族裔也纷纷提出要求重视的各种呼声，这些人的地位也开始转变。凡此种种，无不表明了世界格局趋向多元化。以往一元化或二元化的封闭体系，遭受了巨大的挑战。后现代主义所标榜的"反对实质化"、"去中心"、"不确定性"、"反整体性"、"零散性"等术语，无不体现了社会多元化趋势的影响。

后现代主义就是在以上社会背景下出现的一种流行的、颇具前卫性色彩的哲学、文化思潮。

2. 后现代主义的产生、发展

(1) 后现代主义的思想渊源

后现代主义作为一种思想，其来源相当复杂。苏联学者图甘诺娃认为，后现代主义有多种哲学来源，"现象学、弗洛伊德主义、乔治·桑塔耶那、约翰·杜威、奥尔特加—伊—加塞特等人的观点，法兰克福学派、大众社会论、人类理论、结构主义以及近似技术决定论的马克莱恩的观点，都对后现代主义有一定的影响。"他还认为，"后现代主义受到悲观主义的、非理性主义、空想主义和无政府主义的巨大影响"。②

后现代主义大师福柯（M. Foucault）和利奥塔等人视尼采为当代后现代哲学的重要

---

① 本书第六章第二节将详述这一问题。
② 王岳川，尚永编. 后现代主义文化与美学 [M]. 北京：北京大学出版社，1992：196—197.

先驱。尼采在《权力意志》一书中的许多言论闪烁着后现代式的智慧。如"反形而上学的世界观——是的,我承认。不过它可是一种精妙之极的东西","我们信仰理性,可它却是灰色的概念哲学。这一语言大厦是按照无比幼稚的偏见建造起来的","我认为世界的价值就在于我们的阐释","自然科学的发展,已导致自我瓦解、自我对立……从哥白尼开始,人就从中心位置滑向未知数 X"①。在后现代哲学界,尼采的幽灵几乎随处可见。福柯声称,尼采不仅是有关"现代性"研究和"后现代主义"争论的始作俑者,他还通过自己独特的风格,"倡发了文明时代的一种新型阐述方式"。② 福柯承认,他的知识考古学方法,以及解构主义历史观和语言观,受尼采的影响很深。利奥塔在《后现代状况》中指出:当代知识格局的巨变,实起源于尼采式的虚无主义"远景观"。理查·罗蒂(R. Rorty)称当今西方文化为"后哲学文学",其理由是:由于尼采大肆鼓吹"超越柏拉图主义",并建议我们放弃那种"作为一切基础的哲学理想",如今"大写的哲学"已经悄然死去,"小写的哲学"却保存下来,成为盛行于世的洋洋大观。这些情况表明,后现代主义尽管复杂,但并非空穴来风,而是有其自身的思想基础的。

(2) 后现代主义出现的标志

关于后现代主义的兴起时间,理论家们各持己见,至今尚无一致的看法,比较常见的有以下几种说法。

美国后现代主义文艺美学家伊哈布·哈桑(Ihab Hassan)认为,后现代一词可以上溯至弗·奥尼斯(F. Onis),他在 1934 年出版的《西班牙暨美洲诗集》中就曾采用过 postmodernism 一词。随后,杜德莱·费兹(Fitts,D)在他编辑的《当代拉丁美洲诗选》(1942)再次使用。

"后现代主义"这个术语还在阿诺德·汤因比(A. Toynbee)的《历史研究》中出现过。据汤因比的观点,后现代主义标志着大约兴起于 1875 年的西方文明的历史新循环。但也有人认为此说明显误解了"modern"一词的意思。该词既可指称"近代",又可指称"现代"。

哈桑认为,后现代主义真正兴起的时期是以乔伊斯(J. Joyce)的《芬内根的守灵》(1939 年)的出版为其上限。

美国思想家丹尼尔·贝尔(D. Bell)认为后现代主义是随"后工业社会"的来临而兴起的,是社会形态在文化领域的反映,因此后现代主义产生于 60 年代。利奥塔认为,后现代主义是后现代知识状况的集中体现,后现代的根本特征是对"元叙事"(meta-narrative)③ 的怀疑和否定,他也把后现代的兴起看成是 60 年代中期的事。

北京大学青年学者王岳川考察种种情况后认为,后现代主义是后现代社会(后工业社会、信息社会、晚期资本主义社会等)的产物,它孕育于现代主义的母胎(30 年代)中,并在二战以后与母胎撕裂,后现代主义的正式出现应是 50 年代末至 60 年代前期。④ 王岳川的分析比较中肯,我们倾向于这种说法。

---

① 尼采. 权力意志[M]. 张念东等译. 北京:商务印书馆,1991:1048,522,616,19.
② 赵一凡. 欧美新学赏析[M]. 北京:中央编译出版社,1996:10—11.
③ "元叙事"是指一种知识形式,是一种由原始口述方式演化而来的一种传统知识体系,它往往侧重一种能力标准和一种游戏规则。例如,它偏心于自身所理解的正义、幸福、效益等观念。
④ 王岳川. 后现代主义文化研究[M]. 北京:北京大学出版社,1992:5—8.

(3) 后现代主义的发展

后现代主义首先是在欧洲大陆产生的,直至今日,真正称得上后现代主义大师的思想家仍大多在欧洲大陆。法国更是星光灿烂,它为后现代主义思想界贡献了福柯、拉康(J. Iacan)、德里达(J. Derrida)、利奥塔等大师级人物。

在法国,在法兰克福学派著名代表人物阿尔都塞(L. Althusser)于1965年出版《保卫马克思》的第二年,福柯出版了《词与物》、拉康出版了他的论文集,这些标志着法国形成了后现代主义思潮。之后,1967年德里达发表《言语与现象》,1970年罗兰·巴尔特(Roland Barthes)发表《S/Z》、1979年利奥塔发表了《后现代主义状况—关于知识的报告》,掀起了法国后现代主义的高潮。

除法国外,德国、英国也是较早产生后现代主义思想的国家。德国思想家、法兰克福学派新一代代表哈贝马斯(J. Habermas 1929—)与利奥塔就"现代性"与"后现代性"问题的论战,是后现代主义发展过程中的一个大事件。哈贝马斯认为"现代性"尚有合理性,还未到"终结"的地步,他还认为追寻一个共识或一项普遍性规律是可能的;而利奥塔却为"现代性工程"大唱挽歌,他认为共识或普遍性规律是可疑的,即使有也是一种特殊情况,他极力推崇多元化和差异性。两位大师之间的论战对后现代主义的发展起了促进作用。并且还直接影响以后后现代主义思想阵营内的分歧。

后现代主义思想在欧洲大陆产生后,很快被美国学者所接受。在美国,1966年德里达、罗兰·巴尔特访美,结识了理论家保尔·德·曼(P. de Man),希里斯·米勒(H. Miller),很快在美国刮起了以解构主义为特征的后现代主义旋风,以至于美国后来居上,取代法国而成为后现代主义思想的大本营。现在,美国著名的后现代主义学者有伊哈布·哈桑、弗·杰姆逊、丹尼尔·贝尔以及大卫·格里芬(D. Criffin)、理查·罗蒂等人。

后现代主义思想传入美国后,形成了两种向度。一为破坏性的后现代主义者,其支持者援引福柯、拉康、德里达、利奥塔的言论,主张对整个西方资本主义制度进行颠覆、彻底否定。二为建设性的后现代主义者,以大卫·格里芬为代表,其思想受哈贝马斯影响,他们也主张多元化,也主张对现代性进行反思,但所采取的方法是辩证否定,与"现代主义"或"现代性"有一种扯不清道不明的关系。他们主张吸取"现代主义"或"现代性"的某些合理内核,创造性地产生新思想,建立人与自然的和谐关系。

二、后现代主义的思想特征

1. 后现代主义代表人物的观点

虽然后现代主义思想发展到后来有两种向度,但在其产生初期,却是以破坏性闻名的,几位后现代主义大师的著作体现了破坏性的特征。即使是后来出现的建设性向度的后现代主义,其思想观点也是以几位大师的著作为基础的。所以我们在此就着重介绍三位后现代主义大师的思想观点。

(1) 福柯(1926—1984)

密歇尔·福柯是法国著名的思想史哲学家,是继萨特之后法国思想界最为耀眼的明星,有人称其为20世纪世界思想舞台上的"最后一位思想家"。福柯本人喜欢自称为历史学家。但无论如何,从思想史研究切入当代哲学问题的讨论是福柯思想的重要特点。福柯理论有三个重点:知识考古学;话语形式的谱系学分析;知识与权力关系。

知识考古学：所谓知识考古学，大意是用考古学的眼光，对当代、近代的历史的知识进行再诠释。知识考古学认为，我们现在所拥有的关于人与文化的知识有着太多的主观性，它是各个时代的、古人的以及我们自己的主观性的大杂烩。要寻求真理，必须对关于知识的语汇进行语义学和发生学上的还原，然后才谈得上意义的还原和重新组构。首先要让我们研究的知识赤裸——就像考古中的出土物一样，然后再试图解释。

知识考古学中抓住了考古学两点最重要的本质：其一是对象的特征，要求对象具有原初性，正因为这样，知识考古学往往以妓女、监狱、同性恋等作为考察对象；其二是方法的特征，不反对模式和理论，但却是在对原初对象辨识的基础上，证明其确信，然后才触及解释，慢慢再逼近事实。

福柯做了大量的知识考古学工作，他撰写了四部知识考古学著作：《诊所的诞生》、《疯狂与文明》、《词与物》、《知识考古学》。福柯运用知识考古学方法分析了西方三种"知识型"（episteme），福柯所谓的"知识型"，大致是指各个历史时期的知识全体，又指其基本构成原则。下面我们依次介绍这三种"知识型"的特征。

第一，文艺复兴时期（中世纪晚期至16世纪末）。此时的知识特征是"相似"，它以"协约、仿效、美化、感应"四种同心圆式的方式将所有事物连接起来，并通过这种近似观念形成有关生命、劳动与语言的基本话语（它们分别涉及人的生物性、社会性与文化性）。

第二，古典时期（17世纪至18世纪末），"知识型"的特征转变为精确表示与系统分类。其思维方法不再由聚拢事物、寻求共性的能力主宰，相反它突出差异并确认个性。

第三，现代时期（18世纪末起），"知识型"的特征是语言表征系统的崩解与人文科学概念的出现。当代认知十分重视"自我反思与批判"。

话语形式的谱系学分析：① 主要是探索话语分析的方法。福柯深受尼采重视非理性或历史上被忽视者（边缘人物）的看法的影响，将历史学的概念定位为谱系学（genealogy）。谱系学的基本立场是，历史的起源不是绝对必然的，也不是线性的。历史是许多单一事件的复杂、适然性结合，它既包含着正统的知识发展，也包容了曾被历史学者否定或忽视的各种地域性现象、非延续性知识或非合法性知识。他尤其注重差异的存在。他由此分析了话语系统，认为"话语生产总是依照一定程序受到控制、挑选、组织和分配的"，对话语系统的分析即是对目标施行"历史化的语言分析"：首先查阅它赖以生存的文化档案，核实它在特定历史情景（context）下的变动经过；进而分析构成这种观念、理论或制度的语言陈述方式，以便判断由知识、权力、语言三方面因素合成的"话语形式"。福柯话语理论像个三角形，分别由知识、权力、语言三级构成。

知识和权力：主要是研究知识与权力的关系问题。1970年以后，在福柯的晚期著作《监视与惩罚》和《性史》里，其研究重心偏向"知识—权力"这个命题，这个命题的研究也采纳尼采的谱系学方法。福柯认为知识与权力是一体的，纠结并存的，其联盟不尽由意识形态撮合而成。没有任何知识能单独形成，它必须依赖一个交流、记录、积累和转移

---

① 话语（discourse），简而言之，就是被实践着的语言。提出这个术语旨在对它进行分析，使其不受制于语言学的习惯因素，也不局限于语言学的基本单位，后现代主义认为，只有在政治、经济、文化、社会结构中，话语才易于分析。

的系统,而这系统本身就是一种权力形式。反过来说,任何权力的行使,都离不开知识的提取、占有、分配与保留。在此水平上,并不存在知识同社会的对立,只有一种知识—权力的焊接方式。

(2) 德里达(1930—)

德里达是法国享有盛名的哲学家。他生于阿尔及利亚。19岁回法国就学,1956—1957年在美国哈佛大学任教。60年代后,一直在巴黎高等师范学院任教。其主要论著有《人文科学话语中的结构、符号和游戏》(1966)、《声音和现象》(1967)、《文字语言学》(1967)等。德里达对逻各斯中心论进行了批评,提出了"解构"(deconstruction)的概念。

逻各斯中心论之批判:与福柯同时代的德里达,对西方哲学的逻各斯中心论进行了深刻的批判。逻各斯中心论来源于希腊语逻各斯(logos),意为"语言"或"定义",有时也指称"理性",是关于正确阐明什么是"本真"的说明。逻各斯中心论从本质上认定某一认识真理的方法优于另外一些方法,这使得西方哲学的思维建立在一正一反两元对立的基础上。在这种形而上学的两元对立中,哲学家强调的是统一性、同一性和直接性,而排斥矛盾性、不确定性和差异性。德里达认为,逻各斯中心论是与西方社会相联系的,而且只是与西方社会相联系。德里达对逻各斯中心论的批判,对后现代主义崇尚多元化、差异性产生了深刻的影响。

解构:德里达的"解构"概念实际上就是对语言符号的意义进行批判性解释。他认为,每位哲学家应用语言符号表达自己发表的理论内容都在文本①之中。解构哲学通过读解文本来发现它的矛盾,对其存在的等级秩序加以颠倒,进而改变和重新解释原有的概念关系。具体地说,它从揭露文本本身的矛盾出发来消解文本的原有结构,发掘被其中心意义所排除、隐蔽或遗忘的意义,特别是那些普遍的确定的意义之外的意义。它强调颠倒结构的中心和边缘的关系,消除结构中一切确定和固定的东西,为边缘意识寻找地位。由此看来,他的解构方法具有怀疑主义和虚无主义的倾向。

(3) 利奥塔(1924—)

让—弗朗索瓦·利奥塔是福柯、德里达之后的法国哲学重要代表。利奥塔现任教于巴黎第八大学哲学系,并兼任美国加州大学教授,其主要著作有:《现象学》(1954)、《话语、图像》(1974)、《力必多经济学》(1974)以及《后现代状况》(1979)等。

利奥塔的著作《后现代状况:有关知识的总报告》,被西方很多学者认为是后现代主义的经典之作。该书1979年出版,不足70页,却立论深邃,攻势凌厉,在西方引起很大的反响。利奥塔在这本书中从知识社会学角度入手考察、研究后现代状况,但其涉及的内容非常广泛,在道德、政治、哲学、文化、教育等方面都有自己独特的见解,他把这些与后现代主义联系起来,从而丰富了我们对后现代本质的认识。以下我们具体介绍这本书的有关观点。

知识状况:在这本书中,利奥塔首先对当代科技与知识状况进行分析,其要点如下。

第一,在当今世界,各种最先进的科学分支都和语言学有关,诸如传播学和控制论的

---

① 文本(text)是后现代主义的一个常用术语,一般指文化上的各种符号。后现代主义者有时从广义上理解它,甚至于把整个世界看成一个文本。

问题，代数与信息学（informatics）的各种现代理论、电脑及其程序语言、资料储存及流通、电传学、翻译及数据库技术等等。在如此普遍发生变化的环境下，知识的本质不改变，就无法继续生存，只有将知识转化为大量的信息，才能透过各种途径，使知识成为可操作可运用的资料。任何无法转化传送的东西，都会被淘汰。

第二，对一个具备知识的人来说，他可以以一种彻底"外象化具体化"（exteriorization）的方式来处理知识，原先经过心智训练或个人训练来获取知识的旧方法已经过时。知识供应者与使用者之间的相互关系，渐渐趋向商品生产者和消费者的供需型态，而且愈演愈烈。它标志着，知识型态将以价值模式为归依。今后，知识或将为出售而生产，或为稳定新知识产品的价值而消耗。知识不再以知识本身为最高目的。它奉行的是一套运作效能（peformativity）标准，① 以往重视知识的教育价值或知识价值（行政管理、军事外交）的观念，将被取而代之，主要的差异不再存在于有知与无知之间，而是像资金一样，存在于"报酬性知识"与投资性知识之间。

第三，知识奉行冷冰冰的运作效能标准，容易导致一种恐怖。利奥塔惧怕的是知识与权力之间的整合。

科学知识和叙事知识：利奥塔对后现代知识演变的恐怖趋向是比较担心的。因而他着手对此现象进行批判。他分析了科学知识（scientific knowledge）与叙事知识（narrative knowledge）的关系，提出了两者之间"范式不可通约"的主张。

利奥塔运用维特根斯坦式的语用学工具对"叙事知识"和"科学知识"进行区分。他认为，前者被当做由原始口述方式演化而来的传统知识体系；它兼容言语的能力标准与各类游戏规则，含有关于效益、正义、幸福及美的价值观念，并且能够通过叙事实践中说、听、指三角传输网直接构成社会制约关系。科学知识从原初状态分析，是前者的派生，仅仅有关真理的限定和选择。它所需要的语言游戏只有一种，是定义指称型的，并据其真理价值为人接受（可以无视伦理或公正概念）。社会规范由两种知识组合而成，但由于科学知识高度专业化所形成的各种科学制度体系，使科学知识成为社会规范的"间接"组成分子。

利奥塔对两种知识进行区分和分析的意图在于为叙事知识争取与科学知识一样的合法地位。他认为，前者和后者的存在，是同样有必要的，我们不能以科学知识为基础，来判断叙事知识的成立与否及其效能，反之亦然。

但利奥塔进而认为，实际的情况是，叙事知识并无自我实现其自身合法化的优势。这一点暴露了叙事知识在实际传递中，没有采用论证及证据为手段的缺点。叙事知识对科学知识的看法，主要是将它看做叙事文化家族中的一个变种。叙事知识在无法理解科学说法的问题时，通常采用相当容忍的态度。但反过来就不行了，科学家针对叙事知识的正确性提出了质疑。尔后下结论说它们永远无法用论证或证据来说明。科学家往往根据不同的心理状态将叙事知识分类——分成野蛮的、原始的，低度开发的、落伍的、异化的等等。它们认为叙事知识是由意见、习俗、权威、偏见、无知和意识形态所组成的，叙事知识只是一些适合女人和小孩阅读的寓言、神话和传奇。

---

① "运作效能标准"是利奥塔《后现代状况》一书中的重要术语，它指的是科学技术遵循的标准。利奥塔认为，科学技术并非是一种遵循真、善、美、正义等伦理观念的语言游戏，科学技术遵循的是效率，它希望在运作过程中耗费最小的能量，而做最大的输出。科学技术遵循这一原则易趋向恐怖主义，主要原因在于科技知识和权力的高度整合。

利奥塔认为，在以上这些方面，科学家带有一种傲慢与偏见。他认为，科学知识的合法性也往往靠叙事知识来说明的，科学知识瓦解了叙事知识的合法性，但科学最新理论（如混沌理论、灾变学、量子力学等）的出现，却动摇了原先科学知识的基础，科学知识的合法性危机也无可避免地产生了，科学在自己拆自己的墙角。

谬误推理（Paralogy）：[①] 在后现代状态下，利奥塔预言的前景是一个充满争议、冲突与不规则语言游戏的世纪，类似于古希腊哲学黄金时代中禁欲派、怀疑派与诡辩派的纷争局面。后现代学者只能认可并适应知识的非合法化状态，并依靠大量边缘性、局部性"小型叙事"去发明新规则，倡导并发展差异性，而不是同一性，在此基础上，再确立一种"谬误推理"的后现代合法方式。

2. 后现代主义的主要特征

后现代主义的思想五花八门，很难加以系统化，但我们通过对福柯、德里达、利奥塔等人基本观点的理解，还是可以归纳出其思想中的一些共同之处的。

（1）反基础主义、反本质主义

美国学者约翰·W. 墨菲（W. J. Murphy）曾经说过："从根本上说，后现代主义是反二元论的。"[②] 后现代主义最难理解的就是它的非二元性。所谓二元论，是关于将个别实体划分为两种基本类型的一种理论，这种理论断言，实体或者是物质的，或者是精神的，这两种类型的实体不能相互还原。二元论的观点认定在物质世界之外，还有一个独立的，不依赖于物质的精神力量的存在；但精神现象和物质现象是有联系的，精神现象往往具有能动性。后现代主义破坏了西方哲学传统中普遍存在的二元论，它不再相信这个绝对的说法能够说明现在的真理和秩序。利奥塔认为，社会不是一种等待那些在方法论上十分严谨的人来发现的"单一性"或整体。因为全部知识构成语言游戏，各种语言游戏又各不相同。任何现实都不可能有公认的基础。与利奥塔一样，许多后现代主义者设想语言是分析哲学根源的最佳切入点，他们否定传统的本体论观点和思辨方法，这种方法论上的"哥白尼式的转变"挖掉了传统的二元论的形而上学的墙脚。

后现代主义对传统二元论的批判，使其思想上表现出一种反基础主义和反本质主义的特点。所谓基础主义是指一切认为人类知识和文化都必有某种可靠的理论基础（或阿基米德点）的学说。这种基础由一些不言而喻、具有终极真理意义的观念或概念构成。学术研究的目的就是发现这个基础。从认识和方法论上说基础主义往往表现为现象与本质、外在和内在分裂或对立起来的本质主义。17世纪以来，由于主客、心物之间的分离和对立以及两者之间是否存在障碍的问题被突出地提了出来，基础主义便以本质主义的形式在哲学中占了支配地位。其中新柏拉图主义、笛卡儿和康德哲学，甚至黑格尔哲学都具有本质主义的特点，后现代主义对这些传统哲学是持批判态度的。上文提到的德里达对"逻各斯中心主义"的批判、对"解构"方法的提倡，以及利奥塔对"元叙事"的探讨，福柯对传统"知识型"的批判，都体现了这个特点。

---

① "谬误推理"是《后现代状况》一书中的重要术语。它是一种非逻辑的推论。利奥塔的意思是，在追求知识合法化的过程中，要达到一种共识是很难的，即使有也是一种特殊状态。只有根据多元性的规则以及对差异性的追求，与前沿科学家一致，放弃共识和普遍性，通过"谬误推理"，才能达到一种合法化状态。

② 王岳川，尚水编. 后现代主义文化与美学 [M]. 北京：北京大学出版社，1992：168—175.

（2）不确定内在性

伊哈布·哈桑在《后现代主义的转折》一书中，把后现代主义的特征概括为"不确定内在性"，在某种程度上倒是抓住了问题的要点。他用"不确定内在性"（indeterminence）指代后现代主义中两个主要的本质倾向，即不确定性（indeterminacy）和内在性（immanece）。哈桑认为，这两种倾向不是辩证的，因为它们并不完全对立，也未引向整合。每一种倾向包含它自己的矛盾，但又暗示着另一种倾向的因素。它们的相互作用表明了盛行于后现代主义中的一种"多元对话"（polylectic）的活动。所谓不确定性，更确切地说，是多重不确定性，是一种复杂的指涉体，只有用下面各种不同的概念，方能将它描绘出来：模糊性、断裂性、异端邪说、多元论、散漫论、反叛、曲解、变形等。所谓内在性，则不带任何宗教色彩，指的是一种心灵的能力——在符号中概括自身，愈来愈多地参与自然，并通过它自身的抽象概括而作用于自身的能力，它因而逐渐地、直接地成为了其自身的环境。①

（3）对科学理性的质疑

前面讲过，后现代主义的产生背景之一是对生存危机的反思，后现代主义对生存危机的反思直接导致对科学理性的质疑，由此也引发对科学技术与生产力、意识形态之间关系的探讨，这也是后现代主义的一个主要特征。

桑德拉·哈丁（Sandra Harding）在第25届诺贝尔授奖大会上说："我在这里提及的后现代主义，是一个重要的历史时期，这个时期，现代西方及其精英人物所持的基本假设之合法化受到广泛的质疑。科学，它的伦理、理性和功能是其中受到质疑的一个部分。"②哈伯马斯曾经考察科学与生产力、意识形态之间的关系，在他看来，科学既是一种生产力，又是一种意识形态。前者之确立表明了科学对自然的控制，后者之确立表明了科学对人类社会的控制。他进而对科学的"合法化问题"提出质疑，这在西方学术界很有名。其实，在哈伯马斯之前，尼采在其名著——《权力意志》中，即已深刻地洞见有关科学的悖论：即欧洲科学的发展势头，在科学意志驱动下，将遵循一条逆反逻辑，逐步诱发"科学危机"，并"从内部瓦解一切知识合法性"。③ 后现代主义思想的发展过程，反复印证了尼采的悖论。后现代主义大师利奥塔在其名著——《后现代状况》中，就试图通过对叙事知识的探讨，分清科学知识和叙事知识的异同，并进而探讨科学知识的状态问题。其他后现代主义大师如福柯、拉康、理查·罗蒂等人，也在不同程度上涉及科学知识的合法化问题。

（4）告别整体性、同一性

后现代主义是对"现代性"的审慎反思，它把矛头直接指向"现代性"下的一套整体性、同一性的叙述，对"现代性"下的许多不言自明的真理持怀疑态度。利奥塔对"现代"的看法是："我将用'现代'一词来描述下列科学：例如精神分析法，意义阐述学，理性或应用科学的独立、物质财富的独立。所谓'现代'科学，仍然与正统的叙事学说（grand narrative）有着显而易见的一致性，以'后设理论'（meta-discourse）的方式使之合法化。"④ 他认为，这些在现代性下看来具有整体性、同一性基础的学科已经失去可信

---

① 王潮主编. 后现代主义的突破 [M]. 兰州：敦煌文艺出版社，1996：28—29.
② 见1989年10月22日《纽约时报》24E中的有关报导。
③ 赵一凡. 欧美新学赏析 [M]. 北京：中央编译出版社，1996：11.
④ 让—弗朗索瓦·利奥塔. 后现代状况 [M]. 岛子译. 长沙：湖南美术出版社，1996：28.

性。利奥塔的做法是,"让我们向统一的整体宣战,让我们见证那不可呈现的;让我们持续开发各种歧见差异;让我们大家为正不同之名而努力"。①

三、后现代主义的基本教育主张

在西方教育理论界,介入后现代教育讨论以及具有后现代教育思想的教育学者不在少数。在后现代思想大师中,利奥塔对教育问题有专门的论述,在《后现代状况》一书中,他阐述了后现代社会知识价值的变化对学校教育的影响,第12章还专门讨论"教育及其通过运作效能所达成之合法化"这一问题,利奥塔的思想对高等教育的影响尤其大。除利奥塔外,其他学者对后现代教育的研究,主要是通过对几位后现代主义思想大师的经典著作的理解,并把后现代主义主要思想观点引入教育理论中而进行的。有关后现代主义教育的论文数量很多,著作也不少,但真正产生影响的却不多。

1991年,吉鲁和阿罗诺维兹合编了《后现代主义:政治、文化与社会批判主义》。

1993年,威廉姆·多尔(W. Doll)撰写了《后现代主义课程观》一书。

1994年,罗宾·厄休(Robin Usher)与理查德·爱德华兹合编了《后现代主义与教育》。

1995年,温迪·柯里(Wendy Kohli)主编了《教育哲学中的批判性会话》,其中汇集了许多后现代主义教育学者的代表性观点,诸如马丁(J. R. Martin)以后现代主义观点方法探讨女性主义教育学问题。斯拉特瑞(P. Slattery)探讨后现代课程问题,尼门(A. Neiman)对成长概念重新界定,试图重新阐述教育目标问题等等。

在以上后现代主义教育学者中,吉鲁(Henry Giroux)的影响无疑是最大的。

吉鲁1943年出生于美国,现任教于宾夕法尼亚州立大学教育学院课程与教育系,是美国批判教育学派的主要代表与核心人物。1991年,他与另一位学者阿罗诺维兹(S. Aronowitz)合编了《后现代教育:政治、文化与社会批判主义》,这标志着他的教育研究方法向后现代主义方向转变。他以"边缘教育学"为核心内容构建他的批判教育学体系。目前他也是西方后现代主义教育思想的代表人物,在他身旁集中了一大批志同道合的学者。

吉鲁对现代主义主张把西方主流文化作为统一世界文化的"主轴",因而忽视了其他边缘性文化及次要群体的文化倾向持批判态度,其"边缘教育学"尊重文化差异,运用文化批判观点在教育研究中创造一种跨越边缘——文化差异的新形式。吉鲁的"边缘教育学"又与"差异政治学"联系在一起,在这里他从政治角度审视文化差异。他认为,文化不应被看做是单一的、不变的,而应是多元的、异质的边缘场所,不同的历史、语言、经验和声音混杂在不同的权力和特权的关系中。②

总的说来,吉鲁的批判教育学对现代主义某些强权主张是采取批判态度的,他认为优势文化的主张是披着启蒙时期学术智慧外衣的意识形态,它无法造就具有批判能力的公民,也不能为民众社会中绝大多数的不同的人们提供教育的机会。他旨在提出一种方法以

---

① 罗青主编. 什么是后现代主义[M]. 台北:台湾五四书店有限公司,1989:301.
② Stanley Aronowitz, Herry A. Giroux. Postmodern education: politics, culture and social critism [M]. Minneapolis: University of Minnesota Press, 1991:75.

解除现代主义活动范围的界限，重新划定各种学习领域的疆界。同时肯定种族、性别及民族不同的各种论述，重新确定人们在世界中的地位。

尽管从总体上看，教育领域中后现代主义的渗透落后于艺术、建筑、文学、哲学等领域，但一旦介入，其产生的影响却不容忽视。反对者视之为"飘荡在西方文化领域上空的幽灵"或"癌细胞扩散"，赞同者认为它是世纪末教育研究领域中的"狂飙"。正反两方面的观点无不说明了它的影响力。无论如何，它为教育理论研究提供了一种新的视角，为教育理论研究注入一股清新的空气，这一点却是不可否认的。作为一个教育理论工作者，有必要介绍这种新思想，以对我国现行的教育理论研究提供一个参考框架。

对于后现代主义思想，人们很难取得一种一致的"共识"，因为它汇集了各种五花八门的思想观点，几乎每一个后现代主义学者都认定自己有一本有关后现代主义的"真经"。后现代主义思想渗透进教育领域，其主张和观点又产生了一些变化，与原先的有些两样，这更增加了人们理解的难度。破坏性的后现代主义教育学者对"现代性"下的教育理论研究进行全面颠覆，他们几乎对以往的一切进行全盘否定，因而有人认为：明辨其反对的东西比起理解其赞成的东西更容易些。而建设性的后现代主义教育学者则认为以往的教育思想尚有合理性，尚未达到"终结"的地步，因而他们对过去的教育思想观点进行综合，提出他们自己的一些创造性观点，在课程领域这种特征尤其突出。

由于以上这些原因，后现代主义教育思想较为复杂。我们在这里力图介绍各个流派的观点，同时集中讨论后现代思想对教育研究方法、教育目的观以及对课程观、师生关系等的影响，最后谈谈我们对后现代主义教育思想的总体看法。

1. 对现行教育研究方法的否定

"后现代主义，通过揭露教育中形而上学、认识论方面原先预设观点的脆弱性，揭露教育中存在的偏见，从根本上威胁现在教育的可能性，这在西方历史上还是第一次。"[①]西方教育学者的话绝非危言耸听！事实上，从后现代主义思想渗透进教育理论研究领域开始，其矛头便直接指向现代性下教育领域的基础层面，对教育中现存的形而上学、认识论前提进行批判、否定，体现了它的破坏性特点。

上文曾提到，后现代主义的基本观点是对现代性下元叙事（metanarrative）的质疑，以及"现代性工程"应该"终结"。这些观点是从对西方学术研究中的形而上学、认识论基础的批判上展开的，其中一个基点是对"科学"、"科学理性"等概念的反思。

后现代主义否认科学是一种客观性的知识，而认为它是一种较为主观性的、相对性的知识；后现代主义认为科学不能说明一些超历史的、外在的、普遍性的法则，而只能是局部的、特殊的、一定历史时期内的说明。这样就动摇了科学的本体地位。自"启蒙时代"以来，以科学理性为主导观念构建的基础主义、主体性、真理、实在等观念受到质疑，因而诱发了认识论方面的革命。

在教育方面，有些后现代主义学者认为，20世纪的教育受一种动力所驱使：用20世纪的科学确定性来取代上一个世纪的道德确定性。在今天的文献中，"教育"往往被写在各种各样的"科学知识"的下面，从教育内容到教育方法，从教育制度、教育结构的安排

---

① Mustafa ü. kiziltan. Postmodern conditions: Rethinking Public Education [J]. Educational theory, 1990 (3): 355.

到各种各样的教育计划，教育依靠着科学已经"证明"或"测试"的知识。一句话，教育思想和教育实践与"科学"已经达到一种难分难解的程度。如果这样，那么后现代主义对科学知识（或科学理性）的基础、功能和地位的批判必然会对教育实践、教育思想产生深刻的影响。

后现代主义教育学者认为，这些形而上学和认识论方面的思考在教育上的重要性尚未完全被人们意识到，尽管如此，把它们引入教育理论研究却绝不会错的。现在的教育秩序有问题，教育思想中的中心概念，诸如教、学、学科结构、教育方法、教育进步等概念被认为全部有问题。尽管现在有些教师、教育家、教育理论工作者拒绝考虑后现代主义所揭示的一些问题，但是这种冷漠和无礼不能使现在教育免于后现代主义的影响。很明显，这些观点是激进的破坏性后现代主义教育学者的观点。

德里达的"解构"概念相当具有破坏性，对后现代主义教育学者思想的影响是很大的。"解构"是通过读解文本来发现自身的矛盾，对其存在的等级秩序加以颠倒，进而改变和重新解释原有的概念关系。"解构"方法通过揭露文本的自身矛盾来消解文本的原有结构，发掘被其中心意义所排除、隐蔽或遗忘的意义，特别是那些普遍的确定的意义之外的意义。后现代主义教育学者利用德里达的"解构"概念，从事于解构教育自我理解为"现代性工程"的工作。他们援引德里达对"理性"、"合理性"、"逻各斯中心主义"等概念的消解方法，认为教育作为一项"现代性工程"应该终结，并把这作为后现代时期教育的一个主要特征。这意味着，教育不再被理解为，或者不应再自我理解为是一项站在历史和特殊文化情景之上的一项事业。它也不再被用于一些普遍性的目标，诸如民主、解放、启蒙等的实现上。

德里达的解构哲学对教育具有很大的启示，破坏性的后现代主义教育学者运用"解构"概念，提出了许多主张，这些主张对现行教育研究方法进行了全面的否定，以下我们逐一分析。

（1）强调"差异性"

认为教育从不同的文化背景中得到暗示，而不是从普遍的、一般性的逻各斯中心主义标准中得到暗示。它不是寻求把教育上的所有东西都变得具有"同一性"，而是强调各种各样的"差异性"。它寻求各种"不同的声音"，而不是现代主义下的一种"权威的声音"。因此，在教育目标、教育过程，以及由此引起的教育组织结构、课程、教育方法等方面，会具有一种与以前迥然不同的性质。

（2）对教育神圣性的质疑

上文提到，后现代主义认为教育作为一项"现代性工程"的神话应该被消解，因为它据以为前提的假设和预测已不复存在。后现代主义思想家认为，就现代性下的基础性知识而言，它往往自以为是，认为自己发现了一个独立存在的"现实"的真理，这样一来，它就能把预测和控制教育奉为神圣性的东西，并置它们于一个极端中心的地位。后现代主义对教育的这种神圣性持怀疑态度，这种质疑意味着，教育不再被认为是一个能够预测"现实"的东西，因而它既不能控制其他东西，也不能被控制。由于这个不可预测性的存在，教育的功能，将不再是作为一个复制社会秩序的手段，也不再是作为一个大规模的社会工程的工具。教育的位置既不是起决定作用的，也不是被决定的。这样，教育的神圣性也就无从谈起了。

（3）"去中心"（decenterting）和"边界松散"（loosening of boundaries）

关于"去中心"，这里指的不仅仅是学科知识的"去中心"，与此相关的还有教育权威、教育控制和教育措施的"去中心"。"边界松散"指的是以往教育狭隘的定义和范围是不合理的。

"去中心"和"边界松散"有两层意义：一是现代性下教育的正式组成领域不再可能自称拥有"有教育价值"（educative）的专利，因为任何一种文化背景下的任何一项活动都能自称拥有"教育价值"；二是，教育不再被狭隘地理解，它被解释为文化的一个方面。"受过教育的人"不再仅仅是某个通过了特殊教育机构控制的"阶梯"而获得文凭证书的人，任何一个人，在不同的程度上都是一个受过教育的人。"受过教育的人"不等同于持有文凭学历的人，两者之间是有距离的，哪怕在后现代经济生活中文凭学历可能变得更加重要也是如此。

（4）向往一种新的教育方式

有些学者认为，后现代时期的教育可能有这样的特征：有不同的层次水平，有各种各样的人共同分享。

有些后现代主义教育学者认为，现代性下的教育倾向于英才教育，甚至在一些大众教育已经占主导地位的国家中，其最终的倾向也是排斥大众教育而不是包容它。尽管各个国家有义务教育的措施，也有强调共享教育的教育民主化和平等化的修饰性文字，但其真正的用意是鼓励更多的民众接受我们准备批判的现代性状况下的英才教育。

后现代时期的教育则不一样，它植根于各种文化背景、各种局部性和特殊性的知识以及各种各样欲望上，它还很重视作为"生活方式"的一个内在组成部分的学习经验，它必须构建一种新的教育方式，以使不同文化背景下的学习者能以不同方式，最大限度地享受教育。

（5）研究范式的转变

后现代主义对教育研究方法的颠覆还表现在研究范式的转变。在这方面，它吸收、采纳了分析哲学、当代释义学以及法国后结构主义者的研究方法，以语言范式取代了以往的意识范式（the paradigm of conciousness），这种范式的转变标志着，研究焦点不再集中于认识主体和意识内容，而转向语言学的讨论，讨论主体群之间的活动及关系。利奥塔、德里达、福柯、拉康等人的著作无不表现了这种倾向，这种倾向消解了以往的逻各斯中心主义观念，凸显了以往教育研究中差异性受压抑的问题，从深层次上直接介入语言——权力——知识之间关系的讨论。

2. 教育目的观

对"现代性"的反思，是后现代主义哲学文化思潮中一个共同的方向。后现代主义教育学者对教育目的的看法受这一点影响很深，他们对"现代性"下许多看起来似乎"不言自明"的教育目的持质疑态度。"现代性"下的教育目的往往是为了培养优势文化（high culture）的支持者，往往强调教育具有一种"文化中立性"，以此来推演一套教育民主和平等的理念。后现代主义教育学者在揭露这些方面的弊端乃至欺骗性的同时，提出他们自己的看法。

由于后现代主义崇尚差异性、偶然性以及文化多元主义，所以其教育目的观也是各种各样的。后现代主义教育学者往往根据各自对后现代主义基本主题的理解，有所侧重地阐述他们自己的看法。

尽管后现代主义教育学者所提出的教育目的有各种各样的用词，但基本上有一个共同的基础，都是在对"现代性"下的教育目的进行反思的基础上提出的，其教育目的也大都围绕在如何克服现在西方资本主义危机，培养具有批判能力的公民，培养认可多元文化的社会公民等方面。①

（1）社会批判能力

吉鲁的教育目的观在后现代主义教育学者中是比较典型的。前已述及，吉鲁结合批判理论和后现代主义理论的一些观点和方法，创立了"边界教育学"，其"边界教育学"又与"差异政治学"紧密联系在一起。按照吉鲁的说法，边界教育学是反文本的（counter-text），教育目的要从由优势文化决定的解释中解放出来，而肯定个人经验及其代表的特殊文化。吉鲁希望通过教育造就一批具有批判能力的公民。这种公民能够认清优势文化的独霸性以及文本的集权性，向它们挑战，进而通过对多元文化的认识跨越文化边际，肯定个人经验及其代表的特殊文化。学生在批判能力的成长过程中，逐渐深入了解自己与他人之间的关系，认同自己也认同不同文化背景下具有不同价值观的他人。

（2）社会意识

麦克拉伦（P. Maclaren）从对知识与权力关系的剖析入手，提出他自己对教育目的的看法。麦克拉伦很欣赏福柯的知识——权力理论，他认为教育是取得个人及社会权力的工具，教育过程中应该确立一个先决条件，把自我及社会权力的获致的重要性放在知识积累之前。他认同福柯知识——权力一体化的主张，认为知识在取得权力过程中是可以获得的。这样一来，教育最重要的目标就是促进学生对社会的认识和了解，建立各种社会责任感。

（3）生态意识

包尔斯（C. A. Bowers）是现在美国教育家的一个活跃人物，其特长是教育生态问题的研究。近年来，他也运用后现代主义方法、观点研究教育生态问题。包尔斯主张建立一个以生态为本的教育，其教育目的在于强调建立一种文化与社会环境和睦相处的社会文化背景，培养学生的生态意识。包尔斯认为，现代文明对生活环境、生存空间具有一种破坏或毁灭作用，在其中科学技术的负面因素难辞其咎，科技滥用所带来的大气、噪音、水等污染对人类环境的副作用是很明显的。包尔斯希望培养具有生态意识的未来公民，这样教育就要摆脱理性主义的统治地位，摆脱欧洲优势文化的控制，建立一种与自然相和谐的环境教育。包尔斯的环境教育概念是广义的，他有时认为所有的教育都是环境教育，他希望通过环境教育来培养个人的道德意识以及对自然、土地的伦理概念。

（4）内部平和（domestic tranquility）

后现代主义提倡多元化，主张对次要群体及少数族裔的意见加以重视。这对其教育目的也产生了一些影响。我们在这里主要阐述现代西方女性主义教育学的观点。

现代西方女性主义教育学的杰出代表是马丁（J. R. Martin），在其《未来内部平和的教育》一文中，她以女性的思考方式，审视美国的教育制度，提出教育目标应在于求得一种内部平和。这种教育目的的确立，不是以个人的自我发展为目的，而是从社会角度出

---

① 这部分的资料见邱兆伟主编.教育哲学[M].台北：台湾师大书苑，1996：259—260.

发，考虑社会问题、社会情景以及社会整体的发展。这种教育目的希望把家庭中的平和、安定及各社会成员之间的和平相处扩充到整个社会乃至国家，这样会避免一种相互利益的冲突状态，使整个社会充满和谐。

3. 师生关系

后现代主义对教师的作用以及师生关系的探讨具有自己独特的地方。这与后现代主义教育研究者在课程设置上提倡以科际整合取代单一性的学科内容；以及科学技术影响下知识传输方式的变化有很大关系。

必须指出，在对教师的作用以及师生关系问题的探讨上，各人的观点不尽相同，我们接下来主要介绍利奥塔和吉鲁的观点。

(1) 利奥塔的观点

对于师生关系以及教师的作用，利奥塔在《后现代状况》中有精辟的论述："学生已经改变了而且将不断改变下去。学生已经不再是出生于'自由派精英分子'的青年了"，[①] "现在，所谓的传播媒介并不完全是由老师在一群沉默的学生面前讲理，由助教回答指定的问题，并协助探讨实习作业"，"学术知识已可以转化成电脑语言，传统教师的地位将被电脑记忆库所取代，老师的教学也将委托给连接'传统记忆库'与电脑记忆库的机器，任学生在终端机前随意取用"，"然而，传统的教学法，并没有完全失势。学生仍然必须由老师处学习一些东西，不是学习内容，而是学习应用终端机的方法"，"另一方面，这代表着教导学生新的语言竞争规则，教它们学习获得一种更精确的能力，去掌握发问的语言竞争规则"。[②]

利奥塔的上述观点是从考察知识本质的变化和运作效能标准在后现代时期的得势获得的。在利奥塔看来，后现代时期知识的本质不再是以往主张的信念、真理性的东西以及某些技能。如果可以用一个词来描述知识的本质的话，那这个词就是"信息"。这样，知识作为一个累积体越来越大，其奉行的标准主要是经济上的效率原则，即以最小限度的输出来达到最大限度的输入。原先通过心智训练和个人训练来获取知识的方法已经过时，现在趋向于商品生产者与消费者的供需型态。知识不再以其自身为最高目的，它奉行的是一套冷冰冰的运作效能，而评估上的运作效能标准的流行，替"教授时代"（age of professor）敲响了警钟。在传播既有的知识方面，教授的能力已不如记忆库中的工作网，而在创造新"步法"（moves）、新竞争策略方面，单一教授的能力，也比不上科技整合的团体。

在对教师的地位、师生关系问题的看法上，大多数后现代教育学者赞同利奥塔的分析，因为他们觉得这确实触及某些教育内部深层的东西，也反映了后现代时期的教育现象。

(2) 吉鲁的观点

批判教育学的代表人物吉鲁对于教师作用的看法又呈现另外一种特色。他主要是从文化差异及身份、政治差异入手探讨教师的作用。吉鲁认为教师的工作在于"转化智慧"，教师以他具有知识或是社会行动者的角色，协助学生探讨自己的个人历史，对种族、性别及阶级的自我反省，建立个人在特定社会团体中的认同及个人的定义。在吉鲁看来，教师

---

① 参见罗青主编. 什么是后现代主义 [M]. 台北：台湾五四书店有限公司，1989：251.
② 同上书，253.

的任务不仅仅是传达知识,而且要协助学生认清各种意识形态、权力与知识之间的关系,借以培养一种批判能力,最终解放自己。包华士从教育生态学上的意义上剖析师生关系,他认为教育是一个具有文化传递任务的政治活动,也就是知识与权力互相关系网络构成的一种生态圈。在学校教育领域,教室是一个观念的生态圈,也是一个权力的生态圈,教师是看守这个生态圈的管理员。学生在这个生态圈中接受教师提供的信息,同时在与教师对话的过程中增强其沟通能力及文化读写能力。① 以研究后现代主义课程观闻名于西方教育界的威廉姆·多尔则认为,教师无疑是一个领导者,但仅仅是作为学习者团体的一个平等的成员。多尔对教师角色的界定是"平等中的首席"(first among equals),作为"平等中的首席",教师的作用没有被抛弃,而是得以重新构建,从外在于学生情景转向与情景共存。权威也转入情景之中,教师是内在于情景的领导者,而不是外在的专制者。②

4. 课程观

在当今西方教育研究领域,关于课程性质与目标的讨论一直很热闹,这也许与这个时代知识的本质和表现方式产生很大转变有关。这种讨论涉及课程与阶级、种族、性别、过程、意识形态、个人主义、生态学、释义学等问题,是现出一种多元化的趋势。有些学者从后现代主义观点出发,借助于后现代主义提出的新的观点、原则、问题和方法考察一系列课程问题。在这方面最为著名的学者是多尔。

多尔现为美国路易斯安那大学课程与教学系的教授,1993年,他出版了《后现代主义课程观》一书,运用后现代主义观点,对课程的现状、发展趋向作了详细的分析,他的观点可以反映西方后现代主义课程领域的最新成就,我们在此集中讨论多尔的课程观。

多尔的研究视角、方法与众不同,这在很大程度上与他是理科出身有关。他极其服膺后现代主义思想,但他更多是从自然科学角度考察后现代主义,他从生物学和数学、物理科学上的发展观点入手,切入对后现代主义的探讨。多尔的课程观点受改造主义教育哲学和杜威经验主义思想的影响。他的课程观点具有明显的过程倾向和实践倾向。

多尔是一个具有建设性后现代主义倾向的学者。在多尔看来,施瓦布、皮亚杰、杜威、怀特海都是具有后现代主义思想,或者至少具有后现代倾向的学者。多尔对他们的教育思想进行了综合分析,并创造性地提出了自己的主张。难怪索尔蒂斯在为多尔的书所作的序言中说:多尔是一个敏锐的教育学者,他对这场(后现代知识)概念革命有一种很好的感觉,描述它也很有一种技巧能力,并把它应用于课程理论框架中。③

在《后现代主义课程观》中,多尔考察了现代主义下的封闭式的课程体系,对其理论基础进行了批评,最后提出了他自己的课程标准。

(1) 对现代主义封闭课程体系及其理论基础的批评

在其对后现代主义课程理论框架的探索中,多尔把传统的课程封闭体系与当今开放体系作了基本对比。他认为,18世纪和19世纪是封闭的时代,在物质世界中因果关系的观念盛行,这是一种决定论的观念,事物之间的关系法则可以被发现,也可以被用于进行预测和控制。18世纪和19世纪的观点对19世纪和20世纪的教育研究产生了影响,使得教

---

① 以上参考邱兆伟主编. 教育哲学 [M]. 台北:台湾师大书苑,1996:265-266.
② 多尔. 构建一种新的课程观(上) [M]. 王红宇译. 外国教育资料,1996(6):27.
③ William E. Doll. A post-moder perspective on curriculum [M]. New York:Teachers College Press, 1993.

育研究呈现出一种线性的、统一的、可以预测的、决定论的倾向，在课程领域也如此。在多尔看来，泰勒的课程模式就是现代主义封闭课程体系的产物和典型。

泰勒的课程与教学的基本原理是围绕以下四个基本问题展开的。

第一，学校应该达到哪些目标？

第二，提供哪些教育经验才能实现这些目标？

第三，怎样才能有效地组织这些教育经验？

第四，我们怎样才能确定这些目标正在得到实现？[①]

多尔认为，泰勒的这些问题乍一看显得很在理，但仔细思考，却发现它确实局限于现代主义下线性的以及因果关系的框架中。对于泰勒原理是直线式的主张的议论，课程理论界早已有之。有人认为，如果泰勒原理中的评价结果不符合预期目标时，就不能实现反馈，以重新编制课程。也有人认为，泰勒对课程的基本问题作直线式排列是错误的，因为他没有认识到这些问题都是相互依赖的，泰勒模式不能表明这种相互依赖的关系。

多尔基本上同意上述观点，但他更主要是从课程目标与学习经验的脱节入手的。多尔认为泰勒原理预先决定目标、选择和组织经验反映这些目标，然后通过评价决定这些目标是否已经达到。这样看起来，泰勒把目标的选择放在首要地位。

多尔的分析是准确的。事实上，泰勒在《课程与教学的基本原理》中也认为目标的选择不仅是首要的，而且处于核心的地位。他花了将近一半的篇幅讨论这个问题。但由于这个顺序的直线性性质，使得课程目标仍然与实施和评价方法脱离开来，其原因在于评价涉及的仅仅是课程实施成功与否，而不涉及目标的适应性问题。由于目标是预先精心选择的，它往往被提升而超越于或外在于教育过程本身。尽管泰勒提到，课程目标的实现要经过"一种学校信奉的教育哲学"这一个筛子的过滤，以免选择不合适的课程目标，但他没有谈过这个筛子的成分和标准，他仅仅假设一种统一的意识形态框架会出现。

泰勒把教育目标置于学习经验之先，把学习看成是一种特殊倾向的、可以导向的、可以控制的产物，因而也是一种可以测量的东西。这与杜威所认为的，教育目的产生于教育经验和活动中、并在教育活动中发挥作用、教育除了自身之外并无其他目的的思想显然有异。在多尔看来，杜威的思想更高明，它是从后现代主义观点出发来看问题的。

（2）后现代主义的课程基础

多尔希望确立一种新的课程理论基础，以取代半个世纪之前的泰勒原理。他从构造主义及经验主义的认识观点出发，吸收自然科学中不确定性原理、非线性观点、普里高津的耗散结构理论等，为其后现代主义课程观勾画了大致轮廓。总的说来，他的后现代主义课程观是构造主义的、非线性的。他强调，构造主义的课程观是通过参与者的行为和交互作用而形成的，而不是通过那些预先设定的课程。在多尔的课程观中，教师是一个领导者，它体现权威的角色，但同时仅仅是作为一个学习者团体中平等的成员。在这个团体的对话中，隐喻（metphor）比逻辑更加有用。多尔很重视隐喻和描述方式。多尔的课程观重视如何发展实用性以及如何利用自组织，因而教育目的、教育计划、教育评价都有一种新的概念，这种新概念是开放性的、可以调整的，以过程为中心而不是以最后结果为中心的。

---

① 〔美〕拉尔夫·泰勒. 课程与教学的基本原理 [M]. 施良方译. 北京：人民教育出版社，1994. 导言部分，2.

(3) 后现代主义课程标准

多尔把他设想的后现代课程标准概括为"4R",旨在与泰勒提出的四个基本问题对立。新"4R",即丰富性（richness）、循环性（recursion）、关联性（recursion）以及严肃性（rigor）。[①]

丰富性。这个术语与课程的深度、课程作为意义的载体有关，还与课程的多种可能性或解释有关。多尔认为，学校中传授的主要学术性学科都有它们自身的历史背景、基本词汇和最终词汇，因此每门学科都会以自己的方式解释丰富性。语言——包括阅读、写作、文学和口语训练，通过解释隐喻（metaphor）、神话、叙事来发展它们的丰富性。数学主要以研究各种图式发展其丰富性。包括生物学和物理学在内的自然科学，可以被看做主要通过假设的发生和证明来发展其丰富性。社会科学包括人类学、经济学、历史、心理学以及社会学等等，则主要通过对话和协商的方式。每门学科的处理方式都有特点。这种丰富性能创造各种领域以进行合作的、对话性质的探索。因而它与现代主义的观点是不一样的，它体现了一种开放性的特点。

可循环性。这种特征是很重要的，因为，正如布鲁纳的螺旋式课程概念一样，一种内容丰富而且复杂的课程，往往需要通过再回头思考它，往往需要再提供各种机会才能掌握。照杜威的意思，是为了反省性经验的重新组织、构造和转化。可循环性与现代主义观念下的重复迥然不同。重复是为了提高固定僵化的成绩，其框架是封闭式的，而可循环性旨在发展能力，其框架是开放式的。

关联性。关联性这个概念对于一个后现代时期中起改造作用的课程是有重要意义的，主要在两个方面：一是教育方面，我们称它为教育上的关联，是关于课程中给予课程丰富性的母体（matrix）或网络的，它强调在构建课程母体时要考虑一整套的关系，在课程结构上也要强调其中的关系。二是文化方面的关系。有关文化的或宇宙论的关系，虽然在课程之外，但会形成一个更大的母体，课程就在其中形成。

严密性。严密性可能是"4R"中最重要的。它的作用在于，使改变了的课程避免滑入"不能控制的相对主义"以及情感上的唯我主义的怪圈。严密性与我们通常理解的意思有别。我们通常把严密性与学术逻辑、科学观察以及数学上的精确性联系起来，但这里讨论的严密性没有这些特点，实际上是概念的重新界定。后现代框架下的严密性与诠释和不确定性联系在一起。在处理不确定性上，严密性意味着有目的地寻找各种可能的备择（alternmative）、联系。在处理诠释问题上，则认为，一个人有必要弄清楚，所有的评价都依靠假设。严密性在这里意味着一种有意识的企图，去查找我们或别人重视的假设，并且协调讨论这些假设中的有关细节，这样进行对话才会有意义，才会有改造价值。

多尔的课程观比较系统化，除多尔外，其他后现代主义教育学者，诸如吉鲁、斯拉特瑞（Slattery p.）等人也发表了他们自己对课程的一些看法，在此不拟细述。但有一点必须指出，在课程具体实施上，他们的方向大致统一，就是极力主张"去中心"和"边界松散"，极力主张学科之间界限的消除，极力主张科际整合，大多数学者都同意课程不应分主题及科系的主张。这当然是针对现代主义的传统而言的。

利奥塔在《后现代状况》一书中曾经对两者作过对比："在传统的知识组织当中，这

---

① William E. Doll. A post-moder perspective on curriculum [M]. New York: Teachers College Press, 1993.

些学科通常是敝帚自珍、顽固排他的。"传统教育中的课程如此,那利奥塔心目中的课程是怎样的呢?"教育应该不只限于资讯的传播,教育应该在各种训练的指挥中,容纳所有能增加个人联系不同学科的能力。"①

与多尔的课程观不同,利奥塔等人的主张更像是破坏性的后现代主义者的主张。

后现代主义教育思想强调不同性、多元性、边缘性,大肆渲染西方文化的危机,这固然使人觉得酣畅痛快,但坦率地说,也有过于绝对化之嫌,对差异性、多元性、边缘性的分析和提倡是后现代主义的最大贡献,但过于绝对化却又使人忽视了共同性的东西。毕竟,我们对世界的认识,我们实施教育,还是要依靠一些共同性的规律的。在这一点上,后现代主义教育哲学存在"破"、"立"关系上的误差。西方有人对后现代教育的可能性作预测,认为极有可能退回到"文化保守主义"传统上去。因为,在遭受后现代主义不确定性、多元性以及一些离经叛道思想的影响后,肯定会出现一种共享文化价值的呼声和要求,现代性意义上的一些措施,诸如规定学校课程内容、强调学习者中心等,肯定会被重新实行。这一点似乎暗示着,后现代主义教育思想的寿命不会太长。

尽管后现代主义拒斥"西方中心主义",但作为一种思潮本身,它却是西方的产物。受其影响的后现代主义教育思想基本上也是西方教育体系的产物,考虑到中西方的教育存在着水平上的差异,更考虑国情的不同,我们对后现代主义教育哲学要持审慎的态度。

---

① 罗青主编. 什么是后现代主义[M]. 台北:台湾五四书店有限公司,1989:255.

第三章　世界裂变中的教育改革

19世纪后半期，英国、法国、美国等国完成了以发现电磁感应定律的科学革命为先导，以电力的广泛应用为主要标志的第二次产业革命，使社会生产力出现了质的飞跃。工业、交通迅速发展，生产和资本迅速集中，为垄断资本主义的形成创造了物质前提。在此同时，俄国、日本、德国、意大利通过各自的改革或民主革命战争，逐渐由封建主义社会向资本主义社会过渡并促进了资本主义发展。资本主义在物资生产领域创造的巨大生产力，大大地改变了人类生存的环境和生活方式，也在很大程度上改变了人们的思想。资本主义的迅速发展，造就了它的掘墓人——无产阶级力量的不断壮大。1848年马克思主义的诞生，使无产阶级有了锐利的思想武器。

由于资本主义各国发展的差异以及瓜分世界市场、殖民地的不平衡，使资本主义各国矛盾重重，并最终导致了20世纪初第一次世界大战的爆发。这场帝国主义之间的非正义的战争，给各国人民带来了深重的灾难，同时也促进了资本主义世界裂变的发生。

第一次世界大战期间，在马克思主义的指导下，俄国无产阶级成功地进行了十月社会主义革命。世界上出现了第一个社会主义国家苏维埃俄罗斯，首先打破了资本主义的一统世界。第一次世界大战以后形成的"凡尔赛—华盛顿体系"的资本主义世界的格局，虽然在一段时间内使资本主义世界的经济得以恢复和发展，但未能从根本上消除资本主义世界固有的矛盾。当1929年席卷整个资本主义世界的经济危机爆发以后，"凡尔赛—华盛顿体系"走向瓦解，意大利、德国、日本走上了法西斯化的道路，并酿成了第二次世界大战。

本章主要讨论资本主义世界发生裂变期间的几种教育改革，它们是：以美国为代表的资产阶级民主主义的教育改革；苏维埃俄罗斯（苏联）的工人阶级民主主义即共产主义的教育改革；以及日本、德国、意大利的法西斯主义的教育改革。

第一节　民主主义的教育改革

西方国家民主主义的传统，可以追溯到2000多年以前的古希腊时代。公元前506年，克利斯提尼（Clerstheues）被选为雅典的首席执政官以后，在平民的敦促下，他推行了雅典民主化的改革，推行奴隶主的民主政治，并取得了对于贵族政治的胜利。恩格斯在《家庭、私有制和国家的起源》一书中，对这次民主改革给予了肯定，认为它"适合雅典人的新的社会状况"。

虽然民主主义有着久远的历史渊源，但只是到了17、18世纪才成为一种对人类政治、生活等各个方面产生重大影响的思潮。在启蒙运动时期，启蒙思想家为反抗中世纪的黑暗政治，在政治上主张剥夺封建贵族的特权地位，建立民主政体。启蒙思想家孟德斯鸠、卢梭等人代表了新兴资产阶级的利益，提出"天赋人权"、在法律面前人人平等、主权在民等主张。他们的这些主张不仅构成了资产阶级民主主义的基本内容,而且成为资产阶级反对君主专制制度,发动资产阶级革命的理论基础和思想武器。英国资产阶级革命时期"人民主权"的口号,法国资产阶级革命时期的"自由、平等、博爱"的理想,为资产阶级登上历史舞台发挥了思想动员的作用。从此以后,民主主义便成了资产阶级国家政治的思想基础。

一、社会背景

18世纪60年代,从英国开始,继而波及美、法、德、日等资本主义国家的产业革命,使这些国家在19世纪先后完成了从农业社会向工业社会的过渡。产业革命除了造成生产技术的巨大改进,极大地提高了社会生产力之外,同时也引起了生产关系的巨大变革。大机器生产一方面加强了资本家对工人的剥削程度,使工人成为机器的附属物,另一方面,工业生产的发展,也壮大了工人阶级的力量,激化了资本主义社会的基本矛盾。

工业社会也发生了社会结构的变化。在19世纪下半叶,随着资本主义国家第二次产业革命的展开,科学技术取得了巨大的进步,同时加快了它们运用于生产过程的速度。生产的规模不断扩大、生产力不断提高,这种情况促使生产和资本不断集中,并产生新的生产组织形式。从19世纪70年代起,资本主义国家首先在重工业和运输业出现了各种形式的垄断组织:卡特尔(Cartel)、托拉斯(Trust)、康采恩(Konzern)、辛迪加(Syndicat)等。至20世纪初,垄断已经成为美、英、法、德、俄、日等资本主义国家经济生活的基础,冶金、铁路、海运、电气、化学等工业部门的大部分生产大部分都被为数不多的一些大企业所垄断,形成了一个新兴的垄断资产阶级。另一方面,与第二次产业革命的不断展开,资本主义国家由农业社会转变为工业社会相伴随的,是一个城市化的过程。农业人口不断地向城市迁移,城市成了生活的中心。由于城市不断地扩大,城市人口不断地增加,商业和贸易有了很大的发展,而且与工业、商业、贸易活动联系密切的所谓"白领"工作人员以及城市生活必不可少的服务行业的从业人员不断增加,这样就形成了一个势力强大的中产阶级。"1900年左右的西方社会,变成了中产阶级的社会,工业、贸易和商业成了国家财富的主要来源,而权力集中在拥有所有权和从事经营管理的中产阶级手中。"①

工业革命还引起人们思想观念的变化。在工业化的过程中,科学的各个领域,如物理学、化学、天文学、地质学、医学等都有了长足的进步,这一方面影响了人们对物质世界的看法,那种认为物质世界是上帝的造物的说法从根本上受到了动摇。另一方面,科学的成就也鼓励人们对人和社会进行实验性研究,人们除了对人自身进行解剖学、生理学、心理学的研究之外,科学在物质领域取得的巨大的成功,也鼓励人们运用科学的知识或科学的方法对社会组织、教育以及人类的其他活动进行研究。

总而言之,19世纪末、20世纪初,资本主义社会中资产阶级和无产阶级这一基本矛盾的激化、力量强大的中产阶级的兴起,以及科学技术对于人们思想观念的影响,引发了资本主义社会在政治、经济、文化等方面发生改革。在社会发生变革的形势下,教育不可避免地要进行改革。杜威在《学校与社会》一书中,对资本主义社会当时的社会变革及其对教育的影响,作了生动的描绘:"首先引起注意的那个笼罩一切甚至支配一切的变化,

---

① 康内尔.二十世纪世界教育史[M].张法琨等译.北京:人民教育出版社,1990:38.

是工业上的变化——科学的应用导致了已经大规模地和廉价地使用各种自然力的重大发明，以生产为目的的世界市场、供应这个市场的大规模制造业中心及遍布各地的廉价而迅速的交通工具和分配方法在发展起来。这个变化，即使从它的萌芽时期算起也不过一百多年；许多最重要发明的变化还是属于最近的事。人们难以相信，在整个历史上有过这样迅速、这样广泛和这样彻底的革命。经历了这个革命，世界的面貌、甚至它的自然形状都在改变着；政治疆界被抹掉或移动了，似乎它们只是绘在地图上的线条一样；人口从世界的各个角落急匆匆地集中到大城市；各种生活习惯也正在发生着惊人的突然而彻底的变化；自然真相的研究无限地被刺激着、鼓励着，它们在生活上的应用不仅是切实可行的，而且也为商业上所必需。即使那深入人心的最保守的道德和宗教观念以及各种爱好，也深刻地受到影响。因此，认为这个革命对于教育只有形式上的和表面上的影响，那是难以想象的。"①

从19世纪末20世纪初开始，西欧和北美的一些国家发生了20世纪的第一次重大的教育改革。这项教育改革在欧洲称作新教育运动，而在美国，则叫做进步主义教育运动。这次改革的矛头直接指向传统教育，其主要目的是使西方的民主主义更好地适应由于工业革命所造成的社会急剧变化的形势，以便加强西方资产阶级的民主政治。因此，这一次改革可以恰当地概括成"为了民主主义的教育"，或者"为了民主主义政治的教育"。

二、理论基础：杜威的观点

为西欧、北美的20世纪第一次重大教育改革作出重大贡献的人物很多。英国的雷迪（Cecil Reddie）、巴德利（Jnhn Haden Badley）、尼尔（Alexander Sutherl and Neill）、意大利的蒙台梭利（Maria Montessori）、德国的利茨（Hermann Lietz）、法国的德摩林（Edmond Demolins）、比利时的德克罗利（Ovid Decroly）、美国的杜威，柏克赫斯特（Helen Parkhurst）、华虚朋（Carlton Wolsey Washburne）、克伯屈（William Heard Kilpatrick）等，他们的教育实践和理论活动，为欧、美国家的教育改革提供了实践和理论的基础。这场教育改革在不同的国家进行，各国的历史文化背景不同，现实的问题也各异，而且，他们中没有一个系统严密的组织，所以，尽管这些教育理论家有着相同的旨趣，但他们的理论观点并不完全一致。在上述新教育或进步教育的理论家中，对这场改革产生最深刻、最广泛影响的人物是美国的杜威。

1. 民主主义与教育

关于民主主义与教育的关系，杜威的基本观点是：民主主义离不开教育；有效的教育也需要民主主义。

民主主义离不开教育。

杜威对于20世纪初期美国存在的社会问题以及这些问题对他所信奉的民主主义的威胁，有着深刻的感受。对于美国来说，除了资本主义社会中存在的基本矛盾之外，还有在欧洲资本主义国家并不突出的复杂的种族和民族冲突。20世纪初，美国黑人的处境依然十分恶劣，他们还在为寻求美国社会的"融合"和"认同"而苦苦挣扎；19世纪末南方

---

① 华东师范大学教育系，杭州大学教育系编译．现代西方资产阶级教育思想流派论著选[M]．北京：人民教育出版社，1980：16—17．

少许黑人所获得的选举权到20世纪初又大多丧失；白人种族主义者不断制造暴力事件、迫害黑人，等等。此外，随着工业的发展，大批移民来到美国。仅仅在第一次世界大战前的4年内，来美的移民即达1272万人，其中26.5%不能读写，仅20%的移民懂英语。[1]大量移民的涌入，带来了就业、入学、信仰等一系列的社会问题。

面对美国现实生活中存在的经济垄断制度，阶级对立的加剧，以及贫穷、犯罪、劳动家庭妇女和儿童可悲的境遇，许多人意识到，如果不对这些现象加以遏制，美国的民主主义的政治制度将要崩溃，于是，改善或重建美国的民主主义制度，成了当时一股强大的社会思潮。20世纪初的美国，为了救治民主主义的病态，各个领域都结集了形形色色的改革力量，杜威关于民主主义与教育的思想，正是这一时代的产物。

杜威清醒地意识到他生活的那个时代民主主义政治所受到的威胁。他指出："众所周知，民主主义在整个世界中已处于或多或少的不稳定的地位，甚至在我们国家内亦有力量日增的许多敌人，我们不能轻易假定民主主义必将继续下去。"民主主义政治之所以难以为继，其主要原因在于人们把民主主义看做是"静止的、好像遗产可以传授的东西，好像可以支付和取用的一笔存款"。[2] 在《教育和社会变动》一文中，杜威明确地指出，在民主主义政治重建方面，"一个巨大的困难，是我们把民主视为当然；我们的思想和行动，似乎我们祖先已经一劳永逸地把民主缔造好了。我们忘了民主必须在每一世代，在每年和每月，在一切社会形式与制度的、人与人的生动关系中重新制定。忘掉这一点，我们已经让我们的经济和政治离开民主"。[3] 在他看来，民主政治应随着时代的变化而不断地发展，任何时代的人都不能坐享民主主义政治，而是要肩负重建民主主义政治的任务。解决20世纪初美国的民主主义政治危机的最根本的办法就是重建民主主义政治。

关于如何重建民主主义政治，杜威提出的最根本的办法就是经验的交流。他把当时美国社会出现的种种危机归咎为各种社会集团之间缺乏交流，或者说只有权威主义的单向式的交流（即一个集团对另一个集团单向地施以压力、影响等），而没有双向的沟通，这样就造成了社会的对抗。

在《民主主义与教育》一书中，杜威明确地提出了关于民主主义政治的见解，他认为，"民主主义不仅是一种政府的形式，它首先是一种联合生活的方式，是一种共同交流经验的方式"。[4] 他还提出民主主义有两个特征：第一个特征是，社会集团的成员之间和各个社会集团之间，有着数量很大、种类很多的共同利益，这些共同的利益就是民主社会控制的因素，所以，民主主义的政治依赖于大家对这些共同利益的认识。第二个特征是，各个社会集团或群体不是处于隔离的、孤立的状态，它们之间可以有比较自由的互相影响，而且可以改变社会习惯。多方面的交往将不断地产生新的情况，在应付这些新情况的过程中，社会习惯便得以不断地重新调整。

在杜威的民主政治的理想中，至关重要的概念是"共同交流经验"，"人们参与一种有共同利益的事，每个人必须使自己的行动参照别人的行动，必须考虑别人的行动，使自己

---

[1] 滕大春主编．外国教育通史（第四卷）[M]．济南：山东教育出版社，1992：333．
[2] 赵祥麟等编译．杜威教育论著选[M]．上海：华东师范大学出版社，1981：343．
[3] 杜威．民主主义与教育[M]．王承绪译．北京：人民教育出版社，1990：92．
[4] 同上．

的行动有意义和有方向，这样的人在空间上大量地扩大范围，就等于打破阶级、种族和国家之间的屏障"。①

既然"共同交流经验"对于民主主义政治有如此巨大的威力，那么，接下来的问题就是，怎样才能使人们做到"共同交流经验"。杜威认为，这必须依靠民主主义的教育。也就是说，民主主义的生存和发展离不开民主主义的教育。杜威对美国公立学校运动的重要活动家霍瑞斯·曼（Horace Mann）所说的"教育是我们唯一的政治安全"的说法非常赞赏，他认为，"如果没有我们通常所想的狭义教育，没有我们所想的家庭教育和学校教育，民主主义便不能维持下去，更谈不到发展。教育不是唯一的工具，但它是第一的工具，首要的工具，最审慎的工具，通过这种工具，任何社会团体所珍视的价值，其所欲实现的目标，都被分配和提供给个人，让其思考、观察、判断和选择"。②

民主主义的哲学基础是经验一元论，反对传统的二元论哲学；民主主义的教育旨在消除劳动和闲暇的二元论，从而达到消除"产生于一个团体内部壁垒森严的社会集团和阶级划分"起源的目的。③

杜威列举了诸如人与自然，心灵与身体、理论与实践，个人与社会、闲暇与劳动等二元论哲学的许多表现，认为这些二元论表现的根源乃是由于社会分化为富与贫，统治者和被统治者，闲暇者和劳动者等阶级，这种分化使他们彼此之间缺乏"畅通的自由交往。这种缺陷等于树立各种不同的生活经验模式，每一种生活经验模式有其孤立的题材，目的和价值标准"。④ 在上述二元论哲学的种种表现上，杜威尤其反对闲暇者和劳动者的对立，因为从民主主义的观点来看，这种二元论可能是最根本的。

二元论哲学，尤其是闲暇者和劳动者二元的划分对于教育的影响，主要表现在教育目的的二元化，即上层闲暇阶级的孩子将受文雅教育而下层劳动群众的孩子则受职业训练。这种教育制度反过来又巩固了原有的阶级差别，这成了民主主义的致命伤。在《民主主义与教育》一书中，杜威阐述了这种二元论的历史沿革及其理论基础，并对当时的教育状况作了分析。他认为，"虽然目前的状况在理论上出现了根本的多样化，在事实上也有了很大变化，但是旧时代历史情况的因素仍然继续存在，足以维护教育上的区分，还有很多折中妥协之处，常常降低教育措施的功效。"所以，要使教育发挥重建民主主义政治，充分发挥那种对于民主主义政治至关重要的经验交流的作用，就必须改革教育，使之成为真正的民主主义的教育。他强调指出，"民主社会的教育问题在于消除教育上的二元论，制定一种课程，使思想成为每个人自由实践的指导，并使闲暇成为接受服务责任的报偿，而不是豁免服务的状态"。⑤ 显然，杜威指望的是，通过民主主义的教育来消除闲暇和劳动的二元论，消除闲暇者和劳动者的对立，进到实现各种社会集团可以互相沟通的民主主义政治。

民主主义政治的重建离不开教育，这只是问题的一个方面，此外民主主义政治对教育也具有积极的意义。

---

① 杜威. 民主主义与教育 [M]. 王承绪译. 北京：人民教育出版社，1990：92.
② 杜威. 人的问题 [M]. 傅统先，邱椿译. 上海：上海人民出版社，1965：27.
③ 杜威. 民主主义与教育 [M]. 王承绪译. 北京：人民教育出版社，1990：349.
④ 同上.
⑤ 同上书，276.

在杜威看来，教育乃是一种发现意义并通过交流传达意义的手段。传达实际上是一个参与经验的过程，其目的在于使个人经验变成公众共同拥有的经验。传达能改变参与人双方的倾向，它的深远意义在于能够改进经验的质量。所以，杜威也把教育看做是经验的改造或改组，而这种改造和改组可以增加经验的意义，并提高指导今后经验的能力。如前所述，民主社会排除了个人与团体的各种障碍，在各社会团体之间可以"共同交流经验"，所以，教育作为一种参与经验的过程，它可以造成经验的改造或改组，造成个人的生长，也就是说，只有在民主社会中，教育的功能才能得到最好的发挥。

除此之外，民主社会对于教育还有另一种意义，那就是要求教育要最好地适应民主社会，并与现代科学的成果保持一致。这样，教育就必须使学生在校的经验与他的校外生活经验相联系。教材必须集中于儿童而不是成人的兴趣。由于在教师的指导下，儿童的兴趣不断增长、扩大，教材也要随之扩大、加深。由于学和做，理论与实践是同时发展的，所以，学校要给儿童提供检验他们思想的设计和活动。学校和班级应该组织得像一个具有合作精神的社区。只有这样，儿童才能发展作为民主社会之一员所必需的态度和性情。

杜威说，他的教育哲学的目的就是要把关于民主与教育的这些要点所蕴蓄的哲学观念提出来，显示出来。他指出，哲学、教育和社会理想与方法的改造是携手并进的。随着科学的进步，工业革命和民主主义的发展，社会生活发生了彻底的变动，所有这些都必然要求实行教育的改造以应付这些变化。"如果我们愿意把教育看做塑造人们对自然和人类的基本理智的和情感的倾向的过程，哲学甚至可以解释为教育的一般理论……除非对教育在当代生活中的地位能进行像哲学工作所提供的那种广泛的和同情的考察，使教育的目的和方法富有生气，否则，学校教育的工作往往成为机械的和经验主义的事情。"[①]

2. 自由公民与教育

民主主义的重建，除了重建民主主义的政治制度之外，还必须造就民主主义的自由公民。自由公民除了要信仰、维护民主主义的政治制度之外，还必须是自由的、独立的和具有创造力的。同时，只有全体，而不是部分的公民是自由的，民主主义的政府制度才能得到发展，因为"民主也意味着以智慧为基础的自由的选择，这种智慧是和别人自由联合和交往的结果。民主是一种共同生活方式，在共同生活中，互相自由协调支配一切，而不是力量支配一切，合作而不是残忍的竞争是生活的规律；民主是一种社会秩序，有利于友谊、审美和知识的一切力量受到热爱，一个人能发展成怎样的人就发展成怎样的人"[②]。从上述关于民主和自由的描述来看，民主和自由几乎是同义语。所以，民主主义教育应以培养自由公民为己任。

就像杜威对于民主主义与教育的关系有其独到的见解一样，对于自由同教育的关系，他也有自己的观点。

杜威认为，教育不但同民主有内在的联系，它同自由也是密切相关的，所以甚至有人认为，他的经典著作《民主主义与教育》也许本该题名为《自由与教育》，或《民主·自由与教育》。

同诸如民主、经验、价值等概念一样，他把自由看做是一种过程，而不是某种固定的

---

① 杜威. 民主主义与教育 [M]. 王承绪译. 北京：人民教育出版社，1990：344-345.
② 赵祥麟，王承绪编译. 杜威教育论著选 [M]. 上海：华东师范大学出版社，1981：343-344.

状态，认为自由对于个人的意义和社会的意义在每一点上都是相关的。此外，他对自由也采取工具主义的观点，认为自由"随着需要的变化而采取了不同的形态，它的'功用'就是用以帮助人们处理许多困境"。① 他希望以自由来促进科学、民主和个人的发展，通过教育的作用来形成一个所谓真正自由的社会。

在杜威看来，自由表现为三种主要的形态，即①我们所作的选择；②我们执行这些选择时的行动力量；③促进我们睿智与预见的成长和发育的能力。这三者有着内在的联系，自由的实现不能离开与客观环境的相互作用，而且，只有在这种相互作用发展了智慧，发展了反省思考的能力时，才有利于实现自由。②

自由的第一种形态，即"我们所作的选择"，在杜威看来很好地界说了自由这个概念。自由选择不同于放荡不羁的个人主义的绝对的自由意志，它同个人选择的动机密切相关。上文在叙述民主与教育问题时，谈到杜威坚决反对二元论哲学，他用以反对二元论的武器是他从现代科学，尤其是达尔文进化论以及黑格尔哲学中得来的连续性（continuity）原理，认为自然界是一个整体，有着内在的有机的联系，而二元论切割了随处可见的事物之间的联系，因而是错误的。在杜威看来，把自由意志看做是自我选择的原因，实质上也是一种二元论思想。杜威只承认统一的过程，所谓因果联系只是一个过程相继的次序，任何事件本身既表示一个行动过程的结束，又表示另一个行动过程的开始（这与他关于"目的"和"手段"的看法是一致的）。所以，个人选择的动机不在于过程之外的某种力量。杜威认为，人是天生的活动者，人的活动说明了他的本质。人类的本性是积极的、可塑的，而不是被动的、固定的，只要有人与环境的相互作用，就可以产生自我的欲望、兴趣、动机。此外，人在与环境的相互作用中，经验得到了改造，这不仅增加了感受环境的敏锐性，也发展了对于环境的反应能力，这样，个人对自己选择之行动的价值和结果有了更好的控制和预见能力。所以，自由既不是自由意志的产物，也不是冲动，而是在对环境有了深刻理解基础上的选择。

自我选择的自由，如果不能按照自我选择去行动也是毫无意义的，这就涉及自由的第二种形态，即我们执行这些选择时的行动力量。

在这方面，杜威同进步主义教育运动早期出现的自由放任的个人主义哲学是有分歧的。早期进步主义教育运动采取了18世纪欧洲自由主义哲学的观点，强调个人行动的自由乃是一种天赋的权力。虽然杜威承认这种天赋权力的思想对于反抗专制的政治制度有其积极的一面，但从根本上说，其理论基础是错误的，它忽略了社会的方面。"自由是有关实际力量的分配问题，而最后争取自由的斗争是重要的，因为它的结果影响着在男女老少之间产生一些比较公平的、平等的和人道的关系。"③ 杜威显然认为，自由行动、做事的能力有赖于社会力量的分配，依赖于公正的社会安排。个人要真正得到实际的自由，就要放弃个人的一些权力与他人结成团体。"受民主的社会契约所约束的个人自由，是学校这个共同体所有成员（学生、教师、行政管理人员及其他人员等）的目的"，④ 也是清除关

---

① John Dewey. Philosophy and civilization [M]. New York: Balch & Company, 1963: 271.
② 同上书，263.
③ 杜威. 人的问题 [M]. 傅统先，邱椿译. 上海：上海人民出版社，1965: 60.
④ 范斯科德等. 美国教育基础——社会展望 [M]. 北京师范大学外国教育研究所译. 北京：教育科学出版社，1984: 58.

于权力和自由的二元论的根本方法。杜威认为,科学技术领域里集体智慧的方法就是一个很好的说明,科学的发展需要每个研究者充分的自由,然而,个人的权威不能置于科学团体的集体活动之上,因为他的研究结论需要经受公开的、普遍的检查。

除此之外,按照自我选择去行动的力量还来自个人的理智。由冲动而生的选择,即使在行动中取得成功,那也是侥幸的,不能算是真正的自由,因为从本质上讲,冲动仍然没有摆脱环境的支配。只有当理智起作用时,我们的选择和我们执行选择的力量才能相得益彰。这就涉及自由的第三种形态,即促进我们睿智与预见的生长和发育的能力。

前而已经讲到,自由不是一种天赋的权力,而是后天的获得。这种后天获得的途径主要是反省思维的探究过程。需要强调指出的是,无论在形而上学还是在认识论方面,杜威都强调"变化",在探究的活动中,个人的自由就表现在各种可能的解决办法的提出和理智的选择之中。"除非在个人行动自由的背后有理智的和有学识的信念来支持它,否则,它的表现几乎可以肯定将产生混乱纷扰的结果。民主的自由观念并不是说每一个人都有权做他所喜欢做的事……根本的自由就是心灵的自由以及产生理智自由所必需的在一定程度上的行动与经验的自由。"① 此外,他与欧洲理性主义哲学家如斯宾诺莎、黑格尔的看法也有歧见,他不认为自由就是对必然性的理解,他的实验主义或试验主义哲学使他更重视对行为预见结果的实验或试验。世界处于变化之中,它是不确定的,正是这种变化,不确定以及探究,对可能结果的预见才导致了经验的改造和生长。所以,杜威认为他的哲学不是一种关于宇宙、人生终极的、固定不变的说明。在《民主主义与教育》一书中,他明确指出:"哲学是思维的一种形式,它和一切思维一样,起源于经验材料中的不确定的事情,它的目的是要确定困惑的性质,制定消除困惑的假设,并在行动中加以检验。"②

3. 民主主义教育的目的

杜威的确曾经说过,"教育就是不断生长;在它自身之外,没有别的目的"。③ 他还曾说过,如果说教育有目的的话,那就是更多的生长,更多的教育。杜威的这些话,使人感到他似乎是主张教育无目的的,其实这是一种误解。

杜威在《民主主义与教育》一书曾评论过三种思想。这三种思想是:把未成熟的状态仅仅看做缺乏发展;把发展看做是对固定环境的静止的适应;对于习惯的"僵硬性"观点。与这三种思想相对应的在教育上的错误就是:不考虑儿童的本能或先天的能力;不发展儿童应付新环境的创造精神;过分强调养成机械技能的训练等,不发展儿童的理解力。概言之,它们共同的错误在于把成人的环境作为儿童的标准,并依靠外部的压力来达到这个标准,即家长,教师、学校希望达到的目的。在杜威看来,这些目的都是外面强加到活动过程之中的,不能算是真正的目的,因为"一个真正的目的和从外面强加给活动过程的目的,没有一点不是相反的……在教育上,由于这些从外面强加的目的的流行,才强调为遥远的将来作准备的教育观点,使教师和学生的工作都变成机械的、奴隶性的工作"。④

杜威把"更多的生长"、"更多的教育"作为教育的宗旨,其用意在于反对传统教育无

---

① 杜威. 人的问题 [M]. 傅统先,邱椿译. 上海:上海人民出版社,1965:46.
② 杜威. 民主主义与教育 [M]. 王承绪译. 北京:人民教育出版社,1990:348.
③ 同上书,57.
④ 同上书,117.

视儿童生活的需要、无视现时环境的需要。这种重视儿童、注重现时环境的主张，使教育与生活有了直接的、密切的联系，并由此而引发教育实践方面许多重大的改革和变化。

杜威认为，目的乃是人们意识到的自然过程的结果，它是人们决定当前的观察和选择行动方式的因素。把儿童的生长、经验的改造等作为教育目的，是为了"在特定的情境下激发智慧"，使教育的活动"更自由、更平衡"，而不是阻碍教育活动的进行。在这个目的的统率下，杜威力图通过清除"二元论"来解决教育理论和实践中长期存在并且争论不休的一系列问题，如自然发展和社会效率、兴趣和训练、经验和思维、教材和教法、劳动和闲暇、课程的逻辑方法和心理学方法、个人与自然、道德论上的"主内"和"主外"、动机和效果等。

在杜威的著作中，生长和发展几乎是同义词，"生长"是从生物学中借用的一个术语，而杜威之所以使用这一术语，同他受达尔文进化论思想的影响显然是有密切联系的。

达尔文强调生物个体的变化可以导致物种的变化，就生物的"个体"和"物种"两者而言，个体的变化有可能造成新的物种，而不是物种决定个体的发展方向，所以，个体的变化是根本的，而物种的变异则处于从属的地位。既然物种不能决定个体发展、变化的方面，个体的变化也就无方向可言。如果把达尔文的这种思想用于教育，那就是儿童个人的生长是最根本的，而且，儿童的生长无须有，也不可能有预定的发展方向和目标，于是他得出的"最后结论是，生活就是发展；不断发展，不断生长，就是生活。用教育的术语来说，就是：①教育的过程，在它自身之外没有目的；它就是它自己的目的。②教育的过程是一个不断改组、不断改造和不断转化的过程"。①

教育的目的是"更多的生长"，而这种"更多的生长"又是没有目的的，对于这一点，许多人提出了批评的意见。生长可以有不同的方向，其中有正确的，也可能有错误的。以一个开始盗窃生涯的人为例，他在这个方向上的更多的生长，将会成为一个扒窃能手，所以，只提出生长而不讲明生长的方向和趋向的目的是不够的。杜威对这种批评意见作过争辩。他在《经验与教育》这本书中承认有些人可能会生长为扒窃能手、歹徒或腐败的政客，然而他坚持认为，"从教育即是生长和生长即是教育的立场来看，问题在于，这种方向的生长是促进还是阻碍一般的生长……当一种特殊方面的发展有助于继续生长的时候，也只是在这个时候，它才符合教育即生长的标准。因为概念必须具有普遍适用性，而不是特殊的局限性"。②

在这里，杜威又引出"一般的生长"和"继续生长"来为自己的"生长无方向"作进一步的说明，并强调这个"概念必须具有普遍适用性"。问题的关键在于，那种他所说的能够"促进""一般生长"和"有助于继续生长"的"特殊方面的发展"究竟是什么。

对于传统教育中的专制主义、强调儿童服从外在的权威，以致使个人失去自主发展可能性的种种做法，杜威一直持强烈的反对态度，这也是20世纪上半叶欧洲的新教育运动和美国的进步主义教育运动对传统教育进行改革的最根本的宗旨。杜威强调民主主义政治必须重建，而且教育可以在民主主义政治重建过程中发挥重要作用。在他看来，教育对民主主义政治重建的意义集中体现在养成民主社会每个公民必须具有的民主态度方面。也就

---

① 杜威. 民主主义与教育[M]. 王承绪译. 北京：人民教育出版社，1990：54.
② 杜威. 我们怎样思维·经验与教育[M]. 姜文闵译. 北京：人民教育出版社，1991：262.

是说，他鼓励的特殊方向的发展即民主态度的发展。杜威用发电和用电作比喻，如果发电机发出来的电不通过输电线路送达用电的作坊、工厂和家庭，那么，发电机就没有任何作用和意义。同样的，在任何社会中，不管多么好的理想、资源、过去经验的结果和过去的人生文化等，如果不分配给该社会的成员并被执行，也没有任何意义。对于民主社会来说，至关重要的是民主社会成员的民主观念，教育的作用就是把民主的观念"分配"给它的成员，学校中儿童"特殊方向的发展"也应该是民主观念、民主态度的发展。"在民主社会中，其特殊目的和目标必须如此分配着，致使它们成为社会成员的心理和意志的一部分。因此，如果民主社会中的学校要成为真正的教育机关，它对民主观念的贡献是使知识和了解，简言之，使行动的力量成为个人的内在智慧与性格的一部分。"①

在第二次世界大战爆发的前夕，杜威看到"欧洲的反民主国家"通过教育培育学生公民的义务感和责任感，形成这些国家所需要的思想、心灵、性格，给了他很大的触动。在这种情况下，他非常明白、非常直率地表明，美国的教育可以从欧洲反民主国家学习的一件事就是应该通过教育来"严肃地准备我们的社会成员"。也就是说，在通过教育来培养国家的公民这一点上，杜威所主张的民主主义教育与"欧洲反民主国家"的教育并无差别，区别仅仅在于"国家的公民"应该具备的品质。此外，在如何培养国家公民的方法上，杜威不仅反对"欧洲反民主国家"利用学校、广播、新闻刊物等灌输独一的观点，也反对美国教育中的一些具体做法。但是，他反对的原因并不是这些做法的目的，而是它们的效果。他说："我知道在许多学校中有奇异的宣誓仪式，六岁以上的儿童都站起来并宣誓效忠于国旗，效忠于国旗所代表的一个不可分割的国家、正义和自由。我们把符号当现实的代替品。这样自欺已到什么程度呢？我们的公民、立法者、教育工作者认为只要儿童背诵誓词，即已灌输了爱国主义，他们这样欺骗自己的良心已到什么程度呢？他们知道什么是效忠和忠诚吗？当政党竞争和阶级区分依然使我们的国家处于或多或少的分裂状态之下的时候，他们所谓一个不可分的国家是什么意思呢？那就是一个不可分的国家吗？背诵口头誓词便是在教育上保证了一个不可分的国家之存在吗？"② 不难看出，在杜威激愤言词的背后，充分显示了他对于"一个不可分的国家、正义和自由"的向往。

儿童不是生活在真空之中，社会的需要乃是规范儿童生长方向的一个不可更易的决定因素，杜威对此当然有深切的了解。20世纪初，针对传统教育的权威主义，杜威主张解放儿童，采取矫枉必须过正的态度，提出了生长无方向的见解。杜威认为民主主义社会的进步取决于社会每个公民自由的心理态度和行动中的灵活性以及由此而表现出来的个别差异。他之所以强调生长无方向，显然是为了保护这种个别差异，因为社会在其成员的个别差异中可以找到它自己生长的手段。为此，民主社会的各种教育措施必须考虑到受教育者理智上的自由，以及各种才能和兴趣的作用。③ 后来，在30年代后期，面对"欧洲反民主国家"构成的威胁，杜威则明确地主张用社会，甚至国家的需要来规范教育："我们应严肃地、认真地、大力地利用民主的学校与学校中的民主方法，并应在自由的精神中教育国家的少年和青年去参加一个自由的社会。也许因为我们距离欧洲的扰攘的局面很远，可

---

① 杜威.人的问题[M].傅统先，邱椿译.上海：上海人民出版社，1965：27.
② 同上书，31.
③ 杜威.民主主义与教育[M].王承绪译.北京：人民教育出版社，1990：324.

从在那里发生的可怕的悲剧中吸取教训,所以我们更严肃地对待民主主义的观念,询问我们自己什么是它的意义,并采取步骤,使学校成为标准自由人明智地参加自由社会的更完善的工具。"[1] 在这里,杜威把学校同工具等同了起来,这或许是杜威之所谓"更多的生长","更多的教育"之最好的注解。

概言之,进步主义和新教育运动所从事的教育改革,乃是基于下列教育的信念:教育是重建民主主义政治制度的一个极其重要的工具,教育对于民主主义政治制度的作用或意义,是通过培养民主社会的自由公民来体现的。

三、教育的改革和实践

20世纪上半叶对世界发生过广泛影响的欧洲的新教育运动和美国的进步主义教育运动,无论在理论上和实践上,以第一次世界大战结束为界,大体上可以分为两个时期。第一个时期的主要特征为破除传统教育,以欧洲的新教育运动为先锋,美国的进步教育运动以输入欧洲的自然主义教育思想为主。第一次世界大战结束至1957年进步教育协会解散为第二个时期。第二个时期以建立民主主义的教育为主要特征,以美国的进步主义教育为表率。在第二个时期中,进步主义教育运动又经历了发展,分裂和转变,以及衰落几个阶段。

1. 第一次世界大战以前:浪漫主义时期

无论新教育运动或是进步主义教育运动,其产生和发展都是与以赫尔巴特理论为基础的传统教育密切相关的,或者说,它们都是以传统教育为改革的对象的。

赫尔巴特本人的政治观点是保守的,他提出的教育目的是培养人的美德。为达到此目的,他提出了教育性教学的原则。此外,在对儿童的管理上,虽然他承认权威和爱的重要性,但主张要用威胁、监督、命令、禁止和惩罚的手段。他根据心理学的研究,把教学活动和过程看做是在兴趣的基础上,通过"统觉"形成观念体系的过程,并提出以传授知识为内容的清楚、联想、系统和方法四个教学阶段的理论。对于学生"多方面兴趣"的培养,他提出的办法是设立学科广泛的课程体系,通过对知识的教学来发展学生的兴趣。赫尔巴特的理论在19世纪下半叶对欧、美各国的教育具有广泛的影响,在他的理论影响下的教育实践,形成了后来概括为"三个中心"的特点,这三个中心就是:在学校与社会的关系上,学校中心;在教师与学生的关系上,教师中心;在书本学习与学生主动活动的关系上,书本中心。

从19世纪末、20世纪初开始,以新教育和进步教育为代表的教育改革在欧、美国家蔚成风气。第一次世界大战以前,这场教育改革并无系统的理论做指导,表现了浓厚的浪漫主义倾向,大有与传统教育针尖对麦芒式的对着干的味道。虽然欧洲从事新教育的实践家们早在1899年于瑞士的日内瓦成立了"国际新学校局"(International Bureau of New School),但这个局却既无正常的活动经费来源,也没有专职的工作人员。更重要的是,国际新教育局并未提出一种能够规范新学校的理论和实践模式,于是便出现了形形色色的新学校。在美国,这个时期的进步教育运动还处于群龙无首的状况。虽然杜威在上世纪末

---

[1] 杜威. 人的问题[M]. 傅统先,邱椿译. 上海:上海人民出版社,1965:27—28.

即开始改革教育的实践活动,并发表了《我的教育信条》(1897)、《学校与社会》(1899)、《儿童与课程》(1902)、《明日之学校》(与伊夫林·杜威合著,1915年)以及著名的《民主主义与教育》(1916),但是,杜威的思想,甚至对当时美国的进步教育运动都没有多大影响,更不用说欧洲的新教育运动了。"根据1981年美国全国教育研究会出版的第80卷年鉴的第一部分:《教育与哲学》伯纳特(Joe L. Burnett)写的一篇《约翰·杜威怎样了?》的文章,他说,杜威的影响很小很小,事实上,杜威的一些教育主张在当时的学校里并没有广泛地应用过,教师一般并没有受过杜威思想的训练;学校里没有掌握杜威教育思想的资源,家长和政治家们也没有多少人支持过他的学说。"①

概括地说,无论欧洲的新教育或是美国的进步教育,参加到这一教育改革运动中的大多数人并无统一的指导思想。除了杜威等少数人之外,他们对这场改革似乎抱着一种浪漫主义的思想,即只要破除传统教育的那一套,我们就可以获得一个全新的教育。所以,除了向大家公认的传统教育开战之外,他们对于自己正在做些什么以及为什么这么做,似乎很少考虑。对于他们来说,可以用一句话加以概括,即反对传统教育就是一切。尽管缺乏统一的理论基础,但是在以传统教育为对象的改革中,也表现了一些共同的特征:

第一,注重学生的生活需要。20世纪初,欧、美工业化国家的政治、经济状况较前有了很大的改变,那种以学科为中心只注重书本知识的传统教育无法培养能够适应新时期需要的人。教育改革者们"对于生活在变动时代的自觉性和建立新起点的愿望都是很强烈的,他们许多人都认为,20世纪初期是一个物质和社会变化比较迅速的时期……更重要的,这是一个全人类有更多的机会去获得其生活的满足,并且更加自由地与合乎人性地去表现他们自己的时期"。②欧洲第一所新学校的创始人雷迪(Cecil Reddie)对于传统教育不能满足现代生活需要表示强烈不满。他的教育原则是促进儿童身体和心灵的自由发展,反对死学书本,用书本知识压抑人,使教育与生活相联系。尽管在他影响下的欧洲其他的新学校采取的措施各异,但对于教育应满足学生的生活需要这一点,则是普遍赞同的。

第二,反对权威主义。在学校和班级的管理上,新学校往往表现出较多的民主和自由。欧洲的新学校多为寄宿学校,筹建国际新学校局的阿道夫·费列尔(Adolphe Ferriere)在给"新学校"下的定义是:"新学校,首先是一个具有家庭气氛的地方寄宿学校。在那里,一个儿童的个人经验既是特别与手工作业相联系进行的智育之基础,又是通过学生自治进行的道德教育之基础。"③德国创建"乡村教育之家"的利茨(Hermann Lietz)认为,教师是学生的保护者,应该和学生平等地生活在一起,教师是学生生活的表率和帮助者、鼓励者,决不能作过分强制的命令,也不能对学生训斥或责难。利茨认为,乡村学校应该充满友爱和信任的气氛,与其说是学校,不如说是家庭生活的场所。美国的约翰逊(Marietta Johnson)1907年创办的"有机教育"学校,主张教育原则应该顺乎儿童天性的发展,使"童年像童年的样子"。教育要顺乎儿童天性的发展,首先要了解他们究竟有哪些需要,而儿童的需要同他们的兴趣是分不开的,所以教育的内容不仅要使儿童有兴趣,而且还要按照儿童感兴趣的方式展开。她认为,理想的学校应当有台子和椅子,而不

---

① 傅统先,张文郁.教育哲学[M].济南:山东教育出版社,1986:365.
② 康内尔.二十世纪世界教育史[M].张法琨等译.北京:人民教育出版社,1990:247.
③ 同上书,249.

应有书桌。9岁或10岁以下的儿童不应当学习读、写、算,只应学习音乐、手工、自然和故事。儿童学习的内容和科目及将要达到的学业标准,不决定于成人的需要,而是取决于他们的自然发展。

第三,注重学生的主动作业。创建贝达尔学校的巴德利(John Haden Badley)提出的6条原则中,有2条分别是:给儿童充分的自由,使他们的身心得到正常的和健全的发展;给儿童提供充分表现的机会,以适合他们的创造冲动。欧洲各国的新学校受雷迪创办的阿博茨霍尔姆学校的影响很大,体育、户外活动、手工劳动等占很大的比例。许多学校的安排是,上午进行现代语言、数学、自然科学、地理、历史等课程的学习,下午安排体育等活动的内容,以保证学生身体、心智和道德的和谐发展。在学生的主动作业方面,无论在理论上或是在实践上,杜威早在《我的教育信条中》就提出,"学校科目相互联系的真正中心,不是科学,不是文学,不是历史,不是地理,而是儿童本身的社会活动"。[①] 在杜威看来,所有的学习都要涉及"做",只有通过"做"得来的知识,才是"真知识",因为无论从哲学、心理学还是生物学的角度来说,"做"是儿童的本性。值得注意的是,杜威所强调的"做",并不排斥学生头脑里进行的思维活动,"做"的目的是为了培养学生的思维能力。在实践上,他主张通过"主动的作业",如园艺、木工、金工、烹饪等,来进行教学。在他看来,这些作业的教育价值在于既能适合儿童的能力和兴趣,又能代表社会的情境。因为人的基本活动就体现在衣、食、住以及关于生产、交换和消费等方面。

2. 第一次世界大战结束到1929年经济危机爆发:发展时期

第一次世界大战改变了世界的格局。在战争期间,列宁和布尔什维克于1917年发动并领导了俄国十月社会主义革命,武装夺取政权,建立了世界上第一个社会主义国家。尽管以英、法为首的协约国一方最终取得了对于以德、奥为首的同盟国一方的胜利,然而,无论胜方或是败者,欧洲各国都蒙受了巨大的经济损失。作为胜方的英国和法国,从战争以前的债权国沦为战后的债务国,至于败者德国,更是被债务压得喘不过气来。唯独美国获利颇丰。在战争期间,美国利用自己在本土没有战事的时间发展经济,扩大资本和商品的输出。在战争将要结束的1917年,美国加入协约国一方向德国宣战,取得战胜国的地位,在国际政治中发挥了更重要的作用。资本主义世界政治、经济的变化,为进步主义教育在美国的发展创造了很好的条件。第一次世界大战以后,美国的进步主义教育的影响扩大,如果说,在第一次世界大战以前,美国主要从欧洲"输入"教育思想的话,那么,第一次世界大战以后,美国主要向欧洲及世界其他地方输出其教育思想。此外,在战后欧美各国重建自己的政治、经济过程中,进步主义教育也以此前的以"破"传统教育为主,转变为"立"民主主义教育为主要内容。

有人曾带有批评的口吻对进步主义教育作过评论,认为进步主义教育只适用于国家经济繁荣,政治稳定的时期。这话或许有一定的道理。进步主义之所以在第一次世界大战结束以后获得蓬勃的发展,同美国当时国内的情况是密不可分的。虽然战后美国在由战时经济向平时经济转轨的过程中,因军火产品出口需要的锐减影响了其他经济部门,在1920—1921年间曾出现过短暂的经济危机,但很快便克服了危机,使经济稳步发展,出

[①] 赵祥麟等编译. 杜威教育论著选[M]. 上海:华东师范大学出版社,1981:6.

现了繁荣的景象。"1924—1928 年，美国工业生产增长了 69%，汽车、建筑、电气成为美国三大支柱行业。1929 年，美国工业生产总值占世界工业生产总值的 48.5%，美国对外贸易额占世界贸易总额的 14%，均居世界首位。1923—1929 年，全国人均年收入增加了 9%。"① 美国的经济繁荣也带动了英、法、德、意、日等国的经济发展，形成了资本主义世界经济所谓"黄金时期"。

在经济上的"黄金时期"内，各种社会改革也深入进行。人们对于民主主义的政治制度充满了信心，对前途充满了信心。美国人表现了从未有过的意气风发。他们深信，19 世纪下半叶第二次产业革命以来的一切社会的、经济的不公正的现象可以得到根除，一切压抑人的制度必须加以改革。20 世纪初开始的女权运动，经过长期的斗争，现在终于有了结果，1920 年，美国通过了关于妇女选举权的宪法修正案，以宪法的形式保证了妇女的选举权。此外，关于废除童工制度，限制每天工作时间，实行八小时工作制，工厂、矿山关于劳动安全与卫生，雇主对雇员意外保险、疾病保险，大城市居民居住条件的改善，水、电等公用事业价格、服务的限定，对于老人以及孤、寡的福利规定，对于土地、森林、水利、矿山等自然资源的保护等等一系列的法律、条例、规定等，这时都已开始实施。在如此"欣欣向荣"、"意气风发"、波澜壮阔的公民权利运动的大潮下，进步主义教育注意儿童的权力就是一件非常可以理解的事情。

从某种意义上讲，进步主义教育在这时的所作所为，事实上是美国当时广泛的公民权利运动在教育上的表现。"进步教育之于儿童和青少年，就相当于妇女运动之于妇女、公平的就业机会和公民权利运动之于黑人。这种见解可以从理智上得到支持，而它在教育方面的应用就可以说是以一种可理解的理论为基础的了。"②

本来在 20 世纪初欧洲的新教育和美国进步教育对传统教育进行改革的过程中，尽管理论和实践形形色色、五花八门，但是，有两种倾向最为突出。一种是以社会为中心的教育，希望通过教育改进人类的政治和经济关系，主张建立鼓励合作、利他主义、国际主义、集体生活的学校；另一种是以儿童为中心的学校，认为个人自由是人类生活最重要的部分，在实践中，主张对课程不作硬性规定，鼓励儿童自我表现和个人的首创精神。③ 第一次世界大战以后，特别是 20 年代的资本主义各国进入"黄金时代"之后，反叛传统、万象更新的社会风尚为教育上的儿童中心的倾向提供了进一步滋生、发展的土壤。尽管杜威本人对于教育上的"儿童中心主义"表示不满并提出批评，然而人们似乎更重视他在1899 年说过的那一段名言："现在我们的教育中正在发生的一种变革是重心的转移。这是一种变革，一场革命，一场和哥白尼把天体的中心从地球转到太阳那样的革命。在这种情况下，儿童变成了太阳，教育的各种措施围绕着这个中心旋转，儿童是中心，教育的各种措施围绕着他们组织起来。"④ 所以，这一发展阶段大约 10 年的时间，进步主义教育表现了浓厚的儿童中心的色彩。这 10 年也是儿童中心的 10 年。在这个阶段，过分强调儿童权利、儿童解放的注重感情的浪漫主义代替了对于教育从科学逻辑上的思考。然而，"儿童

---

① 傅聚文主编. 世界近现代史 [M]. 北京：高等教育出版社，1995：150.
② 罗伯特·梅逊. 西方当代教育理论 [M]. 陆有铨译. 北京：文化教育出版社，1984：86.
③ 康内尔. 二十世纪世界教育史 [M]. 张法琨等译. 北京：人民教育出版社，1990：251—252.
④ 杜威. 学校与社会·明日之学校 [M]. 赵祥麟等译. 北京：人民教育出版社，1994：43—44.

中心的十年也就是禁酒的十年、却尔斯顿舞的十年、弗来泼的十年、F.斯科特·菲茨杰拉德的十年、股票市场大投机的十年，想到这一点，那就一点也不觉得荒唐可笑了。就在一些特点的经济、政治和社会力量发挥作用的时候，20世纪20年代对传统观念的攻击从实用主义哲学的新相对论里找到了它的理智的基础"。①

1919年4月，美国"进步教育协会"成立，1920年，进步教育协会发表了著名的进步教育"七项原则"："①学生有自然发展的自由。②兴趣是全部活动的动机。③教师是一个指导者，而不是布置作业的监工。④注重学生发展的科学研究。⑤对儿童的身体发展给予更大的注意。⑥适应儿童生活的需要，加强学校与家庭之间的合作。⑦进步学校在教育运动中是一个领导者。"② 2年以后，欧洲也于1921年成立了类似的组织——"新教育联谊会"，并且仿照美国进步教育协会也提出了"七项原则"：①新教育的目的应该是保持和增进儿童内在的精神力量。②教育者必须研究和尊重儿童的个性，使儿童的个性得到发展。③新学校应该使儿童的天赋兴趣得到充分的发展。④学校社区的管理应该由与教师和校方合作的儿童自己来管理，同时每个儿童都必须懂得自我纪律。⑤新教育制度必须以合作的精神来代替自由竞争的精神。这种合作精神将引导儿童为整个社会服务。⑥完全支持男女同校教育。⑦在上述原则的基础上正确实施的新教育，将不仅使儿童成为未来的公民做好准备，能履行他对邻里、民族以及整个人类的职责，而且意识到他自己的和每个人的尊严。③

两个协会的两个"七项原则"，有着共同的旨趣，即强调儿童个人自由地、充分地发展，鼓励儿童创造性地表现自我的个性，以及认真地培养和利用学生的兴趣。无论进步主义教育或是新教育，对儿童的天性都抱着一种浪漫主义的态度。在实践中，儿童的经验是评判学校一切工作的唯一标准。如果儿童不愿意接受学校所作的安排，如果儿童对学校的生活感到不满意，学校的一切就应该加以修改，以适应儿童，换言之，学校的任务就是满足儿童。关于儿童学习的材料或教材，如果儿童认为教材枯燥无味，使他厌烦或感到没有意义，那么这些材料就必须审慎地重新加以考虑。同儿童的兴趣相比较，教材是无足轻重的，因为只有在儿童感兴趣的时候，他才愿意去学习，才能学得好。教师不能约束儿童的自由发展，教师的作用是给学生提出建议和忠告，并且在学生感到需要帮助的时候给予帮助，事实上，教师只是学生活动的组织者。学生的活动是学习的主要方式，"学就是做。我们学习我们所实践的东西。所以，学校应该是生活的场所，是青年人在一起做事情的场所，而他们所做的是他们认为重要的事情。当他们在一起做的时候，他们将学会一些东西，而且教师可以给予帮助。学校变得更像一个作坊或古老的村社，年幼者在此不是通过教训或榜样，而是通过在这种社区的活动中进行积极的实习来学习生活中许多重要的东西"。④

在这一时期，比较著名的教育改革的试验有温内特卡计划（Winnetka Plan）、道尔顿

---

① 罗伯特·梅逊. 西方当代教育理论［M］. 陆有铨译. 北京：文化教育出版社，1984：87-88. 禁酒是美国20世纪初广泛的社会改革运动，即进步运动奋斗的目标之一。1919年10月，国会通过禁酒的法令，此法令后于1933年2月废除；却尔斯顿舞（charleston）是20世纪初美国流行的一种狐步舞；弗来泼（flapper）指20世纪初美国梳长辫子、系大蝴蝶结的少女，后来泛指衣着举止不受传统约束的少女；F.斯科特·菲茨杰拉德（F. Scott Fitzgerald, 1896—1940），20世纪初美国"垮掉的一代"或"迷惘的一代"中最有才华的作家之一，作品有《人间天堂》、《红颜薄命》、《了不起的盖茨比》等。——引者注
② 滕大春主编. 外国教育通史（第五卷）［M］. 济南：山东教育出版社，1993：356.
③ 同上书，251-252.
④ 罗伯特·梅逊. 西方当代教育理论［M］. 陆有铨译. 北京：文化教育出版社，1984：89.

计划（Dalton Plan）、葛雷计划（Gray Plan）、设计教学法（Project Method）。

温内特卡计划。1919年，美国重要的进步教育家沃什伯恩（C·Washburne）在温内特卡学校创行一种新的教学组织形式和方法，称为温内特卡计划，也称温内特卡制。这是一种摆脱正统的班级教学的影响，更加适应个性的教学形式，旨在充分发展儿童的个性和才能，培养儿童的社会意识。温内特卡制通过使个人作业和社会作业相结合的办法，来加强学生的自我教育，培养学生集体的创造性活动的技巧。在个人作业方面，温内特卡制突出了自我教学、自我改正、诊断性测验和个人进步的评定。在社会作业方面，温内特卡制注意利用社会资源，强调诸如文艺演出、俱乐部、运动会、农业和商业经营、学生自治等创造性的社会活动，旨在满足学生的兴趣，为社会意识的发展和自我发展提供机会。温内特卡制"由于学科间进度不一，因此相关学科间不能很好联系，从而影响了学科的深入学习，同时也容易产生偏废某些学科的现象"①。

道尔顿计划。1920年，美国进步教育家帕克赫斯特（H.H.Parkhurst）在马萨诸塞州的道尔顿中学试行一种新的教学组织形式和方法，即道尔顿计划，也称作为道尔顿制，又称道尔顿实验室计划。其主要目的是废除年级和班级教学，使每个学生在教师的帮助下，根据拟订的计划按自己的方式和速度进行学习。这是一种个别化的自我教育形式，认为只有这样，学生才能充分地彻底地掌握所学的内容。这种新的教学方式排除了课堂教学而代之以课题作业，学生按照与课题作业相配合的参考资料目录、实验仪器、标本以及如何完成作业的建议等完成自己的任务，而激励学生完成任务的重要杠杆是兴趣。协助学生完成作业的教师具有顾问的性质。他的任务是帮助学生安排课题作业开始时的工作，解决学生可能遇到的共同困难，回答学生的问题并评定学生的工作。道尔顿制在20世纪20年代之所以深受欢迎，并推广到包括中国在内的许多国家，主要原因在于它满足了当时大多数进步教育家的中心愿望，即给予每个儿童以更多的自由。

葛雷计划。杜威在芝加哥大学任教时的学生沃特（William Albert Wirt）1907年在印第安纳州葛雷市任教育局长时提出的一种教育改革的设想和实践。1914年在纽约的公立学校系统中推广。至1929年，美国41个州202个城市的学校部分地或全部地采用了葛雷计划。沃特认为，为了便于学生有机会选择自认为最适宜的活动，学校应努力办成一种"雏形的社会"。学校的作业应该包括4个方面的活动：游戏与运动；知识的研究；工场、商店及实验室的工作；校内外的社会活动。根据从经验中学习的原则，学校的课程可以分成4组：学术工作，包括读、写、算、地理、历史等科目；科学、工艺和家政，包括理科的各学科、木工、金工、印刷、缝纫、烹饪等；团体活动，包括各种集会、表演、讲演、辩论等；体育和游戏。要使学生感到在学校如同在家里一样自由自在，同时也要使他们做事的趣味和责任心如同在家里一样。在学校的管理方面，每所学校都要有一个由全体儿童共同选举出来的自治委员会协助维持学校秩序。这样，儿童可以充分自由地在适合他们的环境里发展。杜威对这类"善于利用公民的精力及兴趣，而不是只控制他们"的"社会化的学校"② 非常欣赏，并且指出，"在校园和操场所体现出来的葛雷制的这些效果，聪明而愉快的学生，以及在校期间和毕业以后所取得的进步的统计资料，这一切之所以令人备

---

① 见中国大百科全书（教育卷）[M]．北京：中国大百科全书出版社，1985：389．
② 杜威．学校与社会·明日之学校[M]．赵祥麟等译．北京：人民教育出版社，1994：317—318．

受鼓舞,就因为取得这些成绩所依赖的各种条件,是任何一所公立学校都能达到的"。①

设计教学法。设计教学法是克伯屈(William Heard Kilpatrick)于1918年根据杜威的"从做中学"的教育思想所创行的一种教学组织形式和方法,其目的在于克服传统教学中呆板的课堂教学,只重书本知识、学生被动学习以及孤立的分科教学体制等缺陷。

克伯屈认为,设计教学法比问题教学法有更广泛的应用范围,而且,它的一个最重要的特征是能够激发学生的动机。用他自己的话来说,设计"是任何有目的之经验的单元,任何有目的之活动的实例,在这种有目的的活动中,作为一种内在的驱策,处于支配地位的目的是:①确定活动的目标,②指导活动的过程,③提供活动的动力以及内在的动机"。②

在设计教学法中,学生可以在活动中选择、计划并进行他们自己的工作,"设计"可以促使儿童作有目的的努力。从理论上讲,设计也是一种解决问题的方式。学生要对从他们经验中产生的问题加以界定,他们的活动不是漫无目的,而是以任务为中心,对于解决问题的办法也需要通过行动的结果来加以检验。

克伯屈认为,学校的课程可以组成四种主要的设计类型。第一种是创造性的或建构性的设计,它主要是使一种理论的计划以外在的形式具体化。例如,如果学生决定创作,然后上演戏剧。那么,他们可以写出剧本,分配角色,并实际上演。创造性的设计可以是绘制一幢建筑物的蓝图。这种设计的目的在于求得工作,制造和实践的种种经验。

第二种是鉴赏性的或娱乐性的设计。其目的在于培养审美的经验,获得审美的享受和满足。阅读小说、看电影或听交响乐等都是这类设计的例子。

第三种是问题的设计。这类设计要求学生解决一个智力的问题。例如,种族歧视问题的解决办法,解决环境恶化问题的办法等,这些社会问题解决都需要有智慧的探究。

第四种是具体的学习设计,它主要是为了获得某种技能或某个领域的知识,如学习打字、学游泳、学跳舞、学写作等。

设计教学法的实施步骤是:

(1) 确定目的。学生根据其兴趣和需要,从实际生活环境中提出学习的目的,即要解决的问题。真正的设计必须要让学生专心致志地去做。

(2) 拟订计划,即制订达到目的的计划。这是整个过程中最困难的一步。在这个阶段,教师既不能包办代替,又不能撒手不管,而是要巧妙地指导学生,使他们不出大错。

(3) 实施工作。在自然的状态下,运用具体材料,通过实际活动去完成这项工作。这是最有兴趣的一个阶段。

(4) 评判结果。学生在教师指导下,按照设计的活动,使学生获得比较完整的经验,以及分析问题和解决问题的能力。

设计教学法有其确定的教育目的,如发展学生的创造力,提高审美水平,发展智力等。然而,克伯屈认为设计教学法的价值不止于此。他认为,教育乃是一种社会的活动,设计必须具有"社会意义"。设计教学法通过学生之间,师生之间心平气和的讨论、争论,作出决定等都要求每个参加者采用开诚布公的、不使用权力的方法,这可以发展学生合作

---

① 杜威. 学校与社会·明日之学校 [M]. 赵祥麟等译. 北京:人民教育出版社,1994:333.
② John Seiler Brubacher. A history of the problems of education [M]. New York: Mc Graw-Hill Book Company, inc, 1947:243.

的、民主的精神。而具有民主精神的人将对历史上遗留下来的任何传统、价值和信念加以检验。这对于所谓民主社会的发展是大有裨益的。设计教学法不仅被20、30年代美国的小学和中学广泛采用,而且对当时西欧、苏联和中国等国家也有较大的影响。

3. 1929年至第二次世界大战结束:分裂和转变时期

20年代欧、美各主要的资本主义国家经济发展的"黄金时期"很快过去。1933年,整个资本主义世界工业生产下降1/3以上,国际贸易额下降2/3以上,仅美、德、法、英4国破产的企业即达29万家。从1929年秋开始,各国陆续卷入一场历史上空前严重的世界性的经济危机。这场危机使资本主义世界遭受价值2500亿美元的损失(第一次世界大战的损失为1700亿美元)。美国最先陷入危机,遭受的打击也最重。美国1932年的工业生产只是危机发生之前1924年的53%。在危机期间,资本主义各国阶级矛盾空前激化,法国1930年爆发1700次罢工,德国在危机年代发生1000多次罢工,英国水兵暴动,美国发生125万失业工人示威活动等等。

经济危机带来的全球性的经济凋敝,使国际政治关系发生了很大的变化。资本主义各国力图将危机的损失转嫁到殖民地、半殖民地各国,加深了它们同这些国家之间的矛盾,美、法、德等民主主义国家之间互不信任、互相猜疑,各国为了自身的利益,发生了贸易战、关税战、货币战,所谓"民主阵营"面临瓦解的境地。同时,德国的纳粹主义、意大利的法西斯主义,日本的军国主义日益膨胀,对于第一次世界大战以后凡尔赛会议建立的"世界秩序"无情嘲弄,最后终于爆发了第二次世界大战。

在作为进步主义教育大本营的美国,这场经济危机引起了全国的巨大恐慌,美国人自立国以来,从未经受过如此巨大的磨难,人民对当时以胡佛总统为首的行政当局普遍不满。1933年,长期在野的民主党开始执政,富兰克林·罗斯福当选为总统,美国进入了"罗斯福时代"。

罗斯福就任总统以来,即着手以3R为主要内容的新政。3R分别是:救济(Relief)、改革(Reform)、复兴(Recovery)。新政的经济措施主要是整顿金融、复兴工业、调整农业和工赈救济。在内政上,加强以总统为中心的三权分立制。在外交上,采取睦邻政策,并同苏联建立外交关系。由于专注于国内的事务,美国人内心深处逐渐滋生了一种不愿卷入欧洲事务的孤立主义的心态,这也是美国迟至珍珠港事件发生以后才参加第二次世界大战的一个重要原因。

这场经济危机对美国的民主主义政治提出了新的问题:如何才能克服这场危机,如何才能恢复20年代欣欣向荣的景象,更重要的是,怎样才能建立一种不会发生经济危机的民主主义制度。这些问题成了人们关心的焦点。在政治领域,经济领域,人们阐述了各种各样的观点,提出了种种解决的办法,但总的倾向是重归现实,过去那种纸上谈兵式的、理想主义、浪漫主义的风气为之一变。在教育领域,焦点问题就是学校的社会作用究竟是什么。为了渡过难关,学校应该发挥什么样的作用,学校怎样为建立一个没有危机的民主主义的社会作出贡献。围绕这些问题,人们一方面对教育的理论作深入的探讨,另一方面,顺理成章的也要对风行于全国的进步主义教育的种种实践和当时的教育状况进行深刻的反思,由此引发了30年代进步主义教育与其他教育哲学思想,如永恒主义、要素主义的论战。其结果是,进步主义教育运动对自身的理论和实践作出了修正,同时也造成了进步主义教育营垒的分化,一个突出的事例就是改造主义教育或社会改造主义教育的分离。

进步主义与要素主义和永恒主义的争论,尽管非常激烈,甚至互相攻击,扣帽子,但是,它们之间在维护和发展民主主义政治方面,目标是一致的,都是为民主主义的教育。

面对国内的经济危机,国外德、意、日极权势力对"美国的民主理想"构成的威胁,以及进步主义 20 年代儿童中心的教育造成的学生知识质量下降,缺乏民主主义训练等"教育的病态",要素主义者对进步主义教育发起了挑战。巴格莱认为,如果美国人民不想在绝望中抛弃民主而屈服于独裁,那么任何真诚的教育学者就必须与其他公民协作来捍卫美国的民主。巴格莱指出,"美国教育的首要作用是保护美国的民主,尤其是言论、出版、结社和宗教信仰的自由。其次,教育必须造就有文化的选民,在巴格莱看来,所谓有文化意指对一些大是大非的问题要有理智的了解。他认为,这两种作用是如此之重要,以致无论教师或学习者都必须要认真、慎重地加以对待"。① 可见,要素主义与进步主义在为民主主义政治这一根本目标方面,两者是共同的。它们的分歧仅仅在于侧重点的不同。进步主义基于其对于宇宙的变化不居的根本观点,极力反时传统的遥远而固定的教育目的,强调教育目的的可变性和灵活性,将注意点集中于儿童的现实生活。要素主义承认变化的事实,但变化并非杂乱无序,而是要受到独立于时间的宇宙规律的控制,因而强调教育目的的一般性和稳定性,并着眼于合乎规律的未来。在教学的领域,两者的分歧源于对知识的看法。进步主义认为知识来源于通过活动方法所获得的经验,强调知识的活动性和工具性,判断知识真伪标准不在于是否符合传统的事实,而是看它能否适合现实生活的需要并获得满意的结果。要素主义把知识的获得看成基本上是一个理性的过程,获得知识固然需要观察事实等感觉的经验,但更需要对它们进行抽象的思考,以形成概念。知识的价值不在于它能否解决问题,而在于能否促进理智的训练。进步主义强调直接经验和儿童应付现实生活能力的培养,任何可以增加和改造经验的活动都可以成为课程。要素主义强调的是间接经验,以便在面临新的问题时能够提供解决它们所必需的知识。所以要素主义主张设置能够提供系统的间接经验的分科课程。进步主义出于传统教育中教师对儿童的压制,提出对儿童的控制主要应该通过集体的生活,而不是教师。要素主义强调儿童必须接受成人的指导和控制,只有这样,教育才能充分实现人的潜能。

永恒主义以明确、直率的语言表达了自己为了民主主义政治的教育主张,这与进步主义教育毫无二致,然而,它们之间的争论远比进步主义和要素主义的争论激烈得多,但是,这种论战仅仅是新、旧两种文化模式的较量。永恒主义代表了植根于古希腊和基督教的文化模式,而进步主义则是以实验科学为基础的新型的文化模式。由于二者所代表的价值观在社会中都有一定的基础,人们无法确定一种核心文化和统一的价值来指导教育的理论和实践,所以这种竞争和冲撞带有必然性。永恒主义和进步主义争论的焦点在于对世界的根本看法,即世界是变化的还是不变的。进步主义主要以实验科学、达尔文的进化论和实用主义哲学为依据,认为宇宙的一切都在持续不断地变化;不仅物质世界在变化,而且精神世界也是变动不居的。永恒主义则坚持,控制人生和人所生活世界的真、善、美的原则是永恒的、不变的。世界的运行是有序的,宇宙具有意义的结构,虽然自然界和人类社会发生了许多巨大的变化,但只有永恒的原则才是真实的。在教育目的方面,二者都以培养人、发展人为鹄的,然而对于各自目的的解释,却存在着深刻的分歧。进步主义以儿童

---

① Richard Pratte. Contemporary theories of education [M]. Scranton: Intext Educational Publishers, 1971: 136.

的生长作为发展的指标,所以教育就是不断地生长。永恒主义者之所谓发展,乃是指人所具有的潜在能力的自我实现。他们认为人与动物的区别在于人具有理性,自我实现的过程也就是使人潜在理性成为现实的过程。为了保证儿童能够不断地改造经验以实现持续的生长,进步主义反对向学生提供缺乏联系的支离破碎的各门学科的知识,而代之以一系列的有序的活动,即所谓活动课程。永恒主义认为对学生通过心智训练而达到自我实现最有帮助的是自由艺术,久经历史考验的名著杰作乃是永恒原则的物质载体,是人类理性的化身。阅读这些著作的目的在于同这些著作的作者"交谈",并像他们那样去思考,以掌握人类文明发展的精髓。人类文明的进步不在于进步主义强调的发明或创造,而在于遵循传统。

概言之,无论进步主义教育或是要素主义、永恒主义,它们之间的分歧仅仅在于为实现共同的民主主义政治的方法和手段方面,实质上,它们都是维护资产阶级民主主义的教育。

在经济危机时期,原先作为进步主义教育之一翼的改造主义走向了与进步主义分道扬镳的道路。改造主义强调的是社会中心。改造主义者认为,20年代的那种儿童中心的理想学校不能解决危机时代迫切需要解决的大量的社会问题,因此,进步主义教育需要改变方向,要少强调儿童中心和个人主义的教育,多强调社会中心和社会改造的教育;要少关心个人的成长,多关心社会的变革。改造主义的主张引起了许多进步主义教育人士的关注,一些原先主张儿童中心教育的进步主义者如克伯屈等人也改变观点,转而注意儿童实现创造自由的条件,即儿童必须首先在吃、穿、住等基本条件得到保障以后,才有生长发展的可能。有的人断言,儿童中心的学校只有在没有经济危机,实现了经济平等的社会里才有意义。1932年,康茨(George S. Counts)出版了《学校敢于建立新的社会秩序吗?》一书,为改造主义奠定了理论基础。在这本书中,康茨强调,学校要成为建立一个根除贫穷、战争和种族主义的全新社会的中心。要使美国比目前的状况更公正、更宏伟,教育必须发挥它的作用。康茨还指出,进步教育必须使自己从上层中产阶级的控制下解放出来,必须"公正而勇敢地面对每一个社会问题,勉力对付严峻的生活的所有方面,同社区建立一种有机的联系,发展一种现实的、全面的福利理论,形成一种激动人心的挑战的人类命运观⋯⋯总之,进步教育不能把希望放在儿童中心的学校上"[①]。

动荡的国际形势,萧条的国内经济,猛烈的外部攻击再加上改造主义的内部分裂,迫使进步主义对儿童中心的教育进行反省,并力图重新阐述自己的主张,对此前的进步主义教育理论和实践进行修正。

首先,强调理智的方法的重要性。要克服进步主义教育实践中出现的缺乏秩序和失之过宽的现象,必须正确地理解和分析知识和理智的方法的价值。人并非生来就是自由的。只有掌握了那种使人能够控制自己命运的理智的工具,人才能得到自由。所谓理智的工具,就是来自过去经验的知识和理智的方法。因此,要使儿童获得真正的自由,就要使儿童学习经过检验的过去的经验或知识,并掌握理智的方法。

在教育的实践中,最好的方法就是围绕有意义的问题来组织学校的工作。在这个方面,有人把它解释为要围绕学生想要调查研究的问题来组织学校的课程,因为有充分的证据表明,如果人们做他想要做的工作或做他认为是重要的工作时,他就比较努力。然而多

---

① Joe Park. Selected readings in the philosophy of education [M]. New York: Macmillan, 1958: 144.

数人认为，学生感兴趣只是教育或教学方法的原则，而不是组织课程的原则。学校工作计划的安排不能只围绕学生直接感觉到和直接表达出的兴趣，因为可能存在着个人没有觉察到的严重问题和个人没有意识到的重大需要。

第二，确定学校课程的依据是社会的客观需要。胡克（Sidney Hook）指出，儿童感觉到的需要和兴趣同社会的客观的需要是有区别的。他认为，需要是客观的，不是幻想的产物；此外，需要不仅是个人的，而且也是社会的。从本质上讲，需要和社会的价值标准有关。如果客观的、社会的需要变成"儿童意识到"的需要，那么为了满足这些需要，个人和环境之间的相互作用过程将得到强化。如果它们变成"理智上"所感觉到的需要，那么个人在决定他的教育经验的质量和方向方面则表现出更大的生动性和责任感，而且满足需要的内驱力就变成自愿克服障碍的持久力量。从中可以产生一种纪律，而这种纪律比任何外部的报偿或惩罚所造成的纪律更得人心、更可靠。决定需要的因素有自然的结构、社会的制度和理智的运用。最初认识到这些需要的是父母、教师、家庭和学校，然后才由儿童以及学生的主动合作提出需要，所以，在儿童没有完全成熟之前，不能完全由儿童来决定他们的教育需要。

根据这种理论，在课程设置方面，学生直接感觉到的需要虽然重要，但不是决定课程的必不可少的因素。所以，作为课程组织之中心的"问题"，应该是对当前具有客观意义的现实问题，而不是青年人一时的狂想。此外，还要强调教材的重要性，要重视教材的组织和系统地、有条理地讲授教材，然而，教材必须要与现在和将来的问题联系起来。

第三，要注重学生对系统知识的学习。问题产生于过去的事实，一切情境都要经历过去、现在和将来这样一个发展的过程。要想理解情境，就必须认识到：现在的情境是过去的产物；意义和事实材料是过去的产物；当前所有的情境都是过去的产物，只有根据过去才能理解现在，所以，对于未来行动的假设就必须认真地考虑过去的经验；所有的探究都必须毫无例外地建立在历史研究的基础之上，必须建立在彻底认识与当前问题有关的科学探究结论的基础之上。然而，专注于儿童自由和儿童中心的进步主义者由于不理解儿童生长和学习的规律，在促进儿童生长和发展的过程中，出现了忽视社会的过去和系统知识的倾向。虽然我们关心的是目前的情境，儿童目前的生活，但必须承认，我们用以处理如何适应目前生活问题的工具，乃是由过去提供的。

第四，强调民主的或实践的方法。现实具有有问题的、偶然的、变化的性质，要鼓励儿童去适应动态的、不断变化的宇宙，为此，除了要掌握社会的过去和系统的知识之外，还要充分认识到实验的方法的价值。从一定的意义上讲，实验的方法即民主的方法，这就是说，要对普通人所关心的所有的事务进行充分的、公开的、群众性的批评。民主社会的一个特点就是对不同的意识形态和观点采取宽容的态度，那些在不同程度上不赞成民主方法的人也都应接受为民主社会的成员，他们的孩子也应该入校上学，研究各种社会集团据以解决问题的不同的价值、义务和信仰。

每一个人都有权利和义务提出自己的见解和信念以供公众审查和检验；只有经受公众审查和实验，并得到认可的意见才能成为真理。学校就是忠诚并信仰于批判、实验、公众检查、集体评议的机构，教育的最基本的价值就是培养学生的科学态度和习惯。从最根本的意义上讲，科学的态度就是民主的态度。要求学生掌握科学方法或实验方法的最终目的，就是养成他们的民主态度，成为民主社会合格的公民。

4. 第二次世界大战以后：衰落时期

30年代对进步教育早期观点和实践的修正，未能使进步教育运动衰落的趋势发生逆转。早在第二次世界大战结束以前，公众对进步教育的支持率即开始下降，进步教育协会内部也意见纷纭。为了借助欧洲"新教育联谊会"的力量，1944年进步教育协会改名为"美国教育联谊会"，作为欧洲新教育联谊会在美国的下属组织。美国教育联谊会提出了八点意见：①给每一个儿童提供教育的机会。②把高等教育提供给每一个能承担费用或利用它的青少年。③为使美国学校充满活力，应吸引我们时代中最有激励作用的男女担任教师。④为17—23岁的青年建立青年计划，使他们离校后主动参与成人社会。⑤在课余时间里，充分利用学校的设施举行青年会议，开展社区活动的教育。⑥为了一个真正民主的社会，与所有的社区机构和学校进行充分的合作。⑦继续开展教育研究和实验。⑧说服社区领袖把教育作为社区的一部分和把社区作为学校的一部分。①

同进步教育协会成立后不久于1920年发表的"七项原则"相比较，1944年的"八点意见"表现了下列几个特点。第一，八点意见旨在使教育为建立一个"真正民主的社会"作出贡献，这同进步教育协会成立时抱定的宗旨是一致的，但是，七项原则强调的是儿童和儿童生活的需要，而八点意见着重的是社会和社会生活的需要。七项原则对儿童的天性抱着一种浪漫主义的态度，儿童的生活、兴趣、生长、发展等儿童的一切是至高无上的。它要求学校和家庭之间的合作，但这种合作的目的是为了更好地适应儿童的需要。学校、成人、教师乃至社会的一切设置、要求，如果不能适合儿童，必须加以改变。八点意见对儿童的天性则现实得多，对社会的要求只是给儿童提供受教育的机会。八点意见同样提出了社区机构与学校充分的合作，但这种合作更关心的是儿童如何适应社会，以便使青年"离校后主动参与成人社会"。第二，七项原则关注的是儿童，即初等教育，而八点意见所涉及的不仅仅是儿童和初等教育，还包括青少年和高等教育。这也反映了进步教育协会20多年来工作广泛的扩大和重心的转移。第三，七项原则气壮如牛地以教育运动的领导者自许，并对教育问题提出了一套比较系统的原则，而八点意见，则气短得多，只能对教育的问题发表一些一般的意见，真可谓今非昔比。总而言之，七项原则和八点意见之间的差异，一方面反映了进步教育理论和实践的转变，另一方面，它们也是这场教育改革运动兴盛时期和衰落时期在气势上的写照。

名称的更改和八点意见的出台，未能挽回这场曾经有过波澜壮阔局面的教育改革运动的衰败。1953年，美国教育联谊会又改回进步教育协会的名称，但这次更名同样不能使它恢复原有的生气，公众支持率越来越低，会员人数越来越少。1955年6月，进步教育协会解散，2年以后，创办于1924年春的《进步教育》杂志停刊。然而，进步教育的厄运并未随着进步教育协会的解散而结束。1957年，苏联第一颗人造卫星上天，进步教育成了美国朝野广泛攻击的对象，成了为美国科学技术落后于苏联承担责任的替罪羊。

曾经广泛地被人们看做是进步教育主要发言人的杜威没有亲眼看到进步教育协会的解散，但他很早就对进步主义教育发展的趋势表示不满。在1938年出版的《经验与教育》一书中，杜威就指出了进步教育存在的一个重大的弱点：没有处理好教材的选择和组织问

---

① 引自滕大春主编. 外国教育通史（第五卷）[M]. 济南：山东教育出版社，1993：359—360.

题。杜威认为，这个问题的最终解决依赖于经验。该书将大量的篇幅用于经验的分析及其对教育理论和实践的含义。杜威认为，经验涉及两个原则，即连续性（continuity）原则和交互作用（interaction）原则。连续性原则是指，现在的经验产生于过去的经验，并导致未来的经验；交互作用原则指，经验乃是个人的、主观的、内在的因素与诸如物质的、社会的、文化的等环境因素的交互作用。两个原则对于指导人们确定教育的理论和实践是大有帮助的。

杜威指出，经验的连续性原则说明了生长是教育的目的或目标，"如果用主动分析'生长着'来理解生长，那么教育过程就是生长过程"。教材必须适合儿童在每一个发展阶段的兴趣和需要。学校的组织和教学方法必须与儿童持续增长的成熟性和责任心相协调。交互作用的原则要求教育者在教材的选择、学校的组织和纪律方面既要考虑到儿童目前的能力、兴趣、喜恶，又要考虑到儿童外部世界目前和将来的要求。目前的活动是否称得上是真正的具有教育意义的经验，这取决于它对儿童未来成长的作用。那些对未来的成长具有阻止、破坏或错误导向的活动不是真正的教育。"以经验为基础的教育，其中心问题是从各种现时经验中选择那种在后来的经验中能够丰满而具有创造性的生活经验。"[1]

杜威于1952年逝世，在逝世前，杜威对进步教育已不止于不满，而是忧虑和失望。这一年杜威为克拉普（Elsie R. Clapp）著的《教育资源的使用》一书写了一篇引言。这是杜威最后发表的教育论著，克里明在"编者按"中说："杜威借写引言的机会，回顾了半个多世纪以来他和进步教育运动的联系。在他的一生事业临近结束时，回想他对进步思想的希望，他对于这一运动的现状表示极大的失望，并十分忧虑地关注它的将来。"[2]

杜威谈到他参与教育理论和实践半个多世纪的过程中亲眼看到的进步教育的许多成功和失败。他认为进步教育最广泛、最显著的成就是，使课堂生活的意义发生了深远的变化，对正在生长的人的需要有了更多的认识，师生关系变得富有人性而民主化了。不过他也指出，到目前为止，这些方面的成绩还是有限的，"主要是气氛上的改变，还没有真正地深入和渗透到教育制度的基础里去"。至于进步主义的失败，这主要表现在，进步教育虽然清除了"依靠威吓和压制的教育方法的那些陈旧的、粗暴的表现"，但"形成这种粗暴的表现的根本态度"，在许多方面还没有根除；旧教育最根本的权威主义还以多种多样的形式存在着；在把学校教育作为师生民主地共同参与的一种协作的事业方面，议论远远多于实行。

杜威还分析了失败的原因，即没有做到"不断取得进步"，不能随着生活情境的变化不断进步；用他引用埃默森的话来说就是，已经达到的良好的目的，容易变成更美好目的的敌人。在杜威看来，生活的情境在不断地发生变化，会不断出现新的问题。为了明智地解决问题，就需要设想新的目标、新的目的，而新的目的又需要发展新的手段和方法，而用"老一套的观念和原则"是不能明智地解决问题的。杜威指出，这种失败不能完全归咎于教师，因为无论改变个人长期形成的习惯，或是改变长期确立的制度，都是一个困难的、复杂的过程。

在临近生命的终结所发表的这篇导言中，杜威比较概括地表达了他的教育理想："为了创造一个民主社会，我们需要一种教育制度，在这种制度中，道德、智力发展的过程，

---

[1] 杜威. 我们怎样思维·经验与教育 [M]. 姜文闵译. 北京：人民教育出版社，1991：255.
[2] 赵祥麟等编译. 杜威教育论著选 [M]. 上海：华东师范大学出版社，1981：430.

在实践上和理论上乃是自由、独立的人从事探究的合作的相互作用的过程，这些人把过去的思想和继承的东西，无论从数量上和质量上，都作为进一步丰富生活的手段和方法，他们运用已获得的良好成就来发现和创造更美好的东西。"①

第二节 共产主义的教育改革

20世纪对于传统教育的改革最彻底、最具有革命意义的是1917年以后在俄国实行的共产主义教育。1917年发生在俄国的伟大的十月社会主义革命，开创了人类历史的新纪元，同时，在教育方面，也开展了一场深刻的彻底的革命，使人类出现了一种崭新的教育制度。

1917年以后在苏维埃俄罗斯实施的共产主义教育制度，是无产阶级经过长期斗争，取得国家政权以后的产物。自17世纪英国资产阶级革命胜利、确定资本主义生产方式以后，资产阶级革命相继在欧、美其他国家发生，资本主义的生产方式在欧、美一些国家占据了统治地位，造成了物质生产领域科学技术的巨大进步和社会生产力的迅速提高。同时，资本主义社会内部各种固有的矛盾也越来越明显，特别是无产阶级同资产阶级之间的矛盾和斗争更是日趋尖锐。19世纪30—40年代，法国里昂的工人起义，英国的宪章运动、德国西里西亚纺织工人的起义表明无产阶级已经作为独立的政治力量登上了历史舞台。

无产阶级革命导师马克思和恩格斯根据无产阶级斗争的需要，批判地吸收了德国古典哲学，英国的古典政治经济学，以及法国、英国的空想社会主义，创立了科学社会主义理论。第一个国际无产阶级的组织——共产主义者同盟1847年6月在英国伦敦成立，并发出了马克思和恩格斯倡导的"全世界无产者，联合起来"的号召。1848年，马克思和恩格斯共同撰写的共产主义者同盟的纲领《共产党宣言》出版。1864年，英、法、德、意、波兰等国工人代表在伦敦开会，并成立国际工人协会，即"第一国际"。1867年，马克思的《资本论》第一卷出版。《资本论》阐述了剩余价值理论，使无产阶级认识到自己之所以遭受贫困的根源以及与资产阶级矛盾的不可调和性，进而明确无产阶级的历史使命就是彻底推翻资本主义剥削制度。

为了无产阶级的斗争，马克思和恩格斯对于包括教育在内的许多领域进行了深刻的研究。虽然他们没有撰写专门论述教育问题的专著，但在他们的著作和文章中，广泛地涉及教育的许多根本问题，并且作了很多非常深刻、非常重要的论述。朴·恩·格鲁兹选夫在《马克思恩格斯论教育》一文中写道："在马克思和恩格斯的著作里，我们可以找到教育学上许多基本问题的答案。如环境和教育、政治和教育的相互关系问题，教育和学校在阶段斗争中的作用问题，儿童智力和体力发展的因素问题，社会主义社会的科学教育和综合技术教育问题，人的全面发展的条件问题等。"② 正是由于马克思和恩格斯的贡献，才使教育理论成为真正的科学。马克思和恩格斯关于教育问题的论述，乃是他们创立的无产阶级革命学说中的一个有机组成部分。

由于俄国沙皇亚历山大二世（1818—1881）在19世纪60年代进行了废除农奴制的改

---

① 赵祥麟等编译.杜威教育论著选[M].上海：华东师范大学出版社，1981：435.
② 马克思恩格斯论教育[M].北京：人民教育出版社，1958：1—2.

革,俄国的资本主义经济逐渐占据统治地位。随着俄国资本主义的发展,俄国无产阶级开始成为独立的政治力量。在出现于19世纪60年代末的俄国民粹运动于80年代失败以后,流亡到国外的一些先进分子如普列汉诺夫等接受了马克思主义,并建立了马克思主义团体,如普列汉诺夫在日内瓦建立的俄国"劳动解放社"。自19世纪80年代末90年代初,俄国国内也体现了不少马克思主义小组。俄国无产阶级革命导师列宁于1888年加入喀山地区的马克思主义小组。1893年列宁成为彼得堡马克思主义小组的领导人。1895年,在列宁的倡议下,彼得堡的20多个马克思主义小组合并为"彼得堡工人阶级解放斗争协会",1898年3月,该协会代表在明斯克召开俄国社会民主工党第一次代表大会。1903年,俄国社会民主工党秘密召开第二次代表大会。在这次大会上,以列宁为首的"布尔什维克"取得了对"孟什维克"斗争的胜利。大会通过了以无产阶级革命和无产阶级专政为纲领的党纲,选出了以列宁为首,布尔什维克为多数的中央机构。从此,在布尔什维克和列宁的领导下,经历1905年的俄国革命和1917年2月的俄国二月革命,无产阶级终于在1917年的俄国十月革命中夺取了政权,建立了世界上第一个工农苏维埃政府。

列宁是马克思和恩格斯开创的无产阶级革命事业的继承者。在列宁和布尔什维克党领导俄国人民夺取政权的斗争过程中,除了深刻揭露沙皇在教育方面的反动政策之外,还根据马克思和恩格斯的学说,提出了无产阶级在教育方面同沙皇专制制度进行斗争的纲领性要求,以及未来的苏维埃政权的教育纲领和措施。当无产阶级建立了第一个社会主义制度的国家以后,苏维埃俄罗斯的教育改革,也是以马克思、恩格斯和列宁的学说为基础的。

一、十月革命前俄国教育民主化的斗争

俄国自1861年废除农奴制以后,走上了资本主义的发展道路,逐渐成为资本主义世界一个重要的成员。由于废除农奴制以后自由劳动者的增加,开拓了俄国的国内市场,此外,外国资本和技术的引进,扩军备战的政策等,使俄国的工业有了较快的发展,至20世纪初,俄国也同英、法、德等其他主要资本主义国家一样,进入了帝国主义阶段。

作为资本主义世界的一个成员,俄国无论在政治上、经济上或是教育上都面临着与资本主义世界其他各国共同的一般问题。正像俄国的布尔什维克党领导的俄国工人解放运动是国际工人运动的一个部分一样,在教育领域,19世纪末、20世纪初波及欧、美的新教育运动,进步教育运动对俄国的教育也有着广泛而深刻的影响。无论俄国或是欧洲其他各国和美国,都发生了一场针对传统教育或旧教育的改革,而且这些改革都举着共同的旗帜——教育民主,只是由于各自的国情不同,特别是由于指导改革的思想和政治理想的根本差别,造成了俄国与其他资本主义各国教育改革本质上的差异。十月革命后,指导俄国改革的思想基础是马克思列宁主义,所以,十月革命胜利后苏维埃俄罗斯的教育改革导致了共产主义的教育。

1. 俄国的旧教育

1861年的改革是一种自上而下的资产阶级性质的改革,具有很大的不彻底性。它保留了大量的农奴制的残余,这在俄国的旧教育中得到了充分的体现。

首先,旧教育体系具有浓厚的阶级性和等级性。沙皇实行的是一种典型的"民可使由之,不可使知之"的愚民政策。在十月革命以前,俄国的国民教育制度是多轨制的(见下图)。

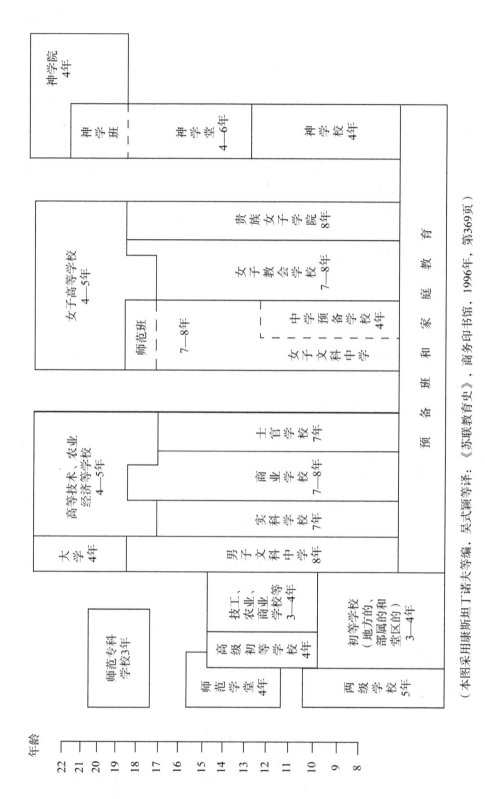

图3-1 革命前俄国的国民教育制度

(本图采用康斯坦丁诺夫等编,吴式颖等译:《苏联教育史》,商务印书馆,1996年,第369页)

对于劳动人民来说，他们的子女就读的是图中左边一栏的各级各类的初等学校（3—4年制的初等学校，5年制的两级学校），以及与它们衔接的4年制的高级初等学校，或3—4年制的高级初等学校，技工、农业、商业学校，师范学堂等。

对于有产阶级来说，他们的子女在接受预备班或家庭教育以后，可以进入与大学和各种高等教育机构相衔接的中学或其他中等教育机构学习，而这些学校与上述初等学校、高级初等学校等是互不贯通的。在这个学校系统中，还存在着专供贵族子弟入学的士官学校、贵族女子学院，为宗教分子设立的神学校、神学堂、女子教会学校等。

在中学、贵族学院等又有男校和女校之分，并且各成系统；无论教学内容或教学水平，女校都低于男校。

第二，旧教育具有很强的宗教性。俄国的宗教势力对教育一直有着很大影响，东正教长期是俄国教育政策的一个思想基础。沙皇的改革虽具有资产阶级的内容，但宗教对教育的影响仍然很大。俄国19世纪60年代的《初等国民学校章程》清楚地反映了这一点。该章程不仅保留了教会办的堂区学校，而且它规定的国民学校的目的把传播宗教道德知识放在首位，初等学校要教神学、阅读宗教的书籍。肯定了神职人员和贵族对学校的监督管理作用，在各县的学校委员会中，有由主教委派的神甫作为宗教事务院的代表参加，而省的学校委员会主席则由高级神职人员担任。县学校委员会除了批准学校的开办、迁移和停办以外，还有权任免教师。"教会人士（神甫、执事、教堂下级职员）或非宗教人士都有权任初等学校教师。对宗教界人士不要求任何确认其从事教学的修养程度，良好的道德和政治上可靠的证件，而非宗教人士只有在'取得了县学校委员会经熟悉人士提出他有良好道德和政治上可靠的证明后发出授予教师称号的特别许可证后才能担任初等国民学校教师。"①

从19世纪下半期，沙皇政府又着手扶植主要内容为通过东正教传教士在学校推广宗教教育的"伊利缅斯基体系"。伊利缅斯基体系的主要学校类型为"兄弟学校"，这类学校的教师主要是传教士学校毕业的学生。"伊利缅斯基关心的是按他的体系建立起来的所有学校的教学具有严格的宗教性。教师稍有违反就遭处罚。在这方面有代表性的是发生在皇家——科克沙依县马里学校的事件。这个学校的一名教师用乌申斯基的书《祖国语言》代替《兄弟会》建议采用的识字课本、教义问答和圣史来教儿童，这名教师要用世俗教学来代替宗教教学的意图立即被制止。"②

1874年的《初等国民教育章程》反映了俄国社会中贵族、宗教势力对60年代改革的反扑。该章程加强宗教是对教师思想、行为以及教学的监督。沙皇政府增加了对教会控制的堂区学校的拨款，在设有堂区学校的村镇禁止开办其他学校。到1900年，有些地区的堂区学校要占全部小学的80%。教会人士曾几次在参议院提出把全部小学交由宗教事务院管辖的草案，企图全部掌握小学教育，虽然最终未能获得成功，但这足以反映了宗教在教育界的势力。

第三，落后、腐朽的教育内容和方法。俄国旧教育政策的思想基础是宗教，尤其是东正教；君主专制制度；俄罗斯民族沙文主义。因此，同19世纪末、20世纪初普遍存在于

---

① 康斯坦丁诺夫. 苏联教育史［M］. 吴式颖等译. 北京：商务印书馆，1996：301.
② 同上书，332.

欧、美国家中的传统教育的所有弊端相比较，俄国旧教育的种种落后、腐朽的特征，可谓有过之而无不及。

关于俄国旧教育的内容和方法，列宁曾经作过深刻的揭露和批判。此外，19世纪末俄国进步的教育活动家在争取俄国教育民主化的斗争中，对俄国旧教育的种种弊端，都有揭露。本节下面部分将涉及这些内容。这里仅通过著名教育家 C. T. 沙茨基（1871—1934）个人的经历和体会，从一个侧面来反映俄国旧教育的落后和腐朽："1888年，沙茨基进入莫斯科第六中学学习。当时古典中学的形式主义、强迫纪律和死记硬背的学习生活，在他幼小的心灵中留下不少痛苦的印象，激起他对旧学校的愤慨和对创造性教育活动的向往。沙茨基后来写道：'我感到，我的能力和我的需求，在这里得不到一点反应。我生活着和学习着；同时也感到，像这样的生活和学习是没有什么需要的。'"①

2. 俄国进步教育家的斗争

俄国进步教育家为争取教育民主化的斗争，可以上溯到乌申斯基（1824—1870）。乌申斯基强调教育的民族性原则；主张教育旨在培养在身体、智力和道德方面完美而和谐发展的人；提出以心理学作为教学的重要基础，并编写了两本著名的教科书——《祖国语言》和《儿童世界》。这位"俄国教师的教师"，对于俄国进步教育思想的发展乃至对十月革命后苏联的教育有着很大的影响。

自19世纪下半期起，许多进步的教育家对俄国的旧教育进行了不同方式的斗争。其中影响比较大的有：②

乌里扬诺夫（1831—1886）大学毕业后，在平扎贵族学院，以及下诺夫哥罗德的贵族学院和文科中学担任教学和物理教师期间，乌里扬诺夫编写了新的教学大纲，并改进教学方法，物理教学引导学生进行观察和实验，还建立了气象站和物理实验室。此外，他还同其他人一起建立了工人星期日学校。后来，乌里扬诺夫又先后担任了辛比尔斯克国民学校的督学和辛比尔斯克省国民学校的总监。他决心利用职务上的便利，为刚刚从农奴制的奴役下解放出来的最贫困的人、最难受到教育的人、为昨天的奴隶的孩子们工作。他的主要活动方向是："建立农村学校坚实的物质基础并为它们建造专门的校舍；通过扩大学校课程中的实用知识、减少宗教课程的分量和宗教界对学校的影响来改变农民学校的工作任务、内容和方法；改进教师的物质状况，建立培养和提高教师业务的制度；在科学的基础上制定视导和管理国民教育机制的制度。乌里扬诺夫十分重视学校对农村成人居民进行文化启蒙工作。"他认为，教育应该发展学生的精神、智力和道德力量。

除了乌里扬诺夫之外，19世纪下半叶俄国许多进步教育家针对旧教育的弊端做了下列改进的工作。

编写新的教学用书。亚历山德罗夫县学校委员会主席科尔夫（1834—1883）不但创建了进行复式教学的三年制的地方学校，而且还编写了课堂阅读用书《我们的朋友》，对其他省的地方学校产生了巨大的积极影响。此外，沃多沃佐夫（1825—1886）编写的《国民学校基础读物》，销量达数十万册之多。格尔德（1841—1888）用达尔文主义的精神编写的教科书《实物教学》、《自然简明教程》、《鸟类图鉴》、《矿物图鉴》对小学和中学的教学

---

① 赵祥麟主编. 外国教育家评传（第三卷）[M]. 上海：上海教育出版社，1992：516.
② 康斯坦丁诺夫. 苏联教育史 [M]. 吴式颖等译. 北京：商务印书馆，1996：315—348.

都具有重大的作用。

改进教学方法。布纳科夫（1837—1904）根据乌申斯基的教学论和方法论的观点，仔细研究并完善了讲读教学法。他撰写的教学法的著作《祖国语言是三年制小学的一门学科》以及《识字课本和阅读课》，在教师中有很大影响。斯托尤宁（1826—1888）反对教学中的形式主义方向，强调教学的教育作用。沃多佐夫认为文学的教学是培养文明、社会性和爱国主义的手段。奥斯特罗戈尔斯基（1840—1920）关于美育的著作《美育书信》也受到了教育界的欢迎。

对民众的启蒙教育。布纳科夫不但让农民使用学校的图书馆，还附设了成人普通学校，在农村居民中进行民主和启蒙活动。他在自己的学校里举办伴随放映幻灯片的朗读会、纪念俄国作家的晚会，还组织农民创办剧团，上演奥斯特洛夫斯基、托尔斯泰、普希金、果戈理、莫里哀等人的作品。

19世纪末20世纪初，俄国成了世界资本主义体系矛盾的焦点，资产阶级民主革命开始成熟。然而，在1905—1907年的革命以后，沙皇政府进一步推行反动的教育政策。为了阻止学生参加革命运动，沙皇政府要求学校增加家庭作业的分量以占据学生的课余时间；通过升级考试将反政府的学生开除出校；同时加强对学生的惩罚乃至体罚。

教育界反对旧教育的斗争并未停止。一方面有以文策尔（1857—1947）为代表的"自由教育"理论；另一方面有以瓦赫捷罗夫（1853—1924）和卡普捷列夫（1849—1902）为代表的进步的教育家。

虽然文策尔主张阶级合作，建立新宗教以及否定任何学校组织的思想是错误的，但"自由教育"理论对于旧教育的批判，仍有一定的意义。"用文策尔的话来说，现有学校的全部教育可归结为完全渗透了教条主义和强制精神的训练。学校与家长无任何联系。学校脱离丰富多彩的生活。儿童的兴趣、主动性和积极性受到无情的压制。"① 文策尔主张用"自由儿童之家"来代替学校，"在这个'家'里有3—13岁的儿童，他们根据自己的年龄和兴趣自由地结合成灵活的小组。没有固定的教师，家长代替教师。儿童和家长组成一个独特的团体'自由儿童之家'，儿童到这里来玩，欢呼雀跃、从事某种生产劳动、与成人谈话，从而获得某些知识和技能。这里没有系统学习。能从事各种儿童手工劳动的工作室是课业的中心"。②

瓦赫捷罗夫曾当过教师、督学，后致力于普及教育，国民学校教学大纲、工作方法等问题的研究，曾编写过《俄语识字课本》、《儿童故事世界》等教科书和课堂阅读文选，以及《教学的第一阶段》、《实物教学法》等教学法指导书。"瓦赫捷罗夫广泛运用教育实验，在自然的学校条件下检验各种教学方法和方式的效果，他坚持进行直观教学，同时建议要在课堂上重视通过在儿童的意识中对所获得的知识进行积极加工来发展他们的思考能力，认为运用比较、分析和综合，引导儿童得出结论和推理是必要的。"③ 他主张建立民主的国民教育制度，实行统一的学校。在理想的制度下全体儿童都用本族语进行教学，为了培养学生平等的思想，男女学生应该合校。瓦赫捷罗夫反对农奴制和专制制度，但他坚持认

---

① 康斯坦丁诺夫. 苏联教育史[M]. 吴式颖等译. 北京：商务印书馆，1996：377.
② 同上书，378.
③ 同上书，379-380.

为，公正的社会制度应该通过教育，而不是政治斗争来获得。

卡普捷列夫著有大量的教育理论、教育史、教育心理学和教学论方面的著作。他支持乌申斯基教育的民族性原则，但认为新的教育学是一门科学，应该完全不受国家及其政治要求的干预，表现了他的自由资产阶级的立场。卡普捷列夫"坚持认为教师的教育活动是多方面的，它形成学生整个个性，指出了掌握教育过程内在方面的重要性，这一内在方面就是儿童通过老一代向年轻一代传递的文化成果获得自我发展。"在教学论方面，他认为"必须在课堂上组织学生多种多样的智力活动，在课堂上学习的事实和观念之间要保持'平衡'。他忠告教师要以严格的逻辑顺序授予学生具体、生动、有趣的材料，认为教师应爱孩子并成为他们遵守劳动纪律和顽强精神的榜样"。[①]

3. 布尔什维克的斗争

列宁从开始进行革命活动时起，就十分重视俄国文化的发展以及教育的改革。19世纪90年代，列宁对沙皇政府教育制度的阶级性、等级性，教育政策的反动性和欺骗性进行了深刻的揭露，同时对于自由主义者的改良主义行动和民粹派对于教育问题的错误观点进行了不懈的斗争，俄国社会民主工党于1898年成立以后，特别是1903年党的第二次代表大会以后，以列宁为首的布尔什维克给无产阶级指明了为人民的教育和学校进行斗争的道路。同时也为十月革命胜利以后苏维埃俄罗斯政府进行的教育改革做好了思想理论和干部的准备。

首先，提出了无产阶级在教育方面斗争的要求和实现这些要求的根本途径。俄国社会民主工党第二次代表大会提出了未来的民主共和国宪法在国民教育领域要保证实施的措施有：

"8. 居民有用本族语受教育的权利，由国家和自治机关为此建立必要的学校来予以保证……

13. 教会与国家分离，学校与教会分离。

14. 对16岁以下的男女儿童实施免费的和义务的普通教育和职业教育；贫苦儿童由国家供给衣食和学习用品。"

此外还提出下列要求：

"5. 禁止企业主使用学龄儿童（16岁以下）的劳动并限定少年（16—18岁）的工作时间为6小时。

"7. 在有妇女工作的所有工厂和其他企业里为乳儿和幼儿设置托儿所……"[②]

布尔什维克认为，无产阶级教育权的获得、真正民主的国民教育制度的建立，必须以无产阶级取得政权为前提条件。以沙皇为首领的俄国专制政权，不可能自动放弃作为其政权基础的贵族已经占有的种种特权，因而不能指望他们会通过学校改革或其他改良的途径，从根本上废除既有的不民主的教育制度。因此，要使俄国的国民教育发生根本的变化，就必须摧毁俄国现有的政治制度。列宁在《论国民教育部的政策问题》（1913）援引美国的例子，认为虽然美国黑人遭受的压迫是美国的耻辱，但不管怎样，美国黑人的状况终究要比俄国的农民好些。其原因何在？这是因为美国人早在半个世纪以前就粉碎了奴隶

---

① 康斯坦丁诺夫. 苏联教育史[M]. 吴式颖等译. 北京：商务印书馆，1996：380—381.
② 同上书，360.

主的统治，彻底废除了奴隶占有制和奴隶占有制的国家制度，取消了奴隶主在政治上的特权。

马克思主义教育家克鲁普斯卡娅（1869—1939）在1899年出版的《女工》一书中提出了家庭和学校教育理想的方案，她认为，这些理想方案的实现，只有在社会主义制度下才有可能；在不推翻沙皇专制制度的情况下，仅仅依靠介绍夸美纽斯和裴斯泰洛齐等教育家的主张，俄国教育的状况不可能得到根本的改变。她在1913年12月发表的《致国民教师代表大会》一文中，除了说明学校教育的作用，提出无产阶级对教育的要求之外，还明确说明，教育的发展决定于它们掌握在哪一个阶级的手里，是谁确定教学大纲，教学性质，谁挑选、考核教师等等。①

以列宁为首的布尔什维克始终把无产阶级的教育权以及真正民主的国民教育制度的建立，同无产阶级争取解放的政治斗争联系在一起的，因此，在无产阶级进行革命斗争的过程中，也一直关注着教育的领域。"列宁领导的共产党在沙皇制度的条件下就制定了彻底改造教育和学校的总体计划，在伟大的十月社会主义革命后创造性地实现了这一计划。"②

第二，揭露旧教育的阶级性和反动性。在《论国民教育部的政策》中，列宁曾愤慨地指出，"由于农奴主地主在我国的独裁，俄国已经弄到了令人难以置信的落后和野蛮的地步。""学龄儿童有22%，而学生只有4.7%，也就是说差不多只有1/5!!这就是说在俄国有将近4/5的儿童和少年被剥夺了受国民教育的权利!!""人民群众这样被剥夺了受教育、获得光明、求取知识的权利的野蛮的国家，在欧洲除了俄国以外，再没有第二个"。③

列宁指出，俄国在文化、教育方面之所以如此落后，不是由于俄国的贫穷，而是由于沙皇政府的反动政策。沙皇政府在对警察、军队、对充任高官的地主支付巨额薪俸，在执行冒险、掠夺的政策方面也舍得花钱，然而，对劳动者的教育经费却非常吝惜，所以，"俄国的农奴制的国家结构，注定了在青年一代里有五分之四的人要成为文盲。在俄国存在着这么多的文盲是同地主政权所造成的人民愚昧状况相适应的"。④

在1905—1907年的革命以后，沙皇政府不仅竭力阻挠青年学生参加政治活动，而且还残酷迫害教师。被沙皇政府处死或流放到西伯利亚的教师竟达2万多名，其中绝大多数是小学教师。此外，政府加强了对教师言论和行为的监督，大量地解聘教师，并频繁地调动教师的工作，使他们被政府"赶得像兔子一样"。对此，列宁表示了极大的愤慨，揭露沙皇政府之所以这么做的原因是"为了保护贵族的特权"，作为沙皇的帮凶，国民教育部成了"警察搜查部"、"愚弄青年部"、"人民求知欲的压制部"，而政府则"妨碍俄国的国民教育"，"是俄国国民教育的最大的敌人"。列宁指出，"事实又一次无可争辩地证明了，在俄国的国民教育的敌人中，没有比俄国政府更凶恶、更不可调和的了"。⑤

沙皇政府教育政策的思想基础之一是民族沙文主义，对于俄罗斯境内的非俄罗斯民族，通过种种措施，采取强制的"俄罗斯化"的政策。这些措施中的一个是规定教学用语。政府1870年颁布的《对居住在俄罗斯的异族人教育的措施》中，规定根据非俄罗斯

---

① 赵祥麟主编. 外国教育家评传（第三卷）[M]. 上海：上海教育出版社，1992：481—482.
② 康斯坦丁诺夫. 苏联教育史[M]. 吴式颖等译. 北京：商务印书馆，1996：388.
③ 上海师范大学教育系编. 列宁论教育[M]. 北京：人民教育出版社，1979：64.
④ 同上.
⑤ 同上书，71.

民族在不同情况，或者开始时使用本族语，然后转用俄语，或者一开始就用俄语，只是在个别场合使用本族语，或者只能用俄语，其最终目的是使他们俄罗斯化和与俄罗斯民族融合。对此各民族进行了长期的抗争。布尔什维克坚决反对民族沙文主义，反对在学校禁止使用本族语，反对警察迫害本族语教学。同时也反对地方民族主义的表现。

第三，开展教育理论的研究。布尔什维克除了提出无产阶级的教育要求揭露沙皇政府教育制度，教育政策的阶级性、等级性和反动性之外，还支持教师"在进步的原则上进行职业联合的愿望和他们日常为学校事业民主化和从教学法上改进学校的教学和教育工作而进行的创造性活动。不少布尔什维克党的积极活动家在社会的教育创举中做了大量工作，带来了马克思主义思想，有些人参与编写新教学大纲、教科书和其他用学生的本族语写的教学资料"。①

娜杰日达·康斯坦丁诺夫娜·克鲁普斯卡娅无疑是十月革命前运用马克思主义的思想研究教育问题并取得卓越成就的佼佼者。②

十月革命前，由于受到沙皇政府的迫害，克鲁普斯卡娅曾被迫二度侨居国外。在侨居国外期间，她除了担任布尔什维克的报纸《火星报》、《前进报》、《无产阶级报》编辑部秘书、俄国社会民主工党秘书，从事革命活动之外，还认真地考察了欧洲一些国家的教育状况、研究俄国以及其他国家的教育理论著作。克鲁普斯卡娅对于美国教育家贺拉斯·曼以及欧洲的裴斯泰洛齐、卢梭等人教育工作和教育思想中的民主作风和民主主义精神留下了深刻的印象。为了迎接即将到来的革命胜利和准备指导未来的教育工作，根据列宁的指示，克鲁普斯卡娅于1915年撰写（1917年出版）了《国民教育和民主主义》一书。苏联的教育史家认为，这是用马克思主义观点阐述教育学和教育史的第一本书。

克鲁普斯卡娅这部著作的名称和杜威于1916年出版的《民主主义与教育》的书名有些雷同，这两本书分别对苏维埃俄国和欧、美资本主义国家的教育改革产生过深刻的影响，两者都是论述"民主主义"和"教育"的关系，但它们之间有着本质的差别。根据列宁向高尔基所作的关于这本书的介绍，作者虽然"叙述了过去伟大民主主义者的见解"，但"同时还对俄国的民主主义作了很有意思的说明"。列宁所说的"俄国的民主主义"，是指工人阶级的民主主义，这同杜威的民主主义是不同的。

克鲁普斯卡娅在《国民教育和民主主义》一书中考察的中心问题，是教育必须与生产劳动相结合，即在民主主义条件下国民教育必须使生产劳动同智力发展相结合的观点是怎样产生和发展起来的。克鲁普斯卡娅指出，虽然贝勒斯、卢梭、裴斯泰洛齐、欧文、拉瓦锡早就阐述过生产劳动在国民教育中的作用，但马克思和恩格斯是在崭新的原则基础上阐述教育必须与生产劳动相结合和人的全面发展的。资本主义的大工业生产为人的全面发展提出了客观的要求并提供了实现的可能性，然而，由于阶级利益的缘故，这种可能性不能转变现实，只有推翻资本主义制度，建立社会主义制度，才能做到普遍教育与普遍劳动相结合，实现全体社会成员的全面发展。

克鲁普斯卡娅对20世纪初欧洲各国兴起的"新"学校和凯兴斯泰纳倡导的劳作学校

---

① 康斯坦丁诺夫．苏联教育史［M］．吴式颖等译．北京：商务印书馆，1996：386．
② 这部分材料取自吴式颖．克鲁普斯卡娅．//赵祥麟主编．外国教育家评传（第三卷）［M］．上海：上海教育出版社，1992：479—489．

提出了尖锐的批评；对于英国学校教学内容无疑打上资产阶级意识形态的烙印，向青年一代灌输的观点也往往与工人民主制度的观点很少有一致的地方持批评态度，但是，对于美国学校在19世纪末20世纪初的教育改革注意训练学生劳动技能，以及注意儿童个性发展这些方面，表示赞许。她把这些新型的学校称为劳动学校，而劳动学校是以教育与生产劳动相结合为前提的。不过她坚持认为，只有工人阶级才能使劳动学校变成"改造现代社会的工具"。

克鲁普斯卡娅在《国民教育与民主主义》这本书中关于教育与生产劳动相结合以及劳动学校的理论，影响了十月革命以后俄国的教育改革。苏维埃俄罗斯政府首任教育人民委员卢那察尔斯基在1927年曾经这样说过："娜杰日达·康斯坦丁诺夫娜的这部著作……是我们制定整个工作纲领的依据，无论是确立关于教育的新思想，还是这些思想的具体实施，乃至我们共和国成千上万所学校的具体教学工作和实际的教学进程，我们都以她在本书中所阐述的思想为依据。"

二、列宁论共产主义教育

列宁是马克思主义的继承者和发展者，他创立的列宁主义是无产阶级革命的理论和策略，特别是无产阶级的理论和策略。毛泽东指出："列宁主义学说发展了马克思主义。在哪些地方发展了呢？一、在世界观，就是唯物论和辩证法方面发展了它；二、在革命的理论、革命的策略方面，特别是在阶级斗争、无产阶级专政和无产阶级政党等问题上发展了它。列宁还有关于社会主义建设的学说。"[①] 同马克思和恩格斯一样，列宁也未撰写专门论述教育问题的著作，但是，在列宁一生的革命实践活动中，结合无产阶级革命斗争的需要，列宁对教育问题曾经有过大量的论述。列宁关于教育问题的论述，是列宁主义的一个有机的组成部分，也是苏维埃俄罗斯和苏联改造旧教育、创建共产主义教育的指导方针。

1. 教育不能脱离政治

十月革命胜利以后，苏维埃俄罗斯之所以要在教育领域进行革命、彻底改造旧教育，其深刻的理论依据就在于，教育属于历史的范畴，教育既不是"超阶级"的，也不是"超政治"的。所以当无产阶级夺取了政权以后，必须进行教育革命。"我们说，我们的学校事业同样是为推翻资产阶级而斗争。我们公开声明，学校可以脱离生活，可以脱离政治，这是撒谎骗人。"[②]

世界各国的资产阶级关于教育同政治的联系，都讳莫如深，不肯直接承认这一点，表现了很大的欺骗性和虚伪性，对此，列宁作出了深刻的揭露和批判："资产阶级的虚伪表现之一就是相信学校可以脱离政治。你们都清楚地知道这种想法多么虚伪。提出这个原理的资产阶级自己就把资产阶级政治放在学校事业的第一位，竭力把学校用来专门替资产阶级训练恭顺的和能干的奴才，甚至竭力利用普遍教育来专门替资产阶级训练资本的走卒和奴隶，他们从来不想使学校成为培养人格的工具。"[③] 无产阶级公开承认教育与政治的联系，在无产阶级夺取政权、建立了无产阶级专政的苏维埃政府以后，必须进行教育革命，

---

① 毛泽东选集（第五卷）[M]．北京：人民出版社，1977：322．
② 上海师范大学教育系编．列宁论教育[M]．北京：人民教育出版社，1979：119．
③ 同上书，131－132．

改造旧教育,因为"那些将来要建立共产主义社会的新一代人的学习、训练和教育,就决不能再像从前那样了……只有把青年的学习、组织和训练的事业加以根本改造,我们才能做到:这一代青年努力的结果是建立一个与旧社会完全不同的社会,即共产主义社会"。①

既然教育不能脱离政治,那么,什么是政治?列宁认为,对于政治这个概念,如果用旧观点来理解,就可能犯很大的严重的错误。他认为,"政治就是各阶级之间的斗争,政治就是反对世界资产阶级而争取解放的无产阶级的关系"。②列宁所说的政治这个概念具有丰富的内涵,它不仅包括摧毁资产阶级制度和捍卫无产阶级政权的军事斗争、文化斗争、思想斗争,而且也包括建设任务,那种认为政治脱离经济的观点是资产阶级的世界观。此外,政治也将随着斗争的需要而表现出不同的工作重心,也就是说,它不是固定的,一成不变的。

十月革命胜利以后,新生的苏维埃政府紧接着进入捍卫政权的3年国内战争时期。为了调集物力、财力、人力去赢得这场战争的胜利,苏维埃政府实行了战时共产主义的经济政策。正像列宁所说的,这种政策的实施是一种功劳,但这个功劳是有限度的。战时共产主义政策用无偿的强制的手段征集粮食、食品、日用品,挫伤了工人、农民的积极性,阻碍了生产力的提高。1920年年底国内战争结束以后,内部矛盾上升,引发了1921年春天国内的经济危机和政治危机。列宁敏锐地注意到这个现象,提出了"使斗争的重心逐渐转向经济方面的政治"的必要性和迫切性。1920年11月3日《在全俄省、县国民教育厅政治教育委员会工作会议上的讲话》中,列宁指出,以前我们的注意力主要集中在"粉碎资产阶级制度遗留下来的东西、粉碎整个资产阶级一再想消灭苏维埃政权的尝试"这个任务上,"现在我们主要的政治应当是:从事国家的经济建设,收获更多的粮食,供应更多的煤炭,解决更恰当地利用这些粮食和煤炭的问题,消除饥荒,这就是我们的政治。……只要战争使我们有可能不把重心放在同资产阶级、弗兰格尔、白卫分子的斗争上,我们就转向经济方面的政治"。③显然,根据列宁的观点,政治必须要根据"各阶级之间斗争"在不同时期的中心任务而作出相应的转变。

列宁在许多不同的场合反复强调教育不能脱离政治、教育必须与政治相联系的原则。他指出,"苏维埃工农共和国的整个教育事业,无论一般的政治教育或专门的艺术教育,都必须贯彻无产阶级阶级斗争的精神,为顺利实现无产阶级专政的目的,即为推翻资产阶级,消灭阶级,消灭一切人剥削人的现象而斗争的精神"。④列宁还在省、县教育厅政治委员会工作会议上告诫教育部门的领导干部,"要使同志们和我们一起做文教工作的最主要的问题,就是教育联系我们的政治的问题,……因为在整个教育工作中,我们都不能持有教育脱离政治的旧观点,我们不能让教育工作不联系政治"。⑤

强调教育与政治相联系仅仅是列宁关于教育同政治关系的一个方面,同样重要的是,列宁还反对歪曲教育同政治相联系的各种错误的做法。

首先,政治不是空谈,共产主义也不仅仅是我们的纲领、理论和课题,而是我们实际

---

① 上海师范大学教育系编.列宁论教育[M].北京:人民教育出版社,1979:224.
② 同上书,253.
③ 同上书,254.
④ 同上书,243.
⑤ 同上书,246.

的建设事业。在十月革命胜利半年后的时候,列宁在《苏维埃政权的当前任务》一文中就明确地指出,"当无产阶级夺取政权的任务解决以后,随着剥夺剥夺者及镇压他们反抗的任务大体上和基本上解决,必然要把创造高于资本主义的社会制度的根本任务提到首要地位,这个根本任务就是:提高劳动生产率"。① 他还说过,"只要不打仗,没有战争,我们就应当利用每一个机会来学习","我们今天最重要的任务就是学习再学习"。② 1919 年,列宁在《俄共(布)党纲草案》中写道,国民教育的任务是"把从 1917 年十月革命时开始的事业进行到底,把学校由资产阶级的阶级统治工具变为摧毁这种统治和完全消灭社会阶级划分的工具",教育的目的就在于"培养能够最后实现共产主义的一代人"。③ 为了解决共产主义社会建设事业中的科学技术问题,我们应该取得资本主义的所有的宝贵东西,所有的科学和文化。为此,先进的农民和觉悟的工人就应该向资产阶级的农艺师和工程师学习,掌握他们的文化成果。列宁说,"仅靠摧毁资本主义,还不能填饱肚子。必须取得资本主义遗留下来的全部文化,用它来建设社会主义。必须取得全部科学、技术、知识和艺术。没有这些,我们就不能建设共产主义社会的生活"。④ 可见,教育与政治的联系不是旨在把年青一代培养成空头政治家,而是要把他们造就成我们实际的建设事业的工作者。

第二,教育联系政治不等于灌输政治。列宁在《青年团的任务》一文中对于青年应该怎样学习共产主义以及如何培养青年等重要的教育问题作了论述。他认为,学习共产主义不限于了解共产主义著作,书本和小册子里的东西,否则就容易造就出一些共产主义的书呆子或吹牛家。因为离开工作,离开斗争,关于共产主义的书本知识就一文不值。"所以必须使共产主义青年团把自己的训练、学习和教育同工农的劳动结合起来,不要关在自己的学校里,不要只限于阅读共产主义书籍和小册子。只有在劳动中同工农打成一片,才能成为真正的共产主义者。"⑤ 此外,学校里的教育者也不能采取灌输的办法,针对学校中存在着的简单的政治灌输的现象,列宁提出了严厉的批评:"有人企图粗暴地歪曲学校同政治联系的原则,硬把政治不适当地灌输到应该好好培养的年轻一代的头脑中去。无疑地,我们应该时刻同这种粗暴地运用基本原则的行为作斗争。"⑥

第三,发挥教师在教育过程中的主导作用。列宁指出,"在任何学校里,最重要的是课程的思想政治方向。这个方向是由什么来决定呢?完全只能由教学人员来决定"。⑦ 所以,如何使教学人员在自己的工作中将教育与"对我们有用的政治,即共产主义所必需的政治"联系起来,"就是一个问题"。列宁强调,教育工作"首先应该公开承认共产党的政治领导。没有其他的形式,也没有一个国家创造了其他的形式"。⑧ 此外,仅仅通过"监督"、"教学大纲"、"章程"等形式,并不能充分保证课程的思想政治方向,因为"学校的真正的性质和方向并不由地方组织的良好愿望决定,不由学生'委员会'的决议决定,也

---

① 上海师范大学教育系编.列宁论教育[M].人民教育出版社,1979:107.
② 同上书,322.
③ 同上书,148—149.
④ 同上书,140.
⑤ 同上书,240.
⑥ 同上书,132.
⑦ 同上书,52.
⑧ 同上书,249.

不由'教学大纲'等等决定,而是由教学人员决定的"。① 所以,列宁要求教育战线上党的政治工作者要"严格地按照党的精神进行工作,……应该记住他们的任务是领导几十万教师,培养他们对工作的兴趣,战胜旧的资产阶级偏见,吸引他们来参加我们的事业",② 这应该成为衡量教育部门党的工作成绩的一项标准。由于教学人员在决定学校性质和方向方面发挥决定的作用,所以列宁对教师地位的提高和物质生活条件的改善极为重视,并要求教育人民委员部帮助革命前的旧教师与工农接近,把"全体教师"争取过来,成为"苏维埃制度的支柱",与此同时,要在尽可能短的时间内培养出紧密地同党和党的思想结合,完全贯彻党的精神的新的教师队伍。

2. 旧教育必须改造

旧教育之所以必须改造,首先是因为沙皇俄国实施的旧教育制度表现了深刻的阶级性,它完全是为贵族和资产阶级服务的。列宁在1897年年底写成的《民粹主义空想计划的典型》一文中,针对民粹主义者尤沙柯夫提出的通过"全民教育"来改革社会的观点,深刻地揭示了旧教育的阶级性。列宁指出:阶级学校"对所有的学生只有一个要求:要求他们缴纳学费。阶级学校根本用不着把大纲分成富人的大纲和穷人的大纲两种,因为缴不起学费、教材费和整个学习时期膳宿费的人,阶级学校根本不让他受中等教育。……不论在西欧或在俄国,中等学校实质上都是阶级学校,它只为很少一部分人的利益服务"。③ 表3-1说明,革命前的俄国,甚至等级性也极为明显。列宁根据沙皇政府财政部的出版物的资料列表具体说明了旧教育的等级性和阶级性,并且指出,"谁想谈论我国现代中学的性质,谁就必须牢牢记住,只能谈论等级学校和阶级学校",④ 而阶级学校的实质乃是"富人进一种学校,穷人进另一种学校。有钱就缴学费,没有钱就做工"。⑤

表3-1 俄国中学和实科学校学生的等级出身情况

家庭出身	国民教育部的男子中学和不完全中学的学生			实科中学的学生		
	1880年	1884年	1892年	1880年	1884年	1892年
世袭和非世袭的贵族和官吏	47.6	49.2	56.2	44.0	40.7	38.0
僧侣	5.1	5.0	3.9	2.6	1.8	0.9
城市等级	33.3	35.9	31.3	37.0	41.8	43.0
农村等级(包括异族和下级官吏)	8.0	7.9	5.9	10.4	10.9	12.7
外国人	2.0	2.0	1.9	3.0	4.8	5.4
其他等级	2.0	与上项合并计算	与上项合并计算	3.0	与上项合并计算	与上项合并计算
	100.0	100.0	100.0	100.0	100.0	100.0

采自上海师范大学教育系编:《列宁论教育》,人民教育出版社,1979年,第12页。

---

① 上海师范大学教育系编. 列宁论教育[M]. 北京:人民教育出版社,1979:54.
② 同上书,252.
③ 同上书,9.
④ 同上书,12.
⑤ 同上书,28.

第二,旧教育的内容渗透了资产阶级的精神。旧的教育制度是多轨的,与之相适应,教育的内容和目的也不是统一的。对于少数贵族和资本家来说,现代技术是他们"搜刮大量财富的手段",他们把知识当做自己的"专利品"、"把知识变成他们统治所谓'下等人'的工具"。① 因此,教育是他们把自己的子弟培养成为官吏和各种管理人员的手段。然而,对于广大劳动人民及其子弟来说,学校的目的则是"为资本家培养恭顺的奴才和能干的工人"。在十月革命以前,"整个社会赖以生存和维持的基础,就是把人们分成阶级,分成剥削者和被压迫者。自然,整个旧学校都浸透了阶级精神,只让资产阶级子女到知识。这种学校里的每一句话,都是根据资产阶级的利益捏造出来的。工农的年轻一代在这样的学校里,与其说是受教育,倒不如说是受资产阶级的奴化。教育这些青年的目的,就是训练对资产阶级有用的奴仆,既能替资产阶级创造利润,又不会惊扰资产阶级的安宁和悠闲"。②

第三,旧学校的教育方法不能培养共产主义社会的建设者。列宁认为,旧学校排除了一切"生机蓬勃的、健康的东西","教学工作死气沉沉,不切实际,形式主义,深受宗教的毒害"。③ 这种死读书的教学方式,必然导致学生死记硬背,扼杀了青年人的勃勃生机和创造性。此外,由于农奴制的社会劳动组织和资本主义的社会劳动组织靠棍棒纪律和饥饿纪律来维持,作为社会人际关系在学校的反映或折射,旧学校实行的是强迫纪律,这同强调"工农的自觉纪律"的共产主义社会是格格不入的。

应该强调指出,列宁否定旧学校,提出要"废除"、"破坏"旧学校,甚至"对旧学校怀着完全正当和必要的仇恨心理",但这决不意味着像以波格丹诺夫为首的无产阶级文化派那样将旧学校所有的东西不分青红皂白地彻底抛弃。列宁多次强调,无产阶级的文化不是从天上掉下来的,而是人类社会在以往发展过程中创造出来的全部知识合乎规律的发展,因此,"要把旧学校中的坏东西同对我们有益的东西区别开来,要善于从旧学校中选拔出共产主义所必需的东西"。④ 概言之,我们需要的是对旧学校的改造,而不是一概抛弃。

3. 共产主义教育的任务

为了培养共产主义的建设者,培养最终实现共产主义的一代又一代的新人,共产主义的教育必须完成下列几项任务。

首先,应该学习共产主义。列宁指出,"主要由马克思创立的共产主义理论,共产主义科学,即马克思主义学说,已经不再是 19 世纪一位天才的社会主义者的著作,而成了全世界千百万无产者的学说;千百万无产者已经在运用这个学说同资本主义作斗争"。⑤ 青年之所以要学习马克思主义学说,是因为马克思了解到资本主义的发展必然会走向共产主义,而且,马克思的理论已经在工人运动中检验过。青年人学习马克思主义不能只限于阅读书籍,而是要结合自己的工作和斗争,使理论联系实践,并善于把通过阅读书本所得

---

① 上海师范大学教育系编.列宁论教育[M].北京:人民教育出版社,1979:119.
② 同上书,226.
③ 同上书,209.
④ 同上书,226.
⑤ 同上书,227.

来的知识融会贯通。只有这样，才有可能成为共产主义者。

第二，培养共产主义道德。这是共产主义教育的一个极其重要的组成部分，列宁甚至提出，"应该使培养、教育和训练现代青年的全部事业，成为培养青年的共产主义道德的事业"。① 针对资产阶级说我们摈弃一切道德的诬蔑，列宁严正地指出，我们摒弃从超人类和超阶级的概念中引申出来的一切道德，因为道德是有阶级性的。无产阶级从推翻沙皇、打倒资本家、消灭资本家阶级的阶级斗争的利益中引申出共产主义道德，所以无产阶级不仅有道德，而且，因为阶级斗争在继续，要使一切利益都服从于这个斗争，我们也需要共产主义道德。

共产主义道德的核心是"公"。列宁说，"我们把自己叫做共产主义者。什么是共产主义者呢？共产主义者是一个拉丁名词，共产主义一词是'公共'的意思。共产主义社会就是土地、工厂都是公共的，实行共同劳动，——这就是共产主义"。② 共同劳动是在斗争的进程中实行起来的。实行共同劳动对人的价值不在于可以免除努力、吃苦、创造，也不在于可以过天堂的生活，而是在于使人"摆脱资本家和地主的奴役"，否则就"去当地主的奴隶"。

以公为核心的共产主义道德的培养，重要的是要反对"只关心自己而不顾别人"的心理、习惯和观点，而要做到这一点，就必须进行反对剥削者的教育，要用无产阶级联合起来进行反对利己主义者和小私有者，反对"我赚我的钱，其他一切都与我无关"的心理和习惯的教育。这些教育的进行不能纸上谈兵，"青年们只有把自己学习、教育和训练中的每一步骤同无产者和劳动者不断进行的反对旧的剥削者社会的斗争联系起来，才能学习共产主义"。③

以公为核心的道德旨在摆脱剥削者的奴役，实现人的身、心的自由和解放，但是，这决不能导致个人的放荡不羁，因为不仅在同资产阶级作残酷的斗争中需要有纪律，而且在实行"共同劳动"的共产主义的社会劳动组织中也需要有一定的纪律。同农奴制社会的棍棒纪律和资本主义社会饥饿的纪律不同，"共产主义（其第一步为社会主义）的社会劳动组织则靠推翻了地主资本家压迫的劳动群众本身自由的自觉的纪律来维持，而且愈往前去就愈要靠这种纪律来维持"。④ 因此，自觉的纪律也是共产主义道德的重要内容。列宁在作题为《青年团的任务》的演说中，特别强调上述反对剥削者和自觉纪律两点，以致说，"共产主义者的全部道德就在于这种团结一致的纪律和反对剥削者的自觉的群众斗争。……道德是为人类社会升到更高的水平，为人类社会摆脱劳动剥削制服务的"。⑤

第三，掌握文化科学知识。苏维埃学校的一项重要任务，就是要使青年掌握文化科学知识，因为文化科学知识无论对于青年真正理解共产主义、成为共产主义者，或是使青年投身于各项建设事业，成为共产主义建设者都是必要的。

列宁在谈到马克思主义之所以"能够掌握最革命阶级的千百万人的心灵"的原因时，列举了若干理由，其中一个重要的理由就是"因为马克思依靠了人类在资本主义制度下所

---

① 上海师范大学教育系编.列宁论教育[M].北京：人民教育出版社，1979：232.
② 同上书，238.
③ 同上书，236.
④ 同上书，172—173.
⑤ 同上书，236.

获得的那些知识的坚固基础"。① 在谈到无产阶级文化建设的时候，列宁指出，无产阶级需要做两件事，一是"确切地了解"以前人类全部发展过程所创造的文化，另一件要做的事就是对这种文化"加以改造"。只了解而不改造，固然不行，然而如果不了解，改造又从何谈起，因为"无产阶级文化并不是从天上掉下来的，也不是那些自命为无产阶级文化专家的人杜撰出来的，如果认为是这样，那完全是胡说。无产阶级文化应当是人类在资本主义社会、地主社会和官僚社会压迫下创造出来的全部知识合乎规律的发展"。② 青年不能只学共产主义的结论，只背共产主义的口号，只有用人类创造的全部知识来丰富自己的头脑，才能成为共产主义者。

如果说文化科学知识对于真正了解马克思主义是不可或缺的，那么，它同共产主义建设事业的关系就更为直接。由于俄国的文化极为落后，科技人才缺乏，十月革命胜利以后，为了保证共产主义建设事业的进行，新生的苏维埃政权不得不同资产阶级"妥协"，采取"背离巴黎公社和任何无产阶级政权的原则"，"同意付给资产阶级最大的专家以高额的'酬劳'金"。③ 这么做的目的无非是换取掌握在他们手中的知识和技术。

列宁曾经说过，共产主义就是苏维埃政权加全国电气化，他还强调，当我们还有文盲的时候，是不能实现电气化的。青年一代肩负着共产主义建设的重任，但是，如果青年不能掌握丰富的知识、技术和文化，就不能建设成共产主义。所以，列宁要求青年必须具备现代有学识的人所必备的一切实际知识。

年青一代必须学习文化科学知识，但是，苏维埃学校决不能采取旧学校一贯采取的死读书，死记硬背的方式，我们需要的是：用基本事实的知识来发展和增进每个学习者的思考力，达到使学到的全部知识融会贯通；用批判的态度来对待知识和事物；与"劳动组织的主要任务"相联系，懂得如何将理论知识"应用到工农业上去，应用到工农业的各个部门中去"。

第四，实施综合技术教育。马克思认为，综合技术教育不仅是现代大工业生产发展的客观要求，而且也是实现人的全面发展的一个条件。列宁继承了马克思的思想，在写于十月革命前的1919年4～5月的《关于修改党纲的草案》中，列宁在新党纲中提出了关于综合技术和教学与生产劳动相结合的条款："对未满十六岁的男女儿童一律实行免费的普遍义务综合技术教育（从理论上和实践上熟悉一切主要生产部门）；把教学工作和儿童的社会生产劳动密切结合起来。"④

由于综合技术教育是一个全新的事物，所以十月革命胜利以后，在实施综合技术教育的过程中，无论在认识上还是在实践上存在着两种倾向。一种倾向是，认为目前缺乏实施综合技术教育的各种条件，感到无从下手，因而对综合技术教育抱消极的态度；另一种倾向是将综合技术教育等同于职业教育，出现了过早专业化的现象。针对上述两种倾向，1920年列宁在《论综合技术教育》中指出，"我们决不能放弃原则，我们一定要立刻尽可能地实施综合技术教育"。同时要"避免过早地专业化"，"在所有的职业技术学校里扩大

---

① 上海师范大学教育系编.列宁论教育[M].北京：人民教育出版社，1979：227.
② 同上书，227－228.
③ 同上书，104.
④ 同上书，83.

普通学科的范围。"根据当时国家极其困难的情况,列宁提出立刻无条件地把第二级学校(从13、14岁起)同职业技术学校合并。为了不致使技术学校变成手工艺徒的学校,列宁明确地提出了下列3点要求:①避免过早地专业化;②在所有的职业技术学校里扩大普通学科的范围,按年级编制共产主义、通史、革命史、1917年革命史、地理、文学,以及其他学科的教学大纲;③规定进行综合技术教育马上就能做得到的必须绝对执行的任务,如参观附近的电站,布置电力方面的实习作业,参观农场、工厂,动员工程师、农艺师、大学数理系的毕业生作讲演,指导实习作业,设立关于综合技术教育的小型博物馆、展览车、展览船等。

列宁还提出,应该将第二级学校高年级学生培养成匠师,并为此受过实际训练的细木工、粗木工、钳工等等,同时使他们成为共产主义者,具有广泛的普通知识(懂得某些科学的最基本的原理),以及综合技术的见识和基本知识(如关于电力的基本概念,关于机械工业中运用电力的基本概念,关于化学工业中运用电力的基本概念等等)。[①]

三、1917—1931年的教育改革

1917年10月25日(俄历),伟大的十月革命成功,世界上第一个工农苏维埃政府和第一个社会主义国家——俄罗斯苏维埃联邦社会主义共和国诞生,不久即进行教育改革。

苏维埃俄罗斯的教育改革是在极其困难的情况下开始进行的。

十月革命胜利的时候,俄国仍在协约国一方,处在与德、奥等同盟国交战的地位。为了巩固十月革命的成果,摆脱大战,苏维埃俄国不得不同德国签订了妥协的《布列斯特和约》。然而,国内的反动势力和外国帝国主义为了把苏维埃政权扼杀在摇篮里,除了用暗杀的手段枪伤列宁、发动反革命叛乱之外,英,法、美、日等国还悍然进行武装干涉。1920年年底,苏维埃政府取得国内战争的胜利。1922年年底,彻底肃清外国干涉军。此后,苏维埃俄罗斯进入恢复国民经济和社会主义工业化时期。

1922年年底,在原俄罗斯帝国的领土上建立的苏维埃俄罗斯联邦和其他一些苏维埃共和国,在自愿的基础上,结成联邦,成立苏维埃社会主义共和国联邦,简称苏联。苏联的建立,壮大了各苏维埃政权的势力,然而,苏联仍处于国际帝国主义包围之中这一局面并未改变。为了巩固和发展无产阶级的政权,在十月革命胜利后的国内战争期间,苏联曾实行经济方面的战时共产主义政策。国内战争结束后,苏维埃政权实行新经济政策,以恢复国民经济。在国际帝国主义随时可能发动反苏战争的危险形势下,为了增强国力,苏联致力于国民经济现代化的改造和生产资料所有制的改造。1925年和1927年,联共(布)分别确定了实现社会主义工业化和开展农业集体化的方针。这些方针政策使苏联的经济很快地得到恢复和发展,为社会主义制度的巩固奠定了经济的基础。

革命胜利后实施的教育改革,除了上述国际、国内政治、经济、战争等因素的干扰之外,还遇到教育系统内部旧政权时代的官员以及部分知识分子的反抗。"国民教育部官员在政权转归工农兵代表苏维埃后不去上班,宣布罢工。二月革命后成立的国家国民教育委员会,拒绝了教育人民委员卢那察尔斯基关于合作的建议。学区督学、国民学校校长和学监、文科中学和其他中学的校长,暗中破坏苏维埃政府法令的实行,他们之中有些人加入

---

① 上海师范大学教育系编.列宁论教育[M].北京:人民教育出版社,1979:258—261.

了反革命组织来反对苏维埃政权,干恫吓教师的事。"①

新生的苏维埃政权和新型的教育制度显示了无比的生命力。尽管在探索前进的过程中,曾出现过不少曲折和错误,但苏联的教育还是取得了举世瞩目的成就。

1. 建立工人阶级民主主义教育的举措

在无产阶级取得政权,建立了无产阶级专政的条件下,教育是社会主义革命和建设事业的一个组成部分,学校应该成为完全消灭社会阶级划分的工具、无产阶级专政的工具。

十月革命胜利3天以后,苏维埃政权即发布《教育人民委员会关于国民教育的宣言》,就教育工作的总方针、教学和教育等问题作出说明。此后又陆续公布了一系列的"法令"、"决定"、"条例"、"决议",这些文件在立法的层面摧毁了俄国旧的国民教育制度,并在此基础上规范了新教育的基本结构。

不言而喻,这场教育改革首先要做的事情是夺取教育的领导权。十月革命后,旧的国民教育管理体系取消,各地的小学和中学转归苏维埃管理。根据人民委员会《关于信仰自由、教会和宗教团体的法令》,教会同国家分离,学校同教会分离,禁止在普通学校讲授宗教教义和举行宗教仪式。

第二,工人阶级民主主义教育的创建。1919年3月俄共(布)第八次党代表大会通过的党纲,对于苏维埃政权建立以后学校和教育事业方面的原则作了概括,这些原则②主要有:

(1) 对17岁以下的全体男女儿童实施免费的、义务的普通教育和综合技术教育(即从理论上和实践上了解一切主要的生产部门);

(2) 设立托儿所、幼儿园、托儿站等学前教育机构网,以改进公共教育和解放妇女;

(3) 用本族语进行教学、男女同校、排除任何宗教影响,以便完全实现统一劳动学校的原则,并使教学跟社会生产劳动紧密结合起来,培养共产主义社会全面发展的成果;

(4) 由国家供给全体学生食物、衣服、鞋袜和学习用品;

(5) 培养充满共产主义思想的新教育工作干部;

(6) 吸引劳动人民积极参加教育事业;

(7) 对于工农的自我教育和自我发展由国家予以全面的帮助(设立各种校外教育机构网:图书馆、成人学校、人民文化馆和人民大学、讲习会、讲演厅、电影院、戏剧学校等);

(8) 对17岁以上的人广泛发展跟普通综合技术知识联系的职业教育;

(9) 为所有志愿入高等学校学习的人,首先为工人开拓广阔的道路,并采取必要的措施,以便使无产者和农民实际上有可能受到高等教育;

(10) 全部艺术宝藏对劳动人民开放,供他们享用;

(11) 最广泛地开展共产主义思想的宣传工作,并为此目的而利用国家政权的各种机关和工具。

这些原则同列宁对于教育的论述和革命以前布尔什维克为争取教育民主化斗争时关于

---

① 康斯坦丁诺夫. 苏联教育史 [M]. 吴式颖等译. 北京:商务印书馆,1996:411.
② 见瞿葆奎主编. 教育学文集·苏联教育改革(上)[M]. 北京:人民教育出版社,1993:113—114.

教育的主张是完全一致的。它们充分体现了工人阶级民主主义教育的一些最基本的特征：充分保证工农阶级受教育的权利和机会；废除等级制；各民族平等；男女平等。

第三，废除多轨制，建立统一的一贯制学校系统。根据1918年9月公布的《统一劳动学校条例》，除高等学校以外，苏维埃俄罗斯的一切学校都称为"统一劳动学校"，不再把学校划分为初等小学、高等小学、文科中学、实科学校、技工学校、技术学校、商业学校以及一切其他类型的初等学校和中等学校。统一劳动学校为9年两级制，第一级为5年学程，招收8—13岁的儿童；第二级为4年学程；招收13—17岁的儿童。

由于当时条件的限制，上述规定难以实现。在实行新经济政策期间，苏联各加盟共和国的学制并不统一，主要为7年一贯制的统一劳动学校，其中第一级学校的学程为4年，第二级为3年。此外，在这期间还创造大量的新型学校：工农速成中学，附设在高等学校中，亦称工农系，专收已有一定工作年限的工农青年；青年农民学校；工厂艺徒学厂；工厂学校等。

2. 工人阶级民主教育实践的尝试：统一劳动学校

上述工人阶级民主主义的教育一系列的理想的原则必须要转化为某种实践的形式，这是一件没有成例可以援引的事。虽然1871年法国工人起义后曾经有过巴黎公社的试验，然而，巴黎公社只存在72天，它所建立的无产阶级教育体制没有获得逐步完善的时间和机会，更来不及在实践的过程中加以检验和发展。所以，苏维埃学校改革乃是一种创举。

统一劳动学校就是这种创造的产物，它是全面体现工人阶级民主主义教育原则的一种实践形式。经过激烈辩论以后而形成的《统一劳动学校条例》和《统一劳动学校基本原则》[①]（两个文件都于1918年9月公布）对此作了说明。

根据统一劳动学校的工作原则，"生产劳动应该成为学校生活的基础"。把生产劳动作为学校生活的基础，既不是出于经济的原因，也不完全由于教学的方法论的需要，而主要是出于培养公民的目的。劳动是人与自然界发生关系的过程，旨在使自然界服从人的意志，为人的需要服务。布隆斯基在《劳动学校》一文中说，"人类的进步就在于人们愈来愈能控制自然界，从而文明的进步与劳动的进步是同步的"，[②] 对于社会制度转变过程中的苏维埃国家的学校来说，劳动就更必要；生产劳动可以使儿童熟悉各种生产方式；根据劳动过程将培养儿童内在的纪律；劳动的分工将既培养儿童对集体分配给每一个人的部分工作产生责任感，又对全部工作的总成就，产生责任感；劳动可以使儿童与生活有机地、紧密地结合起来；从教学的角度来说，"劳动的原则可以归结为是积极地、灵活地和创造性地认识世界"，只有通过这种主动地领悟了的知识，才是真正的知识；"此外，设置劳动课对学生的心理发展也很有好处"，"有助于发展他们的注意力、认真劲和机智等"；"手的技巧很好地发展，自然而然地会促使大脑某些最重要的中枢的发展"，等等。简言之，集体生产劳动和全部学校生活的组织应当为社会主义共和国培养未来社会的公民。

---

① 这两个文件见瞿葆奎主编. 教育学文集·苏联教育改革（上）[M]. 北京：人民教育出版社，1993：28—53.

② 瞿葆奎主编. 教育学文集·苏联教育改革（上）[M]. 北京：人民教育出版社，1993：128.

既然生产劳动在培养社会主义共和国的公民方面具有如此巨大的、不可替代的作用，所以"可以不必惋惜较多地花在劳动上的时间"，第一级学校每周劳动10个小时，占总教学时数的三分之一，但坚决反对"在统一学校的低年级，也就是至少在14岁以前故意缩小劳动教育范围的任何做法"。统一劳动学校的学校工作制度还规定："不得布置必须在家里完成的功课和作业"；"学校不得实行任何惩罚措施"；"取消一切考试，例如：入学考试、升级考试和毕业考试"。

3. 教学内容和方法的种种改革措施

1918年，俄罗斯教育人民委员部统一学校管理处曾经发出过"应当把一切教科书从学校里清除出去"的通知，然而，在教育人民委员部在1920年提出的《统一劳动学校教学计划》却仍然保持了既往的分科教学的结构。第一级学校教授的学科有本族语文、数学、社会——历史科学、体育、生物、艺术；第二级学校在第一级学校的基础上增设物理、化学、地理、外语、天文学和气象学等。1921年，为了从根本上与旧教育决裂，使教育与生活实际紧密联系，教育人民委员部国家学术委员会成立了以克鲁普斯卡娅为首的科学教育组，负责编制新的教学计划。这个组后来提出了单元教学大纲，这是一份与美国当时盛行的活动课程以及道尔顿制、设计教学法颇为相似的大纲。

该大纲以《统一劳动学校条例》规定的"生产劳动应当成为学校生活的基础"为指导原则，打破学科的界限，以生产劳动为中心，将教学内容分为自然、劳动、社会三项，各年级根据季节、节假日和学生居住地情况选定一些合适的材料组成单元，每个单元学习时间为2~3周不等。下表是平克微支著的《教育学新论》中第一级学校（8~12岁）单元教学的课程：

表 3-2

教材\学年	自然与人	劳动	社会
一	四季。	儿童周围的农村或城市的家庭劳动生活。	家庭与学校。
二	空气、水、土壤。种植和家畜饲养。	周围的农村或城市的劳动生活。	农村与城市的社会设施。
三	自然常识。本地的自然环境。人的有机体活动。	本地的经济状况。	本地（县、省）的社会设施。本地区的历史。
四	苏俄地理和外国地理。人体的活动。	苏俄经济和外国经济。	苏俄国家组织和外国的国家组织。人类的历史。

本表采自上海师范大学教育系《教育发展史资料》编写组：《教育发展史资料》，上海师范大学，1973年，第317页。

第二级学校（12~17岁）各学年教材的中心是：第一学年农业；第二学年工业；第三学年国民经济；第四学年劳动史；第五学年劳动组织。其中第一学年的课程如下：

表 3-3

教材 学年	自然、自然资源和自然力	人类的劳动	社会生活
	1. 物理、化学——与气候、土壤和植物生长有关的科学知识。 2. 土壤——土壤结构和特质。俄国各地土壤的性质。 3. 天气观察——气象知识。苏联各地气候。 4. 生物学——植物生长。植物对环境的依存关系。苏联植物的分布。动物与周围生活条件的关系。对农业有益和有害的动物。	1. 农业——农业的种类和形态。苏联各地农业的特点。土地耕作和改良土壤。劳动工具与农业劳动工具。农作物栽培。畜牧和家禽饲养。小生产和大生产。 2. 西欧和美国的农业。	农民与地主。农奴制及其产生。农民对地主的斗争。贵族、皇帝与贵族。专制组织。贵族专政。克里米亚战争。农民解放。农民处于无权状态。赎身金。农民没有土地。农民经济。地主经济。战争的农业统计。农民的土地要求。工农联盟。夺取政权。土地法。西欧农民的斗争。农民暴动。农民战争。法国大革命。

本表采自上海师范大学教育系《教育发展史资料》编写组：《教育发展史资料》，上海师范大学，1973 年，第 318 页。

这种单元课程以学生个人、家庭及居住地为中心，逐年不断扩大至村、乡、城镇、大行政区、全国乃至世界。此外，在上述那些课题之下，学校和教师还要根据学生和环境的实际情况，再拟定一系列的小单元并在这些小单元之间形成一种逻辑顺序。在每一个学习阶段，自然、劳动和社会这三个概念都将互相联系。诸如历史、地理、算术和本族语文等传统学科的知识，只是在进行单元教学需要时，才对需要的有关知识进行教学，然而，学习这些知识的目的不是为了掌握这些学科，而是为了更好地掌握单元。换言之，有些知识的价值仅在于它们是理解各个单元的工具。所以，这些学科知识的学习无需教科书，而是采用"工作手册"、"活页课本"、"报纸课本"、"杂志课本"等来顶替，这样，知识的系统性便无从谈起。这种单元课程虽然受到不少教师的反对，后也作过修改，但还是延续到 1930 年。

传统的班级教学形式显然不适用于单元课程，较多采用的是类似道尔顿制的"分组实验法"。道尔顿制注重的是培养学生个性，强调的是个体的主动活动，分组实验法注重培养学生的集体主义，强调小组集体教学。所以，学业成绩不以学生个人为对象，而以作业小组为对象。教师的作用是在各个不同的实验室里辅导学生，"尤其鼓励学生与他们的教师一起讨论大纲，并共同决定和计划他们所承担的工作。当学生年龄增长后，他们的影响力增强，并随之使他们的责任感也经受了锻炼并得到提高"。[①]

四、1931—1941 年对改革的调整、巩固

从 1931 年 8 月联共（布）中央颁布《关于小学和中学的决定》开始至 1941 年 6 月德

---

① 康内尔．二十世纪世界教育史 [M]．张法琨等译．北京：人民教育出版社，1990：438．

国突然袭击苏联,这10年是对从1917年开始的教育改革进行整顿和巩固的时期。进行整顿的必要性,乃是由当时苏联政治、经济发展的客观需要,以及前一阶段教育改革暴露出来的问题决定的。

1924年1月列宁逝世以后,斯大林继承了列宁开创的社会主义革命和建设事业。当时,苏联的国民经济虽然已经基本恢复,但仍然非常落后;而且帝国主义国家反苏战争的危险依然存在。为了避免落后挨打,1925年联共(布)"十四大"确立了实现社会主义工业化的方针,实行"技术决定一切"、"干部决定一切"、"一长制"的管理措施。1927年联共(布)"十五大"通过了《开展农业集体化的决议》。1928年开始实施第一个五年计划。与此同时,围绕着这一系列的重大决策,党内的分歧和争论也日趋激烈。1927年托洛茨基和季诺维也夫被开除出党(1929年托洛茨基被驱逐出境),1929年布哈林被开除出政治局。进入30年代以后,党内分歧依然存在,而德国、日本法西斯主义反苏战争的危险日渐加剧。种种错综复杂的原因使党内的分歧和争论演化成派别斗争。从1934年基洛夫遇害事件开始,苏联在全国开展了大规模的肃反运动。在上述过程中,逐渐形成了以集中、统一、强制等为特征的所谓苏联模式。在学术领域,无疑形成了一种沉闷的局面。

30年代的苏联,一方面是党内的斗争加剧,另一方面,经济建设的步伐也加快。斯大林清楚地认识到,当时苏联比西方发达国家落后了50至100年,如果不能在10年内消灭这个差距,就会被敌人打翻。当1929年秋以美国为首的资本主义世界陷入经济危机,引发进步教育转变方向的时候,30年代苏联热火朝天的农业集体化和国家工业化的经济建设,同样也引起了苏联对前一阶段教育改革的整顿。

1932年苏联从农业国变成工业国,1937年苏联的工业跃居世界第二位。大规模的经济建设需要大批专业人才,然而,尽管十月革命后开始的教育改革取得了巨大成就,"学校一切工作的内容已经发生了根本的变化",① 但是,20年代的教育存在的一个重大问题是:没有培养出足够质量和数量的大规模经济建设迫切需要的各种专业人才。因此,整顿势在必行。

1. 整顿的重点是提高学生掌握文化科学知识的质量

1920年10月,列宁在俄国共产主义青年团第三次全国代表大会上作题为《青年团的任务》的讲话时曾明确指出,"共产主义青年团及其他一切组织的任务,可以用一句话来表示:就是要学习。""我们只能利用旧社会遗留给我们的全部知识……建设共产主义",而且,"只有用人类创造出来的一切财富的知识来丰富自己的头脑,才能成为共产主义者"。然而,革命胜利后的教育改革并没有落实列宁的这些指示。

20年代初推行的单元教学大纲加强了教育同政治、劳动和学生生活的联系,但也存在着与进步主义教育活动课程相类似的根本弱点:学生无法获得系统的文化科学知识,甚至连起码的读、写、算的技巧都得不到应有的训练。这种单元课程式单元教学的弱点很快便反映出来。但是,暴露出来的问题并没有导致教育工作的决策者对单元教学大纲本身进行反思,当时主持教育人民委员部工作的卢那察尔斯基把问题归咎于教师。"1926年,卢那察尔斯基甚至激昂地说,绝大多数的教师都是由旧的分科教学方式培养出来的,他们仅

---

① 联共(布)中央.关于小学和中学的决定.//瞿葆奎主编.教育学文集·苏联教育改革(上)[M].北京:人民教育出版社,1993:241.

把'单元'教学法用来装点门面。"① 在这种情况下,1926—1927年间教育人民委员部对大纲所作的修改,就不可能触动单元课程。这次修改加强了自然科学、社会科学的教学内容,规定了语文、数学和其他科目必须掌握知识和技能的最低限度,但单元课程仍然保持了下来。也就是说,这次修改并未解决学科知识内在的逻辑性、系统性的问题。

开始执行第一个五年计划的1928年,苏联顿涅茨矿区发生了资产阶级专家同原来的企业主和外国间谍互相勾结、共同破坏矿区设备和生产的"沙赫特事件"。斯大林援引这个事件的例子,强调了造就新的社会主义工业建设干部,以及从工人、共产党员、共青团员中培养专家的必要性和迫切性。在这种情况下,教育人民委员部于1929年再度修改学校教学大纲。这次大纲的修改,从美国引进了克伯屈的设计教学法,提出了"单元设计教学大纲"。此外,教育部门从"沙赫特事件"吸取的教训是加强学生的思想政治教育。所以,这次修改大量增加政治性的,尤其是关于阶级斗争、国际主义和社会主义教育方面的内容,这就势必削弱文化科学知识内容的教学。这同苏联当时经济建设的迫切需要显然是不相适应的。1929年,卢那察尔斯基的职务被解除,由布勃诺夫接替。

对于专业技术人才的迫切需求,促使苏联进一步关注教育。在1930年作出普及初等义务教育的决定之后,1931年联共(布)中央颁布《关于小学和中学的决定》,开始了对普通教育的整顿工作。

《关于小学和中学的决定》重申"最终能够建成共产主义的一代人"的教育目的,充分肯定了改造旧学校,扩大学校网点,就学人数增加、学生社会成分改变(工农的子女是学校中的主要成员)、用本族语教学、落后地区教育的发展等方面的巨大成绩。这个决定还指出,苏维埃学校"给儿童提供的社会、政治知识和一般发展,比革命前的资产阶级学校所提供的要广博得多","近年来在苏维埃学校中,儿童的普遍教育水平已经有所提高"。②

尽管改革取得了很大的成绩,但是联共(布)中央仍然认为,"苏维埃学校还远远不符合社会主义现阶段向其提出的重大要求。中央认为,学校目前的根本缺点是:学校的教学没有提供足够的普通教育知识,学校的一项重要任务——培养充分掌握科学基础知识(物理、化学、数学、语文、地理等)而且完全符合中等技术学校和高等学校要求的人——也完成得不能令人满意。因此,学校的综合技术教育化往往流于形式,没有把儿童培养成为能理论联系实际的、熟悉技术的、全面发展的社会主义建设者"。③

联共(布)中央的《关于小学和中学的决定》是苏联30年代整顿教育工作的主要依据。从这个文件的内容来看,30年代苏联整顿的重点是:加强普通教育知识,提高学生科学基础知识的水平;以及改善综合技术教育,以便更好地培养经济建设所需要的各种专业人才。

2. 整顿的措施

在《关于小学和中学的决定》中,联共(布)中央对教学大纲的修订、教学方法的改进、综合技术教育的改善、学校的管理、普及7年制义务教育等问题作出了原则的规定。与此相配合,此后又发布了一系列更为具体的"决定"、"意见",指导整顿工作的推行。

第一,进行学制改革。1932年首先在俄罗斯进行学制改革。1934年苏联人民委员会

---

① 康内尔.二十世纪世界教育史[M].张法琨等译.北京:人民教育出版社,1990:459.
② 瞿葆奎主编.教育学文集·苏联教育改革(上)[M].北京:人民教育出版社,1993:241-242.
③ 同上书,242.

和联共(布)中央颁布《关于苏联中小学结构的决定》,全苏各加盟共和国根据此决定进行了学制的改革。

这次学制改革的目的是提高教学质量,培养技术人才。改革后的学制如图3-2。

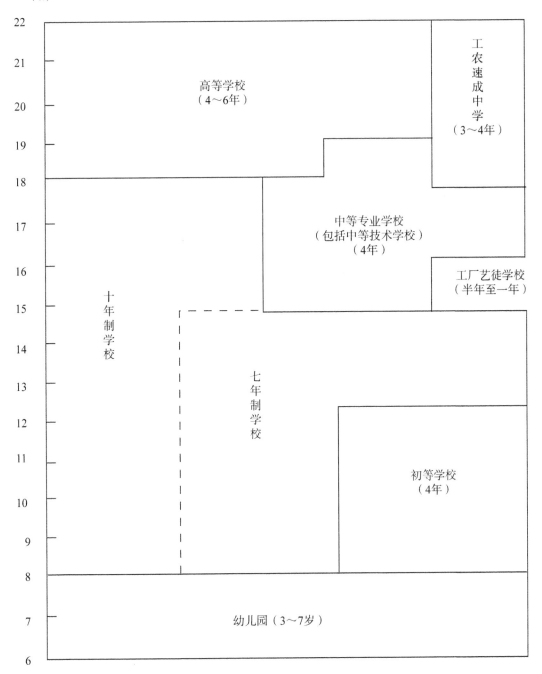

图 3-2 苏联 1934 年学制

资料来源:瞿葆奎主编.教育学文集·苏联教育改革(下).北京:人民教育出版社,1988:703.

同 1918 年的《统一劳动学校条例》相比，1934 年的学制将普通学校类型由统一劳动学校一种类型改为初等学校、不完全中学（即 7 年制学校）和完全中学（10 年制学校）；从小学入学至大学毕业的时间由 12 年增至 14 年（中学和大学各增加 1 年）。1934 年学制改制的决定中还规定，不完全中学毕业生有权优先进入中等技术学校，中学毕业生有权优先进入高等学校。可见此番改革意在提高中等技术学校和高等教育的质量，普通学校教育乃是这两类学校的预备阶段，显然，这是一个非常重要的变化。

第二，终止"单元教学大纲"的实施，实行传统的分科教学。《决定》颁布以后，俄罗斯教育人民委员部立即根据关于各门学科的讲授都应当在严格确定和缜密制定的教学大纲和教学计划的基础上的精神，制订中小学教学大纲和教学计划。这次制定的大纲实行分科教学，不仅扩大了各门学科的知识面，而且在编排上更为系统。文化知识课的教学时数大为增加：如果拿 1920 年提出的《统一劳动学校教学计划》与 1932 年 7 月的《初等学校、七年制学校和八年级教学计划》相比较，① 一年级前者每周用于学科教学的时数为 0，后者为 32；二年级前者为 19，后者为 32；三年级前者为 21，后者为 34；四年级前者为 22，后者为 40；五年级前者为 25，后者为 28。从课程设置来看，在 1920 年的教学计划中，二至五年级设置的课程有：本族语和文学，数学，社会—历史科学，生物，体育，艺术共 6 科；1932 年一至五年级的课程设置有：俄语与文学，数学，自然，社会知识，造型艺术，音乐，体育，此外，三年级起增设地理，四年级起增设外语，五年级还增设历史、地理。值得注意的是，"劳动"也作为一门课程列入 1932 年的教学计划之中。

1932 年 7 月的教学计划矫枉过了正。联共（布）中央于 1932 年 8 月发布《关于中小学教学大纲和教学制度的决定》，指出了下列主要缺点：大纲所列的教材过多或过难；各科大纲之间联系不够甚至没有联系；有些大纲有原则性错误；社会学科大纲缺乏历史观点。为此，中央要求"俄罗斯联邦教育人民委员部应在 1933 年 1 月 1 日以前将中小学的教学大纲修订好，保证使儿童能真正牢固而有系统地掌握科学基础知识，学到正确地说话、书写和做数学习题等的技巧"。②

第三，取消设计教学法，恢复班级授课制。《关于小学和中学的决定》明确指出，所谓"设计教学法"是以反列宁主义的"学校消灭论"为依据的，实际上是要取消学校。所以，"设计教学法"必须取消，代之以班级授课制。联共（布）中央规定，中小学教学工作的基本形式应当是学生分班上课，每班都应有严格排定的课程表和固定的成员。为了便于班级教育、教学工作的展开，每个班设立了班主任。但是，分班授课制并不排除在教师指导下的全班活动、小组活动和每个学生的个别活动；其中尤其强调要尽量开展集体形式的教学活动。班级授课制要求教师必须系统地、循序渐进地讲述他所教的学科，运用各种方法以提高教学质量，同时要"绝对保证教师们在学校一切教学活动中发挥领导作用"。与此同时，对学生也实行严格的升级、毕业、升学的考试制度。实行"单元教学大纲"时只对作业活动小组集体作出成绩评定的做法显然不再适用，代之以对每一个学生的每一科的学习作出成绩鉴定。

---

① 这两个计划分别见瞿葆奎主编. 教育学文集·苏联教育改革（下）[M]. 北京：人民教育出版社，1988：714，719.

② 瞿葆奎主编. 教育学文集·苏联教育改革（上）[M]. 北京：人民教育出版社，1993：253.

第四，采用长期稳定的教科书。过去的"活动性"教科书，如"活页课本"、"杂志课本"、"工作手册"，以及各地盛行的"地方性课本"，旨在适应不断变化的情况，以适应形势需要，但这类教科书难以保证知识的系统性，此外，充塞其中的历史文件原件和学术著作的片断，不宜用作教材。1933年新的教学大纲修订以后，仅俄罗斯联邦在这一年中就出版各科教科书100种以止。围绕着教科书的出版，对于各科教学的内容、教学时数、教学方法等方面又不断作了调整和改进。

第五，压缩非文化科学知识的教学活动。1936年以后，德国法西斯主义的威胁，30年代以来经济发展和在一国建成社会主义的自豪，以及经济建设的需要，都要求在教育领域进一步强化提高教学质量的措施。1936年苏联共青团十大会议的决议说，"摆在共青团在学校活动的中心的，是经常做组织学习的工作，争取掌握科学基本知识，争取学生成绩的提高"。[①] 1936年取消政治课，但在7年级增设"苏联宪法"（共65课时）。1937年取消小学、不完全中学和完全中学各年级的劳动课及综合技术训练，反对在普通学校实施职业教育。劳动课腾出的时间用于俄语、数学的教学。劳动车间的经费，中学用于物理、化学、生物专用室的日常开支和设备，小学用于俄语、算术、自然和地理的教学用品。1948年，联共（布）中央又决定克服中小学学生社会活动和其他非学习活动负担过重的现象，以保证学生的学习成绩，文娱活动和正常休息。

第三节　法西斯主义的教育改革

本书所讲的法西斯主义是20世纪30年代日本的军国主义、意大利的法西斯主义和德国纳粹主义的统称。法西斯乃是专制独裁和暴力恐怖的代名词。法西斯主义是国家主义最极端、最反动的形式，是20世纪初以来盛行于欧、美各国的民主主义的敌人。法西斯主义教育是对民主主义教育的反动。

20世纪初激荡世界的民主主义教育的思潮和改革，在第一次世界大战以后发生了很大的分化。俄国的十月社会主义革命真正弘扬了这种民主的精神，苏维埃俄罗斯工人阶级民主主义的改革，虽然在课程的组织，教学方法等方面，同以美国为代表的进步主义有许多相通之处，但就这次改革的性质来说，是代表了广大劳动人民利益的。进入30年代以后，资本主义世界的经济危机扫除了20世纪初开始的全世界范围的教育改革的理想主义和浪漫主义气氛，使教育更趋向实际，同现实的联系也更紧密。美国进步主义教育在30年代的主题是教育如何为建立民主主义的社会秩序作出贡献，教育同政治的关系进一步紧密。在这一时期，苏联在坚持教育的工人阶级民主主义性质的同时，成功地使自己的教育纳入国家经济建设的轨道，正像康内尔所说的那样，"国民经济计划和教育发展稳定地齐头并进，这在教育史上是第一次。教育不仅是自从1917年以后人们所认为地那样与新社会的建设密切相关，而且还必须受国家五年计划所规定的新社会的某种特殊要求所束缚。这种情况使得苏维埃教育的各个方面呈现新的风格"。[②]

同样在30年代，日本、德国、意大利三国无论在政治、经济或是教育方面，也发生

---

① 康斯坦丁诺夫．苏联教育史［M］．吴式颖等译．北京：商务印书馆，1996：453.
② 康内尔．二十世纪世界教育史［M］．张法琨等译．北京：人民教育出版社，1990：460－461.

了一个重大的转折,在教育上也进行了重大的改革。然而,由于这些国家的历史传统和当时的境遇,这种转折所指的方向却是法西斯主义。在 30 年代,日本军国主义、德国纳粹主义、意大利的法西斯主义的势力张扬,分别攫取了各自国家的政权,在国内政治方面全面推行法西斯专政;在教育方面,则实行法西斯的教育。法西斯主义矛头所指向的不仅仅是以苏联为代表的工人阶级的民主主义,而且也攻击西方资产阶级的民主主义,最终酿成了第二次世界大战,战争以民主主义的胜利、法西斯主义的失败而告结束,法西斯的教育也随之消亡。

一、30 年代以前德国和日本的教育

法西斯主义得以在 30 年代勃兴,固然同第一次世界大战以后,特别是 30 年代日、德、意三国特定的政治、经济状况有直接的关系,然而,19 世纪下半叶以来这些国家的历史传统也是一个不可忽视的因素。此外,20 世纪初,民主主义作为一股世界性的潮流,对这些国家也有很大的影响。所以,30 年代以前,这些国家教育的一个重要特征,可以说是这些国家的国家主义教育传统同民主主义教育思潮的较量,其结果是,国家主义的极端形式法西斯主义占据上风,民主主义教育遭到扼杀。

1. 国家主义教育的传统

世界近代史上规模巨大、范围广泛的 1848 年欧洲革命,旨在消灭封建制度,为资本主义发展扫除障碍。席卷德意志各个邦国的三月革命风暴,最终以护宪起义被镇压、法兰克福议会被迫解散而失败,但这次革命沉重打击了德意志各邦国的封建统治,使德意志的资本主义经济有了发展。经济的发展同当时德意志邦国分裂、割据的政治局面发生了尖锐的矛盾,所以,建立统一的民族国家成为迫切需要解决的问题。

德意志邦国中经济最发达、领土最大的普鲁士利用当时其对手奥地利力量削弱的有利时机,坚决推行统一德意志的路线。普王威廉一世(1797—1888)和首相俾斯麦(1815—1898)发动了三次"王朝战争"①。1871 年德意志完成统一。

德意志帝国的建立,并未因为威廉一世加冕而消除国内矛盾。一方面,国内存在着一股反对民族统一、主张各邦独立的势力。另一方面,马克思主义诞生以后,德国的工人运动有了很大的发展。在这种情况下,被称为"铁血宰相"的俾斯麦在对外采取扩张政策的同时,对内实行专制独裁统治,在教育政策方面,推行德国民族主义、沙文主义和军国主义,而且表现得愈益公开、凶暴。

1888 年 6 月,德皇威廉二世(1859—1941)继位。这时,德国正进入垄断资本主义统治时期。德国的垄断资产阶级和容克②联成一体,形成了世界上最发达的垄断组织,如

---

① 第一次王朝战争是发生于 1864 年的对丹麦战争,1863 年,丹麦欲吞并德意志北部的石勒苏益格和荷尔斯泰因两个公国,俾斯麦以此为借口,联合奥地利发动对丹麦战争,丹麦失败,这两个公国分别归普、奥管辖;第二次是 1866 年的对奥地利战争,普鲁士获胜,统一了北部和中部德意志,建立了以普鲁士为首的北德意志联邦,同时奥地利被排挤出德意志联邦;第三次是 1870 年对法国的战争,即普法战争。结果是法国失败,南德的巴伐利亚等 4 邦加入德意志。北德意志联邦改称德意志帝国。1871 年威廉一世也由普鲁士国王加冕为德意志帝国皇帝,标志着德意志统一的最后完成。

② 容克原为普鲁士贵族地主阶级,19 世纪中叶以后,容克指德国资产阶级化的半封建型的贵族地主,是右翼势力的支柱。

"德意志钢业协会"和"铁业协会",在第一次世界大战前竟垄断了全国钢铁产量的98%。德国的容克资产阶级帝国主义可谓资本主义世界的"后起之秀",在世界各地殖民地已被其他老牌帝国主义瓜分了的情况下,叫嚣德国"缺乏空间",要"为自己要求日光下的地盘",并建立囊括世界的"大日耳曼帝国"。为此,德国除了向老牌帝国主义要求重新瓜分世界之外,还极力通过对外战争夺取土地和财富,显示出很强的侵略性的军国主义的特点,只要有可能,德国就在世界各地伸手。就中国而言,1897年德国强占中国的胶州湾。1900年,德国积极参加"八国联军"镇压义和团运动,参与瓜分中国的竞争。中国人也没有忘记,当年"八国联军"的统帅就是德国的将领瓦德西(1832—1904)。

侵略、扩张主义的对外政策,必然以军国主义的内政相支持。威廉二世继位以后,对内强化容克资产阶级的独裁统治。在教育方面,威廉二世于1889年发布关于全德教育和全部学校政策方针的"敕令"。敕令中说:"朕早已考虑利用学校以防止社会主义和共产主义思想的传播。"① 德意志帝国的教育要以畏神、民族主义和为德国皇室效忠为原则。

1890年,威廉二世在对德国1890年学校工作会议所作的开幕词中为20多年以前普鲁士的学校和全体教师"为我们的祖国的整个生存和我们的发展作出决定性贡献"的历史倍加赞赏,然而,在"帝国得到统一","我们有了我们想要获得的一切"之后,这一事业却中止了。所以,"学校必须从新获得的基础出发去激励青年,使他们懂得新的国家制度是为了使自己保持下去而存在的"。威廉二世所谓学校"新获得的基础"就是民族主义。他认为德国文科中学"主要是缺少民族基础"。为此,他批评文科中学过分强调拉丁语写作,主张"把德语作为文科中学的基础;我们应该教育本民族年轻的德国人而不是年轻的希腊人和罗马人";要通过历史、地理和民间传说等进一步促进民族性;要减轻学生的课业负担,加强"教育和培养性格"。②

1892年公布的普鲁士邦学校教学计划和教学大纲,充分体现了威廉二世的上述思想。"先前的培养'人'的教育理想在这些教学大纲和说明书中,已经公开地为培养效忠于霍亨索伦的德意志人的教育、沙文主义的和军国主义的教育所代替了。例如在教授历史时要求特别指出霍亨索伦王室对国家与民族的关心,教授德语时,要求背诵歌颂普鲁士军队在1871年胜利的'爱国'诗歌等。"③

19世纪晚期,帝国主义列强为争霸世界、掠夺殖民地、重新瓜分世界,互相钩心斗角,拉帮结盟。德国为了孤立法国,曾同俄国和奥地利有过"三帝同盟"。后来,俄国同土耳其帝国为争夺土地而发生俄土战争,出现所谓"东方危机","三帝同盟"名存实亡。德、奥为对付俄国在巴尔干地区的扩张,秘密签订了攻守同盟条约。当法国同意大利为争夺突尼斯而对立后,德国乘机将意大利拉入同盟,1882年,德、奥、意签订三国同盟条约,三国同盟形成。"东方危机"导致俄、德关系的破裂,法国为对付德国,乘机拉拢俄国,并于1892年两国缔结军事协定草案。这样,欧洲在19世纪末形成了以德、奥、意为一方,以法、俄为另一方的两大军事集团。英国则采取所谓"光荣孤立"的政策,置身于两大集团之外。然而,到20世纪初,德国实力迅速增长,在非洲、亚洲等地抢夺殖民地,

---

① 转引自曹孚编.外国教育史[M].北京:人民教育出版社,1979:315.
② 本段引文见瞿葆奎.教育学文集·联邦德国教育改革[M].北京:人民教育出版社,1997:17—22.
③ 转引自曹孚编.外国教育史[M].北京:人民教育出版社,1979:316.

同英国的利益发生冲突。为了自身的利益,英国于1904年和1907年分别同法国和俄国签订协约。所以,20世纪初欧洲形成了德、奥、意三国同盟和英、法、俄三国协约两大军事集团。

两大军事集团为了实现各自的野心,不断增加军费,开展军备竞赛,并且为争夺巴尔干地区,插手巴尔干地区民族国家的矛盾和冲突,使巴尔干成为世界大战的火药桶。1914年6月的萨拉热窝刺杀事件终于引发了第一次世界大战。

作为严厉对峙的两大集团中的一员,德国更强化了几十年来形成的军国主义教育的传统。无论在第一次世界大战之前或是在大战期间,政府始终牢牢地控制着教育。学校的管理,教师的聘用,各级各类学校课程的审查、整理,无不充斥着德意志沙文主义和军国主义的精神。克鲁普斯卡娅在《论德国国民学校的时代精神》一文中,对当时德国学校的特征作了如下的描绘:"现代德国国立学校的目的是完全不同的,它正是教育国家所必需的仆人——首先是兵士……国民学校的更加军国主义化,对儿童权利和人权的更加忽视,把学校变成达到国家及军事目的的工具——这就是德国国民学校所期待的。"①

德国军国主义教育的传统,在教育理论方面也有明显的表现。以凯兴斯泰纳(1854—1932)为代表的德国教育家提出的"公民教育"表现了教育目的观中强烈的国家主义倾向。凯兴斯泰纳担任慕尼黑市教育局长长达25年,虽然他也研究劳作教育,但他的教育思想体系的核心却是公民教育。

凯兴斯泰纳根据威廉二世提出的德意志帝国教育的宗旨,强调教育应该为国家的目的服务,公立学校的主要目的是为社会进行公民教育。在《工作学校要义》中,他明确提出,"国家公立学校的目的——也就是一切教育的目的——是教育有用的国家公民"。② 所谓有用的国家公民,概括起来有3个条件:①具有关于国家职责的知识,了解国家的任务;②具有从事某种职业的能力,能够按照个人的特长在国家系统中充分发挥作用;③具备公民的品德,热爱祖国,愿为国家服务。在凯兴斯泰纳看来,公民是否有用,不以职业的高低来决定,关键在于是否为国家服务;只要能懂得某种工作的社会价值而乐于承担并胜任这个工作,即便是清道夫,也可以称为有用的国家公民。凯兴斯泰纳认为,在成为"有用的国家公民"上述三个条件中,最重要的是公民的品德,因为知识并不能完全保证一个人就具有公民的美德。所以,教育就是国家对人民进行心灵陶冶和严格思想控制的重要工具。1912年,凯兴斯泰纳在《公民教育的目的》中进一步明确指出,公民教育的目的取决于我们关于国家及职能的概念。关于国家的职能,他认为,相对于别国或世界的利益而言,本国的利益总是第一位的,他国的利益居于次要地位,因而国家的职能主要是利己的职能;相对于个人的利益和幸福而言,国家的利益、国家的统一和国家的发展总是第一位的,只有国家才能给个人带来利益和幸福,因而为了国家的利益和发展,公民必须牺牲个人的一些利益和发展。③

凯兴斯泰纳直言不讳地表明,他主张的这种"公民教育"存在遏制社会主义的革命运

---

① 转引自曹孚编.外国教育史[M].北京:人民教育出版社,1979:316-317.
② 转引自赵祥麟主编.外国教育家评传(第二卷)[M].上海:上海教育出版社,1992:624.
③ 这一部分参考上书第624-625页以及扈中平等.挑战与应答[M].济南:山东教育出版社,1995:323-324.

动，反对无产阶级等，因为要反对内部敌人和无产阶级意识，大炮、装甲舰、步兵都无济于事，在这方面，更巧妙、更可靠、更有效的武器乃是政治教育，而所谓政治教育，就是他提倡的"公民教育"。克鲁普斯卡娅对凯兴斯泰纳的教育观点作过如下评论："他完全没有任何民主主义的思想。他对资产阶级国家非常崇拜，异常坚决地维护资产阶级的权益，并且使自己的教育活动吻合这种利益。……他想建立一种用新方法达到旧目的的学校……新教学法在凯兴斯泰纳手里只不过是根据对儿童个性的了解而构成的更完善的工具而已。这种工具可以影响他们的感情和世界观，给他们灌输有关的道德和思想。"①

日本在明治维新以前，处于德川幕府的统治之下。德川幕府对内实行幕藩体制，商人、手工业者、农民是被统治者；对外实行闭关锁国政策。幕府统治极大地阻碍了日本社会经济的发展。19世纪50年代，西方资本主义列强用武力冲破幕府的锁国体制，日本面临沦为半殖民地的危机。1867年睦仁天皇继位，1868年继发布"王政复古"诏书、推翻德川幕府后，睦仁天皇即位，改年号为明治，推行"明治维新"改革政策。

"明治维新"是一次资产阶级的革命，标志着日本由封建社会过渡到资本主义社会。"明治维新"的改革虽然促进了日本资本主义的发展，使日本很快跻身于世界强国之列，然而，这种自上而下的改革并未完全铲除封建主义的残余，日本资产阶级化的武士集团借助于封建制度的残余，使强盛后的日本走上了军国主义和侵略扩张的道路。

在明治政府推行的改革措施中，其中一个措施就是教育制度的改革。在这方面，日本教育界进行了激烈的争辩。一派主张学习西方以科学技术救国；一派主张弘扬皇道国粹，走伦理救国的道路。在主张学习西方的一派中，又有英美派和德国派之争。最后以森有礼（1847—1889）为代表的德国派占据上风。1885年森有礼接任文部大臣，把德国的国家主义和日本天皇制"国体"结合起来，推行"国体教育主义"。森有礼提出："国家富强，来自忠君爱国精神之旺实。文部之职主要在发扬、培养此种精神。"② 这种国家主义教育政策，乃是日本天皇制近代教育制度的定型。

1889年，明治天皇正式颁布宪法，确立了日本的君主立宪制，1890年天皇又颁布《教育敕语》，这样便进一步强化了国家主义教育制度的基础。《教育敕语》规定，教育之渊源实存于日本"国体之精华"，而日本国体的精华乃是天皇皇祖皇宗所树立的深厚的德化以及臣民的忠和孝。臣民不仅应该"孝父母、友兄弟，夫妇相和，朋友相信，恭俭持己，博爱及众，进德修业"，而且要"常重国家、遵国法，一旦有缓急，则应义勇奉公，以辅佐天壤无穷之皇运"。③ 这样，服从天皇以及国家，便成了教育的宗旨。

20世纪初，日本成了亚洲唯一的帝国主义国家。具有浓厚封建性的日本军事帝国主义，对外实行侵略政策。为了争夺朝鲜，日本于1894年至1895年发动了对中国的甲午战争，《马关条约》迫使中国承认朝鲜完全"自立"，中国割让台湾澎湖列岛和辽东半岛，对日本开放沙市、重庆、苏州、杭州为商埠，并从中国获得大量的赔偿。为了同沙皇俄国争夺在中国东北和朝鲜的利益，1904年起在中国境内进行日俄战争，1905年的《朴次茅斯和约》俄国承认朝鲜为日本的势力范围，将中国辽东半岛（包括旅顺和大连）的租借权转让给日本，并

---

① 康斯坦丁诺夫. 苏联教育史[M]. 吴式颖等译. 北京：商务印书馆，1996：152.
② 转引自滕大春主编. 外国教育史（第四卷）[M]. 济南：山东教育出版社，1992：388.
③ 瞿葆奎主编. 教育学文集·日本教育改革[M]. 北京：人民教育出版社，1991：32.

将库页岛割让给日本。日俄战争得手以后,日本便进一步加强对中国东北地区的侵略活动。

在对外进行侵略扩张的同时,日本在国内加强对国民思想的控制,并加紧推动以军事工业为支柱的工业和经济的发展。在教育方面,20世纪初日本决定将义务教育由4年延长到6年,第一次世界大战前,日本基本普及了6年制义务教育。此外,20世纪初在逐步建立了由大中小学教育、师范教育、职业技术教育组成的教育体系,并在确定各类学校教学目标、课时安排、课程标准的基础上,1903年又建立了小学教科书的国定制度,教育的国家主义趋向日益加强。

1912年明治天皇去世,日本进入大正时期。不久日本便参加第一次世界大战协约国一方对德奥的宣战。西方国家的无暇东顾,为日本的军事工业和民族工业发展带来良机。同时,"巴黎和会"也使日本瓜分了德国在海外的部分殖民地(德国在我国山东的权益转让给日本)。

日本是第一次世界大战的获利国,战后日本工业化发展的速度加快。另一方面,日本在1920年到1921年曾出现过一次为时不长的经济危机。在1921年至1922年的华盛顿会议上,日本扩充海军军备的预期目标未能得逞。[①] 1923年发生了人员和财物损失巨大的关东大地震。1927年日本又出现了经济危机,紧接着便卷入1929年波及整个资本主义世界的经济大萧条。

上述一系列的变化给第一次世界大战以后日本的思想界和教育界产生了很大的影响。一方面,自明治维新以来早已萌发的民主主义的思想和教育在20世纪初世界民主主义教育潮流的影响下,特别是俄国十月革命的成功以及大战后德国(它对日本的影响很大)魏玛共和国时期的民主改革的影响下,日本的民主主义思想非常活跃。另一方面,明治维新"富国强兵"方针所蕴涵的国家主义思想,经中日甲午战争、日俄战争、第一次世界大战的发酵而成为军国主义、法西斯主义。几次战争的得手,不仅刺激了日本军国主义分子贪婪的胃口,而且使他们变得极为狂妄跋扈。在经受经济危机、华盛顿会议等一连串的打击下,他们便想再次从战争中寻找出路,使日本成为亚洲的战争策源地,他们侵略扩张的首选目标就是中国。

1927年,日本首相田中义一(1863—1929)内阁以"保护侨民"为借口,悍然出兵我国山东。不久又在东京召开东方会议,发表《对华政策纲领》,表现了对我国"满蒙"地区的野心。据传田中义一又曾向裕仁天皇(1901—1989,于1926年正式即位,年号为昭和)密奏《帝国对于满蒙之积极根本政策》(又名《田中奏折》),内称"欲征服中国,必先征服满蒙,欲征服世界,必先征服中国"。1928年,日本关东军制造了刺杀张作霖的皇姑屯事件。在发动对中国挑衅、侵略的同时,国内的法西斯活动也逐渐猖獗,政治体制

---

① 华盛顿会议全称为"关于限制海军军备和远东及太平洋区域问题的华盛顿会议",也称"太平洋会议"。会议于1921年11月21日到1922年2月6日在华盛顿举行。这是第一次世界大战以后帝国主义国家重新划分远东及太平洋势力范围的会议。参加会议的有美、英、法、日、意、葡、比、荷、中9国。第一次世界大战期间,日本侵占了德国原殖民地马绍尔群岛,马里亚纳群岛和加罗林群岛,获益最多,并得到巴黎和会的确认。但是,同美国和英国相比,日本的海军力量最弱。日本原计划在1921年和1922年拨出国家预算的1/3扩建海军。但华盛顿会议形成的会议文件之一《限制海军军备条约》规定,美、英、日、法、意的主力舰吨位比例为5:3:1.75:1.75(日本希望美、英、日主力舰吨位比例为10:10:7,但未被采纳),按照这个比例,日本只能保留9艘主力舰。这次会议反映了日本同美国和英国的矛盾,潜伏着爆发新战争的危险。

逐渐法西斯化，教育也一步步地滑向法西斯主义。

2. 民主主义教育思想和实践

在德国和日本各自形成自己的国家主义教育传统的同时，作为它的对立面，民主主义的教育思想也曾有过萌芽和发展。19世纪，当资本主义生产方式在欧美一些国家中占统治地位、社会生产力迅速发展之时，资产阶级同无产阶级之间的矛盾和斗争也越来越明显地表现出来。马克思主义诞生以后，无产阶级更是有了斗争的思想武器。

德国革命的社会民主党人倍倍尔（1840—1913）、蔡特金（1857—1933），李卜克内西（1871—1919）等为争取工人阶级受教育的权利，捍卫德国国民教育民主化作了不懈的斗争。

倍倍尔是德国社会民主党的创始人之一，他坚决主张劳动人民有受教育的权利，要求给工人以广泛而深入的教育，同时认为只有在无产阶级革命以后才能有真正的国民教育。

蔡特金出身于农村教师家庭，受过中等师范教育，1887年加入德国社会民主党以后，在从事无产阶级革命的同时，非常关注教育问题。她认为，资产阶级给予人民的所谓"教育"，只是为了满足本阶级的需要。对于20世纪初德国教育的状况，蔡特金持批判态度。她认为德国的教育具有深刻的阶级性，劳动人民子女实际上被剥夺了接受中等和高等教育的权利；国民学校的教学内容具有沙文主义倾向，并且渗透了宗教的精神。她主张实施免费的普及的初等义务教育；废除学校的宗教教学；在教育上男女平等，男女合校；要发挥家长在教育中的作用，学校和家庭应该建立密切的联系。此外，在发展托儿所、幼儿园、儿童教育机构网以及幼儿园的校舍建设等方面，提出了自己的看法。

李卜克内西反对当时德国学校教育中的沙文主义、军国主义和宗教教育，并且指出，只有推翻剥削者的统治，人民才能获得真正教育的权利。

除了德国社会民主党人为工人阶级的民主主义教育而斗争之外，欧洲的新教育运动对德国的教育也有很大的影响，其中比较著名的是赫尔曼·利茨（1868—1919）创办的乡村教育之家。

利茨的教育思想受到卢梭、裴斯泰洛齐等人的影响，特别是在1896年访问了英国雷迪的乡村寄宿学校阿博波霍尔姆学校，并在那里工作了一年以后，深受雷迪的新教育思想的影响，于1891年在哈尔茨山区的伊尔堡创办了第一所乡村教育之家，招收6~12岁的儿童。利茨对当时德国学校实施强迫纪律、束缚儿童、不考虑儿童的兴趣和需要的做法极为不满，希望通过他创办的这种乡村教育之家培养出"思路清晰、思想深刻、令人觉得热情和行动勇敢果断"[①]的学生。

为了培养出这样的学生，利茨将校址选择在远离城市、风景优美的乡村，校舍建在包括山、森林、河流和牧场的自然环境之中。学校要有和谐友爱的家庭气氛，教师要尽量多地接近和了解学生，成为他们的保护者，不能对学生作过分强迫的命令、训斥和责难。学习的内容类似于当时德国实科学校的课程，着重学习德语，也包括法语、英语、历史、地理、自然科学与数学。利茨强调学生的作业应建立在学生的兴趣与经验之上；此外，要把手工业和农业活动作为学术活动的补充。因此，每天给学生安排的体力劳动、体育活动和

---

① 康内尔. 二十世纪世界教育史[M]. 张法琨等译. 北京：人民教育出版社，1990：272.

手工艺品制作的时间同学术作业的时间相同，各为5个小时。

在伊尔森堡的乡村教育之家创办以后，利茨又于1901年和1904年分别在图林根的豪宾达、富尔达附近的比贝尔斯泰因各创办一所乡村教育之家。"除了最早的3所学校外，其他6所学校终于也建立起来了。1914年在哈茨山的威肯史泰特建立了一所孤儿院；1923年伊尔森堡学校关闭并由靠近爱尔福特的盖伯塞学校代替；而且在魏玛附近开办了埃特斯堡学校；1924年在比伯尔史泰因附近开办了招收男生的布赫那学校与招收女生的霍恩韦尔达学校；1928年在靠近不来梅港的一个说荷兰弗里斯兰的岛屿上建立了一个招收高年级男生的施皮克岛学校。"①

利茨的乡村教育之家在德国产生了很大的反响。曾经担任过利茨创办的伊尔森堡学校校长的古斯塔夫·文尼肯（1875—1964）于1906年创办威克斯多尔夫学校；曾经担任过豪宾达学校教师的保罗·格黑伯（1870—1961）于1910年创办了奥登林山学校。到第一次世界大战前夕，仅德国就有这类学校12所。

第一次世界大战以后，德国的皇帝退位，霍亨索伦王朝统治宣告终结。1919年2月，德国国民议会在魏玛召开，成立以社会民主党为主的联合政府，史称魏玛共和国。同年7月，"魏玛宪法"公布。

魏玛宪法规定德国是联邦制共和国，实行议会民主制。"魏玛宪法"规定："必须建立为全体人民而设的共同学校系统……各校招收学生，应根据其能力和志向如何而定，不得因其父母的经济和社会地位或宗教信仰的派别而有所歧视；对贫困家庭的儿童进入中等和高等学校应提供奖学金等。"② 1920年召开全国教育会议，开始进行民主主义的教育改革。

魏玛共和国废除了帝国时期所有附属于中学的贵族化预备学校，建立统一的4年学校。改革后虽然保留了帝国时期的中间学校、文科中学、文实中学和实科中学，但建立了一些为进中学作准备的补习班和辅导班，为中间学校的学生转入各类中学提供了方便。从1922年起创办新型的中等学校模式——9年制的以德意志学科（德语、德国文学、德国历史、德国地理等）为主的"德意志中学"，并增设6年制的上层建筑学校。女子可以有机会受到各级教育。此外，还有一个重要的变化，那就是在管理和教学方面，注意促进民主的方法和民主的观念。"在魏玛共和国时期，利茨倡导的'乡村教育之家'发展成为一个运动，柏林的一些学校每年都把所有12～18岁的学生送到城市所设的乡村之家去生活3—4周。这个运动对当时的学校教育产生了很大的影响，对儿童的身体健康以及生活习惯和态度、活动能力、自然观察和研究、自治能力的发展也起到了促进作用。"③

然而，魏玛共和国乃是特定历史时期的产物，1933年3月，魏玛宪法中止，魏玛时期进行的教育民主改革随着它的消失而湮没，事实上，即使在魏玛共和国存在的将近14年时期，在具有深厚的民族沙文主义和军国主义传统的德国，这种改革也是举步维艰。魏玛共和国本身是德国战败的产物，改革在很大程度上是外部强制下不得已而为之的事情，很难说它有深厚的基础。托马斯·曼在《议事日程》中作了很好的说明："这种状况是很大一部分公民和青年所深恶痛绝的。他们简直不去参加改革，因为改革的确不是在胜利气

---

① 康内尔. 二十世纪世界教育史[M]. 张法琨等译. 北京：人民教育出版社，1990：272—274.
② 滕大春主编. 外国教育通史（第四卷）[M]. 济南：山东教育出版社，1992：124—125.
③ 滕大春主编. 外国教育通史（第五卷）[M]. 济南：山东教育出版社，1993：394.

氛中出现，不是进行自由的选择，而是在失败和崩溃中出场，使它似乎始终与弱小、耻辱和外来统治联系在一起。"①

日本在明治时期就萌发了民主主义的思想。当时以福泽渝吉（1835—1901）为代表的启蒙学者主张批判封建主义、宣传资产阶级的自由、平等。福泽渝吉认为教育是使个人独立，进而达到国家独立的手段。他接受了西方"天赋人权"的资产阶级民主主义观点，主张人人有受教育的权利；学校教育应该以德、智、体和谐发展为目标。虽然他主张日本扩张，有时也为日本军国主义教育张目，但在他的思想中，民主主义的思想仍然占主要的地位。

1879年，当时的日本文部省大辅田中不二麻吕（1845—1909）曾在首相伊藤博文的认可下，制定以美国自由主义教育制度为基准的《教育令》。此《教育令》激发了人们要求教育自由和个人民主的思想，但遭到明治政府的反对。1881年政府对《教育令》加以修改，教育自由的思想，地方独立兴办教育的思想受到打击。

尽管1890年明治天皇的《教育敕语》以及日本的军国主义政策严重阻碍日本教育的民主主义思想的发展，但欧美国家的教育思潮对日本还是产生了一定的影响。

西欧"新学校"运动的自由主义教育思潮和杜威的实用主义教育思想在第一次世界大战以前就传到日本。② 1919年杜威曾到日本讲学，日本一度兴起了实用主义教育的热潮。除了翻译实用主义教育的著作之外，还兴办了不少实用主义教育思想指导下的实验学校，如西山哲二创办的帝国小学校，中村春二创办的成蹊实务学校，泽柳政太郎的成城小学校，赤井米吉创办的明星学园，野口援太郎创办的儿童村小学校等，都是实用主义教育的产物。

在自由主义教育思想方面，20世纪初期欧洲教育革新运动思想先驱、瑞典著名教育家爱伦·凯（1849—1926）和意大利著名幼儿教育家玛丽亚·蒙台梭利（1870—1952）的思想在日本影响较大。1913年，日本出现了模仿西欧"新学校"而创办的自由学校。日本崇拜和推行自由主义教育的代表人物是手冢岸卫。1921年手冢岸卫在东京召开的学术协会上发表了"自由教育论"的演讲；此后还出版了《自由教育实践》一书，系统地论述了他在日本千叶师范学校附小工作期间自由教育实践的经验。手冢岸卫主张儿童的个性自由发展，改造日本教育以成人为主导，以教师为中心的做法；反对死板划一，注入式、满堂灌；主张道德的自律自治，给儿童以自由创造的环境，以达到儿童的和谐发展。在自由主义教育思潮和实用主义教育思潮的影响下，当时在日本出现的教育主张还有：通口长市的"自学教育论"，河野清丸的"自动教育论"，千叶命吉的"一切冲动皆满足论"，稻毛诅风的"创造教育论"，及川平治的"动的教育论"等。③

康内尔对20世纪初和20年代日本的教育受到"美国和西欧特有的温和的自由主义"影响的情况作了很好的概括："截至1920年，日本在其工业和商业的西方化方面已经取得惊人的成果。同样清楚的是：日本在输入西方技术的同时，在正在不断地输入西方思想文化。有些东西是有意引进的，如法国、德国和盎格鲁撒克森的教育实践。这些教育实践通

---

① 滕大春主编.外国教育通史（第五卷）[M].济南：山东教育出版社，1993：401.
② 康内尔.二十世纪世界教育史[M].张法琨等译.北京：人民教育出版社，1990：369-370.
③ 滕大春主编.外国教育通史（第五卷）[M].济南：山东教育出版社，1993：491-493.

过上述国家聘请教师而得到促进;另一些东西则是工业和商业进步所带来的必然的或偶然的伴随物。不管是通过什么途径引进的,有一点毋庸置疑:到了五十年代,西方的知识、社会、道德和宗教的重要内容都已彻底地渗入了日本的生活。"①

二、法西斯主义教育的基本特征

法西斯主义教育是依赖法西斯国家政权强制推行的一种极其反动的暴力教育,这是对于20世纪激荡全球的民主思潮和民主主义教育的一种反动,法西斯主义教育理论是极端的国家主义政治,即法西斯政治的直接产物。

1. 依靠法西斯国家政权

无论亚洲的日本或是欧洲的德国和意大利,它们实施的法西斯教育都有一个共同的基本的特征,即依靠国家政权。换言之,法西斯教育随着法西斯政权确立而出现,又随着它的灭亡而消失。为了更好地理解法西斯教育,这里主要叙述意大利、德国和日本法西斯政权的确立和垮台。

自西罗马帝国灭亡后,意大利受外族入侵,绝大部分受外国势力统治。只有撒丁王国是独立的邦国。1848年意大利曾发生过反对异族压迫,要求国家统一的革命运动,但被外国统治者镇压。19世纪50、60年代,意大利北部的资本主义经济有了发展,但国家分裂割据的局面成了资本主义经济进一步发展的障碍。因此,统一和独立成了意大利资产阶级的当务之急。经过以加富尔(1810—1861)为首的资产阶级自由派用以和以马志尼(1805—1872)、加里波的(1807—1882)为首的资产阶级民主派反对外族统治的斗争,1861年建立意大利王国,基本上实现国家统一。后来,意大利又赶走了奥地利,收复了教皇的辖区,1871年意大利王国定都罗马,最终完成统一大业。意大利的统一是资产阶级革命的结果,虽然它保留了君主制和大量的封建残余,但革命带来的统一的民族国家的建立,有利于资本主义的发展。

统一后的意大利经济迅速崛起,为了在欧洲争霸和争夺海外殖民地,19世纪80年代,意大利曾同德国、奥地利缔结"三国同盟",同英国、法国、俄国的"三国协约"相对抗。

1914年第一次世界大战爆发后,意大利以其同盟国德国、奥地利进行的是"非防御性战争"为理由,保持中立。后来,意大利又为了自身的利益,参加协约国一方。所以,第一次世界大战结束以后,意大利以战胜国的身份参加了巴黎和会。

意大利在第一次世界大战的过程中消耗了大量的人力、物力,但巴黎和会中并没有得到所期望的利益,在这种情况下,各种社会思潮以及党派团体非常活跃。一方面,代表左翼势力的社会党在第一次世界大战后曾经作为国会中第一大党活跃在意大利的政坛上;另一方面,意大利也出现了法西斯主义的思想、组织和运动,成为法西斯主义的发源地。

1920—1921年年初,意大利出现了经济危机,大批退伍军人、失业工人、无业青年和小资产阶级狂热分子对现状极为不满;此外,垄断资产阶级希望国家有一个更强硬有力的政权。意大利国内的状况给法西斯主义提供了发展的机会。成立于1919年的"战斗法

---

① 康内尔.二十世纪世界教育史[M].张法琨等译.北京:人民教育出版社,1990:518.

西斯"组织的头目墨索里尼（1883—1945）利用时机加紧对左翼的社会党和政府进行攻击，以暴力和恐怖活动对付左翼势力和工人运动，获得垄断资产阶级的支持，墨索里尼被选为国会议员。1921年，"战斗法西斯"改名"国家法西斯党"，墨索里尼成为该党领袖。1922年，墨索里尼组织了数万名全副武装的法西斯党徒向罗马进军，夺取国家政权。同年，墨索里尼被国王任命为首相。意大利法西斯就此掌握了国家的权力。

墨索里尼上台以后，迅速扩大和加强法西斯武装，取缔法西斯党以外的其他政党，强化法西斯统治。对外则奉行侵略和扩张的政策。1935年侵占非洲的埃塞俄比亚，1936年武装干涉西班牙，支持佛朗哥（1892—1975）叛乱。

第一次世界大战以后，德国曾经建立过资产阶级民主主义的魏玛共和国。由于德国是第一次世界大战的战败国，除了忍受战争给国家造成的破坏，海外殖民地的丧失之外，还要承担巨额赔款（巴黎和会规定，1921年5月1日之前，德国先赔款200亿金马克，赔款总额另定）。在经历1920—1921年的经济危机后，德国的经济曾经有过短暂的恢复和发展时期，但1929年的世界性经济危机使德国再次陷入困境。

同意大利一样，第一次世界大战以后，德国国内各种思想和政治力量都很活跃，有共产党人台尔曼（1886—1944）领导的起义；有帝制派的活动；也有法西斯政党的鼓噪。

德国的法西斯政党"德国工人党"成立于1919年，次年改名为"民族社会主义德国工人党"，简称"纳粹党"。1921年，希特勒（1889—1945）成为该党党魁。纳粹党利用第一次世界大战后德国千百万生活无着者要求摆脱困境的愿望，魏玛政府束手无策的软弱状况，以及部分德国人思想上滋长的民族复仇主义的情绪以及根深蒂固的封建主义残余和军国主义传统，依靠垄断资产阶级，力量得到迅速的膨胀。1923年慕尼黑"啤酒馆暴动"失败以后，希特勒进一步投靠垄断资产阶级，骗取中下层群众的支持，利用"合法斗争"的策略，使纳粹党在1932年的国会选举中成为国会中的第一大党。1933年1月，希特勒被任命为德国总理。希特勒上台以后，随即制造"国会纵火案"，嫁祸于德国共产党，借机迫害共产党员和民主人士。1934年8月颁布"国家元首法"，希特勒担任元首兼总理，集全部大权于一身，并改称德国为"德意志第三帝国"，正式确立了纳粹统治体制。

日本继1928年制造了"皇姑屯事件"之后，随即卷入1929年的世界性的经济危机。以策部为主的日本法西斯势力认为，只有在国内建立法西斯独裁统治，对外发动侵略战争才能摆脱困境。1931年，日本法西斯在中国东北地区制造了"九一八"事变，开始了局部的侵华战争。日本法西斯继1932年杀死犬养毅（1855—1932），结束政党内阁之后，于1936年按军部意图成立了广田弘毅（1878—1948）内阁，确立了日本天皇制的法西斯军事独裁政权。

意大利、德国、日本三国的法西斯势力夺取了国家政权以后，对内不断加强法西斯的独裁统治，对外实行扩张和侵略，同时也加紧三国之间的勾结。1936年10月，德国和意大利在柏林签订协定，结成双边同盟，名为"柏林——罗马轴心"；同年11月25日，德国又同日本在柏林签订了《反共国际协定》。《反共国际协定》规定两国今后在对外政策上的行动，首先是在反苏和反对各国进步势力上的行动上实行互助。1937年11月，意大利又加入了《反共国际协定》，并互相约定：意大利承认德国在巴尔干半岛的行动自由，支持日本对中国的侵略；德国帮助意大利在地中海一带活动；日本承认意大利吞并埃塞俄比亚。至此，德、意、日三国侵略同盟正式形成。为了扩大侵略战争，三国又于1940年9

月在柏林签订了《德日意三国同盟条约》,形成了"柏林——罗马——东京轴心"。

在德、日、意三国法西斯张牙舞爪的时候,美国把主要精力集中于国内的"新政",采取"中立"政策。欧洲的大国英国和法国为谋求与法西斯的妥协,不惜牺牲他国的利益,采取所谓的绥靖政策。中国的南京国民政府,在蒋介石的"攘外必先安内"的政策下,专注于消灭共产党领导的红色政权的内战。所有这些,都为法西斯国家不断侵略、扩张提供了条件。日本在"九一八"事变之后,制造了伪满洲国,1937年卢沟桥事变以后,发动全面的侵华战争。1938年德国吞并奥地利,1939年德军占领捷克斯洛伐克全境。意大利则早在1935年就侵占了埃塞俄比亚,1936年又武装干涉西班牙、支持佛朗哥(1892—1975)叛乱。所有这些,都未能填满法西斯的欲壑,1939年9月,德国突然袭击波兰,由此爆发了欧洲的第二次世界大战。

自1937年日本发动全面侵华战争,中国开始抗日战争和1939年欧洲德波战争爆发之后,法西斯国家曾一度在中国战场和欧洲战场占据优势。1940年12月,德国发动侵苏战争,1941年12月日本偷袭珍珠港,重创美国太平洋舰队。共同的奋斗目标使世界反法西斯国家走到一起,结成了世界反法西斯联盟。

经过世界各国人民长期的浴血奋战,第二次世界大战以法西斯主义失败而告终。1945年4月,盟军占领意大利,墨索里尼被意大利游击队处死。1945年5月,德国无条件投降,希特勒自杀。1945年8月,日本无条件投降,中国人民取得抗日战争的胜利,也标志着第二次世界大战结束。在这场正义与邪恶、光明与黑暗、进步与反动的长期较量中,世界各国人民最终取得了反法西斯战争的伟大胜利。

2. 教育附属于法西斯政治

德国、日本、意大利三国的法西斯势力攫取了国家政权以后,毫无例外地都将教育同各自的法西斯政治绑在一起,使学校教育成为实行法西斯专政的工具。

德国纳粹党魁希特勒在其臭名昭著的《我的奋斗》中说,教育的理想成果就是造就政治斗士。教育是政治的,政治是教育的。1933年7月,希特勒对纳粹党卫军的领袖们强调说,"不仅是要掌握政权,而且是要教育人"。[①] 希特勒的思想是法西斯国家关于教育同政治关系的最好的说明和概括。

为了使教育忠实地成为法西斯的附庸,首要的一条就是要实行政治上和思想上的一体化。在国内政治方面,法西斯国家除了法西斯政党之外,取缔一切政党的活动,在思想文化领域,则实行文化专制主义。在纳粹党魁希特勒统治下的德意志第三帝国,所有报刊、广播必须根据纳粹党的宣传部每天发布的指示决定其内容。对于同纳粹党的思想稍有不同的书籍、报刊等,都遭到禁止。1933年5月10日晚,纳粹分子以及一些盲目追随的学生,在全国30多个大学所在的城市,大量焚烧马克思主义著作,以及海涅等进步作家和爱因斯坦等科学家的作品,仅柏林洪堡大学就焚书2万多册。纳粹党的宣传部长戈培尔居然说,在这火光下,不仅一个旧时代结束了,这火光还照亮了新时代。在烧毁大量进步书籍的同时,希特勒的《我的奋斗》被定为学生的必读书,纳粹党的理论被列为学校的主修课。

意大利的法西斯政府为了通过学校教育向青少年灌输法西斯的思想,1929年改变了

---

① 转引自滕大春主编.外国教育通史(第五卷)[M].济南:山东教育出版社,1993:405.

教科书由地方编写、教育部审定的做法，规定初等学校的教科书一律由国家统一编写，无论公立或私立学校都必须采用，非国家编写的教材必须全部清除出学校。

日本对于20年代从西方国家传入的资产阶级自由民主思想和俄国十月革命以后对日本产生影响的马克思列宁主义思想，采取敌视的态度，以确保日本的学校成为培养学生"尽忠天皇"的皇国主义和军国主义思想的场所。对于当时在日本一些大学里的学生运动，日本政府采取了镇压的措施，有些学生骨干分子被捕入狱。1930年前后，有马克思主义倾向的教授和教师被解聘。以后，日本的文化专制主义愈演愈烈，凡有自由主义和民主倾向的教师都遭到解聘。

其次，培养对领袖的忠诚。既然教育同法西斯政治绑在一起，实行文化专制主义，培养学生对领袖的忠诚就是一件顺理成章的事情。对领袖的忠诚，除了要勇于为领袖奉献一切，乃至自己的生命之外，更重要的是要服从领袖的思想，因为领袖的思想乃是民族的意志、国家的意志和人民的意志的化身。

为了培养对其领袖希特勒的忠诚，纳粹强调，德意志只有"一个民族、一个国家、一个领袖"。纳粹往往对他们的领袖加以神化，以便使人们产生对领袖的盲目信仰。1939年，希特勒青年团主席罗伯特·莱在柏林对1.5万名青年说，"在地球上我们只信仰希特勒。我们认为国家社会主义乃是唯一的信仰，也是能拯救我们民族的主义，我们相信天上有个上帝创造我们，引导我们，并公开地为我们造福。我们也相信上帝把希特勒送给我们，因此，德国就可以有永远存在的基础。"为了煽动青少年对希特勒的崇拜，德国发动了希特勒青年运动，并鼓吹纳粹党是希特勒，希特勒是德国，德国就是希特勒。至30年代末，几乎所有10—18岁的青少年都是希特勒青年运动的成员。其中，男孩子佩带短剑，象征随时保卫德意志帝国的元首。男女少年在参加青年运动中的少年队时，都需要作如下宣誓："在代表我们元首的这面血旗面前，我宣誓把我的全部精力和力量贡献给我国的救星阿道夫·希特勒。我愿意时刻准备着为他献出我的生命。"① 幼儿园的儿童甚至在就餐前还要为希特勒祈祷。

意大利同样有类似于希特勒青年运动的青少年运动。康内尔在描述意大利青少年运动的重点时指出，该运动的一个重点是"特别致力于培养孩子们对领袖墨索里尼的忠诚。'巴利拉'的誓词是这样的：'以上帝和意大利的名义，我宣誓：服从领袖的命令，用我全部力量，必要时用我的生命来为法西斯革命事业服务。'一些小学课本里收进了一段多少有点读神味道的非正式的教义，它的结尾是这样的：'我坚信墨索里尼的天才，信仰圣父法西斯主义、坚信法西斯殉道者英灵与我同在。信仰帝国的复活。'对民族的领袖要爱戴，并服从他们旨意"。② 在教学中，教师必须向学生灌输意大利民族的再生应归功于墨索里尼的观点；教师甚至还要学生在举止言行上模仿墨索里尼的"风度"。

日本本土的宗教是由日本的原始宗教吸收佛教、道教和儒学的部分教义而形成的神道教。神道教系多神教，主神为天照大神（即太阳女神天照大御神）。天照大神被视为天皇的始祖。明治维新以后，日本统治者宣扬"神皇一体"，天皇被视为天照大神万世一系的

---

① 两节引文分别转引自滕大春主编. 外国教育通史（第五卷）[M]. 济南：山东教育出版社，1993：412—413.
② 康内尔. 二十世纪世界教育史 [M]. 张法琨等译. 北京：人民教育出版社，1990：536. 文中的'巴利拉'（Balilla）原为18世纪时意大利人民反对奥地利起义中牺牲的意大利小英雄，这里指法西斯统治时代意大利的少年组织——引者注。

后代,并用宪法的形式规定天皇总揽统治权,天皇神圣不可侵犯。20世纪30年代,日本法西斯化以后,日本的军国主义者进一步把天皇神格化,宣扬太阳女神普照大地创建了日本;天皇不仅是日本的神,而且是全世界的神,应该把全世界都收归天皇统领之下。

第三,加强对师生的思想控制。法西斯思想成为教学工作的唯一指导思想,而要落实这一点,思想的控制是万万少不了的。为了确保纳粹的思想进入教室,纳粹党对全国的教师举办了大规模的在职培训。此外,还鼓励教师研究希特勒的《我的奋斗》,争取教师支持纳粹。"到第二次世界大战爆发时,有90%的教师都加入了国社党的'教师协会',大约30%的教师是纳粹党的党员,这大概是所有行业中入纳粹党比率最高的了。另外,很多原先当过教师的人还在党组织里身居要位,促使学校依附于纳粹,并使全国学校的教育思想和实践趋于极大程度的一致。"① 对于具有民主主义倾向,反对纳粹党的教师,则被解聘,有的甚至关入集中营。在纳粹统治时期,所有的教师和大学生都要经过政治审查和宣誓效忠,一般誓词是:"阿道夫·希特勒,我们宣誓:我们将这样训练德国青年,使他们按照您的观点,朝着您的目标,沿着您的意旨所指出的方向成长起来。全德国教育系统各级学校特向您起誓。"②

意大利法西斯教育理论家秦梯利(1875—1944)曾担任过法西斯政权的教育部长。为加强国家对教育的控制,他制定了一系列的政策。1929年法西斯政府规定所有的中小学教师必须宣誓效忠希特勒政权;1931年又规定大学教师也都必须这么做;1939年,规定所有新聘任的教师必须是法西斯党的党员,一年以后,又要求教师在所有正式的场合都必须穿规定的制服。

日本的军国主义者对于师生中任何与军国主义相违背的民主主义思想采取压制的态度,并迫害具有民主主义思想的进步教师。"1939年年初,在长野县的'赤化教师'事件中,全县65所小学138名教师被检举为'赤化教师',遭到打击迫害。随后不到一年时间,在日本各地又发生了近百起类似事件,受牵连的教师达761人之多。东京帝国大学当时发生了'泷川事件',泷川幸辰教授讲授的刑法理论课被说成是'赤化思想宣传',尽管法学院教授会对政府当局的做法表示极大不满,还有38名教师联名辞职以示抗议,但最后泷川教授还是受到了停职处分。接连发生的这些事件给日本学校教育造成了恐怖的气氛,使正常的教学活动受到了严重的干扰。"③ 除此之外,日本政府还不断加强对师生言行的监督和控制。1928年,日本增设了旨在控制学生思想的学生科(后来改称学生部)。1934年4月,文部省召开"全国小学教师精神动员大会",天皇为到会教师敕赐诏书;同年5月,文部省又增设思想局,专司对教师和学生的思想控制。在政府对师生民主思想和进步活动监控的过程中,甚至建立了警察对教师的监督制度。"1937年日本对华侵略战争全面展开之际,文部省又设立了教学局。该机构的目的是力图把学校的教学工作严格控制起来,使教学内容按照培养天皇臣民的宗旨加以更新,并在教学过程中处处体现所谓团体观念,大日本精神,以及军国主义思想等。"④

---

① 康内尔. 二十世纪世界教育史[M]. 张法琨等译. 北京:人民教育出版社,1990:550.
② 博伊德等. 西方教育史[M]. 任宝祥主译. 北京:人民教育出版社,1985:452.
③ 滕大春主编. 外国教育通史(第五卷)[M]. 济南:山东教育出版社,1993:481—482.
④ 同上书,482.

3. 国家沙文主义和民族沙文主义的教育内容

法西斯主义者都以国家的拯救者自许。从本章前面已经阐述过的法西斯政权确立的过程来看，法西斯主义之所以能够在德、日、意三国得逞于一时，一个重要的原因就是利用了广大中下层人民希望国家能够繁荣昌盛，摆脱生活困境的良好愿望。所以，法西斯主义教育往往在国家利益至高无上的名义下，极力推行国家沙文主义和民族沙文主义。

首先，法西斯教育注重向学生灌输国家沙文主义的思想，强调个人应该绝对服从国家意志的控制。在秦梯利主编的《意大利百科全书》中有一篇据说是墨索里尼的论法西斯主义的文章。这篇文章强调了法西斯主义的三个观点：①法西斯国家是个性的表达方式，它对意志的渗透决不亚于理智。它不仅仅是一种精神状态，而且是一种心甘意愿的做法。一个人的全部行为都是由它加以调节的，因此它也起了伦理性的指导性力量的作用。②万物皆包括在国家之中，国家决不容任何反对，国家之外再无他物。显然，在墨索里尼看来，"国家"不仅仅是一种统治体，而且是人民的精神中的最高境界和最优秀部分的表现形式，因此，它是高于任何个人意志的，对生活的所有方面都具有无所不包的权威性。③法西斯主义是行动，是积极的斗争。行动包括两种，一种是通过持续不断的战斗，以完成法西斯国家的具体目标，扩展国家的雄心和领土；另一种是教育活动，即教育别人认清法西斯生活方式。①

秦梯利也强调，个性是通过国家的形式具体而积极地显示出来的，而国家则存在于每个人的个体意识之中，个人应该完全为国家的利益服务。在《教育改革》一书中，秦梯利明确地提出，"教育的必不可少的任务是培养好公民，所谓好公民就是能倾听发自自己内心的'国家'的呼声的公民"。②

德同纳粹党的教育理论家爱伦斯特·科利克（1882—1947）认为，国家规定方向、组织和纪律，抑制破坏性的个人主义，培植人民的基本价值观和凝聚力。国家是人民品格的伟大培育者，政治态度的培养者，并系统地提出、阐述人民的集体意志。教育最重要的目标是建立和巩固民族共同体感，而民族共同体的建立则必须通过国家和人民意志的化身——领袖的坚定领导。所有的知识分子都负有这么一种伦理上的义务，即使自己的工作有助于人的塑造，并按照社会的特性和国家的法律来创立民族生活秩序。要使受教育的人能够时刻准备为国效劳甚至牺牲。

日本军国主义宣扬的爱国和忠君是合二为一的。早在明治维新时期，就把体现日本武士道德规范的武士道的核心内容由"忠于主人"改为"忠君"，使之成为凡天皇之敌，皆为武士之敌，并且把这一武士道的核心精神由武士推及普通人，使之成为全体日本人必须遵从的头条准则。通过宗教的说教，不仅把天皇神格化，还把日本国土说成是神所开辟的土地。

为了培养日本青少年忠君爱国的"日本精神"，日本文部省于1935年成立了教育改革委员会。该委员会于1937年推出《日本国家实体的基本原则》一书，在短短的12年时间内，此书发行了200分册，书中的许多内容被辑入教科书。该书旨在追溯日本民族和日本帝国之本源，以证明日本是世界上最优秀的民族和国家。它还解释了日本的国家集权主义

---

① 康内尔. 二十世纪世界教育史[M]. 张法琨等译. 北京：人民教育出版社，1990：530-531.
② 同上书，533.

的性质，日本不同于西方，西方国家的公民只是为了共同的利益才支持一个统治者，而日本的天皇及其臣民则是同一的，他们同出于一个神圣的渊源。所以，教育的目的不在于使个人达到自我实现，而是在国家的发展中实现个人自我的发展。"为了通过学校教育来培植忠君和爱国主义，天皇和大和民族的神圣起源在学校教育中就被赋予极端的重要性。参拜供奉历代天皇及其先神的神社也是同样重要的。学校当局试图这样来为现存政治专制和军方统治的局面'建起一道坚定不移的信念组成的防波堤'。"①

日本发动侵华战争以后，国家沙文主义的教学内容充斥了教科书，所有课程的教学都渗透了这种内容，其中以历史课尤甚。历史课的主旨在于使儿童认识日本帝国正在完成的所谓"辉煌的历史使命"，所遵循的路线和方向。康内尔根据桦泽富太郎所著《教科书所反映的日本教育的变化》一书的内容，绘制了日本历年教科书中有关道德内容的百分比图，该图表明，日本学校道德教材中宣扬军国主义国家意识的内容，1903年时占总量的15%，1933年为19%，而到1941年时达到38%。

其次，法西斯教育在灌输国家沙文主义思想的同时，还竭力鼓吹民族沙文主义，两者往往是交织在一起进行的。在这方面，最典型的是德国纳粹党的教育政策和措施。

德国在19世纪统一以后，即开始注重民族主义的教育。第一次世界大战以后，激发国民民族自尊心的教育更是受到重视。1920年，在《国家内务部部长科赫在全德学校工作会议上的开幕词》中，对德国新教育事业规定的任务"首先是培养民族思想的必要性。……要在我们的孩子身上唤起和培育一种关于德意志民族之伟大和敬畏心情"。不过，科赫在开幕词中还提到，"我们要清楚地认识到，所有民族都为人类的进步作出了一份贡献"。② 然而，待纳粹党主宰德国政治的时候，执行的却是一套民族沙文主义和十分露骨的种族主义政策。

希特勒鼓吹的日耳曼民族是世界上最优秀的民族，更捏造"雅利安人"是"高贵人种"，并宣称当代具有某种体质特征的人群是"纯雅利安人的嫡系"，借以证明消灭"劣等人种"，尤其是犹太人的"正确性"。纳粹党教导德国青年，要敬崇日耳曼民族和文化，并把自己看成是德国传统的继承人，"日耳曼民族在整个人类历史上都是富有创造力的力量。他们建立帝国、统治其他民族，后来，由于与外族通婚，他们种族的纯度和优点退化，所以才失败了。德国是日耳曼民族中心和发源地。所以，德国青年必须热爱这块哺育他们的土地，为他们民族以往的成就而自豪，使日耳曼种族保持纯洁，免遭污辱，在他们领袖的指挥下，对任何妨碍德国显示及享有其真正命运的环境和影响力作斗争"。③

纳粹在对犹太人实施惨绝人寰的种族灭绝暴行的同时，在学校中极力推行民族沙文主义的教育。1937年，德国发表了一个关于小学课程改革的文件，1940年又对此作了补充。这次改革确定初级小学4年的任务是为共同的民族意识打基础，组织课程的指导思想是了解、热爱祖国、培养学生的种族意识，并对纳粹党的一切产生崇拜。

1937年，德国还进行了旨在精简中等教育体制的改革，1938年又进行课程改革。这次改革的宗旨是，政治凌驾于教育之上，教育则是按照新的政治、社会秩序的形象来建立

---

① 康内尔. 二十世纪世界教育史[M]. 张法琨等译. 北京：人民教育出版社，1990：523—524.
② 瞿葆奎主编. 教育学文集·联邦德国教育改革[M]. 北京：人民教育出版社，1990：37—38.
③ 康内尔. 二十世纪世界教育史[M]. 张法琨等译. 北京：人民教育出版社，1990：542.

的。在中等教育设置的课程中，最受青睐的科目是历史，因为历史的学习能使学生点燃"种族的意识和感情，通过本能与理智而注入青年人的心胸和头脑"。"被称为纳粹历史教科书发展顶点的初级中学历史教科书《永恒之路》，便极富吸引力地强调了德意志民族及其领袖英雄的成就，强调了保持血统和文化纯洁性的必要性。历史教学并不是一种枯燥的智力学习，而成为一种富有活力的情感陶冶"。[1] 在所有的自然科学中，生物是最受重视，是各年级的必修课。然而，生物课教学的主旨在于说明，人们为了在生存竞争中获胜，就必须了解遗传、种族和人口增长等事实；"学校里第一堂课就应该教种族本质、遗传规律。……必须说清楚，日耳曼民族属于北欧种族，他们的未来幸福和成功有赖于他们的北欧血统的纯洁性。学生们必须下决心保持这种纯洁性。"[2]

4. 注重体育和品格教育

法西斯教育之所以将教育与法西斯政治捆绑在一起，鼓吹国家沙文主义、民族沙文主义，其目的在于在全国人民中煽起民族复仇的情绪，以便发动侵略战争，法西斯主义者需要的是实施侵略战争所必需的军人。所以，重要的不是传授知识，而是健康的体格，以及勇敢、坚毅以及视死如归的牺牲精神。这就构成了法西斯教育的另一个重要特征，即注重体育和品格教育。

法西斯主义注重体育和品格教育最深刻的思想基础乃是非理性主义哲学。现代西方的非理性主义哲学可以上溯到19世纪德国哲学家叔本华（1788—1860）用"意志"对于德国思辨哲学的"理性"所作的挑战。19世纪末，德国哲学家尼采（1844—1900）对理性发起又一次挑战，提出了权力意志论。无论叔本华或是尼采，都把"意志"的意义无限夸大，并加以人格化，使之成为主宰一切的独立实体，并具有无限的能动性。尼采甚至将意志看做是社会历史发展的动力，历史的发展过程是由人的意志所决定的主观过程。20世纪初，斯本格勒（1880—1936）发展了尼采哲学的破坏性，提出生存斗争就在于征服弱小民族；民主和自由滋长了无政府状态，应该在军国主义和社会主义结合的基础上建立一种新的文化，以拯救西方文化的没落。到20世纪20年代，存在主义哲学在德国兴起。海德格尔认为，要成为强者，就要正视死亡；人要深切地领悟自己的存在，就要毫不犹豫地选择死亡。不难看出，这些观点同法西斯主义思想有很多相通之处。

希特勒和墨索里尼都是权力意志论的信徒。希特勒的《我的奋斗》中的某些内容，实际上就是尼采超人哲学的演绎，墨索里尼也承认自己的演说及笔调有尼采的口味，而且尼采的著作使他受到很大的感染，并医治了他的社会主义。当这些法西斯主义的头目一旦握有国家的权力以后，便狂妄地要用自己的意志来改变世界，而要做到这一点，必须要按照自己的意志塑造年青一代。

希特勒上台伊始，就扬言要在青年身上开始他的"宏伟的教育事业"，并通过青年塑造一个新世界。希特勒直言不讳地说，"我不要智育。以知识进行教育，会毁了青年一代。""我要的是残暴的、专横的、无畏的和冷酷无情的一代青年。青年必须具备这一品质。他们必须忍受痛苦，他们身上不应有软弱和柔情。……我要我的青年健美有力。我要他们在一切身体锻炼中得到训练。我需要一代强壮的青年。这是首要的大事"。此外，青

---

[1] 扈中平等. 挑战与应答 [M]. 济南：山东教育出版社，1995：313.
[2] 康内尔. 二十世纪世界教育史 [M]. 张法琨等译. 北京：人民教育出版社，1990：561.

年还"应该给我学会在艰难无比的考验中战胜死亡的恐惧"。[①]

重视体育是法西斯教育普遍的特点,值得提出的是,法西斯国家的体育,除了旨在增强学生的体质之外,还渗透了军事、道德和精神的内容。德国甚至在小学的体育方面,就在"健康"和"体力"之外,还强调军事准备和种族意识。初等教育的重点除了德语之外,就是体育。日本从1925年起就在学校开展军训课程,为了培养学生武士道的精神,还教授武术,剑道和柔道。

法西斯主义本身毫无理性可言,法西斯主义教育也排斥以培养思维逻辑性、客观性和批判性为主的智力训练,而且,法西斯头目也几乎毫无例外表现出对知识分子的蔑视。他们注重的是品格教育。

在法西斯希望青年人形成的品格中,最重要的莫过于对国家和领袖的忠诚、服从,在战争中勇敢、顽强的品格,以及不怕牺牲的精神。为了培养这种品格,法西斯国家除了加强国家对学校的控制,使之政治化、军事化之外,更重视让青年在学校外的政治运动和实际的活动中接受锻炼和考验。

纳粹党坚信"只有通过生活才能燃起生活的激情",对于远离现实生活的学校能否对青年人培养它所需要的性格深表怀疑,所以,纳粹德国在1938年颁布的《新教学计划〈高中教育与教学〉施行公告》中,将学校的任务规定为运用自己特有的教育手段"协同"其他教育力量以造就国家社会主义的人。该公告明确提出,"生活和行动优先于一切教育与培养制度",而且"阿道夫·希特勒的国家成了教育国家,因为元首通过创建他的帝国,将他的人民的力量凝聚在唯一的一种政治意志、唯一的贯穿所有人头脑的世界观之中,从而再度使得伟大和富有意义的教育成为可能"。[②]

从纳粹的党卫军、冲锋队以及希特勒青年团那里,法西斯主义找到了青年人品格养成的"新的教育原则"。这些组织在政治斗争的过程中,不仅保证了法西斯的国家社会主义在政治上的胜利,发展起一种新的生活秩序,而且造就了人。"在国家社会主义的国家接受公共教育事业之前很久,学校和国民教育机构之外,就已产生了一种自我封闭的青年教育体系,在这个体系中不是通过教导,而是通过共同战争获得了新的立场,培养和考验了运动写在它的旗帜之上的性格美德。政治性的青年后备队在从国家社会主义国家手中接受其特殊的教育使命之前,就已成为一种新的教育承担者了。"[③]

希特勒在1935年提出了一个"我们人民的教育圈":儿童参加"少年团",继而进入"希特勒青年团",青年团的小伙子将加入冲锋队、党卫军及其他组织,这些组织的成员将参加劳动服役,然后参军,军人又将再回到纳粹党、冲锋队、党卫军这样的组织。希特勒希望通过他的"教育圈"来培养出"坚强的一代"。除了发挥这些政治组织在形成青年人的体格和品格方面的教育作用之外,1934年,德国国民教育部还规定,凡城市里学校的学生在受完8年制国民学校的教育之后都必须在"乡村生活年"里参加9个月的农村服役;1935年又颁布"劳动服役法",规定所有18~25岁的男青年都必须到半军事化性质的劳动服役营里服役6个月。所有这些做法的目的,都不在于传授知识、发展理性,而是

---

① 瞿葆奎主编. 教育学文集·联邦德国教育改革 [M]. 北京: 人民教育出版社, 1991: 213—214.
② 同上书, 220.
③ 同上书, 221.

造就希特勒之所谓"自由的、雄壮的猛兽","世界将在他们面前发抖"的一代青年。

德国纳粹的希特勒青年团的运动是20年代开始发展起来的,与此同时,20年代在意大利也有一场类似的青少年运动,不同的是意大利的青少年运动不是以墨索里尼,而是以意大利反对奥地利侵略者的小英雄巴利拉命名的。"巴利拉"是意大利法西斯青少年运动全国性组织的总称,由两个部分组成,一个是由8～14岁男孩组成的"少年巴利拉团",另一个是由14～18岁男青年组成的"法西斯前卫团"。1930年以后,又增加由6～8岁男女儿童参加的"狼孩"组织和18～20岁男女青年参加的"青年法西斯党"。

这些组织的建制模仿军队,活动的宗旨是对青年进行道德教育和体格训练,以便使他们认识到意大利新生活的意义。"巴利拉"组织的章程中列举了6项活动:①进行纪律观念和军事意识教育;②入伍前的军事训练;③通过体操和其他运动项目进行体格锻炼;④道德精神和文化训练;⑤专业和行业的训练;⑥宗教义理教育。通过这些活动,要达到下列三项目的:第一,各种体育活动,尤其是集体项目的体育活动如露营、登山、体操、舞蹈等,旨在增进健康,并加强合作精神和团体的纪律性;第二,在军事化的组织内养成爱国和尚武的精神,使"信仰、服从、战斗"的座右铭深入人心,以便在领袖一旦发出号召时能恪尽职守;第三,效忠墨索里尼,拥戴并服从组织中的各级领导。[①]

日本在加强学校里的军训和"日本精神"教育的同时,还模仿德国和意大利的经验,成立"青年训练所",凡年龄在16～20岁的青年都必须接受军事训练。此外,还成立了大量的青少年组织,"这类组织十分类似意大利和德国法西斯统治时期的'青年运动',对青年一代有不可低估的影响。据统计,到1928年时日本已有28338个青年活动组织,成员总数达到4048459人。这也是实施军国主义教育的一个重要途径"。[②]

[①] 康内尔. 二十世纪世界教育史 [M]. 张法琨等译. 北京:人民教育出版社,1990:534.
[②] 滕大春主编. 外国教育通史(第五卷)[M]. 济南:山东教育出版社,1993:485.

第四章 对峙双峰的教育改革

20世纪初激荡世界的以民主主义为主要内容的教育改革进程,由于日本、德国、意大利法西斯主义势力的崛起,以及最终酿成的第二次世界大战而中断。从20世纪30年代末开始,世界各国关注的焦点,无论民主力量一方或是法西斯一方,都是赢得战争的胜利。

1945年8月,第二次世界大战最终以民主力量战胜法西斯而胜利结束。然而,在世界各国人民狂热庆祝胜利之时,人们惊奇地发现,世界发生了巨大的变化。

第二次世界大战虽然改变了世界的政治格局,但天下仍不太平,人类仍然处在新的战争威胁之中。战后,世界上形成了以苏联为首的代表人民民主力量的社会主义阵营和以美国为首的资本主义阵营。随着法西斯主义的灭亡,昔日在反法西斯主义战斗中结成的盟友,现在成了敌人。虽然以美国为首的资本主义阵营妄想独霸世界,铲除社会主义,但世界各国人民对于惨绝人寰的第二次世界大战记忆犹新,人民从对战争的反思中,坚定了反对新的世界战争的信念。于是战后初期,美国以冷战的形式向苏联进行挑衅,苏联也针锋相对地采取了相应的措施,这样就形成了长达十余年的资本主义和社会主义两大阵营的对峙和冷战的世界政治格局。60年代以后,资本主义阵营出现了分化。同时,由于苏联的霸权主义和苏、中两党深刻的意识形态的分歧,社会主义阵营也不复存在。这样,美苏双峰对峙和争霸取代了两大阵营的对峙;美苏争霸成了世界政治的一个重要主题,也是世界紧张局势的祸首。

在第二次世界大战中,战争的需要乃是世界各国发展科学技术的直接动力。第二次世界大战期间启动的新科技革命(也称第三次科技革命)以20世纪40—50年代原子能的利用、电子计算机的发明和空间科学技术的发展为标志。在短短的几十年内,世界上出现了一系列具有划时代意义的伟大发明和创造,并深刻地影响了人类的物质生产乃至生活方式。

第二次世界大战以后的政治、科学技术的发展以及与它们有直接联系的经济、社会、文化等方面的变化,深刻地影响了教育。为了适应新的发展形势,第二次世界大战以后,世界主要的国家相继进行教育改革,并形成了20世纪第二次世界性的改革高潮。这次改革发端于1957年苏联第一颗人造卫星上天,以美国1958年《国防教育法》和苏联《关于加强学校同生活的联系和进一步发展苏联国民教育制度的法律》的公布为标志,一直延续到70年代。虽然各国发起这场教育改革的原因和目的各不相同,但都以普通教育(中、小学教育)为改革的重点,都有一个共同的内容:使教育为实现国家的军事目的服务,其中主要的内容是改革课程和教学方法,使教育为发展本国的科学技术,促进生产的发展服务。此外,就改革的实施来说,都有一个共同的特点,即改革是自上而下地进行的。本章主要讨论战后对峙的双峰——美国和苏联的教育改革。

第一节　第二次世界大战以后世界的新局面

第二次世界大战是一场世界反法西斯战争。在这场战争中，民主战胜了法西斯，正义战胜了邪恶，光明战胜了黑暗。继1945年4月墨索里尼被意大利游击队处死，苏联军队攻入柏林及希特勒自杀之后，1945年8月，日本天皇裕仁以广播《停战诏书》的形式宣布投降，标志着第二次世界大战的结束。

第二次世界大战是世界各国人民用血和泪写下的人类历史的光辉篇章。这场人类有史以来规模最大的战争，改变了世界的面貌，对人类世界产生了重大的影响。

一、国际政治的新格局

第二次世界大战给法西斯政治制度作了判决，日本、德国、意大利三国的法西斯政权和战争机器被彻底摧毁，这三个国家的政治、教育等各个方面，都发生了巨大的变革。与此同时，反法西斯同盟也发生了深刻的变化。

1. 资本主义阵营和社会主义阵营的对峙

在第二次世界大战中，苏联的社会主义制度经受了战火的考验。战后，苏联在世界人民心目中的威望和国际政治地位空前提高。同时，社会主义由1917年在俄罗斯一国的胜利走向在多国的胜利。在欧洲，从1945年年底至1947年年底，南斯拉夫、阿尔巴尼亚、捷克斯洛伐克、保加利亚、波兰、匈牙利、罗马尼亚先后成立了人民民主政府；1949年10月，德国的苏联占领区建立了人民民主共和国。在亚洲，在1945年至1949年间，越南、朝鲜和中国的革命相继取得胜利，建立了人民民主政权。这样，在欧、亚广大地区形成了一个以苏联为首的社会主义阵营，中华人民共和国的成立，尤其壮大了这个阵营的力量。

战后，亚洲、非洲的帝国主义国家殖民地的人民，在人民民主国家取得胜利的鼓舞下，掀起了争取民族解放运动的高潮，不少国家纷纷独立。

战争的损失、消耗，以及海外殖民地的不断丧失，大大地削弱了老牌帝国主义国家英国和法国的实力。与此相反，地处远离战场的美国，在战争期间将自己拥有的工业生产力量投入军事生产，为反法西斯国家提供大量的军火和物资，几乎成了同盟国家的兵工厂。所以，战争使美国的军事和经济实力急剧增强。在其他国家都为战争打得筋疲力尽的时候，美国成了世界头号军事强国。这样，美国在资本主义阵营中盟主的地位便得以确立。实力的变化使美国奉行了一个多世纪的"孤独主义"政策退出历史舞台，美国以世界宪兵为己任。正像罗伯特·梅逊带有嘲讽的口吻所说的那样，"20世纪中期以来，美国的领导起了亚历山大、罗马皇帝和查理大帝的继承人的作用。这个国家开始由一个寡头政治集团领导；虽然没有一个人具有亚历山大或奥古斯都那样的英雄气概，但是，这个国家还是在从事亚历山大他们曾经干过的事业"。[①]

虽然在第二次世界大战结束的前夕就在旧金山召开了联合国制宪会议，但是，对于美国和苏联之间在国家利益和意识形态方面的深刻分歧，联合国是无能为力的。战争结束以

---

① 罗伯特·梅逊. 西方当代教育理论[M]. 陆有铨译. 北京：文化教育出版社，1984：13.

后，随着法西斯政权的毁灭，以及美苏间政治裂痕日益扩大，美国统治者对苏联采取了越来越严厉的敌视态度。

1946年，刚刚落选的原英国首相丘吉尔（1874—1965）在密苏里州的富尔敦发表演说，鼓动英美联合对抗苏联，从而揭开了"冷战"的序幕。1947年，美国总统杜鲁门在其就希腊、土耳其免受所谓"苏联渗透"问题向国会宣读的咨文中，把苏联称为"极权国家"，并声称要在世界所有的地方同苏联对抗。这项后来被人们称为"杜鲁门主义"的政策声明，不仅标志着战争期间结成的美苏同盟关系的结束，同时也意味着冷战的开始。1949年，美、英、法等12国签订了具有军事结盟性质的"北大西洋公约"。对于美国的挑战，苏联采取了以牙还牙的态度，1955年，苏联、捷克等东欧8个社会主义国家也签订了类似性质的"华沙条约"。这样就形成了战后至60年代长达10余年的以美国为首的资本主义阵营和以苏联为首的社会主义阵营之间的对峙和冷战。

2. 60年代以后的美苏争霸和"三个世界局面"的出现

进入60年代以后，国际社会出现了"大动荡、大分化、大改组"的局面，这种动荡、分化、改组的结果是改变了此前的资本主义阵营和社会主义阵营互相对峙的世界政治格局。

战后，美国为了称霸世界，一方面四处出击，干涉别国的事务；另一方面，对于资本主义阵营内部的西欧、日本诸国加强在政治、军事、经济等各个方面进行控制，引起了内部的摩擦和矛盾。与此同时，美国的侵略和扩张政策也很不顺利，50年代的朝鲜战争没有得手，60年代更是陷在越南战争的泥淖之中。与侵略和扩张相配套的扩充军备的政策也消耗了美国的实力，到了60年代，美国国内也是矛盾重重。1960年，美国民主党总统肯尼迪在就职演说中向美国人提出，不要问你的国家能够为你做什么，要问你能为你的国家做什么，表示了对国内问题的忧虑。然而，这无济于事。以美国黑人为主体的黑人民权运动在60年代蓬勃展开，除了马丁·路德·金的"自由进军"之外，还有带有暴力倾向的黑豹党。在校园内外，以反对美国侵略越南的"反战运动"此起彼落。此外，在美国青年中还出现了以逃避现实方式来表示反叛社会的"嬉皮士"运动。在美国实力下降，而西欧、日本的经济迅速复兴并起飞的情况下，西欧、日本对美国的离心倾向不断加强，资本主义阵营不可避免地要走上逐渐瓦解的道路。

50年代末，苏联也逐步走上与美国争霸世界的道路，推行霸权主义政策。为了实现自己的战略目的，苏联加强对其他社会主义国家的控制与干涉，这必然要引起中国和其他社会主义国家的坚决抵制。对于苏联的霸权主义政策和苏联共产党背叛马列主义的种种政策和行为，中共和苏联在60年代进行了公开的论战。然而，这未能使苏联改弦易辙。在苏联一意孤行地推行霸权主义政策的情况下，社会主义阵营事实上也不复存在。

60年代，在两大阵营分化的同时，亚洲、非洲、拉丁美洲一大批原来的帝国主义国家的殖民地、附属国相继摆脱了帝国主义、殖民主义的强权政治，坚决维护国家主权和民族独立。此外，这些国家还以独立自主、和平中立、不与任何大国结盟的形式积极参与国际事务。南斯拉夫的铁托、印度的尼赫鲁、印度尼西亚的苏加诺、埃及的纳赛尔等首先提出了"不结盟"的概念。1961年9月，在南斯拉夫首都贝尔格莱德举行了第一次不结盟国家首脑会议，并发表了《不结盟国家和政府首脑宣言》。此后，不结盟国家于1964、1970、1973年分别在开罗、卢萨卡和阿尔及尔召开第2、第3和第4次会议。参加会议的国家数逐次扩大，1961年第1次会议时，参加国25个，至1973年的第4次会议，参加国已达到75个。不结盟国家已经成为世界政治活动中一支重要的力量。

概言之，自第二次世界大战结束至70年代，世界政治的格局大体上可以分为两个阶段。在60年代以前，世界政治的格局是以美国为首的资本主义阵营和以苏联为首的社会主义阵营的对峙；从60年代开始，两大阵营都发生了分化，新兴的独立国家的力量不断增强，这样，就开始出现了三个世界并存的新格局：美苏两个超级大国为第一世界，它们为争夺世界霸权而倾力开展军备竞赛，成为世界紧张局势的祸源；西欧、日本等发达国家构成第二世界；亚洲、非洲、拉丁美洲发展中国家构成第三世界，这是新兴的国际政治力量、是维护世界和平的主力军。中国是第三世界中最大的国家，是维护世界和平的坚定力量。

二、新技术革命

第二次世界大战结束前后，在世界政治领域发生轰轰烈烈变革的同时，在科学技术界也进行了一场静悄悄的革命。这场革命就是始于20世纪40、50年代的新技术革命，或第三次科技革命。新技术革命对于军事、经济的发展和人们的社会生活都产生了深刻的影响。

1. 新技术革命的基础和条件

在第二次世界大战期间启动的新科技革命，乃是20世纪以来科学发展的一个结果，或者说，20世纪以前的科学发展为新技术革命提供了科学理论的基础。

19世纪末20世纪初以来，人们在科学实验中发现了一系列的新现象，从根本上动摇了以牛顿力学为基础的经典物理学理论，20年代建立了描述微观粒子运动规律的量子力学。1905年，爱因斯坦提出了狭义相对论，1915年又提出了广义相对论。物理学的突破性的发展，引起了整个自然科学领域科学思想的深刻变革，使化学、天文学、地学、生物学都取得了革命性的进展。在20世纪30、40年代，先后建立了一般系统论、控制论、信息论等新型的综合性基础理论。这些理论不仅揭示了事物之间的联系，而且对这些联系的具体过程进行了定量的描述，从而使人能够对过程进行控制。总之，20世纪以来科学的发展既表现为各门基础理论科学纵向上的变革和进步，又体现在它们横向上的互相促进、互相移植和渗透，促成了许多边缘学科和交叉学科的诞生，形成了庞大的纵横交错的现代自然科学理论体系，为新技术革命提供了科学的理论基础。

新技术革命发端于美国，这是因为新技术革命的实现除了有自身的理论准备之外，还需要有发达的工业、技术体系和雄厚的财力、人力基础。美国的工业生产在1894年便跃居世界第一位，成为世界上头号经济强国。到第一次世界大战以前，美国工业生产量超过了英、法、德、日四国的总和，并形成了发达的工业和技术体系。第二次世界大战期间，美国本土远离战场，这不仅使其完整地保存了本国的工业体系，拥有雄厚的经济基础和先进的科学技术水平，而且，德国犹太民族的科学家以及其他遭受战乱国家的科技人才大批地涌入美国，客观上形成了新科技革命的智力库。

军事和经济的需要也是促成新科技革命的又一个不可忽视的条件。在第二次世界大战期间，为了赢得战争的胜利，参战各国都希望通过科学技术实现武器的更新。战后，不论是严重对峙的各政治集团还是争霸世界的美、苏，各方都意识到依靠科技来增强自身军事、经济实力的迫切性，这种需要无疑构成了新科技革命的直接动力。

总之，新科技革命是一种历史的现象，它是20世纪以来自然科学发展形成的理论基础、发达的工业、技术体系提供的条件以及军事、经济的迫切需要共同作用的结果。

2. 新科技革命的标志

新技术革命是现代科学向高新技术转化的产物，是以物理学革命为先导的科学革命与技术革命相结合的结果。新科学技术革命的标志是：原子能的利用；电子计算机的发明；空间技术的发展。

原子能是原子核发生变化过程中释放出来的能量，是人类在20世纪发现的一种新能源。1938年，德国科学家在进行用中子轰击铀的实验时，发现了铀裂变的现象。1942年12月，美国芝加哥大学建成了世界上第一座核反应堆，首次实现了人工控制核裂变链式反应。

从1941年起，美国政府开始实施研制原子弹的"曼哈顿计划"，拨款25亿美元，动用科学家、工程技术人员和工人53.9万人次，经过3年多努力，造出3颗原子弹。1945年7月16日，第一颗原子弹在美国新墨西哥州的沙漠地区试爆成功。同年8月6日，美军向日本广岛投下了一颗原子弹。1949年，苏联研制的原子弹也成功爆炸。

1954年，苏联在莫斯科近郊建成世界上第一座核电站。核电站的建成，证明将核能转化成电能在技术上是完全可能的。这意味着和平利用原子能的时代开始了。人类使用的能源除了人力、畜力、水力、风力、煤炭、石油、天然气等之外，又有了原子能，这是人类能源技术发展史上具有划时代意义的事件。它标志着人类社会生产技术进入了崭新的原子能时代。

电子计算机是第一个能够代替人的部分脑力劳动的自动机器，它的出现是人类智力解放道路上的一个里程碑。它不仅极大地增强了人类的能力，而且对人类社会生活的各个方面都有着深刻的影响。

电子计算机的研制，始于第二次世界大战后期迅速计算炮弹弹道的军事需要。30、40年代电子技术和布尔代数等应用科学的发展，为电子计算机的研制提供了条件。1945年年底，美国物理学家莫奇勒为研究弹道而制成世界上第一台电子计算机。这台计算机以电子管为元件，采用外插型程序，需人工接通电路。1949年，英国制成了世界上第一台程序内存的电子计算机。电子计算机的应用，意味着生产技术将进入自动化的时代。

空间技术是现代科技高度发达的体现。空间技术中至关重要的运载技术即现代火箭技术发端于第二次世界大战。1942年，德国出于战争的需要，在军方的支持下，被人誉为"火箭之父"的布劳恩主持研究V－2火箭。V－2火箭最高飞行高度80公里，最高速度为7.5公里/秒，最大射程300公里。1944年9月，德军用这种火箭向巴黎和英国发射。1945年德国投降，苏联军队拿走了物（用于制造V－2火箭的设备），而美军带回去的却是人（布劳恩及研究、制造火箭的100多名专家和工程技术人员）。这些物和人，对于苏美空间技术的发展无疑具有极大的促进作用。

第二次世界大战以后，出于增强本国军事实力的考虑，美、苏都将火箭技术置于优先发展的地位。1957年8月，苏联宣布试射超远程多级弹道导弹成功；同年10月，苏联成功地发射了世界上第一颗人造地球卫星。这一方面意味着在这一轮竞争中，苏联在空间技术上领先于美国，另一方面也标志着人类进入了"航天时代"。

新技术革命促成了其他多种科学技术的突飞猛进，使许多新技术、新工艺、新材料得到了迅速的发展和广泛的应用。

3. 现代科学技术发展的趋势

20世纪40、50年代以原子能的利用、电子计算机的发明和空间技术的发展为主要标志的新科技革命，是一场世界性的、全方位的科技革命，其规模和影响远远超过以往的蒸汽革命和电力革命，从信息、能源到材料，几乎每个科学技术领域都发生了深刻的变革，可以说，这场革命将人类带进了一个科学技术的时代。在新科技革命的条件下，现代科学技术的发展表现出一些与以往的科技革命不同的特点和发展趋势。现代科学技术发展的特点和趋势，显然将冲击人类用以传递和发展文明历史的教育。

（1）科学技术的加速度发展。20世纪以来，随着现代工业生产的高度发展，科学研究的领域不断扩大、深入，同时，科学知识的积累也不断增加，使科学技术呈加速度发展的趋势。50年代以后，这种加速度发展的趋势更趋明显。《学会生存》一书对此作出了很好的概括："科学与技术从未像现在这样突出地显示出它们的威力和潜在力。在这个'二十世纪的后半期'，知识正以惊人的速度向前跃进。变化正在无限地加速，正像人类的知识和科学工作者的人数增加一样（整个人类历史上90％以上的科学家与发明家都生活在我们这个时代），与此同时，研究与革新也正在制度化。同样值得注意的是，科学发现与大规模的应用这种发现之间的时间间距也正在逐渐缩短。"[①]

首先，科学技术的新成果迅速增加。据资料统计，16世纪自然科学领域中的各种发现、发明的总数不过26项，17世纪106项，18世纪156项，19世纪546项，而20世纪前50年为961项。20世纪60年代以后，科学技术在以前取得的成果的基础之上，出现了以微电子、激光、光导纤维通讯、海洋工程、宇宙航行、生物技术、机器人、新材料、新能源为先导，以信息技术为核心的新的技术飞跃，一个以高技术发展为主导的新的工业技术发展高潮蓬勃兴起。各种新发明简直使人目不暇接。与科学技术新成果迅速增加有直接联系的是所谓"知识爆炸"或"信息爆炸"。"现代科技迅猛发展，诸多领域里都发生了深刻的变化，它导致科技知识积累量激增，陈旧率因此加快，淘汰周期缩短。人类的科技知识积累量在19世纪约50年增加一倍，至20世纪中叶已达每10年增加一倍，到70年代已经是每5年增加一倍的速率；同时，知识的陈旧率也加快了，至60年代，工业技术知识已有30％陈旧，电子技术知识则更呈现紧缩状态的淘汰周期，至60年代，已有50％过时更新；人类在50至60年代的新发明和新发现的科技成果竟超过了以往两千年的总和。"[②]

其次，从科学发现到大规模地应用这种发现的时间间隔逐渐缩短。从发现照相的原理到实际应用花了112年的时间；而太阳电池从发现到生产则只相隔两年。

下图[③]形象地显示了这种趋势。

---

① 联合国教科文组织国际教育发展委员会编著. 学会生存［M］. 上海师范大学外国教育研究室译. 上海：上海译文出版社，1979：126—127.
② 杨启亮. 困惑与抉择——20世纪的新教学论［M］. 济南：山东教育出版社，1995：158—159.
③ 本图采自联合国教科文组织国际教育发展委员会编著. 学会生存［M］. 上海师范大学外国教育研究室译. 上海：上海译文出版社，1979：127.

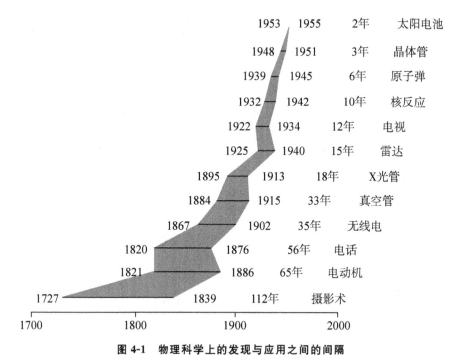

图 4-1 物理科学上的发现与应用之间的间隔

资料来源：伊莱·金兹伯格．技术与社会变革．哥伦比亚大学出版社，1964．

第三，技术、产品淘汰的速度愈来愈快。随着科学发现到大规模应用时间间隔的缩短，新技术、新产品对旧技术、旧产品取代的速度也显著加快。以电子计算机为例，在1945年第一台电子计算机问世以后短短的20年间，电子计算机经历了电子管、晶体管、集成电路、大规模集成电路4个阶段。1947年研制成功的晶体管，很快得到推广应用。1966年时，美国的电子计算机、通讯系统和导弹系统曾全部采用晶体管，然而，到1969年时，这些设备上的晶体管全部被淘汰，代之以集成电路。

（2）基础科学、技术科学和专业技术逐步形成统一的整体。在自然科学研究的发展过程中，分化和综合是这个过程的两个互相联系的方面。但是，在不同的发展时期，则表现出不同的趋势。15世纪以后，科学从哲学中分化出来。在近代自然科学的发展中，物理学、化学、生物学等学科不断出现，学科分化的趋势居主导地位。从19世纪中叶开始，综合的趋势越来越明显。19世纪后半期产业革命以后，学科分化和综合的趋势明显加快，分化和综合的特征都很明显。第二次世界大战以后，综合的趋势占主导地位。这种综合使科学技术呈现出整体化发展的趋势。它突出地表现在以下三个方面。

第一，各门学科的理论、方法和实验技术互相渗透、移植，产生了许多边缘科学。在理论相互渗透方面，如物理学、化学相互渗透，产生了物理化学和化学物理；化学、物理学和生物学互相渗透，产生了生物物理、生物化学和分子生物学等。在研究方法和手段的移植方面，射电技术应用于天文学，产生射电天文学；激光技术应用于生物学和医学，产生激光生物学和激光医学等。在基础理论科学与技术科学、专业技术相互渗透方面，产生了材料科学、岩体力学、土工力学、材料力学等等。

第二，综合运用多种学科的理论和方法进行研究的综合性学科的出现。例如，环境科学和生命科学就属于这类综合性学科。环境科学不仅要以生态学、地球化学为基础，而且还要运用化学、生物学、物理学、地学、医学、工程学等领域的知识和技术对人类活动引起的环境问题，进行系统的综合研究，同时也使这些学科更加有机地结合起来。

第三，出现了许多横向学科。横向学科不以客观世界的某种物质结构及运动形式为对象，而是以许多物质结构及其运动形式中某一特定的共同方向为研究对象。属于这类的学科有控制论、信息论、系统论。1948年出现的控制论，就是以包括机器的、物质的和社会的系统在内的各种控制系统的信息和控制的共同规律为研究对象的。横向学科将自然科学的各门学科联系成网状结构，有助于科学技术的整体发展。

除了自然科学各门学科的上述几类的综合之外，自然科学还与哲学、社会科学之间相互交叉，这样又出现了许多新的交叉学科。教育技术学就是其中的一种。

（3）国家重视科学技术的发展。19世纪中期以前，推动科学技术发展的科学实验活动，往往是科学家个人的行为，而且，他们个人研究的发现，往往不能直接应用于生产。因此，那时候科学家个人自由研究的活动，对于生产力的发展不具有直接的推动作用。19世纪末，垄断资本主义有了发展，科学技术和生产的联系日渐密切，生产的发展对于科学技术的依赖性越来越大，这反过来又促进了科学技术研究的发展。为了解决工业生产提出的越来越复杂、越来越综合的问题，就需要有一种把多学科研究人员组织起来共同解决一定问题的组织，这样，科学研究不再采用个人自由研究的方式，而是一种集体的行为。19世纪后半期，英国剑桥大学的卡文迪什实验室，美国的爱迪生实验所，德国西门子公司的物理工程学研究所等，都是这类颇负盛名的研究机构。

新技术革命造成了科学技术研究社会化的趋势。军事和经济发展的需要，要求在科学技术的研究方面投入大量的人力、物力、财力，而这种巨大的投入，是任何个人或集体都难以承担的。在这种情况下，20世纪以来，国家对科学技术的发展日益重视，投入也日益增加。1937年，德国为了赢得战争的胜利，投资3亿马克建立军事科研中心和火箭研究基地，发展V1和V2火箭武器。1942年，美国组织了15万科技人员、投资20亿美元、动用全国1/3的电力，实施研制原子武器的"曼哈顿计划"。

在"冷战"的时代，美国推行杜勒斯的所谓"战争边缘"政策，利用自己拥有的核力量进行军事威慑。为了加强自身的军事威慑力量，国家更加重视科学技术的发展。1958年，美国为研制"北极星导弹"，组织了全国11000多家公司、研究机构参与其事。在苏联人造地球卫星的冲击下，为了以实力体现美国的威严，争取美国的光荣，肯尼迪总统1961年5月向美国国会宣布，"国家应当尽一切力量"在10年内实现把人送上月球并安全返回的目标。为此，国家投资200亿美元，参与其事的承包商达2000个，工人达几十万人。

总之，新科技革命深刻地影响了人类的生产乃至生活方式。由于科学技术的迅速发展和向生产力转化的速度日益加快，各个国家之间综合国力的竞争在很大程度上表现为科学技术的竞争，在这种竞争中，教育无疑有着发挥作用的广阔天地。

三、教育面临的挑战

20世纪初，杜威在《民主主义与教育》一书中强调，教育是为了解决个人的能力，促使社会向前生长，并且批评"在欧洲，尤其在大陆各国，这个注重为人类福利和进步而教育的新思想，成为国家利益的俘虏，被用来进行社会目的非常狭隘而且具有排他性的事业。把教育的社会目的和教育的国家目的等同起来,结果使社会目的的意义非常模糊"。①
1938年,杜威在《今日世界中的民主与教育》一文中仍然认为美国公立学校中的民主主义教育的"许多方面"值得赞扬,并且坚信,"如果利用我们的资源,包括我们的财政资源,去建成一个真正的、实在的、有效的民主社会,我们便能在国内和对世界其余部分,保卫民主制度,这种保卫比较信仰实力、暴利、战争所给予的保卫更可靠,更持久,更有力"。② 然而,时隔不久,杜威批评的这种欧洲大陆的国家主义教育在美国也出现了。

第二次世界大战以后,尤其在"冷战"时期,国家主义政治和国家主义教育的出现有其必然性和普遍性。当国际间存在着尖锐的矛盾和冲突时,国家的安全、国家的利益必将置于个人的利益之上,同时,国家也将动用一切资源为自身的安全和利益服务。在国家可以利用的资源方面,教育是其中的一种。因此,衡量教育成效的最高裁判,在于它是否能够为实现国家的目的服务。

1. 教育为政治服务

苏联和美国、英国等资本主义国家在第二次世界大战期间结成的反对法西斯主义的同盟丝毫没有消除它们在政治方面的分歧。第二次世界大战以后,共产主义和资本主义在意识形态方面的对立和冲突,日趋明显,教育的政治功能也愈益加强。

1946年,英国前首相丘吉尔在美国发表的"富尔顿演说"中,提出了"英语世界"和"英语民族联合"的主张,要建立"以英联邦与帝国为一方和以美利坚合众国为另一方的特殊关系",以对付以苏联为首的"铁幕"后的国家,即社会主义国家。

为了遏制苏联和共产主义的影响,美国利用其工农业生产方面的优势和财力,提出了复兴欧洲经济的马歇尔计划,以防止西欧在美苏对抗中发生不利于美国的变化。不久,又组织北大西洋公约组织建立美国与西欧国家的军事联盟。除了在国外采取一系列对抗措施之外,在国内,加强所谓防止"共产主义威胁"则成为政治生活的中心问题之一。

1947年3月,美国总统杜鲁门颁布一项联邦政府忠诚甄别计划,对300多万政府雇员进行全面调查,联邦调查局调查了1400宗所谓"嫌疑案"。与此同时,逮捕了大批美国共产党领导人,其中40多人被判入狱。1950年2月,参议员麦卡锡发表演说,声称一大批共产党人渗入了美国国务院。在当时美国反对共产主义的政治气候下,本来很不知名的政治流氓麦卡锡很快成为美国政坛的风云人物,而且,这种反共、反进步人士的"赤色恐怖"竟以他的名字命名为"麦卡锡主义"。在50年代席卷全美的"赤色恐怖症"中,教育界也成为重点清查对象。许多州和市强迫所有的教师举行所谓忠诚宣誓,有的州甚至授权学校当局可以随时解雇不忠诚的教师。许多州还成立教科书检查委员会,删除教科书中任何对美国政治和经济制度表示怀疑和不满的内容。

为"冷战"服务的教育,造成了50年代美国青年"沉默的一代"。然而,随着美苏对抗的加剧,尤其是60年代美国直接介入越南战争,"沉默的一代"转变为"怒吼的一代"。60年代美国校园的反叛运动、反战运动以及消极反叛的"嬉皮士"(Hippies)运动带来的是强化爱国主义精神、社会责任感和集体主义意识的教育。此外,"美国在60年代初要求中小学开设'共产主义'课,以大肆攻击共产主义,其目的也是为了要加强学校的思想

---

① 杜威. 民主主义与教育 [M]. 王承绪译. 北京:人民教育出版社,1990:103.
② 杜威. 人的问题 [M]. 傅统先,邱椿译. 上海:上海人民出版社,1965:32.

政治教育，打消美国公民中所存在的'恐共'意识和共产主义不可战胜的神话"。①

除了服务于国内的政治需要之外，教育还承担起向其他国家扩张的任务。丘奇在《对进步主义的反动：1941—1960》中写道："冷战也承担了与苏联在文化、精神和社会各方面的斗争，以把世界不结盟国家的人民争取到民主这一边来。人们普遍认为，这两个超级大国正为争取其他国家或忠诚于民主或忠诚于共产主义而竞争。……我们期望美国的教育在证明美国的生活方式是较好的方面起关键作用。"② 他认为，美国的教育要发挥这种"关键作用"，需要做好两方面的工作。第一，教育工作者要研究外语和外国文化，以帮助青年人克服美国传统的"眼界狭小主义和孤立主义"。第二，向其他国家兜售美国的生活方式以及美国民主的大众化的学校教育特有的优点。

同美国一样，苏联也同样注意强化教育的政治作用。1946年9月，斯大林在同英国记者的谈话中明确表示，一国内的共产主义，特别是像苏联这样国家内的共产主义是完全可能的。在这种"一国内共产主义"理论的指引下，苏联一方面注重实施第四个和第五个五年计划，以便奠定共产主义社会的物质基础，另一方面，则加强抵制西方思想的渗透，以致在文艺界和学术界扼杀了学术自由。60年代初，社会主义阵营虽不复存在，但苏美之间在欧洲和其他地区的对抗、猜疑、防范仍日渐加剧。

在对抗的形势下，苏联注重加强学校的共产主义思想的教育。1954年12月，苏联著名的教育家凯洛夫在俄罗斯教育科学院举行的教育学问题会议上讲到："苏联学校和苏联教育学，遵循党关于学校和关于意识形态问题的各项决议，努力使教学和教育工作的思想政治水平有所提高，并开始更多地注意教育的问题。苏联教育工作者应当看到和懂得，在我国学校的发展中出现了一种新情况，这就是：学校现在向党、政府和人民负有教育整个年轻一代的责任。"③ 在教育的实践中，对于学生思想政治方面的要求，始终在学校教育中占有突出的地位。博伊德和金合著的《西方教育史》对于苏联教育和意识形态的关系作了如下的评说："共产主义教育系统企图彻底而独立地开发人格的一切方面——'公'与'私'仅仅是同一关系的不同方面而已。此外，与学习和就业准备不可分割的是对其他理想品性的培养，诸如'一种积极的态度'，对'集体'的责任，有目的的训练和纪律，贯串于一切活动之中的'社会主义道德'的强烈观念，还有与上述各点相一致的美感。"④

除了加强学校的思想政治教育之外，在社会教育方面，也注重防止西方思想的渗透。"在校外对不同类型意识形态的限制则是通过对出版印刷、电影发行、电台广播和广告等的全面控制来保证的。艺术作品和剧院演出受到监督，危险性的外国书籍和杂志禁止阅读，但却大量发行国外健康有益的出版物。"⑤

美、苏等大国强化教育的政治功能自不待言，即使在第二次世界大战以后纷纷独立的亚洲、非洲、拉丁美洲各国，也同样注重通过教育来加强国家的独立地位。为此，这些国家在独立以后即努力清除殖民地时期宗主国的政治等各方面的影响，在发展民族经济的同时，着手通过教育来进行民族文化的建设。

---

① 扈中平等. 挑战与应答——20世纪的教育目的观 [M]. 济南：山东教育出版社，1995：291.
② 瞿葆奎主编. 教育学文集·美国教育改革 [M]. 北京：人民教育出版社，1990：420.
③ 瞿葆奎主编. 教育学文集·苏联教育改革（上）[M]. 北京：人民教育出版社，1993：630.
④ 博伊德等. 西方教育史 [M]. 任宝祥等译. 北京：人民教育出版社，1985：456.
⑤ 同上书，457.

2. 教育为科学技术发展服务

第二次世界大战在给人类带来深重灾难的同时，也给人们以许多教益，其中一个重要的方面是，各国都普遍认识到：任何美好的社会制度、道德理想，必须要有足够强大的军事实力加以维护，否则，一切都将是空话。

第二次世界大战表明，那些极端残酷、代表人类丑恶势力的日本、德国、意大利的战争狂人，因为拥有足够强大的军事力量，可以给人类带来巨大的灾难。美国等西方民主国家认识到，西方民主主义的文化和道德传统，如果没有强大军事、经济实力作后盾，终将不堪一击。而且，先进的科学技术、强大的经济实力，既不是民主思想的衍生物，也不是民主国家的专利品，因为日本、德国、意大利等法西斯主义国家在制造、维修和操纵复杂的军事工艺方面，同样也表现出了卓越的才能。任何国家要保持其世界强国的地位，要维护其政治理想和社会制度，必须首先在军事、经济方面保持世界第一。此外，发端于第二次世界大战后期的新科技革命，不仅极大地改变了人类的生产、生活方式，也转变了对于战争的概念。战争的胜负，主要不取决于人力的多少，也不单纯依靠步兵、骑兵的作战，而主要凭借先进的武器，以及受过系统训练、能够操纵这些复杂而昂贵器械的人。所有这些，并不取决于人在文学、艺术、道德等方面的教养，而是取决于人的科学技术的素养。对于处于敌对状态的美国和苏联来说，50年代对于科学家和工程技术人员的要求就像20世纪初对于熟练技术工人的需求一样。

"冷战"期间国家的需要，改变了人们对教育重点的看法。第二次世界大战以后，国家的要求成了制定教育标准的最后依据。教育主要是为了实现国家的目的，而原先在教育中处于主要地位的诸如注重个人修养、个人和谐发展等目标则放到了次要的地位。"因此，一个刚入学的聪明儿童，越来越不被看做是一个未来的诗人、画家、音乐家、文学家、评论家、宗教领袖、哲学家、小说家、甚或是政治家。人们首先想到的是把他培养成一个物理学家、技师、工程师——一个工艺技术王国里的预言家和牧师。人们把生产和创作看成就是制造大机器和创造新技术。"[1] 总之，人们对于教育同国家的命运以及科学、技术、工业、经济的发展同国家实力增强的关系，有了越来越清楚的认识。

教育为科学技术发展服务，成了第二次世界大战以后各国教育发展的主要趋势。就美、苏等出于严重对峙状态的国家而言，这实际上也是一种军备的竞赛，谁也不敢掉以轻心。科学技术的竞争在一定的意义上可以说就是科技人才的竞争，也就是培养技术人才的教育的竞争。从事原子能研究、参与美国第一艘核潜艇建造工作的海军上将里科弗把教育比喻为"美国的第一道防线"。他认为，最重要的是，必须使美国的教育出类拔萃。里科弗的工作主要是建造用于潜水艇、驱逐舰、巡洋舰、航空母舰、中心发电厂等各种形式的核反应堆，他指出："我们复杂的反应堆仅仅是那些更为复杂的若干项目的先驱，这些项目需要更多的受过良好的教育并具有强烈动机的人。我这样说是因为我不得不说。我的工作使我对未来已有所了解。未来属于教育最优秀的国家。让未来属于我们吧。"[2] 苏联在60年代初也进行了教育现代化的改革，其中一个重要的内容就是减少学生劳动的时间，加强物理、数学、自然科学等与科学技术发展密切相关的学科，以保持与美国竞争的

---

[1] 罗伯特·梅逊. 西方当代教育理论 [M]. 陆有铨译. 北京：文化教育出版社, 1984: 13—14.
[2] 瞿葆奎主编. 教育学文集·美国教育改革 [M]. 北京：人民教育出版社, 1990: 178.

势头。

发展中国家在致力于扫盲教育的同时，往往也以发达国家为蓝本，把教育作为发展国家经济的一种重要的措施，并注意科学教育。在科学教育方面，技术辅助的课程计划逐渐增多。"生物科学课程研讨"这一课程计划在45个国家和地区都有改写本。在经济合作及发展组织、纳菲尔德基金会等国际机构的援助下，这些组织的亚洲、非洲的成员国都制定了本国科学教育的课程计划。此外，联合国教科文组织也加紧开发实验计划，推出师资培训人员或教师用书。①

3. 教育为经济发展服务

无论是出于政治或意识形态的需要、或是出于发展科学技术、增强军事实力的需要，各国都把发展经济、增加物质财富放在极其重要的地位，以证明自己信奉的政治制度的优越性，并为耗资巨大的军备提供丰厚的经济实力。

如前所述，现代工业、农业的生产对于科学技术知识的依赖越来越大，科技知识对于生产力发展的促进作用越来越直接。由于新科技革命造成的技术、产品淘汰的速度越来越快，教育必须服从于这种需要，以往教育游离于生产过程之外的现象不复存在，同生产劳动的结合必将加强。

对于受教育者来说，教育的意义也发生了变化。在生产现代化的进程日益加速、工业化和城市化的趋势越来越明显的时代，个人掌握知识的多寡在很大程度上决定了他的就业机会和社会地位。那些掌握了生产、流通领域里迫切需要的专业技术的知识分子，不仅有很多的就业机会，而且有高额的薪俸。教育不仅可以产生较高的社会地位，而且可以产生金钱。反过来，工农业生产的需要，或就业市场的需要又给教育以巨大的冲击。家长送孩子上学，首先考虑的是自己的孩子通过教育获得较高学历以后可以谋取好的职业，受教育者在选择自己专业的时候，往往也要受到市场需要的支配。换言之，教育进入了市场。接受教育的目的，不再出于诸如发展身体，扩展知识或追求美好而高尚的真理，而是现实的需要。在这种情况下，知识成了商品，学校、尤其是高等学校和专业技术学校成了知识的市场。教师成了出卖知识的卖主，而学生则是购买知识和文凭的顾客。同时，教育也成了发展经济、培养和选择人才的重要因素。小斯蒂尔·古尔等在《经济的社会和政治的力量》一书中对于20世纪中期以来美国教育在社会发展方面的意义作了如下概括："由于学校不仅是给民众提供普通教育的机关，而且它还是选择人才，甚至是通过授予学位（这在现代社会里具有非同小可的意义）而给予人们较高的社会地位的机关，所以，学校发现自己在美国的社会结构中居于举足轻重的地位。"②

既然教育进入了市场，知识成了商品，那么，经济发展的需要便将决定各类知识的价值，这无疑将深刻地影响到学校教育的实践。

4. "知识爆炸"

新科技革命造成的所谓"知识爆炸"或"信息爆炸"给教育提出了一个新的挑战，即如何在有限的时间内使教育者掌握无限增加的知识或信息。这一新的挑战促进了教学理论

---

① 见加斯东·米亚拉雷等主编. 世界教育史（1945年至今）[M]. 张人杰等译. 上海：上海译文出版社，1991：230.

② 转引自罗伯特·梅逊. 西方当代教育理论[M]. 陆有铨译. 北京：文化教育出版社，1984：18—19.

的发展。20世纪50、60年代,围绕着在不增加学生学习时间的前提下,教师如何教得更多、更快、更透彻这一问题,出现了3种有代表性的现代教学论,即布鲁纳的学科结构理论,赞科夫的发展性教学理论,以及根舍因和克拉夫基的范例教学论。

美国心理学家布鲁纳认为,传统的教学模式在教学目标上,强调知识的传授,掌握教师给予的既成的结论,然而,最有价值的不是知识和技能的本身,而是各门学科的基本结构。应该让学生掌握诸如数学、物理、化学、历史等每一门学科的基本结构,因为一旦学生掌握了这种基本结构,就可以在此基础上扩大和加深知识,形成学习中大量普遍的迁移,而这种迁移就是教育过程的核心。与布鲁纳的学科结构课程论相辅相成的是教学手段和策略方面的发现法。布鲁纳在其《发现的行为》一文中提出,发现法具有4个方面的优点。[①] 第一,更充分地开发和利用人的智慧;第二,促使学习由外来动机向内在动机转换;第三,培养儿童学会发现的试探法;第四,有助于保持记忆。

苏联教育科学院院士赞科夫认为,传统的教育体系已严重地落后于生活的需要,必须从教学理论和方法的基础进行改革。赞科夫以"一般发展"为核心来构建他的发展性教学论。赞科夫理论的主旨在于,以最好的教学效果来促进学生的一般发展。所谓"一般发展"是指能力、情感、意志等各个方面的和谐发展。在学生的"一般发展"中,智力的发展是中心的一环,强调发展学生的观察力、思维能力和实际操作能力。赞科夫认为,教学应该走在发展的前面,要探求新的教学途径来促进学生的一般发展。对于传统教学只强调传授知识而不注意学生发展的做法,赞科夫持批评态度。他认为,"发展"与知识技能的掌握不是一回事,两者不一定一致,可能会有"剪刀差"。为了达到促进学生一般发展的目的,赞科夫提出了区别于传统教学原则的新教学论原则。

德国著名教育家根舍因和克拉夫基的范例教学,主要是通过典型事例和教材中关键问题的教授和探索,使学生理解普通的材料和问题。在人类知识积累日渐增多的时代,如果试图通过一门门学科的教学来穷尽该学科所包括的基础知识,势必使教材的内容过于庞杂、授课时数增加,这样将加重学生的学习负担,同时也将窒息学生的智力活动。为了克服传统教学的这些弊端,范例教学的理论提出,应该重视教学内容的重构,要选择教材中最典型的材料,形成"个案"或范例,通过对于"个别"的教学使学生掌握"一般",推及"一般"。克拉夫基认为,对于范例的选择,需要遵循3个基本原则,即基本性、基础性和范例性。此外,对于教学内容,要作下列5个方面的分析:第一,对教材能够阐明的普遍意义的分析。第二,教学内容对于学生智力活动作用的分析。第三,教学内容对于学生未来的意义的分析。第四,教学内容结构的分析。第五,教学内容特点的分析。范例教学论强调的是学生的主动的、发生的学习,而不是知识的灌输。

在"知识爆炸"的时代,新教学论的共同特点是,既强调对学生知识的传授,又强调发展学生的智力和能力;既重教、又重学,强调教会学生学习,使学生主动地学、独立地学、探索地学。在这个总的趋势下,除了上述3种新的教学理论之外,还有施瓦布的探究学习理论、奥苏贝尔的学习策略理论,斯金纳的程序教学理论,加涅的学习层次理论,布卢姆的掌握学习理论,巴班斯基的教学过程最优化理论等。事实上,这一阶段教育理论的发展,主要体现在教学理论的发展方面,而教学理论的发展,又集中在教学内容和方法的

---

① 见杨启亮.困惑与抉择——20世纪的新教学论[M].济南:山东教育出版社,1995:217—218.

改革方面。

概言之,第二次世界大战结束以后,"冷战"以及新科技革命向各国的教育提出了新的挑战,教育成为实现国家目的的重要工具。为了使教育更能适合国家的需要,从50年代后期开始,世界各国先后进行了教育改革,形成20世纪第二次教育改革的高潮。其中,美国和苏联在对峙、争霸形势下的改革尤为引人注目。

第二节 美国的教育改革

第二次世界大战期间,美国作为"民主国家的兵工厂",一方面刺激了美国经济的进一步发展,另一方面,由于美国支援并参与了反法西斯的战争,扩大了自己的政治影响。战争结束以后,随着美国经济、军事实力的增强,称霸世界的野心也大为膨胀。

尽管美国成了世界头号强国,但是,"美国在全世界的领导地位可能要受到挑战,美国的社会制度可能经受不了这么严峻的考验。'美国毕竟是脆弱的',在某些人的头脑中第一次产生了这样的想法。先进的生产和通讯技术所产生的力量,固然可以使人惊心动魄,然而,那些具有与我们截然不同的道德和政治价值的人们可能会像我们一样坚强有力,这一点会使人产生更加深刻的印象"。[①] 50年代朝鲜战争的失败以及后来的越陷越深的越南战争,充分地说明了这一点。在国内,谈虎色变的"赤色恐怖"、失业、贫困,以及少数民族的民权斗争、青年人中反主流文化的兴起等所引起的社会动荡,促使美国人对于包括教育在内的各个方面进行反思。

苏联1957年人造地球卫星的上天,无疑是促动美国进行教育改革的催化剂。这次教育改革启动的标志《1958年国防教育法》的颁布。出于国际和国内政治的需要,改革的主题是追求美国教育的卓越和教育的平等。

一、50年代对于教育的批评

战争期间,美国教育的发展受到很大的影响,无论学校数或是在校学生数都严重下降。战争结束以后,学校教育的恢复和发展成为一项迫切需要解决的任务。在这一方面,美国做了两项重要的工作[②]:安置退役军人就学和就业;使广大青年适应战后的生活。

在安置退伍军人就业就学方面,根据美国国会通过的《退役军人新适应法》的规定,到1951年年底,共有800多万名志愿入学的退役军人接受了学费和生活费的补助,其中入中等学校就读的343万人,入高等学校就读的235万人,其余230多万人为在职学习者。美国政府共为此拨付经费140亿美元。

为使广大青年适应战后生活的要求,1946年美国联邦教育总署建立了"青年生活适应教育委员会"。该委员会认为,约有60%的中学学龄青年未能受到作为美国公民有权接受的生活适应训练,应该为这部分青年制订生活适应训练计划。为此,数千所学校采纳了生活适应训练计划。

上述教育的举措表明,战后美国教育的主导思想沿袭了战前美国教育的主流,即旨在

---

① 罗伯特·梅逊.西方当代教育理论[M].陆有铨译.北京:文化教育出版社,1984:13.
② 参见滕大春主编.外国教育通史(第六卷)[M].济南:山东教育出版社,1994:85—86.

使学生适应生活的进步主义的那一套做法。"生活适应教育成为现代教育的象征,成为以前的四十年进步主义教育改革的体现(不管这会如何歪曲那些改革的意义)。因此,这就成为使1950年以后批评家活动如此活跃的批判现代主义的典型。"[1] 如本书第一章所述,即使在战前,进步主义教育已经受到要素主义、永恒主义等教育思潮的批评和攻击,而且,进步主义遭受攻击的主要方面在于,这种适应生活的教育将损害美国人一贯信奉的民主理想。当"冷战"的时代来到以后,对于美国教育的批评再度激烈起来。50年代的批评集中于教育的软弱和无目的性。这种软弱性和无目的性既反映在课程的设置上,也反映在教学的组织形式和教学方法上,其后果是教学质量下降,破坏了传统的社会文化稳定性。

1951年和1954年,联邦教育总署分别发表了《为每一个青年适应生活的教育》、《富有生气的中等教育》和《展望为适应生活的中等教育》等报告。这些报告强调,学校教育改革的基本着眼点,应为这部分人提供导致个人获得成功的生活适应训练,使美国教育向着适应生活的方向得到进一步加强。这种适应生活的教育无疑将削弱普通人文学科和自然科学的教学。这不仅使大多数教师感到难以实施这种教育,同时也引起了永恒主义者和要素主义者对这种教育的进一步指责。

永恒主义者主张人文学科的教育或自由教育。1953年,著名的永恒主义教育家赫钦斯出版了《教育上的冲突》一书,对于适应生活的教育主张进行了系统的批评,本书第一章第二节对此已有阐述。除了赫钦斯等从维护西方人文学科教育传统的角度对这种适应生活教育的批评之外,还出现了与30年代要素主义教育主张一脉相承的批评意见。30年代,美国民主政治的理想面对国内经济危机和国外德国、意大利法西斯主义的威胁,巴格莱曾惊呼,在美国国内外都处于非常危急的关头,美国的教育竟意外地软弱无能。50年代,美国在国内外都遇到了麻烦,而美国的教育仍然没有找到自己的方向。美国的教育忽略了一个至关重要的方面,那就是对儿童进行社会遗产和智力遗产的传递,因而导致了美国教育学术水准的下降。

同30年代不同的是,50年代对于美国教育提出批评的,主要不是专业的教育理论家。例如,在50年代对美国作出激烈批评的人中,担任1956年成立的美国"基础教育委员会"(The Council for Basic Education)会长的阿瑟·贝斯特是历史学教授,里科弗是海军上将,科南特是化学教授、外交家。然而,他们的观点同专业的教育理论家却是一致的。他们认为,美国的教育(这里主要指主张适应生活的进步主义教育)不懂得民主社会教育的真正性质,因而造就了没有文化的一代,这一代人不仅在智力上没有得到发展,而且不能忠于民主理想。

贝斯特的主要著作有《教育的荒地》(1953)和《学习的恢复》(1955)。在《教育的荒地》中,[2] 进步主义把教育仅仅看做经验,"对受教育者来说是令人愉快的,但是,对社会来说简直没有价值。照我们的看法,学校或大学仅仅成为奢侈供应行业的一个分部而已。好像火车上的休息车厢,给出差外地去办正经事的人们的一些生活的享受"。这是一

---

[1] 瞿葆奎主编.教育学文集·美国教育改革[M].北京:人民教育出版社,1990:401.
[2] 华东师范大学业教育系,杭州大学教育系编译.现代西方资产阶级教育思想流派论著选[M].北京:人民教育出版社,1980:170—180.

种"反理智主义"的教育,它造成了美国学校学术水准的下降,使公众不信任学校教育的成果,以致使学士帽和学士衣"成为漫画家作为愚蠢和无能的公认的象征"。反理智主义的教育不仅使学校不对学生进行科学的和学术的训练,"而且还威胁着自由本身"。贝斯特强调,人民所付的教育税乃是"为国家智力发展的投资",然而,尽管教育的人均经费不断增加,但教育却并未得到改观。"美国人民已经慷慨地、忠实地维持他们的学校。他们有权问一下我们公立学校的教育质量是否和他们所投资的经费和人力相称。实际上就是问学校行政人员是否已经像美国人那样忠实于民主教育的理想。"

在《教育的荒地》中,贝斯特援引美国第三任总统托马斯·杰斐逊(Thomas Jefferson)对于教育的理解,强调民主社会需要的是生产"知识传播"和"知识扩散"结果的那种教育,就是把科学看得更加重要的教育,就是承认普通的心智必须用教育加以强化的教育,就是旨在使人民得到启迪和赋予他们判断力的教育。"如果一个自由的民族要保持自由,这些就是学校必须达到的目的。请注意,这些都是智育的目的。总之,真正的教育就是智慧的训练。"

在《学习的恢复》中,贝斯特提出了以智慧的训练为基础的教育标准。他强调指出,美国教育的一个重要作用就是培养有智慧、有理性的公民,好的教育就是要提供"在历史、科学、数学、文学、语言、艺术以及其他科目中呈现的基本思维方式的训练,而这些科目是在人类长期追求有用知识,文化的理解以及智慧的力量的过程中发展起来的"。[①] 这些智慧的科目乃是现代人生活的基础,所以应该成为学校课程的基本成分。

在贝斯特和史密斯(M. Smith)的倡议下,1956年成立了"基础教育委员会"。在《基础教育委员会的纲领》中,史密斯提出了学校教育的4个目标:教会学生如何读、写、算;传授关于民族遗产和民族文化的事实;在教会学生读、写、算和传授民族文化事实的过程中,培养能力并激发思考的乐趣;提供道德判断的环境,如果缺乏这种环境,教育仅仅是一种动物式的训练。史密斯还引用要素主义者康德尔的话,学校是"使孩子在人类知识的基础领域中成为有学识的人"的场所。[②]

里科弗对美国教育的批评并非源于教育理论的研究。作为一名核能研究的专家,他对美国教育的态度来自对于受聘的研究人员素质的实际感受。里科弗曾负责监造美国第一艘核潜艇,在调集建造人员时,发现有竞争能力、开发能力的人员非常难以寻觅,从而引发了他对公立学校教育质量的批评。他反对"适应生活"的教育,主张对学生进行严格的学术与思维训练。在里科弗的主要著作《教育与自由》一书中,根据对人类文明进行历史的回顾,指出科技人才、有创造力的人才、科学管理人才对社会发展的重要作用。此外,不同的时代、不同的文明,需要不同的人才、不同的教育。开发新大陆时,需要的是崇尚勇敢、发展体力的教育,而在原子时代,需要的则是创造性人才和开发创造性头脑的教育。

里科弗根据大量事实表明,美国的人口不断增加,而资源却在减少,今后美国经济的发展将越来越依赖于科学技术的进步。对于苏联人造地球卫星的上天,里科弗在震惊之余,对于美国的国防和经济表示忧虑,由此引发对于美国教育的关注,并对美国的教育哲

---

① Arthur Eugene Bestor. The restoration of learning: a program for redeeming the unfulfilled promise of American education [M]. New York: Knopf, 1955: 7.
② 翟葆奎主编. 教育学文集·英国教育改革. 北京:人民教育出版社,1990:167.

学以及诸如教育内容、教育经费提出了直率的批评。他指出，适应生活的教育只能使儿童适应目前的生活，而无法通过发展潜力去创造未来更美好的生活。

面对公开声明要埋葬美国的苏联，里科弗指出，要对付苏联，除了唤醒美国认清所面临的危险，改善科学家和技术专家的待遇外，还要学习欧洲的传统教育，尤其是欧洲名牌大学的经验，改变对优秀智力漠不关心、对心智问题漠不关心的状况。为了强调自己的主张，他还引用了怀德海的一段话："凡是不重视有训练的智慧的民族是注定要失败的。所以你们在陆上或海上的胜利，并不能改变这个命运。今天，我们维护我们自己。明天科学又将前进一步，到那时，对没有教养的人所作的判决将不会有上诉。"①

科南特的主要著作有《教育与自由》(1953)，《知识的堡垒》(1956)等。1957年以后，在美国卡内基财团的支持下，曾对美国教育的状况进行调查研究。科南特认为，同欧洲的教育相比，美国教育缺乏的是刻苦努力和严格要求。在《知识的堡垒》中，科南特指出，甚至在高薪阶层都有相当多的家长责问校长（甚至私立学校校长）为什么让孩子学习非常困难的数学，为什么要让孩子学习外语。由于缺乏刻苦学习的精神，许多有志成为科学家的学生，在大学一年级时一旦碰到物理、化学、数学的困难就放弃了他们的雄心壮志。所以，美国中小学和学院里的大量时间被浪费了，因而不能培育足够数量的科学家和工程师，没有足够数量的人配备美国的工业和国防设施。

科南特认为，时代变了，而且，20世纪30年代和60年代不是程度上而是性质上的差别。当前的时代特征可以用"分裂的世界"和"核武器时代"来加以概括。"只要这个世界保持分裂，我们就有一个非常特殊和重大的责任。我们是自由国家的公认的领袖。由于我们国家幅员大，财富多，在这些自由国家反对苏联意识形态的斗争中，我们是主要的保卫者。"② 为了使美国能够承担"自由世界"领袖的责任，科南特提出了一系列改革美国教育的建议。

尽管上述批评意见的侧重点各不相同，但他们的矛头所指，都是进步主义的"生活适应"教育。正像丘奇在《对进步主义的反动：1941—1960》中所概括的那样，这些批评家认为，"进步主义的改革太强调适应，强调鼓励孩子追求他们自己的兴趣，强调社会活动、个体发展以及降低了基本的学术或训练技能的设计教学法（project method）。简言之，学校变得不够严格，因为学校忽视了重要的、学术的、用脑筋的和困难的学科。一些人认为，这些典型的现代学校与其说是一个学术机构，倒不如说更像马戏场"。③ 在冷战的时代，这些意见无疑要受到美国公众普遍的关心和支持，与此同时，进步主义教育也成了众矢之的。1955年，进步教育协会解散，这也标志着美国教育一个时代的结束。

二、种种改革的建议

在"冷战"和国家命运生死攸关的时期，美国人对于教育表现了前所未有的关心和热情，这同30年代美国陷于经济萧条时期的情况非常相似。30年代，围绕着教育的社会作

---

① 华东师范大学教育系，杭州大学教育系编译.现代西方资产阶级教育思想流派论著选[M].北京：人民教育出版社，1980：193.
② 同上书，1980：164.
③ 瞿葆奎主编.教育学文集·美国教育改革[M].北京：人民教育出版社，1990：402.

用问题曾经有过非常热闹的争论,后来由于反法西斯战争,人们注意的焦点转向战争,教育上的争论平息了下来。20年以后,面对新的问题,各种教育思想又趋活跃。除了永恒主义者赫钦斯等和改造主义者布拉梅尔德之外,赞同要素主义思想的观点和人物,对美国教育的改革表现了很大的热情,其中,影响比较大的是主张加强基础教育的贝斯特等人和主张提高教育效能的科南特等。

1. 加强基础教育

上文已经提到,阿瑟·贝斯特对于儿童中心、进步主义和杜威进行了尖锐而直率的批评。他认为,学校的任务不是帮助学生解决问题,而是提供广泛的系统知识和进行智力的训练。在《为智力训练的教育》一文中,贝斯特提出了进行智力训练的最基础的学科,"首先,一个受过教育的男人或女人必须能够有效地运用他祖国的语言。他必须能够阅读和书写;所以,他必须学习英语。其次,在一个所有的国家都有密切联系的世界里,每个人都必须有一些外语知识,并在需要时说一些外语。事实上,许多学校(包括我)都认为,除非他懂得一些外语,否则任何人都不能很好地懂得他自己的语言。第三,不管是谁,只要他想在现代社会里有效地发挥作用,那么学习历史是至关重要的,因为这种学习给人们过去的知识,它完全是人类经验的积累,它使面对变化事实的人做好准备。第四,没有人可以否认这一点,即当今的科学对于生活和学习比以往任何时候都很重要。第五是数学,它是科学的基础,而且对智力训练有着重要的作用"。[①] 显然,英语、外语、历史、科学、数学应该成为学校的基本课程,因为它们可以对学生进行智力的训练。

在《教育的荒地》中,贝斯特提出,能够给国家带来最大利益的教育就是对每一个公民进行智力训练。他强调指出,《教育的荒地》这本书的"论点是学校的存在总是要教些什么东西,这个东西就是思维的能力。当然,维护这一点就是维护优良教学的重要性。……严格的智慧训练有赖于优良的教学"。[②]

史密斯在《基础教育委员会的纲领》中引用要素主义教育家康德尔的话,认为学校是"使孩子在人类知识的基础领域中成为有学识的人"的场所。他分别提出了一般学生在小学和中学阶段应该完成的课业要求的最低限度。小学应该完成的要求是:能流利地阅读和书写,能准确地拼写和进行加、减、乘、除运算;了解本国和世界的基本地理知识,拥有基础科学的知识,对其他民族的文化和历史要有所了解,对本民族的文化和历史要懂得更多。更重要的是,应该使儿童知道无目的的脑力活动与有条理的思维之间的差异。中学(包括文理中学、实业中学和职业中学)最低限度的基础课程教学计划是:4年英语(包括文学、作文、语法);至少2年历史;1年平面几何和1年初等代数,为能够选修高等数学提供机会;1年生物和1年物理学;为所有的学生开设几门外语;作为选修课的音乐和美术;从属于学术性教学计划的体育。

或许由于贝斯特和史密斯都是历史学教授的缘故,他们两人所提的建议都很重视文理学科。他们关心的是学科的人文价值和智力训练的价值,对于进步主义教育强调适应生活功用表示反对。

---

① Richard Pratte. Contemprary theories of education [M]. Scranton: Intext Educational Publishers, 1971: 154.
② 华东师范大学教育系,杭州大学教育系编译. 现代西方资产阶级教育思想流派论著选. 北京:人民教育出版社, 1980: 179—180.

哥伦比亚特区督学卡尔·汉森（Carl F. Hansen）主张，即使在初等教育阶段，也要强调基础教育，强调课程的学术性和学生的智力发展。1960 年，他设计了一个将学科中心和教师中心相结合的计划。在《爱弥东（Amidon）小学：基础教育的一个成功的示范》一书中，汉森阐述了在小学阶段进行基础教育的设想：①

课程：在人的发展的许多方面，最重要的是具有理智和智慧的行为能力。因此，学校最重要的工作是教授理智的行为。这个目的适用于所有的学生，不管这个学生是聪明的、中等的或是发展慢的。这样，爱弥东小学的课程将由一些基础学科组织而成。它是选修性的，因为在上课的时候，只教授那些最基本的技能和知识。它是具体的，因为教师、学生和公众要知道将要教授的东西。虽然这种课程在难度上要考虑到课程学习的情况而具有灵活性，但它对学生发展的每一个阶段来说都是重要的。它将开阔思想，产生新的兴趣，给人以高尚的抱负。

学科领域：只有在个人确实而系统地获得那些能使理智的行为成为可能的工具时，这种理智的行为才是可能的。这些工具是语言和数学系统，它们开启人已经获得以及保存的知识和经验，而且它们也可能扩大并提炼经验。没有这些工具，有理性的有预见的行为是不可能的。除了这些理智行为的工具之外，为了处理生活的问题，人必须知道、理解、感受经验是如何获得的，而且他必须要对它进行反省思考。在科学、地理、音乐和艺术中，他是能获得这种作为教育之目的的有理性的反应之理解的。

显然，汉森主张，即使是在初等教育阶段，学校的主要的任务也应该是教授作为理智行为之根基的基础学科、基础知识，而且，它们应该是确定的、已知的、有结构的。这就从根本上否定了进步主义的那种以解决问题为宗旨的"从做中学"。

2. 提高效能

主张通过改革来提高美国教育效能的代表人物是科南特和里科弗。他们认为，美国教育面临的一个迫切任务，是使年轻的一代掌握科学技术知识，以便能够从事技术社会所急需的工作。只有这样，才能在"冷战"时期的科技竞争和军备竞争中使美国居于对苏联的领先地位。为实现此目的，里科弗和科南特都为美国教育的改革提了不少建议，其中以科南特的建议影响最大。

针对美国教育长期重视实用知识的教授和能力培养以及强调学生个人经验的获得和对生活适应的弊端，科南特主张教育要发展青年人的智力，并能理解西方的文化传统。因此，除了加强技术社会中迫切需要的数学、物理、化学、生物学等方面知识的传授之外，还要进行诸如历史、文学、哲学、艺术等体现西方文化的人文学科的教授，只有这样，才能使现代社会所需要的科学技术知识同个人的情感经验和人类群体的实践经验联系起来，才能成为美国自由社会中合格的公民。

（1）加强文理并重的普通教育。在《今日美国中学》中，科南特提出了一个全体高中学生（9—12 年级）必修的课程：② 英语 4 年；社会学科 3 至 4 年，包括 2 年历史（其中 1 年应该是美国史）和一门美国问题或美国政体的高年级学程；1 年数学，在九年级开设（代数或普通数学）；至少 1 年科学，在九年级或十年级开设，可以是生物学或普通物理科

---

① Richard Pratte. Contemprary theories of education [M]. Scranton: Intext Educational Publishers, 1971: 152.
② 瞿葆奎主编. 教育学文集·美国教育改革 [M]. 北京：人民教育出版社，1990: 145.

学。这里所说的"1年",指全学年中1周5节课或同等时间量的学程。这个学术性的普通教育计划包括4年中都应有家庭作业的9门或10门学程,并占大多数学生的一半时间,不管他们的选修计划是什么。

除了必修课程之外,科南特还建议了学生必需完成的选修计划。他要求,高中毕业生必须成功地修完体育之外的7门以上的学程,并强调要敦促所有学生选修音乐和艺术。

对于上述必修和选修课程的教学,科南特提出了若干建议。第一,公立学校的教学应该向学生传授公认的事实和概念。第二,严格学业标准。对于外语、数学、科学这类高深学术性的选修课程,要坚持高标准,如学生未达到最低限度的要求,应毫不犹豫地让他不及格。第三,加强阅读和写作基本技能的训练。学校应有用于发展性阅读计划的设备。写作应占英语修习时间的一半,每个学生平均每周写1篇作文。第四,培养科学态度。自然科学学科的教学,除了掌握必需的科学技术之外,还要培养学生对于科学性质和科学方法的理解。第五,培养对民主制度的忠诚态度。

(2) 能力分组。在美国,平等是一个极为敏感的问题,对以追求美国教育效能为主旨的科南特来说,要在"平等"和"效能"两者之间取得平衡,最好的办法莫过于能力分组。事实上,科南特的能力分组就是天才教育或尖子教育。

科南特认为,美国民主社会制度的基础是"能人统治"(meritocracy),这同世袭制、等级制、宗法制等社会制度有着根本的区别。能人统治不仅可以提高社会的效能,而且可以促进社会流动和社会平等。在这一点上,科南特和30年代的要素主义教育家巴格莱和德米亚西克维奇等人是一致的。德米亚西克维奇早就宣称,蕴藏在全国儿童身上的智力和道德力量的资源是不应该被浪费的,这是真正的民主利益之所在。巴格莱在1934年出版的《教育与新人》就提到,美国教育、特别是中等教育和高等教育需要解决的最大问题是,如何提供能够满足不同人需要的教学材料和教学方法。他分析了当时的几种主要解决办法,其中包括"能力分组",个别教学(按个人的能力安排教学进度)、设计教学、活动教学等。巴格莱认为,不管采取哪种方法,一个重要的原则是,不能让天智高、能力强的儿童与天智低、能力弱的儿童按同一教学进度学习同一内容。所以,科南特提出的"能力分组"只能算是旧话重提。当然,在美、苏激烈竞争以及美国教育质量每况愈下的形势下,其价值突出地显现出来。

能人统治要求教育把真正的能人筛选、培养出来,"能力分组"就是在教育机会均等、教育大众化趋势下克服美国教育质量"平庸"的一项举措,其目的无疑是加强美国的民主主义社会制度,确保美国世界霸主的地位。科南特在1962年出版的《托马斯·杰斐逊和美国公共教育的发展》一书中明确说明,在过去的20年中发生的事件,使他看到了发展知识分子贵族(intellectual aristocracy)的必要性,此外,最近真正的而且是革命的历史进程已经迫使美国接受这么一个原则,即选拔领导者的基础乃是学术竞争。在他看来,民主社会就是最有才能的人居于顶端的社会,只有实行能人统治,社会才有最大的效能,而且全体社会成员才能从中受益。

科南特的能力分组包括两个基本的内容:使"有学术才能"的学生能充分发展;从管理上保证教育的学术水准。

根据对公立学校的调查,科南特认为,从全国来说,"有学术才能"的学生占中学生人口的15%,"极有天才的学生"占学生人口的3%,为了美国的利益,要充分利用这部分人所拥有的人类才能的丰富资源。学校要特别注意对他们的教育,他认为,"如果这些潜能在学校期间没有得到尽可能大的发展,它们可能就永远得不到充分的发展"。①

科南特为有学术才能者建议的9至12年级的修业计划是,4年数学,4年第一外语,3年科学,4年英语,3年社会学科。在4年中修完的上述18个学程中,都应有家庭作业,家庭作业每周至少有15个小时。此外,如果他们愿意选修第二外语或外加的社会学科,那么,这些学生就要修20个或更多的带有家庭作业的学程。如果学校每天安排7或8节课,他们至少还可以再学一门无家庭作业的外加学程(例如艺术或音乐)。学术科目的成绩至少要得C等,否则不能进入相应的高一级的学程。

对于"极有天才的学生",如果这类学生的人数较多,并可以组成特殊的班级,那么,在十二年级时应安排一门由高等学校开设的数学、历史、英语等选修课程。若通过适当的考试,这些高校可以对选修学生给予大学的学分。如果这类学生人数太少,只能组成特殊的小组,在这种情况下,学校应给这个组指派导师,并在4年高中期间始终与这些学生接触。导师应对这些学生的课业学习和特殊兴趣的发展给予督促和鼓励。

为了搞好"能力分组"的教育,科南特对于学校的管理工作提出了若干建议。第一,校长每年应提供一份"学业清单"。学业清单要概述高年级有学术才能学生的各种修业计划;学术性向测验的成绩;毕业学生进入二年制、四年制学院或大学的百分比,以便为学校工作的改进提供依据。第二,每个学日至少安排6节课,外加必修的体育和驾驶课,否则将影响有学术才能学生的学术课修业计划。第三,不要按课业的平均成绩给学生排名次、等第,这样将使聪明的学生为得高分而选修容易的学程。高校的招生人员应该考查学生全部的成绩单,不要被平均分数迷惑。此外,还有诸如建立学业荣誉榜、开办暑期学校等建议。

应该强调指出,"能力分组"或天才教育既不是普通教育的变体或补充,也不是偏离了心理、生理和行为常规而需要获得的特殊教育,它只是与普通教育相平行的一种教育形态。

(3) 提倡综合中学。第二次世界大战以后,以教育的大众化为主要特征的教育民主渐成潮流,这符合科南特的民主政治的理想。他认为,机会均等是民主概念的核心,因此,如何使教育体现机会均等这一民主的理想,成了他关心的问题。在这方面,他提出了综合中学的主张。

科南特根据职能将中学分为两类,专门中学和职业中学。其中,专门中学又可以分为学生就业作准备的职业技术性的中学和为升入高校作准备的学术性的中学。综合中学是相对于这两种专门中学而言的。所谓综合中学,其定义是,它的修业计划反映社区中所有青年的教育需要。综合中学的任务有3个方面:第一,为全体学生提供普通教育。综合中学的全体学生都必须学习英语、美国文学、作文、社会学科、数学、科学等普通教育的必修课程,这是成为合格的美国公民所必需的。第二,在十一、十二年级为准备就业的学生开设选修的各种职业的学程。第三,为有才能的学生开设数学、科学、外语等学术性的学程,使他们能升入学院或大学深造。

科南特曾经提出过一份《帮助评估综合高中的清单》②,从这份清单中,我们可以了

---

① 瞿葆奎主编.教育学文集·美国教育改革 [M].北京:人民教育出版社,1990:152.
② 转引自理查德·帕雷特.当代教育理论(英文版).沃辛顿;1971;159.

解综合中学的基本情况。该清单分为 4 个部分，共 12 项。

第一部分，判断为全体学生进行普通教育之适应性的依据是：(1) 提供英语、美国文学、写作的学程；(2) 提供包括美国历史在内的社会学科的学程；(3) 对于必修的学程进行了能力分组。

第二部分，判断非学术性选修计划之适应性的依据是：(4) 为男孩子提供的职业性的计划和为女孩子提供的商业性的计划；(5) 获得受到管理的工作经验的机会；(6) 对阅读非常困难学生的特别措施。

第三部分，对于有学术才能学生的特殊安排：(7) 鞭策天赋高的学生的特别措施；(8) 在发展阅读技能方面特别的教学措施；(9) 使有才能的学生可能从中受益的暑期 (sunmer sessions) 安排；(10) 个别化的教学计划（补课或硬性的教学计划）；(11) 一个学日至少安排 7 节课。

第四部分，其他的特点：(12) 指导性服务的适当性；(13) 学生的风纪；(14) 教室安排得好；(15) 学校对于具有很大学术能力差异学生和不同职业目标学生的理解不断加深（在学生中进行有效的社会交往）。

不难看出，科南特的综合中学旨在将"学术"和"职业"以及"效能"和"平等"综合在一起，在保证普通教育的前提下，力图满足不同学生的需要，实质上主要还是为了满足国家的需要。在技术社会里，掌握科学技术的精英对于国家的意义不言而喻，而对于那些由于家庭、社会背景或其他原因不能在学术上取得成功的学生来说，进行职业训练将有助于社会的稳定。科南特在 1961 年出版的《陋巷与郊外》(Slums and Suburbs) 一书中明确提出，根据居住在贫民窟儿童的实际条件和状况，最好的办法是向他们提供职业训练的过程，而这些职业训练的课程最好是当地社区就业所需要的。

科南特综合中学的建议受到美国政府的重视，产生了很大的影响。"在 20 世纪 50 年代后期和 60 年代，美国的综合中学大为发展，学校数 1950 年为 24081 所，1960 年增为 29845 所；在校学生数 1950 年为 636.5 万余人，1960 年增至近 960 万人，到 1964 年猛增为 1570.7 万余人。"[①] 科南特也因此被誉为 20 世纪美国著名的教育改革家。

三、《1958 年国防教育法》

50 年代对于美国教育的批评和教育改革的建议，使大规模的改革呼之欲出。1957 年苏联人造地球卫星上天，更使朝野震动。对于美国人来说，这是一个危险的信号。这意味着美国在空间科学技术方面已经落后于苏联，而这种落后同教育之间的内在联系是不难找出的。问题很明显，要想在科学技术方面超过苏联，保持美国在全世界头号强国的地位，需要有一大批训练有素的科学家和工程技术人员。因此，教育成了社会各界关注的焦点，教育的改革已经到了刻不容缓的地步。

在美国的空间科学技术落后于苏联这一事实面前，美国人显示了他们惯有的务实精神，并放下架子移樽就教。1958 年 5 月，美国组成了以杰尔季克为团长的由美国教育委员会领导成员组成的 10 人代表团访问苏联，了解苏联教育的情况。代表团访问了莫斯科、列宁格勒、俄罗斯联邦的斯维尔德洛夫斯克、乌兹别克共和国的塔什干、哈萨克共和国的

---

① 滕大春主编.外国教育通史（第六卷）[M].济南：山东教育出版社，1994：91.

阿拉木图、白俄罗斯共和国的明斯克、鞑靼自治共和国的喀山，足迹可谓遍及苏联。美国代表团所到之处，不仅访问了苏联的中小学，而且还了解了苏联的幼儿园以及高等学校的情况。据苏联《真理报》1958年6月15日的报道，美国代表团团长自苏返美以后，在全国报刊俱乐部的一次早餐上谈了他对苏联教育制度的印象，其中讲到，国家对于教育重视的程度使代表团的每一个成员都"惊叹不已"。显然，这是敦促美国政府要更多地关注美国的教育。

1958年9月，美国公布了战后第一个重要的教育法案《1958年国防教育法》，① 此法案很快就获得艾森豪威尔总统的批准，并颁布实施。《1958年国防教育法》的颁布乃是战后美国乃至世界性教育改革开始的一个标志。它为美国教育的改革提供了动力、方向和财政支持。

《1958年国防教育法》旨在促进美国教育的改革，使之适应"冷战"时期美国在国际竞争方面的需要，并授权美国联邦政府使用财政拨款的手段援助教育事业，以保证培养出质量上和数量上都能满足适应国防需要的人才。

《1958年国防教育法》共十编。第一编"总则"开门见山地提出了美国目前处于"紧急状况"，并指出，"国家的安全需要最充分地开发全国男女青年的脑力资源和技术技能"；"本国的国防有赖于由复杂的科学原理发展起来的现代技术，也有赖于发现和发展新原理、新技术和新知识。"为了使"所有有能力的学生都不会因缺乏财力而失去受高等教育的机会"，除了要求"州和地方社区要控制并必须控制公立教育"之外，联邦政府还要"对那些于国防是十分重要的教育方案给予援助。"联邦政府援助的项目或重点，从一个侧面反映了50年代末以及60年代美国教育改革的方向。概括地说，联邦政府援助的重点计有3个方面：有才能的学生；"新三艺"（自然科学、数学、现代外语）的教学；职业技术教育。

第一，对于有才能学生的援助。该法案规定，为了鼓励有才能的学生完成中等教育以及升入高等教育机构继续学习，可以"以各种方式向个人和州以及州的下属机关提供实际援助"。法案的第二编为"对高等学校学生的贷款"规定，有资格领取低息贷款的学生包括两类，一类是学习成绩优异并有希望成为中小学教师的学生；另一类是在自然科学、数学、外语学习成绩上表现出才能的学生。第五编为"指导、咨询和测验；发现和鼓励有才能的学生"。为了发现和鼓励有才能的学生，对于教育机构的测验、指导等工作给予援助，对于适应性较强、才能卓著的学生提供奖励。

第二，对于自然科学、数学和现代外语教学的援助。法案的第三编是"为加强自然科学、数学、现代外语和其他重要科目的教学而提供财政援助"。这方面援助的项目有两个，一个是提高"新三艺"教学质量所需要添置的设备；另一个是对服务于"新三艺"教学的实验室进行改造。对于援助"语言教育"和现代化教育手段的运用，法案的第六编和第七编分别作了规定，其中包括：设立语言教育中心；调查研究现代外语教育普及情况以及改善的必要性；加强现代外语教育师资的培训；开发和评价电视、电影、广播等的计划；获取和普及现代教育技术的种种措施；现代教育手段咨询委员会的设置和工作。

---

① 《1958年国防教育法》的若干部分见瞿葆奎主编. 教育学文集·美国教育改革[M]. 北京：人民教育出版社，1990：117-139.

第三，对于职业技术教育的援助。法案的第八编为"地区性职业教育计划"。法案要求各地设立职业教育的领导机构，并根据地区性职业教育计划，对青年人、成年人、老年人进行职业训练或技术的训练和再训练，使他们成为具有一定科学技术的专门人才或熟练工人。联邦政府对各州为改善这方面的工作提供援助。

除了上述三个方面之外，对"用于国防的特别研究费"、"科学情报局"的设置等，法案也分别作了规定。1959年至1963年，联邦政府对于各个项目援助的拨款达8亿多美元。1964年，美国国会又通过对于这个法案的修正案。修正案除了延长《1958年国防教育法》的适用期之外，又增加了历史、地理、公民、英语等学科，在进行科学教育的同时，加强人文学科的教育，目的无非是培育学生对美国民主制度的忠诚，成为合格的美国公民。1967年，美国国会又一次延长该法案的适用期，并补充了一些内容。总之，《1958年国防教育法》对于60年代美国教育的改革和美国教育状况的改善，发挥了极其重要的作用。

20世纪以来，随着进步主义教育在20世纪初的崛起及其对传统的自由教育（人文学科的教育）冲击，教育理论界关注的一个焦点问题乃是两者孰优孰劣的问题。进入50年代以后，在新的形势下，国家的需要、国防的需要，如果教育再纠缠于这种争论便显得毫无意义。现在，美国人关心的是国家的生存以及科学技术、工业的发展。围绕着这个问题，在20世纪50和60年代，美国在教学领域几乎同时出现了两种教育改革的运动，一个是以布鲁纳和施瓦布为代表的学科结构运动，另一个是以斯金纳为代表的新行为主义。虽然两者都涉及课程和教学方法的改革，但重点不同，前者关注的是课程的改革，后者则专注于教学方法的革新。前者探索的是学科内部的相互关系和人的智力发展，后者的重点是人的外显的行为的改变。然而，两者共同的旨趣都在于提高美国教育的质量和效能，就这个意义上说，两者可谓殊途同归。

四、学科结构运动

20世纪以来，在各种教育思潮的流行的争论过程中，课程的问题一直受到关注。本书第一章分别简述了各派教育思潮对于课程问题的主张以及与其他教育思潮之间的分歧。概括起来说，关于课程的争论，就其形式来说，争论的焦点是活动课程和学科课程；就内容来说，争论则集中于儿童个人的生活经验为中心或是以人类社会生活为中心。30年代以后，随着进步主义教育的转化，以学科为形式和以社会生活为内容（社会化的课程）的课程理论逐渐发展。

战后，美国学校教育在"适应生活"的主旨下，学校的课程表现出严重的实用化倾向。"据1951年联邦教育总署调查，全国中学生共设学科247种。学生选修的幅度大，有的学生避重就轻，往往选修容易取得优良分数的学科。有些条件较差的学校常常连数理化等基本学科都无法设置。据1955年统计，中学未设外国语课者约占全国中学数46%，未设几何课者占24%，未设物理学和化学课者占24%。"[①] 针对这种课程实用化的倾向，这次课程改革的主旨是提高课程的学术水准。

---

① 滕大春主编. 外国教育通史（第六卷）[M]. 济南：山东教育出版社，1994：92.

1. 课程改革的理论基础

战后美国"适应生活"的倾向在当时并非没有反对意见。成立于1950年的国家科学基金会的一项重要任务就是促进学校的科学教学。此外，一些大学和学术团体也为美国学校课程的改革作出了努力。1952年，伊利诺斯大学的学校课程设计，1953年美国科学院和美国科学研究协议会联合进行的为改革学校生物课而进行的研究，1956年麻省理工学院扎卡赖亚斯（J. Zacharias）为改进中学物理课教学所进行的调查，以及与其他院校协作拟定的十二年级物理学教学大纲等，都是课程改革的工作，只是在当时未能引起人们足够的重视。

《1958年国防教育法》不仅使学校课程改革的必要性突出地显现了出来，而且指明了课程改革的方向。1959年，美国许多杰出的物理学家、数学家、生物学家、化学家分别在科罗拉多州的博尔德、堪萨斯城、伊利诺伊州的厄巴纳、帕洛阿尔托、马萨诸塞州的坎布里奇、俄勒冈州的波特兰等地，分别为中小学编写各种理科的新教材或教学辅导材料。此外，各学术团体也忙于探索使本团体中杰出的学者和学校教育工作者合作的方式，教育家和心理学家也在重新思考课程的本质和教学方法。概言之，中小学课程的问题一时成了全国教育界、科学界乃至军界、商界关注的热点。

在这种情况下，如何统一全国课程改革的思想就成了一个重要的问题。在联邦教育局、全国科学基金会、空军、兰德公司等的资助下，美国科学院和美国科学促进协会等于1959年9月组织了35位科学家、学者和教育家在科德角的伍兹霍尔开会，讨论改进美国中小学自然科学的教育问题。会议的目的是考察把"科学知识和科学方法"传授给青年学生的基本程序，并在科学教育的课程和教学方法的发展取得进展的开始阶段，为今后的发展提供指导。为此，与会者分5个小组分别讨论课程设计的程序；教学的辅助工具；学习的动机；直觉在学习和思维中的作用；学习中的认知过程这5个问题。各组分别就这5个问题准备了一份长篇报告供全体会议讨论，而且，与会人员未花力气便达成了一致的意见。

著名心理学家布鲁纳担任会议主席，并在会上作了总结发言。会后，根据会议讨论的情况，布鲁纳撰写了《教育过程》一书，此书于1960年出版。作为会议集体成果的《教育过程》成为美国60年代课程改革运动的核心思想。应该指出，伍兹霍尔会议虽然旨在研究自然科学各门学科的教学，但美国60年代的课程改革运动却是全面的，而且，《教育过程》一书对其他学科也具有适应性。为达到提高美国学校教育质量和发展学生智力的目的，《教育过程》提出了4个方面的问题。

(1) 学科的基本结构是教学的中心。所谓"学科的基本结构"，指各门学科的基本概念、原理和方法。布鲁纳认为，知识不是外在于人而存在的一成不变的事物，它是人用以解释事物规律之经验的积累。在《论认知》一书中，布鲁纳指出，知识是人构起来的一种模式，"任何组织知识体系的观念都是人类发明出来的，目的是为了使经验更经济、更连贯。例如，我们在物理学中发明了力的概念，在心理学中发明了动机的概念，在文学中发明了风格的概念，它们都是帮助我们获得理解的一种手段"。[①] 由于人的经验本身是生动

---

① 转引自罗伯特·梅逊. 西方当代教育理论 [M]. 陆有铨译. 北京：文化教育出版社，1984：153.

的、不断变化的，所以知识也不断被人修改。然而，无论在何时，任何一门知识领域的内部总是存在着一套基本原理。在《教育过程》中，布鲁纳强调，一个人学到的概念越基本，这些概念应用于新问题的适用范围就越宽广。换言之，知识总是有结构的，只有掌握了结构，才能理解事物之间的联系。施瓦布在《自然科学的结构》一书中指出，科学不是一个证实或证明的过程，而是一个发现的过程，一个发现自然事实如何联系的过程。

以往人们往往注重具体知识的传授和具体技能的训练，《教育过程》指出，这种课程存在着下列3个问题，第一，使学生难以从已知的知识推向未知的领域；第二，不利于激发学生的智慧；第三，容易遗忘。"学科的基本结构"的概念扭转了这种认识。《教育过程》突出了这么一种思想，"一门学科的课程应该决定于对能达到的给那门学科以结构的根本原理的最基本的理解。"① 布鲁纳在《教育过程》一书中花了较多的篇幅论述了在教学过程中使学生掌握学科基本结构的"深远意义"：第一，懂得学科的基本概念、原理等"结构"，可以使学生更容易掌握这门学科，物理学、数学等理科如此，文学、历史等人文学科也同样适用。第二，有助于记忆。学科结构是一种简化的、模式化的表达方式，它比一串互不关联的事实更容易保存在记忆之中。第三，有助于学习的迁移。学科的基本结构是一些基本的、普遍的概念，有助于不断扩大和加深知识。第四，能够缩小"高级"知识和"初级"知识之间的差距。

以学科的基本结构作为教学的中心内容，要求有高度专业化的专家参与课程的设计、教科书的编写和教学大纲的拟订工作。《教育过程》指出，如果要以一种反映某一知识领域基本结构的方式去设计各门课程，那就需要对该知识领域有最根本的理解。只有当最有才干的学者和科学家积极地参加这项工作时，才能完成这一任务。

（2）学生学习的准备。《教育过程》一书"学习的准备"部分第一句话就是，任何学科都可以用某种真正理智的方法有效地教给处于任何发展阶段上的任何儿童。在当时来说，这一句话中的三个"任何"的确起到了令人振聋发聩的作用，它完全改变了人们关于儿童学习的准备的观念。

20世纪教育心理学的兴起，不断地克服传统教育不考虑儿童身心发展的特点，把儿童作小成人对待的做法，提出课程的安排要考虑儿童心理发展的顺序，课程的编制要心理学化的问题。瑞士心理学家皮亚杰关于儿童心理发展的研究，不仅促进了儿童心理学研究的发展，也影响到课程的改革。皮亚杰指出，"儿童的智慧和道德结构和我们的是不一样的，因此，新的教育方法要努力编写出一套适合儿童智慧结构和不同发展阶段、各个年龄儿童都能接受的教材（the subject matter to be taught）"。② 当皮亚杰的理论流传到美国时，引起了人们极大的兴趣，"1942年，美国的一位著名心理学家遗憾地感叹当时人们不了解皮亚杰的工作"，然而，当"这一疏忽得到弥补时，另一个10年已经过去"。③

皮亚杰最重要的助手巴贝尔·英海尔德（B. Inhelder）是出席伍兹霍尔会议唯一的外国人，这件事情从一个侧面反映了日内瓦学派对于美国课程改革的影响。同时，这也表明

---

① 杰罗姆·S. 布鲁纳. 教育过程 [M]. 上海师范大学外国教育研究室译. 上海：上海人民出版社，1973：21.
② David Elkind. Child development and education: a Piagetion perspective [M]. New York: Oxford University, 1977: 195.
③ 康内尔. 二十世纪世界教育史 [M]. 张法琨等译. 北京：人民教育出版社，1990：817.

发展学生的智力在这次课程改革中所处的地位。《教育过程》在花了较多的篇幅阐述了皮亚杰关于儿童智慧发展阶段的理论以后指出，儿童的智慧发展不是像时钟的机械装置那样刻板或墨守成规，它对环境，特别是对学校环境的影响也作出反应。因此，即使是向小学生教授科学概念，也不必奴性地跟随儿童认知发展的自然过程。向儿童提供合适而具有挑战性的问题，将促进儿童智慧的发展。布鲁纳认为，我们需要做的事情是将教材按照儿童能够理解的方式表达出来。如果能够采用儿童熟悉的教材，使用通俗简单的语言表达，那么，年幼儿童也能够理解物理学和几何学的基本概念。

简单地说，在布鲁纳看来，学习的准备不取决于儿童身心的发展，而是取决于教材和呈现教材的方式。这就是说，如果按聪明儿童理解的水平依次呈现学习的内容，那么儿童总是做好了学习的准备。参加伍兹霍尔会议的伊利诺斯大学数学教授戴维·佩奇认为，四年级的学生也可以学习"集合论"，关键在于是否有"适当的观点和表达它的相应的语言"。这种"学习准备"的观点对于课程编写最根本的要求是，必须使教材的水平和学生的接受能力配合起来。用戴维·佩奇的话说，向儿童提出的问题要难易适当，"这里的诀窍在于发现既能答得了又能使之前进的难易适中问题（medium questions）。这是教师和教科书的大事"。①

（3）"螺旋式"课程。既然所有的学科的基本概念都可以以不同的深浅程度向任何年龄阶段的儿童进行教授，所以，学校课程的编制应采用"螺旋式的课程"。这种螺旋式的课程，可以使学生在最初获得的关于某一学科最简单最根本的概念的基础上，逐步发展，从而使学生逐步加深对某一学科的理解。

这种对于每一门学科理解的加深，要遵循儿童智慧发展的阶段或规律。根据皮亚杰关于智慧发展阶段的理论，儿童智慧发展经历感觉—运动、前运算、具体运算和形式运算等阶段，因此，螺旋式课程必须要尊重这一规律。"低年级到高年级的课程应当将同一基本概念多次反复地构成螺旋形上升的系列加以编制。也就是，对于一门学科的基本概念，首先用具体的、直观的方法去教给学生，随着课程的展开，应反复地接触这些基本概念，通过第一螺旋的动作操作维度，第二螺旋的图像构成维度，逐渐进入比较抽象和复杂的第三螺旋的符号和形式维度，直到儿童掌握了与这些观念相适应的完全形式的体系为止。"②为了促进学生智力的发展，在编制课程时应考虑到螺旋之间的连续性和发展性，这就是说，教材的内容要由浅入深，同时又要体现出阶段性的特性，即不仅是量的增加，还要有质的差异。

20世纪以来，美国教育界在学科课程的"直线式"编制和活动课程的圆周式编制之间一直存在着争论，螺旋式课程被认为是使两者互相沟通的一种努力。

（4）发现法。针对用什么方法使学生掌握教材结构的问题，布鲁纳提出了发现法。布鲁纳认为："进行大规模的课程改革，至少还有一件重要事情留待解决。通晓某一学科领域的基本观念，不但包括掌握一般原理，而且还包括发展对待学习和调查研究，对待推测和预感，对待独立解决难题的可能性等态度。正像物理学家对于自然界的终极次序抱着确定的态度并深信这种次序能够发现那样，年青的物理学学生，如果想把他的学习组织得

---

① 杰罗姆·S. 布鲁纳. 教育过程 [M]. 上海师范大学外国教育研究室译. 上海：上海人民出版社，1973：28.
② 钟启泉主编. 国外课程改革透视 [M]. 西安：陕西人民教育出版社，1993：224.

好,以至于所学到的东西在他思想上有用和有意义,也需要具备关于这些态度的一定工作见解。……一个重要的因素是关于发现(discovery)的兴奋感,这就是说,发现以前未曾认识的观念间的关系和相似的规律性以及伴随着的对本身能力的自信感。"① 他主张"在提出一个学科的基本结构时,有可能保留一些令人兴奋的观念的系列,引导学生自己去发现它"。② 也就是说,要让学生掌握学科基本结构,并使他们同时体验到发现知识的兴奋感和完成任务的自信心,必须运用发现法。

在布鲁纳看来,发现法并不是什么高深莫测的东西。"发现不限于寻求人类尚未知晓的事物,确切地说,它包括用自己的头脑亲自获得知识的一切方法。"③ 这就是说,发现法并非要求学生去发现人类尚未知晓的新知识,而是通过教师的引导、启发,让学生自己从已知的材料中概括出原则和规律,从而获取新知识的一种教学方法。它具有下列几个特点:

第一,从方法论角度说,发现法要求学生通过发现的步骤去进行学习。这种发现要求教师将原发现进程从教学角度加以编制,以便于学。这种编制工作应达到三方面要求:缩短——将冗长的原始过程加以剪辑变成捷径;平坡——通过提示等办法降低原始进程的难度;精简——删除原始进程的一些繁杂的枝节问题,提出少量简明扼要的"岔道",供学生思考、选择。这种过程对成人来说是再发现,但对学生来说,却是新的发现学习。

第二,从内容上说,它以结构性教材为学习内容。这种教材把基本的知识结构,即基本概念、基本法则和基本原理置于中心地位,强调教学内容的现代化、理论化和统一化。

第三,从目标上说,它旨在培养学生的探究思维能力。其培养过程应包括三个环节:引起学生兴趣,形成探究动机;提出假说进行选择思维(岔道思维);从事逻辑推理活动,验证假说,并由假设转化为法则(原理)。

总之,布鲁纳倡导的发现法关心学习过程甚于关心学习结果,强调"过程是内容的最高形式";要求学生参加到知识的形成过程之中,亲自发现学科结构,重视培养学生的探究思维能力和直觉思维能力。

布鲁纳还根据伊利诺斯大学的中小学数学委员会以及哈佛认知设计(Harvard Cognition Project)所进行的一些教学实验,指出"发现法不必限于像数学和物理学这种高度形式化的学科",社会学科也可适用。

2. 若干课程的设计

如前所述,《1958年国防教育法》颁布以前,课程改革的工作即开始进行,当时主要集中于物理和数学两科。进入60年代以后,大量的资助投向新课程的设计,这样,自然科学各科和社会科学各种新课程的设计便全面展开。下面列举的是若干课程的设计。

(1)物理学。物理学课程的改革由成立于1956年的"物理科学学科委员会"(PSSC)组织进行。该委员会由物理学家、教师、教育家和学校行政人员组成。委员会主席扎卡赖亚斯是伍兹霍尔会议的参加者。早在1956年,扎卡赖亚斯就提出要修改物理学教科书,并应用直观教具。该委员会的课程改革活动在1959年即获得"全国科学基金会"的资助。

---

①② 杰罗姆·S. 布鲁纳. 教育过程 [M]. 上海师范大学外国教育研究室译. 上海:上海人民出版社,1973:14.

③ 布鲁纳. 教育过程再探 [M]. 邵瑞珍译. 教育研究. 1979(1).

小詹姆斯·R. 基兰在《学习的恢复》一文中介绍了物理学课程改革的基本思想:"应该像当代物理学家所以为的那样,即经过探究,探索和发现的连续过程逐步地展现宇宙的性质,在介绍物理学的时候,要把物理学看做人类心灵的极好成就,并把它看做西方思想和文化的不可缺少的一部分。课程的设计应该引导学生对这门课程的学习尽可能地做到像科学家所做的那样去进行探索和实验。"① 同传统方法不同,新课程不引导熟记或背诵物理的定律、公式等,而是让学生通过自己的实验来发现这些定律。对于那些用以形成基本概念的实验,研究者都进行了反复的检验、修改、再检验。

该委员会编的物理学注重的是古典物理学和近代物理学的基本概念,而不是工艺上的应用。对于现代物理学的两个中心概念"波粒二象性"和"现代原子概念",尤其注意让学生透彻掌握。作为物理学最新发展的原子物理学和核物理学等,在中学的物理学课本中已有介绍。在物理学的实验方面,只提出最低限度的指导,通过提问题的方法引起学生对实验中重点的注意。至于是否应该做实验、怎样做实验等,都由学生自己决定。

(2) 数学。在学科结构运动和在 50、60 年代的课程改革运动中,数学的改革最为活跃。早在 1952 年,"伊利诺斯大学中学数学委员会"(UICSM)就编写了中学数学课本的第一册,并在该校附中的一年级试用。该委员会编制的课程主要特点是,强调诸如交换律、结合律、分配律等结构性概念,而不是像传统的教科书那样着重于讲解数学的运算规则。对于运算规则,学生主要是在做根据自己已有的经验可以解答的问题的过程中掌握的。要求学生做的探索性的习题,不是旨在使学生熟悉具体的运算规则适用的具体的问题,而是为了让学生发现运算规则的根本特性,以便使学生理解数学的结构性概念,并能在必要时设计出自己解决数学问题的办法。

"萨普斯算术设计学会"(Suppes Arithmetic Project)的课程主要强调概念、法则和技能,在介绍具体的运算规则之前,先介绍相应的算术概念。在霍利—萨普斯(Hawley-Suppes)的《小学几何学》里,一年级时即开始讲授几何学的概念和结构,为的是发展学生的推理能力、阅读和理解数学教材的能力。

在众多的数学改革方案中,影响较大的是耶鲁大学的"中学数学研究组"(SMSG)。该研究组由全国科学基金会建立,其研究工作的基础是高等学校入学考试委员会数学委员会在 50 年代末发表的一个报告。"中学数学研究组"认为,应该把数学作为一种有生命力的、不断发展的学科加以教授。新的数学定理在不断地发现,同时旧的也在不断地淘汰。数学在 20 世纪已经广泛地应用于物理学、工程学、生物学和社会科学之中。由于数学的应用范围越来越广,所以,重要的不是掌握具体的数学运算规则,而是对数学特点和基本原理的理解。数学的教学应该培养学生正确的思考方法。

(3) 生物学。中学生物学课程改革的领导人是学科结构运动的专家施瓦布。"生物科学课程研究会"(BSCS)提出了生物学课程改革的设想。以前中学生物学注重的是往往与材料、数据、概念相脱节的结论,新的生物学课程确定将生物学作为一门包括动物学、植物学、微生物学、生态学、遗传学在内的生命科学,这门学科的基本概念是进化、体内平衡等。生物学的教学要让学生知道科学家是如何发现并证实他们的结论的。"生物科学课程研究会"编写了人类生物学、分子生物学、生态学等,但是,各种教材的主题是共

---

① 罗伯特·梅逊. 西方当代教育理论[M]. 陆有铨译. 北京:文化教育出版社,1984:173.

同的。

为了使学生对某门学科进行深入的研究，生物学的实验采用"实验组"（laboratory blocks）的形式。例如，胚胎学的"实验组"，包括鸡、青蛙或人的胚胎发展的观察、比较等。在教师的指导下，学生进行实验的设计，材料的收集、评估、比较，最后得出结论。

（4）英语。英语的课程改革旨在加强语言、文学和写作。以往的英语教学，主要是让学生通过反复的练习达到熟记规则的目的，现在则强调句型，使学生掌握并熟悉各类句子特有的基本结构。此外，还注重语音的教学，因为诸如音高、重音、连读这类语音现象，对语法也有重大影响。

1959年9月，高等学校入学考试委员会成立了英语委员会，规定了大学入学在英语方面需要达到的标准，这个标准对英语的课程改革起到了规范的作用。

（5）社会学科。为了改进社会学科的教学，1956年，全国社会学科协会确定了中学社会学科的教学应该教授的基本概念和价值观。此外，对于原先社会学科的教学内容由家庭而社区、而国家、而世界的逐步扩大的课程结构也进行了改革，采用了诸如"中学社会学"、"中学人类学"、"中学经济学"这一类的学科形式。

学科结构运动对美国60年代、尤其是60年代初期的教育具有很大的影响，它反映了当时美国政治、军事及经济的需要。它对于纠正"适应生活"教育的弊端无疑具有很强的针对性。然而，学科结构运动在理论上和实践上，都存在一些问题。

第一，过分强调学科的独立性和完整性。学科结构运动强调的是数学、物理学、化学、生物学等学科的基本概念，对于社会学科和英语这类本来综合性较强的学科，也要分割成社会学、人类学、文学、写作、语法等。这是对于20世纪以来，以进步主义教育为代表的强调学科综合性做法之弊端的救治，然而出现了矫枉过正的现象。"美国课程论专家坦纳夫妇在80年代……回顾了美国60年代初期的课程改革运动，认为这场学科中心的课程改革，是以各学科专家之间的'论战'为特征的，每一学科都想在课程中占优势地位。而且，专家们一般都拒绝普通教育的职能，而是把课程设计得好像每一个学生将来都会成为专家似的。"[①] 为了达到各门学科的独立性和完整性，主要由各门学科专家编定的教材往往不能考虑到学生发展的实际，给学生掌握这些教材带来了困难。

第二，教师难以适应。要实现前述布鲁纳在《教育过程》中提出的三个"任何"，对教师的要求是相当高的。美国全国数学教师协会在1961年出版的《中学数学的革命》一书中写道：有效地运用发现法需要教师具有"极高"的教学技巧。除了需要有极高的数学造诣之外，教师还必须善于提问；对学生要体贴；当学生出现意外的情况要能够相机处置；要善于利用学生理解力偶然的爆发，避免过早地用语言表达一个已被发现了的真理等。

课程改革者在开始时也曾注意到改革对于教师的要求，并进行教师在职进修的活动，以便使他们掌握并熟悉新教材。随着时间的推移，这项工作逐渐放松。约翰·I.古德莱德（John I. Goodlad）对此作过如下评论：学科结构运动的"一个主要缺点是，运动没有与培养和检定教师的结构和机构结合起来。因此，当在职教师教育的计划（这种计划始终

---

① 施良方．泰勒．课程与教学的基本原理[M]．华东师范大学学报（教育科学版），1992（4）．

只涉及教师的一部分）减弱并最终停止时，再也没有熟悉这种新课程的教师补充进来以维持运动的势头"。①

五、新行为主义与程序教学

新行为主义是现代西方心理学的一个重要派别，其主要代表人物是斯金纳（B. F. Skinner），在新行为主义的理论中，学习的问题占据了核心的地位；新行为主义的学习理论对于教学方法的革新产生了巨大的影响，而教学方法的革新主要体现在程序教学和教学机器方面。

新行为主义认为最有价值的是行为的能力，所谓学习就是行为的改变。新行为主义推崇科学，主张将严格的科学应用于人的行为的研究，使学校的理论和实践都具备科学精神。学校教育的任务就是通过细致而科学地设计和控制教育环境来改变学习者的行为。斯金纳对于当时美国教育实践缺乏控制学生行为的有效的强化，缺乏形成学生行为的程序等提出了批评，提出了程序教学的理论，突出了可以科学地测量的学生行为的改变，要求教育者要明确地、具体地提出每一堂课的行为目的，以及测量和检查学习效果的标准等。

1. 理论基础：新行为主义对有机体行为的分析

在新行为主义心理学理论的建设中，斯金纳发挥了重要的积极作用。20世纪30年代初，斯金纳就着手他的关于行为的实验研究，并制定了一个通过实验来研究行为的纲领。在这个方面，斯金纳主要受华生的行为主义观点和巴甫洛夫思想的影响，他的实验研究对象既有动物，也有人。其主要任务是在先行的、实验者控制的刺激条件和有机体随后的反应之间建立函数的关系。因此，他关心的是对观察到的行为加以描述，而不是加以解释。此外，他认为实验无须用大量的被试，也无须用统计的方法来比较各被试组的平均反应，他关心的是对单个被试进行细致的、彻底的研究。

（1）操作性条件作用。斯金纳认为存在着两种根本不同的行为类型，即应答行为和操作行为。应答行为是由已知的，特定的刺激引起的，它们是不随意的，是一种反射。人的有些反射是与生俱来的，称之为无条件反射；有些反射是后天通过长期的条件作用获得的，称之为条件反射。巴甫洛夫的著名的实验，即在给狗呈现食物（无条件刺激）时伴随着声音（条件刺激），后来，如果不呈现食物，而只发出原先伴随食物出现的声音时，狗也能过量地分泌唾液（条件反射）。斯金纳称之为S型条件反射。在S型的条件反射中，一个可以观察到的特定刺激的呈现将引起一个反应，所以，刺激往往先于反应而出现。

操作行为不是由刺激引起的，它们是随意的。这里的操作，是指行为操作于环境以产生反应。这种操作反应，操作条件作用的原理乃是斯金纳的行为研究的重点，因为他认为，人的大多数行为，尤其是学习行为应该用操作反应加以说明。

斯金纳研究操作反应的实验过程是：把一个有机体置于一种他可能完成的某种操作环境之中，当这个有机体完成了这个操作的步骤时，就给予奖赏（rewards）或"强化物"。操作行为是在没有任何能够观察到的外部刺激的情境下发生的。有机体的反应似乎与任何已知的、能够观察到的刺激都没有关系，似乎是自发的。当然，这不是说没有引起反应的

---

① John I. Goodlad. A place called school: prospects for the future [M]. New York: Mc Graw-Hill Book Co., 1984: 293.

刺激，而是说在反应发生时没有觉察出刺激。对于实验者来说，由于他没有使用刺激，也没有观察到刺激，所以就可以说没有刺激。

斯金纳关于行为的研究，一个重要的目的是为了解决人类的学习问题。他认为，关于人类学习问题的研究只能是描述性的，即描述导致学习发生的各种变量而无须依赖于各种心灵的或心理的过程，因为这些过程是无法直接观察的。在他看来，只有依靠这类经验的知识，我们才能够在实际上塑造行为。

斯金纳认为，操作条件作用的原理可以应用于学习，以形成复杂的动作技能。当所期待的反应出现以后立即给予强化，这就加强了重新出现这种反应的倾向，使之保持一个很长的时期。在出现了任何别的非期待的反应之后，就停止强化。如果学习者第一次或相继的尝试未能作出期待的正确的反应，在这种情况下，就强化那最接近正确反应的行为。同样，如果要形成一种复杂的行为，我们可以仔细地设计一个逐渐改变强化偶合的计划，通过连续地形成一个个接近于这个复杂行为的小的行为单元，最终达到我们的目的。

（2）强化。从上面的叙述中可以看到，行为是通过强化而受到控制的。正是因为强化对于行为具有控制作用，所以斯金纳对它进行了比较细致的研究。

两种类型的强化：积极强化和消极强化。积极强化是，在一种情境中出现或加上某些东西，作出一种反应的概率就增加。消极强化是，在一定的情境中撤销某种事件，有机体也能增加一种反应的概率。无论是积极强化或是消极强化，其结果是相同的，即都导致一种反应的增强。

条件强化和泛化：如果一个最初没有任何强化力量的事物与一个从一开始就有强化力量的事物同时出现时，那么前者往往会获得与后者相同的强化性能，这个过程就叫做条件强化，前者就称为条件强化物，后者称为初级强化物。如果条件强化物配之以一个以上的初级强化物，那么条件强化物就被泛化，成为泛化的强化物。学生的学习、文凭，就是泛化的强化物，虽然它没有与初级强化物发生直接的联系，但它实际上可以转换为较高的社会地位和高收入的工作。

强化的程序：人的许多行为都是通过操作条件作用加以塑造的，然而，在人们的日常生活中，操作反应的塑造却缓慢而不太有效，这是由于对这些反应的强化不一致或不连续所造成的。

斯金纳认为，教育和工业领域的强化几乎总是以间歇性为特征的，因为它们不可能通过对每一次反应都给以强化来控制行为。

（3）消退。无强化情境的作用叫做操作的消退，这就是说，如果一个反应在一段时间内不跟随有任何强化，那么这个反应发生的频率越来越小，直至最终停止作出这种反应。斯金纳发现动物学习的消退曲线在学习期间使用间歇强化的情况下要比使用连续强化时降落得缓慢些。

消退不同于遗忘，因为对于遗忘来说，条件作用的消失是由于时间的推延，而消退则要求对发生的反应不给予强化。

虽然操作消退的发生要比操作条件作用的发生缓慢得多，但两者对于人类行为的塑造都具有意义。在教育方面，如果我们要消除学生不适当的行为，那么就应该运用消退的原理。

2. 程序教学和教学机器

斯金纳关于行为的研究及其结论，对于教育的影响主要在教学的领域，这就是大家所熟悉的程序教学的理论以及教学机器的发明和使用。

(1) 什么是程序教学？所谓程序教学，就是将教材内容按照逻辑顺序系统地加以编排，使之由浅入深、循序渐进的一种自动的教学模式。程序教学的目的是通过有效地利用强化物，以建立、保持并加强学生的期望的反应。在程序教学过程中，影响和控制学生学习的因素乃是对于正确反应的强化，以及对于学习材料所做的细致的、合乎逻辑的安排。威尔伯·斯科拉姆认为，在程序教学中，"对于学生来说，'程序'代替了教师，而且这种'程序'通过一套事先设计好的、有一定顺序的特定行为，使学生将来更有可能按照人们所期望的方式去行动；换句话说，就是学生将学会人们设计这个程序时想要教给他的那些东西"。①

由于作为教学目的和学习内容的终端行为往往比较复杂，学生不可能一次学会，所以，必须将学习内容分成许多小的单元（也称之为"步子"），并将这些小单元排列起来以形成程序，如果学习者能够通过整个程序的学习，他就可以达到程序设计者预定的目的。在程序教学中，一个非常重要的问题是，在学习者学习一个步子之前，他必须理解或掌握在它之前的那个步子。换言之，如果学习者还没有掌握他在某一阶段必须掌握的学习内容，他就不能进行下一阶段的学习。此外，虽然程序将一个复杂的终端行为分割成许多小的步子，并对每个步子都给予强化，但终端行为的形成并非这些小步子的简单聚积，因为这些小的单元并非各自独立、互不相干，它们之间有着不同程度的一致性和连贯性。在程序教学中，每一个新学会的行为都是以累积的方式增加到已经形成的行为上去的，正因为如此，终端行为才能够逐渐形成。

(2) 程序教学的特点。程序教学具有下列几个特点：

积极反应。在传统的教学过程中，学生只是被动的知识受纳器，学生很少有机会作出自己的反应。事实上，教学过程的进展也不取决于学生的反应。教学程序则不然，它要求学生作出积极的反应，既要动脑，也要动手。如果学生不作出积极反应，学习的过程就会中止。

即时反馈。斯金纳的实验研究表明，在有机体作出反应以后，必须及时反馈，只有这样，才能更有效地塑造或保持行为。他还对传统的课堂教学中缺乏即时的、经常的、准确的反馈现象表示震惊。他说："1953年，我的小女孩在剑桥的一所私立小学四年级上学。那年11月11日，我以家长身份访问学校，坐在教室后面听算术课。我忽然发现：整个教学情境显得十分荒谬。那里坐着20个十分可珍爱的有机体。但是那位教师却违反了我们所熟悉的关于学习过程的几乎所有的原理和做法，虽然这不能完全归咎于他本人。"② 他认为这是在"毁灭心灵"，而且坚信程序教学将"可以干得好得多"。根据操作强化原理，在程序教学过程中，当学生作出一个反应之后，程序将以某种方式让学生立即知道自己的反应正确与否。

可以测量的目标。学习就是控制、改变学习者的行为，所以，知识必须转化成可以观察到的行为。程序教学必须围绕可以陈述的行为目标加以组织。那种宽泛、模糊的目标如"懂得"、"鉴别"、"理解"等应该废除，而代之以具体的行为的说明，换言之，只有可以

---

① 罗伯特·梅逊. 西方当代教育理论[M]. 陆有铨译. 北京：文化教育出版社, 1984：186.
② 高觉敷主编. 西方现代心理学史[M]. 北京：人民教育出版社, 1982：311.

观察，可以辨别，可以测量的明显的行为变化才算是学习。

按小步子的逻辑顺序呈现材料。程序教学是一种自动的教学过程，在程序教学中，程序代替了教师。为了使学习者的学习能够有效、顺利地进行，在呈现学习材料的时候，除了要严格按照材料的逻辑顺序，使之环环相扣之外，相邻的步子之间进步的幅度也是一个重要的因素。斯金纳提倡小步子直线式的程序，其目的在于使学习者非常容易完成而不致出错。除了斯金纳提倡的直线式程序之外，还有其他的程序模式，这些将在下文加以阐述。

（3）程序的编制。程序教学的结果在很大的程度上取决于程序的编制。程序编制者首先要确定一个适当的起点，这要求对学生受教以前的情况有比较具体的了解。如果编制的程序一开始水平过低，将不能引起学习者的兴趣，同时也徒然浪费时间。然而，如果一开始的水平过高，超出学生的反应能力，学生的学习也无法进行。所以，程序编制者必须要认真考虑两个问题：(1) 想要达到什么目的？(2) 儿童目前的水平如何？对这两个问题的回答必须具体。

然后，程序编制者根据教学目的和要求的知识质量，用一系列的小步子按顺序编写教材，决定用哪些步骤或阶段来引起学习者作出所期待的反应。这时候，程序编制者要考虑三个互相关联的问题：(1) 下一步你要他做什么？再下一步你要他做什么？(2) 你每次是怎样促使他去做的？(3) 你怎么肯定他继续按这种方式做事，而且没有匆忙地滑过去？这要求步子之间的幅度适当；步子之间联系密切，形成一个锁链体系；作必要的提示；及时强化学生每一个正确反应等等，其目的是将学生开始的行为逐步引向作为教学目的的终端行为。

最后，当程序编制者将教材以一系列的小步子按顺序编好以后，必须要在一个有代表性的小组里进行检验，以鉴定从受教前的行为过渡到终端行为方面取得成功的程度。如果有必要，则要根据检验的结果对程序作必要的修改。

（4）主要的程序模式。程序教学的理论提出以后，很快便在教育、军事、工业等领域的实践中得到运用，其理论和实践都有很快的发展。在实践的过程中，出现了许多编制程序的模式，其中主要的有下列四种。

直线式程序。这是斯金纳首创的一种程序，又称经典式程序。直线式程序将材料分成一系列的连续的小步子，用使学生"知道结果"的方式对每一个步子加以强化，以引导学生形成期望的终端行为。其特点是每个项目学习的材料量小；如果程序设计得好，学习者可以几乎不出现错误，而且只要学习者作出正确的反应，就意味着他已经学会了；此外，这种程序只强化正确的反应，如果学习者出现错误，将呈现正确答案，纠正了学习者的错误以后再继续前进，这种程序模式对于逻辑层次分明的学科，如物理学、生物学、数学等，效果比较明显。

直线选答式程序。倡导者是西德尼·普莱西。它是在程序中提供一些不正确的反应，将正确的和不正确的几种可供选择的分支都呈现在学生面前任其选择。每一种反应都提供了一个不同的路线，如果学生的每个反应都正确，那么他就循着该程序的主要路线前进，因而，可以在最短的时间内通过该程序。如果学生作出了错误的反应，那他还要继续选择，直到正确为止。这种程序是根据学生的能力来调节速度，而且相对于直线式程序来说，学习者有较大的自由度，因为他可以根据学习者个人学习的速度采取不同的路线来完成整个程序的学习。

衍枝式程序。倡导者为 N. A. 克劳德，所以又称克劳德程序。它是根据学习者由于能力、已有的知识和学习材料的性质的差异而造成的可能的错误来编制程序。它把学习材料分成内容较多、步子较大的逻辑单元，编成主干程序，又把学习者学习时常犯的典型错误编成分枝程序。学习者学完一个逻辑单元以后，采用多重选择反应对其进行诊断性测验，并依据测验的结果决定下一步的学习。如果学习者反应正确，即开始主干程序的下一个逻辑单元的学习；如果作了错误的选择，学习者将被引入该逻辑单元的分枝程序进行补充性学习。分枝程序的补充性材料将纠正其错误，待错误得到纠正以后，学习者还将回到主干程序的这个逻辑单元，然后再进行下一个逻辑单元的学习。

凯程序。倡导者为心理学家 H. 凯，故名凯程序。这是一种直线式和分支式相结合的程序。它对各种知识、概念有不同水平的解释。例如，学习者在学习直线式的主序列中的知识 N 之后，按顺序应该学主序列中下一个项目 N+1，然而，如果学习者学习之后作出了错误的反应，那么他将被引入 n 的分支程序 Na 或 Nb，在 Na 或 Nb 中，他可以学到有关 N 的概念的补充性材料。通过 Na 或 Nb 的学习，证明学习者已经掌握了 N 以后，学习者无须回到 N 项目，而直接转向 N+1 的学习。凯程序要求其编制者充分考虑到学习者可能产生的各种典型错误，并将其反应到补充材料中去。

(5) 教学机器。教学机器指装有程序教材，能够显示问题，指出正误，并提示下一步如何学习的机器。教学机器的新颖之处在于，它突出了教学的自动化过程，用一个没有生命的机器来代替人进行教学。

教学机器只是一种学习的工具，而且它同人们过去的教学实践是有联系的。它是"通过机器对体现在书本、教科书、训练手册、辅助练习册和各种手册里的相当古老的教学技术所作的一种改进。主要改进之处在于它使机器产生一种约束作用，即使不能绝对制止学生作弊，也使作弊难以进行"。[①]

教学机器的运用曾遭受到不少批评意见，其中主要的是，认为这将把人当做动物对待，行为设计、行为控制的方法将把人训练成机器人，成为控制他们的人的傀儡。对此，斯金纳作了辩解。他认为这种观点是文化的惰性的表现。我们本来就生活在一个受到未被我们意识到的力量控制的世界里，人要受到控制是一个无法规避的事实。如果我们能够正确地运用条件作用方面的先进技术，那么我们的人性将得到改善。教学机器作为一种工具，它能够发挥什么作用，取决于人们如何使用它。如果对教学机器或程序教学使用不当，它可能会使学生成为缺乏主动性和创造性的唯命是从的人。然而，如果我们正确地使用它们，也可以充分发展人的潜在能力，并完善人性。关键在于我们运用它们要达到什么目的，而这个任务不是教学机器和程序教学所能完成的，因为它只是我们实现教育目的的工具。

第三节 苏联的教育改革

在第二次世界大战期间，苏联为战胜德、意、日法西斯作出了卓越的贡献，同时也为赢得战争的胜利付出了异常沉重的代价。在战争中，苏联有2700多万人丧生，1710座城镇，7

---

① 罗伯特·梅逊. 西方当代教育理论 [M]. 陆有铨译. 北京：文化教育出版社，1984：184.

万多个村庄，31850个工厂，65000多公里的铁路和4100个车站全部或部分被毁。30%的国家财产化为灰烬。按1941年的价值计算，国民经济损失达6790亿卢布。如果把军费开支也计算进去，整个战争花费高达25690亿卢布，相当于苏联战前14个年度的国家预算。①

战争给苏联教育带来了莫大的损失。84000所各类学校和科研机构以及43000个图书馆和文化教育设施，被毁灭或被洗劫。此外，一大批苏联的教师牺牲于战场或被法西斯迫害。

战后，美国曾有人预言，苏联将从世界大国的名单中被勾销。然而，苏联很快医治了战争的创伤，恢复并发展了国民经济，成为与美国抗衡的一支最重要的力量。1949年中华人民共和国的成立以及在美国敌视新中国政策形势下所采取的"一边倒"的方针，进一步增加了"冷战"期间苏联对抗美国的力量。

1953年3月，斯大林逝世以后，苏联国内政治开始发生变化。1956年2月苏共二十大的召开、赫鲁晓夫在会上所作的《关于个人崇拜及其后果》的秘密报告，以及赫鲁晓夫体制的确立，不仅在苏联国内和国际上形成了一个很强的政治冲击波，而且也影响到战后苏联教育的进程。

50年代末、60年代初，在国际共产主义运动开始分裂、苏中关系由热变冷乃至相互对立的形势下，苏联同美国的关系却趋于缓和，由僵硬的对抗转变为既对抗又对话。赫鲁晓夫对美缓和的政策因1962年10月的"古巴导弹危机"而中止。此后，美苏的战略核武器军备竞赛层层加码。赫鲁晓夫的国内、国外政策的破产，终于导致他本人于1964年10月从苏联和国际政治舞台上消失。苏联1958年和1964年的两次教育革命，反映了赫鲁晓夫体制以及赫鲁晓夫以后苏联国内、国际政治对于教育的要求，也是本章的主要内容。

一、50年代的苏联教育

1949年到1950年，苏联实施了国民经济发展第四个五年计划（战后的第一个五年计划）。在此期间，教育得到了很快的恢复。"第一个战后五年计划在苏联学校网和学生人数方面的任务已经超额完成。例如，预定使小学、七年制学校和中学的数目1950年达到19.3万所，学生人数达到3180万人，实际上1950—1951学年，开办的普通学校超过22万所，其中学习的学生约3500万人。"②

进入50年代以后，苏联开始实施第五个五年计划（1951—1955），与此同时，苏联的教育在原有的基础上进一步发展。在发展的过程中，教育自身存在的问题越来越明显。此外，斯大林逝世以后，赫鲁晓夫体制的逐渐形成，也对教育提出了新的要求。所有这些，都为1958年的改革提供了基础。

1. 50年代教育的发展

在1958年以前，苏联教育的体制、教育的政策同战前相比较，变化不大。50年代教育的发展，主要体现在各级各类教育事业的发展方面，其中以普通教育发展最为迅速。

为了发展教育事业，在第四和第五个五年计划期间教育经费不断提高，下表③清楚地说明了这一点。

---

① 参见滕大春主编. 外国教育通史（第六卷）[M]. 山东教育出版社，1994：1.
② 康斯坦丁诺夫. 苏联教育史[M]. 吴式颖等译. 北京：商务印书馆，1996：497.
③ 本表采自顾明远主编. 战后苏联教育研究[M]. 南昌：江西教育出版社，1991：30.

表 4-1　苏联第五个五年计划期间教育经费　　　　　　（单位：亿卢布）

年　份	金　额
1951 年	57.3
1952 年	58.3
1953 年	61.1
1954 年	65.6
1955 年	68.9
合　计	311.5

早在 1934 年 3 月苏联人民委员会就作出《关于准备实施普及七年制义务教育的决定》。由于第二次世界大战，苏联普及七年制义务教育的工作未能持续进行。

1949 年苏联提出要普及七年制义务教育，俄罗斯联邦决定从 1949 年起即实施普及七年制义务教育，其他各加盟共和国也作出了相应的决定。普及七年制义务教育的决定，使七年制学校的数量大大增加。1949 年到 1952 年间，仅俄罗斯联邦的七年制学校就增加了 8446 所，中学增加了 1838 所。1951 年至 1952 年五至七年级的学生人数，比 1948—1949 学年增加了 362.8 万人，八至十年级学生人数增加了 71.55 万人。[①]

1952 年 10 月，《苏联共产党（布）第十九次代表大会关于 1951—1955 年苏联发展第五个五年计划的指示》提出，"到五年计划结束时，在各共和国首都、共和国直辖市、省和边区的中心城市以及大工业中心，把七年制教育完全改为普及中等教育（十年制教育）。为了下一个五年计划期间在其他城市和农村中完全实行普及中等教育（十年制教育）准备条件"。[②] 根据这一指示，苏联完全中学的教育有了很大的发展。各加盟共和国都制定了发展中学教育的计划。1953—1954 学年，俄罗斯联邦创办中学 1 千多所，增加招收八年级学生 11 万名。

下表[③]说明了苏联 30 年代、战前和 50 年代中期普通教育发展的情况。

表 4-2　1934—1956 年苏联各类学校数和学生数统计表

学校类别	学　年			1955/56 与 1933/34 学年比的百分数
	1933—1934	1940—1941	1955—1956	
学校总数	166,468	191,545	195,271	117.3
小学	133,883	125,894	108,756	81.2
七年制	28,646	45,745	58,739	205
中学	2,436	18,811	26,863	1,102.7
其他	1,503	1,095	913	60
学生总数（千人）	21,972	34,510	29,101	127.8
一至四年级	17,749	21,375	14,580	76.5*
五至七年级	4,084	10,767	9,268	226.9
八至十年级	139	2,368	5,253	377.9

* 1955—1956 年度一至四年级学生数下降与战争期间的低出生率有关。

资料来源：根据凯洛夫编：《苏联的国民教育》，人民教育出版社 1958 年版，第 506、508 页编制。

---

① 康斯坦丁诺夫. 苏联教育史 [M]. 吴式颖等译. 北京：商务印书馆，1996：498.
② 顾明远主编. 战后苏联教育研究 [M]. 南昌：江西教育出版社，1991：27.
③ 本表采自成有信编. 九国普及义务教育 [M]. 北京：人民教育出版社，1985：128.

除了普通教育之外，高等教育、职业技术教育等其他各项教育事业也有很大的发展。

2. 加强综合技术教育

马克思对综合技术教育曾进行过理论的阐述。1866年，马克思在第一国际《临时中央委员会就若干问题给代表的指示》中指出，技术教育"要使儿童和少年了解生产各个过程的基本原理，同时使他们获得运用各种生产的最简单的工具的技能"。① 根据列宁的建议，1919年3月联共（布）八大通过的党纲，规定对17岁以下的全体男女实施免费的和义务的普通教育。20年代后期，苏联曾加强实施综合技术教育。当时，不少学校开设有小型工场或车间，组织学生到生产部门参观实习，通过综合技术教育使学生学会运用简单的生产工具、了解常用的机械。

在1931年8月通过的《关于小学和中学的决定》中，认为教育与生产劳动相结合、普通教育和综合技术教育相结合是培养共产主义建设者的条件之一，综合技术教育是年轻一代共产主义教育的组成部分。然而，到了30年代中期，由于德国法西斯主义对苏联的威胁及国内经济建设的需要，苏联教育人民委员部于1937年3月又发布《关于取消普通学校的劳动课》的命令。这项命令认为，当时苏联中小学所进行的综合技术教育已经简化为劳动课，而且，劳动课使用的是简单的手工业技术，这将使学生对建立在先进技术基础上的当代社会主义工业生产形成完全不正确的观念。为此，教育人民委员部命令：取消在小学、不完全中学和完全中学各年级把劳动作为一门独立的课程；停办普通学校的劳动车间；受过高等教育的劳动课教师转为物理和数学课教师，其他的劳动课教师免职；取消劳动课腾出的时间用于俄语、数学、自然等课的教学。这样，普通教育中的综合技术教育实际上被取消了。这种状况一直延续到战后。

50年代初，苏联决定，在第五个五年计划期间（1951—1955）要着手在中学实施综合技术教育，并采取措施逐步过渡到普及综合技术教育。重新提出综合技术教育问题主要是为中学生毕业后从事工农业生产作准备。战前，联共（布）第十八次党代表大会（1930年）已经提出使中学毕业生参加生产劳动的问题。战后，中学教育的迅速发展使中学毕业生升学的矛盾更为突出。"例如，在1951年，中学毕业生为339900人，其中只有245200人可以升入高等学校本科；到1954年，中学毕业生已达到1113600人，其中能进入高等学校本科的也只有276200人。"② 为了给不能升入高等学校继续学习的中学毕业生创造就业的条件，中学阶段必须进行综合技术教育。

苏共十九大以后，苏联的教育无论在实际工作还是理论建设方面，都开始重视综合技术教育。

在实际工作方面，③ 各加盟共和国的教育部修改了教学计划和教学大纲，向各学校发出了实行综合技术教育的指示。俄罗斯联邦的教育部和教育科学院制定了1954—1955学年在俄罗斯联邦的学校实施的新教学计划和教育大纲。其中增列了一至四年级的劳动课，五至七年级在工场和教学实验地的实习课，八至十年级的机器学、电工学和农业实习课。

---

① 苏联教育科学院编. 马克思恩格斯论教育（上卷）[M]. 华东师范大学《马克思恩格斯论教育》辑译小组辑译. 北京：人民教育出版社，1985：329.
② 滕大春主编. 外国教育通史[M]. 济南：山东教育出版社，1994：6.
③ 参见康斯坦丁诺夫. 苏联教育史[M]. 吴式颖等译. 北京：商务印书馆，1996：499—500.

俄罗斯联邦教育科学院出版了供教师用的辅导读物，其中有结合综合技术教育任务讲授学校所需科学基本知识课程的小丛书。

乌克兰共和国教育部从1954年起着手在普通学校实行生产教育，八至十年级的学生要去工厂、农机站、集体农庄、国营农场进行生产实习。

1955年，斯塔夫罗波尔、克拉斯诺达尔、阿尔泰、罗斯托夫、尼古拉耶夫、诺夫哥罗德等边疆地区和州，成立了由高年级学生组成的学生生产队、教学试验农场等。这些地区的做法，促进了苏联中心地区各州许多学校的综合技术教育或教育与生产劳动相结合。

与此同时，苏联的教育理论界也开展了对于综合技术教育有关理论问题的研究。1954年12月，凯洛夫在俄罗斯联邦教育科学院主席团的会议上作了题为《苏联教育科学的状况和任务》的报告。在这篇报告中，凯洛夫把"普通教育和综合技术教育的内容问题、教学与学生的社会生产劳动相结合的问题；普通教育学校的劳动教学和劳动教育问题"列为苏联教育学应该研究的3个"关键性问题"的第一个问题。

凯洛夫认为，既不能把综合技术教育同普通教育等同起来，也不能把综合技术教育同职业教育等同起来。根据俄罗斯教育科学的研究，凯洛夫提出，综合技术教育的内容包括学习生产的一般科学原理，以及培养学生掌握某些体力劳动的技能和技巧。

关于生产的一般科学原理应包括下列4种因素。第一，了解生产所必需的能源——内燃机和电动机；第二，了解技术原理、能量转化和运转体系（操作机械的类型和构造）；第三，了解生产工艺学原理；第四，了解生产组织的基本问题。凯洛夫还认为，上述关于生产的一般科学原理主要在物理、化学、生物学等自然科学的基础学科的讲授过程中加以阐明。

除了这些生产的科学原理之外，综合技术教育还应该包括实际的技能和技巧，掌握生产的基本工具，学生应该掌握的技能有：图表技能（识别、绘制技术图纸），计算和测量的技能，实验的技能，材料机械加工的技能，电工技能，化学工艺学技能，手工的和机械的农业劳动技能等。

3. 教育上的"反对个人迷信"

这里说的"反对个人迷信"有其特定的含义，它指赫鲁晓夫在苏共二十大以后开展的反对斯大林的运动。

在苏联历史上，长达29年之久的"斯大林时代"随着斯大林的逝世（1953年3月）而告结束。此后的3年，是苏联由"斯大林时代"向"赫鲁晓夫体制"的过渡时期。斯大林逝世以后，曾经有过马林科夫、贝利亚、赫鲁晓夫"三巨头"治理苏联的时代。经过一系列的争斗，赫鲁晓夫排除了异己，并于1958年3月集党政大权于一身，最终确立了赫鲁晓夫体制。

1956年2月召开的苏共二十大无疑是苏联历史上一个关键的转折点。赫鲁晓夫在苏共二十大上作的题为《关于个人崇拜及其后果》的长篇秘密报告，矛头直指斯大林，历数斯大林的种种错误及个人崇拜的危害。后来，"在总结苏共二十大对斯大林的批评时，毛泽东指出，这件事有两重性，一方面破除对斯大林的迷信，揭开盖子是'一个解放运动'。但另一方面，赫鲁晓夫揭盖子的办法不对，没有进行好好的分析，没有考虑在世界其他国家产生的后果"。[①]

---

① 罗德里克·麦克法夸尔等主编. 剑桥中华人民共和国史（上）[M]. 金光耀等译, 上海：上海人民出版社, 70.

在《关于个人崇拜及其后果》的秘密报告中，赫鲁晓夫明确提出必须"坚决肃清个人崇拜"，"还必须在思想理论活动和实践活动两个方面作出正确的结论"，并阐述了这么做的 3 个目的。在赫鲁晓夫提出的 3 个目的中，其中讲到，"必须付出巨大努力，以在历史、哲学、经济学及其他科学或文学美术领域对个人崇拜的有关的种种错误见解从马克思主义的角度出发，进行批判和纠正。特别有必要在最近的时期编写具有马克思主义客观性的党史教科书、苏联社会史教科书以及有关内战和第二次世界大战的各种事件的书"。①

赫鲁晓夫秘密报告之后不久，1956 年 6 月，苏共中央作出《关于克服个人迷信及其后果的决议》。这样，赫鲁晓夫的秘密报告便转变为苏共中央的公开的"反对个人迷信"的运动。苏共二十大以后开展的"反对个人迷信"运动的目的，是为了肃清"个人迷信"在党的工作、国家工作和各个领域中所造成的种种不良后果。

西方国家往往把苏共二十大以后的"反对个人迷信"运动称为"非斯大林化"运动，这个名称以极其明白、直率的形式点出了这个运动的内容和实质。这场运动的宗旨在于肃清斯大林在所有方面的影响，而且其手段与中国"文化大革命"期间"四人帮"所说的"对着干"颇为相似。

肃清斯大林在哲学、法学、历史、经济等社会科学领域中的影响，无疑是运动的一个重点，教育肯定也包括在其中。《苏维埃教育学》杂志 1956 年第 9 期发表了题为《克服个人主义在教育学中的后果》②的社论。这篇社论为清除斯大林在苏联教育理论和实践方面的影响作了动员，并为教育领域中的"非斯大林化"定了基调。

对于斯大林在苏联教育理论和实践方面所造成的"后果"，《社论》列举的罪名主要集中在"教育学与生活脱节"、"教条主义和书呆子习气"。

《社论》认为，"在斯大林个人迷信的影响下，在教育科学工作者的队伍中，对待苏共中央在不同时期通过的有关苏维埃学校建设问题的一些决议，形成了一种教条主义的、书呆子气的态度……因而认为党中央的这些决议（包括 30 年代初期的决议）的全部内容和一切观点直到现在仍是完全正确的。"《社论》强调，30 年代以后的一个时期，"生活有了长足的进步"，而苏联的教育工作者却丝毫没有考虑已经变化了的条件，不考虑"昨天是正确和极其重要的东西，今天已是需要加以认真修正的了。"从《社论》定的基调来看，斯大林时期在教育方面的所有决定和举措，即使在当时是"正确和极其重要的"，都要考虑认真加以修改。

苏共十九大以后不到 5 个月，斯大林即逝世。所以，《社论》对苏共十九大以前的教育，进行了系统的阐述。本书第三章第二节曾阐述了苏联在 1931 年至 1941 年间对于 20 年代教育的调整、巩固所采取的几项措施（这些措施在第二次世界大战以后并无太大的变化），在"非斯大林化"的运动中，这些措施几乎全部受到质疑。教育方面的"非斯大林化"，突出了两点。

第一，强调综合技术教育。为了克服教育与生活脱节的现象，《社论》突出了综合技术教育的地位。同赫鲁晓夫秘密报告的模式一样，《社论》也重新认识或解释了斯大林时代教育上的一些事件。在综合技术教育方面，《社论》对于 30 年代初期第二次讨论国民教

---

① 该秘密报告见．赫鲁晓夫回忆录 [M]．北京：东方出版社，1988：806—807．
② 瞿葆奎主编．教育学文集·苏联教育改革（上）[M]．北京：人民教育出版社，1993：678—702．

育问题党的会议重新进行了评价。由于党在这次会议所作的决定中,包含有党在综合技术教学和发展七年制工厂学校和集体农庄青年学校等方面的指示,所以,在斯大林时代,对于这次会议要么根本不提,要么横加谴责。此外,1930年召开的全苏综合技术教育代表大会讨论了诸如学校与生产相联系,组织学生在企业和集体农庄进行实习,建立学校实习工场和教学实验园地等,曾在整个苏联产生过较大的影响。在斯大林时代,这次关于综合技术教育的重要会议也遭到了否定。《社论》明确指出,"从1937年开始到党的十九次代表大会之前,学校中的综合技术教学问题被遗忘了。"苏共第十九次代表大会是1952年召开的,这就是说,在斯大林时代,有一段长达15年左右的时期遗忘了综合技术教育,这个罪行当然要归之于斯大林。

由于"遗忘"了综合技术教育而强调科学文化基础知识的教学,所以,从1935年开始,沙皇时代的文科学校以及与这种旧学校相关联的传统的教学科目体系开始公然在苏联复活。其表现是1937年一律停办了学校的劳动实习工场,甚至不再谈论劳动教育和综合技术教育了。为了克服个人迷信这一恶劣的后果,必须反其道而行之,加强综合技术教育。《社论》对于苏联教育科学工作者提出的一项任务是,对于苏联学校目前发展阶段上的普通教育和综合技术教育的内容和方针,必须作出科学的论证。同时还应当通过实验对新的教学计划和教学大纲进行检验。除了知识的教学以外,还要精确地确定"学生在熟悉现代工农业生产最重要部门的过程中应得到的知识与技巧的范围和体系。"

为了保证在学校中顺利开展综合技术教学,教育科学工作者"还必须研究下列许多问题:通过物理、化学、自然、数学和制图等课程把生产的科学技术基础知识介绍给学生的方法;工业生产的基础知识(机械学、电工学、具体企业中的生产基础知识)的讲授内容以及讲授的组织与方法;教学与生产劳动相结合的重要形式之一——生产实习的组织与方法。"

第二,突出斯大林时代以前的教育。在赫鲁晓夫的秘密报告中,斯大林始终处在与列宁相对立的地位。赫鲁晓夫当然明白,由于列宁在苏联人民心目中的崇高威望,打击斯大林的最有效的办法就是借助列宁。在阐述个人迷信对于苏维埃学校史和教育史研究的后果时,《社论》写道:"总之,应当指出,在苏维埃学校和教育学发展过程中的最初十年(1917—1927),是在列宁思想直接影响下度过的,可是这十年被低估了。某些著作毫无根据地把这个时期说成是含糊不清、摇摆不定、错误百出和'左'的空洞计划的时期。"

强调这十年教育的目的,除了借此打击斯大林之外,无非是为执行中等普通教育学校毕业生参加生产劳动提供依据。十月革命胜利以后,苏维埃的学校形式是劳动学校。卢那察尔斯基曾经讲过,苏联早期教育改革、学校的具体教学工作和实际的教学进程,都是以克鲁普斯卡娅的《国民教育和民主主义》一书为依据的。这本书考察的中心问题是教育与生产劳动相结合。吴式颖在《克鲁普斯卡娅》一文中曾对《国民教育和民主主义》作过中肯的评价,"由于当时的考察重点是教育与生产劳动结合问题,克鲁普斯卡娅侧重于阐释劳动在教育中所起的作用和教育与生产劳动结合对社会生产、人的个性发展带来的好处,忽视了对智育工作历史经验的总结,以致把读书学校与劳动学校截然对立起来,并且肯定生产劳动应该成为学校教育的中心"。这是她理论上的一个失误。[①] 事实上,对于克鲁普

---

① 见赵祥麟主编. 外国教育家评传(第三卷)[M]. 上海:上海教育出版社,1992:489.

斯卡娅的这一评价，从一定的意义上讲，也可以看做是对苏联早期教育得失的一种评价。此外，克鲁普斯卡娅主持制定的旨在打破学科界限的综合教育大纲，她本人也已经意识到存在着比较明显的缺陷，并因此而写道："革命向国家教育领域提出了宏伟的任务。要圆满地完成这些任务，就要走一条崭新的道路，常常要摸索着前进，要犯不少的错误。"[①]

苏联教育界在苏共二十大以后对于个人迷信及后果的批评运动，同两年以后苏联战后的第一次教育改革无疑是有联系的，而且，苏联1958年教育改革的重点在此已露端倪。《社论》指出："在研究共产主义教育理论时，必须深入和全面地研究列宁的教育学遗产，学习他的理论联系实际、一切服从于伟大的共产主义教育事业等思想。列宁的关于青年一代的教育和教养同共产主义建设任务相联系的指示，关于教育和教学同儿童和青年参加全民劳动相结合的指示，关于共产主义世界观的形成途径的指示，都是共产主义教育理论不可动摇的基础。"

二、1958年的教育改革

从一定的意义上说，苏共十九大以后，特别是斯大林逝世以后，苏共的教育已经局部地开始进行改革。1956年苏共二十大以后的反对个人迷信运动，有效地推动了苏共十九大以后的局部改革向全面改革过渡。

1958年12月，苏联最高苏维埃主席团颁布的《关于加强学校同生活的联系和进一步发展苏联国民教育制度的法律》，标志着苏联全面改革的启动。虽然苏联颁布的这一《法律》与美国《1958年国防教育法》在时间上只差3个月，但无论从改革的原因或是内容等方面来看，两者并无共同之处。然而，在使教育服从国家的政治目的方面，两者却又极其相似。

1. 教育改革的原因

苏联1958年的教育改革，是赫鲁晓夫进行的苏联政治、经济体制改革的一个有机的组成部分，也是苏联战后教育体制对新形势缺乏适应性的一个必然结果。

（1）赫鲁晓夫的改革。赫鲁晓夫1934年起任联共（布）中央委员，1939年起任联共（布）中央政治局委员。1952年任苏共中央主席团委员和中央委员会书记。1953年斯大林逝世后9天，马林科夫被解除苏共中央书记的职务，赫鲁晓夫成为排名第一的书记处书记。同年9月，任苏共中央第一书记。1953年12月，贝利亚被枪决。这样，斯大林逝世以后的"一国三公"只有赫鲁晓夫一人登上了克里姆林宫权力金字塔的顶端。此后，赫鲁晓夫在苏联高层权力的争斗中连连得手，排除了异己，1958年3月，布尔加宁被解除苏联部长会议主席，由赫鲁晓夫继任，这样，赫鲁晓夫一人独掌苏联党、政大权，进入个人权力顶峰的时期，开始执行他的对外思和、对内图变的政策。不过，最终结局是对外没有和成，对内没有变通，被赶下了台。

全面考察赫鲁晓夫的思想、理论乃至他的政治品质，不是本书的任务。一个基本的事实是，赫鲁晓夫领导了苏联第一次全面的改革，而且，赫鲁晓夫的改革直接导致了苏联1958年的教育改革。

---

① 滕大春主编．外国教育通史（第五卷）[M]．济南：山东教育出版社，1993：86．

导致赫鲁晓夫对苏联的政治、经济体制进行改革的原因极其复杂，其中一个重要的原因是"斯大林模式"内在的缺陷和日益暴露出来的弊端。所谓"斯大林模式"指30年代苏联在斯大林执政时期形成的社会主义政治经济体制。斯大林模式的主要特征是，在政治上高度的中央集权，缺乏健全的民主和法制；在经济上执行指令式计划经济，排斥市场经济，在经济运行中倚重政治和行政的手段。30年代的斯大林模式对于在短期内集中国家人力、物力、财力，加速经济发展速度以应付法西斯国家对苏联的战争威胁，为后来苏联在第二次世界大战中赢得胜利，发挥了巨大的作用。但是，如果一成不变地坚持这种模式，使之"僵化"，不可避免地要暴露出许多问题。

苏共二十大以后，赫鲁晓夫一方面推行反对个人迷信以打击异己，抬高自己，另一方面则加快推行他的改革计划。1958年年初，当赫鲁晓夫执掌苏联党政大权以后，改革更是全面开展。

在国内经济领域的改革方面，赫鲁晓夫全面改革工业管理体制，建立地方国民经济委员会；农业的改革主要在于改变农业生产的组织形式，使集体农庄向大规模、正规化方向发展。此外，他还改革劳动报酬制度，这就是60年代中苏在意识形态论战时所批判的"物质刺激"政策。

在国内政治领域的改革方面，赫鲁晓夫为斯大林时期定的一些案件平反，健全司法制度，精简政权机构。此外，赫鲁晓夫还大力发展党员。"从第十九次代表大会到二十次代表大会，党员的总人数只增加了4.8%……到1959年1月，党员总人数……约增长了14%。"① 这就是"全民党"的政策。

赫鲁晓夫实行国内改革的理论基础，显然是"一国内共产主义"的理论。列宁曾经有过共产主义就是苏维埃政权加全国电气化的说法。斯大林在1939年3月举行的联共（布）十八大会议曾经提出过在苏联建成社会主义以后"向共产主义前进"的口号。战后，斯大林在1946年9月在同英国记者的谈话中表示，一国内的共产主义是完全可能的。苏共十九大会议上，在一国内建成共产主义的思想又被人加以强调。苏联的第四和第五个五年计划，都被看做是为未来的共产主义奠定物质基础。使人感到饶有兴趣的是，赫鲁晓夫在斯大林逝世以后大反斯大林、推行非斯大林化运动的同时，却事实上接过了斯大林的"一国内共产主义"的思想。② 这一点在作为苏联1958年教育改革的指导文件《关于加强学校同生活的联系和进一步发展苏联国民教育制度的法律》③（以下此文件简称《法律》）中得到了充分的体现。《法律》说，"团结在共产党周围的苏联人民在发展工业、农业、科学和文化方面，在提高劳动者的物质福利方面，已经取得了新的历史性的胜利；苏联人民已经实现的宏伟变革，使我国有可能进入新的最重要的发展时期——大规模地建设共产主义社会的时期"。

赫鲁晓夫实施的国内经济、政治体制的改革，显然想在苏联建成他的"共产主义"。为了加速这个进程，赫鲁晓夫从1958年起推行冒进的"七年计划"。这个计划的目的是，

---

① 伦纳德·夏皮罗．一个英国学者笔下的苏共党史［M］．徐葵等译．北京：东方出版社，1991；605.
② 苏联将"共产主义"这面大旗一直扛到赫鲁晓夫下台以后。1967年11月，勃列日涅夫在纪念十月革命胜利50周年的大会上首次提出苏联已建成"发达社会主义社会"。
③ 此《法律》见瞿葆奎主编．教育学文集·苏联教育改革（下）［M］．北京：人民教育出版社，1988；3—20.下文出自该《法律》的引文，不再注明页码。

在按人口平均计算的产品和产量的计算方面赶上并超过美国。60年代，中国人把赫鲁晓夫的理想概括为"土豆烧牛肉"的共产主义，毛泽东还在他写的一首词中对赫鲁晓夫的这种"土豆烧熟了，再加牛肉"的共产主义加以嘲讽。现在看来，赫鲁晓夫的这一理想与实际距离相差实在是太大了，然而这都是历史事实。

（2）对国际形势的估计。苏联人造地球卫星的上天，引起了美国的惊慌，并由此引发了美国1958年以后的教育改革。那时，美国教育界密切地注视着苏联的教育。他们认为，苏联学生在校内学什么和美国学生在校内学什么，将决定两个国家乃至两种社会制度的命运。美国教育界惊呼"伊凡在学校里学到的东西约翰没有学到"。这句话的意思是，苏联中小学数学、科学等文化知识的教育质量高于美国。作为竞争对手的"伊凡"超过了"约翰"，于是对约翰加强了新三艺的教学，并改革课程和教学方法。令人不解的是，在美国努力学习苏联30年代以后一贯实施的注重文化科学基础知识教育的时候，作为竞争的另一方，苏联却抛弃了这一点。赫鲁晓夫给伊凡加强的却是劳动，其原因何在？

挟人造地球卫星首先上天之余威，赫鲁晓夫显然志满意得。1958年的《法律》以直率的语言写道，"苏联在科学技术的发展方面已经进入到世界的最前列，在培养专家的速度和质量方面已经超过了最发达的资本主义国家。"这句话中的两个"已经"和两个"最"，清楚地表明了苏联对自己国力的自信，对自己教育制度的自信，对自身潜在的问题的麻痹。本章上一节提到的1958年5月美国访苏联代表团团长杰尔季克对苏联的印象从另一个侧面印证了这一点。他说，苏联人坚信，时间在他们一边，他们依靠教育和顽强的工作就能达到世界首位；这种信念是基于他们全体的努力，基于他们今后的各项计划。的确，在50年代"敌人一天天烂下去，我们一天天好起来"的时代，苏联以及其他社会主义各国对前途充满了乐观和自信，然而，过分的乐观和自信，将会产生一种对于困难和风险麻痹的态度。人造卫星成了苏联的包袱。

赫鲁晓夫对于美苏对抗的态度不同于美国。美国的方针是加强军备，而赫鲁晓夫则呼吁和平。赫鲁晓夫抱定的是"三和主义"，即"和平共处"、"和平竞赛"、"和平过渡"。苏共二十大认为，在和平与战争的问题上，由于社会主义的力量和爱好和平的力量空前增长，制止帝国主义的轻举妄动已经有了可能。1957年11月，社会主义国家共产党和工人党会议以及紧接着召开的全世界64个共产党和工人党的代表会议，分别通过《莫斯科宣言》和《和平宣言》，反映了这种倾向。《莫斯科宣言》指出了帝国主义是发生侵略战争的土壤，但社会主义在向上发展、而帝国主义日渐衰退，争取和平的斗争乃是各国共产党的首要任务。饱经战争磨难的苏联人厌恶战争，赫鲁晓夫显然意识到了这一点。因此，他的"三和主义"的外交路线，从一定的意义上讲也有其社会基础。"党的领导人不是靠贯彻外交妥协的政策，或靠就裁军、国际核查或仲裁达成有限的协议来谋求赢得他们所统治的人民的任何——这样一种政策将意味着同许多年来形成的传统的完全决裂。第一书记在第二十次党代表大会上强调，社会主义国家和非社会主义国家之间的战争不再是不可避免的，因为非社会主义国家中的'和平力量'可以动员起来去制止帝国主义国家政府发动另一次战争，他的讲话很好地描绘出了新政策的基调。"①

赫鲁晓夫对帝国主义既想露一手，又不想真干，每每以妥协告终，基本上采取的是妥

---

① 伦纳德·夏皮罗．一个英国学者笔下的苏共党史［M］．徐葵等译．北京：东方出版社，1991：633．

协政策,甚至对于中国在中印边界的自卫反击战也采取了偏袒印方的态度,在布加勒斯特的会议上攻击中国"要发动战争"。

(3)教育方面存在的问题。战后苏联中等学校教育的大发展,使不能升入高等学校的中学毕业生人数越来越多。战后苏联高等教育事业采取了加速发展的方针,1947年,高等学校在校学生数和学校数即已恢复到战前的水平,1950年高等学校在校生达124.7万人。在50年代,高等教育一直在不断发展,至1960年高等学校在校生达到239.6万。尽管高等教育在不断发展,但在不断增加的中学生面前,高等教育的发展远远跟不上需要。1950年,苏联中学毕业生的升学率为153.1%,到了1957年,中学毕业生的升学率仅为34.7%。根据赫鲁晓夫在1958年9月提出的《关于加强学校同生活的联系和进一步发展苏联国民教育制度》的建议中所说的情况,1954—1957年间,未能升入高校或中专的中学毕业生在250万人以上,其中,1957年占80万人以上。[①]

除了中学毕业生日益尖锐的升学矛盾以外,苏联的普通教育还存在一些问题。中学存在的问题主要是脱离生活,青年不参加体力劳动和公益劳动。美国记者苏珊·雅各比(Susan Jacoby)在《苏联学校内幕》(Inside Sovief Schools)中描绘了苏联50年代中学的情况:七年级是直接参加工作的学生和希望进入高等学校的学生之间的分界线。虽然也有许多十年级毕业生未能被高等院校录取,但八、九、十年级基本上是培养大学预备生的。凯洛夫在1954年12月就指出了苏联教育的这一缺点。他认为,苏联的"学校仍旧没有足够地培养青年学生做好参加劳动的准备,没有使学生养成体力劳动的习惯,没有在应有的程度上教育学生热爱劳动,没有培养学生的劳动能力"。[②]因此,十年制学校的毕业生,即使不能升学,也不愿去工厂或集体农庄参加劳动。《苏联学校内幕》引用苏联的一位校长的话说,九年级和十年级学生对待生活的态度和技术学校的学生是不同的,他们的思想更开放,不愿进工厂工作。该书的作者分析了其中的原因:和美国相比,苏联社会的最富者和最穷者之间的差距较小,但工厂中广大的工人阶级和为数不多的受大学教育的专家阶层之间的差距,比美国大得多。苏联青年敏锐地意识到,要使自己将来生活条件优裕,接受高等教育是唯一可能的道路。

除了学生缺乏劳动观念和技能以外,学生的思想品德和纪律也存在着问题。凯洛夫曾指出,学校在培养学生抵制"异己思想"的影响方面所作的斗争坚定性"不能令人满意"。《苏维埃教育学》杂志在1956年的一篇社论中也提到,苏联的学校还不能卓有成效地完成自己作为党对青年施加思想和政治影响的传道者的职能。有些学校还远没有充分地担负起对学生进行思想和道德教育方面的任务。

2.《关于加强学校同生活的联系和进一步发展苏联国民教育制度的法律》

用以指导苏联1958年教育改革的《法律》的出台,经历了一个自上而下——由下而上——再自上而下的过程。

1958年9月,赫鲁晓夫以苏共中央第一书记的名义提出了经苏共中央主席团同意的《关于加强学校同生活的联系和进一步发展苏联国民教育制度》的建议。同年11月,苏共中央和苏联部长会议根据这个建议发出了《提纲》供全民讨论。此后,俄罗斯联邦举行了

[①] 转引自顾明远主编.战后苏联教育研究[M].南昌:江西教育出版社,1991:37.
[②] 瞿葆奎主编.教育学文集·苏联教育改革(上)[M].北京:人民教育出版社,1993:633.

19.9万次讨论会（出席人数超过1300万），乌克兰召开了9万多次讨论和积极分子会议，哈萨克、立陶宛等其他加盟共和国也进行了与上述同样规模的讨论。参加讨论的有工人，集体农庄庄员、学生家长、教师、专家，体现了全面性。同年12月，经最高苏维埃讨论通过，赫鲁晓夫的建议成为《法律》。

《法律》以普通教育、特别是完全中学教育为中心，其涉及的面包括职业技术教育和高等教育，改革的重点是教育与生产劳动相结合。

（1）各级学校任务。《法律》对苏联中等学校、职业技术学校、中等专业学校和高等学校的任务分别作了规定。

中等学校。如前所述，自30年代起，苏联中等学校的培养目标表现出严重的单一化倾向，中等教育主要是为学生升学作准备。这一缺点在《法律》中称为教育脱离生活，学校毕业生从事实际活动的准备很差。为了改变这种状况，《法律》规定，"苏联中等学校的使命，是要培养出有教养的、熟知科学基础知识的、能从事经常性体力劳动的人，要培养青年立志成为有益于社会的人，立志积极参加创造社会财富的生产活动。"

学生参加生产劳动和社会公益劳动被看做是教育同生活相联系的主要途径，也是实现培养目标的主要途径。自动化生产并未使体力劳动消失。《法律》指出，"如果没有创造性的和愉快的体力劳动，如果没有有助于增强体质和提高生命功能的体力劳动，那么人的和谐发展将是不可思议的。"从事工农业生产劳动和社会公益劳动，"是生活在社会主义社会并享受其福利的每一个人的神圣责任。"因此，"中等学校的教学和教育的指导思想，应当是教学密切联系劳动，密切联系共产主义建设的实践。"

职业技术教育。青年职业技术教育的基本任务是培养有文化、有技术教养的熟练工人和农业劳动者，对学生进行共产主义教育和思想锻炼，使青年学生具有共产主义的劳动态度。

中等专业教育。中等专业学校培养的是具有较高理论修养和较丰富实践知识的中级专家。对这类人才的培养，要与工业企业或大型农场相配合，同时还要与各级国民经济委员会和各部、各主管部门进行广泛的协作。

高等教育。高等学校的任务是培养高级专家，他们应当了解国内外最新的技术成就，熟悉实际情况，不仅能充分利用现代技术，而且能创造未来的技术。高等学校还要进行科学研究，培养教育科学干部，提高在职专家的业务水平，在劳动人民中普及科学和政治知识。

（2）改革中等教育的学制。中等教育学制的改革主要是将中等教育分为两个阶段，具体措施如下。

第一，中等教育的第一阶段为普及的义务教育。《法律》规定，普及的义务教育年限由7年增加为8年。八年级的学校为不完全的劳动综合技术普通中学，"它应授予学生牢固的普通教育性质的和综合技术性质的基础知识，培养儿童热爱劳动和作好从事公益劳动的准备，并对他们进行道德教育、体育和美育。"

第二，中等教育的第二阶段为完全的中等教育。学生在接受了8年普及的义务教育之后，还需继续接受完全的中等教育。《法律》规定，完全的中等教育的基础是"教学与生产劳动相结合"，而且"所有青年都参加公益劳动"。

第三，提供完全中等教育的3种类型的学校。第一种类型是青年工人学校和农民青年学校。这类学校向受完 8 年普及义务教育以后走向工作岗位的青年提供完全的中等教育。这是一种业余教育（夜校制或轮班制），也是对青年实施完全中等教育的主要途径。修业年限为 3 年。学生在这类学校接受中等教育，并提高职业技能。

第二种类型是兼施生产教学和劳动综合技术的普通中学。这类学校的修业年限为 3 年，学生除接受中等教育之外，还要接受职业训练，以便到国民经济和文化的某一部门去工作。这类学校的教学计划是，三分之一的时间用于理论和实践的生产教学和生产劳动，其余时间用于普通科目的学习。其中生产教学的理论和实践的比例，学习和劳动时间的安排，将根据学生受训的专业和当地条件而定，农村学校则根据农时而定。城市学校的学生先以学徒的身份参加生产劳动，在获得技工等级证书以后，便以工人身份参加劳动并按劳取酬。农村中学学生凡在集体农庄劳动的，按日取酬。

第三种类型是中等技术学校和其他中等专业学校。进这类学校学习的一般是八年制学校的毕业生，但少数专业则要求是完全中学的毕业生。这类学校除了向学生提供中学程度的普通教育性质的知识之外，还要使学生受到必要的理论和实践的训练。工科和农科的中等专业学校还应向学生颁发某一工种的等级资格的证明。

（3）设置城市和农村职业技术学校，对八年制学校毕业生进行职业技术教学。《法律》规定，根据各经济行政区域的特点，在 3 至 5 年内把现有的职业学校改组成城市或农村职业技术学校。此外，原来的劳动后备系统所属的厂办学校、技术学校、铁路学校、矿业学校、建筑学校、农业机械化学校，以及国民经济委员会和各主管部门所属的职业技术学校、工厂艺徒学校和其他职业技术学校一律改组成城市职业技术学校（修业年限 1 至 3 年）或农村职业技术学校（修业年限 1 至 2 年）。职业技术学校根据生产的门类设置专业。

（4）改革高等学校的招生制度。高等学校招收由党、工会、共青团、工业企业领导人和集体农庄管理处鉴定为优秀的、工作表现出色的、知识面广和有才能的人。对于具有从事实践工作工龄的人，应优先录取。后来，在实际贯彻《法律》的过程中，要求高校招收具有 2 年以上工龄的中学毕业生，直接从中学毕业生中招收的学生不超过 20%。

（5）扩大寄宿学校网，增加长日制的学校①和班级。寄宿学校按八年制学校的类型设立，或按兼施生产教学的劳动综合技术的中等普通教育学校的类型设立。

3. 中等教育改革的实施

苏联 1958 年中等教育改革的实施，包括两个互相联系的部分：学校的改制和教学计划的更新。

（1）普通中等学校的改制。根据《法律》的规定，中等教育分为两个阶段。为此，原来的七年制学校要改为八年制的劳动综合技术中学。原来的十年制学校要改为十一年制的兼施生产教学的劳动综合技术普通中学。

虽然《法律》在 1958 年年底才颁布，但为改革而做的准备工作或实验工作早就开始。本节前面部分已经谈到，苏共二十大以后，在赫鲁晓夫发动的反对个人迷信的运动中，苏联的政治、经济即开始发生关键性的转折。与此同时，教育领域中也开始出现与 1958 年

---

① 长日制学校，指普通中小学 1～8 年级学生每天正式课程结束以后，继续留在学校，在教师的指导下完成作业、准备功课或从事体育、游戏和其他课外活动，直至家长下班时间才离校回家。这种形式从 60 年代起开始推广，受到学生家长（尤其是双职工家庭）的普遍欢迎。

《法律》相一致的倾向，即在中等教育领域加强生产劳动和综合技术教育。

根据科罗廖夫1960年写的《学校改革的重点是教学同生产劳动相结合》[①]一文中谈的情况，苏共二十大以后，俄罗斯联邦有585所中学从1956—1957学年开始就采用了新的教学计划。所谓新的教学计划是，在中学教育阶段开设介绍现代生产基础知识的专业课程；必须在工厂和农村中进行生产实习；中学高年级学生要参加一定的生产劳动。到了1957—1958学年，仅在俄罗斯联邦采用这种新的教学计划进行教学的就一下子增加至3000所。与此同时，乌克兰共和国在1957—1958年度，有3500所中学开展了生产教学，有将近25万高年级学生参加生产教学。在组成苏联的15个加盟共和国中，俄罗斯和乌克兰具有举足轻重的地位，它们对于苏共二十大精神闻风而动的举措，对于苏联其他加盟共和国的影响是可想而知的。

1958年的《法律》颁布以后，整个苏联的教育改革开始启动。此前的俄罗斯、乌克兰的教改经验得到迅速推广。1960—1961学年，俄罗斯联邦由七年制学校改组为八年制学校数达8300所。乌克兰几乎完全实现了由七年制向八年制学校的过渡。到1961—1962学年，苏联全境完成了由七年制学校到八年制学校的改组，开始实施八年制义务教育。与此同时，普及教育第二阶段的改革也在进行。1960—1962学年，原十年制学校约有半数已改为十一年制的兼施生产教学的劳动综合技术普通中学。除了原七年制、十年制学校的改制之外，《法律》规定的寄宿学校、长日制学校等也不断发展。[②]

（2）教学计划的更新。普通中学教学计划更新的工作实际上比改制的工作更早开始。正像上文已经讲到的那样，俄罗斯联邦从1956年就开始采用新的教学计划。此外，俄罗斯联邦教育部和教育科学院从1957—1958学年起，在50所城市和农村的学校中试行了实验性的教学计划。科罗廖夫认为，这种实验性教学计划"最重要的新的特点是，学生在前八年接受普通教育和综合技术教育，后三年则把普通教育同系统的生产劳动和职业训练结合起来。从这类学校毕业出来的男女青年都学过一定的专业并可成为铣工、车工、磨工、翻砂工、农业机务人员和畜牧工作者等。根据这种学校二年的工作经验表明，它们采用的教学计划，在教学同生产劳动相结合以及培养学生参加实践活动方面，能比一般学校所用的其他教学计划创设更好的条件"。[③]

《法律》颁布以后，1959年8月俄罗斯联邦教育部公布了根据《法律》制定的八年制学校教学计划和分别适用于城市和农村兼施生产教学的劳动综合技术普通中学九—十一年级的教学计划。

如果把改革后1959年公布的八年制学校教学计划，城市、农村九—十一年级的教学计划与改革前1956年的十年制教学计划相比较，我们将发现：改革以后，除了历史、宪法、地理、化学、制图之外的各门学科，在11年中的教学时数总数的绝对数比十年制学校各门学科在10年中的教学时数都有了增加，其中用于生产教学、生产劳动时间的增加尤为明显。

由于改革以后，普通中学教育学制延长了一年，而且，从三年级起，每学年教学的周

[①] 瞿葆奎主编. 教育学文集·苏联教育改革（下）[M]. 北京：人民教育出版社，1988：63—82.
[②] 参见滕大春. 外国教育通史（第六卷）[M]. 济南：山东教育出版社，1994：19—20.
[③] 瞿葆奎主编. 教育学文集·苏联教育改革（下）[M]. 北京：人民教育出版社，1988：71.

数以及每周的学时都有了增加,所以,仅仅将每门学科教学时数的绝对数加以比较,并不能充分反映这次改革的重点。而如果将改革前的十年制学校和改革后的八年制学校以及城市、农村九一十一年级每门学科教学用时各占学生活动总量的百分比加以比较,我们就会发现,改革后的八年制学校的文化知识课教学用时,除俄语和文学的百分比略有增加(从28.28%增加到29.51%)之外,其他各科的百分比都有所下降,但生产教学、生产劳动用时占学生活动总量的比重的增加非常明显(从7.26%增加到15.27%)。如果将改革前的十年制学校各科教学用时占学生活动总量的百分比同改革后城市、农村学校九一十一年级的百分比加以比较,变化更为明显。例如,俄语和文学,由改革前的28.28%下降为改革后的8.33%和8.31%,数学由20.08%下降到11.11%和10.94%。无论城市学校或是农村学校,九一十一年级的生产教学和生产劳动时间,都占学生活动总量的三分之一。各门学科教学总时数和占总教学时数的百分比,详见表4-3。

表4-3 苏联1958年教育改革前(1956年)和改革后(1959年)各门学科教学时数及其占总教学时数的百分比

学科	改革前 十年制学校		改革后 八年制学校		改革后 城市中学 九至十一年级		改革后 农村中学 九至十一年级	
	教学总时数	占总教学时数百分比	教学总时数	占总教学时数百分比	教学总时数	占总教学时数百分比	教学总时数	占总教学时数百分比
俄语和文学	2788	28.28	2541	29.51	339	8.33	338	8.31
数学	1980	20.08	1663	19.31	452	11.11	445	10.94
历史和苏联宪法	693	7.03	391	4.54	405	9.96	402	9.88
自然	/	/	105	1.22	/	/	/	/
地理	479	4.86	286	3.32	148	3.64	155	3.81
生物	396	4.02	286	3.32	117	2.88	120	2.95
物理	544	5.52	249	2.89	382	9.39	380	9.34
天文	33	0.33	/	/	39	0.96	30	0.74
化学	347	3.52	142	1.65	265	6.51	261	6.42
心理学	33	0.33	/	/	/	/	/	/
外语	660	6.69	465	5.40	261	6.42	276	6.78
制图	132	1.34	71	0.82	78	1.91	75	1.84
体育	660	6.69	566	6.57	226	5.56	216	5.31
图画	198	2.01	248	2.88	/	/	/	/
音乐、唱歌	198	2.01	283	3.29	/	/	/	/
生产教学、生产劳动	716	7.26	1315	15.27	1356	33.33	1370	33.68
总教学时数	9857		8611		4068		4068	

资料来源:苏联1956年中小学教学计划,1959年八年制学校教学计划,改革后城市中学九一十一年级教学计划,改革后农村九一十一年级教学计划。上述3个教学计划见转引自顾明远主编.战后苏联教育研究[M].南昌:江西教育出版社,1991:33—36.

4. 教育改革的结果

苏联这一次的教育改革持续到 60 年代初。苏共中央和苏联部长会议于 1964 年 8 月《关于改革兼施生产教学的劳动综合技术普通中学的学习期限的决定》的颁布意味着这次改革的结束。

这次教育改革在苏联教育发展方面最有意义的影响作用是促进了苏联八年义务教育的普及，并为 70 年代末普及完全中学教育打下了基础。对苏联的职业技术教育也有推进作用。从总体的情况来看，苏联的这一次教育改革是不成功的。造成这一结局的原因很多，既有政治、经济方面的因素，也有改革自身存在的问题。

（1）随着赫鲁晓夫体制的结束而告终。1964 年 10 月 13 日当赫鲁晓夫从黑海边的度假地赶回莫斯科参加苏共中央主席团会议时，他万万没有想到自己的政治生命将结束。3 天以后的《真理报》发表了苏共中央全会公报，宣布赫鲁晓夫由于"年迈和健康状况恶化"而被解除苏共中央第一书记和苏联部长会议主席的职务。他的两个职务的遗缺分别由勃列日涅夫和柯西金顶替。这标志着赫鲁晓夫体制的终结。

苏联的这次教育改革同赫鲁晓夫对苏联国家最高权力的执掌共始终。教育改革的失败乃是赫鲁晓夫政治、经济体制改革失败的必然结果。

赫鲁晓夫以农业问题专家自诩，他因农业改革发家，也因农业改革而失败。50 年代，赫鲁晓夫发动在哈萨克、西伯利亚、乌拉尔、伏尔加河流域、北高加索大规模垦荒，消耗了大量人力物力，这曾收到短期的效益，然而它并未解决苏联的农业问题。60 年代初，农业改革已呈失败之势。与此同时，他在政治上的"全民党"以及后来随心所欲地把苏共地方党组织分为农业党、工业党的做法，改革工业企业、成立地区经济委员会的举措，以及外交上对美妥协等，招致苏共高层不少人的不满。苏斯洛夫、勃列日涅夫、谢列平等采用赫鲁晓夫当年对付他人的办法，密谋迫使赫鲁晓夫下台。

作为赫鲁晓夫改革的一个组成部分，苏联教育改革之所以不惜缩减文化课的教学而强调生产劳动，固然有"非斯大林化"的需要，但赫鲁晓夫的改革目标也是一个不可忽视的重要因素。赫鲁晓夫最为关注的是在诸如谷、物、肉等经济指标上与美国开展竞争。这一点可以从 1961 年召开的苏共二十二大得到说明。在赫鲁晓夫既致开幕词、又作《政治报告》、《关于修改党章的报告》、再致闭幕词的几乎一个人包揽了的这次大会通过的《苏联共产党纲领》中，提到苏联在到 1970 年要在经济上赶上和超过美国，到 1980 年要"大体上"进入共产主义社会。他迫切需要的是投入这场"经济上"竞争的劳动力。然而，作为苏联竞争对手的美国，对教育却是从"冷战"的角度加以考虑的，这比赫鲁晓夫要理智得多。1962 年古巴导弹危机期间，当美苏两国军事力量剑拔弩张、短兵相接时，一贯感情激动、信口开河的赫鲁晓夫在美国人面前不得不忍气吞声，使苏联威风扫地。这一事实证明了"冷战"时代专注于"经济上"和平竞争的荒谬，也加速赫鲁晓夫倒台的进程。

（2）改革造成的问题。这次改革在大幅度增加生产教学、劳动综合技术教育和生产劳动时数的同时，文化知识课教学的绝对时数也有增加。虽然学制延长了一年，但仍不敷分配，只得再增加每个学年的周数，这样的改革带来了许多问题。

第一，学生的负担加重，"不少学生失去对学习的兴趣，学生中途退学的比率很高。例如 1962 年退学的学生达到 50 万人。农村地区学生退学率高达 50%。退学的主要原因是因学习困难而留级"。①

第二，降低了中学的教学质量。在新的教学计划中，文化知识课教学时数占学生活动总量的比率低于改革前的十年制教学计划，而且，在中等教育的第二阶段（九—十一年级），劳动教学和生产劳动所用时间竟占学生活动总量的三分之一左右，这显然是教学质量降低的一个重要的原因。1966年11月苏共中央和苏联部长会议的一个文件明确指出，近年来流行在教学时间内让学生去做农活或参加其他与教学过程没有直接联系的工作，以致严重地损害了教学质量。该文件把这斥之为"不务正业"。

除了新的教学计划造成的生产劳动对文化知识课学习的冲击之外，教学思想的变化也是一个原因。由于这次改革的重点是"教学"同生产劳动相结合，因此，生产教学既不是附加于普通教育的职业训练，也不是与文化知识教学相平行的两个过程，而是与文化知识教学互相渗透的一个统一的过程，其目的在于破除普通教育和职业教育相分离的传统。因此，"学习科学的基础知识，应当使学生了解生产单位所用材料的物理性能与化学性能，了解设备的科学技术原理和各种机械、工具及机器的使用规则。现在不允许在物理、化学和生物课程中只包含片面的理论知识。为了实现教学同劳动的紧密联系，不仅应当加深科际联系，而且必须全面扩大数理和自然学科同一般的综合技术学科、同技术学、同工艺学，以及同学生的生产劳动的联系"。② 显然，教学同生产劳动如此的"紧密联系"，势必要以牺牲学科知识的系统性、理论性为代价。

第三，教师、学生家长和社会的不满。对劳动生产的过分强调，引起了教育工作者和家长的不满与抵制。苏珊·雅各比在《苏联学校内幕》一书中写道，赫鲁晓夫在50年代末决定中学生拿出大部分上课时间到工厂劳动引起了苏联教育界一部分官员的不满。许多教育工作者从未停止过对该决定的反抗，并力图削弱它对地方学校的影响。列宁格勒一位60岁的中学物理教师说：当时有一个大家心照不宣的策略，就是让最优秀的学生免去工厂劳动。

《法律》期望中等教育的改革能够使苏联的青年"提高职业技能"，这一良苦的用心也未能如愿。原设想给六—八年级学生安排生产劳动课，以便使他们毕业后能直接参加工农业生产。但这些年仅15岁的八年级毕业生进入工厂、农村就业后，体力不强，文化水平不高，又缺乏熟练的劳动技能，因而不为工厂、农村所欢迎，甚至被看做是包袱。此外，九—十一年级的学生每周用2天的时间学习一门职业技术，但多数学校不具备让学生学习职业技术的条件，因此只能勉强应付，安排学生干一些毫无技术可言的体力劳动。即使有些学校与企业合作培训学生，十一年级毕业生掌握的职业技术至多只有1—2级工水平。③还有一个经常出现的问题，学校能培养的职业技能，实际未必需要，而实际需要的职业技能，学校未必有条件培养。因此，在学校提高学生的职业技能方面，出现了因人设事的现象。

职业技术教育的发展也有麻烦。职业技术学校在苏联人心目中的地位一直不高，往往

---

① 顾明远主编. 战后苏联教育研究[M]. 南昌：江西教育出版社，1991：41.
② 科罗廖夫. 学校改革的重点是教学同生产劳动相结合[M].//瞿葆奎. 教育学文集·苏联教育改革（下）[M]. 北京：人民教育出版社，1988：76.
③ 参见高凤仪等. 当今俄罗斯教育概览[M]. 郑州：河南教育出版社，1994：7—8.

被人们看做是学业落后和纪律不好学生的收容站。

招生制度的改革，使大学难以招到满意的新生。

概言之，这次教育改革，同赫鲁晓夫的政治、经济体制改革一样，声势浩大，困难重重，最后难以为继。不过，赫鲁晓夫本人始终不认账，在生命结束前的回忆录《最后的遗言》里，还不忘他的农业改革和经济发展。"我至少是幸运的，能有机会口述关于我国农业和经济发展情况的回忆录。我对这项工作全神贯注。"

三、60年代的教育改革

赫鲁晓夫下台以后，苏联再次出现"一国三公"的局面。1964年10月苏共中央全会以后，勃列日涅夫任党的第一书记，柯西金任部长会议主席、米高扬和波德戈尔内先后任最高苏维埃主席团主席。1976年，勃列日涅夫获得元帅军衔，次年又任最高苏维埃主席团主席、国防委员会主席，方集大权于一身，直至1982年去世。

勃列日涅夫时代长达18年，其间美苏争霸的格局并未改变，同时还要面对共产主义分裂的局面和东欧民主国家离心倾向。1968年8月苏军入侵布拉格、劫持杜布切克等捷共领导人，以及1979年苏军入侵阿富汗等一系列事件，充分地说明了这一点。

勃列日涅夫上台以后，取消了赫鲁晓夫在地方上划分农业党、工业党以及地区经济委员会等做法，对斯大林在战争期间的功绩加以肯定。1967年，在庆祝十月革命五十周年的纪念大会上，勃列日涅夫讲到，如果苏联今天的科学和文化成就已使全世界吃惊的话，那么这些成就的基础是在以前奠定的。勃列日涅夫肯定的"以前"，主旨是歌颂列宁，贬低赫鲁晓夫，但其中也含糊地肯定了斯大林时代的教育。在国内的改革方面，赫鲁晓夫以农业为重点，而勃列日涅夫在整顿农村秩序、刺激农业发展的同时，把经济改革的重点移向工业。此外，他还摒弃了赫鲁晓夫提出的到1980年时实现共产主义的空想，而以"发达的社会主义"来代替。

在教育方面，赫鲁晓夫下台前夕，苏共中央和苏联部长会议就已经作出决定，将八年制学校基础上的劳动技术兼施生产教学的中等普通教育学校的教学期限，由3年减为2年。以此为发端，开始了以革新教学内容为重点的教育改革。此后，苏联又颁布了一些有关教育改革的决议，其中比较重要的是苏共中央和苏联部长会议于1966年11月通过的《关于进一步改进中等普通教育学校工作的措施的决议》(此文件以下简称《决议》)。

如果说苏联1958年教育改革的重点是教育与生产劳动相结合，那么，1964年开始的教育改革的重点则是提高教学质量。《决议》明确地指出，"在科学技术迅猛发展和社会飞快进步的条件下，学校的作用空前地提高了，它应当保证年轻一代——共产主义社会的合格建设者得到全面发展。为了发展生产力，为了提高人民的文化素养，迫切要求大大提高学生的知识质量，更好地培养他们面向公益劳动"。[①]

1. 普通教育的任务

1958年《法律》规定的普通教育的基本任务是使学生"适应生活"，培养学生参加生产劳动和公益劳动的思想和技能。1966年的《决议》对于上述普通教育的任务作了很大

---

① 瞿葆奎主编. 教育学文集·苏联教育改革 (下) [M]. 北京：人民教育出版社，1988：89—90.

的改动。《决议》规定,中等普通教育学校的任务是,使学生获得牢固的科学基础知识,具有共产主义觉悟,培养青年面向生活并能自觉地选择职业。

在《决议》规定的任务中,加强科学基础知识的教学列在首位,是这次改革的重点。关于这一点,下文还要谈到。值得注意的是,要求使学生"具有共产主义觉悟"并非虚应的套话,而是反映了勃列日涅夫时代教育的一个重要特点,即通过教育加强对青年学生的思想控制。勃列日涅夫曾在莫斯科的党代表会议上说过:"……我们在谈到意识形态工作的时候,首先想到的是对我们青年的教育。这是全党全国的大事。从实质上说,这是我国社会未来发展的问题。"[①]

伦纳德·夏皮罗曾对勃列日涅夫和赫鲁晓夫国内政策进行过比较。[②] 他认为,赫鲁晓夫"允许作家和学者自由批评斯大林和他的时代",即使这种批评影射了赫鲁晓夫时代,他也允许。亚·索尔仁尼琴写的关于集中营的书《伊凡·杰尼索夫一生中的一天》就是赫鲁晓夫本人批准出版的。此外,在赫鲁晓夫时代,"同知识分子打交道的是党,而不是克格勃"。在勃列日涅夫时代,上述两个方面都有明显变化。一方面,"对斯大林及其时代的批评遭到严格的限制,甚至彻底被制止。"索尔仁尼琴后来写的关于斯大林时代的作品,未能在苏联发表。另一方面,"最主要的是,克格勃和民警的权力稳步增长,在迫害和审讯作家、宗教领袖和学生方面,克格勃又发挥了积极的作用。"赫鲁晓夫1962年将控制民警的内务部改为维护公共秩序部,"1968年11月,内务部这个令人引起可怕回忆的老名称也恢复了"。

在《决议》的第一条关于学校的主要任务中,用了很大篇幅规定了学校在思想政治工作方面的要求:应当使学生懂得社会发展规律;发扬爱国主义情感,决心保卫祖国;国际主义;"应当同资产阶级思想渗入学生意识的现象和违背道德的表现作坚决的斗争"等。

苏联教育部长普罗科菲耶夫1968年在全苏教师代表大会上作的题为《中等普通教育学校的现状和进一步改进工作的措施》[③] 中,把时代的特点概括为"资本主义国家中阶级搏斗尖锐化,对立的社会制度之间的意识形态斗争更加剧烈。"而且,意识形态的斗争除了涉及文化、艺术、科学之外,还涉及教育和学校的领域。他要求教师"要竭尽全力使共产主义的意识形态成为每一个苏联学生自己的信念。"教师的教育工作水平能否提高,"首先取决于能不能正确地利用主要学科来培养马克思列宁主义的世界观。"

苏珊·雅各比的《苏联学校内幕》一书中,专门有一个部分谈"政治教育",这一部分所反映的绝大多数是勃列日涅夫时代的情况。作者写道,它集中培养的是对苏联经济和社会制度的忠诚;教室里悬挂列宁的肖像,不挂勃列日涅夫像。培养国家所期望的政治态度和社会态度的教育渗透在每一门学科之中。学校的数学教学质量可以大不相同,但政治方向必须一致。从幼儿园到十年级政治教育的一贯主题就是尽力维护国家的权威。如果文化知识教育方面的高水平与政治的忠诚两者不可得兼,宁愿牺牲教育的高水平。在这本书中,雅各比还列举了许多粗暴的政治教育和控制学生思想的例子。作为一名记者,雅各比的印象是:伊凡不仅学习语文和高等数学,他那坚强的意志也完全接受国家的支配。

---

① 瞿葆奎主编.教育学文集·苏联教育改革(下)[M].北京:人民教育出版社,1988:113.
② 见伦纳德·夏皮罗.一个英国学者笔下的苏共党史[M].徐葵等译,北京:东方出版社,1991:637-640.
③ 瞿葆奎主编.教育学文集·苏联教育改革(下)[M].北京:人民教育出版社,1988:101-134.

2. 课程改革

50年代末,当赫鲁晓夫的教育改革增加学生生产劳动时间,放松文化知识教学之时,苏联就有不少有识之士对此表示忧虑。他们对苏联的教育状况和教育质量,并不像赫鲁晓夫那么乐观。苏珊·雅各比在他的《苏联学校内幕》一书中写道,20世纪60年代初期,苏联的革新者就在用美国学校加强自然科学的事实推进自己的教育改革计划。雅各比还引用了苏联一位教育工作者的话,"我们的国家有些人不愿听合情合理的论据,但当你告诉他们,美国人要跑到我们前头去了,他们就注意了。"

的确,当敌对的双方虎视眈眈地对峙之时,最能提神的莫过于对手的动静。60年代初,美国刚上台的年轻总统肯尼迪摆出了一副咄咄逼人的架势。他使赫鲁晓夫在古巴导弹危机事件中出丑,他在国会宣布美国要在10年内尽一切力量实现把人送上月球并安全返回的目标。所有这些以及美国教育界声势浩大的课程改革运动,都使苏联感到,美国人的确跑到前头去了。几年以前,美国人曾组织代表团访问苏联、向苏联人学习,现在轮到苏联人了。

苏联的课程改革开始于1964年,其主旨和实施同早几年就已开始进行的美国的课程改革颇为相似。

(1) 注重科学技术知识。平心而论,苏联50年代的教育改革注重生产劳动、忽视文化科学知识,其原因是多方面的。赫鲁晓夫固然难辞其咎,但苏联理论界当时对科学技术的认识,也不能说毫无关系。发端于20世纪40年代的新科技革命,苏联的贡献颇多,但苏联理论界对自己参与其事的科学技术的认识,却经历了一段曲折,这真是应了中国人的一句古话,"不识庐山真面目,只缘身在此山中"。

50年代初,西方国家已经提出了科技革命、第三次产业革命的概念,苏联学术界对之加以拒斥,认为这是"对资本主义的美化",甚至认为控制论是唯心主义哲学。在50年代中期,苏联学术界的态度有了变化,认为今后的任务在于,抛弃控制论是伪科学的议论,加强对这一问题的研究。直到60年代,苏联才重视科学技术革命的问题,并提出"要把科学技术革命的成就同社会主义经济制度的优越性有机地结合起来"。此后,苏联学术界深入研究了科技革命的特点、科技革命带来的后果等问题,并认识到科学技术革命是生产力的根本变革。[①] 苏联学术界对科学技术认识的转变,对教育的改革无疑具有影响作用。这一点,可以从1958年的《法律》和1966年的《决议》以及苏联教育部门负责人或教育理论权威对它们的解释、说明中得到反映。

苏联1958年的《法律》提到了现代社会中生产机械化、自动化,电子学、计算机的广泛应用,电气化的大力发展,以及科学技术方面的其他成就,并且承认,"这一切从根本上改变着劳动的性质"。但是,当时对科学技术改变劳动的性质的认识,既不是指科学技术成为直接的生产力,也不是指脑力劳动成分将在劳动中的作用上升。《法律》之所谓劳动性质的改变是指,"工人和集体农民的劳动就其本质来说。越来越接近于工程师、技师、农艺师和其他专家的劳动。现在对社会主义生产工作者的要求是,既要有使用现代机床、运用最精密的测量和检查的机械仪器的技能。又要有复杂技术的计算和制图的知识。

---

① 参见岑万. 苏联学术界对科技革命的看法 [M].//现代外国哲学编辑组编. 现代外国哲学·苏联哲学专辑(第8集)[M]. 北京:人民出版社,1986:233-235.

苏联经济和技术的发展远景对我们社会的全体劳动者提出了越来越高的要求"。在这种认识的指导下，改革的定位是劳动者。《法律》割裂了普通教育与高等教育的衔接和联系，从根本上否定了普通中学为高等学校输送合格新生的任务，把普通教育看做是一个绝对独立的教育形态。高等学校的招生制度的改革也从一个侧面说明了这一点。《法律》强调的技术上的巨大进步虽然无可估量地减轻了体力劳动，但是，"体力劳动仍将存在。如果没有创造性的和愉快的体力劳动，如果没有有助于增强体质和提高生命功能的体力劳动，那么人的和谐发展将是不可思议的"。可见，《法律》提到的劳动者是体力劳动者，忽视了科技革命将使脑力劳动的因素变得越来越重要，科学技术将极大地减少劳动者体力的消耗。

至于新科技革命对于社会发展的影响，《法律》仍然固守社会主义制度是消灭体力劳动和脑力劳动的唯一保证，无视新科技革命将为克服体力劳动与脑力劳动的差别提供物质技术基础，因而强调通过使学生劳动化来实现消灭体脑的差别。对于科学技术在学校中的地位，未给予应有的重视。冈察洛夫在1960年的一篇题为《共产主义建设和学校》的文章中，把教育年轻一代为参加生产劳动作准备、培育青年的共产主义的劳动任务作为苏联学校的任务。

60年代以后，不仅苏联学术界开始重视对新科技革命的研究，而且苏共的领导人也注重通过科学技术的发展来提高生产率。1966年4月召开的苏共二十三大通过的苏共中央总结报告的决议，强调了发展科学技术的意义，要求加速苏联科学技术，并尽快、尽多地把科学技术研究方面的新成果用于生产过程之中，以提高生产率。对于科学技术的这种新的认识，技术专家的价值是不言而喻的了。这势必也要影响到教育。1966年9月，苏共中央和苏联部长会议颁布了《关于改善专家的培养和改进对全国高等和中等专业教育的领导的措施的决议》，此后，为了提高培养科技专家的水平，苏联又陆续颁布了一系列的文件、条例和规章。在提出的众多措施、要求之中，一个重要的方面就是新专业的设置和教学内容的更新，使之更适合现代生产和科学技术发展的水平。苏联教育部长普罗菲耶夫1968年在全苏教师代表大会上的报告清楚地说明了苏联领导层在60年代对于科学技术的认识，他说：科学技术的进步在生产中有着直接的反映；在最新科技成就的基础上，加快了生产现代化的过程；技术进步增大了脑力劳动在全部劳务消耗中的份额，提高了脑力活动在每个工作者的劳务消耗的比重。他的话清楚地表明，教育以培养有技术的劳动者为唯一的定向，是不合时宜的。

在普通教育方面，在苏共二十三大之前，1964年8月苏共中央和苏联部长会议已经提出在两年之内完成向恢复十年制的学校的过渡，同时责成教育部和各加盟共和国国民教育部相应修改普通教育的教学计划和教学大纲。在恢复十年制学校过渡期结束前夕，1966年2月和3月苏共中央、苏联部长会议和最高苏维埃主席团分别通过决议和命令，明确规定劳动综合技术的中等普通教育学校的学生接受的应当是普通教育、综合技术教育和劳动教育。至于原先非常强调的"职业训练"，则提出"如有条件、也应当接受"这类教育，但只能占用"劳动训练的时间，也可以通过课外小组及其他课外活动的形式进行。"可见职业训练已经降到"摆设"的地位。经过上述一系列过渡、调整措施以后，苏共二十三大提出，在改进普通教育学校德育、美育工作的同时，要提高学校的教育质量，使科学教育、综合技术教育和劳动教育的质量符合现代科学的发展水平。

（2）更新教学内容。本章上一节已经讲过，美国50年代末、60年代初进行的课程改革吸取了各门学科的科学家、学者参与其事，以保证教学内容的现代化。或者是出于苏美之间的竞争，或者是出于学习、模仿，事实是，启动稍晚于美国的苏联60年代的课程改革，也采取了与美国大体相似的措施。

为了实现教学内容的现代化，苏联科学院主席团和俄罗斯联邦科学院主席团成立了确定中学每门学科内容和性质的各科委员会的总委员会，吸收了500余名学者、大学和师范院校的教授、教学法专家和先进教师参与工作，旨在使教育的内容和性质符合现代科学、技术和文化的发展水平（1966年12月的《决议》明确规定要"对编著学校教科书的著名科学家和专家进行物质奖励"）。总委员会下设15个学科委员会，各学科委员会分别分析、比较了其他社会主义国家和资本主义国家的教学计划、教学大纲和教科书，并根据向普及中等义务教育的前景，确定中学各门学科教学的范围和性质，使学校的教学内容、组织和方法充分反映现代科学、技术和文化的成就，并删除教学大纲和教科书中的陈旧和次要的材料。全面修订教学计划、教学大纲和教科书的工作费时10年，一共编写出103种新的教科书，其中87种被批准为新教科书。1976年，苏联教育科学院通讯院士、教学内容与教学方法研究所所长卡申对苏联中小学教学内容的改革作了总结，并对小学的教学内容和中学人文学科—自然—数理学科课程内容的变化作了全面的介绍和说明。①

1966年12月，苏共中央和苏联部长会议作出的关于改进中等教育的《决议》，责成苏联教育部和各加盟共和国国民教育部在实施教学计划和教学大纲时要做到："教学内容要符合科学、技术和文化发展的要求"；"一至十（十一）年级科学基础知识的学习要有衔接性，要把教材按学年作较合理的分布，要从第四学年开始系统地讲授科学基础知识"；"要删除教学大纲和教科书中过于繁琐和次要的材料，克服学生负担过重的现象"。事实上，这也是对上述历时10年的课程改革的要求。

1968年，苏联教育部长普罗科菲耶夫在全苏教师代表会上的一段讲话显然是对《决议》提出的上述要求的阐述。他不仅意识到科学技术革命在20世纪后半期将"加速发展"，而且这种加速发展将"给整个教养体系、尤其是给学校的教养体系"以深刻的影响。在讲话中，普罗科菲耶夫还列举了一些事例，具体说明科学技术革命对于学校课程的影响。对于原子结构的深入研究，产生了放射化学、核物理学、量子力学等新的学科；对于动植物细胞的深入研究，产生了生物化学、生物物理学、分子生物学、现代遗传学等学科，而且，"这类例子不胜枚举"。他指出："科学深入发展的过程不仅涉及尖端知识，而且也渗入到科学的基础知识，后者也就是学校教学的科目。"

除了强调教学内容的更新，反映科学技术的新成果之外，普罗科菲耶夫还指出改革后的课程要注重基础知识和基本概念，这同美国50年代末、60年代初的课程改革强调学科基本结构又有异曲同工之妙。

普罗科菲耶夫在讲话中指出，无论教育科学研究或是教育实践，都要"用新的重要概念充实课程"。他引用巴甫洛夫的话"事实是科学的空气"，承认没有事实就没有科学，没

---

① 参见顾明远主编. 战后苏联教育研究[M]. 南昌：江西教育出版社，1991：46；滕大春. 外国教育通史（第六卷）[M]. 济南：山东教育出版社，1994：29—30. 关于由500余名学者、教授、教师组成的总委员会成立时间，上述两本书分别说是"1964年10月"和"1964年12月15日"。苏珊·雅各比在苏联学校内幕一书中写的是"1965年"。

有事实也谈不到学习。但是，在事实大量涌现、日益丰富的情况下，事实的堆积势必"会使课程不必要地、过分地臃肿"，所以，要很好地确定每门学科的事实材料和理论两者的"最优比例"，而中等教育主要是使学生"认识社会发展过程和物质世界发展过程的基本规律"，因此，"纯理论的学习体系开始变得有必要了"。

（3）应用心理学的研究成果。令人感到饶有兴味的是，苏、美在60年代进行的课程改革的共同之处，除了都以普教为重点，都注重科学技术，都有科学家的参与、都抓教材的建设（更新教学内容）、都强调基础理论知识的传授之外，还有一个共同点：在课程改革中都吸收了心理学研究的成果。在苏联，指导课程改革的心理学理论基础是以艾利康宁和达维多夫的"智力加速器计划"和赞可夫的"新教学论体系"，后者被人们普遍看做是与布鲁纳的学科结构理论和瓦·根舍因"范例教学"理论并列的"课程现代化"的三大典型代表之一。

教育理论方面的发展，倒是赫鲁晓夫50年代反对个人迷信运动的一个积极成果。30年代以前，苏联对于儿童心理学的研究比较活跃，其中在1934年英年早逝的维果茨基对于当时瑞士心理学家皮亚杰关于儿童语言、思维发展的研究甚为关注，他本人也提出了关于儿童"最近发展区"的理论。自1936年7月联共（布）中央作出《关于教育人民委员部系统中的儿童学曲解的决定》之后，心理学工作者慑于"儿童学的方法"的大帽子，不再采用实验心理学的方法研究儿童。实际上，自维果茨基以后，儿童心理发展的研究就成了禁区，维果茨基等人的研究成果要等到20年以后才在苏联充分显示其价值。

在"非斯大林化"运动中，《苏维埃教育学》杂志1956年第8期发表了《要全面而深入地研究儿童》的社论，《社论》批评教育学没有适当地考虑到儿童的年龄特点，是"不见儿童"的教育学。由于不研究儿童，所以，在许多心理学和教育学的著作中，学生的"智力发展的过程实际是与教学过程混为一谈了，而儿童本身首先是被看做是教育影响的客体，而不被看做其发展有自己内在规律的主体"。①《社论》把由于不注意对儿童的研究所造成的种种弊端都列为"教育科学中已经根深蒂固的个人迷信的后果"。如果撇开政治意图不论，《社论》对于冲破教育学、心理学研究禁区，促进苏联教育科学的发展是有积极意义的。

50年代，苏联一大批教育家、心理学家开展了关于儿童的教育与发展关系的讨论，并开展深入的科学研究。在课程和教学方面，从乌申斯基到凯洛夫的传统教育学思想都受到了挑战。在众多的研究之中，艾利康宁、达维多夫和赞科夫的成果最为引人注目，他们的研究都明显地受到了维果茨基的影响。

据1971年12月4日日本《朝日新闻》晚刊报道，艾利康宁和达维多夫的"所谓加速器计划，是苏联夸耀于世界的超大型'粒子加速器'。这本是原子核物理装置，同小学教育没有什么直接联系，实验计划却特别借用此名，为的是显示心理学家们想要猛力地加速小学生的智力发展的雄心壮志"。日本学者认为，"艾利康宁、达维多夫进行的俄语、数学的实验教学计划，确是名副其实的'智力加速器计划'"。②

艾利康宁和达维多夫认为，传统的学科结构方式以17世纪以来的经验思维论为基础，

---

① 瞿葆奎主编.教育学文集·苏联教育改革（上）[M].北京：人民教育出版社，1993：674.
② 转引自钟启泉编译.现代教学论发展[M].北京：教育科学出版社，1988：387.

教材的组织采用圆周式排列，因而使教学内容重复出现，学生学习费时多，效果也不好。他们认为，教学的目的不在于让学生掌握具体的经验事实，而是使学生掌握现代理论思维，要达到布鲁纳所说的使学生掌握学科结构的目的，必须发展儿童理论思维的结构方式。从1959年起，艾利康宁和达维多夫在莫斯科、图拉、托尔若克、哈尔科夫等地的学校进行实验，在此基础上，达维多夫提出了学科编制的新原则：①

第一，学前教育、初等教育、中等教育是不同质的阶段，不同阶段学科课程应有质的变化。儿童只要一入学，就必须开始学习不同于就学前的经验性学习的新的活动，亦即必须开始学习科学的概念。

第二，发展性教学的原则。儿童的智力不是自然成长的，必须以教学为主导。学校教育的任务就是要加速儿童形成科学概念，教学不是追随学生的发展，而必须先于发展。

第三，活动性原则。知识不是现成的东西，它要求认识的主体作用于对象，加以特殊的加工，从而找出对象的内部特点和它的一切重要的关系，对对象进行再构成的一种活动。这是理论概念的源泉。

第四，对象性原则。要正确地指出对象进行的特别活动，它既制约着揭示概念内容的具体行为，也制约着有效地表现其内容模式的具体形式。与直观性原则相反，对象性原则指明"一般——特殊"的过渡，即首先使学生明确概念的一般内容，然后从中引出概念的特殊内容。

赞科夫关于"教学与发展问题"的实验，在时间之长、规模之大等方面都超过了艾利康宁和达维多夫。他提出的新教学论体系现在已经广为人知，然而在60年代，当人们把传统的诸如量力性原则、循序渐进原则、直观性原则等当做"金科玉律"时，这5条教学论原则的确起到了令人振聋发聩的作用。这5条原则是：②

第一，以高难度进行教学的原则（要掌握难度的分寸）。

第二，以高速度进行教学的原则。

第三，理论知识起主导作用的原则。

第四，使学生理解学习过程的原则。

第五，使全班学生（包括学习最差的学生）都得到发展的原则。

无论"智力加速器计划"或是"新教学论体系"，都与传统的课程编制和教学论原则大异其趣。如果说传统教学论强调的是具体知识传授的话，那么，"智力加速器计划"、"新教学论原则"（以及学科结构理论、范例教学）的新颖之处则在于注重以思维、智力为核心的学生的发展。

3. 提高学生的知识质量

从1964年关于缩短普通中学学习年限的决议公布以后，苏联中小学的教学计划开始不断变动，变化的总趋势是，学生劳动的时间不断压缩，越来越强调文化知识课的教学，并增加新的措施。

（1）减少生产劳动的教学用时。上文已经讲到，从1964年开始，普通教育逐渐放弃了对学生进行职业训练的任务，与此同时，劳动课的教学用时也开始大量压缩。"原来

---

① 见钟启泉编译. 现代教学论发展 [M]. 北京：教育科学出版社，1988：384-385.
② 见杜殿坤主编. 原苏联教学论流派研究 [M]. 西安：陕西人民教育出版社，1993：167.

九—十一年级的生产教学和生产劳动课的时间每周12学时，总时数为1356学时。年限缩短以后，九—十年级平均生产教学的时间为每周6学时，集中劳动48天（九年级36天，十年级12天），合计总时数为708学时，减少了47.8%。"当然，学习年限缩短，其他科的教学时间也有减少，但减少的幅度较小。九、十年级教学的总学时"从2698学时减到2100学时，减少了22%"。① 可见劳动课是首选的压缩对象。

1966年12月的《决议》，虽然规定了"苏联的学校今后仍然应当是劳动的、综合技术的普通教育学校"，但是，《决议》通篇未对"劳动的"这个定语做任何说明和要求，非但如此，还将"近年来"生产劳动占用"教学时间"的现象大加批评，足见"劳动的"只是停顿在纸面上的东西。《苏联普通教育学校（十年制）教学计划（1967—1968学年）》规定，一—十年级的劳动课每周都为2学时，劳动课10年的总学时为640学时，而10年各门学科的总学时为9403学时。这样，劳动课占总学时的6.8%。同10年前的改革相比，劳动课的减少是非常突出的。

（2）开设选修课。50年代末的教育改革，苏联兼施生产教学的全日制普通中学（即九—十一年级）的教学计划在苏联第一次有了选修课的规定，但是占的比重较小，每周2学时。1966年12月的《决议》规定，为了加深数理学科、自然学科和人文学科的知识，为了提高学生多方面的兴趣和才能，学校从七年级起应开设选修课。根据1967—1968学年和1968—1969学年的教学计划，七年级的选修课每周为2学时，八年级为4学时，九、十年级各为6学时，4年的选修课达576学时，与文学课、历史课（都从四年级起开设）的总课时相当，但多于外语、地理、生物（都从五年级起开设）、物理、化学（都从五年级起开设），可见这次改革对选修课的重视。

选修课之所以占如此大的比重，乃是某种矛盾的产物。当时苏联毕竟还扛着社会主义的大旗，社会主义制度的性质不允许在普通教育阶段对儿童过早地进行甄别、分化，否则将无别于沙皇时代或其他资本主义国家的教育制度。然而，教育大众化、普及教育带来的一个困扰所有国家的难题是，如何在教育的"平等"和教育的"效率"之间取得平衡。在世界分裂、美苏对峙的态势下，双方都清楚地意识到教育在实现国家目的的方面所发挥的效能。为了"效率"而牺牲平等，不仅不合世界潮流，而且在国内难免冒犯众怒，若"平等"以"效率"为代价，又心有不甘。在这种情况下，通过扩大选修课以取得两者之间的平衡，也不失为一种解决办法。苏联教育部长普罗科菲耶夫的讲话对此作了注释。在列举了选修课可以满足学生的求知欲，有助于学生进行职业定向，发展学生的兴趣等好处之后，他指出，开设选修课可以"吸取各种专家来充实学校的师资队伍……这就在中学高年级与大学低年级之间架设起比较牢靠的桥梁"。②

（3）设立"特色学校"、"特色班"。这两个名称是笔者定的。1966年12月的《决议》规定，"根据学校已经积累的成功经验，可有一定数量的学校或班级在九至十（十一）年级时从理论和实践上深入学习数学和计算机技术、物理和无线电电子学、化学和化学工艺学、生物和农艺学或人文学科等"，但未给这类学校安一个名称。

这类学校或班级相当于美国的"天才教育"。这些学校或班级的学生是在竞争性考试

---

① 顾明远主编.战后苏联教育研究[M].南昌：江西教育出版社，1991：48.
② 瞿葆奎主编.教育学文集·苏联教育改革（下）[M].北京：人民教育出版社，1988：111.

(有时也根据家长的门路)的基础上严格挑选出来的,其毕业生大多数都能升入大学,因而是令人垂涎三尺的地方。能够进入这类学校或班级的人数只占学生总数的很小部分,多数设在大城市。这类学校或班级的特色各不相同,有的是数学、物理,有的是外语,有的是艺术。这类学校或班级的教学计划,对于"特色"学科大大加强(同时削减与"特色"学科联系不大的科目),并配以优越的师资条件。此外,还通过诸如科学小组、少年之家的形式开展课外、校外的活动,以加速人才的培养。应该指出,在勃列日涅夫时代,对于这类特色学校师生的思想控制同样是严格的。《苏联学校内幕》一书记载了莫斯科的一所数理学校师生由于"对社会问题的浓厚兴趣"和"向意识形态学科讲师所提问题的性质"而受到清理的事实。虽然这所学校的教学质量很高,而且苏联教育部长普罗科菲耶夫以私人请求的方式替校方说话,但仍无济于事。

在造就科学技术尖子人才方面,还采取了其他措施。1966年12月的《决议》要求苏联教育部和苏联教育科学院协同各加盟共和国国民教育部在6个月内"向苏联部长会议提交新拟定的关于向中等普通学校毕业生颁发奖章的条例草案",并且明确提出,如果毕业生在教学计划内的"某门课程上成绩突出",也要给予奖励。

(4) 提高师资水平。[①] 在教师的职前培养方面,师范学院各系都调整和更新了教学内容,并增设了新的课程和专业。

在教师的职后培训方面,1969年9月苏联教育部审定的教师进修学院章程规定了教师进修学院承担的任务:提高教师和国民教育工作者的业务水平;总结、运用先进的教育经验,推广教育科研成果;组织教育试验工作;研究普通学校的教育、教学状况;提高教师进修的有效性;帮助教研室组织教学研究和教师自修活动。

为了提高学生的知识质量,除了采用上述手段之外,还有其他一些措施,如给学校工作创造更好的物质技术条件,改善和加强社会教育的设施,党、团、工会、企事业单位配合学校工作等。其中比较重要的是教学设备现代化的建设,在中等学校建立工作室。工作室里装备有一套常规的电化教育设备,如电动黑板、幻灯机、投射仪、闭路电视,按照学科的性质布置了该学科的发展的历史图片、图表、公式,橱窗里陈列着该学科常用的仪器、图书(包括教科书、参考书、课外活动用的各种资料)。

[①] 参见滕大春主编. 外国教育通史(第六卷)[M]. 济南:山东教育出版社,1994:31—32.

第五章　多极世界中的教育改革

第二次世界大战以后的"冷战"期间，世界基本的政治格局是两极对峙。然而，在两极对峙的政治格局下，另一股强大势力也在崛起，这就是亚洲、非洲、拉丁美洲这一辽阔地带风起云涌的战后民族解放运动。自战后至 60 年代末，这些地区摆脱原宗主国统治的国家达 60 多个，至 80 年代末，这些地区独立的国家将近 100 个。这是两极世界之外的又一股重要的力量。

1974 年，毛泽东根据国际形势的发展变化，把处于不同关系下的国家划分为三个世界。1974 年 2 月 22 日，毛泽东在会见赞比亚总统肯尼思·卡翁达时首次提出了三个世界的说法。1974 年 4 月，邓小平率中国代表团出席联合国第六届特别会议时，对"三个世界"的问题又进行了阐述。毛泽东当时提出的"三个世界"是指：推行霸权主义政策的美国、苏联这两个超级大国；日本、欧洲、加拿大等国家和地区构成的第二世界；亚洲、非洲、拉丁美洲广大地区的 120 多个国家组成第三世界。①

第三世界的兴起，改变了世界的政治、经济格局。自 70 年代起，由于政治经济等各方面力量的消长，至 80 年代中形成了美、中、苏、欧、日五极世界的格局。中国一贯是稳定世界和平的重要力量。自中共十一届三中全会以后，在邓小平建设有中国特色社会主义理论的指导下，中国的综合国力不断增长。"中国发展得越强大，世界和平越靠得住。"② 因此，和平和发展乃是 80 年代以后社会发展的总的趋势。

虽然自 1957 年以后的美苏军备竞赛一直在持续地进行着，而且由于 70 年代苏联入侵阿富汗和支持越南入侵柬埔寨而一度造成国际关系、特别是中苏关系的紧张，但是，70 年代以后的国际形势总的趋向是缓和，这样，经济的发展，综合国力的增长成了各国主要关心的问题，经济的竞争越来越成为国际竞争的主要形式。此外，发端于 20 世纪 40 年代的新科技革命仍在继续进行，并取得新的进展，而且对物质生产领域的影响越来越大。所有这些因素都要求教育进行改革，以适应新的形势的需要，因为各国政治、经济、科技的竞争归根结底是人才培养的竞争，也是教育的竞争。一场新的世界性的教育改革浪潮势在必行。

1972 年 5 月，联合国教科文组织国际教育发展委员会一份研究报告《学会生存》的发表，标志着这场世界性改革的开始。该报告对于战后国际教育的发展和面临的问题进行了全面而系统的总结，并提出了从教育观念到具体措施等方面的对策，成为以后各国教育发展和改革的航标。然而，由于 1973 年 10 月中东战争及战争以后的石油危机，发达国家受到很大的影响，致使各国忙于应付各自的经济危机。所以尽管在 70 年代，美国、苏联以及其他一些国家的教育改革在不断进行，但大规模的改革却是发生在 80 年代。80 年代的改革反映了以《学会生存》

---

① 参见中国毛泽东思想理论与实践研究会理事会编. 毛泽东思想辞典 [M]. 北京：中共中央党校出版社，1989：78.
② 邓小平文选（第三卷）[M]. 北京：人民出版社，1993：104.

的发表为标志的 20 世纪第三次世界性改革浪潮的特点,也是本章的主要内容。

第一节 多极世界的形成及 70 年代的教育

由双峰对峙到多极世界经历了一个渐进的发展过程,它是各种力量相互作用的结果。多极世界的形成,由于各种力量的互相牵制,原来对峙的对方发生战争的可能性降低,但是这并不意味着"大同"世界的到来。保罗·肯尼迪的论述 500 年中各大国相互关系的《大国的兴衰》一书的副标题就是"1500—2000 的经济变迁与军事冲突",可见"经济变迁"与"军事冲突"关系之密切。和平时期的出现以及和平的维持,不取决于人的主观愿望,而是取决于构成世界各方的经济实力,因为战争的胜负"也是由于在冲突发生以前数十年间,这个国家的经济力量与其他一流国家相比是上升还是下降所致"。① 因此,和平时期各方的竞争往往表现为经济的竞争、综合国力的竞争。

60 年代全球性的教育大众化浪潮下的教育事业的大发展到 70 年代开始暴露出其负面影响,需要及时加以调整,此外,美国、苏联等国在 50、60 年代进行的教育改革,在 70 年代经济衰退的形势下,也出现了许多问题,所以教育改革在 70 年代仍然是一个普遍的现象。然而,这些改革乃是在新形势下针对某些问题所作的局部性的调整,从一定的意义上讲,70 年代的改革是 50、60 年代改革的继续,同 80 年代在新观念指导下的整体性改革是有区别的。

一、世界政治经济多极格局的形成

战后在由两极对峙向多极格局演变的过程中,亚洲、非洲、拉丁美洲地区的民族解放和独立的斗争和战后独立国家不断增多,无疑是一个关键性的因素。1955 年 4 月亚洲、非洲 29 个国家参加的万隆会议表明,亚非国家不再甘心在国际上屈居附属的地位,他们将在维护世界和平和建立新型国际关系方面发挥重要作用。1961 年 9 月第一次不结盟国家和政府首脑会议以后,参加国越来越多,声势越来越大,这对于支持亚、非、拉的民族解放运动,维护世界和平发挥了越来越大的作用。不结盟国家成为独立于超级大国之外的一支重要的国际力量。

新兴的国家除了在国际政治方面发挥重要影响之外,对于当代世界经济发展的问题也发挥着积极作用。早在 1964 年,参加联合国国际贸易和发展会议的 77 个发展中国家和地区的与会代表,为了反对帝国主义的剥削和压迫,加速新独立国家的经济发展,发表了《七十七国联合宣言》,并形成"七十七国集团"。此后"七十七国集团"参加国不断增加,到 80 年代,名曰"七十七国集团"的组织,实际成员高达 120 多个。70 年代中期,"七十七国集团"负责起草第六届联合国特别大会通过的《建立新的国际经济秩序宣言》及《行动纲领》,并促成由 19 个发展中国家与 8 个发达国家和欧共体就国际经济问题进行的第一次"南北谈判"。②

---

① 保罗·肯尼迪.大国的兴衰[M].王保存等译.北京:求实出版社,1988:1.
② 由于发展中国家多数在发达国家的南方,因此人们习惯上把发展中国家同发达国家之间的经济关系称为南北关系,或南北问题。这里的南北谈判,指发展中国家同发达国家之间的经济问题的谈判。

70年代起,亚、非、拉广大地区的国家在国际政治和经济这两个当代世界重大问题上具有举足轻重的地位,形成第三世界。由于第三世界国家曾经长期处于殖民主义者的统治之下,饱受剥削和压迫,经济和文化的基础都较差,造成了贫穷、落后的局面。它们同发达国家之间的差距很大。而且,由于历史上形成的旧的国际经济秩序和新技术革命造成的初级产品下滑的趋势,这种差距短期内难以弥合。非但如此,《大国的兴衰》的作者保罗·肯尼迪研究的结论是"一切都表明,富国和穷国的差距今后会更扩大"。所以,第三世界国家反对帝国主义、霸权主义侵略、剥削的斗争将是长期的。这将打破美国一手操纵联合国以左右国际政治的局面。新中国于1971年恢复在联合国的合法席位,就是一个最充分的证据。

第二次世界大战结束时,美国为使西欧免受苏联的影响,由当时的国务卿马歇尔提出了"欧洲复兴计划",即"马歇尔计划",向英、法、德、意、比等国提供援助,其目的在于恢复资本主义经济制度,从而使所谓自由制度赖以存在的政治和社会条件能够出现。从50年代起至70年代初,欧洲经济的发展一直比较稳定,经济实力不断增强。由于美苏对峙以及北大西洋公约和华沙条约组织两大军事集团的对抗主要在欧洲,任何国家都不愿意将自己的家园变成别人的战场。在"冷战"期间,为对付美苏的压力,西欧国家间的经济合作和对美国的离心倾向越来越明显。

50年代时,法国、西德、意大利、荷兰、比利时、卢森堡六国先后签订了《欧洲煤钢联营条约》、《建立欧洲经济共同体条约》和《建立欧洲原子能共同体条约》。60年代中期,上述6国又签订了《布鲁塞尔条约》,将上述三个机构联合组成"欧洲共同体"。1975年起,欧洲共同体的最高决策机构由部长级的理事会改为由会员国首脑组成的欧洲理事会,每年定期举行3次会议,以加强相互间的合作。70年代初期,会员国不断增加,英国、爱尔兰等国先后加入,至80年代,会员国增至10多个。在会员国增加的同时,欧共体也从经济方面的合作逐渐向政治方面合作发展,协调会员国的外交政策,推行政治经济的一体化。以实现欧洲"用一个声音来讲话"。1991年12月欧共体首脑签署的马斯特里赫特条约,就是在这个方向上迈出的一步。

战后,美国为了遏制中国的发展,形成对中国新月形的包围圈,大力扶植日本。1950年爆发的朝鲜战争、后来的越南战争以及对于新科技革命成果广泛的利用,刺激了日本经济的发展。从50年代中期开始,日本经济进入高速发展时期。日本经济的快速发展导致了日美的经济矛盾。从60年代中期开始,美国对日贸易赤字迅速增大。70年代以后,围绕着经济问题,日美之间不断出现诸如"汽车之战""金融之战"等贸易战。

日本是第二次世界大战的战败国,一直有美军常驻日本。战后,日本很快由战败国转变为经济大国。70年代以前,日本不仅在经济上,军事上依附美国,而且在政治以及对外关系方面追随美国,随着日本经济实力的增强,日本想成为政治大国的愿望越来越强烈。70年代以后,日本力图摆脱政治上对于美国的依附而成为美国的伙伴。1972年,当时日本的外交大臣大平正芳在记者招待会上公开宣称,日本跟着美国脚步走的时代已经过去。并于同年与中国实现邦交正常化。此外,日本对欧洲的关系也在矛盾斗争中有所发展。

欧洲共同体和日本经济的发展以及对于美国的离心倾向,使美国的霸权地位发生动摇。60年代以后,美国很快失去了1945年时它在世界财富、生产和贸易中所占的相对比重。1945年时，美国的工业产量占全世界的一半，"据贝罗克统计，到1953年，美国在全世界工业生产中所占的百分比已降到44.7%，到1980年下降至31.5%，而且仍在下降。几乎由于同样的原因，中央情报局的经济手册也表明，美国在世界国民生产总值中所占的比重，从1960年的25.9%降到了1980年的21.5%"。[①] 与此同时，苏联经济的情况也不妙。《大国的兴衰》提到，苏联工业生产增长率自60年代以后不断降低，以至到70年代末期每年只增加3—4%。必须强调指出，尽管美苏经济的发展状况如此，但在70、80年代，它们仍然是世界上的两个超级大国。

1971年7月，美国总统尼克松在一次讲话中指出，当今世界上存在着五支经济力量——西欧、日本、中国以及苏联和美国。"这五支经济力量将决定世界经济的前途和20世纪最后1/3时间世界其他方面的未来，因为经济力量是决定其他各种力量的关键。"[②] 保罗·肯尼迪列表（1960—1980年不同种类国家与地区所占世界生产总值（GWP）百分比[③]）说明世界不同类型国家在1960—1980年间生产发展的趋势：中国、日本、发展中国家的经济显著增长；欧共体、美国尽管仍是世界上最大的经济集团，但在世界经济中的比重有所下降；苏联比较稳定，后来缓慢下降。

表5-1 1960—1980年不同种类国家与地区所占世界生产总值（GWP）百分比

	1960年	1970年	1980年
不太发达的国家	11.1	12.3	14.8
日本	4.5	7.7	9.0
中国	3.1	3.4	4.5
欧洲经济共同体	26.0	24.7	22.5
美国	25.9	23.0	21.5
其他发达国家	10.1	10.3	9.7
苏联	12.5	12.4	11.4
其他共产党国家	6.8	6.2	6.1

全球经济力量多极分配的趋势，影响着国际政治的格局，也影响着战争与和平的问题。第二次世界大战以后，虽然没有发生新的世界大战，但局部战争从未间断。截至1987年年底，战后发生局部战争170余次，死亡人数达2000万以上。局部战争的次数在战后起初呈上升趋势，到60年代中期达到高峰，然后开始下降，到80年代中期降至最低点。"如果把战后历史以1970年为界标分成前后两段，那么在前段25年中共计发生局部战争130余次，占3/4；后段17年共计发生局部战争40余次，占1/4。"[④]

邓小平在80年代中期对全球性的问题作了精辟的论述。1985年3月，邓小平在会见日本商工会议所访华团时的谈话中指出："我们多年来一直强调战争的危险。后来我们的

---

① 保罗·肯尼迪.大国的兴衰[M].王保存等译.北京：求实出版社，1988：528.
② 同上书，505.
③ 同上书，532.
④ 黄鸿钊主编.百年国际风云[M].南京：南京大学出版社，1990：444.

观点有点变化。我们感到,虽然战争的危险还存在,但是制约战争的力量有了可喜的发展。日本人民不希望有战争。欧洲人民也不希望有战争。第三世界,包括中国,希望自己发展起来,而战争对他们毫无好处。第三世界的力量,特别是第三世界国家中人口最多的中国的力量,是世界和平力量发展的重要因素。"① 邓小平还指出:"我们讲的战争不是小打小闹,是世界战争。打世界大战只有两个超级大国有资格,别人没有资格,中国没有资格,日本没有资格,欧洲也没有资格。所以,反对超级大国的霸权主义也就是维护世界和平。"②

除了上述因素之外,还有一个各国经济发展的问题。全球经济多极分配的趋势,增强了各国经济发展的互相依赖性。任何国家都不可能孤立于国际社会之外而获得经济的发展。邓小平指出,③ 欧美国家和日本等发达国家,要继续发展下去,面临的问题是"资本要找出路,贸易要找出路,市场要找出路",如果不解决这个问题,发达国家的发展总是要受到限制的。第三世界国家占世界总人口的四分之三,包括苏联,欧洲,北美,日本,澳大利亚,新西兰等在内的发达国家只占世界总人口的四分之一,共十一二亿人口。"很难说这十一二亿人口的继续发展能够建筑在三十多亿人口的继续贫困的基础上。""总之,南方得不到适当的发展,北方的资本和商品出路就有限得很,如果南方继续贫困下去,北方就可能没有出路。"所以,"现在世界上真正大的问题,带全球性的战略问题,一个是和平问题,一个是经济问题或者说发展问题。和平问题是东西问题,发展问题是南北问题"。

二、美国 70 年代的教育

1973 年的中东战争以及随之而来的石油危机,使许多国家,特别是发达国家的经济受到打击。70 年代石油价格的上涨对欧洲的打击特别沉重,使人们消除了早期的乐观主义,惊恐四起;石油危机也使美国 70 年代通货膨胀,导致美元对西德马克和日元的疲软。相比较而言,日本受石油危机的打击较小。④ 尽管这样,日本的教育还是受到了影响。日本为了克服战后经济高速发展中的"教育荒废"现象,于 1971 年拟定了第三次教育改革的设想,并采取了若干改革措施,"但是,70 年代中期以后,国际国内形势发生了剧烈变化,特别是石油冲击使日本财政出现困难,因此教育界以及社会其他各层次对教育改革的热情都有所减退,第三次教育改革中断"。⑤ 从日本的情况可以看出,70 年代的石油危机以后,许多国家,尤其是发达国家关注的焦点是国内经济的问题,教育的实施也是在这一背景下展开的。换言之,美国 70 年代教育的指向是本国现实的问题,特别是经济问题。

美国 70 年代的教育改革体现在两个方面,一个是针对国内经济的"生计教育",另一个是矫治学科结构运动偏颇的"回到基础"的教育。

1. 生计教育

生计教育(Career Education)是美国卫生、教育和福利部副部长马兰提出的一种教

---

① 邓小平文选(第三卷)[M].北京:人民出版社,1993:105.
② 同上书,104.
③ 同上书,105—106.
④ 保罗·肯尼迪.大国的兴衰[M].王保存等译.北京:求实出版社,1988:第七章第五部分.
⑤ 朱永新等主编.当代日本教育改革[M].太原:山西教育出版社,1992:56.

育改革的计划。联邦教育总署在1971年设计生计教育模式时，给生计教育下了如下的定义："生计教育是一种综合性的教育计划，其重点放在人的全部生涯，即从幼儿园到成年，按照生计认知、生计探索、生计定向与生计准备、生计熟练等步骤逐一实施，使学生获得谋生的技能，并形成个人的生活方式。"① 马兰认为，生计教育"是把关于工作世界以及他们在劳动大军的机会的情况告知从小学直到研究生院的学生并帮助他们做出正确的生计选择和养成职业技能的一种努力"。②

上面介绍的只是关于"生计教育"这个概念的两种说明。实际上，生计教育的含义非常模糊。除了上述联邦教育总署关于生计教育的定义之外，各个州，各个团体或学者，都有自己的解释。如果把各种定义列举出来，可达20多种。纳什和艾格尼在《生计教育：是为了谋生还是为了生活》一文中对此有一个比较明了的说明：生计教育是"以学校为基础的就业训练模式，将使所有的儿童得到各种就业机会。公立学校课程中的每一门课都将再行安排，把重点放在帮助学生缩小职业选择的范围上。当学生选中了他自己的职业，他将通过集中的训练，获得'有市场的，社会所需要的'技能"。③ 因此，生计教育是普通教育领域中的一项改革。

1974年，美国国会通过了《生计教育法》，当年已有9个州通过了必须进行生计教育的专门法律，有42个州采取了推行生计教育的措施，1971年，联邦教育总署拨款900万美元资助各州进行生计教育的实验，1973年又拨款1.68亿美元用于生计教育的推广实验。1977年，美国众议院通过"生计教育五年计划"，并拨款4亿美元用以支持生计教育。这样，生计教育便在美国推广开来。美国调查研究局的调查报告表明，到70年代末，美国有约56%的学区进行了生计教育，同时有24%的学区开办了生计教育中的在职教育。

（1）推行生计教育的背景。生计教育的推行是为了解决60年代美国普通教育与人力资源开发和经济发展之间不相适应的问题。

在50年代开始的美国与苏联在空间技术和军事竞赛中，美国的确取得了惊人的成就。1969年7月，美国制造的阿波罗11号飞船载人登上月球，并安全返回地面，充分显示了美国在经济和科学技术方面的实力。而且，空间技术的发展也带动了科学技术各个方面的突破，有力地促进了科学技术全面的发展。然而，对于美国来说，60年代也是多事之秋。在美国致力于把人送上月球的同时，还有三分之一的美国人的生活水平处于贫困线之下，以致约翰逊不得不发起"向贫穷宣战"的口号。此外，马丁·路德·金领导的黑人的民权运动，以反对越南战争为主题的校园反叛运动，女权运动，环境保护运动，以赫伯特·马尔库塞等人为代表的西方马克思主义思潮，以及代表反主流文化的嬉皮士运动，性解放等，都充分地显示了"美国强大"下的阴影。

为了促进经济发展、消除贫困，美国采取的一个措施便是增加国家教育经费，扩大青少年受教育的机会。继《人力开发训练法》和《职业教育法》之后，1964年又宣布了旨在实现人力开发的《经济机会法》，希望通过技术教育、职业训练的发展，给每一个人以教育和训练的机会，从而消除个人和社会发展的障碍。1968年美国又通过《中小学教育

---

① 梁忠义主编．七国职业技术教育[M]．长春：吉林教育出版社，1990：126-127．
② 马骥雄主编．战后美国教育研究[M]．南昌：江西教育出版社，1991：135．
③ 瞿葆奎主编．教育学文集·美国教育改革[M]．北京：人民教育出版社，1990：381．

法》，使联邦政府得以拨款援助普通教育，希望通过普通教育使低收入和少数民族子女走出贫困，同时也体现了对于贫困阶层和少数民族学术成就的关注，因为这类教育是为他们上大学作准备的。所有这些措施用一句话来概括，即改变个人以适应社会，而不是改变社会以适应个人。

60年代所作的上述种种努力并未取得预期的效果。丘奇在《教育机会均等界说：1960—1975》中写道："穷苦儿童和某些少数民族儿童却不能像特权集团的儿童那样，不断有效地使用他们所得到的相同的设施。这是60年代教育工作者所面临的困境。……在60年代，教育必须解释：为什么平等的机会没有造成平等的结果。教育工作者允诺要找到建立教育机构和设施的较好的办法，以使平等能有成果。"① 为了使"机会的平等"转变为"结果的平等"，人们作出了种种努力，提出了诸如"头脑启迪"计划（Head Start Program），"双语教学"运动，"TTT"方案（Training of Teachers of Teachers），"校车运动"（School Bus）等措施。尽管这些措施都有一定的效用，但并未从根本上解决问题，事实上，这也是一个至今仍然困扰各国教育工作者的难题。

美国60年代采取职业教育和普通教育双管齐下的那些革新措施，虽然促进了教育事业的发展，但未能达到预期的目的，还造成了一个新的教育问题，即普通教育和职业教育的脱节。虽然在实行生计教育时，不同地区、不同集团的人由于对它理解的不同而各有偏重，生计教育也因为其概念的模糊而常被人诟病，但至少生计教育的倡导者主要是为了消除普通教育和职业教育的脱节现象而作的一次普通教育的改革，以便使普通教育更好地为人力资源的开发和经济发展作出贡献，这一点可以从生计教育倡导者马兰的助手华兴顿博士对普通教育存在的问题的分析中得到说明。华兴顿认为普通教育存在着下列7个方面的问题：②

第一，"在科技社会里，学生与劳动世界是隔离的。学生认为在消费品生产中愈来愈不需要人力，他们只能在学校里得到暂时的收容。"

第二，"约有三分之一的学生在读完高中后，没有获得一技之长，也无力接受高一级的教育。"

第三，"在高中阶段，职业教育、普通教育及人文学科与生产脱节，以致学生鄙视职业教育课程，学人文学科不联系劳动世界也不作就业的准备。"

第四，"社会上重视升学，学生愿进学术水平高的中学为升学作准备，实际上，大多数人无法升学，程度也跟不上。因学业跟不上而离开学校的人数超过了社会上的就业可能性。"

第五，"高中阶段许多学生不敢选修职业课程，怕自贬身价。"

第六，"教育制度僵化为学生所作的就业准备反而使以后的职业转换发生困难。"

第七，"许多学生在小学、中学阶段从未接触过劳动世界。在1970—1971年度，有85万学生从小学退学，有75万高中毕业生既不就业也不升学，有85万学生进了大学又中途退学。这样就使联邦、州和地方政府损失了850亿元的教育经费。1960年来失业问题严重，青年的失业率已超过12%。预计到1980年时需要安置的青年有1500万。"

---

① 瞿葆奎主编.教育学文集·美国教育改革[M].北京：人民教育出版社，1990：439—440.
② 梁忠义主编.七国职业技术教育[M].长春：吉林教育出版社，1990：125—126.

普通教育领域中存在的这些问题，突出了生计教育的必要性。

（2）生计教育的实施。生计教育以学校为基础，但不限于学校。校外的生计教育有下列3种模式：以雇主为基础的生计教育模式；以家庭为基础的生计教育模式；以农村为基础的生计教育模式。这些校外生计教育模式的采用，主要是为了因地制宜，充分利用各种有利的条件。

学校的生计教育是最重要的生计教育形式。学生的生计教育具有下列特点：

第一，生计教育是一个与学校教育始终相伴随的过程。生计教育要使每一个受教育者都有自我发展的目标，并能在社会劳动和生活中找到自己的位置，所以，职业指导的理论对生计教育有很大的影响。关于职业指导的研究发现，人对职业的了解和选择需要经历一个很长的过程，从幼年时即开始了解职业，此后，职业的发展伴随人的一生。因此，根据人的职业发展阶段的研究，学校的生计教育也应表现出一些相应的阶段。

联邦教育总署提出的学校生计教育模式是，[①] 幼儿园到六年级是为生计的了解阶段，通过教材或参观，使学生对社会上所有的"生计群"以及他们将面临的劳动世界有所了解。美国教育专家划分的"生计群"共15个，包含23000个社会职业。

七到十年级为生计探索阶段。在这个阶段，学生开始探索他们最感兴趣的一个生计群，并接受一定的实际技能的培训。

十一和十二年级是职业准备阶段。在这个阶段，学生将对他选择的某些职业进行更深入的探索，并在下面三种选择中定向：中学毕业后就业（为此，他需要掌握准备就业的技能）；进入中学后的职业培训机构继续学习（为此，他要同时学习学术性课程和职业培训课程）；升入高等教育机构（为此，他要学习准备升学的课程）。

这只是学校生计教育的一种方式，还有其他类似的方式。在上文提到的《生计教育：是为了谋生还是为了生活》的那篇文章中，纳什和艾格尼也介绍了其他教育家建议的学校生计教育模式。所有这些模式都有一个共同的特点，即生计教育不是仅在学校教育某一个阶段进行的教育，而是需要在从幼儿园到大学的整个过程中进行。

第二，生计教育是一种教育的观念，而不是一门具体的课程。生计教育固然有自己的目标，但是，目标的实现却要借助其他学科。也就是说每一门学科都要融入生计教育的观念。这就要求教师要明确生计教育的意义，利用校内校外的各种条件，努力使学生获得能够胜任某项工作的训练。在实际的教学活动中，抽象的知识要同实际的工作联系起来，处理好普通教育与职业技术教育的关系。例如，亚利桑那州和密歇根州有的地方要求教师在讲授社会常识和自然科学的课程时，必须同新闻学、社会工作、X射线技术和海洋学的现场实际工作经验直接结合起来，这被认为是生计教育的一个很好的例子。

总之，生计教育指望解决的是一个世界各国在普通教育领域普遍存在的问题，这个问题是普通教育应该如何处理为学生升学做准备和为学生就业做准备的关系。迄今为止，人类在这个问题上还没有找到一个使社会各个阶层各个领域都感到满意的解决办法。生计教育的基本取向是，既坚持教育为社会发展服务，又坚持"教育民主"、"教育机会均等"，用心可谓良苦。

---

① 马骥雄主编.战后美国教育研究[M].南昌：江西教育出版社，1991：136.

2. "回到基础"运动

"回到基础"(Back to Basics)运动或"回到基础学科"运动是美国60年代后期的一种教育改革运动。与既往的教育改革不同,"回到基础"运动并未系统地提出自己的理论基础。此外,这个运动也没有公认的代表人物。一般认为,成立于1956年的美国的基础教育委员会(Council for Basic Education)对"回到基础"运动起了很大的促进作用,其思想基础与本书第一章中讲到的要素主义相通。

(1)"回到基础"运动的背景。"回到基础"教育运动之所以在70年代后期在美国的教育领域内成为一时的风气,并被人称为战后美国的第二次教育改革运动,并不是一件偶然的事,它同美国政治、思想、文化方面的新保守主义思潮密切相关。

美国有人认为,美国的自由主义和保守主义是周期性地出现的。如果这句话的确反映了历史的真实,那么,70年代以后,美国的新保守主义思潮又一次周期性地出现。当代著名的学者丹尼尔·贝尔(Daniel Bell)认为,每个年代都有它自己的标记,"20世纪60年代的标记就是政治和文化的激进主义。两者当时被一种共同的叛逆冲动联合起来,然而政治激进主义,归根结蒂,不仅是叛逆性的,而且还是革命性的,它试图建立一种新的社会秩序以取代旧秩序"。[①] 贝尔在分析了60年代的"文化情绪"之后指出,到了70年代,文化激进主义本身已到穷途末路。

其实,在政治上也出现了类似的情况。上文列举的美国在"多事之秋"的60年代所发生的一系列政治和社会方面的冲突显然使新保守主义找到了现实的根据。赵一凡在《资本主义文化矛盾》一书的《中译本序言:贝尔学术思想评价》中对于战后美国政治、文化由新自由主义到保守主义的转变作了概括。"经过60年代政治冲突和文化骚动之后,原以罗斯福—肯尼迪改革哲学为轴心的新政联盟终于在70年代初宣告破裂,而学术思想领域的新自由主义体系也在内外夹攻下趋于瓦解。代之而起的是一股日益强盛的新保守主义思潮,它越来越有力地支配着尼克松和里根时代的美国政治、经济与文化发展方向。"[②]

美国70年代的新保守主义思潮必然要影响教育。教育方面的新保守主义反映了新保守主义最一般的特征,即强调传统、传统文化的价值。70年代美国教育的新保守主义倾向主要表现在下列几个方面。

第一,强调基础文化是保证社会平衡的重要因素,学校的首要作用就是向学生传递这种基础文化。虽然霍奇金森(H. Hodgkinson)在70年代末通过实证研究以及与联邦德国、日本、英国等发达国家相比较,证明美国的公立学校和大学的教育是成功的,但事实是,70年代美国人对于自己教育的批评是战后最激烈的。伍德林在《致教师的第二封公开信》中说:"现在似乎很明显,批评学校的热潮总是波浪式地出现。70年代后期的浪潮与50年代早期的浪潮极为相似。"[③] 我们知道,50年代对美国进步主义教育的激烈批评,导致了50年代末美国的改革,70年代的激烈批评也将是80年代改革的前奏。

保守主义的人性论认为,人性从根本上讲是恶的,如果不加控制地按照人的欲望和感情办事,他总是要倾向于胡作非为、捣乱、不守纪律。自由主义错误的根源在于没有看到

---

① 丹尼尔·贝尔. 资本主义文化矛盾[M]. 赵一凡等译. 北京:生活·读书·新知三联书店,1989:169.
② 同上书,5.
③ 瞿葆奎主编. 教育学文集·美国教育改革[M]. 北京:人民教育出版社,1990:500.

人性的缺陷。人类社会在长期的历史发展过程中形成的基础文化和传统乃是控制人的兽性的最重要的因素。社会之所以能如此长期存在而没有崩溃，其主要原因在于人能够尊重并保护传统的文化。然而，美国的学校忽略了这一点，学校没有注重基础文化的传授，"点缀性"的课程太多，致使教育质量下降。"1975 年，美国的学院入学考试服务社宣称学业性测验分数自 1964 年以来一直下降。如 1966—1967 年度语言成绩平均为 466 分，数学为 492 分。1974—1975 年度分别下降为 434 分和 472 分。"[①] 上文刚提到的那个伍德林显然是站在教师的立场上对教育受到的批评作了分析和解释，尽管如此，他也承认，50 年代遭受批评的教育存在的缺点"至今仍有一些存在着"；教育工作者必须对批评承担一部分责任，因为有些学校管理者像家长一样，"对什么是正确的教育目标模糊不清，而这些人应该是有见识的，应该更明确地阐明和捍卫他们的目标。"

第二，强调道德教育、严明纪律。上文刚提到的"基础文化"含义非常丰富，传统的价值、道德也包括在其中。对于 60 年代的性解放、"嬉皮士"运动以及美国和发达国家中普遍存在的校园反叛运动，不同阶层的人士从不同的价值观进行了反思。不少人认为，出身优裕家庭、就读于名牌大学的青年尚且如此，青年的道德状况可见一斑。70 年代初轰动美国乃至全球并最终导致尼克松总统"辞职"（1974 年 8 月）的"水门事件"，使美国人看到了政界高层人士道德堕落的程度。道德的问题引起了人们的关注。

本书第四章已经讲到，自苏联人造地球卫星上天以后，美国教育发展的总趋势是充分发展学生的智力，衡量教育成败的标准是对于美国军事实力之增强所作的直接或间接的贡献，而对于道德和道德教育的问题很少关注。人类似乎进入了不需要道德的时代，哈什（Richard H. Hersh）等在《道德教育的模式》一书中指出，"到了 60 年代晚期，这场加速智力和技术训练的运动已经走进了死胡同，道德教育重新表明了自己存在的必要性"。[②] 因此，60 年代末和 70 年代，西方国家形成了一场道德复兴运动。

这场道德复兴运动不仅表现在人们普遍对于道德教育的关心上，而且还体现在道德教育的理论、学说的剧增。道德教育的专门刊物《道德教育杂志》（Journal of Moral Education）和《道德教育论坛》（Moral Education Forum）分别于 1970 年和 1976 年创刊。此外，对于道德教育的研究也广泛地开展。美国著名的道德心理学家和道德教育理论家劳伦斯·柯尔伯格（Lawrence Kohlberg）就是在这场运动中崭露头角的。

保守主义强调的是传统的价值和道德。被认为是自由主义者的肯尼迪在他的就职演说中号召美国人"走向前去引导我们所热爱的国家"，而保守主义却相反，强调的是个人服从社会，个人要承担国家的责任。他们认为，自然的法则使人结成了一定的联系，不能忽视个人对社会的责任。权利和责任是不可分离的，而且责任高于权力。在他们看来，60 年代出现的学生骚乱、青少年犯罪等，主要原因在于"头脑糊涂的自由主义者"过分强调个人的权力而忽略了他们的责任，从而引起了学生思想的混乱。要克服这种现象，就必须让青年人学习过去和过去的传统，向青年人"灌输"责任的意识，以此来控制青年学生的

---

① 马骥雄主编．战后美国教育研究 [M]．南昌：江西教育出版社，1991：47. 引文中提到的"学业性向测验（SAT）"是对美国十一年级学生进行的全国统考，考试科目为英语和数学，两门学科考试的满分成绩各为 800 分。美国的十一年级相当于中国目前学制的高中二年级。

② 转引自戚万学．冲突与整合——20 世纪西方道德教育理论 [M]．济南：山东教育出版社，1995：16.

感情和狂想。70年代以后，美国等西方发达国家对于东方古老的文明之所以产生浓厚的兴趣，是与这种社会背景密切相关的。

第三，强调"机会平等"而不是"结果平等"。自美国立国以来，平等的问题始终是美国人关注的一个核心问题，美国也常以自由、平等自傲于人。随着美国这个所谓平等社会里不平等的现象越来越严重，对平等问题的研究也越来越深入，于是出现了"机会平等"和"结果平等"两个概念。虽然从纯理论的角度来说，两者可以并行不悖，但实际情况却大相径庭。

平等的问题几乎渗透在每一个领域，教育自然不能例外。当大量的事实表明，教育方面的"机会平等"尚不足以保证"结果平等"时，人们又倾力于"结果的平等"。上文提到的"头脑启迪"等教育补偿计划，双语教育、校车运动等措施，应该说都是在追求结果平等方面所作的种种努力，而这些努力当然是要花费"纳税人"的大量金钱的。事实证明，这些措施虽有一定的效用，但并未从根本上解决问题。

主张"机会平等"或是主张"结果平等"似乎可以看做保守主义和自由主义的一个分歧点，而保守主义是主张"机会平等"的。保守主义把机会平等看做是美国的立国之本，这同美国人一贯信奉的个人主义哲学相一致。在他们看来，"结果平等"只不过是一种虚无缥缈、不切实际的美好愿望，对这种无法实现的愿望的追求将使人们失去取得各自应该取得的成就的机会，这将造成新的不平等，有违于美国的立国之本，有违于个人主义的哲学。

从60年代末开始，一些教育方面的研究给60年代大张旗鼓地进行的追求教育"结果平等"的努力泼了冷水，并为保守主义的主张提供了实证的依据，其中詹森（A. Jensen）和詹克斯（C. Jencks）的研究比较突出。詹森认为，补偿教育之所以无效，其原因不在于教育，而在于遗传素质。由于黑人抽象推理的能力不强，所以，即使实施补偿教育也无济于事。詹克斯则认为，一个人能否获得经济上的成功，不取决于在校时的学习成绩，而主要是由机遇和个性所决定的。在消除社会的不平等方面，教育只能发挥相对的有限的作用，教育无法从根本上改变这种不平等。

有一点应该强调指出，保守主义强调"机会平等"，主要目的在于反对"结果平等"，这并不意味着美国70年代以后的教育实现了"机会平等"。菲利浦·孔布斯在80年代中期指出，包括美国在内的发达国家"仍然有大量教育条件差的农村青年。问题一般不在于他们缺少学校，而在于教师常常不合格，课程范围狭窄，课程标准内容太偏重城市，使那些从事生产性农业工作和在发展他们自己农村的事业中担任领导任务的青年失去信心。"城乡差别如此，那么城市里有无差别呢？"与住在大城市破旧中心区生活条件不好的青年相比，农村和郊区的儿童和青年反而常常能受到更好的教育。"[①] 教育的平等问题，无论是"机会平等"或是"结果平等"归根到底不是教育的问题，或者说，其主要方面不是教育的问题。

（2）"回到基础"的主张。从保守主义的价值观出发，人们对当时美国教育提出了种种批评，这些批评意见概括起来有下列几个方面：

---

① 菲利浦·孔布斯. 世界教育危机：八十年代的观点［M］. 赵宝恒等译. 北京：人民教育出版社，1990：240—241.

忽视了读、写、算基本技能的训练，并造成越来越多的文盲；

学校没有强调诸如勤奋、准确、努力、品行、爱国主义等基本的价值；

学校工作缺乏效能，教育经费不断提高，而且一些致力于提高教育质量的教师往往受到官僚主义的干扰；

60年代的课程改革忽视了基本技能和学科，所谓"新数学"、"新社会学科"、"新学科"教材中令人摸不着头脑的行话使家长无法指导和控制自己孩子的教育；

高等学校学生学术水平过低；

对学生放松管理的政策导致学生不守纪律和骚乱；

对于黑人、西班牙人等少数民族学生基本技能的教学更为薄弱；

由于学生缺乏基本技能、缺乏劳动的技术和习惯、不能有效地阅读和写作，导致了美国生产的下降。

上文已经讲到，"回到基础"运动既缺乏系统的理论基础，也没有统一的领导机构，更为重要的是，对于什么是"基础"这一关键的概念，始终没有一个明确的界定，所以，"回到基础"在各地的实践也就无法统一。布罗丁斯基在《回到基础学科运动及其意义》[①]中写道，在某些情况下，该运动集中于一个单一的目标——读、写、算的训练；在另一些情况下，该运动的目标又很广泛，其中包括爱国主义和清教徒道德教育。由于"回到基础"运动没有发言人和论坛，也没有宣布过原则，所以，布罗丁斯基只能将"回到基础"运动在各个时期和各个地方的主张加以综合，概括出了这个运动的下列主张：

第一，小学阶段，强调阅读、写作、算术，学校教育主要将精力集中于这些技能的训练。读音法是语言教学的方法。

第二，中学阶段，学校教育主要把精力集中于教授英语、自然科学、数学和历史，使用不违背传统家庭和国家价值观思想的"干净"教材。

第三，在任何一级由教师起主导作用，"不得有任何由学生自主的活动"。

第四，教学法包括练习、背诵、每日家庭作业以及经常性测验。

第五，成绩卡用传统的 ABC 等记分或用百分制记分，定期发给学生。

第六，纪律严明，把体罚作为可接受的控制方法。校规应规定学生的衣着和发型要求。

第七，考试证明学生已掌握的要求技能和知识后，方可升级或毕业。学满课程所要求的时间就给予升级和毕业的做法应予取消。

第八，取消一切点缀性课程，一家保守杂志《全国评论（The National Review）》这样写道："泥塑、编织、做布娃娃、吹笛子、打排球、性教育、对种族主义的担忧以及其他重大问题应利用课外时间进行"。

第九，取消选修课，增加必修课。

第十，取缔发明创造（让创造见鬼去吧！）。让新数学、新科学、语言学、用电子玩艺教学、强调概念而不强调事实等统统滚蛋。

第十一，取消学校的"社会服务项目"，因为它们占去基础课程的时间。"社会服务项目"包括性教育、驾驶教育、吸毒教育和体育。

---

① 瞿葆奎主编. 教育学文集·美国教育改革[M]. 北京：人民教育出版社，1990：484—498.

第十二，把爱国主义教育重新列入学校教育。教育学生爱祖国、爱上帝。

用我们比较熟悉的语言来说，布罗丁斯基本人对于"回到基础"运动"有看法"，或者说，他对"回到基础"运动不以为然。所以，他对"回到基础"运动观点的取舍难免有些偏颇，行文中遣词造句也未必完全准确，不过，如果我们努力排除这些因素，从上列 12 个要点来看，"回到基础"运动和 70 年代以后美国在各个领域中都表现出来的保守主义的基调是非常合拍的。如果读者有兴趣，将上列 12 个要点同本书第一章第二节中讲到的 30 年代的要素主义教育哲学相对照，就会发现两者何其相似乃尔。"回到基础"运动从一定的意义上讲，可以说是回到传统教育。然而，"回到基础"运动似乎并未达到预期的目的。美国人普遍感到自己国家的教育系统有某种严重的失误，美国需要有一次全面的教育改革。

三、苏联 70 年代的教育

苏联 70 年代教育的特征可以用下面一句话加以简单地概述：完成了一件大事，颁布了一个决议。完成的大事指，苏联在 70 年代末完成了普及完全中等教育；颁布的一个决议指，苏共中央和苏联部长会议于 1977 年 12 月颁布的《关于进一步完善普通教育学校学生的教学、教育和劳动训练的决议》（以下简称《1977 年决议》）。①

1. 颁布《1977 年决议》的背景

《1977 年决议》的颁布同苏联 70 年代实现普及完全中等教育有着密切的关系。苏共在 1966 年 4 月召开的二十三大提出，要在 1965——1970 年实施的五年计划期间完成向普及中等教育的过渡。实际情况是，1970 年的八年级毕业生进入九年级学习的人数仅占 60%，进入中等专业学校学习的人数是 11%。换言之，1970 年时苏联普及中等教育的任务并未完成。1971 年的苏共二十四大又提出这一任务，事实上，1975 年时苏联八年级的毕业生中至少还有 10% 的学生未能受到完全中等教育。苏联真正完成普及中等教育任务的是在 70 年代末，因为 1980 年时八年级的毕业生中只有 1% 直接就业。②

普及中等教育的计划之所以一拖再拖，原因很复杂，有教育自身的原因，也有经济方面的原因，后者的作用更大。

勃列日涅夫自 1964 年取代赫鲁晓夫任苏共中央第一书记之后，执掌苏联大权 18 年。在此期间，国内的政治局势比较稳定，但在经济方面，勃列日涅夫的改革开始时尚有起色，但很快就陷入很长的停滞时期。戈尔巴乔夫 1986 年在苏共二十七大发表的讲话指出，苏联在"70 年代，经济困难开始出现，经济增长率明显放慢。结果不仅党纲中提出的经济发展目标未能实现，甚至第九个五年计划和第十个五年计划规定的较低的目标也未能实现。这一时期，我们的社会发展计划未得到贯彻执行。科学、教育、卫生、文化和社会服务也发展缓慢。我们后来虽然进行过努力，但未能完全扭转形势。工艺技术、石油煤炭业、电机工程业、黑色金属业和化学工业的基本建设长期停滞不前。主要经济效益指标和提高人民生活水平的目标也未能达到。因此，加速发展国民经济是解决一切近期和长远、经济和社会、政治和思想、国内和国外问题的关键"。③ 戈尔巴乔夫的这一段话反映了 70

---

① 瞿葆奎主编. 教育学文集·苏联教育改革（下）[M]. 北京：人民教育出版社，1988：150—162.
② 数据来源见成有信编. 九国普及义务教育 [M]. 北京：人民教育出版社，1985：135—136.
③ 转引自保罗·肯尼迪. 大国的兴衰 [M]. 王保存等译. 北京：求实出版社，1988：597.

年代和80年代苏联经济发展的基本情况。由于经济增长速度"明显放慢"、连续两个五年计划未能完成,所以教育的发展也"缓慢"。

70年代以后,苏联教育发展的缓慢表现在许多方面。普及中等教育的任务一拖再拖,是一个主要的表现。但是,同中等教育的发展比较,高等教育发展的缓慢则更为明显。如果把学生人数的增加作为教育发展的一个指标,那么苏联高等学校学生发展的情况表明,大学生的数量在1966年以前增长比较快,但从60年代后期起,增长的速度便趋向缓慢。战后第一个10年(1955年与1945年相比),在校学生增加了113万人;第二个10年的1965年和1955年相比,在校学生增加了200万人,第三个10年的1975年和1965年相比,在校学生增加数明显减少,只增加99万人,而1982年与1975年相比,7年中只增加43万人,增加的速度更慢。①

在高等教育缓慢发展的同时,普及中等教育的任务仍在推行,中学毕业生的人数在不断增加,这样势必造成不能升入大学的中学毕业生人数也相应增加,中学毕业生升学与就业的矛盾非常突出。1970年,中学毕业生的人数为300万,而高等学校的招生数为90万(其中日间制部为49万),所以有三分之二的毕业生就业。② 1975年,在苏联十年制学校毕业生中,升入高等学校的人数只占15.8%,升入中专的占16%,升入技术学校的占12.9%,半数以上(55.3%)的中学毕业生将直接就业。③

自赫鲁晓夫下台以后,苏联普通教育表现出比较明显的培养目标单一化的倾向,普通教育的主要任务是为升学作准备。面对毕业生就业比重如此大的形势,普通教育培养目标的调整便成为亟待解决之事。

2.《1977年决议》

《1977年决议》的全称很好地概括了苏联70年代教育的新趋势:根据新的形势,对普通教育学校的工作进行新的调整,主要表现在改善劳动训练,改善文化知识的教学,加强思想教育。

中学毕业生升学和就业的矛盾并非在70年代中期突然出现,而是随着苏联经济发展的趋向逐渐尖锐起来的。根据保罗·肯尼迪对苏联国民生产增长率的描绘,在1956年—1970年间,苏联国民生产总值增长率维持在5%到6%之间,1971年开始下降。1971—1975年间增长率为3.7%,1976—1984年间为2.6%,1989年为-2%,到1990年为-4%。④所以,在《1977年决议》颁布以前,对于中学生劳动训练的问题,已经开始重视。

1970年9月苏联部长会议颁布的《中等普通教育学校章程》规定了普通中学的3个主要任务,其中提到,要正确安排劳动教学,使学生作好走向生活的准备,自觉地选择职业,积极参加劳动和社会劳动。1973年的《苏联和各加盟共和国国民教育立法纲要》再次提出要培养学生积极参加劳动,自觉选择职业,有条件的普通中学也可进行生产教学。俄罗斯联邦和乌克兰共和国1974—1975学年的教学计划反映了这种重视劳动训练的倾向,都安排了此前没有的"劳动实习"。俄罗斯联邦的五、六、七3个年级的劳动实习各为5

---

① 顾明远主编. 战后苏联教育研究[M]. 南昌:江西教育出版社,1991:51.
② 赵祥麟主编. 外国现代教育史[M]. 上海:华东师范大学出版社,1987:346.
③ 顾明远主编. 战后苏联教育研究[M]. 南昌:江西教育出版社,1991:67.
④ 保罗·肯尼迪. 未雨绸缪:为21世纪做准备[M]. 何力译. 北京:新华出版社,1994:225.

天,九年级的劳动实习为22天。乌克兰的四、五、六、七4个年级的劳动实习分别为9、18、24、24课时,九年级的生产实习为144课时。①

上述俄罗斯联邦和乌克兰的"劳动实习"或"生产实习"都是在基本上未改变既有计划的基础上增加的内容(除了增加这些之外,又都在九、十年级增设了"初级军训",每周都有两课时),增加了学生的负担。为了协调普通中学教学、教育和劳动训练诸项工作,1977年苏共中央和部长会议颁布了《1977年决议》。

《1977年决议》提出了当时苏联普通教育学校存在的3个重大缺点,其中第一个就是,对学生的劳动教学、劳动教育和职业指导的安排,不符合生产和科技进步的要求,致使许多中学毕业生缺乏应有的劳动训练,对普通职业没有足够的认识,因而在就业时感到困难。此外,文化知识的教学方面的问题是"不必要的信息和次要的材料过多","没有贯彻教学和教育有机统一的原则";在思想教育方面,"没有充分利用学生集体的影响来教育学生,来发挥他们的社会积极性和主动精神"。

针对上述"重大缺点",《1977年决议》提出了若干具有针对性的措施。

第一,劳动教育和劳动教学。这方面属于教育系统内部的具体措施有:利用学校附近的企业、集体农庄、国营农场开展劳动教学、进行职业指导;九、十年级的劳动教学时间从每周2小时增加到4小时;加强劳动教学的师资;州、区(市)教育局增设主管劳动教学、劳动教育和对学生进行职业指导的视导员编制;加强普通中学职业定向教育的研究等。

属于教育系统外部的具体措施有:各加盟共和国确定一批在其中建立新的教学车间和教学地区的企业、团体、国营农场和集体农庄;各加盟共和国帮助教育部门进一步扩大校际教学生产联合体网;加强劳动教学的物质基础(校舍设计的修改、必要设备、仪器的添置)等。

第二,改进文化知识的教学。在这个方面,属于教育系统内部的措施有:减轻学生负担、规定各年级周学时的最高限额:一至三年级24学时(与乌克兰1974—1975学年的教学计划相比——下同,二年级减少1学时,三年级减少2学时),四年级27学时,五至七年级29学时(各减少4学时),八年级30学时(减少4—5学时),九至十年级32学时(各减少4学时),除了减少括号里的周学时数外,还减去了上文提到的四至七年级及九年级增设的每学年的"生产实习"的课时数;修订教学大纲和教科书,删除其中过难的和次要的材料;规定普通学校、中专学校和职业技术学校学生统一的普通教育学识水平;改进教师进修学院的工作;安排学校校长、副校长和教育局工作人员进修等。

属于教育系统外部的措施有,出版、印刷、图书贸易部门保证提供学校需要的各类书籍;吸收学者和有经验的教师参加教学法杂志编辑部工作等。

第三,加强学校的思想工作。属于教育系统内部的措施有:改进长日制学校和班级对学生进行社会教育的工作,并帮助家庭做好这方面的工作;师范院校加强对学员学会做学校教育工作的培养;加强学校基础党组织的工作等。

属于教育系统外部的措施有:各级地方党组织要关心学校的工作,帮助教师安排好教学教育过程、学生的劳动训练和职业定向工作;宣传机构、社会团体帮助学校安排学生的

---

① 资料来源:瞿葆奎主编.教育学文集·苏联教育改革(下)[M].北京:人民教育出版社,1988:732—734.

审美教育等。

除了上述内容之外,《1977年决议》在对教师的奖励、学生的健康等其他方面的问题也作了规定。

《1977年决议》的一个最为重要的内容是加强普通教育学校的劳动训练,但其主旨决非恢复苏联1958年教育改革所强调的那种生产教学。尽管《1977年决议》要求学校对学生进行职业指导,使学生对生产部门的"普通职业"有足够的认识,但这种教育的性质决不是职业教育,在这一点上,《1977年决议》坚持了1966年11月的《决议》关于苏联的学校是"劳动的、综合技术的普通学校"的界定。上文之所以不厌其烦地将《1977年决议》规定的每年级周学时数的最高限额与乌克兰1974—1975学年教学计划中的周学时相比较,也是为了说明这一点。从这个比较中可以看出,《1977年决议》颁布以前,至少苏联有一部分地区(如俄罗斯联邦和乌克兰)出现了过分强调生产劳动的现象,因此,这个决议具有纠正这种偏颇的作用。因为根据这个决议的规定,除了在九、十两个年级每周增加2个学时劳动教学时间之外,其他年级的劳动教学时间没有变化。这样,乌克兰和俄罗斯联邦1974—1975年学时教学计划中大量增加的"劳动实习"都必须砍去。《1977年决议》对"劳动教学"的加强,其主要手段不是增加劳动时间,而是"完善"劳动教学的实施,以便使之"有实效"。科罗托夫在《普通教育学校发展的新阶段》中提到,"学生劳动团体的一切活动,主要是为了使学生树立共产主义的劳动态度,学生尊重劳动者,立志为共产主义建设事业作出自己力所能及的贡献"。[①]

在基本上没有增加(或不过分增加)劳动教学时间、努力完善劳动教学的同时,《1977年决议》也提出了要改善文化知识的教学。教育部长普罗科菲耶夫强调,学校的一项重要任务是"给每一个学生深厚的科学基础知识","让每个学生都能深入而扎实地学到科学基础知识,仍然是十分迫切的要求……要以前所未有的努力强调,必须使主要的基础知识十分巩固"。[②] 此外,尤其应该关注的是《1977年决议》还要求给苏联中等教育领域3种类型的学校(普通教育学校、中等专业学校、职业技术学校)规定"统一的、有科学根据的、普通教育的学识水平。"这是一种非常有意义的发展和努力。同美国的生计教育一样,这说明苏联在70年代已经非常关注普通教育和技术教育、职业教育相统一的问题。

四、第三世界国家60、70年代的教育

第三世界包括亚洲、非洲、拉丁美洲广大地区的一百多个国家。在这些国家之中,很多是新独立的国家。从第二次世界大战结束到80年代末,亚、非、拉新独立的国家有100个左右,其中在50、60年代独立的国家多达66个。在这66个新独立的国家中,非洲又占大多数,而且有很多是在60年代独立的(非洲在60年代取得独立的国家有33个)。[③]

第三世界国家一个显著的特点是,几乎所有的国家都曾有过一段沦为帝国主义殖民地的历史。由于殖民主义者的剥削和压迫,第三世界国家的经济和文化都比较落后,所以也

---

① 瞿葆奎主编.教育学文集·苏联教育改革(下)[M].北京:人民教育出版社,1988:211.
② 同上书,235.
③ 数据来源见黄鸿钊主编.百年国际风云[M].南京:南京大学出版社,1990:428-432.

被称作发展中国家。

第三世界国家，或发展中国家之间的差异很大。在第三世界国家中，拉丁美洲国家独立最早、经济和教育水平也最高。很多非洲国家直到第二次世界大战以后才获得独立，无论经济或教育水平，都很落后。

非洲国家教育落后的情况，可以从下列资料得到反映。统计资料表明，1950年时，加纳、肯尼亚、尼日利亚、赞比亚、罗德西亚、塞拉利昂、坦桑尼亚等16个非洲主要殖民地文盲率高达90%以上有8个国家，除比属刚果之外，其余国家的文盲率都在80%左右。到1960年时，非洲有2.73亿人，其中6至14岁的学龄儿童估计有5500万，中等学校、职业和师资培训机构有150万名学生，在国外受高等教育的有15万。所有国家的文盲率都很高，而入学率低。除个别国家外，中等教育、技术教育和高等教育，都处于开始阶段。教师和师资培训都是低标准的，尼日利亚75%的小学教师都只有小学教育水平，而且校舍、教学设备等物质条件都极差，甚至缺乏纸和笔。①

虽然第三世界国家人民从取得独立之日起，便渴望尽快改变长期殖民统治造成的文化落后的局面、致力于教育发展。在此过程之中，由于经济条件和历史传统的差异，各国发展的速度不尽一致。然而，20世纪60年代，第三世界国家普遍地出现了教育跃进的局面。这种局面的形成，源于各国加速发展本国经济的客观需要，此外，50年代末人力资本理论的提出以及国际组织的参与也发挥了极其重要的作用。

1. 经济发展的需要和人力资本理论

60年代开始的第三世界国家教育的大发展，主要原因是国家经济发展的客观需要，此外，人力资本理论也为此提供了理论基础。50年代和60年代先后独立的国家把发展经济放在首位，这时候，人力资本理论使教育和国家的经济发展结成了紧密的联系，同时也为教育的大发展提供了理论依据。

人力资本理论产生于50年代末的西方国家，其主要观点是：教育具有提高劳动生产率、培养经济发展所需人才的生产功能。人力资本理论阐明教育与经济增长的关系，揭示了教育具有促进经济增长的经济效益，并大力提倡增加教育投资。②

第二次世界大战以后，许多现象无法用传统的经济理论加以解释。例如，日本和联邦德国在战败以后，物资资本消耗殆尽，却能在不太长的时间内进入发达国家行列。与此相反，战后独立的第三世界国家虽然受到外部经济援助，但经济增长缓慢，其原因何在？除此之外，还有在投入产出方面的所谓"列昂惕夫之谜"等其他无法解释的"谜"。一时间，经济理论界的重要研究课题就是解开这些"谜"，即寻找促进经济增长的要素。

1959年美国经济学家T. W. 舒尔茨（Theodore W. Schultz）发表了关于人力资本理论的第一篇论文《人力投资——一个经济学家的观点》。1960年，他又以美国经济学会会长的身份，在经济学年会上发表了题为《人力资本投资》的演说，奠定了人力资本理论的体系。此后，他又发表或出版了《用教育来形成的资本》、《教育和经济增长》、《回顾人力资本概念》、《教育的经济价值》等论文或著作。后来，舒尔兹因在人力资本理论方面作出的贡献而获得诺贝尔经济学奖。除舒尔茨之外，美国经济学家贝克尔（G. S. Becker）、丹

---

① 数据见康内尔. 二十世纪世界教育史[M]. 张法琨等译. 北京：人民教育出版社，1990：864，871.
② 靳希斌主编. 从滞后到超前—20世纪人力资本学说·教育经济学[M]. 济南：山东教育出版社，1995：1.

尼森（E. Denison）等人对人力资本理论的发展也作出了贡献。

舒尔茨认为：要解释上面提到的那些经济现象，必须重新认识"资本"这一概念。如果把"资本"仅仅看做物质资本，"谜"是无法解决的。要解这些"谜"，必须把由人的质量所形成的人力资本包括进去。日本、西德经济的快速发展，其原因在于他们拥有雄厚的人力资本。物质资本和人力资本对于经济的发展都起着至关重要的作用。舒尔茨认为："人们需要有益的技能和知识，这是显而易见的。但是人们却不完全知道技能和知识是一种资本，这种资本实质上说来是一种计划投资的产物；这种投资在西方社会以一种比传统的（非人力）投资大得多的速度增长，而且这种增长恰好是该经济体系中最为突出的特点。人们已经广泛地注意到，跟土地、工时及物资再生产资本的增加相比较，国民收入的增加速率更大。人力投资资本可能是解释这种差别的主要因素。"[①]

人力资本理论的提出，引起了经济学界的巨大震惊，同时也引起了教育界的浓厚兴趣。人力资本理论引起了教育观念的巨大变革。教育除了可以促进人的全面而和谐的发展之外，教育还可以促进经济的发展，教育具有经济效益，教育可以促进社会繁荣，教育是一个重要的投资领域。

人力资本理论提出以后，教育经济的研究在各个领域展开，对于不同类型国家投资效率的测算和估计也包括在其中。在第三世界发展中国家教育经济的研究方面，对拉丁美洲教育经济进行开创性研究的代表人物是 M. 卡诺（代表作《拉美学校的收益率》），A. 哈伯格和 M. 捷洛斯基（代表作《智力经济增长的关键要素》），M. 乌鲁蒂亚（代表作《哥伦比亚的教育投入和分配》）。"他们通过研究得出以下两点结论：一是拉美一些国家高等教育的收益率高于发达国家，原因在于拉美国家高等教育的某些供给限制使得受教育多的人能够得到较高收入；二是拉美国家的收入分配同受教育水平之间有着密切的联系，如在哥伦比亚和委内瑞拉，居民文化水平的提高带来收入的改善。"此外，世界著名经济学家 G. 萨卡罗普洛斯对 60 多个国家教育收益率进行了估计，并得出下列结论：发展中国家教育的收益率至少和其他资本的收益率一样高；初等教育的收益率最高，其次是中等教育，再次是高等教育；低收入国家教育的社会收益率高于发达国家等。关于教育发展同经济发展的关系，萨卡罗普洛斯估计：非洲的教育促进经济的增长率为 17.2%，亚洲为 11.1%，拉丁美洲为 5.1%，北美和欧洲为 8.6%。[②]

关于教育投资效率的各种研究，得出的数据并不一致，此外，关于教育投资的重点应是初等教育还是中等教育或高等教育，意见也不统一。尽管如此，不同的研究得出的结论却是相同的：要获得现代农业和工业的进步，要获得国家经济的发展，必须投资于人力资源的开发。在科学技术发展速度不断加快的时代，教育投资对于经济发展的关系，尤其重要。这些结论是鼓舞人心的，其价值不仅仅局限于对教育功能新的认识，而且提供了促进国家经济发展的一个新的途径。对于苦苦思索促进国家经济高速发展之路的第三世界发展中国家来说，人力资本理论的价值是不言而喻的。人力资本理论既诊断了他们国家经济难以"起飞"的病根，又是一剂治疗的良方。60 年代，第三世界国家制定教育和经济发展的重要理论依据之一，就是人力资本理论。

[①] 靳希斌主编. 从滞后到超前——20 世纪人力资本学说·教育经济学 [M]. 济南：山东教育出版社，1995：25.
[②] 曾昭耀等主编. 战后拉丁美洲教育研究 [M]. 南昌：江西教育出版社，1994：375—376.

2. 教育规划

第三世界国家薄弱的经济和文化基础是他们快速发展的巨大障碍,因此,第三世界国家除了加强相互间的支持、合作之外,还不得不依靠外部的援助。在这方面,联合国教科文组织、世界银行等国际组织发挥了很大的作用。

1948年12月,联合国通过的《世界人权宣言》宣称,世界各地所有男女毫无区别地都有权享受各种基本权利和自由,受教育的权利也是"基本权利"之一。因此,帮助各国教育的发展便成为联合国各分支机构的任务。

联合国教科文组织60年代对第三世界国家的援助工作受到两个因素的影响。一个是人力资本理论,另一个是教育规划(planning education)。

重视教育规划的作用显然是受到了苏联经验的启发。苏联从1928年起就开始执行包括经济发展和教育发展在内的第一个五年计划,除了因德国入侵而于1941年中断第三个五年计划之外,苏联的经济和教育发展始终处于规划之中。苏联对于经济和教育发展的规划向全世界提供了一个利用本国资源提高经济增长的速度的范例。在苏联执行五年计划的过程中,"当往后每一个计划变得更加成熟和复杂时,就包括了认真细致地估计各种类型的教育机构能够对于训练一定数量和质量的劳动力作出的贡献。第二次世界大战以后,其他新成立的共产主义国家估计采取了类似的计划程序。1950年以后,西方民主国家也变得更加注重国家计划了。它们第一次开始考虑到从日益高价的'教育工业'中可以得出什么样的经济效益。因此,它们又第一次开始详细地估计特定速率和特定种类的经济发展所需要的人力,并为各种教育机构和训练大纲制订计划以符合所要求的目标。英国1964年的罗宾斯报告,是广泛地为人们所熟知的典型事例之一,那就是把制订计划应用到了一个特殊领域,即高等教育。到了60年代中期,联合国教育、科学和文化组织的一个调查表明,在被仔细考察过的91个国家中64个国家有教育计划,教育计划是更广泛的国家经济计划的组成部分"。[①]

50年代,规划教育的发展成为世界大多数国家都采纳的措施。应该指出,教育规划成为一时之风气的原因是多方面的。除了苏联的经验之外,人力资本理论以及战后教育大众化的趋势等也是不可忽视的因素,总之,教育越来越不被认为是消费,而被看做是投资。这也是除教科文组织之外,世界银行、经济合作与发展组织等机构越来越关心教育的主要原因。对于第三世界国家来说,重视教育规划还有另一个技术上的原因,这就是,任何组织在向一个国家的教育提供经济资助或贷款时,都要求受助国提供经费使用的具体计划。

60年代初,联合国教科文组织为亚洲、非洲、拉丁美洲,以及阿拉伯国家先后制定了区域规划。联合国的其他组织在上述地区教育的规划中也发挥了重要的作用。

在亚洲,1960年在卡拉奇举行了亚洲国家会议。在非洲,1961年在亚的斯亚贝巴举行了有关教育发展的非洲国家的会议。在拉丁美洲,1963年在圣地亚哥举行了拉丁美洲国家的会议。这些会议分别讨论了各个地区教育发展的指标。下表说明了亚、非、拉地区各级教育1958年和1963年的入学人数,以及1965年和1970年的计划招生数。[②]

[①] 康内尔. 二十世纪世界教育史 [M]. 张法琨等译. 北京:人民教育出版社,1990:875-876.
[②] 同上书,882.

表 5-2　非洲、拉丁美洲和亚洲各地区各级教育 1958 年和 1963 年的入学人数 1965 年和 1970 年的计划招生数

	入学人数（千为单位）				计划招生百分比分配			
	1958	1963	1965*	1970*	1958	1963	1965*	1970*
非洲 高等教育	13	31	46	80	0.1	0.2	0.3	0.4
中等教育	585	1,140	1,833	3,390	5.9	7.5	10.7	14.2
初等教育	9,355	14,105	15,279	20,378	94.0	92.3	89.0	85.4
拉丁美洲 高等教育	458	771	655	905	1.8	2.0	1.6	1.6
中等教育	3,024	5,132	6,230	11,457	11.7	14.4	15.0	20.5
初等教育	22,367	29,869	34,721	43,532	86.5	83.6	83.4	77.9
亚洲 高等教育	1,538	2,418	2,206	3,320	2.0	2.2	1.8	1.9
中等教育	14,231	23,064	14,545	23,064	18.3	20.7	11.4	13.2
初等教育	62,042	85,684	110,368	148,716	79.7	77.1	86.8	84.9
各地区总数 高等教育	2,059	3,160	2,907	4,305	1.8	1.9	1.5	1.7
中等教育	17,840	29,336	22,608	37,911	15.7	18.1	12.2	14.9
初等教育	93,764	129,658	160,368	212,626	82.5	80.0	86.3	83.4

＊1965 年和 1970 年的目标，非洲和拉丁美洲的初等教育和中等教育的期限分别为六年，亚洲的初等教育和中等教育的期限分别为 7 年和 5 年。拉丁美洲在某种程度上，亚洲在很大程度上，1958 年和 1963 年的初等教育期限，国与国之间大不相同，但其目标一般都比 1965 年和 1970 年的年限小。

此表系根据《1967 年世界教育年鉴：教育计划》（伊文思出版公司，伦敦，1967 年英文版）第 393 页复制。

3. 60、70 年代第三世界国家教育的基本特征

人力资本理论产生的对于发展教育的巨大冲击力以及国际组织的帮助，使第三世界国家的教育在 60 年代有了很快的发展，文盲人数大大减少，"的确，自从第一个发展十年（1960—1970）开始以来，不少发展中国家已经取得相当大的进步。'它们的进步速度是前所未有的，远远超过工业国家在任何可资比较的早期发展阶段所曾达到的速度'"。[①] 这是一个非常可喜的局面，然而，在实际的发展过程中，第三世界国家 60 年代教育的发展也潜伏着很大的问题，这可以从这一时期第三世界国家教育发展的基本特征中看出来。

第一，国家增加教育的经费。既然教育是开发国家（人力）资源的手段，而不再是福利事业，所以，第三世界发展中国家纷纷仿效日本、苏联和美国的模式，将教育的发展置于经济发展的优先地位。《学会生存》把这种现象称为"教育先行"，并指出，"特别是发展中国家，在过去几年中，不顾由此带来的沉重牺牲和一切困难，也选择了这条道路。"

[①] 查尔斯·梅赫尔. 今日的教育为了明日的世界[M]. 王静等译. 北京：中国对外翻译公司，1983：122.

例如，非洲的刚果人民共和国，国民收入人均约 220 美元，但每 4 个居民中就有一个进免费小学，喀麦隆 1967—1968 年的公共教育经费增加了 65%，而同期它的国民生产总值只增加 10% 多一点；拉丁美洲的古巴，虽然资源有限，但已迅速向普及小学、成人扫盲进展，并且扩大了中等教育。[①]

菲力普·孔布斯在 1968 年撰写的《世界教育危机：系统分析》一书中，曾预言 70 年代世界正规教育的发展将趋于缓慢。1985 年当他回顾 70 年代世界教育的情况时，他发现，发达国家注册增长率和绝对数字的增长从 60 年代末以后持续地下降，到 1980 年，发达国家整个教育系统注册人数增长率为零。然而，对于发展中国家来说，孔布斯的预言并未实现。"在发展中国家，70 年代和 60 年代相比，教育增长趋势的变化并不明显"，"与发达国家情况不同，在大多数发展中国家，学龄人口的持续快速增长，加上仍旧相当低的入学率，无疑导致了这些地区在 70 年代没有财政严重匮乏的情况下教育仍有相当大的增长。令人惊讶的是，许多发展中国家，尤其是非洲国家，在 70 年代财政困难的情况下，在增加其入学人数方面取得了成绩"。[②]

有的资料表明，在 60、70 年代，亚、非地区发展中国家教育经费的增长率普遍高于国民生产总值增长率。仅就 1970—1977 年的统计，亚洲国家的中等教育和高等教育的年增长率分别为 5.1% 和 14.7%；非洲国家为 6.3% 和 12.6%。[③] 非洲国家由于经济基础薄弱，本国的财力无法支持教育发展所需要的经费，只有依靠国际贷款、信用贷款等援助，估计在整个 60 年代这类贷款总数的 30—50% 用于非洲的教育。

第二，未进行教育制度的改革。在第三世界国家中，有一大批是摆脱殖民统治不久的独立国家，清除殖民主义影响、创立适合本国国情和本国发展需要的教育制度本该是当务之急，但他们却忽略了这一点。"大多数发展中国家于 50 年代和 60 年代早期开始的教育只不过是引入的殖民教育制度的小型翻版，这种制度根本就不是设计来满足这些国家的特定需要和环境条件的。"[④]

由于没有进行教育制度的改革，于是在教育上就出现了令人费解的矛盾现象。虽然发展教育是出于发展经济的目的，但在实际上却没有强调经济发展迫切需要的自然科学知识，教育的内容以人文学科为重点。至于这些国家迫切需要的职业教育更是不被重视。

虽然有些发展中国家在中等和高等教育阶段加强了数学和自然科学课程，但是，"对于撒哈拉沙漠以南的国家来说，高等教育预期要达到的从文学到自然科学和技术课程的转变，也没有实现"。[⑤]

在教育内容不适合本国的需要方面，除了上述情况之外，还表现在没有及时清除原宗主国的殖民主义影响方面。刚摆脱殖民统治国家的学校教育，除了在历史、地理等学科做了改动并着重讲授本国历史、地理之外，原先的教学大纲和教学内容几乎未作改动。至于自然科学的学科，更是没有任何变化。这种不能反映本国现实和本国文化的教育，对于本

---

① 联合国教科文组织国际教育发展委员会编著. 学会生存[M]. 上海师范大学外国教育研究室译. 上海：上海译文出版社，1979：37.
② 菲利浦·孔布斯. 世界教育危机：八十年代的观点[M]. 赵宝恒等译. 北京：人民教育出版社，1990：88.
③ 赵祥麟主编. 外国现代教育史[M]. 上海：华东师范大学出版社，1987：440.
④ 菲利浦·孔布斯. 世界教育危机：八十年代的观点[M]. 赵宝恒等译. 北京：人民教育出版社，1990：76.
⑤ 康内尔. 二十世纪世界教育史. 张法琨等译[M]. 北京：人民教育出版社，1990：884.

国社会的发展很难发挥其应有的作用。

第三，注重发展高等教育和中等教育，忽视初等教育。拉丁美洲各国的经济在 60 年代、尤其是 60 年代上半期有了很大的发展。据世界银行的资料，在此期间，拉美国家人均收入的提高快于人口的增加。与此同时，拉美各国各级学校的注册人数也有很大增加。居民平均文化水平普遍有了提高。"这些成就尽管不小，但却存在两种倾向：①高等教育注册人数的增长率大于中等教育，中等教育又大于初等教育。1960 年至 1975 年，高等教育注册人数的平均增长率为 12.7%，中等教育为 9.3%，初等教育为 5%。②在中、高等教育注册人数持续增长的同时，初等教育的增长率呈下降趋势。1965—1970 年，高等教育注册人数的平均增长率为 12.4%，中等教育为 8.3%，初等教育为 5.4%。1970—1975 年，这三级教育的平均增长率分别为 16.1%、9.3% 和 3.9%。"由于初等教育的发展未予应有的重视，所以，在 1960—1975 年间，虽然初等教育的总注册率有了提高，"但是没有入学的学龄儿童（6~11 岁）的比例仍高达 23.2%……有 7 个拉美国家未入学的学龄儿童的比例在 30% 以上，其中海地高达 61%"。[①]

非洲 1961 年的亚的斯亚贝巴会议提出了 1980 年实现的长期目标和 1965 年实现的五年短期目标。1980 年实现的长期目标是，普及初等义务教育，中等学校招收 30% 的小学毕业生，高等学校招收 20% 的中等学校毕业生；第一个五年的重点是中等教育，因为这对生产力的发展具有直接的作用，为此应强调中等技术教育，普通中学的数学、自然科学课程的教学要加强，并进行课程改革；重视教师的训练；初等教育和高等教育也要发展；文盲要显著减少。

事实上，非洲各国教育的实际同亚的斯亚贝巴会议确定的发展指标并不一致，表现出了高等教育优先发展的倾向。亚的斯亚贝巴会议确定的发展指标是：1965—1966 年度初等教育学生入学人数应占适龄人数 47%（实际是 44%，未达标）；中等教育的指标是 6%（实际是 5%，未达标）；高等教育的指标是 0.4%（实际是 0.5%，超标）[②]。

在亚的斯亚贝巴会议确定为重点发展的中等教育方面优先发展的是普通教育，而不是职业技术教育。原定 1965—1966 年中学教育入学人数的比例是：普通教育 79%（实际是 83%，超标）；中等职业技术教育 12%（实际是 8%，未达标），师资训练 12%（实际是 9%，未达标）。

如果拿 1970 年和 1950 年的情况相比较，整个非洲 1970 年高等学校和中等学校入学人数是 1950 年的 6 倍多，而初等学校却只是原来的 4 倍。

亚洲的印度同样也表现出高等教育不断加强而初等教育受到削弱的倾向。在印度第一个五年计划期间（1951—1956 年），初等教育经费和高等教育经费的比例是 6∶1，然而，到了第三个五年计划期间（1961—1966 年），这个比例为 2∶1，在以后的五年计划中，两者之间的比例连 2∶1 都维持不住。[③]

英国学者埃德蒙·金在《别国的学校和我们的学校——今日比较教育》一书中，对于印度忽略初等教育和中等教育基础而发展高等教育的现象有过评论，认为这是战后印度教

---

① 曾昭耀等主编.战后拉丁美洲教育研究[M].南昌：江西教育出版社，1994：383-384.
② 数据见康内尔.二十世纪世界教育史[M].张法琨等译.北京：人民教育出版社，1990：883，890.
③ 赵中建.战后印度教育研究[M].南昌：江西教育出版社，1992：144.

育的主要问题,并把这种状况形象地称作"蘑菇云"。其实,这种"蘑菇云"的现象在第三世界国家是普遍存在的。

第四,不注重非正规教育。根据孔布斯和阿梅德(P. H. Coombs, M. Ahmed)在《非正规教育如何解决农村贫困问题》一书中关于非正规教育的界定,非正规教育指为成人或儿童提供正规教育体制之外的一切有组织有系统的教育活动。非正规教育包括扫盲教育、在职培训及各种类型的社会教育。

在60年代教育大发展的时期,第三世界国家没有采取类似中国的"两条腿走路"的发展教育的策略,而只是强调学校教育。有的国家非但不发展非正规教育,在60年代反而有所萎缩。在这方面,印度是一个典型的例子。

印度在1947年独立以后,为了提高成人的生活和文化水准,使他们成为更优秀的公民,一度曾非常重视非正规教育,成立了"成人(社会)教育委员会",并划拨用于这项事业的经费。从事社会教育的主要是小学教师、志愿工作者、高等院校的学生。就社会教育的形式来说,除了通过扫盲中心、班级进行4至6个月的学习达到扫盲目的的这一基本形式之外,还有"教育大篷车"进行的展览、宣传、出借图书等教育活动。50年代印度的社会教育取得了很大的成绩,在扫盲教育方面,印度识字人数的比例从1951年的16.67%上升到1961年的24%。然而,在60年代和70年代的前半期,印度虽然仍在进行各种类型的扫盲活动,如60年代中期提出的"功能性扫盲"计划等,但未形成全国性的广泛运动,这一时期的扫盲教育,也未形成全国性的规模。[①]

拉丁美洲国家由于经济发展的需要,60年代初,正规教育体制外的职业培训在阿根廷、巴西、哥伦比亚、厄瓜多尔、危地马拉、洪都拉斯、秘鲁等国得到发展,但是,"同正规教育相比仍有较大的差距。受训人员仅限于在现代化部门工作的'工人精英',而一般工人难以支付高昂的学费。农村职业培训则没有得到应有的重视。"在扫盲教育方面,"至70年代初,文盲仍是拉美国家普遍面临的问题,据联合国教科文组织提供的资料,在20个拉美国家中,约有4200万文盲,占15岁以上人口总数的28%。文盲率在60%以上的国家有2个,在40%~50%之间的国家有4个,在20%~40%之间的国家有7个,在20%以下的国家有7个"。[②]

应该指出,由于第三世界幅员辽阔,国家众多,教育发展的情况极其复杂,上述几点只是概括其最一般的特征。至于每一个国家的实际情况,则要具体分析。此外,在发展的过程中,各国的教育也在不断地变化,70年代的教育同60年代的教育相比,不少国家表现出一些新的发展趋势,因此,不能把60、70年代的教育看做是一种静止的状况。对于经受殖民统治、获得独立国家的教育而言,"50年代和60年代仍是一个既令人沮丧,又使人充满希望的时代","这个充满希望的时代在经过一番无情的事实考验之后,马上就寿终正寝了。60年代是一个令人失望的时代,但值得庆幸的是,它也是一个人们开始觉悟和清醒,开始思考和探索的时代"。[③] 在实际的斗争和工作实践中,第三世界国家不但觉悟、清醒,而且日益成熟。

---

① 赵中建.战后印度教育研究[M].南昌:江西教育出版社,1992:182—185.
② 曾昭耀等主编.战后拉丁美洲教育研究[M].南昌:江西教育出版社,1994:386.
③ 加斯东·米亚拉雷主编.世界教育史(1945年至今)[M].张人杰等译.上海:上海译文出版社,1991:74.

第二节　在危机中学会生存和发展

第二次世界大战以后和平、民主力量的不断壮大以及新科学技术革命造成的对于人类进步的巨大推动力，给各国人民赢得了长达几十年的没有世界性战争的和平时期以及经济持续增长的时期。对于从新科技革命中得益颇多的欧美各国以及日本来说，从50年代起进入了高速发展的经济繁荣时期。与此同时，教育事业的发展也出现了前所未有的繁荣，这种繁荣主要体现在"教育先行"上面。

然而，就在经济发展与教育发展都呈现出"欣欣向荣"景象的时候，不少有识之士却警觉地意识到了繁荣下面的危机，滋长了对于人类未来命运的忧患意识。60年代末、70年代初，越来越多的事实证明这种忧虑并非"杞人忧天"，越来越多的人意识到教育必须改革，以克服这种危机。在这种形势下，联合国教科文组织国际教育发展委员会于1972年5月写成题为《学会生存》的报告。

正像国际教育发展委员会主席埃德加·富尔所说的那样，这份报告是"一些出身不同、背景各异的人们作出了一种批评性的思考；他们在完全独立的和客观的情况之下，对处于这个变化世界中的教育发展的主要问题寻求总的答复。"联合国教科文组织总干事勒内·马厄在给富尔的复信中肯定，《学会生存》中提出的许多实际的建议"为联合国教科文组织、许多政府和这个国际共同体提供了行动的指导方针"。[①]

《学会生存》的发表，对各国教育的发展均产生了深远的影响。"在70年代期间，整个世界教育界逐渐感到，许多现行的制度和实践的确很陈旧、低效，需要来一次根本的变革。在这种改变了的气氛下，'变革'这一术语一下子捧上了天，——以至于在许多国际会议上，代表们争先恐后地报告着本国最近的改革。"[②]《学会生存》的发表标志着20世纪教育的发展进入了一个新的时期。虽不能说它规定了各国教育的方针、政策，但它为各国评估本国教育发展的现状和规划未来发展的方向，提供了一个宏观的背景。此外，《学会生存》提出的许多实际的建议，对各国也有很大的参考价值。所有这些，都在80年代的20世纪第三次教育改革高潮中得到了体现。

一、繁荣中的危机

保罗·肯尼迪引用贝罗克的观点，认为第二次世界大战后第一个、也是迄今为止最重要的经济特点是"一个绝对空前的世界工业生产增长率"。1953—1975年间，年均总增长率达到令人瞩目的6%（人均产值为4%）。贝罗克认为，"1953—1975年间累计世界工业产量可与1800—1935年的一个半世纪的总产量相媲美。"战后，世界贸易的增长也足以令人惊讶。如果把1913年世界贸易的指数定为100，那么，1948年为103，1953年为142，1963年为269，1968年为407，而1971年，竟高达520。

根据阿什沃思的观点，到了1957年，世界制造业产品的贸易额有史以来首次超过了

[①] 联合国教科文组织国际教育发展委员会编著.学会生存[M].上海师范大学外国教育研究室译.上海：上海译文出版社，1979：1，6.

[②] 菲利浦·孔布斯.世界教育危机：八十年代的观点[M].赵宝恒等译.北京：人民教育出版社，1990：22.

初级产品。这是几十年来制造总产量的增长大大超过农产品和矿产品增长的结果,这一点可以从表 5-3 清楚地看出来。

表 5-3　世界生产增长百分比(1948—1968 年)

	1948—1958 年	1958—1968 年
农产品	32%	30%
矿产品	40%	58%
制造业	60%	100%

此外,保罗·肯尼迪还引用福尔曼·佩克和贝罗克的观点:20 世纪 50、60 年代,发达国家工业经济再度繁荣,对原材料的需求急剧增长,不发达国家经济的发展速度也较快。统计表明,第三世界国家制造业生产在世界同行业中所占比重稳步增长,1953 年占 6.5%,1963 年为 8.5%,1973 年为 9.9%,1980 年上升为 12%。据美国中央情报局估计,不发达国家在世界生产总值中所占的比重一直在增长,从 1960 年的 11.1% 增至 1970 年的 12.3%,再增至 1980 年的 14.8%。①

在经济持续增长的同时,教育事业也在不断地发展。最能集中反映教育事业发展的莫过于教育经费。《学会生存》中概括的"教育先行"的特征说明,战后出现了人类历史上第一次将教育的发展置于经济发展优先的地位。就全部经费而言,教育是全世界最重大的事业,就全世界公共资金的支出而言,教育经费的预算仅次于军事。进入 70 年代以后,世界各国、尤其是发展中国家的教育经费仍在增加。这一点可以从表 5-4② 看出。

表 5-4　1970—1980 年间公共教育经费占国民生产总值的百分比

地区	1970	1975	1976	1977	1978	1979	1980
发达国家	5.6	6.0	6.0	6.0	5.9	5.9	6.0
发展中国家	3.3	3.6	4.1	4.3	4.1	4.0	3.9
—非洲(阿拉伯国家除外)	3.4	3.9	4.3	4.4	4.1	4.0	5.2
—亚洲(阿拉伯国家除外)	3.5	4.2	4.7	4.8	5.0	5.0	4.6
—阿拉伯国家	4.7	5.9	5.9	6.2	5.6	4.9	4.5
北美洲	6.6	6.4	6.2	6.5	6.6	6.5	6.9
拉丁美洲及加勒比海地区	3.3	3.5	3.6	3.9	4.0	4.0	3.9

资料来源:联合国教科文组织 1978、1980、1981、1982、1984 年《统计年鉴》巴黎,联合国教科文组织。

经济、教育的发展只是一个方面,问题的另一个方面是,在这种"奇迹"的背后,无论经济或教育,无论发达国家或发展中国家,都存在着危机。关于人类究竟面临哪些问题,同是为教科文组织写的报告,不同的报告却有不同的说法,例如,《学会生存》和《从现在到 2000 年教育内容发展的全球展望》,两者就有很大差异。至于各个研究团体和个人的结论,距离就更大,难以一一。这里只能叙述几个主要的问题。

---

① 保罗·肯尼迪.大国的兴衰[M].王保存等译.北京:求实出版社,1988:506—508.
② 本表采自雅克·哈拉克.投资于未来:确定发展中国家教育重点[M].尤莉莉等译.北京:教育科学出版社,1993:12.

1. 各国间发展的差距

各国间发展的差距首先表现在发达国家和发展中国家之间，此外，也表现在发展中国家之间。

（1）经济发展的差距。70年代初发表的《学会生存》中指出，1961年联合国发起"第一个发展十年"时，全世界已经注意到一小部分富裕国家和占世界人口三分之二的生活条件十分贫苦国家之间日益分离的情况。10年以后，也就是进入70年代以后，当开始"第二个发展十年"时，条件优裕国家和其余生活条件十分困苦国家的差距非但没有缩小，反而更扩大。

80年代以后，联合国教科文组织总干事在1983年为该组织《第二个中期规划，1984—1989年》写的前言中指出，各国之间在诸方面不对等、不平等的事实依然存在，全世界近四分之一的人口仍生活在"极端贫困"之中便证明了这一点。保罗·肯尼迪在《大国的兴衰》一书中写道，虽然不发达国家在世界生产总值中的比值不断提高，但如果按绝对人口加以平均，其在世界生产总值中所占的比重简直不成比例，其贫穷程度实在令人惊讶。1980年，发达国家人均国民生产总值为10660美元，巴西等中等收入的国家为1580美元，而扎伊尔那样的第三世界穷国却只有250美元。

90年代初，保罗·肯尼迪根据他的研究指出，在农业和工业领域进行新的技术革命乃是一种趋势，"同全球金融、生物技术和多国公司的问题一样，我们又遇到了一场技术推动的革命，它可能使较穷的国家继续处于最底层，或者进一步削弱它们的力量"，"富国和穷国的差距今后会更加扩大"。[①]

除了上述发达国家和发展中国家间的差距之外，发展中国家间的差距也在扩大。保罗·肯尼迪1987年在写《大国的兴衰》时，已经意识到被罗斯克兰称为"贸易国"的几个第三世界国家和地区。当时，他从这一现象展开的是对工业大国经济发展不同速度及其结果的分析。几年以后，在《未雨绸缪：为21世纪做准备》一书中，保罗·肯尼迪辟专章讨论"发展中国家赢家和输家"的问题。他认为，在50年代，"第三世界"这个词意指贫穷、不结盟和新近摆脱殖民化的国家试图保持独立于两个超级大国为首的集团，然而到90年代，"第三世界"这个词便成为多余，因为其中有不少国家和地区已经成为工业化国家和地区。与此同时，有的地区，如非洲撒哈拉以南地区，则被称作"第三世界中的第三世界"，那里的情况"令人绝望"，"近年来发表的关于非洲境况的报告调子特别阴沉，称非洲是'一个天灾人祸的地区'，是'垂死的'、'无足轻重的'、'与世界其他地区相比处于靠边位置的地区'，是一个存在着许许多多无法解决的问题的地区，一些外国开发专家抛弃这里而去别处工作。在世界银行来看，世界上几乎所有地方到2000年都有可能减轻贫穷，唯独非洲将会更加贫穷"。[②]

（2）教育发展的差距。《学会生存》指出，同经济领域的竞争一样，教育领域竞争的结果是，发展中国家同工业化国家的差距在不断扩大。虽然发展中国家不断增加教育经费，但是，就全世界范围来说，发展中国家所占教育经费的比例却逐渐减少，这论断被后来的事实所证明。雅克·哈拉克在《投资于未来：确定发展中国家教育重点》一书中写道，发展中国

---

① 保罗·肯尼迪.未雨绸缪：为21世纪做准备[M].何力译.北京：新华出版社，1994：85，15.
② 同上书，205.

家"投入教育的总额从 1965 年的 80 亿美元到 70 年代中期增至 400 亿美元左右,而到 1980 年超过了 930 亿美元。……如果用不变价格来计算,经费的增长仍然是很快的"。[①] 尽管经费不断增加,但由于基础薄弱、人口增长等原因,文盲的比例仍然居高不下,入学人数的增长率并不高,80 年代以后增长率还有下降的趋势。下列 3 个图[②]说明,1980—1986 年间,除亚洲中等教育和高等教育在校人数年平均增长率略有提高之外,非洲、拉丁美洲、阿拉伯国家的初、中、高等教育以及亚洲初级教育在校人数年平均增长率都有下降。

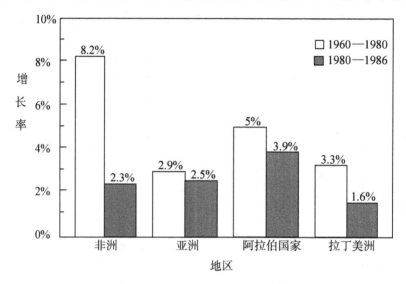

图 5-1　初等教育在校人数年平均增长率

资料来源:联合国教科文组织 1988 年《统计年鉴》。

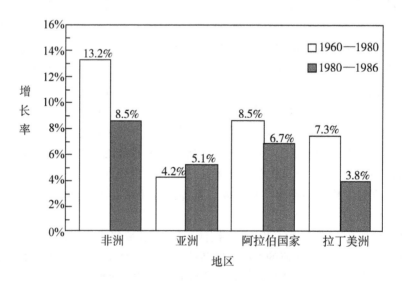

图 5-2　中等教育在校人数年平均增长率

资料来源:联合国教科文组织 1988 年《统计年鉴》。

---

① 雅克·哈拉克. 投资于未来:确定发展中国家教育重点 [M]. 尤莉莉等译. 北京:教育科学出版社,1993:11.
② 同上书,29—30.

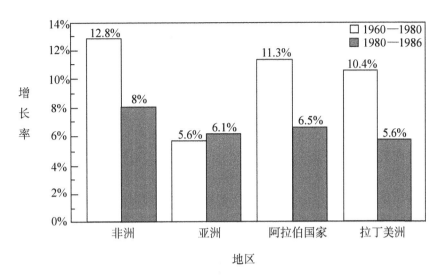

图 5-3　高等教育在校人数年平均增长率

资料来源：联合国教科文组织 1988 年《统计年鉴》。

（3）差距形成的原因。差距形成的原因是非常复杂的。对于经济来说，除了人口的增长之外，政治的以及经济自身的原因也起着重要作用。虽然整个国际形势趋于缓和，但国际间的政治斗争远未结束。从一定意义上讲，现在各国间经济上的竞争乃是"冷战"时期军备竞争的继续，武器、军备的竞争代之以综合国力的竞争，科学技术的竞争；战争过程中的以强凌弱代之以经济活动中的以强凌弱。因此，"尽管联合国大会 1974 年便通过了关于建立国际经济新秩序的宣言和行动纲领，工业国家与发展中国家之间的贸易关系仍然不适当。大多数不发达国家的工业化进程以及为此目的对这些国家的技术转让还远远落后于人们的希望。第三世界在调整国际贸易和管理国际货币体系方面的作用仍然微不足道"。[①]

值得注意的是，在分析差距的原因时，教育也列为其中的一个因素。《学会生存》在论述上述差距"对教育的启示"时，提出了 4 点。第一，各国在制定经济发展的政策时，要充分考虑到教育的作用；第二，教育要"更广泛地传播学习的方式与方法"；第三，要"竭尽全力教育条件较差的人们，教育农村地区和条件较差国家的人民"；第四，一个国家教育的发展应该建立在考虑共同利益的基础之上。《学会生存》坚信，只要作出巨大的努力，教育是可以帮助克服这种差距和不平等状态的。

如果说，《学会生存》在 1972 年坚信教育在缩小不同国家经济发展差距方面的作用在当时还带有预言的性质，那么，这一预言后来就被实践所证实，21 年以后，保罗·肯尼迪在分析"发展中国家的赢家"之所以能在"几十年连续不断地增长"的原因时，一共分析了 5 个方面的因素，其中，"第一点，也许是最重要的一点是强调教育"。此外，在分析拉丁美洲国家经济增长率由 70 年代的 3.4% 下降到 80 年代（1980—1988 年间）的 0.9% 的原因时，教育也列在其中。"这个问题不像非洲一些地区那样是由于缺少学校造成的。许多拉美国家拥有广泛的公共教育机构，设有几十所大学，成人受教育的比例很高……真正问题在于对教育不够重视和投资不足。""在纷争不已的中美洲各国，教育工作无从下

[①] S. 拉塞克. 从现在到 2000 年教育内容发展的全球展望[M]. 马胜利译. 北京：教育科学出版社，1992：97.

手;危地马拉最近举行的普查表明,10岁以上的人中63%是文盲,洪都拉斯40%的人口是文盲。"①

2. 生态危机

生态危机是整个人类面临的全球性问题之一。生态危机是指由人类不合理的活动引起的生物与生物之间,生物与环境之间的不平衡,不协调,致使生命维持系统遭到破坏的现象,包括人口问题、资源问题和环境问题。

(1) 人口问题。人口问题有时也称作"人口爆炸"。1825年,地球上大约有10亿人口;100年以后,人口增长了一倍,达20亿;此后的50年的时间内(1925—1976),世界人口又增加一倍,达到40亿;再经过11年,到1987年时,世界人口增长到50亿。关于未来世界人口的预测,有很多不同的估计,一般认为到2000年世界人口将超过60亿。下图②表示了1750—2100年世界人口增长情况。

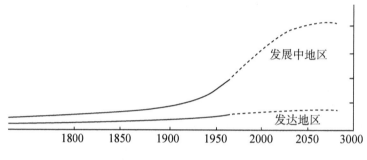

图5-4 世界人口增长(1750—2100)

人口的急剧增长,以及随之而来的对于自然资源的消耗,将造成严重的生态失衡。至于人口爆炸对于教育的意义,这是教育未来学应该研究的一个课题,从最浅显的层面来看,人口爆炸意味着就学人数的剧增。

(2) 资源危机。资源危机包括"粮食危机"、"能源危机"和"资源危机"。在这个问题上,学者之间的看法分歧很大。悲观派认为,由于人口的剧增,地球将无法提供足够多的粮食,将引起粮食危机。关于能源和地下矿产,悲观派认为这些资源不可能在短期内再生,而为了维持人类的现代生活,对于地下矿产资源的消耗则成倍、几十倍乃至上千倍地增长,按目前对于这些资源的消耗率,到下个世纪中叶,地球上许多不可再生的矿物将消耗殆尽。应该指出,上述悲观派的观点只是一家之言,还存在着一种与之相反的乐观派的观点。

尽管悲观派和乐观派意见相左,悲观派的结论未必准确,但他们的研究决非无病呻吟。D.梅多斯等接受罗马俱乐部的委托并向该俱乐部提交的第一个研究报告《增长的极限》认为,世界人口,工农业生产,资源的消耗以及环境污染等都按一定的指数增长,人类面临的形势将趋于恶化,21世纪的某个时候,将出现全球性的危机,届时,工农业产品将大幅度下降,环境被毁灭性地污染,人口死亡率急剧上升。要摆脱这一困境,就应该

---

① 保罗·肯尼迪.未雨绸缪:为21世纪做准备[M].何力译.北京:新华出版社,1994:190—194,199—200.
② 同上书,20.

向均衡的目标前进，而不是增长。他们的研究，对于促进人们深入地进行人口、环境与发展关系的研究，无疑具有积极的作用。罗马俱乐部执行委员会成员亚历山大·金等6人在该报告的"评注"中指出，"认识到世界环境的量的限制以及过度发展的灾难性后果，对于启发新的思想方式是很重要的"，"只有现在，人们已经开始了解人口增长和经济增长之间的一些相互影响，以及两者都已经达到空前的水平，人类才不得不考虑地球的有限面积以及在地球上的人数和活动的最高限度。研究不受限制的物质增长的代价，并考虑除了继续增长以外的其他可供选择的办法，有史以来第一次变得极其重要"。① 应该说，这是一种非常中肯的评价。

（3）环境危机。环境问题即环境危机或环境污染。这也是一个全球性的问题。环境危机包括大气污染、海洋污染、土壤沙化、大气中臭氧层的破坏、酸雨、大地植被破坏、森林破坏、土壤肥力下降、核污染、噪声污染等。在资源危机问题上，学者之间的意见分歧很大，但在环境危机的问题上，大家的意见则基本上是一致的。

环境污染的问题涉及每一个人的日常生活，直接威胁到人们的身体健康。环境污染实际上是现代工业生产的副产品。战后，由环境污染发展为社会公害的事件不时发生，如1952年的"伦敦烟雾事件"，50、60年代日本的"水俣病事件"，"骨痛病事件"等。②

由于环境污染影响人的健康、导致灾难，使人产生了"生存危机"的感觉，所以，从60年代起，西方发达国家民众纷纷开展了形式多样，声势浩大的环境保护运动。从70年代起，环境保护成了一个政治问题，美国、西德、瑞典、日本、意大利、英国、法国、比利时等国纷纷成立了以"环境保护"和"反核和平"为宗旨的"绿党"，并形成一股社会思潮。与此同时，发达的工业化国家政府也开始意识到以牺牲环境换取高速发展所付出的代价，纷纷成立专司环境保护的行政机构并通过关于环境保护的立法。1972年的第27届联合国大会确定每年6月5日为"世界环境日"，以提醒各国政府和全世界人民关注环境污染的问题。这些事实都从一个侧面反映了当代全球性的环境问题的严重性。

《学会生存》指出，主要由现代工业"紊乱扩展"造成的环境污染等生态学上的不平衡以及生理和心理上的失调"已经危害着，并且仍然在破坏着人与他的环境之间、自然与社会结构之间、人的生理组织和他的个性之间的平衡状态。无可挽回的分裂状况正在威胁着人类。应付这许多危险的重大责任大都落在教育上面了。挽救这种局面的工作包括竭尽全力设法防止这种分裂，预防和抵制来自技术文明的危险。教育要承担这个新任务"。③

3. 教育的危机

同生态危机不一样，人们对于世界性教育危机的认识要迟缓得多。据国际教育发展战

---

① D. 梅多斯等.增长的极限[M].于树生译.北京：商务印书馆，1984：145.
② "伦敦烟雾事件"1952年12月5日至8日发生于伦敦，因烟雾毒气引起市民呼吸道疾患，4天内发病率和死亡率急剧上升，死亡人数比常年同期多4千多人；"水俣病事件"因发生于日本水俣市得名，1953年至1956年因污染致使受害居民高达一万多人；"骨痛病事件"是1955年至1972年间由于日本富山县神通川流域的水污染致使数百人骨骼软化萎缩，几百人死亡。这些都是一些后果严重的公害事件。除了这些之外，第二次世界大战以后，重大的公害事件还有1948年发生于美国宾夕法尼亚州的"多诺拉烟雾事件"，1961年发生于日本的"四日市哮喘事件"，1968年3月发生于日本的"米糠油事件"等。
③ 联合国教科文组织国际教育发展委员会编著.学会生存[M].上海师范大学外国教育研究室译.上海：上海译文出版社，1979：145.

略研究委员会副主席菲利浦·孔布斯（Philip H. Coombs，目前国内普遍译为菲利浦·H. 库姆斯）说，在1967年第一次出现"世界教育危机"这一说法时，西欧的教育家不同意世界面临深刻的教育危机这一观点，认为教育危机只发生在发展中国家，但到1968年春，人们接受了这一说法。

虽然在孔布斯以前，欧洲一些国家教育方面的领导人曾经议论过教育危机的问题，但对教育危机第一次集中论述的是孔布斯。1967年10月，一些来自世界各地的著名教育家和经济学家在美国弗吉尼亚州的威廉斯堡召开会议，对世界教育的状况及其前景进行估计。会后，孔布斯根据会议的材料撰写了《世界教育危机：系统分析》一书，并于1968年出版。

尽管《学会生存》通篇未使用"教育危机"这一概念，但该书在对当时世界教育状况进行分析时，显然吸收了孔布斯一书的主要观点。

（1）教育危机的本质。危机的本质是，教育体制与飞速变化的环境不相适应，造成了两者之间的不平衡。教育与社会的这种不平衡将打破教育体制的结构，在某些情况下，甚至会打破社会结构。对此，孔布斯在《世界教育危机：系统分析》一书中有具体的说明：自从1945年以来，由于在全世界范围内同时发生了一系列变革——科学和技术，经济和政治，人口及社会结构方面——使所有国家都经历了异常迅速的环境变化。教育体制的发展和变化也比过去任何时候更快。但是教育体制适应周围环境变化的速度却过于缓慢，由此而产生的教育体制与周围环境之间的各种形式的不平衡正是这场世界性教育危机的实质所在。[①]

作为教育危机之本质的教育体制和社会不适应，并形成两者不平衡的局面是世界性的，具有普遍性。孔布斯和《学会生存》都认为，无论发展中国家或是发达国家、无论穷国或是富国，都存在着教育危机，而且造成各国危机的内部原因是相同的。

第一，发展中国家（孔布斯称之为"新兴国家"）。战后新独立的国家在摆脱了殖民主义者的统治之后，投入了反愚昧的斗争，这是完全正确的。孔布斯指出，由于这些国家引进了不适合本国教育目标和国情的教育体制而使自己陷于困境。从国外引进的教育体制大都注重培养尖子人才所需要的学术性，过去在培养少数政府官员、经济领域有才华的管理者方面曾经发挥过作用，但是，这些体制不适合开发农村地区的大量人才及其他资源，而新兴国家的大多数人口却是居住在农村地区的。所以，对于只有微薄财力的新兴国家来说，这种体制只能给他们带来灾难。更何况这些从外国引进的教育体制越来越变得陈腐，甚至对他们自己的国家也不再适用。

埃德加·富尔在《学会生存》的"序言"中对这个问题的分析与孔布斯完全一致。他指出，由于引进了外国的教育模式，所以，这些国家在教育方面的投资和它们在财政上的可能性是不相称的。毕业生的人数远远超过了经济所能吸收的力量，致使某些特定的集团出现了失业的现象，而在这方面的弊端不仅是得不偿失，而且还造成了广泛的心理和社会方面的损害，以致破坏了社会的平衡。

第二，发达国家。孔布斯认为，这些国家长期形成的传统的教育体制自身存在着很大的"惰性"，没有意识到环境的巨大变化。如果它们在变化莫测的"社会海洋"中未遭受

[①] 菲利浦·孔布斯. 世界教育危机：八十年代的观点［M］. 赵宝恒等译. 北京：人民教育出版社，1990：3.

没顶之灾，它们就会抱残守缺下去。这种教育体制培养出来的学生，有很大一部分无论在自我服务还是社会服务方面，都不能适应迅速发展的社会环境。在这种教育体制下，也许能冒出一些天才，但他们决不是这种教育体制所造就的，而仅仅是这种教育体制的幸存者。所以，为使这种教育体制永远保持下去而投入的资源，乃是对资源的浪费。自50年代以后，各国在不改变这种教育体制的前提下，采用简单的"线性扩大"的战略，将全部精力用于尽快提高各级教育的入学率，这种一味追求数量的发展造成的是质量下降的后果，使教育缺乏效益，也不利于提高社会的生产力。

埃德加·富尔也指出了发达国家传统教育体制"根深蒂固的败坏"。对于这种体制，仅仅作一些"临时性的点滴改良和一些多少带点自动性的调整"是远远不够的，因为"近来对于这种传统教育体系的批评和建议总是像雪片似地飞来；这种批评和建议甚至对整个教育体系都发生了怀疑"。

孔布斯和富尔都援引1968年西方国家大学中前所未有的学潮为例，来证明教育危机的存在，认为这次学潮对于推动各国的教育改革具有积极意义。1968年5月，法国巴黎大学的学生为抗议大学只求数量的发展，而不对巴黎大学长期沿袭下来的陈旧、保守、不适应时代发展需要的种种陋习进行改革的做法，举行大规模的示威活动。巴黎大学学生对传统教育制度的抗议，不仅得到本国中学生和工人的支持，而且还波及欧洲其他国家以及美国、日本。这场震惊世界的学潮后来被称作"五月风暴"。

富尔认为，由于有了1968年5月的学潮，所以，即使那些自以为处于幸运的地位而没有受到学潮冲击的国家，也"不敢因此而推断它们自己没有问题和毫无忧虑。相反，这些国家总是十分注意使自己的教育机构和方法现代化并不断地改进它们，因而对革新的实验并不感到震惊。"

（2）危机的表现。作为危机之本质的教育与社会发展之间的不平衡表现在许多方面。孔布斯认为，这种不平衡包括：日益过时的陈旧的课程内容与知识增长及学生现实需要之间的不平衡；教育与社会发展需要之间的不适应；教育与就业之间日益严重的不协调和不平衡以及社会各阶层之间严重的就业不平等；教育费用的增加与各国将资金用于教育的能力和愿望之间日益扩大的差距。

《学会生存》对于不平衡的种种表现作了比较深入的分析。事实上，该报告用了三分之一的篇幅来讨论这个问题。《学会生存》对于这个问题的分析，与孔布斯的分析有很多相似之处。

第一，学校培养的人不适合社会的需要。《学会生存》提出了第二次世界大战以后教育理论和实践方面出现了"三种新的现象"，其中的一个就是"社会拒绝使用学校的毕业生"。这种现象的出现同社会发展的不平衡、社会发展和经济发展的脱节有关，但这也反映了教育体制自身的问题。

传统的教育体制旨在为少数人服务，在知识增长很慢的时代，它是有效的，但在社会发展非常迅速的时代，便难以适应需要。"它所教育出来的人并没有受到恰当的训练，因而不能适应社会的变化。当这种体系所授予的资格和技术不能满足社会的要求时，这些社会便拒绝接受这些毕业生。"① 造成这一现象属于教育体制方面的有下列原因。

狭隘的教育功能观。传统的教育过分强调教育的保守功能，注意传递传统的价值。所以，从家庭教育开始，所有的教育都有使儿童和青年社会化的任务，而这种社会化的过程，往往是使儿童和青年模仿特定的榜样，培养对特定的价值观或社会制度盲目的尊重，以便于进行统治。然而，这种训练压抑了儿童和青年独立思考和敏锐批评能力的发展，压抑了他们的好奇心和首创精神，丧失了教育促进社会发展的功能，这种社会功能观颠倒了学校和儿童的关系，使之成为儿童为学校而生存，而不是学校为儿童而设立。

在既往社会变化缓慢的时期，教育的任务往往为培养适合某种固定的职业需要和某些特定能力和机能的人服务。在目前社会—经济、科学技术发生迅猛变革的时代，教育仍然一成不变，没有反映社会的需要去教育人适应变化，乃至促进变化。如果说这种教育模式在过去尚能发挥一定作用的话，那么，到了社会飞速发展的今天，这种关于教育功能的观点显然将造成教育与社会发展的不平衡。

不适当的教育内容和方法。就教育内容来说，它不符合人的需要，而且，传统的教育内容未能反映当前人们关心的问题，因而不能很好地促进社会发展和科学进步。由于学校的教学分科过细、过于严格，一些当前对于个人和社会发展至关重要的问题，如社会和民族矛盾、军事问题、环境污染问题、青年和妇女地位问题等，这些问题具有很强的综合性，难以归入某一学科，所以学校的教学就无法反映这些人类目前面临的重大课题，只有用一些过时的材料来充斥教材。在科学教育方面，传统的教学不注意把书本知识与科学实践联系起来，这样就不能发展在科学研究活动中发挥极其重要作用的创造、直观、想象与怀疑的态度。

忽视技术教育和职业训练。在普通教育的课程方面，往往过分注重科学而忽视技术。这种做法实际上是割断了科学与实践的联系，因此，科学也就失去了作为教育之手段的作用。关于职业培训，即使是在迫切需要这种训练的发展中国家，也没有受到应有的重视，学校的课程同职业训练之间很少联系。至于体力劳动，无论在发展中国家或是工业化国家，都同样受到歧视，许多人接受教育恰恰是为了逃避体力劳动。

在教育方法方面，存在的主要问题是，忽略了教育过程的复杂性，不是通过科学研究进行学习，也没有在学生思想和态度的训练方面作出指导。

第二，普遍存在不平衡与不平等。这既表现在全球不同地区之间，又表现在同一国家不同地区之间。

关于全球不同地区的不平衡、不平等，前面已经提到。这种不平等危及人类的发展。这除了将妨碍工业化国家的继续发展之外，更重要的是将危及人类的统一和前途。埃德加·富尔指出："我们所害怕的，不仅是严重的不平等、穷困和困难的痛苦前景，而且还有人类可能被两极分化，把人类分裂成为优秀集团和劣等集团、主人与奴隶、超人和下等人这样的危险。在这种形势所产生的危险中，不仅有冲突和其他灾难（今天具有大量破坏性的工具很可能落到贫困的反叛集团手中）的危险，而且还有非人化的根本危险，这种危险既影响着特权地位的人们，也影响着受压迫的人们。因为对人类本性所造成的伤害，也

---

① 联合国教科文组织国际教育发展委员会编著. 学会生存[M]. 上海师范大学外国教育研究室译. 上海：上海译文出版社，1979：40.

会伤害所有的人们。"①

关于在同一国家不同地区的差异，也是一种普遍存在的现象。《学会生存》指出，那些社会地位比较低的人往往不能得到普遍受教育的权利，在贫穷的社会里，他们是"首先"被剥夺受教育权利的人，而在富裕的社会里，他们是"唯一"被剥夺受教育权利的人。

除了上述由于经济地位、社会地位的差异造成的受教育机会不平等之外，还有在同等受教育机会的条件下造成的不平等问题。关于造成这种情况的原因，曾经有过不少研究。各种研究的结论不尽一致。有人认为这是由于学生家长的文化程度；有人认为这同学生家庭经济条件有关；有人认为取决于学生团体社会阶级的风气；也有人认为生源的亚文化状态是至关重要的因素。《学会生存》认为，在这些极其复杂的社会经济过程之外，还应该看到教育自身的问题。

在教育系统内部存在的问题方面，《学会生存》指出：我们的教育"忽视了个人所具有的各式各样的表达形式和手段"；"不考虑各种不同的个性、气质、期望和才能"，教育的进度和方式不能适合个人的特点；选拔人才的方式很少考虑来自社会和经济方面的障碍；记分制没有考虑到一个人的进步；通过考试来决定人的前途；师生关系是统治者和被统治者的关系，从而引起学生造反、消极、退学等。

第三，教育的发展未能满足经济发展的需要。经济的发展使经济的活动日益复杂。随着科学技术的发展，许多传统的行业或者被淘汰，或者发生了很大的变革，同时也增加了许多新的职业。与此同时，传统的农业和农村经济也发生了新的要求。

在经济迅速发展的同时，教育的确也有发展，但教育的发展未能很好地配合经济的需要，"人们的兴趣集中于规定数量标准、训练专业和行政人员，以及建立行政管理机构"，而没有很好地考虑经济发展的动向不断向教育提出的新的要求。

（3）危机的原因。孔布斯在1968年分析教育与社会发展不平衡的原因时特别强调了下列四点：

第一，民众受教育的愿望越来越迫切。《学会生存》对此作了具体的说明，② 人们把教育看做是促使社会流动的基本手段。学生希望受到更高层次的教育，家长们一般希望他们的子女能得到比他们自己更高程度的教育。"在发展中国家，大学学位和文凭往往取代了古代封建社会通常承认的头衔和特权，尽管朝代改变了，它们的许多社会结构依然存在。"

第二，资源严重不足。"教育先行"只是战后教育发展的一种现象，而且只是一段时期的现象，它决不是规律。到60年代后期（1967——1968年度），除北美洲和阿拉伯国家之外，非洲、拉美、亚洲、欧洲与苏联、大洋洲公共教育开支增加的比率都低于1960—1968年间年平均增长率。《学会生存》分析了教育经费增长率降低的原因，其中的一个原因是，"就传统式的教育活动所花费的代价而论，人们对于这种活动的低成就所作

---

① 联合国教科文组织国际教育发展委员会编著．学会生存［M］．上海师范大学外国教育研究室译．上海：上海译文出版社，1979：3—4．
② 联合国教科文组织国际教育发展委员会编著．学会生存［M］．上海师范大学外国教育研究室译．上海：上海译文出版社，1979：61．

的批评是合理的,但这种批评容易制止目前教育资源的扩充"。如果考虑到入学人数不断增加,物价上涨等因素,教育资源不足的问题便会更加突出。

第三,教育体制固有的惰性。孔布斯指出,这种惰性"使它在其内部结构适应外部新的需要时,非常缓慢,即使在资源已不构成这种适应的主要障碍时,也是如此"。①

第四,社会本身的惰性。"沉痛的传统态度、宗教习俗、威信和激发模式以及结构体制——这些都阻碍了他们充分利用教育及受过教育的劳动力来促进国家的发展。"②

二、《学会生存》的建议

S. 拉塞克等在为联合国教科文组织写的一个报告中说,"人类自出现以来便遇到各种问题。在不同时期,这些问题的严重性也不尽相同。但是可以说,人类从来没有像今天这样遇到如此严重的一系列问题。"他们还认为,如果说构成当今"如此严重"问题的某些因素已经存在了几十年,那么,这些问题作为"一套现实"摆在人们面前则是60年代后期的事,"这些问题几乎是突然冒出来的,使思想和集体行动方面的各种体系都感到措手不及。"③

上述"繁荣中的危机"无疑属于"几乎是突然冒出来的"严重问题的一部分。除了这些之外,教育还必须面临新科技革命提出来的挑战。事实上,新科技革命提出的挑战对教育更直接、更具有现实意义。它使现代教育承担的两个基本任务,即传递和发展知识、文化,以及促进社会、经济的发展,都面临全新的局面。

在传递和发展知识、文化方面,教育面临着"知识爆炸"的问题,知识增长呈几何级数递增的态势,而且科学技术从发明到大规模地应用的时间间隔逐渐缩短。这一点,本书第四章第一节已有叙述。在此值得一提的是,尽管战后国际政治、经济、军事局势时有波动,甚至有很大的变化,但是发端于20世纪40年代的新科技革命却始终保持发展的势头。新科技革命在不断地发展,延伸,出现了以微电子、激光、光导纤维通信、海洋工程、宇宙航行、生物技术、机器人、新材料、新能源为先导,以信息技术为核心的技术飞跃。新科技革命造成的"知识爆炸"的局面迫使以传授知识为己任的教育另辟蹊径,以完成自己的使命。

教育还要为促进社会的发展培养合格的人才。在经济发展越来越成为多极世界格局下各国主要任务的时代,教育培养劳动力的任务凸现了出来。新科技革命的不断延伸和发展,使工业生产的组织由20世纪初的集体化、大型化、标准化、逐渐向分散化、小型化、多样化演进,与此同时,产业结构和劳动方式也发生了根本性的变化。

在产业结构方面,18世纪下半期发生的工业革命使人类的经济活动由以第一产业(大体上是直接从自然界中取得产品的产业,即农业、林业、渔业等)为主的阶段转化为以第二产业(主要指制造业、采矿业、建筑业等)为主的阶段,在这个阶段,第一产业在产业结构中的比例不断下降,第二产业比重不断上升。新科技革命引起了产业结构又一次

---

① 菲利浦·孔布斯. 世界教育危机:八十年代的观点[M]. 赵宝恒等译. 北京:人民教育出版社,1990:3.
② 同上.
③ S. 拉塞克. 从现在到2000年教育内容发展的全球展望[M]. 马胜利译. 北京:教育科学出版社,1992:96—97.

根本性地变化：第一产业农业的产值在国民生产总值中的比重和从事农业劳动人口在劳动人口总数中的比重都进一步下降；原子能工业、电子工业等新兴工业在国民经济中的比重显著提高，而汽车工业、钢铁工业、建筑业等传统产业在新的基础上更新改造；与科学技术发展密不可分的第三产业（服务性行业，包括为生产提供服务性劳动的产业，如运输、通信、贸易、金融、保健、教育、管理以及公用事业等）迅速发展。表5-5[①]反映的日本战后产业结构的变化，说明了发达国家产业结构变化的趋势。

表 5-5 日本战后产业结构的变化

构成		1950年	1960年	1970年	1975年	1978年
就业人口部门构成	第一产业	48.3（%）	32.6	19.4	12.7	11.9
	第二产业	21.9	29.2	33.4	35.2	34.8
	第三产业	29.8	38.2	46.7	52.1	53.3
国民收入部门构成	第一产业	26.0（%）	14.9	7.8	5.3	4.7
	第二产业	31.8	36.2	38.1	35.9	35.4
	第三产业	42.2	48.9	54.1	58.8	59.9

科学技术在生产领域里的广泛使用，还引起了劳动方式的根本性变化。

以往蒸汽机、电动机的发明以及各种机械的广泛使用，使人类摆脱了手工劳动的限制，机械代替了人的手工劳动，机械力减轻或代替了人的体力，这在人类劳动方式发展的历史中具有重大的意义。新科技革命的不断延伸和发展，使人类劳动方式发生了新的飞跃。微电子技术和电子计算机的出现和应用，使原先由人力操纵、控制的机械体系改由电子计算机控制，使传统的机械体系发生了质的变化，由人力操纵、控制的机械体系可以根据人设计的程序自动进行调节。这种自动化的机械体系乃是电脑化的智能和机械体系的结合，它不仅代替了人的体力劳动，而且部分地代替了人的脑力劳动。

自动化生产体系的出现，提高了劳动生产率，减轻了生产线上劳动者的体力负担，同时，它也需要有更多的脑力劳动者或脑力劳动和体力劳动相结合的劳动者从事程序设计、信息的收集和处理、计划编制、论证、管理等工作。1956年美国从事科技、管理、各项为生产服务的事务工作的"白领工人"的人数第一次超过蓝领工人，就是一件很象征意义的事情。这件事说明，人的劳动方式发生了深刻的变化，进入了体力劳动与脑力劳动趋向统一，以脑力劳动为主的新阶段。需要强调的是，这种脑力劳动与体力劳动相结合的基础是现代科学技术，它要求现代的劳动者必须具备一定的科学和文化的素养和智力水平，否则就无法实现体力劳动和脑力劳动的互相渗透，两者的结合也便无从谈起。

还应该强调的一点是，这种脑力劳动和体力劳动相结合的趋势不仅仅局限于城市的工业劳动，它也适用于农村的农业劳动。新科技革命兴起以后，农业生产领域也出现了工厂化、机械化、自动化的趋势。无论在种植业或是在养殖业，都可以采用特定的工程技术。现代农田的灌溉工程、施肥工程、家禽饲养方面的自动化生产等，都体现了工业生产向农

---

① 本表采自崔相录等编著．迎接21世纪的发达国家教育改革探索［M］．长沙：湖南教育出版社，1990：12.

业生产的渗透和互相结合的趋势。

概言之，新科技革命使劳动方式发生了深刻的变化，现代产业对劳动者科学文化素养和智力发展水平的要求提到了前所未有的高度。据日本《文部日报》1976年第7期报道：1965—1970年期间，日本劳动者高学历化有了明显进展，即在农林、渔业、工业、运输业中，初中毕业生大部分被高中毕业生所替代。在出售、服务业，1965年初中、高中毕业生占90%，而到了1975年大学毕业生占了近30%。1970年左右，发达国家职工平均学历都达到了很高水平，如25—64岁的人均受教育年限，日本为9.2年（1970年），美国为11.1年（1970年），英国为10.2年（1971年），法国为9.1年（1968年），西德为9.2年（1970年）。[①]

S.拉塞克和G.维迪努认为，当今世界性问题具有普遍性、整体性、复杂性、深刻性和严重性5个特征。普遍性指世界任何一个部分、任何一个地区都无法避免这些问题；整体性指这些问题涉及人类生活的各个方面和所有部门；复杂性指任何问题都不是单独孤立存在的，它与各个方面（人口、地缘政治、生态、社会、经济、文化、技术等）都紧密联系在一起；深刻性指一般性的措施不能解决问题；严重性指人类面临的重大问题几乎足以威胁到人类生存。

联合国教科文组织显然意识到人类面临的生存问题以及这个问题的复杂性、整体性，希望教育在解决这个问题方面发挥应有的作用。1970年12月，教科文组织成立了以法国前总理埃德加·富尔为主席的国际教育发展委员会，对世界的教育问题进行调查，研究，并提出报告。委员会成立以后，访问了苏联、美国、德国、法国、英国、匈牙利、瑞典、阿尔及利亚、埃及、肯尼亚、新加坡、黎巴嫩、墨西哥、秘鲁等不同地区、不同类型的23个国家，以及联合国、联合国开发计划署、非洲经济委员会、美洲国家组织等13个国际组织和区域组织，研究了70多篇有关世界教育形势、观点和改革的论文，写出了《学会生存——教育世界的今天和明天》的报告。

发表《学会生存》这篇报告的"目的是帮助各国政府制定教育发展的国家策略"，"为各国的一系列研究和决策提供一个出发点"。[②] 报告的题目定为《学会生存》，其含义是，在全球的自然环境、社会环境都在发生着前所未有的急剧变化的时代，人类自身的生存受到了威胁。为了人类的生存和继续发展，我们必须对既往的所作所为进行批判性的评价，并找出应变的措施。就教育而言，应该规定新的目标，并制定实现这一目标的措施。

1. 科学的人文主义（scientific humanism）的教育目的[③]

从本书第一和第二章的叙述中，我们可以看到，20世纪教育哲学思想发展方面的一个重要特征就是科学主义和人文主义的争辩和力量的消长。在第二次世界大战结束以前，两者争辩之激烈。几乎达到仇视的地步，而且，两者的优劣得失，也都比较全面而清楚地展示了出来。

---

① 转引自崔相录等编著.迎接21世纪的发达国家教育改革探索[M].长沙：湖南教育出版社，1990：11.
② 联合国教科文组织国际教育发展委员会编著.学会生存[M].上海师范大学外国教育研究室译.上海：上海译文出版社，1979：343.
③ 同上书，199-216.

由于科学技术日益成为经济发展的决定性因素,而且与人类社会和人的生活的各个方面发生着日益密切的联系,人类诸多问题的解决在愈来愈大的程度上依靠科学技术的进步,所以在战后军事竞争、经济竞争愈演愈烈的时期,科学主义日益成为一种广泛的社会思潮。

科学技术是一把双刃的剑,它既可以造福于人,也可以给人类造成巨大的灾难和威胁。除了出于利己主义和贪婪的物欲造成可怕的后果之外,出于善良的愿望也会出现消极的"副产品",从而形成人类全球性的危机。梅萨罗维克和佩斯特尔在给罗马俱乐部的第二个报告《人类处于转折点》中写道,造成现代的许多危机的根源是"出于人类最善良的愿望所采取的行动的结果。例如,为减轻人类的劳动而利用自然界的非人力能源本来是一项不容争辩的目标,然而却导致了目前的能源危机;为了加强群众——不论是国家、社区或家庭——的力量而多子多孙本是无可厚非的,然而它却导致了人口危机;为减轻人类痛苦,延长人类寿命而征服疾病,无疑是一个高尚的目标,然而它却导致了人口的大量增长;大规模的建设活动,如修建公路、水坝和运河,发展农业、砍伐森林、打猎和畜牧、开矿和工业工程等等——换言之,人类为了自身的利益,按照自己的想法,去改造自然环境——是人类'驯服'自然界的方式,但却导致了环境危机"。[①]

虽然科学技术本身不会导致道德的堕落,但是,由于科学技术在物质领域取得的巨大成功,使人产生对科学技术的盲目崇拜,甚至达到迷信的程度。科学技术崇尚人的理性,只承认经验的实证和逻辑的确认,从而拒斥情感、拒斥价值。在整个国家主要致力于经济发展的时代,人往往仅仅被看做是劳动者和消费者,把生产和消费量的增加作为最高行动目的,这样就忽视了文化和精神的价值。这样就形成了20世纪50、60年代学校"道德教育的荒凉时期"。哈什(Richard H. Hersh)等人在《道德教育模式》一书中所写的战后美国一些人的意见典型地反映了这种倾向。当时许多人认为,"国家如果想在经济和军事的前沿与苏联展开有力的竞争,学校就应该在像道德教育这样的'软'领域中少花些时间,而在学术性主题上多花些时间,民主更多的是依靠国家产品的多少和核弹头的数量而不是个人的道德自律"。[②] 在这种情况下,学校教育的价值仅仅在于实现国家军事和经济的目的,对于人之为人的人文精神的养育,被排挤到可有可无的地步。

这样,学校教育将越来越成为各种职业教育的拼盘,学校也将沦为职业技术的养成所。如果以是否对国家军事和经济作出贡献为衡量教育是否有效的标准,那么,在所有的教育工作中,经济的合理性将代替教育的规律,教育也放弃"培养人"的任务,最终将导致全社会精神和文化的堕落。

在科学技术带来使人陶醉的物质生产效益和物质财富、并将科学方法移植到人和社会的领域、对人和社会进行实验性探索的时候,人文主义者对它的批评也与日俱增。早在17世纪,英国诗人弥尔顿就指出科学不等于进步。18世纪法国的卢梭认为所有的科学都起源于卑鄙,科学扼杀了人的自由感情、腐化了人的灵魂。第二次世界大战以后,就在科学主义思潮形成了难以阻挡之势的时候,许多著名的科学家对科学技术的功过是非进行了冷静的反思。52位诺贝尔奖金获得者在1955年发表《迈瑙宣言》,集中地阐述了科学技

---

① 转引自扈中平. 挑战与应答——20世纪的教育目的观 [M]. 济南:山东教育出版社,1995:442.
② 转引自戚万学. 冲突与整合——20世纪西方道德教育理论 [M]. 济南:山东教育出版社1995:15.

术既能行善也能作恶的特性。他们认为，科学是通向人类幸福生活之路，然而，他们也怀着惊恐的心情看到，科学也在向人类提供自杀的手段。

对于科学技术负面影响的克服或控制，人文主义者和人文主义教育的基本态度是拒斥科学技术，拒斥工业文明，主张"返璞归真"、"回归自然"。在教育理论方面，战后存在主义教育哲学思潮代表了人文主义对科学主义的抗争。

从教育功能的角度来看，科学主义强调的是教育的社会功能，认为社会和国家的权威是至高无上的，社会的需要和国家的利益是确定教育培养目标的最后依据。教育的根本目的在于使受教育者适应社会的需要。人文主义强调的则是教育的个人功能，认为教育的根本目的在于发展人的个性，而社会的利益和权威，对于教育是没有意义的，因为社会是由个人组成的，离开了个人，便无所谓社会。更重要的是，教育的影响只能施之于个人，而无法施加于社会。相对社会而言，个人才是真实的、具体的存在。

面对各执一端的两种教育功能观，《学会生存》表现出来的基本市场是力图将两者综合起来。它认为，教育反映的是一个复杂的现实，学校和教育体制既要体现占统治地位的社会力量的意志，同时又不能排斥其他"辅助的、独立的"社会因素。社会和个人都是影响教育目标的因素。在肯定不同社会、不同历史阶段、不同意识形态在对教育目的作出不同选择所作贡献的同时，力图抽取"在人们追求的许多目标中具有的"一些共同的倾向，并提出了科学的人文主义的教育目的。

（1）科学的人文主义教育的基础是科学训练和培养科学精神。《学会生存》指出，寻求一个新的教育秩序，是以科学训练和技术训练为基础的，这种训练乃是科学的人文主义的主要组成部分之一。

历史上人文主义者的一个最大的弱点是，往往从抽象的定义出发来谈论人性或个人发展的需要，没有看到表现为个人需要的人的本性是由社会的物质生产条件所决定的。《学会生存》指出，"科学的人文主义反对任何先验的、主观的或抽象的关于人的观点"，因此，科学人文主义所指的人是指"一个具体的人，一个在历史背景中的人，一个生活在一定时代的人。他要依靠客观的知识，而这种客观的知识本质上必定会导致行动，并且主要是为人类本身服务的。"

在科学技术已经越来越广泛地渗透到人类物质生产和社会生活各个方面的时代，无论人们愿意不愿意、喜欢不喜欢，都无法避开它。在现代文明时代，一个人不仅要能够用科学方法，而且还要懂得若干科学方法，他才能够参加生产。因此，科学技术对于每一个人来说都是必不可少的。

科学的人文主义的教育目的并不拒斥科学和技术，而是要加强科学技术。《学会生存》指出，出于科学技术发展的速度不断地加快，传统的传授科学知识的教学方法受到了挑战。在加强科学知识教学方面，《学会生存》反对两种错误的倾向：一种倾向是，采用"填鸭式"的方法，把更多的科学知识塞到人的脑子里；另一种倾向是，删除教材中已经过时的知识而代之以最新的知识。

《学会生存》认为，对于科学教育的加强决不是指"积累一堆知识"，而主要在于培养学生的科学精神。在这一点上，它非常推崇本书第一章中已经叙述过的实验主义的方法，即"掌握基本的科学方法"，立足于"解决环境中产生的问题"。

同实验主义教育哲学一样，对于科学方法或科学精神教育价值的认识，并不仅仅局限于物质生产或社会生活中的"解决问题"。实验主义教育哲学认为，民主态度就是科学方法在社会生活中的应用，因此，科学和民主在本质上是一回事，而且，实验主义强调科学方法的最终目的不在于使每个学生都成为科学家，而是培养每个学生的民主态度，成为民主社会中合格的公民。科学的人文主义对于科学精神在培养人方面作用的重视，比之实验主义教育哲学毫不逊色。

科学的客观性可以矫正我们传统的态度和行为，克服偏见，使人们在现实和事实的基础上同心协力追求真理，这将有助于改善人类的关系。科学精神不承认任何终极性的知识，"一切知识都只是重新探索的出发点"；"必要时，我们必须作出决定和采取行动，但在事情尚未证实以前，不要先下判断。这些有关科学精神的格言同教条主义精神与形而上学思想是背道而驰的。"所以，科学是培养个性的各个方面和满足个性的各种要求的决定因素。

科学的相对性与辩证思想可以培养人的民主精神。在这个问题上，科学的人文主义与实验主义的观点是一致的。民主就是不同观点之间的对话和交流，容忍不同的意见和主张。"无论从个人自己的观点来看，或是从社会的观点来看，我们要训练一个人掌握历史各阶段之间的相对性和依赖性，这一点看来是必不可少的。"由于相对性和辩证思想是"培育容忍种子的肥沃土壤"（这里的容忍不是指纵容别人残忍作恶，而是承认各人之间的差别)，这样就可以培养避免把自己的信仰、意识形态、世界观、行为习惯强加于人的民主态度。

总之，对于科学的人文主义教育目的观来说，无论出于当前劳动的需要或出于"控制现实的需要"，无论出于控制自己的需要或出于科学方法训练和伦理训练方面的需要，科学训练和科学精神的培养都应该是当代任何教育体系的主要内容。

（2）科学的人文主义教育的使命是发展人性。在这方面，《学会生存》强调两个方面的内容：培养创造性；培养承担社会义务的态度。

除了渴望安全之外，人的"天性"还有另一个方面，即喜欢冒险和创造。教育既有培养创造精神的力量，也有压抑创造精神的力量，因此，如何把人的一切创造潜能都释放出来，是教育面临的一项任务。

所谓发挥人的创造性，"并不是放任人性的自由表现。"发明与发现要遵守一定的规则，要模仿别人模式，尤其要反对那些矛盾的模式。因此，教育要充分发挥人的创造性，就要保持一个人的首创精神和创造力量；"传递文化而不用现成的模式去压抑他；鼓励他发挥他的天才、能力和个人表达方式，而不助长他的个人主义；密切注意每一个人的独特性，而不忽视创造也是一种集体的活动。"

教育在培养承担社会义务的态度方面，《学会生存》指出，教育对于准备人们参加社会生活起着重要的作用，应该"促使儿童进入一个道德、智慧和感情融洽一致的世界"。为此，教育必须使儿童掌握社会的思想和知识的遗产和价值体系。"这个社会共同体或民族共同体越是复杂多样，这份共同的遗产就越严重"。

为了培养承担社会义务的态度，《学会生存》认为，政治教育不能仅仅满足于政治思想的灌输，而应该"培养人们所处这个世界的结构，履行他们生活中的真正任务"；在教育和教学的过程中要体现民主精神，同时要使学生有民主实践的机会等。

（3）培养完善的人。完善的人乃是"在体力、智力、情绪、伦理各个方面的因素综合起来"、和谐发展的人。《学会生存》对于完善的人的智力、情绪和身体的发展,提出了若干要求。

在智力的发展方面,完善的人除了应该掌握知识以外,还要发展下列几种能力:"观察、试验和对经验与知识进行分类的能力;在讨论过程中表达自己和听取别人意见的能力;从事系统怀疑的能力;不断进行阅读的能力;把科学精神和诗情意境两相结合以探索世界的能力"。

在感情的培养方面,尤其要注意培养人际关系的感情品质,要"学会彼此如何交往,如何在共同的任务中彼此合作"。此外,还要通过艺术活动的实践培养"对美的兴趣,识别美的能力",并在美感活动中涵养人格。

健康的身体是"生命力与体格的和谐、美感享受、自信心、个人表现与情绪体验的基本源泉"。增强体质需要知识、训练和练习。

总之,《学会生存》提出的教育目的基础是力图将科学主义与人文主义融合起来,然而,如何真正做到两者的融合而不是"拼盘",该报告并未展开论述。

2. 确认现代终身教育的概念

终身教育的思想古已有之。现代终身教育思想最早由法国著名教育家保罗·朗格朗(Paul Lengrand)于1965年12月在"第三届促进国际成人教育委员会"会议上作的题为"education permanente"的报告中提出。《学会生存》确认这一概念,将"education permanete"英译为"lifelong education",并用大量篇幅加以阐述,这对"终身教育"思想发展成为一种具有普遍意义的教育观念和在世界范围内广为传播,无疑具有很大的积极意义。

终身教育的概念是针对新科技革命时代科学技术和人的社会生活各个方面都飞速发展、传统教育体制与环境不相适应、日益出现不平衡状况的所谓"教育危机"而提出来的。这同该报告提出的"学习化社会"的理想是一致的。

"学习化社会"(Learning society)不是指一种新的社会形态,而是指一种新的教育形态,一种"学习社会化"或"教育社会化"的形态。《学会生存》的"后记二"——"学习化的社会:现在和未来"[1]指出,在教育活动是分散的、片断的、为少数杰出人才服务的时代,人们建立的学校体系曾经发生过巨大的作用。然而,现在时代发生了巨大的变化,学校体系与环境之间出现了越来越严重的"不和谐"的情况,所以,"我们必须超越体系的概念之外,来考虑对事物的另一种安排。"

"学习化社会"确信,"教育正在越出历史悠久的传统教育所规定的界限。它正逐渐在时间上和空间上扩展到它的真正的领域——整个人的各个方面。"在现代社会,教育不仅是社会每一个成员所必需的,而且是社会每一个成员整个一生所必需的。因此,教育既不是社会部分成员的专利或特权,也不是在人生某一阶段可以一劳永逸的事。在这种情况下,教育必须要发生根本的变化。

第一,学校不再是唯一拥有教育特权的机构。虽然现代社会已经出现了具有教育功能的校外活动与校外机构,但是,由于传统学校是一种"具有普遍使命的、结构坚固而权力

---

[1] 联合国教科文组织国际教育发展委员会编著.学会生存[M].上海师范大学外国教育研究室译.上海:上海译文出版社,1979:217—224.

集中的"正规的机构,所以它不能包容学校以外的教育活动。长期以来,人们形成了这样的一种观念,即"教育等于学校",然而,学习化社会不再把教育看做是学校的特权,相反,"所有的部门——政府机关、工业交通、运输——都必须参与教育工作。地方共同体和国家共同体都显然是具有教育作用的机构。正如普拉塔奇所说,'城邦是最好的教师'。而且特别当这个城市保持它的人口比例不变时,它的确包含巨大的教育潜力;这里面,它的社会结构、行政结构和它的文化网都具有这种巨大的教育潜力;——不仅是由于它进行的交流具有活力,而且是因为这个城邦就是一所培养公民感情和相互了解的学校"。

第二,教育渗透在人们的社会、政治和经济活动之中。社会的每一个成员在任何活动中都可以自由地取得学习、训练和培养自己的各种手段,对于他本人来说,学习乃是一种责任。这样,原先存在的学校与其他社会机构、专职教育工作者和非专职教育工作者的严格区分,都将丧失它的意义。

第三,教育的出发点是学习者本人。学习的社会化意指教育乃是出于一个人的需要,它既不是外部强加于己的东西,也不是自己强加于人的东西。"未来的学校必须把教育的对象变成自己教育自己的主体。受教育的人必须成为教育他自己的人;别人的教育必须成为这个人自己的教育。"因此,教育的重点乃是教育与学习过程的"自学"原则,而不是传统教育学中的教学原则。

在"向学习化社会前进"的目标下,《学会生存》提出了21条建议,其中第一条"教育政策的指导原则"就是终身教育。终身教育的概念将影响每个国家的一切教育机构和教育活动,是教育对社会发生急剧变化时代的一种策略,它不仅将影响学校的教育、教学活动,而且也将影响学校之外一切教育机构的教育活动。《学会生存》指出,尽管各国对终身教育概念的理解各不相同,但仍然深信,"终身教育的问题,为了达到终身教育所作出的决定和所应采取的途径,在世界所有的国家中,甚至在那些尚未完全认识到终身教育这个概念的国家中,乃是我们时代的关键问题。"

关于终身教育的问题,本书第七章,将专题叙述。

3. 普通教育与职业技术教育的兼容

工业革命的发生、发展,促进了职业技术教育的发展和完善。然而,职业技术教育在一段很长的时期内,始终是一种独立的教育体系,同时,传统的普通教育体系也始终固守其既有的轨道,拒绝接纳职业教育体系。战后,虽然大多数发展中国家迫切需要大批掌握职业技术的各级各类人才,然而,传统教育的课程内容,一般地说,同职业上的需要很少联系。人文学科在中学生和大学生选择道路上仍然有特别的影响。苏联是最早注意并致力于解决普通教育与职业技术教育互相融合的国家。列宁提出的综合技术教育力图使普通教育为学生毕业后直接从事工农业生产作准备,事实上,苏联几十年的教育实践证明,无论在理论上或是在实践中,都存在着有待解决的问题,这在苏联的几次重大的教育改革中都有所反映。

在促进普通教育与职业教育兼容方面,《学会生存》提了两条建议,一是"扩大普通教育",另一是"最大的职业流动性"。

"扩大普通教育"旨在打破传统普通教育的局限性。知识发展的趋势是,普通知识和专门知识的区别逐渐消失。随着经济因素和社会因素对个人影响逐渐增大,这些知识的重要性越来越明显。此外,对于个人来说,技术的理论和知识也越来越重要。如果一个人不懂得技术方法,在日常生活中就会越来越依赖别人,就会减少他的就业机会。此外,在一个技术社会里,人们会由于不懂技术而屈从于技术,这将使技术给人带来的消极影响,如人际关系的疏远、环境污染等得不到控制。人只有在理解了技术之后,才能够进行评价、选择和比较,从而才能有效地利用技术成果,使之为人服务。因此,"普通教育的观念必须显著地加以扩大,使它明确地包括社会经济方面的、技术方面的和实践方面的普通知识。"如果普通教育要真正成为普通的教育,就必须发展技术教育;如果普通学科要具有充分的教育价值,那就必须注意使智力训练与体力训练和谐一致,并经常把学习与工作结合起来。

"扩大普通教育"只是使普通教育与职业技术教育兼容的一个方面的措施,除此之外,教育要为人们投入工作和实际生活作准备,就要更多地注意使青年人能够适应多种多样的职务,不断地发展他们的能力,以便跟上不断改进的生产方法和工作条件,而避免使他们只限于某一项手艺或某一种专业的实践。

在信息化的社会,职业技术教育的基础化和综合化的问题显得越来越突出。传统的在手工业部门和商业部门学徒式的训练越来越不适应需要。过细的专门化、单一化的训练不能适应现代社会职业流动的现实,为使青年人在谋职时有较强的适应性以及在今后的职业生活中有适度的流动性,职业技术教育必须加强其基础化和综合化。基础化旨在加强职业技术的基础教育,以克服狭隘的专门化;综合化旨在加强工、农、商等产业部门之间知识的贯通和渗透。因此,"职业和技术学院的发展必须和中学教育体系结合起来。这类学校在教学之后,必须继之以工作现场的实践训练。这一切尤其应该通过更新教育和职业训练来完成。"

概言之,促使普通教育与职业教育兼容乃是为了克服传统教育与社会发展不平衡这一"教育危机"所作的部分努力,目的在于使教育适应人的社会生活、尤其是经济生活的需要,使教育适应劳动力市场的需要。对于教育来说,要做到这一点,除了要在数量上保持平衡之外,还要在结构上保持平衡。实际上这是一项极为复杂的任务,尤其是在结构上的平衡。

除了上述建议和对策之外,《学会生存》还对高等教育、学前教育、师资培训、学习者的地位和责任、成人教育、扫盲、自学等提出了建议和对策。所有这些,都是为了人类社会和每一个社会成员在一切都发生急剧变化的时代求得生存和发展。

第三节 80年代重点各异的教育改革

多极世界的形成和各国经济的互相依赖,使和平与发展成为当代世界的两大主题。与此同时,新技术革命在继续进行,信息技术、新材料和新能源技术、空间技术、海洋开发技术、生物工程技术等都有了长足的进步。用未来学家的话说,80年代以后,工业社会开始转入信息社会。

在社会发生剧变的时代,各国的发展对教育提出了新的要求,同时,教育不适应变化的情况越来越严重,在这种情况下,80年代又掀起了一次教育改革的浪潮。

本节主要叙述北美(美国)、欧洲(苏联)和亚洲(日本)主要国家以及亚洲、非洲、拉丁美洲发展中国家80年代的教育改革。同本书第三章、第四章叙述的教育改革的情况不同，80 年代没有表现出前两次教育改革出现的统一性的趋势，而是出现了不同国家重点各异的情况，这一点在下文 4 个部分的标题中得到反映。在此需要强调的是，尽管不同国家的教育改革表现了不同的重点，但本章第二节中已经叙述过的《学会生存》一书中建议的 3 个主题，即科学的人文主义的教育目的、终身教育思想，以及中等教育的扩大在不同国家的教育改革中都有不同程度的体现，可以说，这是 80 年代教育改革中的个性。

一、教育优异：美国 80 年代的教育改革

美国的发展似乎也没有摆脱人类历史上出现过的大国兴衰的基本轨迹。古代的罗马帝国、近代的大英帝国在历史上都曾盛极一时，在世界上呈无限扩张之势、表现出不可一世的霸权。为了维持霸权而必须承担的义务和责任，又在不断地侵蚀自己的实力，最终导致霸权的衰落。自"冷战"开始，美国挟第二次世界大战之余威，力图建立以它为主导的所谓国际新秩序，在世界范围内推行美国的政治制度和价值观念，由此付出的代价是自身实力的相对衰落，国际威望的下降。

70 年代以后世界政治新格局的出现，美国国内通货膨胀和失业问题长期不能解决，迫使美国的内政、外交政策作出改变。1980 年里根在大选中获胜，标志着美国一个新的保守主义的到来。在 80 年代美国内政、外交政策朝着保守主义方向转变的同时，教育的全面改变也表现出浓厚的保守主义色彩，这就是放弃对于结果平等的种种努力，而追求体现机会平等的高质量，以"优异"取代"平等"。

1. 教育存在的问题

美国自 30 年代富兰克林·罗斯福为克服当时的经济危机，实行新政（New Deal）以来，一直到 70 年代，新自由主义在美国始终有很大影响。这种新自由主义主张加强政府的职能来调整国家的经济，并注意通过扩大公民权利、合理分配社会财富、寻求社会公正等措施来不断完善资本主义制度。新自由主义对个人主义哲学的基本理解是，承认个人的价值是至关重要的，但是，政府要为个人实现自己的合理的价值目标提供帮助、创造条件。为此，政府必须干预社会的经济生活，扩大社会福利。

70 年代以后，美国经济衰退，在尼克松、福特、卡特当政的时期，尽管政府采取了种种调整经济的措施，但通货膨胀和失业的问题始终未能解决，使人们对新自由主义的经济政策产生怀疑。战后，美国巨额的军费以及不断调整的社会福利政策，加重了以中产阶级为主的纳税人的负担。此外，新自由主义冲击了美国中产阶级传统的价值观念，致使 60 年代"反主流文化"的兴起。所有这些，最终导致了新自由主义的衰落。

在新自由主义寻求社会公正方面，教育是一个极其重要的内容。60 年代约翰逊总统提出在城市、农村、教育三个方面"向贫穷开战"，在教育上为取得"结果平等"所做的种种努力；70 年代初的以职业和劳动为中心的"生计教育"等，都是新自由主义在教育方面比较典型的表现。然而，所有这些都未能取得成功，这也为 70 年代后期美国保守主义势力的抬头提供了契机。

里根的保守主义主张"小政府"，重建市场经济，因为联邦政府不但不能解决经济问题，而且它自身就是一个问题。他主张降低税收，减少包括社会福利和教育经费在内的"非国防开支"。之所以不减少国防开支，是因为以实力求和平乃是保守主义外交政策的一个基点。此外，与教育关系比较密切的政策还有，主张回归到传统的价值观念，加强家庭

在美国社会生活中的主导地位。

为了恢复美国日渐衰落的国际地位，保守主义主张建立更为强大的军事力量，为此，必须使美国的经济恢复活力。经济和军事的双重要求，向美国的教育提出了新的挑战。

80年代初，美国在减少联邦政府教育开支、强调各州以及家庭对教育责任的同时，发起了一场旨在提高教育质量的教育改革运动，形成20世纪美国的第三次教育改革高潮。

同既往的教育改革一样，美国的这一次改革也是从对现状的调查开始的。80年代初的"几年间问世的调查研究报告及教改方案达数百份之多，如此多的改革建议出笼，这在美国200多年教育史上是没有先例的"。[①] 约翰·古德莱德在谈到对美国学校评价的问题时曾经说过：戴上一副眼镜看，美国的学校是最坏的地方；戴上另一副眼镜看，它们似乎又是最好的地方。情况的确如此。

霍奇金森1982年在《教育中哪些依然是正确的》一文中讲到，美国60、70年代的建议无论在受教育机会和教育质量方面都是好的"1950年，白人学生中学毕业的近55%，而黑人学生中学毕业的只有30%。今天85%的白人学生和75%的黑人学生毕业于中学。除此之外，许多经济学家估计，美国过去20年中国民生产总值增长的1/4到1/2可以归因于劳动力教育水平的提高"；"即使美国青年入学的百分比远远高于除日本之外的其他任何国家，科学、数学和阅读方面成绩的平均比较水平表明，美国学生的成绩是高的"。瑞典教育家胡森1983年也认为，"我敢于这样说，无论在综合结构和巩固率高的美国和其他国家，低标准并非公立学校教育中最严重的问题"。[②] 然而，这仅是一种意见，而且不是主要的意见。

1981年进行的一项关于公立学校的盖洛普民意测验的结果表明，在被调查者中，49%的人说，非公立学校数量的增加是好事，30%的人说是坏事；在仅对公立学校学生家长的调查表明，他们中有44%的人认为非公立学校的增加是好事，36%的认为是坏事。[③] 这表明美国公众对于公立学校缺乏信心。1983年4月，国家教育优异委员会发表的《国家在危急之中：改革教育势在必行》[④]，集中反映了当时美国基础教育存在的问题。

国家教育优异委员会是教育部长贝尔（T. H. Bell）根据里根总统授权于1981年8月成立的，该委员会由18名委员组成。在经过一年多的调查基础上写成的上述报告，是80年代初发布的所有报告之中影响最大者。《国家在危急中：教育改革势在必行》认为美国教育问题的症结是"平庸"，具体表现如下：

（1）美国的教育忘记了基本的目的。关于教育的功能，80年代以后的保守主义同此前的新自由主义显然存在着分歧。新自由主义为追求社会公正，主张给更多的人以更多的教育。职业技术教育、残疾儿童教育、预防青少年犯罪，兴建社区图书馆，设立学生贷款等一系列措施，都是政府为实现教育平等所作的努力。60年代被称作为"教育国会"的第88届国会，通过的《1964年民权法》等法案规定，禁止种族、肤色、国籍方面的教育

---

① 崔相录等编著. 迎接21世纪的发达国家教育改革探索 [M]. 长沙：湖南教育出版社，1990：94.
② 瞿葆奎主编. 教育学文集·美国教育改革 [M]. 北京：人民教育出版社，1990：626，627，650.
③ John I. Good lad. A place called school：prospects for the future [M]. New York：Mc Graw-Hill Book Co.，1984：10.
④ 瞿葆奎主编. 教育学文集·美国教育改革 [M]. 北京：人民教育出版社，1990：586—617.

歧视。第 89 届国会通过的《1965 年中小学教育法案》使政府包揽了更多的教育责任，致使"1966 年度增加预算 12.55 亿美元"。①

国家教育优异委员会对于 60 年代新自由主义的种种举措不以为然，并提出了批评："我们总是要求学校解决家庭及其他机构不愿意或不能够解决的一些个人、社会和政治的问题。要知道，对大中小学的这些要求常常既要付出财政上的代价，也要付出教育上的代价。"在委员会看来，新自由主义付出的"教育上的代价"无疑是平庸。

委员会的报告所代表的保守主义观点认为，教育的基本目标不是国内的社会公正、消灭贫穷，而是为"工业和商业范围"内的国际竞争培养人才，同时"还包括我国人民的理解、道德和精神的力量，这些力量形成了我们社会的结构"。

为了使教育实现这一基本目的，必须把"平等"的观念理解为机会平等而不是结果平等。委员会认为，新自由主义的平等观使美国人最初许下的"平等"这一诺言也"处于危急之中"，并重申应该使所有的人都有权得到"公平机会"。

(2) 中学教育质量下降。中学生在大多数标准化测验中的平均成绩低于 26 年前苏联发射人造卫星时的水平；10 年前对学生 19 种学业测验成绩所作的国际比较显示，美国学生从来未得过第一或第二名，其中有 7 次是最后一名；从 1963 年至 1980 年，中学生学术性向测验（SAT）成绩逐年下降，语文平均成绩下降 50 多分，数学平均成绩下降 40 多分；大学入学考试委员会的成绩测验表明，近年来物理和英语学科的成绩不断下降；学术性向测验成绩优秀（即总分为 650 分以上）学生的人数和比例都明显下降；根据 1969 年，1973 年和 1977 年全国理科成绩的评定，美国 17 岁学生的理科成绩连续下降；许多 17 岁的青年不能掌握"高级"的智慧技能，约有 40% 的青年不能从书面材料中作出推断，只有 1/5 的青年能够写有说服力的文章，只有 1/3 的青年能解答需要几个步骤的数学题。

(3) 功能性文盲人数很多。根据最简单的日常阅读、书写和理解测验，约 2300 万美国成人是功能性文盲；在美国所有 17 岁的人中，约有 13% 可被看做是半文盲，少数民族青年中半文盲者可能高达 40%。大量的功能性文盲的存在，使企业和军队要花费千百万的美元用于培养诸如阅读、写作、拼写和计算等基本技能的补习教育和培训计划上。例如，据美国海军部报告，新兵中有 1/4 的人阅读水平不到九年级，如不补课，甚至无法开始训练，更谈不到完成训练。

(4) 高等教育质量降低。在 1975 年至 1980 年间，公立四年制学院数学补习学程增加到 72%，目前占这些院校开设的所有数学学程的 1/4；学院毕业生平均测验成绩降低。

对于 80 年代初美国教育存在的问题，该委员会作了如下概括：我们社会的教育基础目前正在被一股日益增长的平庸潮流所侵蚀，这股潮流正威胁着我们国家和人民的未来。

2. 改革的目标

美国 80 年代教育改革的目标，旨在克服"平庸"而达到教育的"优异"。所谓教育的"优异"，具有以下特征：

(1) 适应迅速变化的世界。70 年代不仅世界政治、经济形势发生了很大的变化，美国国内产业结构也有了调整。霍奇金森在《教育中哪些依然是正确的》一文中，讲到了

---

① John I. Good lad. A place called school: prospects for the future [M]. New York: Mc Graw-Hill Book Co., 1984: 4.

70年代美国劳动大军从第二产业向第三产业的迅速转变。到80年代初，美国在工业或制造业的工人只占20%，65%以上的人员在提供信息或各种服务。此外，传统的汽车业、钢铁业、住宅建设等行业的收益减少，而宇航、电子、能源等新行业的收益大大增加。

《国家在危急中：教育改革势在必行》在谈到教育危机的标志时特别强调了美国教育的状况不适应美国第三产业迅速增长形势下对于教育的要求。该"报告"特别提出，计算机和计算机控制的设备正深入到我们生活的各个领域，千百万种工作很快将使用激光技术和机器人技术，同时，技术正彻底改造着医疗卫生、能源生产、食品加工等一系列行业。在新科技革命的形势下，教育如不作改革，必然使新一代美国人成为"科学盲和技术盲"。这将在美国历史上第一次出现这样的情况：一代人的教育技能不超过、不等于、甚至达不到他们家长的教育技能。这是一种十分可怕的情景。因此，教育的改革是关系到美国在国际竞争中存亡兴衰的大问题，教育必须承担人力资源开发的重大责任。

（2）公平而又高质量。所谓公平，就是充分地"给予青年人按照自己的抱负和能力去学习和生活的机会"，如前所述，它强调的是"机会"的平等，而不是结果的平等。在保证机会平等的前提下，学校要"有真正的高标准，而不是最低标准"。要反对过去将"基本读写能力变成了目标，而不是起点"，以及"天天关心保持注册人数更甚于保持严格的学业标准"的现象，使"学业优异"作为学校教育的首要目标。除了学业的优异之外，教育的优异还包括培育美国"人民的理智、道德和精神力量"，因为只有将这些力量结合起来，才能形成美国社会的结构。

（3）为学生的终身学习打下必要的基础。国家教育优异委员会对终身教育的观念给予了特别的关注，强调"必须正确理解、认真对待"，以便很好地完成"重建我们的学习系统的任务"。国家教育优异委员会对于终身教育之所以特别关注，主要是出于下列两个方面的考虑。

第一，国家经济发展的需要。报告指出，美国虽然每年有150万新工人从中学和各类学院毕业进入各类经济部门工作，但是，目前在职的成人到2000年仍将占美国全部劳动力的75%。在科学技术飞速发展、旧行业不断淘汰、新行业不断兴起的时代，要保持国家经济不断发展以及使这些工人适应不断变化的环境，现有的在职工人和不断补充到劳动大军中去的新工人，都需要接受继续教育和再训练。

第二，学习化社会的需要。"当今世界，工作场所条件的竞争空前激烈，变化日益加快，危险性越来越大，而对对此有所准备的人来说，又蕴涵着前所未有的巨大变化。在这样的社会里，教育改革应集中在创造一个学习化社会的目标上"。学习化社会不仅是国家发展所必须，而且也是个人谋取职业、提高个人生活质量所必须。正像《学会生存》所指出的，学习化社会的基石乃是终身教育，所以，"在我们看来，青年时期的正规学校教育是终身学习的必不可少的基础。但是没有终身学习，人们的技能很快就会过时。"

3. 建议的改革措施

根据当时美国教育的状况以及改革欲达到的理想目标，国家教育高质量委员会建议了一套改革的措施。从总体上讲，这套措施除了对于"现状"和"目标"具有很强的针对性之外，还要求"是美国人民现在就能够着手行动的，是能够在今后几年完成的，并且可以进行持久的改革"的。

（1）教学内容。美国的综合中学在课程设置上分成为升学作准备的学术轨（academic

track)、为就业作准备的职业轨（vocational track）和为适应生活作准备的普通轨（general track）。就学业要求来讲，上述三轨之中普通轨最低。国家教育优异委员会认为，这种三轨制的课程无异于餐馆的冷菜拼盘（smorgasbord），其特征是"均匀、浅显和分散，以致不再有一个中心目标"，而学生又"容易误把开胃菜和甜点当做主菜"。

国家教育优异委员会将美国中学生1964—1969年间修习的各类学程与1976—1981年间的各类学程加以调查和比较，发现中学生中修习普通轨的人数从1964年的12%增加到1979年的42%；普通轨学生所得的学分中，25%是体育和卫生教育、校外工作经验、英语和数学的补习，以及个人服务和发展的学程，如成年生活和婚姻训练等方面的学程等；修完学术性学科的人数很少，如修完中等代数的人只有31%，修完法语Ⅰ的只有13%，读完地理的只有16%，学完微积分的只有6%。显然，多轨制的课程设置乃是学业平庸的主要原因。

针对这一情况，国家教育优异委员会建议，各轨的课程设置应有统一的、"起码"的要求。这个统一的、"起码"的要求就是委员会建议的在中学的4年中必须修完的5门新的基础训练课，它们是：英语，4年；数学，3年；自然科学，3年；社会科学，3年；计算机科学，半年。对于肯定要上大学的学生，委员会"强烈建议"他们除以前学过的学程之外，在中学再学2年外语。

委员会对于上述5门新的基础训练课中的每一门课程都具体规定了"实施性的建议"，例如，中学的英语教学必须要达到下列要求；能理解、评价和使用他们阅读过的材料；能够写出结构严谨、有力度的文章；能有效地听取并颇有见解地讨论一些概念；了解美国的文学遗产，通过对文学遗产的学习增强自己的想象力和对于伦理的理解，并能懂得这些遗产对于当前生活以及文化中的风俗习惯、观念和价值观的关系。从总体上看，这些训练课的要求体现了下列几个特点：第一，掌握各门学科的基本概念；第二，加强对学生思维能力和应用知识能力的训练；第三，增强学生适应不断变化的环境的能力。

在教学内容方面，除了上述5门新的基础训练课之外，国家教育优异委员会还阐述了"其他重要的课程问题"，这些问题是：

外语：如要达到熟练掌握一门外语的目的，应该从小学开设修习，一般要修习4至6年。

与新的基础训练课互为补充的学科：这些学科的开设旨在实现"学生个人的、教育的和职业的目标"。属于此类的学科有美术、表演艺术、职业教育等。这些学科的修习也不能"平庸"，应该使学生"经过刻苦努力"才能掌握。

重新设计高中以前的一至八年级课程。高中以前课程设计的目标是：在英语、数学、自然科学、社会科学、外语和艺术等领域"打下牢固的基础"；培育学生对学习的热情；促使个人的天资和才能得到发展。

鼓励各学术团体对学校课程的修改、更新、改进提出建议，并提供新的更多样化的课程材料。

（2）严格掌握教育优异的标准。委员会共提了8条"实施性建议"，概括地说，体现在下列几个方面。

第一，对学生学业成绩和操行的评定规定更严格的和可测量的标准。委员会建议，要加强学生学业成绩测试的诊断性的功能，分数应该是学生成绩的标志，是衡量学生进一步修业准备程度的依据。平时的标准化测验应该帮助教师对不同类型学生的学业进展作出判断，从而不断调整自己教学的进度。

第二，四年制的学程和大学应该提高入学的要求，并要让准备上大学的高中生知道这些要求。

第三，提高教材的质量。这方面的内容包括：提高和更新教学内容，要像苏联人造卫星上天以后进行的课程改革那样，使科学家、学者和中学的骨干教师合作，编出高质量的教科书。教科书的出版多样化，以满足不同类型学生的需要。保证教科书的提供等。

(3) 保证学生的学习时间。委员会建议，把更多的时间用于5门新的基础课，增加学生的学习时间。美国中小学每个学日是6小时，每学年180个学日。委员会建议"学校和州立法机关应该积极考虑7小时的学日，以及200到220天的学年"。除此之外，在"实施性建议"中还有应给中学生布置比现在多得多的家庭作业，严格考勤制度，减少学生因缺课、迟到而损失的学习时间，减少教师非教学工作的干扰，以增加教师的教学时间等。

(4) 提高师资水平。为了提高师资水平，使教师工作成为报酬更高、更受人尊敬的职业，委员会提出了7点建议。

第一，提高教师在从教性向及业务能力方面的任职条件，严格审定从事教师职前教育的学院和大学。

第二，提高教师的薪金，教师的收入要依据每个教师的工作业绩。

第三，学校委员会对教师实行11个月的聘约，以保证教师有提高自己业务能力或照顾特殊学生需要的时间。

第四，建立教师职称制度。

第五，雇佣非学校人员，以解决某些学科教师短缺的问题。

第六，采用物质鼓励（如补助、贷款等）手段吸引优秀学生到教师行业中来。

第七，骨干教师参与设计教师培训计划，并参加处于试用期的教师的视导工作。

(5) 加强对教育改革的领导和改革所需要的财政资助。

上述内容表明，美国80年代的教育改革比之50年代末、60年代初的改革，无论从欲达到的目标或涉及的范围来说，都更为深刻和广泛。

4. 改革的效果

1988年4月，当时的联邦教育部长威廉·J.贝内特公布了一份题为《关于美国教育改革的报告》。[①] 该报告的主要内容是总结了1983年《国家在危急之中：教育改革势在必行》公布以后美国教育所取得的成绩、存在的问题，并提出今后教育改革的基本原则。

《关于美国教育改革的报告》第一部分是"我们已取得哪些成绩"。根据报告所述，80年代美国教育改革取得了下列成就：

第一，加强了基础课程的教学。改革以后，中学的课程设置消除了以往的"冷菜拼盘"现象，设置了国家教育优异委员会建议的统一的5门新的基础课程。根据教育部1987年所作的调查，1982年只有1.9％的学生完成了5门基础课的学习，而1987年的比例提高到12.7％。美国中学生近15年来避难就易地选择普通轨课程的倾向减弱了，学习

---

① 国家教育发展与政策研究中心编. 发达国家教育改革的动向和趋势（第三集）[M]. 北京：人民教育出版社，1990：443—508.

普通轨课程的学生从1982年的35%下降到1987年的17%，这一变化反映了学校正在恢复严格的学术课程。此外，现在课程的分配比例比1982年更集中于基础课程。

第二，提高了学生的学业成绩。1963—1980年间，学生学术性向测验（SAT）的平均成绩下降了90分，但是，自1980年以来，SAT平均成绩回升了16分，最近3年SAT平均分数连续稳定在906分左右。除了SAT成绩回升之外，"学生的阅读能力略有提高"；"第十一年级学生的写作能力自1979年以来稍有提高"；"自1979年以来，参加大学董事会成绩考试的学生的数学水平提高了11分"；地理"考试成绩还不错"；"近年来美国学生的科学知识水平有一些提高"。不过，在学业成绩方面，喜中也有忧，"美国青年历史知识水平处于危机状态"；"我国17岁青年对我们政府系统了解得太少了"。

第三，改善了学校的管理工作。从学生的出勤率来看，1981年学生每天的出勤率为93.7%。据全国可靠的统计，1985年学生平均每天的出勤率为94.2%，这"小小的进步"是由于学校某些权限的重要改进才取得的。从反对学生吸毒来看，也取得了一些成绩。"在1980—1987年之间，中学高年级学生在前12个月中使用过大麻的人所占的百分比从49%下降到36%"。

威廉·J.贝内特在报告的"前言"部分写道，"近年来，美国教育有了无可否认的进步。数十年来美国教育每况愈下的状况已经有所改变，我们已经开始了漫长的恢复和上升阶段，以期达到应有的标准"。但他也承认，"我们还做得不够好，不够快。我们仍然处在危险之中"。报告中列举的现状中存在的问题有：

第一，纪律涣散。"1987年用过可卡因的学生数虽然有明显的下降，但仍有六分之一的中学高年级学生用过可卡因。54%的学生说他们可以'相当'容易或'非常'容易地搞到毒品"；虽然学校混乱的现象减少了，但在1987年，"有44%的中小学教师告诉调查者，学生在课堂上的破坏行为自1982年以来有增无减，有40%的教师认为，学生的捣乱行为在相当程度或很大程度上干扰了他们的教学工作。几乎有20%的教师报告，他们受到了学生的威胁。8%教师说，他们受到了人身攻击。29%的教师说学生的不良行为使他们曾认真地考虑过放弃他们的教学工作"。

第二，辍学率高。"全国18—19岁青年人完成中学学业人数的平均百分比为75%。黑人同龄青年完成中学学业者比上述平均百分比低10%。同龄拉丁美洲后裔青年的情况更糟，只占55%。"

第三，学习时间少。1983年国家教育优异委员会关于增加学时的建议实际上未被各有关方面采纳。只有9个州增加了学日，但也只是增加到每年180个学日；5个州延长了每个学日的学时，但其中没有一个州超过每天6.5小时。学校对家庭作业仍抱满不在乎的态度，"自1983年以来，一半以上的学校建立或完善了要求学生完成家庭作业的制度。"

看来，美国要真正达到学业优异，还要走一段很长的路。

二、普通教育与职业教育的接近：苏联80年代的教育改革

1984年4月分别由苏共中央全会和苏联最高苏维埃通过的《改革普通教育学校和职业学校的基本方针》（以下简称《基本方针》）的颁布，标志着苏联又一次教育改革的开始。苏联最高苏维埃通过这一基本方针的同一天，苏共中央和苏联部长会议又一下子同时通过了《关于进一步完善青年的中等普通教育和改善普通教育学校的工作条件的决议》等

六个有关教育工作的文件,其中多数都与普通教育和职业教育的改革有关。

同 1958 年的教育改革一样,在改革的正式文件颁布以前,经历了一场"真正全民教育讨论会"。部长会议第一副主席阿利耶夫 1984 年 4 月在苏联最高苏维埃会议上所作的报告中讲到,这次全民讨论历时 3 个多月,在各企业,机关,普通教育学校,职业技术学校,党、团、工会组织都对学校改革的草案进行了讨论。共举行了 130 万次会议,参加讨论的人数总计达 12000 万人。①

苏联 80 年代教育改革从 1984 年中等教育的改革开始,其主旨是普通教育与职业教育相接近,并向使两者统一的方向努力。1986 年以后,着手高等教育和中等专业教育的改革。1988 年苏共中央二月全会以后,又颁布《关于教育体制改革的决定》。可以说,在整个 80 年代,苏联几乎不停顿地进行着教育的改革。

1. 改革的背景

80 年代是苏联政治局势发生剧烈变化的时期。1991 年 12 月 26 日,苏联解体,所以,80 年代的教育改革是苏联的最后一次改革。这次教育改革既反映了科学技术发展对教育的要求,又反映了苏联国内政治经济的需要。

(1) 克服经济"停滞"。80 年代对苏联来说,可谓多事之秋。在经历了长达 18 年的"勃列日涅夫时代"之后,进入一段短暂的"病夫治国"时期。继勃列日涅夫之后出任苏共总书记的安德罗波夫在位仅 15 个月。在他之后任总书记的契尔年科在位时间更短,仅 13 个月。1985 年,苏联进入"戈尔巴乔夫时代"。

在勃列日涅夫时代,苏联国民经济的发展处于"停滞"状态。在 80 年代以前,苏联虽然进行了各种形式的改革尝试,但都未奏效,国家的经济、政治、社会、民族矛盾一步步激化。进入 80 年代以后,由于经济体制改革不适应生产力的发展,甚至阻碍其发展,致使生产力发展缓慢。②

美国总统比尔·克林顿 1992 年在《哈佛国际评论》发表的一篇文章中,当讲到政治经济和社会问题的重要性时,援引了苏联解体的主要教训:"我们从未在战场上打败它们。苏联的崩溃是由内部开始的——由于其经济、政治以及精神上的失败。"③ 克林顿的话至少从一个方面说明了苏联解体前夕 80 年代国内经济、政治问题的严重性。

戈尔巴乔夫 1985 年上台以后不久就作出了"国家正处于危机前的状态"的结论,那么,危机前的状况究竟是一种什么状态?就经济来说,经济开始失去活力。1981—1985 年平均年增长率为 3.1%,(保罗·肯尼迪在《未雨绸缪:为 21 世纪做准备》中认为苏联 1981—1984 年国民生产总值增长率为 2.7%,1985—1989 年为 2.2%,1990 年为 -4%)一连 3 个五年计划都没有完成,农业连续 6 年歉收。就政治来说,政治上僵化,党和国家机关落后于时代和生活要求,公民缺乏历史责任感等。④ "1985 年戈尔巴乔夫当选为苏共中央总书记后,先是提出了'加速发展战略'。苏联本来就是高速度、低效益的经济发展模式,'加速'之后并未由粗放经营转变为集约化经营,经济结构更加不合理,管理体制

---

① 瞿葆奎主编.教育学文集·苏联教育改革(下)[M].北京:人民教育出版社,1988:416—417.
② 刘佩弦等主编.20 世纪马克思主义史——从十月革命到中共十四大 [M].北京:人民出版社,1994:267.
③ 转引自李庆余等.美国现代化道路 [M].北京:人民出版社,1994:430.
④ 沙舟.克里姆林宫 70 年内幕 [M].济南:山东人民出版社,1995:275—276.

的改革也未能奏效。"①

在苏联80年代经济"停滞"时期，对于经济和教育来说，还存在着另一个重要问题：劳动力缺乏。"随着退休人员（或在退休年龄以前死亡的人员）的增加和总的出生率的下降，进入劳动大军的净增加人员大大减少了，而净增加的劳动力对早期的经济扩展是一种关键的'投入'，例如，在70年代，进入劳动大军的新成员为2200万，而在80年代锐减到770万"。②

在国家合力克服经济停滞，努力促进经济繁荣而劳动力锐减的时候，中等教育准备毕业生就业的任务就显得极为重要。1986年12月苏联向联合国教科文组织第40届国际教育会议提交了国家报告中的"各类教育形式中的学生数量"表③清楚地说明了这一点。

表5-6 各类教育形式中的学生数量
（以学年度开始时在校学生人数为准） （单位：百万）

	1940—1941	1970—1971	1980—1981	1985—1986
学生总人数	47.6	79.6	100.2	108.0
——普通学校学生人数	35.6	49.2	44.3	44.4
——职业学校学生人数	0.7	2.6	4.0	4.1
——中等专业学校学生人数	1.0	4.4	4.6	4.5
——高等学校学生人数	0.8	4.6	5.2	5.1
——参加进修和技术培训的人数	9.5	18.9	42.1	49.9

从上表可以看出，从70年代初到80年代初到80年代中期，学生总人数不断增加（其中80年代初增加最为迅速），普通学校在校人数在80年代是稳定的（80年代初比70年代初还有减少），高等学校和中等专业学校学生人数也都比较稳定（80年代中比80年代初都略有减少）。在此期间，学生人数增加最多的是"参加进修和技术培训的人数"。这一方面反映了对于劳动力的需要，另一方面也说明，80年代苏联的高等学校和中等专业学校未能吸纳增加的学生数。

（2）科学技术的发展向劳动者提出了新的要求。虽然80年代苏联经济问题严重，经济发展速度缓慢，但苏联毕竟曾经是世界上的超级大国，只是在勃列日涅夫执政后期同西方国家在人均产值和工业效率方面的距离才被拉大。④ 所以，拥有先进生产工艺的苏联，对新投入的劳动力的劳动技术的素养，提出新的要求。巴班斯基在对《基本方针》进行评论的一篇文章引用了当时苏共总书记契尔年科的话"为了使苏维埃社会坚定不移地向着我们伟大的目标迈进，每一代人都应该把自己的教养程度和普通文化修养、职业技能和公民积极性提高到一个更高的水平……在科技革命和信息爆炸的条件下，这一规律对所有正在

---

① 刘佩弦等主编.20世纪马克思主义史——从十月革命到中共十四大[M].北京：人民出版社，1994：272.
② 保罗·肯尼迪.未雨绸缪：为21世纪做准备[M].何力译.北京：新华出版社，1994：237.
③ 本表采自国家教委教育发展与政策研究中心，中国联合国教科文组织全国委员会秘书处.世界中等教育发展与改革的趋向[M].北京：人民教育出版社，1987：519.
④ 保罗·肯尼迪.大国的兴衰[M].王保存等译.北京：求实出版社，1988：606.

学习的人和正在教导别人的人……都提出了前所未有的高要求……"[1]

在《基本方针》公布以后,无论苏联的领导人,参加《苏维埃教育学》杂志编辑部1984年圆桌会议的教育理论家,或是普通教师,在他们的文章或发言中都强调了教育同科技发展、生产力发展的关系,指出科技发展对于劳动者的新要求以及教育对于发展生产力的促进作用。经济学家的专门研究表明,在国民收入的增长中,大约有30%—40%是来自教育,而教育这一作用的发挥,关键在于教育提高了青年的教养程度。因此,在苏联努力实现生产集约化,广泛的自动化以大幅度地提高劳动生产率和产品质量的时候,学校的使命就是使青年受到最现代化的教育。最现代化的教育包括使青年深入领会生产的科学技术原理,掌握新的生产工艺过程的实际技巧,以便使他们卓有成效地在脑力劳动占很大比重的生产条件下工作。因此,普通教育向职业教育接近是促进生产力发展所必需的。

(3) 教育不适应新形势的需要。在为普通中学毕业生作升学和就业准备的问题上,苏联有几次反复。1958年的就业改革,强调劳动教育和职业训练,未能取得成功,导致教育质量下降,大批学生留级或退学。1964年的教育改革反其道而行之,取消普通中学的职业训练,"生产教学"也非常有限,随着中等教育的逐渐普及,不能升学的中学毕业生比例逐渐增大,学生因劳动训练、职业训练不足而难以"走向生活"的矛盾又一次尖锐起来,因此,苏联再次重视"深化劳动教学",发展职业技术教育。

鲍里索夫在《走向普通教育学校和职业学校统一的道路》[2] 一文中指出,苏联普通中学在综合技术教育、劳动教育、劳动教学方面的主要问题是"狭窄专业化的偏差",而造成这种偏差的主要原因是,普通学校在向加强劳动教学的方向转变时没有做更充分、更全面的准备。他认为,所谓"更充分、更全面的准备,是指要大大加强学校的物质技术基础,挑选和培训教员,研究教学方法,使生产教学的专业门类符合该地区国民经济需要,等等。"由于没有做好更充分、更全面的准备,1958年的教育改革犯了狭窄专业化的偏差,而且这种专业化在许多情况下搞成了形式主义的东西。当时,在普通中学的毕业生中,只有5%—7%的人得以按照他们学到的生产专业参加工作。

1958年教育改革的情况如此,70年代中期开始的旨在深化劳动教学、发展职业教育的转向同样出现了忽视基础教育,致使生产劳动狭窄专业化的倾向。鲍里索夫认为,"在70年代,广泛开展了职业指导工作,开始建立校际教学生产联合体。目前,全国99%的全日制中等普通教育学校都在进行劳动教学。但这样做并没有解决问题。即使在进入国民经济部门工作的中学毕业生总数增加的情况下,中学毕业生当中能够按照所受过的劳动训练而工作或学习的人仅占20%以上。由此可见,这种劳动训练目前在很大程度上还是形式主义的。"这种情况肯定不能适应形势需要。

同以往发布的关于教育改革的文件不一样,1984年公布的《基本方针》没有像以往那样具体地指出改革所针对的"主要的缺点"、"严重缺点"或"重大缺点"(唯一的例外是1964年8月10日的文件,因为这个文件太短,而且赫鲁晓夫到那一年的10月14日才"请求辞职"),只是笼统地提到改革的目的"还在于"克服学校工作中积累下来的"一系列消极现象、严重的缺点和疏忽",此外还指出"坚决根除形式主义"的种种表现。

---

[1] 瞿葆奎主编.教育学文集·苏联教育改革(下)[M].北京:人民教育出版社,1988:496.
[2] 同上书,533—542.

2. 改革的目的

提高教育质量是任何国家的任何教育改革的一个永恒的主题,差别仅仅在于,同一时期不同国家或同一国家不同时期教育改革所追求的高质量各不相同。苏联80年代在全民性广泛动员基础上进行的教育改革的最重要的目的就是更好地贯彻教学与生产劳动相结合的原则,培育全面发展的人。这项教育改革从中等教育改革开始,旨在使普通教育与职业教育接近,并提高普通教育学校和职业教育学校"教育与生产劳动相结合"的质量。所有这些,很容易给人以"似曾相识燕归来"的感觉,然而,如果我们仔细加以分析,就会发现,苏联80年代的改革体现了教育发展的一种新的方向,而这种新的方向,同《学会生存》关于扩大普通教育的建议是一致的。

继普通学校和职业学校改革之后,1987年3月,苏共中央和苏联部长会议公布了《关于高等和中等专业教育改革的基本方针》,以配合戈尔巴乔夫提出的使苏联经济"加速发展战略"。这次改革的目的在于提高专业人才的培养质量,使教育、生产和科研一体化。

苏共27大以后,苏共中央又公布了《关于教育体制改革的决定》,提出了建立连续教育系统的任务,反映了终身教育的思想。

(1) 扩大普通教育的职能,兼负普及职业教育的任务。80年代苏联的经济状况和严重缺乏劳动力的状况,要求普通教育学校为其毕业生直接从事生产劳动做好准备,换言之,普通教育学校的毕业生必须掌握一定的职业技能。

《基本方针》明确提出,教育的社会职能大大丰富了。"党力求做到使我们培养的人,不只是一定数量的知识持有者,他首先应该是一个社会主义的公民,一个积极的共产主义建设者。他不仅具有共产主义建设者所具有的思想信念、道德和志趣,而且具有高水平的劳动技能和品行修养。"

对普通学校来说,这是一个极其困难的任务。由于苏联必须"始终不渝地贯彻列宁的关于统一的、劳动的、综合技术的学校的思想",所以它不能像美国的学校那样采取分轨的办法,它必须使每一个学生同时为升学和就业做好准备。换言之,苏联普通中等学校每一个学生要同时完成美国综合学校学术轨和职业轨学生完成的学习任务。

从俄国十月社会主义革命胜利后的统一劳动学校开始,在几十年的实践中,教学与生产劳动的关系始终未能处理好。最普遍的问题是两者不可得兼,有时非但未能得兼,甚至两者都无所得。80年代的教育改革,旨在使教学和生产劳动得兼,并保证普通教育文化科学知识教学质量的同时,使学生还要掌握劳动的技能、技巧,以逐步实现普及职业教育。根据1986年苏联向国际会议提交的国家报告《苏联现阶段国民教育事业的发展状况》介绍,苏联对所有的年轻人都普及的职业教育或培训得到了加强,"在普通中等学校中,劳动教育的内容已从一般的综合内容,转变到结合某一种职业技能。""学有一技之长者可以获得一张证书。证书分为若干等级。证书的颁发是按照部长会议核准的程序进行的"。[①]

(2) 加强职业教育的基础教育。苏联80年代中等教育改革要实现的近期目标是,在普及中等教育的同时,补充实施普及的职业教育;其远景是"导致普通教育学校与职业教育学校相互接近乃至统一"。为此,普通教育学校要兼负职业教育的职能;另一方面,职业

---

① 国家教委教育发展与政策研究中心,中国联合国教科文组织全国秘书处编.世界中等教育发展与改革的趋向[M].北京:人民教育出版社,1987:522.

学校要加强普通教育和综合技术教育，使职业教育建立在扎实的基础上，以增强学生的职业适应能力。这个问题是标准的"旧话重提"。列宁在《论综合技术教育》中早就指出，人家都应该成为细木工、钳工等，但是，在进行这种职业教育时，"同时必须具有最基本的普通知识和综合技术知识"。① 苏联以往的实践所忽视的列宁的这一指示，现在得到了强调。

《基本方针》明确规定，要保证普通学校、职业技术学校等在教学内容上的衔接性，并"保证它们的普通教育的统一水平"。苏联部长会议第一副主席阿利耶夫在最高苏维埃会议上作的题为《论改革普通学校和职业学校的基本方针》中指出："这次学校改革的一个基本要求，就是要保证在普通教育学校把学生的职业教育跟进一步提高他们的普通教育素养有机地结合起来"。就职业教育来说，它一方面要使职业训练与综合技术教育正确结合起来，因为"在科技革命的条件下，综合技术教育可以大大提高工作人员对劳动内容变化的适应能力和掌握相近的、甚至完全新的职业的适应能力，可以提高他们不断地自学的能力"。另一方面，职业教育也要以普通教育为基础，"学校发展的辩证法就在于，学生的全部劳动训练和职业训练，都应该以进一步从本质上改进普通训练为基础"，因为要加深任何一门专业知识的学习，"必须以牢固掌握所有的学科为前提"。阿利耶夫强调，"只有这样去理解这次革命，并且也只有这样系统地实施改革，才能有助于我国学校胜任自己肩负的使命，也才能如同列宁所说的使学校成为'培养人格的工具'"。②

1988年苏共中央《关于教育体制改革的决定》对于职业教育的基础教育更为重视，该决定虽然"保留青年在不完全中学结业后受到职业教育的机会"，但提出，职业教育"主要在中等教育基础上培养个人和专业人员"。③ 1988年12月，苏联国家国民教育委员会主席根·亚戈金在全苏国民教育工作者代表大会上的报告中指出，在一段时期内，"某些职业技术学校将逐步改组为带有职业倾向的普通学校，其他将改为以中等教育为基础授予职业的职业技术学校"。④ 这些变化清楚地表明了普通教育和职业教育统一的倾向。

（3）建立连续教育系统。根据《关于教育体制改革的决定》，这个连续教育系统包括学前机构和校外机构、普通教育和职业技术教育、高等和中等专业学校各级教育，以及干部进修和再培养系统。虽然文件中未出现"终身教育"这个名词，但这个连续教育系统和《学会生存》中所讲的学习化社会、终身教育等概念是一致的。

1984年的《基本方针》没有提及连续教育系统，对于成人教育也未给予应有的重视。该文件关于"中等普通教育和职业教育的结构"部分只是"保留"供不具备中等教育程度的在职青年学习的夜校（轮班制学校）和函授学校。

《基本方针》公布不久，戈尔巴乔夫任苏共总书记，并很快就开始实行经济"加速发展战略"。"加速发展战略"的目标是在1986—2000年间达到国民收入翻一番，劳动生产率增长1.3至1.5倍，能源消耗降低40%，实现此目标的两个环节，一是体制改革，另一是科技发展。为此，1985年6月苏联召开科技进步会议，改革科研体制。1987年3月，

---

① 上海师范大学教育系编．列宁论教育［M］．北京：人民教育出版社，1979：260．
② 瞿葆奎主编．教育学文集·苏联教育改革（下）［M］．北京：人民教育出版社，1988：416．
③ 国家教育发展与政策研究中心编．发达国家教育改革的动向和趋势（第二集）［M］．北京：人民教育出版社，1987：441．
④ 国家教育发展与政策研究中心编．发达国家教育改革的动向和趋势（第三集）［M］．北京：人民教育出版社，1990：35．

公布高等和中等专业学校改革的"基本方针",除强调教育、生产和科研一体化之外,还要求加强高等学校在专业人才进修和再培训中的作用,加强高等和中等专业教育部对整个继续教育体系的组织领导、指导和国家视导。这时出现了"继续教育体系"的概念。

1988年苏共中央二月全会《关于教育体制改革的决定》明确提出建立"连续教育体系",乃是苏共二十七大的战略指示。该决定指出,"自我教育应该成为每一个人的内在需要和日常的事情,成为苏联的生活方式的一个不可分割的组成部分"。连续教育系统就是"使每个人都有机会""不断补充知识"。连续教育系统容纳各种各样的学习形式,"其中包括校外考生制度、政治和经济学习系统、人民大学,以及各种讲习班和讲座"。除此之外,连续教育系统还要求"更积极地利用舆论工具,尤其是电视和图书出版事业"。[①]

3. 改革的措施

苏联在80年代后半期又颁布了许多有关各级各类学校的法令、决议、条例,即使仅仅把这些文件的名称列举出来,也要占很大篇幅。在这些文件中,尤其是1989年7月一下子公布的各级各类学校的"条例"之中,都规定了若干改革措施。但这些措施对于实际工作的影响力已越来越小。由于戈尔巴乔夫的经济"加速发展战略"未取得成功,苏联暂停、甚至放弃了经济体制改革,转而进行政治体制改革。1987年戈尔巴乔夫在苏共中央全会上提出了"民主化"和"公开性"的口号,并进而推出"新思维"的理论,强调意识形态多元化。此后,苏联的政治、经济陷入混乱状态,1991年12月,苏联解体。所以,后来公布的那些文件,只是纸上的东西。这里主要讲的是1984年时采取的措施,其主要目标在于普通教育与职业教育的结合。

(1) 改革学制。在普通学校承担职业教育任务的情况下,为保证普通教育和职业教育的质量,不增加学生的学习负担,《基本方针》规定延长学制,"普通教育学校逐步变为十一年制学校"。此外,为了使延长了的学制不推迟青年就业年龄(推迟青年就业年龄将加剧劳动力紧张的状况),《基本方针》"建议使儿童提早一年,即从6岁开始入学"。

学制改革后的普通中等教育和职业教育的结构如下:

初等学校　　　　　　　　　　　一至四年级
不完全中学　　　　　　　　　　五至九年级
普通与职业中等学校　　　　　　十至十一年级普通教育学校
　　　　　　　　　　　　　　　中等职业学校
　　　　　　　　　　　　　　　中等专业学校

普通教育学校和中等职业学校的毕业生在升入高等学校继续学习方面具有同等的条件。

(2) 改组并统一职业技术教育。将不同类型、不同学制的职业技术学校改组为具有统一标准的"中等职业技术学校"。中等职业技术学校分三年制和一年制两种。三年制学校招收九年级的毕业生,三年内既接受中等普通教育,又接受职业教育,毕业时发给完全中等教育毕业证书和职业合格证书。一年制学校招收十一年制学校的毕业生,学习一年后发给职业技术证书。

(3) 调整教学内容。普通教育学校教学、教育的目标和任务作了新的规定。比较大的

[①] 国家教育发展与政策研究中心编. 发达国家教育改革的动向和趋势(第二集)[M]. 北京:人民教育出版社,1987:444.

变动是，不完全中学要向学生介绍现代生产的科学原理和主要职业，养成学生独立工作的技能和技巧；完全中学要扩大学生获得一种通用职业的起始级别的可能性。此外，从二年级起，每个年级都增加了学生参加公益劳动和生产劳动的时间。

在教学内容方面，普通学校的高年级、职业技术学校和中等专业学校都开设《信息论和电子计算机技术基础》、《家庭生活伦理学和心理学》。普通学校还增加职业教学。

（4）建立普通教育学校基地企业。1984年的教育改革不是仅仅限于教育系统内部，而是波及整个社会。为了给普通教育和职业教育的改革创造条件，苏联部长会议颁布了《普通教育学校基地企业条例》，规定完全中学、九年制学校等都要有各自所依靠的基地企业。作为学校"基地企业"的企业和机构包括：工业、建筑业、交通运输业、邮电业、服务业等部门的企业、集体农庄、国营农场、林场等。一所学校可以有几家基地企业，一家企业也可以充当几所学校的基地企业。

苏联80年代的经济改革是失败的，戈尔巴乔夫以"民主化"、"公开性"和"新思维"为中心的政治改革导致了苏联的解体，然而，1984年的教育改革和1988年的连续教育体系的概念却有可取之处。普通教育和职业教育的接近乃至统一，以及终身教育的思想，体现了未来教育发展的趋势。1984年的改革打开了学校的大门，密切了学校与工农企业之间的关系，加强了教育与社会的联系，这无论对于经济、社会的发展以及学生个性的发展，都具有很大的积极意义。苏联部长会议统计委员会的资料表明，1988—1989年度全苏全日制普通学校中，具有各种劳动形式的小工厂的学校数占66%。此外还建立了一大批普通学校基地企业，下表表明全苏1988—1989年度供7—10（11）年级参加社会公益生产劳动和接受职业训练的学校企业基地数。[①]

表5-7　1988—1989年度全苏供7—10（11）年级参加社会
公益生产劳动、接受职业训练的学校企业基地数

名称	总数	其中位于城市的	其中位于乡村的
校际教学生产联合体	3023所 （37.84万个工作岗位）	2014所 （30.77万个工作岗位）	1009所 （7.07万个工作岗位）
企业（农庄）的教学车间或工段	41977个 （65.06万个工作岗位）	17621个 （34.97万个工作岗位）	24356个 （30.09万个工作岗位）
校际或学校教学生产车间	7860个 （14.32万个工作岗位）	4094所 （9.16万个工作岗位）	3766个 （5.16万个工作岗位）
学生接受职业训练的职业技术学校	1694所 （5.23万个工作岗位）	1425所 （4.62万个工作岗位）	269所 （6100个工作岗位）
学生接受职业教育参加社会公益生产劳动的工作岗位	292.2万个 （其中由企业装备的占39.4%）	167.7万个 （由企业装备的占41.6%）	124.5万个 （由企业装备的占36.6%）

资料来源：苏联部长会议统计委员会：《苏联的国民教育与文化》（统计汇编）第123页．莫斯科俄文版，1989年。

---

① 本表采自刘世峰．前苏联实施教劳结合70年述评［M］.//王绍兰主编．国外教育同生产劳动相结合模式［M］．北京：教育科学出版社，1995；81．

三、重视个性：日本的第三次教育改革

第二次世界大战结束时，虽然设有"远东委员会"和"盟国管制日本委员会"两个盟国的机构，但盟国这些机构的任何决定，都得通过美国政府和美国占领军总司令部去执行，所以，实际上日本由美国单独占领。美国单独占领日本这一事实，深刻地影响了日本战后的改革。

战后"冷战"格局的形成，中华人民共和国的成立，使美国重新考虑日本的地位和作用。为了使日本对共产主义发挥"防波堤"的作用，美国执行了新的对日政策。在美国的促动下，1951年9月在美国旧金山召开对日和会。此后，美国对日本实行半占领状态，这就是所谓"旧金山体制"。1960年，美日"新安保条约"签订，美国对日内政的干涉权缩小，合作范围扩大，这是美日关系的新的调整。

美军的单独占领，"冷战"时期美国对日政策的改变，以及50年代初日本左翼政治力量的分裂，使日本保守政治势力长期单独执政。此外，美国"冷战"的需要，50年代初朝鲜战争的爆发，新科技革命成果的广泛利用以及其他多种因素，使日本经济在战后得以迅速恢复并高速发展。70年代初，日本成为经济大国。

在教育方面，第二次世界大战结束不久应美国驻日占领军总司令部的要求，美国教育使节团在对日本教育状况进行大约一个月的调查研究之后，1946年4月向占领军总司令部提交了报告书。1946年8月，日本文部省成立"教育刷新委员会"，着手进行以美国教育使节团向美国总司令部的报告为蓝本的教育改革。如果把日本明治维新时期的教育改革称作日本第一次重大的教育改革，那么，战后的这一次教育改革则是日本的第二次教育改革。

第二次教育改革与日本战后的政治改革几乎是同时进行的。1946年11月，标志着政治改革开始的日本新宪法公布；1947年3月，与日本新宪法精神一致的日本《基本教育法》、《学校教育法》颁布。这次在美军强制下的改革不可避免地要留下美国的印记。《基本教育法》规定教育的主旨在于"建设既有民主又有文化的国家，为世界和平和人类福利事业做出应有的贡献"；"教育必须以陶冶人格为目标，培养出和平国家和社会的建设者，爱好真理和正义、尊重个人的价值、注重劳动与责任、充满独立自主精神的身心健康的国民"。[①]

第三次教育改革发端于60年代末、70年代初。1971年6月，中央教育审议会颁布了《今后学校教育的综合扩充与整顿的基本措施》，提出了"立足于长期预想之上"的"关于学校教育改革的基本设想"，以及"今后的基本措施的模式"。当时文部省也采取了若干改革的措施。由于1971年的"尼克松冲击"和1973年10月中东战争后的"石油危机"[②]，对经济问题的关注降低了教育改革的热情，改革实际上处于停滞状态。

80年代以后，日本经济的发展进入了一个新的时期，教育改革的问题再次引起重视。1984年起，教育改革全面展开。第三次教育改革的一个极其重要的内容是建立一个以

---

① 瞿葆奎主编. 教育学文集·日本教育改革 [M]. 北京：人民教育出版社，1991：51.
② 所谓"尼克松冲击"指1971年8月美国总统尼克松宣布的"新经济政策"对日本经济造成的后果。60年代是日本以输出急剧增长为背景的经济高速增长期，同时，日美的经济摩擦也加深。为保护本国经济利益，尼克松宣布以停止黄金与美元兑换和增收进口商品附加税为主要内容的"新经济政策"，后又迫使日元升值。这使以贸易为经济发展主要手段、以美国为主要贸易伙伴的日本在经济上受到沉重打击。"石油危机"指1973年中东战争以后石油价格大幅度上升。日本60年代经济增长的一个重要原因是中东的石油价格低廉，1973年以后石油价格的大幅度上升，提高了日本产品的成本，降低了在市场上的竞争力。

"重视个性","向终身教育体系过渡"为基轴的教育体系。

1. 改革的背景

日本 80 年代展开的教育改革旨在革除与日本经济、政治发展以及新科技革命时代不相适应的教育上的症结,以便使教育更适应社会的需要。

(1)"科技立国"的需要。19 世纪 50 年代,日本幕府的锁国体制被西方列强的大炮轰垮,被迫签订不平等条约以后,1868 年开始"明治维新",自明治维新以后,日本开始了长达 100 多年的"追赶型现代化"的历史。为了现代化,日本可谓使用了各种手段,甚至不惜发动侵略战争,掠夺别国的财富。到 20 世纪 80 年代,日本终于实现了梦寐以求的"现代化"。"1981 年,日本国民生产总值为 11270 亿美元,超过苏联,仅次于美国。1987 年国民生产总值达 23850 亿美元,人均国民生产总值达 19642 美元,超过了美国,在西方主要发达国家中独占鳌头,成了一个名副其实的经济大国。"①

从 80 年代起,日本结束了"赶超型现代化"的历史,同时调整了经济发展的战略。在新科技革命不断深入的情况下,科学技术厅《1979 年度科学技术白皮书》和通产省《80 年代通商产业政策研究会报告》提出用"科技立国"代替"贸易立国"的构想。1983 年 8 月,日本政府发表《80 年代经济社会的展望与方针》,确认了"科技立国"的方针。所谓"科技立国",是指使独创性的科学技术成为支撑国家经济发展的命脉。在独创性的科学技术中,日本特别强调以电子计算机为中心的产业革命,以及情报信息革命和能源革命。

确立了"科技立国"的政策以后,日本在 80 年代扩大了知识密集型产品的生产(同时扩大资本和技术的输出,将能源、资源、劳动力耗费大的产业向国外转移)。保罗·肯尼迪认为,如果 80 年代"日本在技术和制造方面获得的成功能为今后若干年引路,那么日本在更新的领域——航空航天、软件、生物技术——取得突破的速度可能比它的竞争对手已有思想准备的速度更快。例如,仅在 1980 年至 1989 年期间,日本在全世界重要的高技术产品出口中所占比例大幅度上升,在一些情况下简直是从零开始上升。表 5-8 是 1980 年至 1989 年日本产品在全世界高技术出口产品中所占的比例及名次。

表 5-8 1980 年至 1989 年日本高技术产品在全世界
同类产品出口中所占百分比及名次

产品名称	1980 年		1989 年	
	比例(%)	名次	比例(%)	名次
微电子产品	13.2	2	22.1	1
计算机			17.5	2
电信设备	10.3	4	24.7	1
机床和机器人	11.3	3	23.3	1
科学/精密设备	7.1	5	12.9	3

资料来源:保罗·肯尼迪.何力译:《未雨绸缪:为 21 世纪做准备》,新华出版社,1994 年,第 144—145 页。

说明:保罗·肯尼迪在书中只列出每种产品出口比例占前 5 名的国家。1980 年计算机出口前 5 名的国家不包括日本。1980 年计算机出口居第五名的国家是意大利,所占的比例为 6.6%。日本当年计算机出口的名次和比例显然低于意大利。

---

① 陈志江.当今日本教育概览[M].郑州:河南教育出版社,1994:1.

保罗·肯尼迪指出,"既然这些技术(微电子、电信设备)中的许多技术成为全世界金融和信息革命的实际手段,那么信息革命的进一步发展将成为一种'反馈回路',再次促进日本工业的发展"。①

(2) 走向政治大国的需要。战后美军单独占领日本的事实,使日本在政治、经济、军事、教育等各个领域长期依附美国。"新安保条约"尽管比"旧金山体制"减弱了美国对日本的控制,但日本"政治侏儒"的地位并未改变。

70年代起,日本由战败国转变为经济大国,财大气粗的日本当然不甘心于美国政治附庸的地位,在日美经济摩擦增多、加重的情况下,政治上也想取得与经济大国"相称"的地位。在肯定日美关系为主轴的同时,日本从70年代起注意努力改变日中、日苏关系,奉行所谓"不偏不倚"的政策,力图表明日本对美国的政治关系已经从"依赖"转变为"伙伴"。

1981年,当时的日本首相铃木善幸访美时,明确指出日本已经开始"第三次远航"②。此后日本的政要始终以政治大国为自己的目标。90年代以后,日本与德国更是力图使自己成为联合国安理会的常任理事国。为此,日本利用自己拥有的经济实力广结善缘,力图使更多的国家承认日本"能起领导作用",以取得政治大国的地位。

(3) "教育荒废"。"教育荒废"是日本人用以概括日本教育弊端的概念,而不是指日本教育事业的荒废。事实上,就教育的事业来说,日本自明治维新以后,几乎从未荒废过。日本前首相福田赳夫曾经说过,"资源小国的日本,经历了诸多考验得以在短期内建成今日之日本,其原因在于教育水平和教育普及的提高"。③ 表5-9清楚地表明了这一点。

表 5-9　日本各级教育机构招生年龄组比率及学生升学比率

年份	5岁儿童进入幼儿园的比例(%)	学龄儿童入学比例%		升入高中学生比例%	升入高校的高中毕业生比例%
		小学	初中		
1951	——	99.72	99.47	45.6	23.6
1961	31.1	99.82	99.93	62.3	17.9
1971	56.2	99.83	99.89	85.0	26.8
1981	64.4	99.98	99.99	94.3	31.4
1985	63.7	99.99	99.99	94.1	30.5

资料来源:国家教委教育发展与政策研究中心、中国联合国教科文组织全国委员会秘书处编:《世界中等教育发展与改革的趋势》,人民教育出版社,1987年,第451—453页。

造成日本"教育荒废"的原因非常复杂,明治维新时期以来的"赶超型现代化"的需要,显然是一个重要的因素。就"教育荒废"的现象来说,主要表现在下列几个方面。

第一,划一性。划一性指教育内容、教育方法及管理体制刻板划一。划一性是日本长

---

① 保罗·肯尼迪.未雨绸缪:为21世纪做准备[M].何力译.北京:新华出版社,1994:146.
② 第一次远航指明治维新,日本由幕府制度转变为资本主义制度;第二次远航是战后日本由战败国转变为经济大国;第三次远航是指经济大国向政治大国的转变。
③ 转引自杨德广等主编.世界教育兴邦与教育改革[M].上海:同济大学出版社,1990:214.

期"赶超型现代化"的在教育领域的表现,实际上是近代工业管理模式在教育领域的移植。划一性的教育追求的是工业化生产所必需的标准化,它表现在许多方面。

就学校制度来说,划一性的表现是固执于从小学到大学的"六—三—三—四"制的单轨型学校制度,不能适应日本不断变化中的产业结构对不同规格人才的需求。

就教育行政来说,政府对学校的干涉越来越多。"1956年以后,日本将学校董事会由选举产生改为由官方任命。同时,下达了固定的学习内容和课程设置,文部省对教材的审定也越来越严格。政府重新掌握了对教学内容的控制大权。"① 这种划一的管理使学校丧失了个性、主动性和积极性。

就教育内容来说,划一性注重标准课程,标准化的知识,统一的纪律和价值观。虽然划一性在标准的知识传授方面可以提高效率,但这种效率将牺牲学生的思考力和创造力,妨碍学生的个性发展,并将降低学生适应变化的努力。

日本的香山健一教授对这种划一性的教育作了比较中肯的评价:"这样的近代化学校制度在包括我国在内的现代工业先进国家中取得了极大的成功。然而随着这一成功,这个制度的耐用年数已经终结而陈腐化。"②

第二,封闭性。封闭性指学校与社会生活相脱离。学校是一个封闭的系统,同学校系统之外的其他文化机构缺乏交流和联系。同时,学校之间也缺乏互相沟通。日本临时教育审议会"在给文部省和教师联合会的一份不公开的材料中指出,甚至在教育界还存在着严重的互不信任和互相猜疑"。③

封闭性的另一个表现是非国际化,既不努力了解国际社会和各种外国文化,也不努力向国际社会了解日本文化和日本社会。

封闭性造成的后果是学生缺乏自我表现的能力、交流的能力和社交的能力。

第三,过度的竞争性。过度的竞争性即所谓考试中心主义。战后,随着日本经济的恢复和发展,工业界和经济界为了提高日本产品在国际市场上的竞争能力,希望通过教育开发人力资源来支持经济的持续增长,除了标准化的课程、标准化的知识要求之外,作为选拔人才之主要手段的考试受到了进一步的重视。学生以及他们的家长都把进名牌大学学习作为主要奋斗目标,由于教育供给划一性的单轨体制,势必使教育的竞争演变为教育需求一方的单方面竞争。此外,工业发展和社会竞争滋长了教育中的"能力主义"和社会上的"学历主义"。这样,学生在升学方面的竞争成为决定青年一生前途的生死线。

日本有人把教育的划一性及过度竞争性称作"教育公害",大桥薰认为是"教育自身功能的失常","其直接原因是由于升学竞争"。大桥薰指出,在日本教育存在的诸多"病状"中"尤其是围绕升学而产生的烦恼和问题更为严重。例如,为成绩忧虑,自信心丧失,父子间、师生间、学生间的矛盾冲突,神经衰弱等等,都属于这一类。"他引用文部省《中学生自杀实际情况调查》所披露的情况:1974年中初中生自杀的人数是69人,高中生有208人,其动机和理由大半是出于学业成绩不良和出路问题。他指出:"自杀原因

---

① 陈志江. 当今日本教育概览[M]. 郑州:河南教育出版社,1994:15.
② 香山健一. 为了自由的教育改革——从划一主义到多样化的选择[M]. 刘晓民译. 北京:高等教育出版社,1990:8.
③ 国家教育发展与政策研究中心编. 发达国家教育改革的动向和趋势(第二集)[M]. 北京:人民教育出版社,1987:633.

多数与教育相关,这不能不认为是一种教育的失常现象,恐怕这种现象在世界上也是罕见的吧。在此,我觉得我国的教育已到了病入膏肓的境地。"①

第四,大学教育质量和科研水平偏低。上文已经讲到,教育的划一性、封闭性使学校间缺乏交流,同时也使各学校丧失了自己的个性,这种现象也出现在高等教育领域之中。"高等教育大众化的实现给大学带来了'非本意学习者',学生素质下降,入学又没有淘汰制,并且大学之间存在着稳定不变的等级结构,因此踏进大学校门的人可以不再继续用功学习而凭借学校的社会威望获得理想的职业。"此外,"日本大学在基础科学领域和纯理论学科方面的水准低于其他发达国家"。②

关于日本当时教育存在的问题,日本临时教育审议会有过很好的概括:"我国的教育过多地培养了以死记硬背为中心的、缺乏主见和创造能力的、没有个性的单一规格的人才;对日本人应有的形象缺乏自觉;大学教育及其研究水平得到国际上公认的还不多;研究人员的交流、外语教学等方面还不适应国际化的要求。所有这些问题,都是由于教育制度及其运用的划一性、僵硬性的弊端所造成的。"③

2. 教育改革的原则和措施

根据日本80年代政治、经济的新发展以及教育存在的不适应的背景,日本的国家临时教育审议会(成立于1984年8月,是一个向首相提供教育改革咨询意见的机构)提出了有针对性的教育改革的原则。

临时教育审议会在1985年的第一次咨询报告中提出,日本的教育改革应该始终从长远着眼,同时又要考虑亟待解决的问题。为此,该审议会提出了教育改革的8项基本原则:进一步尊重个性;重视基础知识和基础技能;培养创造力、思维能力和表达能力;提供更多的教育选择机会;使教育环境个性化;向终身学习体系过渡;适应国际化;适应信息时代。

1987年8月,临时教育审议会在第四次咨询报告(终结报告)中,将改革的基本观点概括为3条:"重视个性原则";"向终身学习体系过渡";"适应时代的变化"。审议会强调,重视个性原则乃是这次教育改革最基本的原则。

就这3条改革的观点或原则的结构来说,"适应时代变化"是这次改革欲实现的目标。本章前面部分曾经讲过,孔布斯把教育与环境不相适应看做是世界性的教育危机的本质。在新科技革命和世界政治、经济发生急剧变化的时代,教育的重要性已经普遍为世界各国承认,改革教育以适应不断发展的形势的需要也是各国努力的目标,而且各国的"不适应"又有不同的表现。对于日本来说,教育不适应形势需要的症结在于教育的划一性、封闭性所造成的受教育者缺乏个性、单一规格的缺陷,因此,"重视个性原则"乃是这次改革用以指导教育内容、教育方法等教育实践的原则。终身学习的体系无疑是实现教育改革目标在教育体制上的保证,也是克服日本学历社会和线性的单轨教育制度的一剂良药。

(1)重视个性原则。临时教育审议会的每一次咨询报告都强调这一原则,认为"这次教育改革最重要的任务,是克服迄今为止我国教育根深蒂固的弊端——划一性、刻板性和

---

① 张人杰主编. 国外教育社会学基本文选[M]. 上海:华东师范大学出版社,1989:485,505.
② 袁振国主编. 对峙与融合——20世纪的教育改革[M]. 济南:山东教育出版社,1995:93.
③ 瞿葆奎主编. 教育学文集·日本教育改革[M]. 北京:人民教育出版社,1991:416.

封闭性,确立维护个人尊严、尊重个性、强调自由、自律和自我负责的原则,亦即确立'重视个性的原则'"。①

日本受中国儒家文化影响很深,无论在家庭生活或社会生活中,都维持着压抑个性的等级制度。明治维新以后,在"赶超型现代化"的模式下,为保证效率和稳定,教育存在着不尊重个人尊严、不尊重个性,不考虑个人的独特性和自由,忽视培养自主精神的缺陷。第二次世界大战以后,美国式的民主、自由观念曾给日本以巨大冲击。1946年3月的《第一次美国教育使节团报告书》对于日本高度集权的教育制度,官僚主义的教育行政,划一的注入式教学方法,专制主义的教育理念曾给予批判,并建议教育目的要重视个性发展。1950年9月的《第二次美国教育使节团报告书》又指出,对人性的信仰,亦即对每个人价值的信仰,乃是实现自由的民主政治的必要基础。美国教育使节团的建议虽然使日本战后的《教育基本法》规定了教育以陶冶人格为目标,要尊重个人的价值,然而,这只是写在纸上的东西。"战后由占领军进行的教育改革,是利用这种划一性的教育制度,从上层进行的。支配国民学校的纳粹主义意识形态只是表面上换成日教组等左翼国家社会主义意识形态而继续维持下去,而民主主义常常堕落为划一性格极强的专制主义和民主主义,由此带来的危害则更大。"②

第二次教育改革并未真正触动日本教育不重视个性这一痼疾,相反,在日本战后走向经济大国的过程中,反而愈演愈烈,以致使"重视个性原则"成为第三次教育改革最基本的原则。这一原则的具体要点是:

第一,尊重学生的自由、自主。在自由选择机会日益增多的社会里,教育要克服过去僵化的划一性,以维持个人尊严,尊重个性为基础。但是,自由、自主不能脱离责任感,自由的增加也意味着责任的加重,所以,要培养学生对于更加加重的责任具有承受的能力。

第二,重视培养学生的创造能力,思维能力和表达能力。这些能力都是艺术、科学、技术等领域所必需的素质和能力。为此,必须抛弃过去的以记忆为中心的"填鸭式教育",否则将无法适应21世纪的社会变化。应该注意的是,这些能力的培养与个性的发展存在着辩证的关系:只有发挥个性,才能产生真正的创造性,而丰富多样的个性只有在"掌握基础知识和基本技能"的基础上才能形成。

第三,必须努力使环境"人性化"。要造就宽广心怀的创造型人才,需要有妥善的教育体系,应该让儿童在自然环境中锻炼身心,改善教育条件,同时教师也要善于了解儿童。

第四,增加学生选择教育的机会。为了满足人们多层次、多样化的教育需求,必须克服教育体制划一性、封闭性的弊端,使教育行政和教育制度具有灵活性。教育要分权管理,放宽有关规章制度。

(2)向终身学习体系过渡。临时教育审议会认为:"为了主动适应社会变化,建设富有活力的社会,必须克服学历社会的弊端,满足人民因学习意欲增强、各种教育服务机构的出现以及科学技术的发展所产生的新的学习需要,必须扭转学校中心的思想,统筹建立

---

① 瞿葆奎主编.教育学文集·日本教育改革[M].北京:人民教育出版社,1991:624.
② 香山健一.为了自由的教育改革——从划一主义到多样化的选择[M].刘晓民译.北京:高等教育出版社,1990:10.原书对引文中"日教组"的注释是:日本教职员工会的简称.

以向终身学习体系过渡为基轴的教育体系。"①

日本是接受终身教育概念比较早的国家。自 1965 年联合国教科文组织提出终身教育的概念之后，日本 1966 年的中央教育审议会、1971 年的社会教育审议会、1981 年的中央教育审议会以及 1984 年的临时中央审议会，都把终身教育作为贯穿整个教育制度的指导思想。这除了日本的所谓"成熟社会"的需要之外，同日本社会中存在的严重的学历主义也有关系。

日本的教育社会学家天野郁夫认为，在现代社会的选拔和分配过程中，学校教育作为一种制度，与其他任何一种选拔和分配制度都有密切的联系。学校制度内部通过考试，尤其是升学考试进行的"教育选拔"，在社会选拔的全过程中占有越来越大的比重，而且教育选拔和职业选拔，在各个方面都获得了有机的结合。② 这一点在日本尤为明显。日本的大企业总是优先雇佣名牌大学的毕业生，正像日本学者森岛通夫所说的那样，"在今天的日本，一个人全部生活的幸福，实际上仍取决于他是否能够受雇于一个大企业"。③ 这样，能否升入大学以及升入什么类型的大学，就决定了青年人日后能获得什么样的职业，过什么样的生活。这是日本的所谓"学历主义"的一个极其重要的表现。

向终身学习体系过渡原则的要点如下：

第一，对人的评价多元化。为了克服学历主义的弊端，一方面要改变偏重以学历作为评价人的标准的状况，必须形成这样的社会意识，即无论何时何处所学，其成果都应得到恰当的评价。另一方面要摆脱学校自己封闭的状况，改善教育结构和社会结构，给任何年龄人的学习创造条件。

第二，形成综合性的学习网络。除了学校教育、社会教育、职业教育之外，还要发展民间的学习活动、文化活动、体育活动，以及信息产业活动，以适应闲暇时间增多、人口趋向老龄化的社会中每个人的学习需要。

第三，扩大学校和科研机构的教育作用。为适应在科学技术迅速发展时代人们学习的需要，学校和科研机构必须建立与时代发展相适应的新的学科体系，并加强与其他机构和企业的联系，以便使人们学到新知识、新技术。

第四，发挥家庭、学校和社区各自的教育职能，并加强三者之间的合作。

（3）适应时代的变化。在这个方面，主要是适应国际化和信息化。

就适应国际化来说，主要是使教育服务于"第三次远航"这一国家的目标。对于日本来说，要实现这一目标，困难很多。第二次世界大战期间，日本侵略军的所作所为给受害各国人民留下了难以磨灭的印象，更为严重的是，直到今天，日本还有不少人不承认战争的责任。此外，在国际交往中，尤其在国际贸易活动中，日本与别国的摩擦也日益加剧。为了改变别人心目中"经济动物"的印象，确定在国际社会中大国的地位，日本作了多方面的努力。除了利用自己的经济实力扩大对别国经济援助以改善关系，加强各个方面的国际交流之外，在 80 年代的第三次教育改革中明确提出了适应国际化的原则。适应国际化

---

① 瞿葆奎主编. 教育学文集·日本教育改革 [M]. 北京：人民教育出版社，1991：625.
② 天野郁夫. 社会选拔与教育 [M].//张人杰主编. 国外教育社会学基本文选. 上海：华东师范大学出版社，1989：152—165.
③ 转引自朱永新等主编. 当代日本教育改革 [M]. 太原：山西教育出版社，1992：74.

的要点是：

第一，促进学生对于国际社会的理解。第二次世界大战刚结束时，日本在这个方面曾经有过反省。1946年5月，文部省颁布的《新教育方针》中表示，由于不了解"西洋文化"而挑起了战争，"暴露了日本的弱点和国民的极大错误。我们必须努力发扬日本国民的优点——摄取力和同化性，从根本上充分吸取西洋文化的实质，并使之成为自己的东西"。[1] 后来，在1953年文部省的学习指导要领中，也提出发展国际理解教育，培养学生对世界历史和文化的理解。80年代以后，国际理解教育进一步加强，其重点在"异国文化教育"方面，"在日本的都道府县中，不少高中、短期大学、大学纷纷开设了诸如国际文化科，国际政治科等等。借用'国际'用语设置的学科多达38门以上，与前几年相比增加了三倍之多"。[2]

第二，加强教育的国际交流。国际交流表现在两个方面：使日本的教育向国际开放；促进国际协作。

在使日本的教育向国际开放方面，主要措施有：建立新型的国际学校，积极接受归国子女和外国人子女入学，并为他们开辟升学渠道。建立和充实外国留学生接纳体制。采取增加向外国留学生颁发奖学金的名额，经济补助自费留学生等措施，以吸引外国留学生，同时增加外国留学生来日本高等教育机构短期进修的机会。对于海外日本人子女的教育，注重使他们掌握作为日本人所应具备的基础知识，并根据他们所在国家的实际情况，让他们尽可能多地积累当地的生活经验。

为了促进教育方面的国际合作，日本增加派往海外进修的人数，文部省采取承认留学生在国外获得的学位的办法，鼓励日本的学生去海外留学。此外，积极参与联合国教科文组织，经济合作和发展组织等国际组织以及区域性组织的各种教育合作计划等，以扩大日本在海外的影响。

第三，加强外语和日语教学。加强外语教学主要是加强英语教学，要重新研究贯穿于初中、高中与大学的英语教学模式，使英语教学的内容和方法适应学习者的能力和多种去向。大学入学考试应合理地评价学生的英语能力。为提高外语教学水平，日本除了聘请外籍教师外，还派遣外语教师去国外作长期或短期的进修。

加强日语教学，努力使日语成为国际通用语也是国际化的一个重要方面。为此，一方面加强日本学校外国人子女的日语教育，另一方面通过各种途径鼓励外国人学习日语。

教育适应时代变化的另一个方面是教育要适应信息化社会的需要。日本从80年代起进入了信息革命的时代。信息时代既给教育带来新的手段，又给教育提出新的要求。教育适应信息化社会的主旨在于，克服信息化社会对于人的个性发展可能带来的种种负面影响，促使信息化社会同自然环境和传统文化融合，使丰富的人性在信息化社会中得以充分发展。为此，日本临时教育审议会的第四次咨询报告提出了下列适应信息化社会教育改革的方略。[3]

第一，确定信息道德。信息既可以使人得益，也可以使人受害，在信息化社会中，随着个人接受信息能力和信息传播能力的提高，为控制信息对他人和社会可能产生的负面影

---

[1] 瞿葆奎主编. 教育学文集·日本教育改革 [M]. 北京：人民教育出版社，1991：45.
[2] 朱永新等主编. 当代日本教育改革 [M]. 太原：山西教育出版社，1992：160.
[3] 瞿葆奎主编. 教育学文集·日本教育改革 [M]. 北京：人民教育出版社，1991：647-648.

响，必须提高对信息价值的认识，并确立"信息道德"。

第二，构造信息化社会学习系统。现代信息技术是教育可资利用的一种重要的手段或资源，为了激发学习者学习的自觉性和创造性，适应学习者个别化、多样化的学习要求，并使全体社会成员受益，必须构造信息化社会学习系统，为此，应该建立"旨在对培养信息利用能力的教学内容和方法进行研究"的体制，"旨在对教育各个领域中最合适的信息媒介进行研究开发的体制"，"旨在培养能积极灵活地使用信息媒介机器和教材的教师的教育体制"，"旨在对信息机器的副作用等问题进行研究的体制。"

第三，有效运用信息手段。不同层次、不同教育机构中信息运用手段应该有不同的要求。对于初等教育、中等教育和社会教育来说，"应当促进优质软件的开发、积累与流通，提高教师在适应信息化方面的素质，推进与信息手段在教育中的实际运用有关的应用研究"。在高等教育和学术研究中，为了有效地运用信息手段，并"培养能够引导信息化社会对人类的精神与文化发展起推动作用的人才"，应该在大学中增设与信息科学有关的系统，完善学术情报系统，实现图书馆的信息化，并要考虑设置新型的教育研究组织，以便培养尖端的科学技术人才。此外，还要利用现代信息手段，办好高等教育领域内的远距离教育。

第四，创造信息环境。为了建设理想化的信息化社会，建立健全的信息基础，必须"在学校等各种教育场所中创造信息环境"；"建立开放型的基本信息储存库并相应开发简便有效的基本信息储存库构造系统"；"积极有效地将计算机图像等模拟环境运用于教育领域"；"充分发挥电视等传播媒介在终身学习中的积极作用"。

日本的第三次教育改革是一次全面的、整体性的改革，除了上面列举的那些内容之外，振兴学术研究、加强教育立法、改革教育行政与财政等也是一些重要的方面。这次改革力图改变明治维新以来的"赶超型现代化"，并实现由经济大国向政治大国转化的背景下进行的。如果说，日本的第一次改革是主动模仿西方、第二次改革是在美军的刺刀下被迫模仿西方，那么，这一次改革既无外国强迫的成分，也无可资模仿的榜样。"由于没有可效仿的既成模式，因此特别要求借鉴历史经验和各国人民的多种多样的经验，进行大胆坦率、自由豁达的论争，开动自己的头脑，发挥自由的创造性。"[①] 因此，日本的这一次改革代表了现代工业发达国家教育发展的一种具有创造性的尝试。

四、重点转移：80年代发展中国家的教育调整

本来就很不平衡的发展中国家，经过几十年以后，这种不平衡更为突出。20世纪60年代时，韩国的人均国民生产总值与非洲的加纳相同（230美元），而到80年代末90年代初，韩国却是加纳的10至12倍。保罗·肯尼迪认为，发展中国家既有"赢家"也有"输家"。输和赢的原因很多，他认为，这里的关键问题是：采用什么办法使一个国家由"穷"变"富"？是仅仅模仿外国的经济技术，还是应当包括学习诸如文化、社会结构、对外国做法的态度等无形的东西？事实上，保罗·肯尼迪之所谓发展中国家中的赢家为数不多，主要在太平洋和东亚地区、盛产石油的阿拉伯国家。就亚洲、非洲、拉丁美洲大多数国家来说，同发达国家和地区的差距仍然很大。[②]

---

① 香山健一. 为了自由的教育改革——从划一主义到多样化的选择 [M]. 刘晓民译. 北京：高等教育出版社，1990：6.
② 保罗·肯尼迪. 未雨绸缪：为21世纪做准备 [M]. 何力译. 北京：新华出版社，1994：186—221.

除了面临普遍存在的世界性教育危机之外,发展中国家的教育在"80年代初期,又出现了新的危机。70年代中期的第一次油价冲击在工业发达国家引发的重大经济衰退在70年代末期和80年代初期波及大多数发展中国家,造成预算赤字,严重影响了政府资助教育的能力。这就加深了教育系统中业已存在的严重问题和失衡状况"。① 对于亚洲、非洲、拉丁美洲大多数发展中国家来说,80年代是教育严重困难的时期,或教育危机的时期,在此期间,教育不得不进行全面调整。这种调整可以用重点转移来加以概括。具体地说,教育目标从专注于国家经济的发展转而更多地考虑教育在促进社会平等以及国家的稳定和发展方面的作用;教育的结构从专注于正规的高等、中等学校教育转而注重初等教育和非正规教育的发展。

1. 教育面临的种种问题

80年代大多数发展中国家教育面临的种种问题,既有影响教育事业发展的国家经济的困难,也有教育自身的问题。

(1)教育经费减少。发展中国家在50年代、60年代,曾经出现过很好的经济发展的形势,后来,由于人口增长过快(1960年至1990年间,非洲总人口从2.81亿增至6.47亿),经济单一,特别是70年代中期世界农、矿产品价格下跌,制成品价格昂贵,使非洲经济受到很大损失。"其结果是,非洲的债务总额从1973年的140亿增加到1987年的1250亿美元,而其还债能力却迅速下降;到80年代中期,非洲用于还债的数额约占其出口收入的一半。"② 拉丁美洲在50年代至70年代末经济发展速度较快,该地区国内生产总值年增长率高于其他发展中国家和发达国家,但是,在80年代也陷入经济危机。"1981—1991年,拉美和加勒比地区34国的人均产值下降了8.1%,……1991年,拉丁美洲的人均产值只相当于1980年的91.9%。"③

在经济发展停滞、不得不压缩开支的情况下,教育经费往往是首先考虑压缩的项目之一,所以,70年代世界上普遍存在的"教育先行"的现象有了改变。80年代,发展中国家的实际公共教育经费普遍下降,发展中国家,尤其是非洲和拉丁美洲国家,教育经费的增长率低于国民收入增长率。表5-10反映了这种变化的情况。

表5-10 1970—1986年间发展中国家公共教育经费(占国民生产总值的百分比)

地 区	1970	1975	1980	1986
非洲(阿拉伯国家除外)	3.4	3.9	5.2	4.4
亚洲(阿拉伯国家除外)	3.5	4.2	4.6	4.4
阿拉伯国家	4.7	5.9	4.5	6.7
拉丁美洲及加勒比海地区	3.3	3.5	3.9	3.5

资料来源:联合国教科文组织各年的《统计年鉴》,本表的数字转引自雅克·哈拉克著,尤莉莉等译:《投资于未来:确定发展中国家教育重点》,教育科学出版社,1993年,第12、26页。

---

① 雅克·哈拉克. 投资于未来:确定发展中国家教育重点[M]. 尤莉莉等译. 北京:教育科学出版社,1993:25.
② 保罗·肯尼迪. 未雨绸缪:为21世纪做准备[M]. 何力译. 北京:新华出版社,1994:208.
③ 曾昭耀等主编. 战后拉丁美洲教育研究[M]. 南昌:江西教育出版社,1994:205.

从表 5-10 可以看出,在 70 年代,发展中国家教育经费占国民生产总值的比例在持续上升,然而,在 80 年代,除阿拉伯国家之外,教育经费所占的比重普遍下降。据联合国教科文组织估测,1980 年至 1986 年间,发展中国家人均公共教育经费从 29 美元降至 27 美元。教育经费的减少直接影响了教育事业的发展。由于高等学校对于发展中国家的政治影响大,加之社会上争上大学的风气盛行,所以,尽管高等教育的发展也受到经济因素的影响,但影响最大的却是初等教育。据联合国教科文组织统计办公室主任加尔利埃尔·卡尔赛莱斯的统计分析,亚洲、非洲、拉丁美洲 80 年代以后小学入学率的增长趋缓,不少国家小学的入学率在下降(见表 5-11)。

表 5-11 学龄人口的入学趋势不再增长的国家数

地 区	入学率稳定的国家数	入学率下降的国家数
非 洲	10	17
亚太地区	9	6
拉美及加勒比地区	4	3

资料来源:眭依凡等.大教育:21 世纪教育新走向.南昌:江西教育出版社,1995:226.

(2) 缺乏必要的设备和人员。经费减少,而实际就学的人数却在增加,这势必引起校舍、教学设备以及教师的短缺。

许多非洲和拉丁美洲城市中小学实行二部制或三部制教学。雅克·哈拉克在《投资于未来:确定发展中国家教育重点》一书中,引用了一些调查资料来具体说明这一问题。1985 年对非洲 12 个国家城区学校的课堂情况所作的一次调查表明,几乎半数学校课时不足。原定供 40 人学习的教室实际容纳了 70 人。只有半数学校有卫生设备。不是没有课桌椅,便是桌椅破烂不堪;一张课桌往往至少由两个学生合用。该书引用世界银行关于一些国家缺乏课本的情况,说明教材的缺乏"已达危急的程度"。世界银行的资料表明,缺乏课本的学生人数的情况是:危地马拉为 75%—100%;巴基斯坦是 50%;塞拉利昂是 25%—65%;尼日利亚是 98%;秘鲁是 67%;科摩多是 67%;海地是 75%;卢旺达是 87%;乌干达是 40%;巴拉圭是 67%。根据世界银行 1983 年的调查,马拉维只有不足 15% 的教师能分到一本除英语之外的教师用书;在巴西农村地区,得到教师用书的教师只占 44%。

缺乏教师是影响发展中国家 80 年代教育发展的又一个问题。教师短缺的问题表现在两个方面。一是不同学科师资的供需失调。例如,斯里兰卡 1984 年数理科教师缺乏 400 名,而人文学科的师资却多 14400 名。另一个方面的表现是不合格教师占很大比例。在非洲撒哈拉以南的 33 个国家中,10 个有数据资料国家的情况表明,这些国家大多数小学教师没有受完中等教育。表 5-12[①] 说明了发展中国家不合格教师的情况。

---

① 本表采自雅克·哈拉克.投资于未来:确定发展中国家教育重点[M].尤莉莉等译.北京:教育科学出版社,1993:25.

表 5-12　若干国家 1980 年不合格教师的百分数

	小学	中学	中小学合计
孟加拉			46
巴巴多斯	15		
喀麦隆	48		
智利			20
古巴			40
厄瓜多尔	3	1	
圭亚那			30
印度	37	20	
牙买加			23
毛里求斯			3
尼加拉瓜			70
秘鲁			22
突尼斯	1		
委内瑞拉	22	27	

资料来源：国际劳工组织与联合国教科文组织专家联合委员会有关教师地位建议的实施情况的报告（日内瓦，国际劳工组织，1983 年，第 136 页。）

(3) 差别。发展中国家教育发展上的差别表现在许多方面。

第一，各级教育的发展表现出很大的差别。60 年代初，亚、非、拉各国计划从普及初等教育开始建立各自的教育系统，但 60、70 年代教育发展的实际情况是，高等教育和中等教育发展的速度远远高于初等教育。联合国教科文组织 1982 年的一份评估报告表明，在 1960 年至 1980 年间，"非洲的初等学校的入学人数增加了 218%，而高等教育增加了 709%。南亚相应的数字是 128% 和 411%，而拉丁美洲是 135% 和 831%"。[①] 由于初等教育发展不能满足普及教育的需要，致使发展中国家文盲的绝对数量有增加的趋势。根据 1990 年的资料，南亚地区的文盲率为 53.9%，撒哈拉以南非洲为 52.7%。从文盲分布的地区来看，75% 的文盲在亚洲，18% 在非洲，5% 在拉丁美洲和加勒比地区，而欧洲和北美仅占 2%。[②]

第二，城乡的差别。农村的教育落后于城市。

第三，男女的差别。无论从入学率或文盲率的情况来看，女子的情况都差于男子。1990 年在泰国举行的"宗迪恩大会"发表的《世界全民教育宣言：满足基本学习需要》指出，在未能接受初等教育的 1 亿多儿童中，至少有 6000 万女童；在全世界 9.6 亿多成人文盲中，2/3 是妇女。

(4) 辍学率和留级率高。由于发展中国家人民生活贫困，子女须帮助家长工作，这是

---

① 菲利浦·孔布斯. 世界教育危机：八十年代的观点 [M]. 赵宝恒等译. 北京：人民教育出版社，1990：236.
② 眭依凡等. 大教育：21 世纪教育新走向 [M]. 南昌：江西教育出版社，1995：230.

造成学生辍学的主要原因。此外，中小学的留级率也较发达国家高。据联合国教科文组织提供的资料，80年代发展中国家中小学生的留级率高于70年代。1983年，拉丁美洲国家中小学生的留级率为14.5%，非洲是14%，亚洲和大洋洲是9.1%，而欧洲仅为2.5%。[①] 学生的留级将增加教育经费的支出，实际上是一种教育的浪费，给本来就很紧张的教育经费增加了新的负担。

(5) 教育成果。[②] 一项比较研究表明，发达国家学生的学业成果平均高于发展中国家的学生。在阅读水平方面，低收入国家小学毕业生的平均水平比发达国家学生一般低一个标准差。不过一项关于23个国家（包括发达国家和发展中国家）理科学业成绩（science achievement）比较研究表明，发展中国家学生在理科的学业成绩方面有很大的差异。中国、韩国、巴布亚新几内亚和泰国初中生在一些特定的理科科目上得分很高，中国香港和新加坡的高中生得分高，而加纳、尼日利亚、菲律宾和津巴布韦比其他发展中国家始终得分差。

教育成果方面存在的另一个问题是毕业即失业。造成这个问题的第一个原因是供需失调：经济衰退，就业机会减少，而毕业生人数却在增加。根据国际劳工组织统计的资料，凡是在专业、技术及相关领域工作，或从事行政、领导、管理工作的人，失业的人数在大多数国家都有增加。例如，在1970年至1982年间，阿根廷的经济增长率降低到0.3%，而大学就读人数增长率却是39%，比欧洲的平均增长率还高，造成了毕业即失业。马里1986年的大学毕业生，只有30%找到工作。

造成毕业即失业的另一个原因是课程设置不当。很多国家中学和大专院校的课程内容脱离了劳动力市场的需求。很多设备良好的职业学校中精密仪表的利用率很低，开设的课程不适合当地劳动力市场的需要。对于非洲的一项案例研究表明，就业者中很少有人用得上从学校里学到的职业技能，真正有用的技能是从工作中学来的。此外，普通中学和大学的课程设置都很死板，大学的专业划分过细，适用面太狭窄。

2. 全面的调整

由于发展中国家之间差异极大，在教育方面的调整也表现出不同的重点和特点，这里只能讲一些主要的倾向。

(1) 对教育目标的调整。许多在50、60年代取得独立的国家，出于发展经济、改善人民生活的良好愿望，在当时人力资本理论和工业化国家榜样的鼓舞下，大力发展教育。在教育的目标上，多数国家几乎都强调教育的目标在于培养可以提高生产率的劳动力。为此，它们往往照搬原宗主国的教育制度、课程、教科书。从70年代后期开始，直到80年代，发展中国家的教育目标不再单独注重其人力资源开发的功能，而是强调教育在促进社会公正和促进国家稳定与发展方面的作用。这可以从一些发展中国家的教育目标中得到反映。

印度60年代与80年代在教育目标方面的变化，比较有代表性。1966年6月印度教育委员会题为《教育和国家发展》的报告，特别重视教育对国家经济发展的作用，认为

[①] 曾昭耀等主编. 战后拉丁美洲教育研究 [M]. 南昌：江西教育出版社，1994：214.
[②] 参见雅克·哈拉克. 投资于未来：确定发展中国家教育重点 [M]. 尤莉莉等译. 北京：教育科学出版社，1993：39—41.

"通过教育进行的人力资源开发"比物力资源开发更为重要,因为"如果没有人力资源开发,则物力资源也不可能得到充分的开发"。① 但是,在1986年印度人力资源开发部颁布的《国家教育政策》中,关于教育的本质和作用,虽然也指出"教育为经济的不同阶段培养人力",但更强调"教育是我们在物质上和精神上全面发展的基础",教育"更完善了那些有助于民族的团结、科学的气质及心理和精神独立性的感受力和知觉",而且指出,国家的教育政策"旨在促进国家进步、增强共同的公民意识和文化意识,并加强国家的一体化"。②

1980年,埃及教育部阐明的埃及教育的总体目标是,通过教育促进民主和机会均等,养成民主的个体;促进国家的总体发展;增强个人对国家的归属感,促进阿拉伯文化的同一性;通过自我更新和自我教育而导向持续的和终身的学习。③

墨西哥全国科学技术委员会1981年颁布的《教育调查核心计划》指出,墨西哥的教育系统有下列7种职能:"分配职能"(主要是入学机会和教育效益的公平分配);"为国家经济发展作贡献的职能"(教育系统与生产系统以及劳动市场的联系);"发展文化的职能"(改善文化环境);"充分提供教育的职能";"确保训练和发展智力的职能";"社会化职能"(灌输墨西哥社会所需要的各种价值观和态度);"研究和计划的职能"(为国家制定教育政策提供科学依据)。

换言之,发展中国家从教育的经济目标朝向更为广阔更为深刻的社会化目标的转移,对于各国教育结构的调整是有指导意义的。④

(2)加强基础教育。非洲许多国家在取得独立以后,模仿原宗主国的教育模式,以培养社会精英为主要目标。这一方面占去了这些国家迫切需要发展的初等教育的经费,另一方面,由于本国经济结构、工业生产的规模和发展水平等原因,培养出来的精英人才在本国无用武之地,造成了人才的外流和失业。海德论述埃及教育问题时指出,埃及研究生"是用国家的钱接受中小学和大学教育的。他们的外流不仅使国家在财政上损失了数以万计的钱财,而且还不可避免地给埃及的教学和科研质量带来严重损害。"海德还引用当时埃及总统萨达特1974年的讲话,说明人才外流的严重性。萨达特指出,人才外流问题必须解决,"为他们的教育提供财力的是人民。然而,我们都很清楚,这是一个困扰所有发展中国家的国际性问题。"⑤

为了克服教育脱离本国实际和本国大多数人民需要的情况,非洲各国在总结以前教育发展经验和教训的基础上,提出了"教育非洲化"的主张,旨在使教育更好反映非洲文化传统,为本国的社会发展服务,并建立一套适合非洲实际情况的教育管理和结构体系。加强基础教育即是其中的一个重要内容。坦桑尼亚、赞比亚、博茨瓦纳、莱索托等以农业为主的非洲国家,加强了初等教育以及与农业关系较大的职业技术教育。

拉丁美洲的教育比较发达,在教育结构的问题上曾经有过高等教育与基础教育何者优先发展的争论,也有以巴西为代表的优先发展高、中等教育以及以古巴为代表的优先普及

---

① 转引自滕大春主编. 外国教育通史(第六卷)[M]. 济南:山东教育出版社,1994:476.
② 瞿葆奎主编. 教育学文集·印度、埃及、巴西教育改革[M]. 北京:人民教育出版社,1991.430—432.
③ 滕大春主编. 外国教育通史(第六卷)[M]. 济南:山东教育出版社,1994:567—568.
④ 曾昭耀等主编. 战后拉丁美洲教育研究[M]. 南昌:江西教育出版社,1994:434.
⑤ 瞿葆奎主编. 教育学文集·印度、埃及、巴西教育改革[M]. 北京:人民教育出版社,1991:542,544.

初等教育的典型。经过长期的实践，基础教育的重要性被越来越多的人所认识。基础教育乃是人类知识大厦赖以建立和扩展的基石，在整个教育系统中是最根本、最具有战略意义的。"80年代以来，拉美国家大都已经注意到这个问题。多数国家已经总结了过去的经验，调整了教育发展战略。譬如巴西已经调整了教育投资结构，古巴注意了提高教育质量……80年代以来，无论拉美国家还是中国，都已经在教育发展战略选择的研究和实践上取得了重大的进展，显示出了发展中国家普及基础义务教育的光明前景。"[1]

应该指出，80年代进行的许多实证研究也表明，即使是从经济发展的角度来看，基础教育对于发展中国家也是非常重要的。通过共同的价值观、政治理想等而形成的国家的凝聚力可以增进国家的稳定，这是经济发展不可缺少的政治环境。此外，历史的证据表明，发达国家都是在普及小学教育之后才获得重大经济发展的。韩国、新加坡、中国香港等东亚新兴的工业化国家和地区，以及60、70年代国民生产总值增长较快的泰国、葡萄牙、希腊等国，都是在普及初等教育和扫盲之后，经济才开始上升的。1980年公布的一项研究结果表明，初等教育对于经济生产能力毫无疑问有着决定性影响。通过几个国家的比较研究，可以看出小学4年的教育能使这些国家粮食产量提高8.7%。1985年公布的一项研究结果表明，当生产率无法直接计算时，可用收益作为替代指标。对发展中国家的研究发现：上小学带来的经济收益率平均达27%，上中学则为15%—17%。[2]

（3）中等教育多样化。根据联合国教科文组织1986年12月在日内瓦召开的第40届国际教育会议文件反映的情况，对于中等教育，许多发展中国家，如韩国、印度、伊拉克、孟加拉、巴基斯坦、马来西亚、泰国、马尔代夫、博茨瓦纳、布隆迪、埃及、肯尼亚、尼日利亚、阿根廷、巴拉圭、格林纳达等，主张以较快的速度发展中等教育，也有一部分发展中国家，如突尼斯、摩洛哥、秘鲁、委内瑞拉、叙利亚等，主张在有限地发展数量的同时，优先考虑提高中等教育的质量。此外，同世界上其他国家一样，发展中国家注意使中等教育多样化：既为毕业生就业作准备，又为他们升入高等学校继续学习作准备。

在中等教育多样化方面，注意了为学生就业作准备，其中最主要的方式是加强职业技术教育。拉丁美洲各国职业技术教育的历史较长，19世纪下半期即开始进行职业技术教育，第二次世界大战以后，职业技术也一直受到重视，80年代职业技术教育又有发展。墨西哥80年代中等职业技术学校学生人数增长很快，1987年，在技术初中和技术高中学习的学生人数比1978年增加了3.5倍。这一年，职业技术学校的学生占全国中等学校学生总数的30.48%，差不多每3个中学生中就有一个在职业技术学校就读。[3] 阿根廷的中等教育则以职业技术教育为主。

与拉丁美洲的情况相反，70年代以前，非洲新独立的国家往往不大重视职业技术教育，在这方面的投资比中等文理科教育要少得多。70年代末、80年代初，在总结以往经验教训的基础上，调整了教育结构，注重本国本地区的需要，一方面缩小高等学校的规模，扩大理工科学生招生比例，另一方面，大力发展职业技术学校，扩建职业学校网络，

---

[1] 曾昭耀等主编. 战后拉丁美洲教育研究[M]. 南昌：江西教育出版社，1994：454—455.
[2] 雅克·哈拉克. 投资于未来：确定发展中国家教育重点[M]. 尤莉莉等译. 北京：教育科学出版社，1993：46—47.
[3] 曾昭耀等主编. 当今墨西哥教育概览[M]. 郑州：河南教育出版社，1994：131.

使中等教育多样化。坦桑尼亚为贯彻国家提出的"自力更生"方针,从 70 年代末起,根据本国以农业为主这一特点,发展农村所需要的职业技术教育,如园艺、农业、家庭经济、木工、泥水工、铁匠等,在校学生至少有一半的时间学习或实习这些技能。80 年代初期,坦桑尼亚还公布了有关的职业培训法。

埃及自 70 年代末中等技术教育有了很大的发展。1978 年埃及仅有工业技校 135 所,到 1989 年已增至 396 所,学生人数也从原来的 10 余万增加到近 40 万;1978 年,中等农业技校学生只有 4 万余人,1988 年增至 11 万余人;中等商业技校 1978 年有 505 所,1988 年增加到 700 多所,教师也由 1 万多人增加到了近 3 万人。①

卢旺达小学毕业生中能升入中学的人数不足 10%,社会上要求升学的压力很大。1982 年,政府创办了一种新型的称为"农业手工业联合教育中心"的小学后教育机构。课程中 70% 为实用性的,其中大部分为农业课(21%),男生以泥瓦匠和木工为专业,女生学缝纫,学制 3 年。这一制度取得了很大的成功,到 80 年代末,这种中心已增至 340 个,几乎遍及卢旺达全国。从小学升入中学的人数比升入传统中学的人数多一倍,且学习质量并不逊色。②

相对于非洲来说,亚洲国家较早地认识到了职业技术教育的重要性。根据联合国教科文组织 1980 年发布的关于亚洲和大洋洲技术和职业教育的公报,亚洲大多数国家在 70 年代都开展了职业技术教育。菲律宾在 1978 年即有 330 所职业学校,其中 113 所为农业学校,69 所是水产渔业学校。泰国的职业技术教育课程有农业、贸易、商业、家庭经济、工艺美术等。80 年代职业技术教育又有新的发展。中国的职业技术教育就是在 80 年代开始迅速发展的。

在 80 年代发展中国家中等教育多样化方面,印度的自我就业教育颇具特色。自我就业教育问题的提出,其直接原因是严重的失业问题。根据阿加瓦尔撰写的《自我就业教育》③,在申请政府部门工作的全部人员中,只有 5% 的申请者能得到工作。1984 年年底印度共有 2350 万人寻找工作,而待聘的空额只有 70 万到 90 万。在这种情况下,必须鼓励青年自我就业。所谓自我就业,不是应聘某一个工作岗位,而是去创造就业的机会。为了开展自我就业教育,印度 5000 多所学院,除 1000 所之外,其余 4000 所学院都将服务于更实际的工作或自我就业。自我就业教育的主旨是培养"企业家精神"。它首先要使学生形成自我就业的意识,教育系统乃至整个社会要为培养这种精神和意识创造良好的环境。此外,还要使学生了解一个企业的全部方面:设计和生产产品的技术和经济的可行性,质量管理,销售,资金的来源,商业法,政府的规章及人际关系等。自我就业教育计划实际上是 80 年代印度教育制度的一种改革,而这种改革的重点放在"革新、低成本的各种途径以及社会参与上,而这一切都旨在使教育同人民的需要、就业和发展有效地联系起来。"

(4)发展非正规教育。非正规教育指正规教育体制之外的所有的有组织有系统的教育活动。非正规教育就内容来说,几乎无所不包,职业技术教育、政治教育、文化教育、扫

---

① 李乾正等. 当今埃及教育概览 [M]. 郑州:河南教育出版社,1994:57.
② 雅克·哈拉克. 投资于未来:确定发展中国家教育重点 [M]. 尤莉莉等译. 北京:教育科学出版社,1993:123.
③ 瞿葆奎主编. 教育学文集·印度、埃及、巴西教育改革 [M]. 北京:人民教育出版社,1991:378—383.

盲教育等；就形式来说，包括培训班、远距离教育（函授、广播、电视）等。

非正规教育在70年代即在全世界范围内广泛而迅速地流行起来。非正规教育的兴起，同新科技革命以及终身教育的思想有关。相对于正规教育来说，非正规教育有许多优点，其中最大的优点是，它的费用比正规教育低得多。这对于80年代发展中国家来说，尤其具有吸引力。在各种非正规教育的形式中，远距离教育的发展尤其迅速。

第六章　教育的终身化

在 20 世纪教育实践、理论的发展方面，一个突出的变化是，人们不仅在思想上认识到，教育不仅仅与人生某一个或某几个特定阶段有关，应该与人的一生共始终，而且，人们还通过各种手段将这一思想付诸实践。这就是 20 世纪教育终身化的趋势。20 世纪 60 年代，人们用"终身教育"这一概念来标示这一波澜壮阔的教育改革浪潮。

终身教育是一种新的教育观念，在人生的纵向方面，它要实现使人的一生（从幼儿、青少年、成年以及老年）都受教育，而不是局限于某一个阶段；在人生的横向方面，家庭、社区、工作场所以及大众媒体对人生的每一个时期都发挥教育的作用，而不是仅仅局限于学校这一种场所。

终身教育思想在古代的教育思想和实践中已经有所体现，但现在终身教育的思想的形成却与近现代成人教育的实践有着密切的关系，以至于人们经常不恰当地把终身教育与成人教育、老年人教育等同起来。由于终身教育思想和现代成人教育的实践有着非常密切的关系，所以，本章在叙述 20 世纪教育终身化的发展趋势时，主要通过成人教育的发展来体现。

第一节　终身教育思想的渊源

尽管"终身教育"这一概念到 20 世纪 60 年代才出现，然而，教育应该与人的一生共始终这一观念，却是古已有之的。中国自古相传至今的"活到老、学到老"的人生格言，就是这种思想的体现。在长期的社会发展和教育实践的活动中，关于教育对于人生的这种意义的认识，也经历了一种从朦胧到清晰，从片断到系统的发展过程，并最终形成了现代终身教育的思想。虽然古代对于终身教育还处于朦胧状态的认识，同现代终身教育的概念不可同日而语，但现代终身教育的概念乃是发端于人类最原始的教育实践，这也是一个不可争辩的事实。

一、古代终身教育的实践及思想

从横向的意义上讲，教育活动总是渗透在人的全部活动之中，所有的人的活动都有教育的因素。因此，教育始终伴随于人的活动，人的生活。从纵向的意义上讲，教育不仅与个体的生命、活动共始终，而且与人类的产生、发展也是同步的，正像查尔斯·赫梅尔所说的那样，"自从地球上出现人类，终身教育就存在了"。[①] 因此，相对于学校教育而言，终身教育不仅是一种最古老的教育实践的活动形式，而且也是最能体现教育之本性，最具

[①] 查尔斯·赫梅尔. 今日的教育为了明日的世界 [M]. 王静等译. 北京：中国对外翻译出版公司，1983：22.

有本真意义的教育实践。

教育同人类社会的产生和发展有着本质的联系，它是适应人们在生产劳动过程中传递生产经验和社会生活经验的实际需要而产生的。现在人们对"教育"这一概念的使用，往往局限于学校教育，把对于生产经验和社会生活经验的"传递"局限于年长一辈（教师）向年轻一辈（学生）的单向传授，这种理解有一定的片面性。教育的最原始、最根本的职能乃是增强、提高人类自身的生存能力、适应环境的能力。最原始的教育同人类的生产劳动是不可分离地结合在一起的。因此，这种"传递"，不仅仅是长辈向下一辈的单向的传授，它还包含有同辈成员之间的双向传授，就这个意义来讲，生产劳动的过程也是一种教育的过程，教育具有终身性。

在原始社会，人类的生产劳动是在群体中进行的，最原始的教育机制也是通过群体生活来实现的。人类学家在对狒狒及猩猩进行长期研究后指出："群体本身就是一种'知识库'，它保存、选择群体中有用的行为，并在传递中促进新行为的创造。任何个体在行为上的突破，必须通过群体才能得到保存，获得更高水平的生存能力，作用后代，转变为新的生活基础，使个体从群体中能获得一种全新知识。"① "知识库"这一教育机制在使类人猿实现种的突变的过程中发挥了极其重要的作用。"知识库"教育机制的一种形式，就是群体中任何一个成员"在行为上的突破"都将在该群体成员之间进行传递，以改变自己既有的行为方式，从而提高群体的生存能力。

我国自古就有许多关于伏羲、神农、黄帝、尧、舜的传说。虽然这些传说发生的历史时期很难确定，有些史实尚有待考证，但古籍中有关伏羲氏教民畋鱼，神农氏制耒耜、教民农作等记载，至少可以从一个侧面说明远古时期的教育同生产劳动的实践关系以及教育之于人的生存、生活的意义。

原始社会末期，人类的生产力水平有了提高，出现了剩余产品，氏族和部落首领运用自己的特权获得了更多的财富，这一过程也孕育了私有财产制度，出现了阶级分化的萌芽。恩格斯在《家庭、私有制和国家的起源》中用非常简练的语言作了概括：氏族制度已经临到尽头了。

原始社会的解体，使人类进入奴隶制社会阶段，由此便产生了人类社会上最重要的物质生产和精神生产的社会大分工，脑力劳动和体力劳动分离了。在这个分离的过程中，教育逐渐趋向专业化，出现了以培养青少年为主要职责的学校教育。在阶级社会中，学校始终被脱离体力劳动的统治阶级所垄断，作为培养本阶级继承人的重要工具。直到近代大工业生产时代来到之前，学校教育不仅远离了生产劳动，丧失了直接为人类生产劳动服务的职能，而且对于个人一生的意义也发生了巨大的变化。

从教育的最原始、最根本的功能来讲，它本来与个人一生的生活是共始终的。然而，当学校教育产生以后，学校教育成了一种使青少年"为生活做准备"的手段，在这个阶段受到的训练和获得的知识，不仅决定他今后的生活，而且将影响他的终生。在校期间学到的东西将终生有用。这样，人生就截然地分成两个不同的阶段：在学校学习的阶段和离开学校以后的生活阶段，前者是后者的准备。

在人类发生了物质生产和精神生产第一次大分工以后的一段相当长的时期内，掌握在

---

① 冯增俊. 教育人类学 [M]. 南京：江苏教育出版社，1991：114.

统治阶级手中的学校教育实践和理论的发展日趋完善，以致成了教育的代名词。学校教育由于其自身的性质，背离了教育的原初职能，违背了教育发展的历史目的，使教育对于人的生活的意义发生了很大的改变。然而，应该指出的是，尽管学校教育成了教育的主流，但是，教育在人的一生中的作用以及对于人终身生活的意义始终未被泯灭，无论在实践方面还是教育理论方面，人类始终保留着终身教育的朦胧的意识。

在古代，曾经对教育发生过巨大影响的宗教，在其教义或宗教教育中，都折射出终身修炼、终身接受教育的思想。虽然宗教的教义同现代终身教育的思想并无直接的联系，两者的出发点和最终归宿也大相异趣，但是，它们对于教育同人的关系、教育同社会关系思考，却有着惊人的相似。

佛教的教义认为，人如果想要寂灭所有的烦恼，具备一切"清净功德"，必须要坚持不懈地终身修道，只有这样，才能达到佛教所指的最高境界，这就是所谓涅槃。显然，从现世的生、老、病、死之苦中获得超脱的唯一途径就是终身修行。

伊斯兰教把求学看做是男女穆斯林的天职，强调每个人从摇篮开始直至进坟墓止，都要学习，因为一个既非教师又非学生的穆斯林是没有价值的，他们甚至不能称为人，而只不过是群氓。作为伊斯兰教育最基本教材的《古兰经》，它的条文乃是每个穆斯林都要终身学习的内容，即便是在东征西战的行军途中，这种教育也不停顿。

对于被学校拒之门外的广大体力劳动者来说，生产劳动的过程也是受教育的过程。古埃及的第三王朝时期，伊姆荷太普为左塞法老建造石墓、庙宇、围墙、城门等建筑物的过程，实际上也是参与该工程建设的农民受教育的过程。"这些伟大的工程如同巨大的学校，成千上万名农民民伕自愿为'神'奉献并以此养生糊口。他们学习文字、算术、几何、天文、测绘等，成为工匠艺人。"[①]

在自古以来浩瀚的中外教育典籍之中，许多思想家、教育家的著作都直接或间接地论述了人终身学习的意义、途径、方法等。因于长期以来，学校教育一直占据着教育之主流的地位，这一事实钳制着人们对教育的认识和理解。由于凸显了学校教育的地位，人们在学习、研究、阐述这些思想家、教育家论著的时候，往往只注重它们对学校教育的意义，而遮掩了它们本来就具有的有关学习、教育终身化的光辉，似乎自古以来，所有的教育即是学校教育，所有思想家、教育家关于教育的论著，都是指学校教育而言，这可能是一个很大的误解。

中国春秋末期的思想家和教育家孔子，被日本终身教育理论研究者称之为东方"发现和论述终生教育必要性的先驱者"。[②] 他从30岁左右开设私学，从事教育的实践活动历时40年左右。在几十年间，受他教育的弟子达3000人，培养出70多名身通六艺的贤人。除此之外，他还给我们留下了关于教育目的和教育对象、教育内容、道德修养、教育教学的原则和方法等丰富的教育思想，成为我国教育理论的宝贵财富。

在孔子关于教育的论述中，由于孔子本人就是创办大规模私学的教育家，而且他本人就是"一代人师"，身体力行地直接从事教育、教学活动，因而他的许多有关教育的论述，尤其是教育、教学的原则和方法对于今天的学校教育工作仍然具有重要的意义。然而，如

---

① 陈乾正等.当今埃及教育概览[M].郑州：河南教育出版社，1994：20.
② 持田荣一等.终身教育大全[M].龚同等译.北京：中国妇女出版社，1987：16.

果把孔子的教育实践和教育理论，完全归于学校教育，似乎也不全面。

孔子的教育学说的核心乃是以"仁"为最标准的道德修养思想。孔子的"仁"这一最高道德概念，固然是他的私学道德教育的核心，但同时也是一切人应该奉行的道德标准。围绕着"仁"这一核心而展开的有关仁的含义（"克己"、"爱人"）、规范（"礼"）、准绳（"中庸"）以及途径和方法（"志"、"学"、"行"、"忠恕"、"改过"……）等有关个人修养的系统阐述，为当时的社会提出了一套完整的道德规范，给统治者提供了一种为其政治服务的最适用的武器。后来，董仲舒提出"独尊儒术"的政策之所以得到汉武帝的采纳，并在中国延续两千多年，其原因盖在于此。

应该特别指出的是，孔子的道德修养除了是针对当时社会所有的人而言之外，另一个突出的特点是，道德修养是一个终身的过程，而不仅仅是学校教育阶段或人生某一特定阶段的任务。孔子曾经以自己为例，明确地说明，要使自己道德修养达到仁的境界，就必须终身学习。在这个终身修炼的过程中，表现出一些渐进的阶段性特征。在《论语·为政》中，孔子说："吾十有五而志于学，三十而立，四十而不惑，五十而知天命，六十而耳顺，七十而从心所欲不逾矩。"所谓"从心所欲不逾距"，是指经过长期乃至终身的学习，修炼，最终使个人的欲望、思想、言论、行为、感情都能出乎自然地完全合乎礼义的标准。这一崇高的道德修养的境地，是不能在学校教育阶段毕其功于一役的。

孔子关于教育、教学原则和方法的论述，有不少是针对教学活动而言的。对于学生经常提出的问仁、问政、问孝等问题，孔子往往参照不同的时间、地点条件，尤其是根据学生不同的个性特征，给予不同的回答。这种因材施教的原则已经成为我国教育的一个宝贵传统。除此之外，诸如"不愤不启、不悱不发。举一隅不以三隅反，则不复"以及"循循然善诱人"的启发式教学，在今天学校教育的教学过程中，对教师仍然具有很大的指导意义。然而，我们还应该看到，孔子有关个人道德修养的要求，则不仅仅是针对在校的学生而说的。例如，孔子提出，个人的道德修养要确立"好仁"和"恶不仁"的志向；要有"三军可夺帅也，匹夫不可夺志也"的"守道"的意志；要"有不善未尝不知，知之未尝复行"的"不二过"的改过精神，以及"益者三友，损者三友；友直，友谅，友多闻，益矣；友便辟，友善柔，友便佞，损矣"的谆谆告诫等，都是一个人终身立身行事的原则。即使是在教学领域，孔子提出的学思结合，"学而时习之"、"温故而知新"、"不耻下问"，以及"毋意，毋必，毋固，毋我"的学习方法和学习态度，也应该是一个人终身遵循的。

在中国古代思想家、教育家中，除了孔子之外，几乎所有的人都认识到教育在一个人"诚意、正心、修身、齐家、治国、平天下"的安身立命过程中的重要性，并强调，一个人若要"知天命"、"明天理"、"明人伦"，必须要经过长期、乃至终身的修炼。在这方面，一个重要的人物是南宋的理学家、教育家朱熹。

在中国教育史上，朱熹是第一个在理论上把儿童教育和儿童教育以后的青年教育、成人教育作为一个统一过程来考察的人。

朱熹认为，教育的目的是明天理，灭人欲，而要达到这一目的，便需要经过长期的教育和自我修养。他对以科举为直接目的的南宋的学校持批评的态度，认为学校不以明人伦为本，于是就忘本逐末，怀利去义。为了实现存天理灭人欲的教育目的，朱熹主张南宋的学校必须变更办法，正本革弊，并提出"小学"和"大学"的教育纲领。

朱熹根据前人的教育经验和自己的教育实践，主张把一个人的受教育过程分为"小学"和"大学"两个不同的阶段。这两个阶段的划分,主要是根据学习的内容和意义,但同时也和受教育者的年龄有关。朱熹认为,人的一生可以约略分为15岁以前受"小学"教育和15岁以后受"大学"教育两个阶段。朱熹在《答吴晦叔书》中说:"盖古人之教,自其孩幼而教之以孝悌诚敬之实,及其稍长,而传之以诗书礼乐之文。皆所以便之即夫一事一物之微,各有以知其义礼所在,而致涵养践履之功也。(此小学之事,知之浅而行之小者也。)及其十五成童,学于大学,则其洒扫应对之间,礼乐射御之际,所以涵养之者,略已小成矣,于是不离乎此,而教之以格物以致其知焉。……此大学之道,知之深行之大者也。"①

从上述引文中我们可以看到,朱熹强调15岁以前的儿童主要应该教之以"孝悌诚敬之实","诗书礼乐之文",在"小学"阶段,只能是"知之浅而行之小"。15岁以后的"大学"阶段,则要在"略已小成"的基础上,"教之以格物而致其知",使他们能够"知之深而行之大"。所以,"小学"阶段的学习是"大学"阶段的基础,而"大学"阶段的学习则是"小学"阶段的深化,在存天理灭人欲方面,两者应该是一以贯之的。虽然两个阶段的教学内容、教学方法等都有差别,但两者不能截然分割,它们只是一个完整的教育过程中的两个不同的阶段,而这个完整的教育过程,应该是持续到青年阶段和成人阶段的。

人的一生都应该接受教育,或者说教育应该终身化的思想不仅中国有,外国也有。上文已经提到过佛教、伊斯兰教教育中有关教育终身化的思想。此外,在外国古代教育思想家的著作中,也不乏这样的例子。

古希腊著名的思想家和哲学家柏拉图关于国家上层统治者哲学王的培养和教育的思想,充分地体现了从幼儿至成人长期进行训练和教育的必要性。

柏拉图认为,理想国的实现,需要有理想国的最高统治者,即他之所谓"哲学王"。哲学王除了要有超群出众的先天禀赋之外,还需要通过教育来进行严格的培养训练。教育的最高理想,就是培养理想国的最高统治者——哲学王。然而,哲学王的培养乃是一个长期的、十分艰巨的事业。柏拉图在《理想国》一书中具体描绘了这一过程。

柏拉图不仅最早提出了要重视胎教的问题,而且他还是在西方教育史上第一个建立了从幼儿到成人的完整的教育体系的人。

柏拉图认为,教育应该从幼儿开始。由于孩子是属于国家的,所以,儿童从3岁开始就要送到村庄的神庙里,在国家指定的专人的监护下接受教育。这时候教育的主要内容除了游戏之外,还有听故事以及唱儿歌、唱摇篮曲等,目的在于形成良好的行为习惯,并养成诸如节制、友爱、敬神、爱父母等美德。

从7岁开始,儿童要进入国家办的学校接受初等教育,这个过程一直要持续到17岁。在这期间,儿童要学习读、写、算;儿童要识字,阅读简单的诗歌、文章;学会书写,写作简单的文章;同时还要进行简单的数学计算,简单的测量。在此基础之上,儿童还要学习音乐和体操。柏拉图认为,音乐可以陶冶人的心灵,体育可以训练身体。音乐主要指文学(神话、童话、寓言、史诗、戏剧)、艺术,实际上相当于人文学科。柏拉图强调,用以教育儿童的文学、艺术作品要经过选择,只有那些能够美化学生心灵,调和学生性情,培养学生勇敢精神、增进学生智慧的作品才能作为学生的学习材料。柏拉图认为,良好的

---

① 转引自毛礼锐等编.中国古代教育史[M].北京:人民教育出版社,1979:391.

教育必须使心灵的美和体魄的健和谐一致,因此,在普通教育阶段,体育应该受到高度的重视。缺乏体育的音乐教育,可能使学生仅仅沉溺于声色的娱乐之中,不求奋进,甚至精神不振,体质孱弱,最终要影响心灵的优美。柏拉图的体育包括骑马、投枪、射箭、角力、舞蹈等。

受完普通教育之后,经过挑选的18岁至20岁的青年需接受军事训练。柏拉图称之为意志教育,目的在于培养青年勇敢的美德,使他们能够坚守岗位,保卫国家。为了使青年成为军人,除了音乐教育之外,还要学习称职的军人所必需的科学知识。柏拉图认为,意志教育阶段,青年要学习的科学课程有:算术、几何学、天文学。

意志教育可使青年人成为合格的军人,他们可以担负起保卫国家的任务。如果要使他们中的一部分对抽象思维有特殊兴趣,并且具有思辨能力的人将来能肩负起管理国家的重任,则需要接受进一步的教育,以发展他们的智慧。

20岁至30岁的青年人除了继续学习音乐、算术、几何学、天文学之外,还要把哲学和辩证法作为主要学科。这一阶段对于音乐、算术、几何学、天文学这四门学科的学习,既不同于普通教育阶段以陶冶心灵为宗旨,也不同于随后的意志教育阶段的为了军事的目的,而是为了把握宇宙的本质,从现象的世界转向理念的世界,以达到对于善的理念的把握。为此,哲学和辩证法的学习不仅是可能的(前几个阶段的学习,为学习这两门学科奠定了基础),也是必要的(只有明白以前学习的4门学科之间的内在联系以及它们与哲学、辩证法的关系,才能把握理念世界,才能成为哲学家)。所谓辩证法,是指一种"对话"的艺术。要掌握这门艺术,需要有很好的先天的禀赋和高度的抽象思维能力。因为辩证法是认识善的理念的手段,它要拒斥感官知觉的干扰,凭借抽象的思维和推理而达到对事物的本质即理念的认识。

为了培养能够担任更重要的国家领导人的职务,在30岁时还要作进一步的挑选。通过选择的人需专攻哲学,直至35岁。在此期间,学习者要有志于哲学的学习和研究,他们要排除一切利欲的诱惑,潜心于理念世界,向往理念世界,以逐渐接近善的理念。

到了35岁,结束专攻哲学的阶段之后,仍不能独立治理国家。从35岁开始,他们要在诸如战争或其他实际的公务活动中经受锻炼,只有在实际的考察中最后经受住考验的优秀人物,才能成为哲学王,即国家的最高统治者。这一过程大约要持续15年,直到50岁。

虽然柏拉图描绘的只是为"理想国"培养最高统治者的理想的教育过程,但从中我们可以看到,他的理想的教育几乎是贯串人的一生的。显然,理想社会中理想的人的培养,需要接受长期乃至终身的教育。

二、近代成人教育的实践

伟大的教育家夸美纽斯(1592—1670)在他的《泛教论》手稿中,提出了与现代终身教育思想非常类似的主张。他认为教育应当从摇篮甚至更早的时候开始,直至进入坟墓方告结束。他将教育划分为7个阶段:胎儿期;幼儿期;童年期;青春期;青年期;成年期;衰老期。在夸美纽斯的终身教育思想中,甚至还包括"胎教"。[①] 终身教育,从纵向

---

① 赵祥麟主编.外国教育家评传(第一卷)[M].上海:上海教育出版社,1992:481.

的时间序列来看，可以分为婴幼儿教育（甚至更早于它们的"胎教"）、青少年教育、成人教育、老年教育，如果从横向的空间序列来看，则有学校教育，家庭教育，社会教育。无论从时间序列或空间序列来看，学校教育只是它们的一个部分，而"终身教育的思想产生于制度化的学校系统和大学系统之外"。[①] 其中，对现代终身教育思想产生直接影响的是成人教育和社会教育。

同任何教育形式一样，成人教育也是伴随着社会需要而产生，同时，它的目的、内容、形式等随着社会的变迁而不断地调整。在生产劳动的过程中，生产经验和生活经验的相互交流、传授，如我国古籍中记载的伏羲教民以猎、神农教民耕作、后稷教民稼穑等，都是对成人施以教育的一种活动形式，由于这些教育活动尚未从生产劳动的过程中分离出来成为一项专门的活动，而且缺乏一定的组织形式，只能说是成人教育的萌芽。

有组织的成人教育和社会教育产生于近代社会。这一方面是由于工业革命和生产方式的改变，使读、写、算的技能在人们的生活和生产活动中发挥了更为重要的作用；另一方面，工业革命也为人们提供了更多的教育机会。所以，工业革命以后，有组织的成人教育便首先在欧、美一些国家产生并发展起来。

1. 美国的成人教育

15 世纪来自欧洲的殖民者到达北美新大陆以后，西班牙早期殖民者便把对当地土著印第安人强迫进行的传教列为殖民者的首要任务。"1512 年，西班牙国王颁布布尔吉斯法（Laws of Burgos '农奴法'），规定把印第安人集中到西班牙人居留地附近居住。这样，不仅可以方便地监督印第安人的行为和剥削他们的劳动，而且可以让他们经常去教堂做祈祷，接受宗教教育。"[②] 这种传教活动，便是一种成人教育活动的形式。事实上，在殖民地时期，教会是一种重要的教育机构，教堂是一种重要的教育场所。

在近代美国成人教育方面，本杰明·富兰克林（Benjamin Franklin，1706—1790）是一个非常重要的先驱人物，曾被人推崇为美国成人教育的守护神。富兰克林的成人教育活动主要表现在利用多种方式对新兴的资产阶级进行启蒙教育。

1728 年，富兰克林和他的朋友在费城创办了"讲读"社（Junto 的音译），旨在帮助手工业者和商人自学。讲读社是一秘密结社的讨论会，成员每逢星期五的晚上聚会讨论，进行团体的自我教育。讨论的题目包括道德、政治、自然哲学等。富兰克林不仅创建了这一成人教育的机构，而且，他的这种要求中产阶级成员注重学习，自我完善的精神对于后来的终身教育的思想也产生了深远的影响。

针对北美殖民地学校教育尚不发达，而工商业的发展又迫切需要人们具备知识的情况，富兰克林又创办了另一种形式的成人社会教育机构。1730 年，富兰克林在费城建立了美国第一个图书馆。该图书馆最初由大家捐助基金以采购图书，供大家阅览。图书馆成立以后，读书成为时尚。这不仅使其他地方纷纷效仿，而且也促成了诸如博物馆、剧院、新闻社等其他社会教育机构的出现。中产阶级文化水平的提高，有力地促进了当地经济和政治的发展。富兰克林在其自传中写道："这些图书馆大大改进了美洲人的谈吐，使得普

---

① 加斯东·米亚拉雷等主编. 世界教育史（1945 年至今）[M]. 张人杰等译. 上海：上海译文出版社，1991：369.

② 滕大春主编. 外国教育通史（第三卷）[M]. 济南：山东教育出版社，1990：341.

通的商人和农民就像别处来的绅士那样聪明；也许它还在某种程度上，对殖民地人民奋起反抗、保卫自己的权利，作出了贡献。"①

在成人社会教育方面，富兰克林的另一项具有很大影响的活动，是1732年开始刊印的《穷苦的理查德历书》（Poor Richarol's Almack）。此书连续刊印达25年之久。富兰克林在历书上引人注目的日子号码之间的空白处填写格言式句子，如"时间就是金钱"、"空袋子难以直立"和"睡着的狐狸抓不着家禽"等等，倡导勤奋、节俭、自立、积极进取的精神，这对那些普通老百姓来说，无疑是一种很好的社会教育的手段。

独立以后，美国面临着培养民主国家的公民的任务，这一任务不仅规范着美国的学校教育，而且对民众的社会教育也产生深刻的影响，因为缺乏广大民众的启蒙教育，民主政治终难持久维持。此后，向西部的开发运动以及美国19世纪的工业革命，客观上都对美国的成人教育和社会教育提出了新的要求。然而，在1865年南北战争结束以前，虽然也出现了许多图书馆和一些夜间学校等机构，但美国的成人教育和社会教育总的来说处于一种非正式的或无组织的状态。

南北战争以后，美国的经济得到飞速的发展，逐步由农业社会转变为工业社会，与此相伴随的是人口逐渐集中于城市，这就给有组织的成人教育和社会教育的发展提供了条件。自南北战争以后至20世纪初，美国成人教育和社会教育的发展除了表现为成人教育机构的增加，教育内容的扩充，出版业的增长，图书馆、博物馆的增加，劳工组织对工人教育的关注之外，一个重要的方面是学校教育系统的参与。

南北战争后，来自许多国家和地区的移民大量涌入美国。各地涌入美国的移民，不但移民的原因和经济条件各异，而且他们的文化水平、政治意识、宗教信仰等也都极不相同。及至第一次世界大战前4年，来美的移民共达1272万人，其中26.5%的人不能读和写，仅20%的移民懂英语。为了更好地同化移民，减少社会问题，美国政府便要求学校发挥熔炉的作用，使移民尽快美国化。

高等学校也参与了成人教育。为了振兴农业，1862年颁布的《毛利法案》规定将部分的国有土地按一定的比例分配给各州，各州将这些土地出售或投资的所得用于建造高等学校。以讲授与农业和机械工艺有关的知识。各州在建成这类学院以后，由于农民不能入学，为了适应农民的需要，于是就实行推广教育，以讲座的形式向成年男女传授农业知识。19世纪40年代，约有40万人接受了这类教育。威斯康星州立大学在这方面取得了优异的成绩。该校的办法是，大学设置农业学习中心，举办公开讲演，到各地设点讲授有关科学和技术、巡回各点办理展览、借阅书刊、开办函授教学等等。由于这些做法符合客观需要，方法灵活多样，而且将知识送到农村，深受农民的欢迎。从1875年至1900年，在该校登记的学生多达845人。威斯康星州立大学的做法对其他院校起了示范的作用，于是各校都在农业教育之外，开办别种推广教育，学院大学为社会服务成为风气。②

2. 法国的成人教育

有人认为，在法国，从17世纪起就可以找到终身教育的踪迹。1668年笛卡儿的弟子科德穆瓦曾建议，工匠到专门学校上课，从这一主张似乎可以看出当时法国和欧洲在成人

---

① 转引自赵祥麟主编. 外国教育家评传（第二卷）[M]. 上海：上海教育出版社，1992：338.
② 参见滕大春. 美国教育史[M]. 北京：人民教育出版社，1994：450.

教育方面开始有许多首创活动。此后，百科全书派成员们的活动以及他们编纂的图文并茂的《百科全书》，适宜于帮助成年人自学，成了18世纪法国启蒙运动的工具。①

法国大革命后，法国成人教育的活动②主要有：

孔多塞（J. A. Condorcet，1743—1794）于1792年4月20日向法国国民议会提出公共教育报告，建议由国家办理各级学校教育，并以政府预算支持成人教育。小学应该在星期日开班，教育本社区的民众，尤其是没有接受过洗礼的市民。其目的主要是培养市民的道德观念，了解宪法，宣传新颁布的法律，并传授文化和艺术的知识。中学教师应该每周定期演讲，大学的教授每月至少有一次公共演讲。他认为，成人的教育和国家的发展是密切相关的。成人教育的目的在于教导成人了解有关其权利和幸福的问题，帮助成人作决定。

孔多塞报告中提出的方案当时未能实行。后来，国民议会根据他的思想，于1794年创立国家工艺院，一方面收集、保存并公开展示各种机械模型、生产工具及设计蓝图，同时收藏、借阅各种工艺图书；另一方面，它也是一所社会大学，经常举办专题讲演，介绍新生产器械及运用技术。这个机构一直维持至今，成为当前法国规模最大的民众学府。

1810年，加诺特（Lazare Camot）创立初等教学协会，并于1820年建立了第一所免费夜校，兼收男女学员。

由于受英国工人教育运动的影响，自1820年起，法国各地，尤其是巴黎地区陆续开办了不少工人识字班，利用晚间免费为工人补习，但这一识字班并不普遍。

1833年至1836年间，法国通过了格瑞特（Guizot's）教育法案。与孔多塞一样，该法案主张在每一地区建立小学，小学教师或具有资格者应该教授成人班。根据这一法案，法国建立了许多小学，也开办了很多成人班，但并未获得成功。因为那些需要进成人班接受初等教育的成人无法负担所需的学习费用，同时，往往每天长达15小时的工作也使他们无法参与学习。

19世纪后半叶，法国的成人教育有了很大的发展。1867年，小学的成人教育班达28546个，学生人数达60万（1869年增至80万）。

19世纪末，法国建立了一套比较完整的国民教育制度，兴办了一大批各级各类学校。1882年，教育部长费里（J. F. C. Ferry）推动立法，执行教育上的义务、免费、世俗化的原则。成人教育也发生很大变化。它不再是以扫除文盲为主要目的的补救性教育，而是一种基本教育，从此，公立学校的成人教育课程便分为三种类型：（1）提供失学民众就读的基本教育；（2）提供青年进修的特殊的或补充的课程；（3）提供一般知识的讲演和讨论会。

3. 英国的成人教育

在18世纪末、19世纪初英国成人学校运动产生之前，英国的成人教育尚未成为独立的教育活动，往往是与一般的文化教育活动掺杂在一起的。

19世纪是英国产业革命全面、高速发展的时期。随着英国工业的发展，许多传统行

---

① 参见加斯东·米亚拉雷等主编. 世界教育史（1945年至今）[M]. 张人杰等译. 上海：上海译文出版社，1991：368.

② 参见黄富顺. 比较成人教育[M]. 台北：五南图书出版公司，1988：169—173.

业消失，人口不断向城市集中，这些对英国的政治、经济和教育的发展产生了很大的影响。在成人教育方面，19世纪的英国主要有下列几种形式：成人学校；技工讲习会；工人自办学校；大学推广教育。

教会在成人学校的建立方面发挥了重要的作用。早在1798年，英格兰的诺丁汉便出现了专门为成人举办的学习阅读《圣经》的学校。19世纪初，英格兰布里斯托尔、伦敦、普里茅斯、伯明翰、利物浦、利兹、纽卡斯尔等地出现了一批成人学校。教会办成人学校早期的教学内容一般是学习《圣经》，同时结合《圣经》学习一些基本的阅读技巧。学习的时间通常在星期日上午或下午。19世纪下半叶，教会办的成人学校虽然仍以《圣经》为基础教学内容，但不以传播某一教派的理论为目标，而是以帮助学员解决生活上的实际问题为主。此外还注重成人教育的娱乐性。在教学活动中，不再强调教师对学员单向的传授，而注重教与学的双向活动。

在19世纪，英国世俗的成人学校也有发展。世俗的成人学校一般采取夜校的形式，内容也以教授世俗的实用知识为主，开设的科目有：写作、阅读、文法、地理、历史、数学等，此外有的夜校还开设了宗教知识、拉丁文等。

18世纪以来，人们对科学、技术的兴趣日益浓厚而广泛。随着英国19世纪产业革命的深入，工业生产对劳动者的文化知识日益提出更高的要求，在这种情况下，技工讲习会便应运而生。

为了使具有一定技术和手艺的工人掌握一定的先进技术，从而提高生产效率，比较开明的中产阶级便出资举办技工讲习会。1800年，英国出现了第一个以技工为对象的讲习班。19世纪30年代，技工讲习会达100多个。至19世纪中叶，技工讲习会的数量高达700余所，就学人数达11万人。讲习会开设的主要课程有化学、机械、流体静力学等。后来，由于其他形式成人教育和学校教育的发展，更重要的是，讲习会主要由中产阶级成员主办，而中产阶级举办讲习会的目的乃是为了追逐利润。19世纪50、60年代，国际工人运动高涨，工人阶级政治觉悟不断提高、他们日益对讲习会失去兴趣，所以，19世纪中期讲习会发展到巅峰状态之后便日渐衰落，到19世纪末20世纪初，讲习会基本消失。恩格斯在《英国工人阶级状况》中对此作过很好的分析，他指出，技工讲习会乃是"在工人中间传播对资产阶级有利的科学知识的机构。在这里讲授着自然科学，而这些研究能使工人脱离反对资产阶级的斗争，或许还能促使他们中的某一个人去从事增加资产阶级收入的发明。可是研究自然界目前对于工人本身是毫无用处的，因为在他居住的大城市里，在工作日很长的情况下，他是永远看不到大自然的。这里还可以进行以自由竞争为偶像的政治经济学的说教；工人从这门科学中只能得出一个唯一的结论：对他说来，最明智之举莫过于默默地驯服地饿死。……工人群众自然不愿意和这些学校打交道"。[①]

如果说技工讲习所是中产阶级为了自身的利益而创办的对英国工人的成人教育机构，那么，工人自己办的学校则是工人阶级为了维护自身利益而举办的又一种成人教育形式。

在19世纪英国产业革命的过程中，社会的两极分化和劳资矛盾也日趋尖锐。随着队伍的壮大和政治觉悟的提高，工人阶级开始走上政治舞台。19世纪40年代英国的"宪章

---

① 苏联教育科学院编. 马克思恩格斯论教育（上卷）[M]. 华东师范大学《马克思恩格斯论教育》辑译小组辑译. 北京：人民教育出版社，1985：82.

运动",工人阶级就发挥了重大的作用。1848年,马克思和恩格斯的《共产党宣言》的发表,工人阶级更是掌握了斗争的方向和武器。他们不甘心接受资产阶级的奴役教育,并继承了早期英国空想社会主义者办教育的传统,组织了各种形式的工人教育活动。

正像恩格斯所指出的那样,工人也是重视"踏踏实实的教育"的。他在《英国工人阶级状况》中赞扬了社会主义者为了教育无产阶级所做的不少事情。社会主义者翻译了法国唯物主义者爱尔维修、霍尔巴特、狄德罗等人的著作,并且用普及本把这些翻译作品和英国作家最优秀的著作一道加以宣传等。恩格斯还谈到了"英国无产阶级在取得独立的教育方面"的一些情况:"时合时分的不同的工人派别——工会会员、宪章主义者和社会主义者——自己出经费办了许多学校和阅览室来提高工人的知识水平。这些设施在每个社会主义的组织里和几乎每个宪章主义者的组织里都有,而且在许多单个的工会里也有。"针对当时的资产阶级诬蔑无产阶级"宁愿听恶意的煽动者狂暴的叫喊而不愿接受踏踏实实的教育"这一谎言,恩格斯指出,工人所摒弃的并不是教育,而是"资产阶级自私自利的智谋"。为了说明这一点,恩格斯列举了下列事实:"在无产阶级的、特别是社会主义者的学校或阅览室里经常举行关于自然科学、美学和政治经济学问题的讲演会,而且听众往往很多。我常常碰到一些穿着褴褛不堪的粗布夹克的工人,他们显示出自己对地质学、天文学及其他学科的知识比某些有教养的德国资产者还要多。阅读最新的哲学、政治和诗歌方面最杰出的著作的几乎完全是工人。"[①]

大学推广教育出现于19世纪70年代。大学推广教育主要原因是英国产业革命的发展对高等教育的需求日益增长。此外,自19世纪早期开始,英国政府开始重视基础教育,因此,至19世纪80、90年代,成人的文化水平较前有了很大的提高,他们进一步的文化和科学知识的需求,便需要由高等学校来给予满足。

大学推广教育也是19世纪上半叶开始的英国大学教育改革的一种结果。开始时,大学推广教育指全日制大学在校外的延伸或扩展。至19世纪70年代,大学推广教育主要指全日制大学在全国各地向成人提供大学课程。大学推广教育标志着英国成人教育发展的一个重要阶段。

剑桥大学的学者詹姆士·斯图亚特(James Stuart,1834—1913)在大学推广教育方面发挥了重要的影响作用。他主张把教育送到大学墙外的大众那里去,并积极从事剑桥大学的校外推广教育讲座的工作。后来,在他的建议下,剑桥大学于1873年成立一个专门负责校外讲座的机构"地方讲座委员会"(Local Lectures Committee),斯图亚特担任该委员会的负责人。伦敦大学和牛津大学先后于1876年和1878年成立了类似的机构。此后,英格兰的其他大学以及苏格兰的一些大学也开展了大学推广教育。至1891年,仅英格兰的大学推广教育的各种班级即达500多个,参加人数6万人左右。

大学推广教育的对象以中产阶级为主。虽然在农村地区也开办了一些与农、牧业有关的实用课程,但所占比例很小。大学推广教育的课程主要是理论或人文学科方面的内容。

---

① 苏联教育科学院编.马克思恩格斯论教育(上卷)[M].华东师范大学《马克思恩格斯论教育》辑译小组辑译.北京:人民教育出版社,1985:81—83.

第二节　20世纪的成人教育

从本章第一节的叙述中，我们可以看到，近代各国成人教育发展，各自表现了不同的特征，这些不同特征的出现，各个国家的社会、历史、经济和文化等条件的差异固然是一个极其重要的原因，但更重要的是，各国的成人教育不是某种计划的结果，而是根据各个时期，各个社会阶层、各个不同地域之需要应运而生的产物。所以，世界各国的成人教育，从形式、内容到组织实施，都没有统一的规范，真可谓林林总总、五花八门，呈现出杂乱无序的状况。

造成世界各国在成人教育方面不同特点的社会、历史、经济、文化等原因在20世纪时依然存在。当进入20世纪时，欧洲和美洲的一些资本主义国家如美国、英国等在19世纪时已经完成了产业革命，实现了从农业社会向工业社会的过渡。与此同时，亚洲、非洲、拉丁美洲的绝大多数国家仍然是欧洲列强的殖民地或半殖民地，经济和社会发展都非常落后。同样的，在教育和成人教育方面，欧、美等地经济发达的国家同亚、非、拉的殖民地国家也存在着巨大的差异。

18世纪末，孔多塞即建议以政府预算支持成人教育，并要求中学教师、大学教授以讲演的形式施行教育；19世纪下半叶，英国和美国的一些大学便以推广教育的形式着手提高成人教育的层次。然而，对18、19世纪的亚洲、非洲、拉丁美洲为数众多的殖民地的人民大众来说，他们更关心的是自己的温饱，而对于教育这类"奢侈"品，简直是连想都不敢想的事。拉丁美洲的一些国家到20世纪时才考虑到普及初等教育的事，至于成人教育，更是难以提上议事日程，而且，最初的成人教育也仅限于对成人进行扫盲教育和初等教育。例如，阿根廷在全国范围内开展大规范扫盲运动是在1905年颁布了《扫盲法》以后。"智利1920年颁布了《初等义务教育法》，该法确定了公民受教育的最低年限，规定职工有享受初等教育的权利，并确定了公民受教育的最低年限。秘鲁也在1920年颁布的新宪法中规定国家对所有儿童和成人实行免费初等教育。巴拿马在20年代也成立了几所成人学校，制订有专门的课程和计划。墨西哥1923年通过了《基本教育条例》，强调人民文化的重要性；随后开展了社会化的教育内容。"[①]

尽管各国在成人教育方面表现了不同的特色和巨大的差异，然而，一个不可否认的事实是，就世界上大多数国家而言，20世纪是成人教育迅速发展的世纪。此外，虽然各国成人教育的基础各不相同，发展的速度也有快有慢，但各国成人教育的发展往往表现出一些相同的趋势和阶段性特征。如果我们以欧洲、北美以及亚洲一些成人教育发展比较早的国家为对象加以考察，那么，20世纪成人教育的发展大体经历以下三个阶段：第二次世界大战以前；战后至70年代；70年代以后。

一、第二次世界大战结束以前的成人教育

第二次世界大战于1945年结束。在20世纪的这45年的时期内，两次世界大战的浩劫和席卷全球的经济大萧条并没有中止教育和成人教育的发展。这一时期成人教育发展主

---

① 曾昭耀等主编.战后拉丁美洲教育研究[M].南昌：江西教育出版社，1994：348.

要表现是：成人教育的社会作用日趋明显，各国政府开始认识到成人教育是国家发展不可忽略的一个重要方面，从而开始重视成人教育，这样就逐渐形成民间、大学、政府三者负责、实施成人教育的局面，而且三者互相协调，互相支持，形成了一个相互联系的成人教育网络。成人教育的内容、形式和层次表现出多样化的特征。此外，这一期间也出现了成人教育国际间的交流活动。

第二次世界大战以前，尽管国家开始重视成人教育，但民间组织和大学在成人教育方面发挥着极其重要的组织者的作用。随着各国政府对成人教育的介入、控制不断加深，民间组织和大学发挥的作用也相应有所变化，然而，它们在20世纪的成人教育方面，始终发挥着重要的作用。

1. 民间组织

民间组织的种类很多，涵盖的范围很广，民间组织开展成人教育，尽管要向学员收取一定的费用，但多为非营利组织。美国由于其独特的文化、社会传统，民间组织的活动最为活跃。美国非营利的社会团体①可以分为六类：教会；教会以外的宗教组织，包括教会总部组织、教会委员会、教堂联盟以及与教会有密切相关的其他组织等；基督教青年会系统和红十字会，包括基督教青年会、犹太青年协会、犹太女青年会；市民组织，包括睦邻中心、高级市民团体、纳税者协会等；社会服务组织，包括社会福利组织和健康导向的团体；文化组织。这些组织所提供的成人教育的课程包括一般教育、职业训练、宗教、社区问题、个人和家庭生活、运动与娱乐等。其中一般教育包括成人基本教育、美国化教育、大学科目和其他一般教育课程；职业训练包括专业、商业、买卖，技术和半技术服务，以及其他职业课程；社区问题包括公民和公共事务、安全与生存等；个人与家庭课程包括家庭生活、个人发展等；运动与娱乐课程包括嗜好、娱乐及运动等。

民间组织对成人教育影响最大的是各国的工会组织。20世纪初取得蓬勃发展的法国的民众学校，就是法国中产阶级与工人合作的产物。英国的工会组织在办理成人教育方面更是闻名于世，在20世纪上半叶居英国成人教育的领导地位，为英国的工人教育以及促使成人教育成为国家教育体系的一个组成部分做出了极大的贡献。

英国的工人阶级早在19世纪就注意到通过教育来提高自身的知识水平。进入20世纪以后，工人阶级作为一个政治团体，在努力争取自身政治权益的同时，努力为自身正当的教育权利而斗争。1900年，英国工人代表委员会宣告成立。1903年成立了"工人高等教育协会"。这是一个独立的民间组织，既不属于任何教派，也不从属任何政党。协会的创始人是出身于木匠家庭的曼斯布雷奇（Albert Mansbridge，1876—1952）。他认为工人要获得应有的政治权力和经济地位，必须要掌握必需的知识，而大学推广教育就是弥补工人知识缺陷的一个最好的手段。英国"工人高等教育协会"成立时，曼斯布雷奇任该协会专职书记。1905年，英国"工人高等教育协会"改名为"工人教育协会"。协会成立以后，工人教育运动很快便波及全国。到1911年，协会已拥有各种大小会员组织1541个，其中包括543个工会和支部，184个合作协会，261个成人学校和班级，22个大学的分部、校推广教育机构，19个地方教育局、110个劳工俱乐部和讲习会，97个教师协会，91个教

---

① 参见黄富顺.比较成人教育[M].台北：五南图书出版公司，1988：77-82.

育文学社和 214 个其他劳工组织。[①]

为了加强工人教育运动和大学推广教育之间的联系，1907 年，工人教育协会和牛津大学的代表组成了联合委员会。联合委员会赋予工人教育协会相当大的行政权力，如协会的地方支部可以自行决定任课教师的选聘等。此外，著名的"导师指导班"的学习形式也是由联合委员会确认的。"导师指导班"是一种由大学提供师资，工人教育协会的地方分支机构根据地方的需要而开展活动的一种成人教育形式。

英国"工人教育协会"除了关注工人的教育之外，还主张给儿童、青年以充分的教育机会，反对政府削减教育经费，并致力于推动国家建立一个完善的教育体系。协会的《1918 年度报告》明确提出了自己的教育主张，如实施中等义务教育；为 16—18 岁青少年提供业余学习的机会和条件；要求国家为包括成人教育在内的义务教育后的教育承担经费等。协会的这些主张得到了社会进步人士的大力支持。

"工人教育协会"在英国的成人教育方面作出了很大的贡献，除了与大学或其他机构合作开办的课程外，协会还直接组织了诸如一日课、周末课、暑期班、讨论会、讲座、参观等各种形式的教育活动。尽管近一个世纪来，英国的政治、经济、教育等各个方面都发生了巨大的变化，但工人教育协会仍不失为英国成人教育的一个重要的方面。根据 1980 年的统计，工人教育协会直接开办或与其他机构开办的课程共达 10000 班以上，参加学习的人数达 30 万人，其中参加协会直接开办的课程学习人数近 17 万人。[②]

2. 大学成人教育

除了各种民间团体外，大学也是重要的成人教育机构。最早出现于英国的大学推广教育，对欧洲各国具有不同程度的影响。20 世纪以来，欧、美各国的许多大学都举办了不同形式的成人教育，其中规模较大的是英国和美国的大学推广教育。

20 世纪初，牛津大学和英国"工人教育协会"合作的"导师指导班"的形式，很快被其他学校仿效，成为大学推广教育的主要活动形式。"导师指导班"的课程比较系统，学习时间较长，很好地保证了教育质量。除了"导师指导班"之外，各大学还尝试其他的办学形式，如暑期班、周末班、讲座等，有的学校还在各地设立教学中心，满足了各个地区的需要。

在各个大学推广教育不断发展的情况下，学校开始把成人教育纳入自己正常的工作轨道，以实现由推广教育向成人教育的转变。有的学校成立了成人教育系，有的设置专门的部门，并配置专人负责成人教育。与此同时，各大学负责成人教育部门的横向联系也开始加强，1926 年，将 3 年前尝试性成立的校外课程联合会正式改名为"大学校外课程协调委员会"，并以此来代替原来的"导师指导班中央咨询委员会"。随着英国高等教育的发展，许多地方纷纷设立大学，这些"新成立的大学一般都设有校外课程部或成人教育系。这不但加强了大学成人教育的活动，而且也使大学成人教育更加地区化。新大学的成人教育活动的另一个结果，就是引起了原先大学成人教育课程覆盖区域的不断调整。在 1938—1939 年间，英国已共有 23 个大学校外课程区域。在 20 世纪初还基本上由牛津、剑桥和伦敦大学所控制的大学成人教育课程，此时大都转为由各地方大学的成人教育系、

---

① 张新生. 英国成人教育史 [M]. 济南：山东教育出版社，1993：230.
② 黄富顺. 比较成人教育 [M]. 台北：五南图书出版公司，1988：134—135.

部所接管。而三所老牌大学的课程仅占所有大学成人教育课程总数的五分之二。"①

3. 政府的支持

同以往相比，20世纪成人教育发展迅速的一个主要原因或显著特点是，世界各国政府普遍重视成人教育。

政府对成人教育的重视首先表现在成人教育的立法方面。第二次世界大战以前，有关成人教育的法律地位或要求，往往在国家的宪法或其他专项法规中加以体现。宪法中关于成人教育的地位，一般是通过保障公民的受教育权加以体现的，但有些国家的宪法对成人教育也有具体的说明，如1919年德国的宪法就明确说明德国当时的成人教育中心包含在大众教育制度之中，各州、市都要促进包括成人教育中心在内的大众教育制度。然而，这些规定都过于笼统。除此之外，许多国家的专项法律也涉及成人教育的问题，但它们仅仅关系到成人教育某一个或某几个方面，而不是对成人教育全面的立法。例如，1924年英国颁布的《成人教育规程》，虽然肯定了完备成人教育制度是建设福利国家的一环，并对成人教育的一些方面，如成人教育课程学习者的年龄、学习内容等作了规定，但这项规程主要是有关申请政府成人教育课程经费补助的规定。

20世纪各国政府对成人教育的重视，除了通过立法的手段以保证成人教育的发展之外，还表现在政府资助成人教育、政府实施成人教育等方面。

欧美资本主义国家的政府从19世纪起，对本国的教育关注的程度不断提高，但在那时候，政府对成人教育虽有过问，但注意的焦点在于学校教育。进入20世纪以后，政府将成人教育纳入自己的视野，并不断地承担起成人教育的责任。成人教育发展比较早的英国，就是一个典型的例子。

英国产业革命以后，国家才开始关心初等教育，在那以前，教育被看做是慈善事业，是教会或私人的事。直到20世纪初，英国政府才开始过问成人教育。

1902年英国的《巴尔福法案》说明，国家在着手中等教育发展的同时，也开始对成人教育表示关心。20世纪初牛津大学和工人教育协会联合创设了"导师指导班"，虽然这种形式很适合成人的需要，但由于经费不足等原因，第一次世界大战前，导师指导班发展的速度很缓慢。为了支持这种形式的成人教育，英国政府于1913年决定给予"导师指导班"以一定的财政补贴。政府的支持大大地促进了导师指导班的发展，成为英国大学推广教育的主要形式。

英国政府在制定政策前，往往先临时组建一个特别委员会。对某个方面进行调查、提出建议，然后政府决策。英国政府任命的第一个成人教育专门委员会成立于1917年。虽然这种委员会只是临时性的，只能提供一些决策的建议，但是，第一个成人教育专门委员会的成立，标志着英国政府对成人教育的关心。该专门委员会对英国成人教育发展的历史进行了回顾，对当时的状况作了详细的调查，并在1919年提出报告。这就是《史密斯报告》（Smith Report），也称《1919年报告》。从此，成人教育的问题便提到了政府的议事日程上来。1924年英国教育部颁发了《成人教育规程》，对于申请政府成人教育课程经费补助作出了规定。《1919年报告》明确指出，成人教育不再是补习性的教育，而是以培养

---

① 张新生.英国成人教育史[M].济南：山东教育出版社，1993：248－249.

公民意识和个人发展为主要目的。由于政府通过是否给予经费补助来规范成人教育的活动，所以，这一份报告和一个规程在一段很长的时期内影响了英国成人教育的方向。

颁发经费或津贴，乃是各国政府干预、控制教育的一个重要的手段。在丹麦民众高等学校的影响下，19世纪末、20世纪初，英国出现了一批寄宿学院。这是英国民间成人教育的一种新的形式，经费自筹。20世纪40年代，这类学院由于经费拮据，难以为继，不得已而向政府申请补助。政府的补助对于寄宿学院的生存显然是至关重要的，同时，政府也通过自己的经费补助而规范寄宿学院的方向，因为只有符合政府要求的课程和水准的，才能获得政府的津贴。

由于成人教育有了立法的保证和政府经费的支持，主要由民间组织以及大学具体实施的成人教育有了很大的发展。在成人教育事业不断发展的过程中，政府、民间组织及大学三者互相支持、制约、协调，使成人教育体现了社会各个阶层的教育需要，成人教育的内容、形式、层次不断丰富，并且形成了一个巨大的成人教育网络。

4. 成人教育的国际交流

第二次世界大战前，许多国家出现了非官方的全国性的成人教育团体，如英国的工人教育协会，英国成人教育协会（1921年），美国全国大学推广部联合会（1915年），美国成人教育协会（1926年）等。此外，在工人教育协会内、在教会和基督教青年会（YMCA）的活动中也有某些国际间的接触。为了更好地促进国际间成人教育活动的交流和合作，1919年成立了"世界成人教育协会"，并设有季刊。上文提到的曼斯布雷奇任该协会的秘书长，捷克斯洛伐克总统托马斯·马萨里克任名誉主席。这个组织举行了一些国际性的研讨会和专题讨论会，并鼓励人们去观察其他国家的教育计划。1929年在剑桥召开的一次国际大会，参加者有来自24个国家的300名代表。后来，由于第二次世界大战的爆发，该协会才停止工作和出版活动。

二、战后至70年代的成人教育

第二次世界大战结束以后，随着各国经济的复苏，教育也获得了很大的发展。在欧美工业化国家努力普及中等教育并使高等教育大众化的同时，成人教育也有了长足的发展。战后，无论是发达国家或是发展中国家，成人教育已经几乎得到全世界的公认；各国也形成了从基础教育到高等教育的成人教育体系。由于成人教育在国家政治、经济、文化发展方面的作用日趋明显，人们对成人教育的观念有了很大的转变，成人教育的实践出现了一些新的特征；政府对成人教育的干预也日益加深；成人教育国际间的合作日益加强。

1. 成人教育实践的新特征

战前，成人教育在很大程度上带有"社会福利"性质，旨在实现社会的解放。所以，欧、美各国成人教育往往以"开启民智"为主要目的，把成人教育看做是一种促进社会改革、社会进步的工具。虽然第二次世界大战以前，成人的职业技术教育在成人教育中占有一定的地位，而且不断得到发展，但不占成人教育的主流。英国《1919年报告》承认技术教育是促进经济发展的重要途径，应该永远是国家教育系统的一个重要而必需的组成部分，但是，同普通教育和人文教育相比，它却不是普遍的需要，普通教育和人文教育是促进个人和社会发展的有力手段，可以帮助人们理解和解决人类社会共同的问题，使个人在政治、社会和经济组织中更好地尽到作为一位成员的责任。第二次世界大战以前，英国政府对成人教育的财政津贴，一个重要的条件就是，接受补助的必须是人文学科的课程。甚至英国工人教育协会1924年以后自己开办的新课程，也是以人文学科为主，"这些新课程的内容起初也是以社会科学为主，较受欢迎的学科包括政治学、经济学、工业组织、社会学、历史、地理、语言文学、音乐艺术。自然科学比重较小。这种情况一直延续至二次大战结束。有关的研究表明，社会科学的课程比例在二战之前持续上升，从1928年占协会所有课程的54%增长到1945年的近70%。相比之下，自然科学学科显得门庭冷落，而各种专业及职业培训的课程几乎没有"。①

第二次世界大战以后，世界上出现了两个阵营、两种社会制度的长期对抗。国家的政治、经济、军事的要求，必然要在教育中得到反映。因此，按照国家发展的要求来制定教育标准的趋势得到了增强，教育主要是为了实现国家的目的，而原先认为的教育主要目的（应注重于个人的修养、个人和谐发展）则放到了次要的地位。概言之，人们对于成人教育同国家的命运以及科学、技术、工业、经济的发展同国家实力增强的关系，有了越来越清楚的认识。

20世纪中叶以来，出现了科学研究和应用技术日益一体化的趋势。科学、技术研究的成果迅速、广泛地应用于生产，产生巨大的经济效益，生产的发展又对科技研究提出新的要求，这种互动的关系造成了一场迅猛异常的新技术革命。新技术革命加快了知识、技术的陈旧率，同时也要求企业职工有更好的教育和训练。

1960年前后，以美国的舒尔茨为首的一些西方经济学家在对教育与经济的关系作了深入研究以后，提出了具有划时代意义的"人力资本理论"。人力资本理论认为，教育具有提高劳动生产率、培养经济发展所需人才的生产功能，教育具有促进经济增长的经济效益。这种理论使企业主认识到对员工的智力投资将给企业带来利益，这也促进了成人职业技术教育的发展。

第二次世界大战以后，教育同个人的生活也有了更为密切而直接的联系。在日益城市化和工业化的社会里，个人掌握知识的多少，在很大程度上决定了他的就业机会和工资收入，这便刺激了个人学习、进修的积极性。

上述一系列的变化，使人们对教育、成人教育的功能有了更深入、更全面的认识。《学会生存》认为："对于今天世界上许许多多成人来说，成人教育是代替他们失去的基础教育。对于那些只受过很不完全的教育的人们来说，成人教育是补充初等教育或职业教育。对于那些需要应付环境的新的要求的人们来说，成人教育是延长他现有的教育。对于那些已经受过高级训练的人们来说，成人教育就给他们提供进一步的教育。成人教育也是发展每一个人的个性的手段，上述这些方面，有的在这个国家比较重要，有的在另一个国家比较重要。但它们都是有效的。成人教育再不能只限于初级阶段了，也不能只限于对少数人的文化教育了。"②

上述概括很好地阐述了第二次世界大战结束以来成人教育实践的基本特征：成人教育

---

① 张新生.英国成人教育史［M］.济南：山东教育出版社，1993：239.
② 联合国教科文组织国际教育发展委员会编著.学会生存［M］.上海师范大学外国教育研究室译.上海：上海译文出版社，1979：269.

对社会上各种层次、从事各种职业的所有成人来说都是需要的；成人教育与国家经济和社会发展的水平和需要密切相关；成人教育不能仅限于文化教育，职业培训和进修应该占有重要地位。

由于成人教育与各国经济和社会发展的水平和需要有着内在的联系，所以，后者不仅决定前者发展的规模和速度，而且还决定它的水平。例如："在拉美国家中，正规学校遗留下来的辍学问题，给成人教育背上了沉重的包袱。从60年代起，在多次拉美地区会议上提出了要普及初等义务教育，而到90年代，普及义务教育的目标仍未实现。"① 拉丁美洲各国的高文盲率，成了国家发展的一大障碍，所以，成人教育的主要任务是扫除文盲，或给成人提供补充性的初等教育。而在欧、美等地的经济发达的国家，成人教育则考虑到发展中等、高等教育的水平。"联邦德国1977年参加人民大学课程学习的为720万人，1981年950万人，增加了32％。苏联1980—1981年有230万人在高等学校接受不脱产学习，有473万人在夜校中参加相当于9至11年级课程的学习，有170万人参加中等专业学校开设的夜校或函授班学习。"②

第二次世界大战以前，无论是发展中国家或经济发达国家，成人教育的主流是文化教育。战后，职业技术教育成了各国成人教育的一个极其重要的内容，在发达国家中，这一点尤为突出。由于科学技术的飞速发展，旧工艺不断淘汰，为造就适应新工艺的大批技术人才和熟练工人，职业技术进修和培训的作用越来越突出。美国1977—1980年在成人教育机构注册的人中，学习职业培训课程的占50％以上，波兰1983年在劳动者学校结业的118000人中，学习中等或基础职业教育课程的93600人，占79％。苏联在80年代每年有600多万人学习新职业。③ 由于成人教育在职业技术教育方面具有灵活多样，反应迅速、广泛的致用性等特点，显示了很强的生命力。"根据联合国教科文组织1993年的统计，70年代以来，在世界范围内职业技术教育的发展速度超过了普通教育的速度，前者是后者的两倍多。这在历史上是第一次。"④

2. 国家通过立法的手段使成人教育制度化

战后，成人教育对国家政治、经济等各个方面发展的作用逐渐为世界各国承认，各国政府认识到成人教育是促进国家整体发展的一个不可或缺的重要因素，因而对成人教育不仅仅是"重视"，而是把实施和发展成人教育作为自己的责任和义务，在成人教育发展比较快的国家，这一点尤为突出。

战后，政府实施和发展成人教育的一个新的措施，就是采取立法措施使本国成人教育制度化。虽然有些国家在成人教育方面有关法律的立法可能追溯到20世纪初、甚至19世纪，但就整个世界来说，世界各国对成人教育普遍采取立法措施乃是在第二次世界大战以后。

第四次国际成人教育会议在回顾、总结成人教育发展情况时，充分肯定了各国政府的立法对成人教育的促进作用。这次会议的《最后报告》对世界各国关于成人教育的立法作

---

① 曾昭耀等主编. 战后拉丁美洲教育研究 [M]. 南昌：江西教育出版社，1994：372.
② 孙世路等. 成人教育 [M]. 哈尔滨：黑龙江教育出版社，1989：38.
③ 同上书，37.
④ 刘继武等主编. 成人教育现状与趋势研究 [M]. 海口：南海出版公司，1990：35.

了很好的概括,"在最高一级,某些政府采取了全国性的法律甚至宪法措施,从而使成人教育增添了新的力量,或是确定了目的、范围、作用和手段,或是具体指出了某些特殊的方式,因而成人教育在国家宪法和宪章中以及在阶段性的社会——经济发展规划中,在关于教育部门的全面改革或白皮书中取得了特殊的地位。在某些情况下,还采取了全国性的措施以协调有关整个教育,特别是成人教育的各种立法,并制定了规章。通过调整工作时间、发展以教育为目的的带薪假日或激励某些类别的人员(公务员、干部、教师、劳动者)参加在职的教育等办法,来促进人们参加成人教育。"

战后世界各国关于成人教育的各种立法,很难罗列详尽,即使是一个国家的各种成人教育法案,如要列举的话,也是一份很长的清单,这里只能列举其中的一小部分。

美国于1966年颁布了《成人教育法案》,对美国成人教育的目的、内容、教师培训、管理体制及经费等作了全面的规定。此后,除了根据实际情况对这个法案不断加以修改之外,还颁布了一系列与成人教育有关的法案,如《全面就业和培训法案》(1973年),《青年就业与示范教育计划法案》(1977年),《职业培训合作法案》(1982年)等。

德国巴伐利亚、不来梅等许多州的宪法有成人教育条款,规定成人教育是州的责任和义务。各个州有关成人教育或继续教育的法律近百部。有的法律规定州政府要给成人教育以经费补贴,有的法律规定了"教育假",以保证学员学习时间,有的法律规定要提供土地、财力、物力的支持等。

日本将成人教育和青年教育统称为社会教育。1949年6月,日本颁布了《社会教育法》,这是日本战后社会教育的最根本的立法,它对社会教育的目的、任务、实施机构、人员、经费补助等作了详细规定。1979年又颁布了《职业训练法》,使职业训练有了立法的保证。

拉丁美洲各国,除了有些国家在宪法中规定了成人教育的有关条款外,更多的国家颁布了成人教育法。例如,墨西哥颁布的《全国成人教育法》(1975年),巴西的《青少年和成年人实用读写能力训练及终身教育法》(1967年)等。

各国政府对成人教育采取的专门法律措施,是战后各国成人教育制度化的最根本的保证。应该指出,各国政府对成人教育的支持,除了立法和财力、物力的资助之外,政府在实施成人教育方面也肩负了比战前更多的责任,关于这一点,本章后面部分还将涉及。

3. 国际合作加强

第二次世界大战以后,随着成人教育的不断发展,各国纷纷建立了官方的或非官方的全国性的成人教育组织。在此基础之上,国际间的交流和合作活动也不断加强。区域性和世界性成人教育的合作对于促进各国成人教育的发展起了很大作用。例如,在联合国教科文组织、美洲国家组织和墨西哥政府赞助的支持下,墨西哥建立了"拉美地区成人教育与扫盲中心",为拉美地区所有国家培训成人教育师资。1968年,美洲国家组织在美洲文化委员会第五次会议上制订了拉美地区教育发展计划,包括向各种成人教育机构提供用于教师进修、召开经验交流会议、编写扫盲和成人教育教材、出版成人教育刊物以及进行成人教育研究的专项资金。非洲的《亚的斯亚贝巴计划》对于非洲国家的扫盲工作也提供了不少的帮助。其他如地区性的政府会议,非官方组织的会议等,难以一一。

在国际间合作和交流方面,政府间的组织和非官方组织发挥了很大的作用。主要的政府间组织是联合国教科文组织。还有一些联合国的机构,如国际劳动组织(ILO)、粮食和农业组织（FAO）、世界卫生组织（WHO）、联合国儿童基金会（UNICEF）、世界银行（World Rank）、经济合作和发展组织（OECD）等，虽然他们的主要目的是非教育性的，但是他们也支持成人教育的发展和国际交流，因为这与它们特定的活动领域有关。除了这些之外，还有一些政府间的组织也对成人教育做了很有价值的工作，如欧洲委员会、阿拉伯扫盲组织等。在非官方组织方面，1973 年成立的国际成人教育理事会是一个极有影响的国际性组织，其成员国遍及世界大多数地区，与地区性非官方组织，如欧洲成人教育局、非洲成人教育联合会、亚洲南太平洋成人教育局等，有着正式的关系。此外还有国际大学成人教育协会、社区教育国际联合会等。在所有这些组织中，对成人教育发挥最大作用的，无疑是联合国教科文组织。

联合国教科文组织除了通过它发行的各种刊物、文件、资料来交流情况、对各国教育提出建议之外，对成人教育也表现了很大的关注。1949 年以来，教科文组织举行了 4 次国际成人教育会议，这些会议充分体现了教科文组织在成人教育国际合作方面发挥的巨大作用，同时也反映了战后成人教育发展的趋势和现代终身教育思想的演进。为了对 4 次国际成人教育会议有一个完整而系统的了解，下面简要地叙述一下这些会议的情况，尽管第三、第四次会议是在 70 年代以后召开的。

第一次国际成人教育会议于 1949 年在丹麦的赫尔辛格召开。从那时起，"成人教育的国际性取得了令人瞩目的成果，成人教育从战后对全球性战争的反战潮流中，以及从随后几十年内全球性和国际性接触的发展中获得了发展的势头"，而且人们"可以把这种国际接触和交往活动看做是一场运动"。[①] 参加这次会议的有 25 个国家的 79 名代表和观察员。2/3 的代表来自欧洲大陆，苏联和东方国家未派员出席会议，亚洲和南美实际上也没有什么代表，埃及派一名代表出席会议，是唯一的非洲国家。这次会议的活动计划有 4 个要点：成人教育应有的地位；不同国家为此所使用的方法和技术；不同国家之间成人教育管理者的合作形式，以及成立一个国际成人教育组织的时机；联合国教科文组织在成人教育中的作用。[②] 由于与会者主要是欧洲的代表，占优势的是欧洲的观点，对于职业技术教育和扫盲问题，未作系统的讨论和研究，所以对成人教育的定义过于狭窄。会议提出了成人教育的一些原则：从整个范围和多样性方面满足成人的文化需要；成人教育的内容、计划和方法应该根据个人、社会和国家的需要以及紧迫性来确定等。

第二次国际成人教育会议于 1960 年在加拿大的蒙特利尔召开。两次会议间隔了 11 年，在此期间，整个世界在各个方面都发生了前所未有的巨大变化，会议的主题也因此确定为"在变化中的世界里的成人教育"。出席会议的代表团增加到 51 个（47 个会员国、2 个准会员国、2 个非会员国），比赫尔辛格会议多了一倍，正式代表 112 名，亚洲、非洲、拉丁美洲、苏联、东欧国家、阿拉伯国家都有代表参加。在这次会议上讨论的主要问题有：在更广范围内考虑的成人教育的目的；发达国家和欠发达国家之间的关系；青年教育；公民和社会教育；非政府组织的作用；成人教育工作者的培养和成人教育的研究；成立新的民间的国际成人教育组织的可能性。这次会议给成人教育所下的定义比第一次会议

---

① 胡森主编. 国际教育百科全书（第 5 卷）[M]. 贵阳：贵州教育出版社，1990：283.
② 见加斯东·米亚拉雷等主编. 世界教育史（1945 年至今）[M]. 张人杰等译，上海：上海译文出版社，1991：369.

更宽，而且体现了终身教育的思想。这次会议确认，成人教育不再是为少数人个人利益服务的无足轻重的事，任何要适应变化和提高生活质量的国家，都要把成人教育作为一项重要的国家政策。会议认为，成人教育与正规教育系统的一体化已初步实现，所以，人们对教育所作的传统的区分（普通教育与职业教育，以及青年教育与成人教育的区分）必定要重新加以审视。此外，会议还讨论了如何将扫盲置于优先地位、妇女教育、成人教育课程计划及其对学校布局、师资培养、成人教育工作者队伍的影响等问题。[①]

1972年在日本东京举行了第三次国际成人教育会议。在两次会议间隔的12年内，随着大批殖民地国家的独立，成人教育在更广泛的国家和地区得到发展，人们对成人教育性质和意义也有了更深刻的理解。"统计资料表明，有关人员总数已有所增长，课程计划也有增加和更为多样化。以及成人教育的概念本身在各地都有发展。最后，有些国家已成立了全国性的政府机构或工作委员会，以便对现行法令可以补充什么条文和作出什么修改进行研究。因此，在1960年至1972年期间，十分明显，教育不再是某种基本上表现为静态的事物，也不再是涉及一个过程和一个结果的事物，而是恰当地被界说为具有至关紧要、必不可少和持续终生的职能；初期教育不再是足够的生活准备，人们已经懂得成人教育可以成为革新和变化的强有力的因素。"[②]

出席第三次国际成人教育会议的有85个国家和地区派出的代表，其中亚洲15个、非洲19个、阿拉伯国家10个、拉丁美洲17个。出席会议的发展中国家占了大多数，会议对处境不利的民族或集团的特殊需要进行了讨论；会议着重研究了成人教育在终身教育范围内的作用，以及成人教育的政策、方针、规划、行政管理和财政经费问题。会议提出成人教育应采取正规教育与非正规教育两种形式，成人教育是教育民主化的体现，也是经济和社会进步以及文化发展的重要因素。此外，这次会议还建议各成员国将终身教育的概念作为包括成人教育在内的教育的指导政策。

1985年在巴黎召开了第四次国际成人教育会议。122个会员国的539名代表出席了大会，加上其他组织派出的观察员，参加大会的总人数为841人，空前的会议规模从一个侧面反映了世界成人教育蓬勃发展的态势。中国第一次派出代表团参加这次会议。会议决定的议程项目有：东京会议（1972年）和通过《关于发展成人教育的建议》（内罗毕，1976）[③]以来，特别作为扫盲活动延续的成人教育的发展情况；发展成人教育是实行终身教育的基本条件和教育民主化的主要因素：趋势与前景；成人教育对推动积极参与经济、社会文化生活和解决当代世界某些重大问题可能作出的贡献；扩大和改进成人教育的途径和手段；为发展成人教育而加强地区和国际合作的措施。

会议认为，尽管东京会议以后国际形势困难重重、经济危机波及许多国家，但成人教育在世界上还是取得了广泛的发展。不论从成人参加的数量、课程的多样性、负责机构的数量和多样性等方面来看，或是从物质方面作出的努力来看，成人教育在全世界不同社会里开展的教育行动中都继续起着第一位的作用。这同各国政府的支持，采取为成人教育立

---

① 见加斯东·米亚拉雷等主编.世界教育史（1945年至今）[M].张人杰等译.上海：上海译文出版社，1991：370—371.

② 同上书，372.

③ 1976年，教科文组织在肯尼亚首都内罗毕召开会议。这次会议就成人教育的方针、政策、原则、开展国际合作等问题提出一系列建议，并通过了《关于发展成人教育的建议》。

法的措施是分不开的。会议指出，成人教育在今后将要对付三种挑战：与技术变化同时并进；有助于扫除文盲；有助于解决当代重大问题。出席会议的许多代表强调成人教育在终身教育过程中的地位和作用，认为它是终身教育的一个重要部分，甚至是必不可少的部分。

三、70年代以后的成人教育

70年代以后，成人教育进入一个新的发展阶段，可以把这以后的新的发展阶段称作终身教育时期，其标志是1972年召开的第三次国际成人教育会议。

包含在第三次国际成人教育会议《最后报告》中的会议建议十分清楚地指出，会议确信成人教育是终身教育的一个特定的、不可缺少的组成部分，确信成人教育与人人都有受教育的机会这一目标息息相关，并建议各成员国"在终身教育的背景中，把成人教育作为教育的一个特定的、不可缺少的组成部分，并采取立法措施或其他措施，俾使成人教育具有广泛的基础；学校教育的方面是让青年人为进行自我引导的终身教育而有所准备"。[①]

同在1972年，联合国教科文组织国际教育发展委员会编著的《学会生存》肯定终身教育的思想是"来自实际应用的新发明"，并且明确指出："千百万的成人需要受教育，这不仅是像过去一样为了使自己的能力日趋完善和对自己的发展有所贡献而获得幸福，而且也是因为20世纪的社会，全部社会的、经济的和文化方面的发展，都要求每一个受教育的公民尽可能地发挥他的潜力。"教育"只有采纳了终身教育的思想，才能变成有效的、公正的、人道的事业。"[②]

应该指出，《学会生存》一书中所提倡的"终身教育"，已经不仅仅是应用于成人教育实践的一个新术语，而是指导人的所有阶段、所有形式的教育指导思想。然而，一个不争的事实是，当第三次国际成人教育会议与会各国接受终身教育的概念、并把它作为成人教育的指导思想之后，各国成人教育的实践都将或早或迟、或强或弱地体现这种思想。

以终身教育的思想作为指导原则的教育，或者就本节正在讨论的终身教育阶段的成人教育来说，究竟应该具备哪些特征，可能是需要我们进行长期实践、探索的问题。正像《学会生存》一书中所指出的那样，"终身教育"这个概念，不同的国家有不同的理解。世界上有多少个国家，就有多少种不同的应用这个概念的方式。而且，在不同的国家中，这个概念的应用和进展程度也各不相同。[③] 下面拟就70年代以后成人教育的实践，尝试性地概括几个特点：

1. 加强成人的基础教育，其目的在于使人积极参与经济、社会和文化生活

第二次世界大战以后的几十年是成人教育在全世界的范围内获得飞速发展的时期。战后成人教育发展的一个显著特征是，各国的成人教育在很大程度上是以发展经济为目的的，所以，职业技术教育或职业培训，成为成人教育的一个极其重要的内容。这种成人教育的内容由生产或经济的需要来决定，而人的个性发展和人的生活的需要则处于次要地

[①] 转引自加斯东·米亚拉雷等主编．世界教育史（1945年至今）．张人杰等译．上海：上海译文出版社，1991：872．
[②] 联合国教科文组织国际教育发展委员会编著．学会生存．上海师范大学外国教育研究室译．上海：上海译文出版社，1979：195．
[③] 同上书，241．

位,人的作用只具有工具性的意义。这种把人当工具的思想有违于终身教育的宗旨。联合国教科文组织总干事姆博在第四次国际成人教育会议开幕式上讲到,现代一个成人同时感到多方面的要求与需要,它们是与迅速变化的技术世界的要求及文化和社会的变化相联系的,这些要求与变化影响到他这个具有多重身份的人:作为生产者、经济人物、公民、集体的一员或单纯的个人。成人教育应该对这些出反应。

1985 年,第四次国际成人教育会议在回顾 1972 年东京会议和 1976 年内罗毕会议(这次会议通过了《关于发展成人教育的建议》)以来成人教育的发展情况时,肯定了在职业培训和进修方面这一"成人教育新增加的作用",认为这对各个会员国应付就业情况的变化,赶上主要由于采用新技术而产生的工艺技术变化,提高专业能力以确保工种间、地区间流动性所起的十分关键的作用,同时,与会者也"普遍希望不要把这一培训局限于获得职业能力,而要把这一培训与往往应该加以补充的普通教育结合起来,以便从多方面完整发展个性。这一趋势与旨在减弱在普通教育与技术和职业教育之间进行硬性划分的趋势相吻合"。① 这是一个十分重要的变化。终身教育概念下的成人教育,不能旨在以就业、转业为目的的职业技术培训,而应着眼于"从多方面完整发展个性"。

这次会议的《最后报告》反映,1972 年东京会议之后,世界各国文化活动在成人教育中的地位得到了扩大,在工业化国家,随着自由时间的增多,这一点尤为明显。成人教育在公民教育和为社会生活做准备方面,也得到越来越广泛的承认,出现了既发展科技内容、也发展人文伦理内容,以及将成人教育同各种社会、职业活动更紧密结合在一起的倾向。此外,在 1974 年通过《关于促进国际了解、合作与和平的教育以及关于人权与基本自由的教育的建议》之后,世界各国都越来越明显地感到成人教育一方面能为互相了解和解决人类重大问题做出贡献,另一方面,能为国际了解和合作做出贡献。

70 年代以后发达国家注重成人基础教育,可以说是终身教育思想指导下的成人教育的一个重要发展。

发达国家成人的基础教育与"功能性文盲"(functional literacy)概念的提出有关。这一概念最初由美国的格雷(Grey)提出,当时他根据美国社会发展和行业分化越来越迅速的情况,指出学校教育不能保证一个人终身具有阅读能力。60 年代,随着技术密集型产业的兴起,人们日益感到学校教育无法满足日益更新的科学技术的需要。1965 年,联合国教科文组织国际成人教育促进委员会讨论了保罗·朗格朗关于终身教育的提案,终身教育的思想逐渐引起了人们的重视并引发人们对现实问题的认识和思考,"功能性文盲"的概念也逐渐被人们接受。到 70 年代,许多发达国家,如美国、英国等,开展了全国性的基础教育运动。

70 年代以后发达国家的成人基础教育是以成人扫盲的形式出现的。然而,这里的"文盲"同传统的以读、写、算能力为基本标准的文盲概念已有本质的差异,换言之,这里的"文盲"是指功能性文盲。功能性文盲的界定除了有读、写、算方面的基础知识和基本能力的标准之外,更重要的是从事个人生活和社会生活必须能力的标准。所以,70 年代以后的成人基础教育注入了终身教育思想,其主旨已不限于最起码的职业需求,而是个人整个生活的能力,以便使成人更主动更积极地参与经济、社会和文化生活,承担人的社

---

① 联合国教科文组织.第四次国际成人教育会议最后报告(中文版).19—20.

会责任。显然，传统意义上的"成人扫盲"已不足以容纳它的全部内涵。

功能性文盲的界定主要以个人社会生活的需求为标准，然而，研究的结果表明，个人社会生活的能力同个人受教育年限有一定的关系。70 年代以后，美国不少大学进行了"功能性能力"的研究，比较著名的是位于奥斯汀的得克萨斯大学（The University of Texas at Austin）1975 年公布的关于美国成人能力的一次大规模调查。这个研究采用全国抽样的方法，从个人发挥作用能力的观点来分析成人人口，而不考虑其受教育的程度。联邦教育署根据该研究的标准和结果推断，大约有 2300 万美国成人缺乏社会生活必需的知识和能力，另有 3400 万人只能以很差的能力发挥作用，两者总数为 5700 万人。美国劳工统计局 1976 年估计，16 岁以上的成年人没有在校注册学习、也没有中学文凭的人数大约为 5700 万人。此外，不管有无高中毕业文凭，在读、写、说方面不能适应社会需要的人数估计也是 5700 万人。可见，不管采用哪种标准，其结论大致相同。① 所以，美国不少地区以达到高中毕业水平作为成人基础教育的最低标准。

70 年代以后，世界上各个发达国家都开始注重本国成人的基础教育，尽管各国根据自己的国情，在功能性文盲的界定、成人基础教育经费的筹措以及实施方面，表现了各自的特色，但是各国也表现出共同的特点，即以终身教育思想为指导，成人基础教育以提高个人社会生活能力为目的。总之，"基础教育……也要为成人们考虑，无论什么年龄，只要他们需要这种教育，就要为他们考虑。这种教育尽管是传授基本知识，但是它还要人们学习如何感知和理解世界……在发展人们的观察力、判断力和批判精神的同时，还必须激发他们求知识、提问题和向自己提出疑问的欲望。最后，这种教育还必须使人们感觉到，他是属于一个共同体的成员，而且无论对人对己都负有一种创造性的责任"。②

2. 成人教育与大、中、小学教育衔接

第二次世界大战以后，各国的成人教育逐渐形成了自己的体系，除了成人初等教育、成人中等教育之外，成人高等教育也有了很大的发展。当然，不同国家由于在各个方面发展的程度有很大差异，各国成人教育程度的侧重点也各不相同。70 年代以后成人教育出现的一个明显的趋势是：各国成人教育的系统与大、中、小学的学校系统互相开放、互相衔接。这种互相开放、互相衔接的趋势乃是终身教育思想指导下成人教育和正规的学校教育各自都作出努力的结果。

终身教育的思想促使各国对成人教育加以重视。1976 年内罗毕会议就建议各国制定各项措施，"发展各种形式和水准的教育，满足职业培训和人类个性发展两个方面不断变化的要求"。在这种背景下，各个层次和水平、各种形式的对成人进行业余教育的学校便纷纷成立。就办学主体而言，多元化的趋势日益明显，显现出政府、学校、企业、社会力量、甚至私人参与办学的局面。此外，现代电子信息技术的发展和电教媒体的涌现，远距离教育便应运而生。远距离教育使成人教育在时间和空间两个方面都有可能进一步向所有的成人开放，造成了成人教育发展的一个新局面。

许多国家，特别是发达国家达到中等教育程度的成人日益增多，在终身教育和教育民

---

① 参见胡森主编. 国际教育百科全书（第 1 卷）[M]. 贵阳：贵州教育出版社，1990：209—210.
② 联合国教科文组织国际教育发展委员会编著. 学会生存 [M]. 上海师范大学外国教育研究室译. 上海：上海译文出版社，1979：243—244.

主化思潮的影响下，70年代以后，成人对于高等教育的需要日益高涨。在这种情况下，远距离教育不仅为成人高等教育的扩展创造了条件，而且，在函授印刷材料的基础上，辅之以广播、电视、录音、录像等现代化的教学手段，也使成人高等教育的质量有了比较有效的保证手段。

联合国教科文组织总干事姆博先生在第四次国际成人教育会议开幕式的讲话中，分析了发展成人教育应该注意的几个问题，其中一个问题就是成人教育的合法性。他指出："在很多情况下重要的是成年人的学习至少应得到文凭或证书的承认或正式认可。尤其当这一培训涉及就业机会时，文凭和证书将提高所接受培训的价值。"① 换言之，成人教育必须得到社会的认可，取得与正统的学校教育同等的地位，成人教育才能获得进一步发展。这也是成人教育与学校教育互相衔接的一个条件。在这方面，英国的开放大学乃是一个成功的先例。

1969年，英国的开放大学（Open University）获得了成立的特许证而正式诞生，这所大学以远距离教学的形式向成人学生提供高等教育。开放大学1971年开始招生授课，1974年为其第一批学生授予学位。这件事在各国教育界和整个国际社会中引起了很大的反响，一时成了舆论关注的焦点。开放大学不仅为英国的成人教育开辟了一个广阔的新天地，而且它令人信服地证明，即使在英国这样的经济、文化、教育相当发达的国家，采取从传统的观点来看极不正规的远距离教育手段的学校，也可以处于与传统的、正规大学同等的地位。这同样意味着，成人教育可以达到与正规学校教育同样的水准和质量，也可以取得与正规的学校教育同等的地位。

成人教育也是一种合法的教育形式，这一观念被人们广泛地接受。开放大学的先例鼓舞了整个世界。70年代以后，无论发达国家或是发展中国家，以成人为主要对象的各级水平的远距离教育，尤其是远距离高等教育迅速地得到发展，各国的远距离大学、无墙大学、广播电视大学、开放大学等纷纷成立。在拉丁美洲、非洲和亚洲等经济和文化、教育不发达地区，各种形式的远距离教育在成人教育中发挥了巨大的作用。

另一方面，在终身教育思想的影响下，人们对学校教育的地位和作用也重新进行了审视和检查。

终身教育思想和"学习化社会"的概念是联系在一起的。无论终身教育思想或是学习化社会的概念，两者都对现有的学校和传统的教育体系提出了变革的要求。诚然，在现代社会中，我们通过各种渠道接受大量的信息，而要确切地处理这些信息，我们就需要具备系统的知识、才智和技能，学校的存在是必要的。然而，学校的教育无法解决人一生的学习问题，"因此教育体系必须全部重新加以考虑，而且我们对于这种教育体系所抱有的见解本身也必须重新加以评议……如果学习包括一个人的整个一生（既指它的时间长度，也指它的各个方面），而且也包括全部的社会（既包括它的教育资源，也包括它的社会的和经济的资源），那么我们除了对'教育体系'进行必要的检修以外，还要继续前进，达到一个学习化社会的境界"。②

---

① 联合国教科文组织. 第四次国际成人教育会议最后报告. 附件Ⅱ，3.
② 联合国教科文组织国际教育发展委员会编著. 学会生存[M]. 上海师范大学外国教育研究室译. 上海：上海译文出版社，1979：18.

终身教育思想指导下的学校改革，涉及教育制度，教育内容，教育、教学方法，学校管理等所有的方面，就其与成人教育的关系来说，主要表现在各级各类学校，尤其是高等学校要向成人开放，承担成人教育的任务。

关于日本高等教育体制的改革，文部省高等教育恳谈会1974年的报告提出，高等教育不只限于大学、短期大学和高等专门学校，还应该包括广播大学、大学函授教育以及其他高等教育水平的各种学校。后来，在1976年开始实施的为期10年的《高等教育调整规划》及1986年以后高等教育调整规划（《新高等教育规划》）中，都提出了发展大学的函授教育和夜部制、广播大学、改革招生办法等措施。在这些措施中，与成人教育关系密切的有：[①]

设立面向成人的特别考试制度，以招收社会成人入学。这种特别考试制度是1979年首先在部分私立大学开始实施的，至1985年，实施这种制度的大学已达52所。

研究生教育层次上，除新创立的以对在职教师进行再教育为目的之一的兵库教育大学等研究生院招收成人入学之外，还有筑波大学等校的研究生院也开始接收包括企业或政府机关派遣的学员在内的成人入学。

设立大学教育开放中心，举办公开讲座。举办公开讲座的目的是将大学的科研成果直接向社会开放，这是为社区居民提供高等教育的一个重要方式。公开讲座听讲的内容不仅是综合性的（对一个课题能从人文、社会、自然科学等多方面进行分析探讨），而且都是当时社会急需解决的课题。1986年共开设2511个公开讲座，是1977年的3.7倍。参加公开讲座的人数约33万。

建立共同研究员、委托研究员制度。这一方面可以使社会科研人员获得提高职业和科研能力、接受再教育的机会，另一方面也可以使大学的科研职能更好地服务于社会。

显然，70年代以后日本高等教育的改革，在终身教育思想指导下，全方位地"接纳"了成人教育。事实上，除了日本以外，世界各国的学校，尤其是高等学校都程度不同地承担了成人教育的任务，出现了第四次国际成人教育会议向各成员国建议的、"从终身教育的角度这两个分系统能相互补充配合"、保证"联系和连贯性"的趋势，各国的教育体制逐渐向完整的终身教育体系的方向进行整合。这一体系的最后完成，可能是下一世纪的任务。

美国的学校承担成人教育任务有着悠久的历史，也是美国成人教育一个重要的特色。"美国有3/4的高等学校实施成人教育计划，成人教育中有44％的学员是由普通高校系统培养的。""美国接受成人教育的人员在各类学校或班级公布为：大学与四年制学院——21％；工会、专业联合会等机构——21％；两年制学院和技术学院——16％；公立中、小学——14％；社区组织——13％；私立、职业及商业学校——9％。"[②]

"瑞典任何一所高等院校的大门几乎都向社会开放"，"为了使一些在职人员有机会接受高等教育，不少高等院校开设'远距离教育'，即通过函授的方式，使学生在家里接受大部分课程，隔一段时间去学校听讲座或参加测验。如果离学校近，可以利用晚上时间或

---

① 参见梁忠义主编. 战后日本教育研究[M]. 南昌：江西教育出版社，1993：182-188.
② 刘继武等主编. 成人教育现状与趋势研究[M]. 海口：南海出版公司，1990：34-35.

半天工作半天学习,到学校听课"。①

70年代以后,巴西、智利、哥伦比亚、墨西哥、秘鲁等国为了满足成人不断增长的高等教育需求,除了建立一批开放大学(1983年,拉丁美洲国家已有19所开放院校)、广播电视教育中心之外,传统的高等院校也设置了远距离教学部或函授部,对成人进行继续教育。例如,墨西哥师范大学通过函授、广播、电视的形式开设了许多教育专业的课程,为全国学校的教师提供深造机会。智利也有一些高校面向全国进行函授高等教育。此外,在传统的高等院校内也举办成人教育培训班。如在墨西哥国立自治大学学习的在职职工就达7万人之多。智利天主教大学设有许多工农分校,在全国开展成人培训学习班。②

3. 成人教育的新制度:回归教育

70年代以后出现的回归教育(recurrent education)"指进入社会的人再回到学校学习的教育"。③查尔斯·赫梅尔认为,"回归教育主要是关于成人教育的一种制度,它在终身教育的一般结构中占有适当的位置"。④

回归教育与瑞典有着密切的关系。最早倡导回归教育的是瑞典的经济学家莱恩,而且瑞典早在1969年高等教育的改革就体现了回归教育的思想。当时规定,年龄在25岁以上,具有4年工作经验,如果修完高中2年的瑞典语和英语,并且具备专业知识,即可进入大学学习。这种社会成员升入大学的制度也叫做"25:4制",是一种欧洲典型的推动成人接受高等教育的制度。通过1977年的大学改革,瑞典有59%的采取定额制的地方执行"25:4"制。

经济合作和发展组织(OECD)对回归教育的思想非常重视,除了选定瑞典、法国、南斯拉夫三国协作拟定回归教育方案外,这个组织的研究机构——教育研究革新中心(CERI)对回归教育开展了积极的研究,并陆续出版了《回归教育——终身教育战略》、《回归教育——动向和问题》等一系列的著作。1971年和1973年,分别在南斯拉夫、美国等地召开关于回归教育的国际研讨会。1975年欧洲教育部长会议的主要议题就是回归教育。其他一些国际组织,如国际劳工组织、欧洲能源理事会等,都支持回归教育。欧洲能源理事会甚至把回归教育指定为实现终身教育的基础原则。

回归教育体现了终身教育思想,是一种把终身教育加以具体化的教育战略,是终身教育的一个重要环节。回归教育70年代以后在整个世界被广泛接受的事实说明人们已经接受了终身教育最基本的观点,那种把人生分为接受教育和生活两个阶段,而教育乃是生活的必要准备的传统观点已经过时了。回归教育强调的是,教育应该在人的一生中反复出现。回归教育的特色在于,当一个人的学习中断以后,仍然可以有重新学习或受到训练的机会,也就是说,在人的一生中,工作(或闲暇)时期和受教育时期可以交替进行。至于如何进行这种"交替",在实践中可以设计出许多模式。图6-1表示瑞典研究的回归教育

---

① 顾耀铭等. 当今瑞典教育概览[M]. 郑州: 河南教育出版社, 1994: 68.
② 曾昭耀等主编. 战后拉丁美洲教育研究[M]. 南昌: 江西教育出版社, 1994: 370.
③ 平塚益德主编. 世界教育辞典[M]. 长沙: 湖南教育出版社, 1989: 179.
④ 查尔斯·赫梅尔. 今日的教育为了明日的世界[M]. 北京: 中国对外翻译出版公司, 1983: 43. 关于回归教育的性质,目前尚有几种不同的看法,不同国家对回归教育的论述和实施也有很大差异。参见胡森主编. 国际教育百科全书(第7卷). 贵阳: 贵州教育出版社, 1990: 522—531. "回归教育"和"回归教育: 比较研究"。

可能有的 5 种模式①，其实，根据各国特定的情况和实际需要，人们还可以设计出其他的模式。

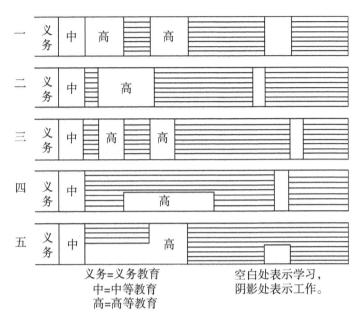

图 6-1 瑞典研究的回归教育几种可能的模式

模式一：高等教育紧接着中等教育的第二阶段进行。高等教育分两段进行，中间间隔一个职业活动时期。在职业岗位上工作几年以后，本模式可提供一次短期学习。在这期间，可以进行复习，也可以学习高深的课程。

模式二：从中等教育直接过渡到职业活动，接着，不间断地接受高等教育。进修课程往后才进行。

模式三：从中等教育之后和在高等教育几个阶段之间为职业活动时期，以后再进修或学习更高深的课程。

模式四：非全日制的高等教育。这是在中等教育之后从事职业活动一个时期后进行的。

模式五：紧接着中等教育之后，在参加工作的同时，就开始接受非全日制的高等教育。

（资料来源：亚尔·本特松．回归教育：瑞典的观点．135 点，43．也可参看马克·布劳格著作 10，73．和弗拉基米尔·斯托伊科夫著作 129，4．）

    关于实施回归教育的优越性，有的人从经济的角度加以研究。在这方面存在着两种观点，一种观点认为回归教育比较经济，另一种观点则与之相反。经济合作的发展组织的分析报告认为，回归教育不比现在的教育体制花费更多的财力、物力。② 有的人从政治的角度加以研究，认为回归教育体现了教育平等的观念，欧洲国家的政府对回归教育之所以表现出很大的兴趣，主要是受到这种教育平等观念的鼓舞。除了这些之外，"这一制度还有其他重要的优越性：它使教育与实际工作更紧密地结合起来；它能使年轻人更快地投入实际生活，而且，总的说来，就是使他们负起成年人的责任；它能更好地适应劳动力市场的需要；它能缓和由于中学教育的扩大而给高等教育带来的压力"。③

    由于回归教育自身的特性以及国际组织的大力倡导，回归教育的思想在世界各地引起了强烈的反响。

---

① 本图采自查尔斯·赫梅尔．今日的教育为了明日的世界 [M]．北京：中国对外翻译出版公司，1983：44.
② 胡森主编．国际教育百科全书（第 7 卷）[M]．贵阳：贵州教育出版社，1990：531.
③ 查尔斯·赫梅尔．今日的教育为了明日的世界 [M]．北京：中国对外翻译出版公司，1983：45.

瑞典、德国、挪威、英国、法国、美国、澳大利亚、南斯拉夫等国家非常注重对于回归教育的研究。有些国家还采取了一定的措施以保证回归教育的实施。还有许多国家，尽管未使用回归教育这一概念或名称，但也建立了职工带薪轮训制度，将工作和接受教育结合起来，这实质上就是回归教育。在这方面，苏联以及东欧的一些社会主义国家，就是典型的例子。

应该指出，自70年代以后，随着终身教育思想的倡导和传播，回归教育的重要性已为越来越多的国家认识，但是，回归教育所涉及的不仅仅是教育，因为成人带薪脱产去接受教育，在受教育期间，工资和学费由谁负担，由谁决定谁应该在什么时候接受多长时间的教育等问题都非常复杂。正因为存在着许多复杂的问题有待解决，所以在实践上，回归教育的理想往往由在职培训或其他形式的成人教育来体现。英国在70年代中期曾有人提倡实行带薪学习的教育假制度。为了推动回归教育的发展，1975年英国成立了"回归教育协会"，然而很难推行，实践上往往表现为在职培训，因而1992年英国的回归教育协会也改名为"终身教育协会"。

回归教育的理论和实践有待于进一步的探讨和尝试。迄今为止，世界上还没有一个国家建立了完整的回归教育制度。不管回归教育今后的发展趋向如何，有一点是可以肯定的，那就是学习、接受教育不仅仅是人生某一个阶段的事，不管采取何种形式，人的一生都需要学习或接受教育。终身学习不仅是人的需要，也是人的权利。这一点已经被1985年的第四次国际成人教育会议所肯定。这次会议公布的《会议宣言》开宗明义地指出，"今天，承认学习的权利更加成了人类的一项重大事业。"所谓"学习权"是指：阅读和书写的权利；提出问题和思考问题的权利；想象和创造的权利；了解人的环境和编写历史的权利；接受教育资源的权利；发展个人和集体技能的权利。《会议宣言》强调："学习的权利不仅仅是发展经济的工具；而应该被承认是基本的权利。学习的行为是教育活动的中心，事实上，学习行为使人从受事件支配的客体状态变为创造自己历史的主体地位。"[①]

四、20世纪成人教育发展的几个特点

1. 成人教育形式和层次多样化

相对学校教育而言，成人教育由于其自身对象、目的、内容、方法等方面的多样性，表现出了极其丰富多彩的特点。

就"成人"的概念而言，目前尚未有一个公认的定义。有人认为成人的年龄为16岁，也有人认为应该是18岁或20岁。不管"成人"的年龄如何确定，有一点是可以肯定的：它的年龄跨度相当大，涵盖一个人的青年、中年和老年时期。

"成人"的年龄尚且如此难以确定，如果加上"教育"，情况更为复杂。就成人教育的发生来说，可能是出于国家的目的（如成人扫盲教育、成人基础教育）、政治集团的目的、宗教的目的或个人自己的目的；就成人教育的内容来说，每个国家除了在以政治方向为核心的社会目标具有统一性之外，其具体的教育内容真可谓千差万别，几乎涉及社会上的种种行业和人的兴趣爱好，与此密切相关的教育层次也是参差不齐。

---

① 联合国教科文组织. 第四次国际成人教育会议最后报告（中文版）. 105.

第六章 教育的终身化

由于成人教育自身的性质,所以从一开始,成人教育就表现出了形式和层次多样化的特点。成人教育的这一特点,在 20 世纪并未消失,相反,随着政治、经济、文化和社会的发展,这种多样化的特点表现得更为突出。

(1) 成人夜校

成人夜校是近代以来成人教育的一种最常见的形式。无论是美国、日本这类经济发达的国家,还是发展中国家,在 20 世纪,夜校几乎是所有国家都采用的一种成人教育的形式,其中英国、德国的成人夜校比较典型。

英国的成人夜校具有悠久的历史,在英国的成人教育工作中发挥过巨大的作用和影响。英国的成人夜校最早出现于 18 世纪末,在 19 世纪中叶就有较大发展,当时的夜校的教学内容主要以实用知识为主,如写作、阅读、数学、地理等。19 世纪下半叶,英国的产业革命要求有更多的熟练工人,民间遂兴办了各种形式的成人职业技术教育。在这种情况下,自 19 世纪末开始,英国的成人夜校的课程便以职业技术教育为主。

1902 年英国通过了《巴尔福法案》(Balfour Act)。该法案授命郡和郡级市议会为地方教育当局,负责本地区除初等教育以外的其他各类教育,具有兴办本地区所需要的中等学校、中等专科学校、职业学校以及师资训练机构的权力,并用地方税收提供资助。在《巴尔福法案》的促进下,英国全国共设立了 320 个地方教育当局。[①] 由于当时英国中等学校、中等专科学校和职业学校等中等教育的体系尚未完全形成,地方教育当局也无力兴办本地区所需要的中等教育,在这种情况下,成人夜校便受到高度重视。因此,20 世纪上半叶,成人夜校获得蓬勃发展,到 20 世纪 50 年代,英国全国各地的各种成人夜校达 8000 余所,仅英格兰和威尔士两地,夜校的学生就达百万之众。

德国的夜间民众高等学校[②]也是一种采用夜校形式的成人教育。

民众高等学校最早于 1844 年出现于丹麦,此后在斯堪的纳维亚半岛迅速传播开来。20 世纪起,德国、波兰、荷兰、奥地利、瑞士以及亚洲、非洲的一些国家也陆续出现了这类学校。当然,各地的民众高等学校各具不同的形式,如丹麦、瑞典的民众高等学校的对象主要是农村青年,办学时间为农闲时期,有的还在校寄宿,办学的目的在于学习本国历史、文学等文化知识,并培养青年的民族意识,以承担公民的责任。

德国夜间民众高等学校自创办起历经变化,曾经一度成为希特勒的国社党传播纳粹思想的工具。

第二次世界大战以后,德国的夜间民众高等学校成为德国公立成人教育体系的核心,遍布全国各地,并形成了一个稠密的成人教育网。民众高等学校在安排教育内容上具有广泛性和群众性,教学方法和课程组织形式具有多样性。"它要照顾不同学习者的各种不同的生活和学习条件、年龄、性别、社会出身、受过的学校教育的状况、语言环境、职业经历、个人能力等等,并根据学习者本身的各种不同的特点来安排各种教育内容、采取各种组织形式和方法。总之,它是向所有人开放的。"[③]

战后德国民众高等学校的课程极其广泛,"从体操、工艺美术、旅行见闻报告、参观

---

① 参见滕大春主编. 外国教育通史(第五卷)[M]. 济南:山东教育出版社,1995:162—163.
② 德国还有寄宿民众高等学校。
③ 李其龙,孙祖复. 战后德国教育研究[M]. 南昌:江西教育出版社,1995:240.

博物馆到语言、文学、政治乃至追补某种学历资格的课程等等无所不包，但外语、信息学入门、保健教育、管理、经济与技术、音乐艺术工作和家政是教学工作的重点。除了期限较长的学程外，也举办某些单独的讲座或关于社会、政治、教育学、心理学、哲学、宗教和乡土志等题材的系列报告"。①

由于民众高等学校的课程设置、办学形式符合成人的需要，所以深受大家的欢迎。自1962年以后，夜间民众高等学校每年开设的课程数量，几乎增加3倍，参与的人数也几乎增加3倍。铁特姆斯（C. Titmus）在其《成人教育的策略：西欧的实践》一书中，将1970年和1977年西德夜间民众高等学校开设科目数及学习人数作了比较，从中可以清楚地看出其发展势头之迅猛和影响之巨大。表6-1反映了这种变化的情况。②

表6-1　西德夜间民众高等学校开设科目数及修习人数统计表

课　程	1970年		1977年	
	开设科目数	修习人数	开设科目数	修习人数
社会与政治	5,957	181,838	6,269	141,833
教育、哲学、宗教、心理学	3,170	95,269	8,628	158,780
艺术	4,511	84,522	4,810	118,803
地方研究	1,718	50,224	1,638	50,988
数学、科学、技术	7,009	141,801	9,452	155,410
管理与商业	11,077	219,312	18,704	329,860
语言	31,033	566,566	73,791	1,202,817
手工艺与音乐	15,630	224,859	47,469	622,512
家庭经济	8,925	124,469	19,231	253,741
健康、体育	14,148	323,676	27,755	553,172
有关取得学校毕业资格者	2,435	53,271	2,881	56,203
其他	4,270	161,441	4,176	113,310
总计	109,883	2,227,251	224,831	3,757,479

德国的夜主要学校、夜实科学校和夜完全中学也都是成人夜校。这些学校是在20世纪50年代和60年代人民要求教育机会均等的呼声日益高涨的情况下发展起来的，成为与德国普通中学的三种形式（即主要学校、实科学校、完全中学）相平行的"第二条教育途径"。它们为在职的青年职工而设立。这些学校的毕业证书与第一条教育途径的三类普通中学的文凭具有同等的价值。

（2）学校成人教育

利用本国现有的国民教育系统中的各级各类学校兼施成人教育，也是许多国家采用的实施成人教育的一种方式。学校兼施成人教育，一方面可以充分利用各级各类学校的设

---

① 李其龙，孙祖复. 战后德国教育研究 [M]. 南昌：江西教育出版社，1995：240.
② 本表采自黄顺富. 比较成人教育 [M]. 台北：五南图书出版公司，1988：231.

施，减少成人教育的投资，另一方面，则可以利用学校雄厚的师资力量以促进成人教育的发展。

美国的公立学校兼施成人教育，起始于19世纪末期，到20世纪，美国的公立学校已经成为美国实施成人教育的主要机构。美国公立学校实施成人教育的形式除了开设夜校之外，也有日课班、周末班等。除了学校独立实施成人教育之外，有些普通中学、中等专业学校、中等职业学校还同地区的成人教育中心或企业联合举办成人中等学校。成人中等教育的内容，除了一般的文化知识学习之外，还要适合地区的需要和就学成人的兴趣爱好，所以内容非常广泛。据美国"国家公共继续教育和成人教育协会"（NAPCAE）在70年代中期估计，约有850万以上的美国人参加了公立学校的成人教育。大多数人（500万以上）参加普通教育学习。其他主要参加高中文凭课程（110多万）、成人基础教育学习（近110万）和商业学习（近67万）。[①]

20世纪以来，在学校的成人教育活动中，一个值得注意的现象是大学成人教育有了很大发展，欧、美和日本等一些经济发展比较早、工业化程度较高的国家尤其如此。

在19世纪，大学参与成人教育是以大学推广教育的形式出现的。19世纪70年代，英国的大学推广教育不仅标志着英国成人教育的一个新阶段，而且影响及于其他各国，促进了成人教育的发展。

20世纪初，欧、美资本主义国家中等教育有了很快的发展，这也相应地给成人教育提出了更高的要求。大学推广教育必须要承担向成人提供具有大学水平、大学教育特色的教育。因此，起始于19世纪后期的大学推广教育在20世纪有了新的发展。

英国的大学在20世纪初开设了一系列新型的大学推广课程。牛津大学与英国的工人教育协会合作创设了"导师指导班"。导师指导班的课程比原先的大学推广课程更系统，学习的时间更长，班级的人数也大为减少，一般不超30人。第一次世界大战以后，英国的大学设立了负责成人教育的部门，使大学成人教育逐渐规范化，并使成人教育作为学校正常活动的一个组成部分。这标志着大学成人教育的一个新的阶段。

第二次世界大战结束以后，英国既有的成人教育系统仍然不能满足无法进入大学就读的人的需要，在广播、电视教育作用日渐增强的背景下，于1969年成立了开放大学（Open University）。广播大学以广播、电视、函授等远距离教学手段为学生提供达到专业水准的大学教育，极大地弥补了传统大学的局限。"开放大学1991年正式对外招生，当年入学的人就达20000多人。自开放大学成立以来，它注重其课程灵活的特点，及时开发新的课程，尽量满足成人对教育的不同需要，使开放大学不但规模上有了极大的发展，成为英国学生最多的大学，而且学校的教学及管理日臻完善，可以同任一大学媲美。在成人教育方面，早在1975年开放大学便设立了'继续教育处'，组织各种形式的继续教育课程。到1989年，开放大学仅继续教育的学生就达22400名，相当于当年本科生的近三分之一。同年，开放大学授了其第10万个学士学位，由此跻身于英国拥有毕业生最多的大学之列。"[②]

开放大学的出现，不仅创造了学校成人教育的新形式，而且也标志着20世纪成人教

---

① 胡森主编. 国际教育百科全书（第Ⅰ卷）[M]. 贵阳：贵州教育出版社，1990：150.
② 张新生. 英国成人教育史[M]. 济南：山东教育出版社，1993：325.

育的一个新的发展阶段。英国人把开放大学自诩为 20 世纪 50 年代以后最伟大的成就之一。到目前为止,利用广播、电视、函授等手段开展成人教育已经成了目前世界各国普遍采用的一个手段。

美国的大学和学院一般都进行成人教育,而且形式多样。据美国大学委员会统计,1988 年在全美 4 年制大学中攻读各种学位的成人学生共计 600 余万人,占注册攻读学位学生总数的 45%,加上非攻读学位的成年学生,总数高达 1200 万人,其中在职人员占 70%,妇女占 40%。美国成年人教育委员会办公室于 1989 年发表的一份调查报告说,在他们调查的 1000 户家庭中,每户在过去的 2 年内至少有 1 名年龄在 25 岁以上的成年人在大学里攻读某种学位。有人认为,在今后数十年的时期内,这种趋势将有增无减。[1]

(3) 老年人教育

第二次世界大战以后,经济的发展、科技的发达以及战后相对稳定的社会环境,人的寿命普遍延长。在终身教育思想的影响下,许多国家出现了以老年人为对象的成人教育机构。老年人教育是指"对六十五岁以上的人所进行的有系统、持续的学习活动,其目的在促进知识、态度、价值和技巧上的改变"。[2] 虽然欧、美地区一些国家相关的法令将 65 岁作为老年人的界定点,但在实际的老年人教育活动中,60 岁至 65 岁的人也包括在其中。

1965 年,日本文部省要求各都道府县在 1970 年以前于每一个市町村至少成立一个以高龄者(60 岁以上)为教育对象的"高龄者学校"。1971 年和 1972 年,日本政府更进行高龄者社会教育应采取措施的研究。根据研究的结果,决定设立以 65 岁以上的老人为对象的高龄者教室。每班人数在 20 人以上,每年学习时间不少于 20 小时。学习与老年人生活有关的内容,如了解社会变化,了解青年人;维持个人身体健康,充实知识等。高龄者教室既是学习的团体,也是休闲和促进人际关系、增强互相了解的团体。[3]

法国图鲁兹市 1973 年出现了"第三年龄大学"(University for the Third Age)。对象为 65 岁以上的老年人。第三年龄大学的教育活动由大学、工会、社会文化团体共同组织,主要向老年人提供非职业性的文化教育活动,以帮助他们摆脱孤独,加强人与人之间的联系和了解,丰富他们的生活,提高公民责任感,促进个人的完善与提高。1978 年,法国已经有 30 所第三年龄大学,全部在学人数约 2 万人。至 1988 年 1 月,法国近 30 个城市建有老年大学,共计 40 所。值得注意的是,这种大学的影响已经及于其他国家,包括有好几个国家的 60 所此类性质的机构,已经组成"国际第三年龄大学协会",并且每年举行一次研讨会。[4]

美国的老年人教育有着自己的特点。美国没有类似日本的高龄者教育或法国的第三年龄大学那种专门的老年人教育的机构,美国的老年人教育是通过普通学校来进行的。"据统计,到 1988 年 3 月止,美国的 1000 所高等院校中已有 716 所招收年龄在 65 岁以上的老年人入学。其中比较著名的有哈佛大学的'退休人员进修中心'。它是专为由各种工作岗位上退休下来的人员而开设的。课程也是根据这些退休人员的需要而设置的。这些老龄

---

[1] 参见吴中仓等. 当今美国教育概览 [M]. 郑州:河南教育出版社,1994:255-257.
[2] 老人教育 [M]. 台北:师大书苑有限公司.1991:2.
[3] 参见黄顺富. 比较成人教育 [M]. 台北:五南图书出版公司,1988:459-461.
[4] 参见同上书,205-207;邢克超主编. 战后法国教育研究 [M]. 南昌:江西教育出版社,1993:269.

学生可根据自己的情况随意攻读学士、硕士或博士学位。执教者都是些满腹经纶的退休老教授，而学生又都是些有着长期生活和工作实践经验的退休人员，因此无论是教学进度还是效果都比该校其他班级快得多和好得多。现在至少已有37所大学正酝酿开办同类的老人大学讲座。又如因其成人教育计划历史最久，规模最大而闻名的纽约州立大学，现有65岁以上的老龄学生2250名。该校在每年招生时都大力号召老年人前来该校就读。"[1]

(4) 其他形式的成人教育

在历史的发展过程中，世界各国根据自己的文化传统，政治、经济、社会发展状况，以及各自的地理、气候条件等，创造了适合本国特点的成人教育的形式，真是五花八门、难以一一，其中比较有特色的是瑞典的业余学习班和日本的公民馆。

瑞典的业余学习班[2]（一译读书会）是目前瑞典最具有吸引力，参加人数最多的成人业余教育形式。据瑞典官方估计，在全国各地共有31.2万个规模不一、组织良好的各类业余学习班，每年参加业余学习班的人数高达260万，占全国成人总数的一半以上。这些业余学习班由各类全国性的教育协会组成，其中主要的有工人教育协会、公民教育协会、成人学校学习协会等。

目前形态的业余学习班出现于20世纪初，第一个业余学习班于1902年创立。瑞典成人教育法对业余学习班下的定义是：一群朋友在有计划的基础上对预先规定的科目和课题进行共同学习。学习的方式是非正式的，不一定有专职教员，主要是互学、能者为师，目的在于增长知识，解决实际问题。业余学习班不超过20人，如想获得政府资助，不得少于5人，每月至少集中学习5个小时。学习的内容由学员决定，通常与学员的职业及业余爱好有联系。据瑞典统计局1989年的调查，选学艺术的业余学习班占42%；选学计算机等科学技术的占30%；选学公民学等社会科学的占17%；选学语言的占11%。

日本的公民馆[3]是在第二次世界大战以后为适应时代的需要而发展起来的一种成人教育的新形式，它在日本的社会教育中占有极其重要的地位。1946年，日本文部省发布的《关于公民馆之设置经营办法》规定：全国各町村都要设置公民馆；公民馆应该发挥公民学校、图书馆、博物馆、公会堂、集会所、产业指导所等各种文化教育功能；公民馆是提高乡村居民文化水准、民主素养的教育机构；公民馆是提高町村自治的基础，振兴乡土产业活动的原动力。公民馆经常举行内容丰富、形式多样的教育活动，如青年学校、定期讲座、演讲会、展览会、体育和休闲活动、教育电影等，以提高居民的教养，增进健康，陶冶情操。公民馆的活动任何人都可以自由参加。1946年，日本全国共有公民馆2016所，此后不断增加，1984年，全国公民馆数已高达13801所，93%的市、91%的町和88%的村都建有公民馆。

2. 企业兴办成人职业技术教育

企业兴办职业技术教育是20世纪，尤其是20世纪下半叶成人教育的一个重要发展。

成人的职业技术教育是现代工业生产发展的结果，同时，它又随着现代工业生产的变化而不断发展。第二次世界大战以前，职业技术教育在成人教育中不占主要地位。其原因

---

[1] 吴中仑等. 当今美国教育概览 [M]. 郑州：河南教育出版社，1994：256—257.
[2] 参见顾耀铭等. 当今瑞典教育概览 [M]. 郑州：河南教育出版社，1994：134—135.
[3] 参见黄顺富. 比较成人教育 [M]. 台北：五南图书出版公司，1988：456—457.

有二：第一，由于工业生产发展的水平，新的科学技术的发展尚未达到直接地、深刻地影响并改造生产的地步，换言之，科学技术的发展和生产的发展之间存在着某种脱节的现象。例如，19世纪时科学技术的重大发明蒸汽机和电动机，从发明到在生产过程中实际应用，前者花了大约80年时间，后者为65年。因此，生产主要依赖于经验。第二，由于人们根深蒂固的"教育"概念，轻视职业技术在"教育"中的地位。长期以来，人们认为职业技术素养的获得和提高，是一种"训练"的过程，"教育"的领地没有它的立足之处。"教育"和"训练"之间的鸿沟和壁垒，造成了第二次世界大战以前成人教育的人文主义的倾向。具有深厚的"绅士教育"传统的英国，就是其中一个典型的例子。

上述两个主要原因，造成了第二次世界大战以前成人职业技术教育的如下两个特点：

首先，成人的职业技术教育在生产过程中进行，其主要方式是学徒制。在两次世界大战的战争期间，战争对于工业生产、尤其是军事工业生产的巨大需要，要求工业部门尽快训练大批可以从事实际操作的工人，在这种情况下，有些国家的军工部门便对成人采用短期职业教育的方式，培训熟练或半熟练的操作工人，以应战时之需。然而，随着战争的结束，军工生产的需求减缓，这种职业技术教育也就迅速萎缩。因此，成人的职业技术主要是通过学徒的方式获得的。

其次，政府实施的职业技术教育以失业者或"弱者"为主要对象。30年代的大萧条期间，"资本主义各国失业率高达30%—50%，失业工人约3000万、半失业工人约1500万"。① 失业以及战争后大批伤残士兵、退伍军人的安置，乃是困扰各国政府的重大问题。为了社会稳定和战后经济复苏，政府也实施对这部分人的培训。然而，这种培训并非以提高劳动力素质为目的，而是为了减缓这部分人长期失业所造成的社会影响。

总而言之，第二次世界大战以前，企业对成人的职业技术教育不甚关心。由于当时工业生产以劳动力密集型产业居多，生产水平的提高，巨额利润的获得，在很大程度上依赖于从事生产工人的技术熟练程度，经营者、管理者的水平同经济效益之间的联系尚未展现出来，所以，如果说企业内部也有某种成人职业技术教育的话，那么，它也仅限于以学徒制为主要形式的熟练操作工人的培训。

第二次世界大战以后，科学技术的发展使生产工艺革新的速度加快，不断补充到企业中来的普通学校的毕业生远不能满足企业的需要。此外，企业为增强竞争能力而不断进行的技术改造，也要求企业原有职工学习新的知识和技能。于是，企业内部的专业培训便应运而生。根据战后的人力资本理论，企业内的专业培训乃是一种人力资本投资，这种投资能够提高企业的竞争能力，能够使企业从中获得不少益处，能够给企业产生利润，所以，企业乐于支付这部分费用。

企业的职业技术教育或专业培训是成人教育的一个方面，所谓企业职业技术教育，一般指工业、交通、能源、商业服务、农业等行业的企业单位采用业余或脱产的方式对本企业职工施加的教育。同政府或其他社会机构相比，企业职业技术教育的目的比较单纯，即为了本企业的经济效益。所以，企业职业技术教育是一种专业培训或特殊培训，它的内容具有很强的专业性、实用性、针对性，只能对该企业有用，对其他企业不发挥作用或作用很小，所以，这种培训往往同本企业的生产活动紧密联系在一起。

---

① 傅聚文主编．世界近现代史［M］．北京：高等教育出版社，1995：152．

第二次世界大战以后,企业进行职上培训成了一种普遍流行的成人教育形式,同时也表现出一些新的特点。战后的企业职业技术教育不像战前以工人为主,以培训熟练技术工人为主旨,而是兼及管理者和经营者。此外,教育的层次表现出多样化,最高达到高等教育的水平。这些特点,在美、日等发达国家表现得尤为突出。

美国的企业对现有科技人员、管理人员和职工的职业技术教育大致有三种形式:[①]

第一种形式是企业出资对现有科技工程人员和管理人员等"白领工人"进行为期3—5年高等教育层次的职业培训。

企业对所属员工这种高层次的培训可能通过多种方式进行。资金雄厚的大企业,如美国国际商用机器公司,自己办大学,以定向培养本企业所需要的各种专业人员。企业与高等学校合作,也是一种方式。设在科罗拉多州的全国技术大学就是企业与高校合作办学的一个典型的例子。这所大学由18家企业和20所名牌大学联合开办。企业提供办学经费。学校提供固定的师资、教学场所和设备,在该校脱产进修的在职人员,经3年培训可达到硕士水平。

企业出资对所属员工进行高水平的培训,给企业自身带来了可观的经济效益。例如,摩托罗拉公司1985年投资20万美元培训出一批机械工程师,而这些受过培训的技术人员却给公司赚回了600万美元的额外利润。另一方面,这也有利于高校的发展。据美国培训和发展协会估计,全美数百家企业在这方面的投资每年500亿美元左右,相当于美国正规院校经费的三分之一。另据卡内基基金会的一份研究报告,自1985年以来的3年中,通过这种方式培训的科技人员约800万人,这些院校自编的教材有3000余项业经美国全国教育委员会认可。美国全国教育委员会肯定了这种办学形式、内容和方向,认为它是对传统正规高等教育系统的一种非常有益的补充和改进,应予大力提倡。

第二种形式是企业资助地方当局为本地职工举办职业培训。

美国的教育权在各州而不在联邦。20世纪50年代以来,各州陆续建立了专为当地企业培训在职职工的教育系统和培训计划,由于企业是这类计划的受益者,所以它们往往愿意资助。对于企业来说,这是花费甚微而收获甚巨的事。

第三种形式是企业为职工举办短期培训。

在美国的蓝领工人中,有相当数量的人由于没有受到足够的教育,因而不能胜任自己的工作。如纽约州的德雷瑟—兰德公司在一次招工考试中,发现看图能力低于6年级水平的应试者竟高达三分之一。这种情况迫使企业投入大量资金,对不合格工人进行短期培训。

短期培训的目的是使职工尽快适应自己从事的工作,所以培训的时间、内容、方式都将根据需要来确定。培训时间短的3~5天,长的则可能半年到一年;内容多为专题性质,具有很强的实用性;形式有短训班、讲座、讨论会等。一个典型的例子是:美国摩托罗拉公司在纽约州阿凯德的一家工厂在引进一种先进的质量管理系统时,发现多数工人因数学水平太低而无法掌握这种以统计学为基础的新方法,在这种情况下,公司就为全体员工补习6个小时的计算课,以便他们适应这种新的质量管理系统。

由于企业实施的各种层次、各种形式的培训给自己带来了很好的经济效益,于是企业

---

① 参见吴中仑等.当今美国教育概览[M].郑州:河南教育出版社,1994:259—265.

就把对自己员工的教育作为企业的一项投资,把人力资源的开发作为企业发展的一项重要的措施。美国通用汽车公司劳资双方于1984年共同商定成立了一个人力资源中心,负责对该公司员工的培训。该中心每年耗资近2亿美元。据估计,1995年美国企业界在这方面的投资可能高达6000亿美元,相当于1988年美国教育经费3080亿美元的2倍。美国培训和发展协会估计,到2000年,现有工人将有75%需要接受再培训,方能适应工作的需要,所以,企业的成人教育将继续发展。

日本的企业也普遍重视对所属职工进行培训。[①] 据日本劳务省所进行的专项调查表明,在拥有1000名以上职工的大企业中,实施教育训练的占99.8%,有计划地进行教育训练的占85.2%;在中小企业中,实施教育训练的占88.1%,有计划地进行教育训练的占30.1%。企业的教育大致可以分为新就业者教育、一般在职人员教育、管理监督者教育、经营者教育、技工培训、技术人员教育、不同职能的训练等多种。除了这些之外,在日本人平均寿命的延长和终身雇佣制的情况下,为了使部分中青年职工在退职和调换工作后能顺利转入新的生活,一些企业开始引进人生设计程序。这是企业举办的以45岁以上职工为对象的教育,旨在帮助他们为退休和更换工作以后的生活作准备。教育的内容包括为重新就职作准备的课程,以及有关人生价值、增强体力、如何使用退休金等方面的知识,多以讲座的形式进行。此外,还鼓励他们到职业学校听课或组织他们接受工作转换教育。

3. 政府重视成人教育

成人教育最初是同人类一般的文化教育糅合在一起的,它并不具有独立的形态。后来随着社会生产力的发展,成人教育才逐渐从人类一般的文化教育活动中分化出来。

19世纪30年代末,英国基本上完成了产业革命,美、法、德、日等国也在19世纪先后完成了产业革命。随着资本主义经济的快速发展,成人教育也有了长足的进步。然而,直至19世纪末20世纪初,即使是成人教育发展很快的欧美资本主义各国政府,也未予成人教育以足够的重视。虽然最早完成产业革命的英国政府从19世纪30年代起先后为发展基础教育和技术教育提供了一定的资助,并于1870年通过《初等教育法》,承担了初等义务教育的责任,但在成人教育方面却很少作为。所以20世纪以前,成人教育主要是由教会、劳工组织和其他民间组织、大学等机构实施的。

20世纪的成人教育不仅获得了法律的保障,而且随着政府投入的不断增加,成人教育逐渐制度化、系统化,并纳入国家的国民教育系统。所以,各国政府的重视乃是20世纪成人教育发展的一个极其重要的因素。政府重视成人教育表现在立法、实施、财政资助等方面。

(1) 政府为成人教育立法

立法是各国教育发展的重要保证,也是政府干预、管理、控制教育的一个重要的手段,对于成人教育来说,也是如此。

20世纪各国关于成人教育的立法,以第二次世界大战结束为界,大致可以分为两个时期。第二次世界大战以前,世界各国普遍对成人教育的立法不够重视。虽然少数工业化

---

① 参见陈志江. 当今日本教育概览[M]. 郑州:河南教育出版社,1994:177-185.

国家对成人教育的各个方面都有一些成文的规定或法律条款，然而，它们都是散见于其他法律条文之中。第二次世界大战以后，各国不同形式的成人教育有了迅速的发展，同时各国政府也意识到成人教育在国家政治、经济、社会、文化发展方面巨大的不可替代的作用，于是在积极发展成人教育的同时，通过立法的手段使成人教育规范化、制度化、系统化。世界各国都加强了关于成人教育的立法工作，许多国家还制定了专项的成人教育法案。

美国是一个法制比较完备的国家，19世纪60年代即通过法案，办起了"赠地学院"，并开始进行以成年人为对象的推广教育。20世纪以来，又通过《斯密斯—列威尔法案》（1914年）、《史密斯—休斯法案》（1917年）等法案。但相对于战后来说显得比较少。战后，1946年的《乔治·巴登法案》规定，对渴望就业者，有必要提高工作能力者进行培训和再培训；《1958年国防教育法》要求各地区设立职业技术教育领导机构，有计划地开办职业技术训练，使更多的青年和成年人成为具有一定科学技术的专门人才或熟练工人；《地区再发展法案》（1961年），旨在通过职业培训以促进失业者集中地区的发展；《人力开发与培训法案》（1962年），规定加强失业者和半失业者的职业培训；《职业教育法案》（1963年），规定需要提高现有知识和技术水平的成人劳动者和需要特别职业训练的失业者、半失业者均应接受职业教育；《经济机会法案》（1964年）是一项综合性的"向贫困宣战"的法案，其中包括"成人基本教育计划"，该法案规定要对那些在劳动市场中处于不利境地的阶层提供一定的职业训练；《高等教育法案》（1965年）提出加强对成人教育活动的援助。

从上列美国20世纪有关成人教育的法案中可以看出，第二次世界大战以后，美国涉及成人教育的法案远远多于战前，60年代更为明显。

1966年，美国颁布《成人教育法案》。该法案就美国成人教育的目的、任务、内容、教师培训、管理体制、经费等问题作了全面而系统的规定。《成人教育法案》颁布后，根据国内的实际情况曾作过很多次的修改。此外，该法案颁布后，美国还陆续制定了许多与成人教育有关的法案，如《全面就业与培训法案》（1973年）、《青年就业与示范教育计划法案》（1977年）、《职业培训合作法案》（1982年）等。

（2）政府实施成人教育

除了采取立法的手段以保证和促进成人教育之外，各国政府还把实施成人教育当做自己的责任。在这方面，英国政府比较典型。第二次世界大战以前，英国政府对成人教育的支持主要表现在经费的资助，第二次世界大战以后，政府除了对成人教育继续给予财政支持外，还进一步实施成人教育。

英国《1944年教育法》即《巴特勒法案》（Butler Act）规定，改组地方教育行政，郡和郡自治市的议会为唯一的地方教育当局；地方教育局对本地区各种类型的公共教育设施负有法律上的责任；将公共教育体系改组为包括初等教育、中等教育和包括成人教育在内的扩充教育（further education）三个逐步递进的阶段等。《1944年教育法》将成人教育纳入了国家的教育体系，并明确规定成人教育的组织和管理由地方教育局具体负责。

由地方教育局负责的扩充教育的对象是超过义务教育年限（16岁）的人；内容有职业教育和非职业教育（文化教育、社会娱乐教育）；形式有全日制的，也有业余的（如工作、学习交替进行的"三明治"课程）。

扩充教育的经费主要由地方教育局负责。扩充教育的实施主要通过下列3种机构：

扩充教育学院。至1959年，扩充学院根据其水平形成了4个不同层次的学校：高级技术学院（advanced Technical College），共有10所，60年代英国高等教育大发展时期，全都升格为科技大学；地区学院（Reginal College），共22所；区域学院（Area College），共17所；地方学院（District College），共350所。

短期寄宿学院。这类学院往往由地方教育局与大学合办，学习时间从几天到数月不等，是对成人进行职业教育或半职业教育的场所。

地方成人教育中心。以所在地区的成员为对象，除开设各种课程外，还组织体育、娱乐活动。

60年代以后，英国政府对成人的职业技术培训更为重视，1964年通过的《工业培训法》是一个明显的标志。《工业培训法》虽然是英国政府为了提高本国劳动力素质、加速发展本国的经济的法案，但它在客观上也促进了成人教育的发展。

为了使没有机会接受高等教育的人们有第二次学习的机会，1969年，英国政府教育科学部与英国广播公司创办开放大学。开放大学经费中的89%来自政府拨款，每年招生人数根据拨款的多少来定。开放大学除了设置进修课程之外，还开设本科以及研究生层次的课程。开放大学根据不同的教学内容，分别设置广播、电视课程、并辅之以函授教材。此外，为了辅导学员学习，还在全国设置200多个学习中心，由专家或高校的兼职教师担任辅导工作。开放大学为各个阶层的成人提供了接受教育的机会。

20世纪以来英国政府对成人教育的重视、支持以至实施，乃是20世纪世界各国政府支持成人教育的一个缩影或典型。概言之，尽管各国在政治、经济、文化发展上很不平衡，政府在支持、实施成人教育方面时间有早有晚，力度有强有弱，方式也不尽相同，但都将支持、实施成人教育看做是政府的一种责任和义务。

（3）政府对成人教育提供经费支持

欧、美各国政府很早就重视成人教育。[①] 美国成人教育发达的一个主要因素就是美国政府的支持。美国政府不但通过立法来支持、发展成人教育，而且还直接提供经费上的资助。例如，1979年，由联邦政府提供的成人教育经费为1.054亿美元，而州及地方所负担的经费则高达5.4亿美元；西德实施成人教育的主要机构为民众高等学校，无论公立或私立，其主要经费均由政府补助。1962年，民众高等学校所需经费为4170万马克，1980年则高达3.297亿，其中绝大多数由政府负担。北欧的瑞典、挪威、丹麦三国，不但公立成人教育机构的经费完全由政府负担，对于私立的各种民间教育团体，也提供经费上的支持。例如，瑞典读书会的经费，都由中央政府负担，民众高等学校的经费由地方政府补助。此外，瑞典政府还积极办理市镇成人教育，并实行高等教育机构向成人开放的政策。丹麦成人教育的机构主要有民众高等学校、青年高等学校、农学院、家庭科学院、继续学校、寄宿青年学校等，多为私立性质，但它们所需经费的大部分是由政府负担的。挪威政府制定了成人教育法案、函授学校法，明确各级政府对成人教育的责任，而且还给成人教育活动以大量的经费资助。

亚洲的日本政府对成人教育的推广直接负起主导者的角色。1970年以后，政府在成

---

① 参见黄顺富.比较成人教育[M].台北：五南图书出版公司，1988：548—549.

人教育经费方面的预算有了大幅度的增长,1971年成人教育经费为56.02亿日元,1975年为208.3亿日元,1977年则增长至251.2亿日元。1976年,日本创办了专修学校制度,进行职业技术教育。1983年创办远距离教育性质的放送大学,1985年开始招生授课。

印度于1947年独立,1948年便成立了一个隶属于中央教育咨询委员会的"成人(社会)教育委员会",专事成人教育的研究和领导。随即开始实行以扫盲为主要内容的社会教育,旨在提高成人的生活和文化水准,使他们成为一个健康的、幸福的、更优秀的公民。社会教育的实施由邦政府负责。1949年至1950年,接受社会教育的人数为115万,所费经费达850万卢比。1977年,印度政府宣布成人教育应同初等教育普及化一起,成为教育规划的重点。1978年,政府决定实行为期5年的"全国成人教育计划"。1988年,拉·甘地总理宣布,印度将开展一场经费为20亿美元的"全国扫盲运动",计划7年内在全国分阶段帮助15至35年龄组的8000万文盲成为脱盲者。[①]

澳大利亚是由6个州以及北方领土组成的联邦国家。虽然教会、工会、工业部门等也提供成人教育,但联邦政府及各州政府乃是成人教育经费的主要来源。政府主要关注职前培训,如面向移民的英语课程,对当地土著民族的特殊培训项目等,其经费都由政府负担。此外,澳大利亚的成人学历教育的经费大多也由政府提供。学历教育的计划由政府和实施成人教育的机构,如扩充教育学院、多种技术学院等,共同制定。

相对于欧、美以及其他经济发展比较早的地区和国家来说,拉丁美洲和非洲各国成人教育的发展比较迟,到60年代,甚至70年代以后,成人教育才成为这些地区的国家教育体系的一个部分。同世界成人教育的趋势相一致,拉丁美洲和非洲各国政府对成人教育都非常重视。许多国家不仅制定了有关成人教育的法规、条例,而且还建立了国家成人教育的领导机构。此外,拉丁美洲和非洲各国还非常重视地区和国际合作。

第三节 20世纪中国的成人教育

20世纪中国的成人教育,同20世纪中国的政治一样,情况非常复杂。自1911年辛亥革命推翻了清王朝的统治到1949年中华人民共和国成立,中国始终未能形成一种统一的、稳定的政治局面。本节主要叙述中国共产党领导的成人教育和南京国民政府的成人教育。

一、中华人民共和国成立以前的成人教育

1. 中国共产党关于成人教育的方针和政策

1921年中国共产党的成立,标志着中国新民主主义革命进入了一个新的历史时期。虽然中国共产党不把新民主主义革命的胜利寄托在通过教育而达到的社会改良上面,但始终把文化教育、尤其是为以工人、农民为主体的劳动者争取受教育权、举办工人、农民的教育当做革命工作的一部分。

中国共产党第一次全国代表大会通过的《关于中国共产党任务的第一个决议》中提

---

① 参见赵中建.战后印度教育研究[M].南昌:江西教育出版社,1992:182—196.

出，要在工业单位成立劳工补习学校，由工人担任补习学校董事会董事，管理补习学习事务。决议还指出，这种学校的教学最主要的是唤醒劳工的觉悟。

1922年7月的第二次全国代表大会提出了7项奋斗目标。其中第7项"制定关于工人和农民以及妇女的法律"中，涉及教育的内容有：改良教育制度，实行教育普及。

中国共产党领导下的中国社会主义青年团和工会共同承担了青年工人教育的任务。在1925年召开的第一次全国代表大会上，形成了《关于教育运动的决议案》。决议案指出，要唤起青年工人为争取教育权利而奋斗，并努力从事于识字教育和阶级斗争的教育运动。在1923年8月召开的青年团第二次全国代表大会形成的决议中，又一次提出了举办青年工人义务教育问题。建党初期党组织关于工人教育的一系列决议有力地推动了工人和农民教育的开展，形成了党领导下的工人教育运动的高潮。

在1927年以后的第二次国内革命战争期间，党采取了农村包围城市的战略方针，在江西井冈山以及其他地方建立了许多农村革命根据地。1931年在根据地召开了中华苏维埃共和国第一次全国工农兵代表大会，成立了工农民主政府。会议的宣言明确规定工农劳苦群众，在社会、经济、政治和教育上完全享受同等的权利和义务。按照根据地斗争的实际需要和可能的条件，根据地工农民主政府实施的是以成人为主要对象的教育，体现为工人教育、农民教育、士兵教育、干部教育的成人教育在根据地的教育中占有很重要的地位。

1931年12月，中华苏维埃共和国颁布了《劳动法》，其中第43条规定："设立工厂和商埠学校，以提高青年工人的熟练程度，并给他们以补充教育，经费由厂借给。"①1933年，苏区中国农业工人工会和中国店员工会分别召开代表大会，对加强工人教育，尤其是青年工人教育作出了专门的决议。为保障工人的学习权利，有的地方规定私营工厂"资方应办夜校"，对青年学徒进行免费教育。

1934年1月，在第二次全国苏维埃代表大会期间，中华苏维埃共和国主席毛泽东作了《对第二次苏维埃代表大会的报告》。在报告中，毛泽东提出了苏维埃文化教育的总方针。根据这一总方针，苏区建立了一套为战争服务、结合生产、适应群众的崭新的教育制度。

日本帝国主义悍然发动侵华战争以后，为抵御日寇的侵略，中国共产党提出建立广泛的民族革命统一战线的主张。1936年西安事变以后，出现了第二次国共合作的局面。1937年7月7日，侵华日军炮击驻守卢沟桥的中国守军，中国军队奋起反抗，以此为起端，全国性的抗日战争开始，进入了历时八年的抗日战争时期。

根据战争的需要，陕甘宁边区以及分散在敌后的各抗日根据地依据上述抗战时期的党的教育政策和方针，在大力发展干部教育的同时，也注意发展工人教育和农民教育。著名的干部学校有：抗日军政大学（前身为中国工农红军大学），中国共产党中央党校，鲁迅艺术学院，马克思列宁学院，民族学院，延安大学（由中国女子大学、泽东青年干部学校、陕北公学合并而成），朝鲜革命军政学校等。此外，陕甘宁边区政府在1939年公布了《关于消灭文盲及实施办法》，在农村开展了农民扫盲教育。边区的工人教育主要以政治、文化、技术教育为主要内容。

---

① 转引自张健主编.毛泽东教育思想研究[M].杭州：浙江教育出版社，1993：292.

概言之，共产党领导下的"抗日时期的成人教育在办学方式上保持着灵活多样的特点，有冬学、半日学校、夜校、星期学校、巡回学校、短期训练班、识字组、民兵自卫军训练班、妇女纺线、缝纫学校等。在学制上有小先生制、艺徒制、轮训制、工作团制、实习制、工作协助制等多种形式"。①

抗日战争胜利以后不久，国民党的军队发动了全面内战，在新的形势下，解放区的教育便紧密围绕着解放战争和土地改革进行。陕甘宁边区制定了《战时教育方案》，提出各级学校及一切社教组织应立即动员起来，发挥教育上的有生力量，直接或间接地为自卫战争服务。一切教育工作者都应成为保卫边区的宣传员与组织者。其他如晋察冀边区、东北解放区、华北解放区、山东老解放区等各地，也分别制定了服务于战争，服务于生产，服务于党的纲领实现的成人教育方针。

2. 国民政府关于成人教育的方针

辛亥革命后，南京临时政府的首任教育总长为蔡元培。蔡元培很重视以成人教育为主要内容的"社会教育"，在草拟教育部官制时，特设社会教育司，地位与普通教育司、专门教育司并列。社会教育司除负责宗教礼俗、科学和美术的事务外，还职掌通俗教育，即成人教育。1915年，教育部除设立通俗教育研究会外，还颁布了通俗教育讲演所规程、通俗教育讲演规则等。此后，各地开始设立相应的机构，以实施成人教育。从1912年至1916年，先后建立了公众补习学校79所（其中广西45所，江苏9所，浙江5所，北京3所）；半日学校1208所（其中四川345所，山西314所，直隶118所）；简易识字学校4599所（其中直隶1511所，河南932所）。②

自袁世凯篡夺政权以后，进入北洋军阀政府统治时期。在此期间，北洋军阀忙于争夺地盘，教育几乎无人问津。自1912年至1916年的14年中，教育总长先后更换38人次，其混乱情况可见一斑。五四运动前后，上述公众补习学校、半日学校日渐衰落。

1927年，国民党在南京建立国民政府。1929年3月，国民党召开第三次全国代表大会，通过三民主义教育宗旨和实施方针，并于同年4月由南京国民政府正式公布执行。在成人教育方面，1928年6月4日，国民党中央委员会通过《民众训练案》，推行民众教育。③民众教育的内容有识字运动、劳工教育、职业补习、通俗讲演、民众体育等。组织形式有民众学校、民众教育馆、农民教育馆、通俗讲演所、职业补习学校、民众茶园等。

1929年1月，南京国民政府教育部公布《民众学校办法大纲》，1932年1月加以修正。大纲规定，凡年在16岁以上50岁以下男女失学者，均应入民众学校；修业期限至少3个月，每星期至少授课12小时，授课时间在夜间和休假日。民众学校不收学费和其他费用，所用书籍文具均由学校供给。1934年教育部颁布《民众学校规程》，废止原《办法大纲》。此《规程》除增加对10岁以上失学者至少授课200小时的条款之外，还规定民众学校的设立由原县、市或县立教育分区设立，改为由乡、镇、坊及各教育机关、民众团体、工厂、商店分别设立。省市县政府、区公所及私人均可设立民众学校。1936年8月，

---

① 董纯朴编著. 中国成人教育史纲 [M]. 北京：中国劳动出版社，1990：163.
② 见陈学恂主编. 中国教育史研究·现代分卷 [M]. 上海：华东师范大学出版社，1944：46－47.
③ 这部分内容主要资料来源：陈学恂主编. 中国教育史研究·现代分卷 [M]. 上海：华东师范大学出版社，284－288；黄富顺. 比较成人教育. 台北：五南图书出版公司，1988：486－488.

教育部颁布的《失学民众补习教育方案》中曾规定，自1936年起，6年后肃清全国文盲，抗日战争的爆发，此规定成为一纸空文。

在劳工教育方面，教育部和实业部于1932年共同公布《劳工教育实施办法大纲》。劳工教育分识字训练、公民训练、职业补习三种，由各地方教育行政机关督促当地农、工、商及其他各业之厂场、公司、商店等负责完成。

在成人教育师资方面，1931年1月教育部通令各省市应筹设一所民众教育人员的训练机构，或在各省市已有的教育学院或师范学校内设立专系或专科，以培训此项人才。江苏省最早于1928年2月在苏州设立民众教育学院，后移无锡，扩充后改称中央大学区立民众教育院、劳农学院，1930年两院合并为江苏省立教育学院，内设民众教育、农事教育两系及民众教育、农民师范两专修科。河北省于1929年设立河北省立民众教育人员养成所。浙江省于1930年创办省市民众教育实验学校。其他如福建、湖南、河南等省也设有专校，湖北、四川设有教育学院、广西设普及国民基础教育研究院。

抗日战争开始以后，1939年3月国民党在武汉召开临时全国代表大会，制定了《抗日建国纲领》。《纲领》对教育作了如下四条规定：改订教育制度及教材，推行战时教程，注重国民道德之修养，提高科学之研究与扩充其设备；训练各种专门技术人员，予以适当的分配，以应抗战之需要；训练青年，俾能服务于战区及农村；训练妇女，俾能服务于社会事业，以增加抗战力量。根据这一《纲领》，拟定了教育实施方针9点，其中对于社会教育和家庭教育的方针为"力求有计划之实施"。

1940年，教育部公布《国民教育实施纲领》，这是一种将义务教育和补习教育同时进行的教育制度。该纲领规定，县设教育科主管全县教育；每一个乡（镇）设立中心国民学校，每保设立国民学校，两类学校都设儿童教育和失学民众补习教育两部。民众教育部设置初级成人班及妇女班，施以4个月或6个月的补习教育。中心国民学校设高级成人班和高级妇女班，对已受补习教育的男女成人施以6个月到1年的补习教育。

1944年国民政府颁布《国民学校法》。国民学校分设儿童教育和失学民众补习教育两部，均分高、初两级。失学民众补习教育，初级为4个月至6个月，高级6个月至1年。教育部依据《国民学校法》和国民党中央的其他决议，先后制定了《国民学校及中心国民学校管理规则》、《各省市中心国民学校及国民学校办理民教部应行注意事项》、《分期办理失学民众补习教育办法》、《机关团体办理民众学校办法》、《普及失学民众识字教育计划》等法令。

3. 平民教育运动

"五四运动"前后，由于北洋军阀腐败的政治，民国建立以来曾经推行过的以成人识字为主要内容的"通俗教育"日渐衰落，于是，在新文化运动的影响下，一些爱国进步的知识分子出于对"平民政治"的政治热情，通过开办平民学校，开展了一场声势浩大的争取人民教育权利的平民教育运动。

"平民教育"是20世纪初我国新文化运动统一战线中一个得到普遍赞成的口号；参加平民教育运动的人有信仰共产主义的知识分子，也有小资产阶级知识分子和资产阶级知识分子。因此，这两种具有不同阶级背景和不同政治理想、政治信仰的人，对于平民教育的目的和实施，都有着极大的差异。

参加平民教育运动的信仰共产主义的知识分子，根据历史唯物主义的分析，对教育的功能有一个正确的认识。他们认为，仅仅依靠教育不能改变中国经济和文化落后的面貌，只有进行反帝、反封建的国民革命，实行社会改造，才能使中国富强起来。因此，他们参加平民教育旨在启发人民群众的革命觉悟并造就从事革命的干部。显然，对于他们来说，平民教育乃是一种革命的手段。

1917年11月，毛泽东等人在湖南长沙第一师范学校举办工人夜校，是当时萌芽中的全国平民教育事业的前驱。夜校的宗旨是，教育面向工人群众，为工人阶级服务，人人应享有受教育的机会，应打破社会和学校鸿沟分明、相隔相疑的局面。夜校第一批招收120名学生，开设的课程为国文、算术、常识，教师由一师的学生担任，毛泽东担任常识课中的历史课的教师。1918年4月，毛泽东和蔡和森发起组织新民学会，新民学会的一个重要活动内容，就是组织会员从事湖南地区的工人教育。

1919年2月，李大钊在北京《晨报》发表《劳动与教育问题》，呼吁多设劳工补助教育机关，使工人有受教育的机会，同年3月，邓中夏发起组织北京大学平民教育讲演团。讲演团以教育的普及和平等为目的，抱着"增进平民知识，唤起平民之自觉心"的宗旨，在北京的街头为市民发表专题讲演。讲演的专题有反日爱国、民主自治、破除迷信、反对宗族制度、普及科学知识，提倡文化学习等。讲演团成立时团员39人，最多时达70人左右。1920年春假以后，他们又深入到农村地区，向丰台、长辛店、海淀、通县等地的农民发表讲演。讲演团的活动持续达4年之久。1919年，恽代英、林育南在武昌举办利群学社后，又建立了利群毛巾厂工人补习学校。1919年，上海学联创办工界第一义务学校。

1920年前后，最早接受马克思列宁主义的革命知识分子李大钊、陈独秀、毛泽东、董必武等在上海、北京、武汉、济南、长沙等地相继成立了共产主义小组。为了使马克思主义和中国工人运动相结合，知识分子和工农相结合，他们深入到工厂去，开展工人教育，使平民教育运动得到进一步的发展。1920年，北京共产主义小组决定在京汉铁路长辛店工场举办劳动补习学校。补习学校分日夜两班，日班教工人子弟，夜班教工人。夜班课程有国文、法文、科学常识、社会常识、工场和铁路知识。其他各地的共产主义小组也都采用了办劳动补习学校，工人夜校等形式，开展工人教育，如上海共产主义小组在沪西纺织厂集中的小沙渡地区举办的小沙渡劳动补习学校，湖南小组在长沙办的工人夜校等。这些工人教育活动使工人获得了文化补习的教育，同时也提高了工人的政治思想觉悟，为中国共产党的成立准备了思想和干部的条件。中国共产党成立以后，提出了新民主主义的教育纲领，他们所从事的平民教育便纳入工农教育的轨道中去。

除了信仰共产主义的知识分子之外，参加平民教育运动的还有一批持教育救国论的知识分子。他们往往把普及教育作为救国救民、改造社会的主要手段，不能满足当时广大人民的迫切需要，因而从根本上讲是脱离人民的。尽管他们搞的平民教育运动一时风起云涌，但终究不能实现救国救民的初衷。

辛亥革命的胜利以及民国的成立，民主政治一时成为广大知识分子热衷的口号和追求的理想。与之相配合，教育界的口号也是"平民教育"。1916年10月，全国教育联合会作了《注意贫民教育方案》的决议；1919年10月又作了《失学人民补习教育办法》的决议。许多进步的教育家如蔡元培、陶行知等人更是以自己的实践推行平民教育。蔡元培认为平民教育可以使全国平民都有受教育的机会，达到人人平等、幸福。1917年，蔡元培任北京大学校长，在北京大学办起了校役班和平民夜校。陶行知在"碰了壁"转而提倡乡村教育之前,也曾是平民教育运动的活动家。他创办平民学校,编写《平民千字课》,并和其他人发起组织南京平民教育促进会,奔走于苏、沪、浙、皖、赣、豫、鲁、冀、察等地推行平民教育,企求通过"四通八达的教育来创造一个四通八达的社会"。

"五四"运动以后,北京大学、北京高等师范学校、南京高等师范学校等许多大学的学生和部分教职员投身平民教育运动,办起了义务夜校等形式的平民学校。其中影响比较大的是北京高等师范学校的"平民教育社"及其刊物《平民教育》。

1920年,留美学生晏阳初回国,在上海基督教青年会全国协会智育部主持新设的平民教育科。回国以前,晏阳初于1918年由美赴法,在法国参加青年会主持的为华工服务的工作。在教华工识字的过程中,联想到国内"三万万以上目不识丁"的同胞,决心回国不当官、投身于平民教育。回到上海以后,他一面考察全国各地的平民教育,一面根据自己在法国对华工进行识字教育比较成功的办法,将常用汉字编成《平民千字课》,使成人在识字的同时获取知识。1922年2月,由他主编的《平民千字课》出版,他立即先后在长沙、曲阜、杭州、嘉兴等地设立平民学校,从事城市平民教育,很受欢迎。

1923年8月,中华平民教育促进会总会在北京清华学校成立。经全国各省与会代表的推选,朱其慧任董事长、陶行知为董事部书记,主持总会实际工作的总干事一职由晏阳初充任。总会下设省、市、县、乡平民教育促进会分会,负责推行所辖地区的平民教育事宜。

平民教育促进会的口号是"陈文盲、做新民"。在平民教育促进会总会成立之前,全国平民教育已经有一定的基础和声势,总会成立以后,全国的平民教育运动在原有的基础上有了更大的发展。在平民教育促进会总会成立以后的不长时间内,已有18个省32个市相继成立了分会。学会读《平民千字课》的达50万人。

平民教育最初主要在城市推行,全国各地区的许多城市以各种形式进行平民识字活动,除了平民学校之外,还有平民读书处,平民问字处等。平民教育促进会成立以后,进一步推进城市平民教育,机关、街道、军营,甚至监狱,都开展了平民教育。除了城市地区以外,平民教育促进会还注重在乡村地区推行平民教育。在平民教育促进会总会成立之初,就有一个将平民教育重点由城市逐渐向乡村地区转移的5年计划。当时计划5年以后,平民教育的活动全部推向乡村。1924年10月,平民教育促进会总会设立乡村教育部,同时请在美国专攻乡村教育的傅葆琛回国主持其事。从1924年起,平民教育促进会即在京兆地方(原顺天府)20个县以及保定府所属各县设立了平民学校。平民教育促进会总会成立乡村教育部以后,在河北清苑、定县、博野等12个县进行乡村平民教育实验研究,刊行《农民报》。由于平民教育会的推动,乡村平民教育发展很快,到1927年初,全国自发组织的乡村平民教育促进会达150多个。由于此时乡村教育运动在全国各地兴起,同时,平民教育促进会从在乡村地区推行平民教育的实践中也发现,仅仅教农民识字不可能为他们提供实际的帮助,正像晏阳初本人所认识到的那样,在农村办教育固然是重要的,但是使教农民识字而不谋求乡村整个的建设,教育最终要落空。于是,平民教育促进会便把平民识字教育发展为谋求乡村建设的教育,即乡村教育,并逐渐融入全国乡村教育的洪流中去。

抱着救国救民思想参加平民教育的各种类型的知识分子,由于他们世界观和政治信仰的不同,出现了分化。一部分信仰共产主义的知识分子,从平民教育开始,走向了与工农相结合、进行反帝、反封建的革命斗争的道路。另一部分则抱着教育救国的理想经历了从城市平民识字教育到乡村平民识字教育到乡村建设的发展阶段。尽管他们最终没有实现救国救民的理想,但他们的努力在中国成人教育的历史上写下了辉煌的一页。

4. 乡村教育运动

中国农村人口占全国人口80%以上,一切有识之士无不关注农民问题的解决,在中国共产党发动农民革命运动的同时,许多教育家也把目光转向农民。从20世纪20年代起,逐渐形成一股举办乡村教育的运动,到抗日战争前夕,乡村教育运动达到高潮,其影响及于抗日战争之后。

"乡村教育"名曰"教育",实际上并不纯粹是教育。从其实践来看,乡村教育不仅涉及乡村的政治、经济、文化、生活等多方面,而且也不以教育为最终目的。"乡村教育"的实质在于乡村建设。不过,如果追溯乡村建设的渊源,往往以教育为其开端,而且,乡村建设中的各项事业的推行都不能离开教育,所以,尽管在乡村教育名义下,全国各地不同形式的实验和实践中教育的意味有浓有淡,仍然可以称之为乡村教育。

此外,在乡村教育后面缀以"运动"一词,其实也不很确切。这里的"运动",仅仅指当时全国各地所进行的各种乡村教育活动的总称。首先,乡村教育并无全国统一的官方的或民间的领导机构。据南京政府实业部调查,至1934年,全国进行乡村教育的团体有600多个,实验地区有1000多处。从事乡村教育实验或乡村教育活动的主办单位,有民间组织,如平民教育促进会、中华教育改进社、中华职业教育社等;有学校办的,如宛平县清河实验区由燕京大学社会学系主办;有教会组织,如苏州基督教青年会办理的江苏吴县"唯亭山农村服务处"等;有公立机关办的,如江苏省立教育学院主办的无锡黄巷等实验区;也有政府办的,如山东邹平、广西柳州是省政府办的,闽侯五里亭改进区是福建省教育厅办的等。其次,虽然各地乡村教育的展开都从实验入手,然而,各种实验的指导思想有很大差异,因而其目的和效果也很不相同。

由于上述原因,很难进行全面而准确的概括,这里分别介绍两种影响较大的乡村教育活动,其中一个教育的意味较浓、另一个教育的意味较淡。

(1) 平民教育总会在河北定县等地的实验

平民促进会教育总会的总干事是晏阳初,定县的实验同晏阳初的思想有着密切的关系。

应定县翟城村乡绅米迪刚之邀,平教总会于1926年10月在定县设立办事处,着手对定县进行全面的调查,为以县为单位进行实验研究做好准备。1929年平教总会以及晏阳初全家都迁到定县,开展实验研究。定县的实验研究吸引了众多的知识分子,最多时达500多人,其中有不少博士、教授。至1937年抗日战争爆发,定县的实验被迫停止。

晏阳初认为,中国农村问题尽管千头万绪,但基本问题只有四个,即"愚"、"贫"、"弱"、"私"。针对四大问题,需施以下列四大教育:

文艺教育,培养知识力,解决"愚"的问题。为此,实验者编写了《农民千字课》,开办学校,进行教学方法研究,确定乡村教育制度等。

生计教育,培养生产力,解决"贫"的问题。它包括农业生产(应用农业科学、提高产量)、农村经济(组织合作社、自助社等)、农村工业(发展农民手工业、副业等)。

卫生教育,培养强健力,解决"弱"的问题。教育农民注重大众卫生和健康,建立以县为单位的乡村保健系统、村设保健员，区设保健所，县设保健院，使农民有起码的医药治疗的条件。

公民教育，培养团结力，解决"私"的问题。公民教育注重培养农民的道德观念，施以公民训练，使他们有公共心、团结力。晏阳初认为，在四大教育中，公民教育最为根本。

四大教育需要综合运用学校式、家庭式和社会式这三大教育方式。每一种方式都可以进行四大教育，而每一种教育又需运用三大方式。在这三大方式中，学校式起着关键的作用。学校式通过村学、平民学校和平民学校同学会来发挥其教育作用。村学从事多村儿童的初等教育。平民学校分初、高两级。初级以识字教育为主，要求在3、4个月的时间内识1700字左右，高级平民学校设有政治（中国政体）、经济学、农学、卫生学等课程。家庭式是对家庭成员进行道德、卫生习惯、家庭预算、妇女保健、节制生育等方面的教育，社会式教育通过平民学校同学会开展的诸如读书会、剧社、讲演会等活动进行的教育。

平教总会在定县的实验取得了很大的成绩，1933年，平民学校初、高两级毕业生共7644人，自1927年以来，毕业人数达10多万。① 定县的实验在全国产生了很大影响，吸引了全国各地的人员前往参观。1933年春，南京政府决定在定县成立河北省县政研究院，聘晏阳初为院长。此后，平教总会的实验便同政府推行的县政改革结合在一起。

平教总会除了主要以定县为实验地外，还在华北、华中、华西地区推行乡村教育。1936年4月，平教总会与南开大学、清华大学等学校联合组成华北农村建设协进会。同年夏天，平教总会从定县迁至长沙，在湖南、广西、四川等地进行乡村教育实验。抗日战争时期，晏阳初于1940年在四川歇马场创办乡村建设育才院（1945年扩充为乡村建设学院），同时创办璧山实验区，至1949年，此实验区扩大到8个县区的160个乡镇。

（2）梁漱溟在山东的"乡村建设"实验

梁漱溟在山东邹平、菏泽等地从事实验的理论基础是他自己构建的"乡村建设理论"，"他自称这套理论萌芽于1922年，大半决定于1926年，而成熟于1928年"。② 1931年1月，他应山东省主席韩复榘之邀，到山东邹平县创办山东乡村建设研究院，开始了他的乡村建设实验活动。1933年南京政府第二次内政会议决定划邹平和菏泽为县政建设实验区，乡村建设研究院兼负县政建设研究的职能。此后，增列济宁等13县为实验区，最终扩展到山东省3个专区30个县的范围。抗日战争爆发后，乡村建设的实验也告结束。

"乡村建设"的理论基础是"中国文化失调"。梁漱溟认为，中国是一个以乡村为主体的国家，以乡村为根基的中国社会特点是"伦理本位、职业分立"。中国整个社会都受着伦理关系的支配，它表现在社会、政治、经济的各个方面。此外，中国只有不同行业或不同职业的分工，而没有阶级的对立。自从西方的意识形态传入中国以后，中国既有的伦理关系，除了在乡村还有所保留之外，在城市已被彻底破坏，而同时又不能建立一个西方"个人本位"式的阶级对立的社会。中国在这一转变时期，国家的权力不能建立，甚至连革命也无法革。所以，我们既不能走西方民主政治的道路，也不能走俄国式的革命道路，中国的当务之急是改造文化、实行民族自救，要以在乡村尚有所保留的重视伦理关系的中

---

① 见鲁振祥. 三十年代乡村建设运动的初步考察 [M]. 政治学研究, 1997（4）.
② 陈学恂主编. 中国教育史研究·现代分卷 [M]. 上海：华东师范大学出版社，1994：214.

国固有文化为本，从乡村着手，建设新的社会组织结构，进而繁荣都市，最终实现整个中国社会组织结构的改变。但是，乡村的建设除了要坚持中国文化本位之外，还要兼取西方文明重视团体的长处，使两者协调起来，这样使中国的文化得到了改造，也就从根本上解决了中国文化失调的问题。所以，梁漱溟的乡村建设旨在建立一种新的乡村社会组织结构，实现"新乡政"，以解决乡村的政治、经济和教育的问题。

虽然乡村建设远不是一个教育问题，但梁漱溟设想的解决途径却是从教育，尤其是乡村的成人教育入手的。梁漱溟在山东邹平进行实验时，创设了乡农学校，分村学和乡学两级。乡农学校由乡村的领袖人物、士绅组成校董会，由校董会聘请校长，乡村建设者担任教师。学生以全体成年农民为主要对象兼及儿童和少年。乡农学校一方面承担教育的任务，除进行识字教育以及一般文化知识的教育之外，主要为精神陶冶，以中国传统的忠、孝伦理教化作为中心内容，使用的教材有《弟子规》、《朱子治家格言》、《三字经》、《礼记》、《小学》等作为教材。另一方面，乡农学校还要推行社会改良，如禁烟、禁赌、办合作社等。理想的乡农学校应该是一种情谊化的组织，它既要体现中国传统的伦理本位的文化，又要容纳西方团体生活的文化精神。为了更好地实现通过教育达到解决中国政治问题的主张，梁漱溟提出了政教合一的设想，即教育机构和政权机构是合而为一的。村民、乡民都是村学、乡学的学生，村学、乡学的校长实际上也承担了村长、乡长的任务。所以，乡农学校既是一种教育组织，又是乡村的政治组织，两者合而为一，以利中国文化的改造，进而实现改造中国政治的理想。显然，同定县的平民教育实验相比，乡村建设的教育意味要淡得多。

5. 工农教育

在中国共产党诞生以前，北京、上海等地的共产主义者已经开始从事工人补习教育的工作。1921年中国共产党成立以后，根据党中央于关教育问题的方针，很快地在全国掀起了工农教育的高潮。中国共产党把开展工农教育运动作为新民主主义革命事业的一个重要的组成部分，因此，工农教育是配合发动工农革命而进行的。

中国共产党第一次全国代表大会以后，毛泽东担任湘区书记。在毛泽东的领导下，湘区党组织派出共产党员去工人聚集的区域开展工人教育，把办工人补习学校、工人夜校等作为启发工人觉悟、联系人民群众、发动工人运动的突破口。仅长沙一地就有泥木工会工人补习学校、缝纫工人补习学校、新河工人补习学校、工会工人补习学校、工会特别补习班等。1921年冬，李立三、刘少奇等先后去安源煤矿开展工人运动，并于1921年1月建立了"路矿工人补习学校"，首批学员60多人。学校分日班、夜班，日班工人夜读、夜班工人日读，在讲授文化知识的同时，启发工人的觉悟。在工人运动发展的同时，工人补习学校也不断增多，至1925年，工人补习学习学校增至7所，工人读书处13个，还设有师范班和妇女职业班，并办起了招收路矿工人子弟的国民学校。

上述湘区及安源路矿工人教育的情况只是全国工农教育运动中的一个比较典型的例子。事实上，在全国各个工业比较发达、工人比较集中的城市或地区，各种形式的工人教育活动在短期内得到了迅速的发展。1922年秋，上海的社会主义青年团组织在沪西开办了两个小型的工人补习班，后又合并为工人补习学校。第一次国共合作时期，上海的党组织又以国民党的名义在杨树浦、小沙渡、吴淞、浦东等处开办工人补习学校，并在工人中成立了一些教育团体，如杨树浦的"工人进德会"、小沙渡的"沪西工人俱乐部"等。至

1926年，上海的工人夜校已达36所。建党以前，北京共产主义小组创办的长辛店劳动补习学校在建党后规模有了扩大。1921年8月，天津创办了工人补习学校。其他如济南、唐山、武汉、太原、青岛、重庆、哈尔滨、沈阳、大连、广州等地，都先后办起了工人补习班或补习学校，其发展势头可谓风起云涌。

无论是学习期限或课程设置，各地并无统一规定。学习期限一般是几个月一期，开设的课程一般有国语、算术、常识、政治等，有些学校也应工人之需开设珠算、习字等课。针对当时各地工人补习学校存在的各校课程不统一、学生转学插班困难，课程设置复杂，教学偏重讲演忽视文字练习、每日上课时间太多的缺陷，毛泽东为湖南全省工团联合会草拟了《关于工人补习教育进行计划书》，提出改进工人补习教育的建议。该建议的大意是："工人每夜补习时间不能超过一小时，学课的段落宜分到极短，以便在较短的时间内就可以学完一个段落，班次宜分得多，以便于适应学生的程度；分班除以文化程度分别之外，还要参照年龄，学科的设立要适合工人的需要，不要太复杂，每一个段落只学一种学科；教学方法对成人不妨采用注入式，教材内容不妨丰富，程度高的可以采用学生自动的方式，教材的内容和排列要分别深浅的需要，教学要有组织有步骤地进行。"①

中国共产党成立以后，农村地区的农民教育运动也蓬勃展开。

同工人教育伴随着工人运动展开一样，农民教育也是农民运动的一个组成部分。共产党领导的农民运动最先兴起的地区是广东省的海丰地区，因此，那里也最早出现了党所领导的农民教育。著名共产党员彭湃领导的海丰县总农会（1923年1月成立）专门设立了教育部，主管全县农民的政治和文化教育，并创办农民学校。农民学校通过由农会向地主"批耕"土地的办法来解决办学的经费。农民学校除了进行思想政治教育之外，还进行文化知识的教学。彭湃说，农民学校"是专教农民会记数，不为地主所骗，会写信、会珠算，会写食料及农具名字，会出来办农会，便够了"。②受海丰县总农会的影响陆丰、潮州、普宁、惠来等地不久也成立了广东省农会。在1926年举行的广东省第二次全省农民代表大会上，会议代表通过了《农村教育决议案》。该决议案提出成立成年农民补习学校及讲演所，并开设国文、信札、卫生、帝国主义侵略中国简史、政治常识等课程。此外，为扫除文盲，还提出设市农民小学，除开设小学的课程之外，还进行农业常识及浅显的革命理论的教育。

除广东以外，湖南、湖北、江西、福建、河南、江苏、安徽、四川等十几个省不同程度地开展了形式多样的农民教育。其中湖南从1922年起即在全省各地创办了许多农民补习学校。在第一次国共合作时期，湖南的农民教育随着农民运动一起迅速发展。1926年12月召开的湖南省第一次农民代表大会通过了《农民教育决议案》，该决议案对农民教育方针、实施办法、经费的筹措等都作了具体的规定，有力地促进了农民教育的发展。

毛泽东在1927年3月发表的《湖南农民运动考察报告》中，把农村的文化运动列为农民协会所做的"十四件大事"之一。作为全国农民教育的一个缩影，这篇报告生动、具体地记录了当时的农民教育：过去一向痛恶洋学堂的农民，"如今他们却大办其夜学，名之曰农民学校。有些已经举办，有些正在筹备，平均每乡有一所。他们非常热心开办这种

---

① 转引自陈元晖. 中国现代教育史［M］. 北京：人民教育出版社，1979：58.
② 转引自毛礼锐等主编. 中国教育通史（第五卷）［M］. 济南：山东教育出版社，1988：136.

学校，认为这样的学校才是他们自己的。夜学经费，提取迷信公款、祠堂公款及其他闲公闲产。这些公款，县教育局要提了办国民学校即是那不合农民需要的'洋学堂'，农民要提了办农民学校，争议结果，各得若干，有些地方是农民全得了。农民运动发展的结果，农民的文化程度迅速地提高了"。①

第二次国内革命战争期间，党在江西井冈山地区及全国各地建立了许多农村革命根据地，即苏区。在巩固、发展革命根据地以及反击南京国民政府不断"围剿"的战争环境中，苏区实施了与外界完全不同的教育。在教育的格局及其发展路线的问题上，苏区内部曾经有过"以成人教育为重点还以儿童教育为重点"，以及教育的"游击性"和"正规化"的争论。争论的结果，以毛泽东为代表的正确路线占据了主导地位。也就是说，苏区不应偏重儿童教育的学校教育，而应着重发展成人教育，提倡群众办学，鼓励群众从自身需要出发，发展非正规教育。②（有关苏区工农教育的情况详见本书第七章第三节"马克思主义教育理论在革命根据地的实践"。）

二、中华人民共和国的成人教育

1949年10月1日，中华人民共和国宣告成立，这是一个具有划时代意义的大事，从此以后，中国的政治、经济、教育等各个方面都进入了一个新的历史发展时期。作为教育的一个重要方面，成人教育也进入了一个新的发展阶段，在1949年以后将近半个世纪的过程中，中国的成人教育取得了前所未有的巨大成就。

然而，中华人民共和国的成立并未完全结束祖国分裂的状态。直到目前为止，海峡两岸的统一仍然是全国人民的理想和奋斗目标。由于长期的隔离，对我国台湾地区成人教育的状况不甚了解，所以，这一部分关于成人教育的讨论，不涉及台湾地区。

1. 成人教育的发展

1949年以后，根据我国政治，经济等各个方面的发展，大体上可以分为从新民主主义到社会主义的过渡时期（1949—1956）；全面建设社会主义时期（1956—1966）；"文化大革命"时期（1966—1976）；社会主义现代化建设时期（1976— ）。成人教育的发展，大体上也可以分为这几个阶段：

（1）过渡时期。1949年至1956年从新民主主义到社会主义过渡时期，是我国成人教育发展的第一个高潮时期，这一时期的成人教育的发展表现在下列几个方面。

第一，成人教育纳入全国统一的学制系统内，从根本上保证了成人教育，尤其是工农劳动人民和工农干部教育的地位。

1949年9月中国人民政治协商会议第一届全体会议制定的《共同纲领》第47条明确规定，新中国的教育要"加强劳动者的业余教育和在职干部教育，给青年知识分子和旧知识分子以革命的政治教育，以应革命工作和国家建设工作的广泛需要"。1951年10月1日，《政务院关于改革学制的决定》正式颁布。这个决定确定了我国社会主义的学校教育制度，同时也使工人、农民的干部学校以及各种成人补习学校在学校系统中的地位有了明确的规定。

---

① 毛泽东选集（一卷本）[M]．北京：人民出版社，1964：40．
② 参见陈桂生．现代中国的教育魂[M]．沈阳：辽宁教育出版社，1993：63-66．

第二，制定了比较完备的成人教育的法规。

1949年12月，教育部在北京召开第一次全国教育工作会议，在成人教育方面，会议提出要为在全国范围内进行识字教育、扫除文盲教育做必要的准备。此外，会议还草拟了《工农速成中学实施方案》，要求全国的军队、机关、团体和学校为工农青年，首先是为多年参加革命斗争的青年和成年工农干部办速成中学。

1950年9月，教育部和中华全国总工会联合在北京召开第一次全国工农教育会议。这次会议对新中国成人教育的方针、制度、组织管理、经费、教学、师资等一系列问题进行广泛的讨论，会议的决定随后便以政府法令的形式加以颁布。这些法令是：《关于举办工农速成中学和工农干部文化补习学校的指示》、《关于开展农民业余教育的指示》、《工农速成中学暂行实施办法》、《工农干部文化补习学校暂行实施办法》、《职工业余教育暂行实施办法》、《各级职工业余教育委员会组织条例》。

扫除文盲的问题，早在第一次全国教育工作会议上就已经提出。1953年2月召开第一次全国扫除文盲工作会议。1956年，中共中央、国务院颁布了《关于扫除文盲的决定》，对扫除文盲的任务、标准等作出了规定。

总之，这一阶段颁布的成人教育方面的各种法令，对全国成人教育的方针、政策、实施办法等作了比较全面的规定，在中华人民共和国刚刚成立、百业待举、百废待兴的时期，这些法令对于保证成人教育各方面工作有序、健康地进行，乃是必不可少的。

第三，成人教育的主要对象是工人和农民。

毛泽东在中华人民共和国成立前夕发表的《论人民民主专政》一文中明确地提出："人民民主专政的基础是工人阶级、农民阶级和城市小资产阶级的联盟，而主要是工人和农民的联盟，因为这两个阶级占了中国人口的百分之八十到九十。推翻帝国主义和国民党反动派，主要是这两个阶级的力量。由新民主主义到社会主义，主要依靠这两个阶级的联盟。"[①] 中华人民共和国同以前的陕甘宁边区政府以及更早一些的中华苏维埃共和国政府有着历史的传承关系，就教育来讲，1949年以后的成人教育实际上也是老解放区和苏区工农教育的延伸和发展。新中国的成立为在全国范围内推行以工农为主体的成人教育提供了政权的保障，这一点是国家的性质决定的。

工人、农民是新中国的政治基础，他们不仅有全面享受教育的充分的权利，而且，他们受教育的程度也关系到人民民主专政的巩固和发展。所以，新中国成立以后，无论在各级各类的教育工作会议上，或是在各级政府颁布的政策法令中，都反复强调教育应该着重为工农服务，教育的普及要以工农为主要对象，强调发展职工的业余教育和农民教育。

第四，成人教育的内容以政治教育和文化教育为主。

在这一段过渡时期内，除了抗美援朝战争之外，国内还进行了各种运动，如农村土地改革运动、镇压反革命运动、农业合作化运动、增产节约运动、"三反""五反"运动、手工业和资本主义工商业社会主义改造运动等，配合这些运动的开展进行政治教育，乃是成人教育的一项重要的内容。

（2）全面建设社会主义时期。在1956年至1966年全面建设社会主义的10年时期内，中国成人高等教育有了很大的发展，形成了一个完备的成人教育体制，同时创造了一种新

---

① 毛泽东选集（一卷本）[M]．北京：人民出版社，1967：1367—1368．

型的教育制度和劳动制度。

在前一个发展时期，成人的初等和中等教育不仅发展很快，而且具有专门的机构设置。相对而言，成人的高等教育发展比较缓慢。在全面建设社会主义时期，工农业生产对文化、科学和技术的需要以及成人中等教育发展的规模，使成人高等教育的发展成了刻不容缓的事情。

成人高等教育的发展采用了多种途径的办法。首先，扩大高等院校推广教育的规模。以北京为例，从前只有中国人民大学等少数院校举办职工业余教育，1957年以后，承担成人业余高等教育的院校越来越多，至1966年共达21所。其他各地的高等院校也纷纷举办夜大学和函授教育。其次，有些高等学校，如北京钢铁学院、东北石油学院从1964年起开始试办产业工人班，招收思想素质好、文化水平较高的工人入学深造。

此外，1957年以后，全国各地还创办了一大批成人高等学校。这些以成人高等教育为专任的学校，有的是行业系统办的，如北京业余机械学院、北京业余城市建设学院等；有的是地区性的，如上海业余工业大学等。1957年，全国成人高等学校在校学生不到10万人，至1965年，这个数字达到41万人。[①] 1957年至1965年间，全国共有将近150万人参加了各种形式的业余高等教育。[②]

值得一提的是，农民业余高等教育在这个时期也提了出来。吉林省延吉县在1958年创办了黎明业余农业大学，招生对象为农村中的高中毕业生，学制3年。其他有些省、市也尝试性地办起了些农民业余高校。这些事例充分地反映了这一时期成人高等教育发展的蓬勃生机。

在这一时期，除了业余教育之外，我国还创造了半工半读职工学校这一成人教育的又一种重要的形式。

(3)"文化大革命"时期。从某种意义讲，"文化大革命"的10年是成人高教膨胀的10年。在这10年期间，挂名大学的成人高校数和学员人数飞速增长。此外，全日制大学在这10年期间招收的工农兵学员，也都具有成人教育的性质。然而，"文革"十年成人教育是典型的"泡沫"式的发展，就其性质来说，是对成人教育的严重摧残。

1968年7月21日，毛泽东为《人民日报》将于次日发表的《从上海机床厂看培养工程技术人员的道路》这篇调查报告写了"编者按"："大学还是要办的，我这里主要说的是理工科大学还要办。但学制要缩短，教育要革命，要无产阶级政治挂帅，走上海机床厂从工人中培养技术人员的道路。要从有实践经验的工人、农民中选拔学生、到学校学几年以后，又回到生产实践中去。"这就是著名的"七·二一指示"或"七·二一道路"。同年9月，上海机床厂办起了全国第一所"七·二一工人大学"。很快地各地纷纷仿效。据教育部统计，到"文化大革命"结束的1976年，全国工人大学有33374所，在校学生数为148.5万人。

毛泽东曾在1966年5月7日给林彪写了一封信，信中讲到，"学生也是这样，以学为主，兼学别样，即不但学文，也可学工、学农、学军，也要批判资产阶级。""学制要缩短、教育要革命，资产阶级知识分子统治我们学校的现象再也不能继续下去了。"这封信

---

① 张健主编. 毛泽东教育思想研究 [M]. 杭州：浙江教育出版社，1993：321.
② 董纯朴编著. 中国成人教育史纲 [M]. 北京：中国劳动出版社，1990：229.

的内容被称为"五·七道路"。1968年10月,《人民日报》发表了关于黑龙江省柳河创办"五·七"干部学校的文章,此后,在走"五·七道路"的名义下,机关、学校、科研部门、文艺单位等纷纷去农村办起各自的"五·七干校"。

"文化大革命"期间,农村地区也纷纷办起了"五·七"农民大学。吉林省在此期间举办了56所,山西省为254所,广东省有586所。[①]

概言之,"文化大革命"期间虽然创造了各种名目的成人教育的形式,各类统计数字也很可观,但这些都是典型的泡沫发展的现象。无论从师资、学员的文化水平、设备,或是学习的内容,都与高等教育相去甚远,所谓"大学",有名无实,失去了高等教育的意义。更重要的是,"文革"期间的成人教育沦为"四人帮"手中进行篡党夺权政治斗争的工具,成人教育受到严重的破坏。

(4) 社会主义现代化建设时期。1976年"文化大革命"结束,在经过一段时期的拨乱反正以后,中国成人教育的发展形成了1949年以来的第二高潮。

打倒"四人帮"以后,国家非常重视成人教育的发展。除了在党和政府的各种会议上强调成人教育重要性之外,政府还为成人教育的发展制订了一系列的法规。1981年2月中共中央、国务院颁发的《关于职工教育工作的决定》,不仅要求各级政府把职工教育纳入国民经济和国民教育的轨道,而且还对发展成人教育至关重要的一些问题作出了规定:各级各类职工教育都要制订教学计划、明确培养目标和达到目标的标准,在此基础上,通过严格的考试,合格者承认其学历、发给文凭,并享受与全日制院校同类专业毕业生同等的工资待遇;积极建立一支由专职教师为骨干、与兼职教师相结合的教师队伍,各企、事业单位按职工总数千分之三至千分之五的比例(不包括职工高等教育的教师)配备专职教师;一般正常生产的企业,每周保证职工业余学习至少4个小时等等。

在办学形式方面,成人高等教育有职工大学、农民大学、管理干部学院、教育学院、全日制高等学校举办的夜大学、干部专修科,还采用了远距离教育手段进行教学,如广播电视大学、函授学院。成人中专教育有职工、干部、农民中等专科学校,全日制高等院校、中专学校举办的成人中专部(班),以及广播电视、函授中专等。为了进一步满足成人教育不断高涨的需要,调动职工、干部、群众自学的积极性,1980年我国还建立了高等自学考试制度。为我国成人高等教育事业开辟了一个新的发展途径。

在培养规格方面,也出现了多样化的趋势。除了进行各种学历(中专、大专、本科)教育之外,还出现了专业证书教育、岗位培训、大学后继续教育等。在教育内容方面,随着我国经济的发展,由过去以政治文化教育为主逐渐过渡到以技术教育为主,适应我国经济发展需要的各种专业,在成人教育中得到了充分的反映。

2. 扫盲教育

扫除文盲是我国成人教育的一个重要内容和繁重的任务,也是党和政府长期关注的一个问题。在1949年12月召开的第一次全国教育会议上就提出要为在全国范围内的识字教育、扫除文盲工作做必要的准备。1950年9月,第一次全国工农教育会议又提出要开展识字教育,逐步减少文盲。此后,在政务院1950年颁布的《关于开展职工业余教育的指

---

① 董纯朴编著. 中国成人教育史纲[M]. 北京:中国劳动出版社,1990:273.

示》、《关于开展业余教育的指示》等文件中,都强调了识字教育的意义。1956年3月,中共中央、国务院发布《关于扫除文盲的决定》,该决定指出,使广大劳动人民摆脱文盲状态是我国文化上的一个大革命,也是国家进行社会主义建设中的一项极为重大的政治任务。1978年,鉴于文盲率回升的情况,国务院再次关注扫盲工作,发布了《关于扫除文盲的指示》。

全国扫盲工作的具体领导机构,最初为根据1952年11月中央人民政府委员会第19次会议决定成立的中央扫除文盲工作委员会。1954年,该委员会与教育部合并,全国性的扫除文盲工作遂由教育部具体负责。根据1955年12月教育部发出的《关于筹备成立各级扫除文盲协会的通知》的要求,1956年3月成立了全国扫除文盲协会,至1956年年底,北京、上海、山西、内蒙古等21个省、市、自治区先后成立了省(市)级的扫除文盲协会或筹备机构。有些省还成立了基层扫盲协会。协会的任务为,协助政府进行识字教育的业务指导、师资培训工作;协助机关、团体、厂矿、农业生产合作社、手工业生产合作社、城市街道等办理识字教育工作;广泛动员和组织知识分子、社会人士和一切识字的人参加扫盲工作、并动员和组织不识字的人接受识字教育等。

关于扫除文盲的标准,我国在不同时期曾有不同的规定。1953年11月,中央扫除文盲工作委员会颁布的《关于扫盲标准、毕业考试等暂行办法的通知》规定:不识字或识字数在500字以下者为文盲,识500字以上而未达扫盲标准者为半文盲。扫除文盲的标准是:干部和工人识2000常用字,能阅读通俗书报,能写200—300字的应用短文;农民识1000常用字,大体上能阅读通俗的书报,能写农村中常用的便条、收据等;城市其他劳动人民识1500常用字,阅读、写作能力分别参照工人、农民的标准。1956年3月,《关于扫除文盲的决定》对工人的识字标准仍要求为2000字左右;对农民的扫盲标准规定为大约识1500字,能大体上看懂浅近通俗的报刊,能记简单的账、写简单的便条,并且会简单的珠算。1978年国务院发布的《关于扫除文盲的指示》又重申了上述要求。①

关于扫盲的对象和任务,《关于扫除文盲的决定》(1956年3月)规定,扫除文盲的对象以14—50岁的人为主,欢迎50岁以上的人自愿参加扫盲学习。要求扫除厂矿、企业职工文盲的95%左右,农村和城市居民文盲70%以上。1957年3月教育部颁布的《关于扫除文盲工作的通知》提出:着重扫除40岁以下工农群众中的青、壮年文盲;一般要求扫除工人文盲的85%左右;干部中的文盲,除少数特殊情况以外,都应列入扫盲对象。1958年1月,教育部在《关于基本完成扫盲和扫盲年龄计算年限的问题的解释》中指出:年龄在14—40岁的厂矿职工,经扫盲工作非文盲达到其总人数的85%,农民、城市居民和手工业合作社社员经过扫盲工作非文盲达到其总人数的80%,就是基本扫除了文盲。1978年,国务院《关于扫除文盲的指示》要求把年龄在12—45岁的文盲基本扫除,并要尽早扫除农村干部和妇女中的文盲。1979年第二次全国农民教育会议根据我国的实际情况,提出对于学习困难较多的40岁以上的人,可以不作为扫盲的主要对象。

扫盲教育通过教授识字教材进行。1951年,教育部编写《农民识字课本》4册,包含1600多个常用字,授课时间为200课时。1952年教育部工农业余教育司编写了《农民速成识字教材》1册及《农民速成识字阅读课本》上下2册。同年,教育部公布了《2000常

---

① 中国大百科全书·教育[M].北京:中国大百科全书出版社,1985:306.

用字表》，作为各地编写识字教材的依据。此后，全国各地分别编写了各种扫盲教材。

1949年我国文盲的人数占全国人口的80%，要在不太长的时期内扫除文盲，必须大规模地动员广大群众积极参与其事。"以民教民、能者为师"是扫除文盲工作解决师资问题的一个原则，除配备少量的专职教师之外，大量的是兼职教师。教学的组织形式也多种多样，有集中的班级教学，有分散的小组教学，也有"小先生"包教的形式。一般采用业余学习的办法，在农村则根据农时灵活安排。根据扫盲工作要求速成、联系实际、边学边巩固的特点，各地创造了许多有特色的教学方法，主要有：速成教学法，单元识字教学法，逐课教学法，注音教学法，同音字教学法等。

根据我国几十年扫除文盲工作的经验，国务院在1978年发出的《关于扫除文盲的指示》中提出了"一堵、二扫、三提高"的工作方针。所谓"堵"，就是要抓好普及小学教育、防止新文盲的出现；所谓"扫"，就是把现有的文盲基本扫除；所谓"提高"，就是对已脱盲的人继续组织学习，进一步巩固和提高。1983年中共中央、国务院发布《关于加强和改革农村学校教育若干问题的通知》，要求农村小学把没有读过或没有读完小学的15岁以下的少年儿童吸收到学校中来，采取多种形式，让他们较快地学完小学主要课程、防止新文盲产生。（关于90年代中国扫盲教育的情况，本章第四节第二部分还将叙述。）

3. 职工教育

我国的职工教育具有一个完整的体制，是国家教育系统的一个组成部分。职工教育的层次主要有下列几种：职工初等教育；职工中等教育；职工高等教育；职工单科进修班。学习的形式以业余为主，也有半脱或全脱产的学习。

中华人民共和国成立以后，我国的职工教育不断得到发展。从1950年开始，除了在职工中大规模地进行以扫盲为主要内容的职工初等教育以外，根据职工原有的文化水平，还进行了相当于高小和中学程度的职工教育。职工业余教育的组织形式一般是业余学校，其办理可以由1个单位举办，或由几个单位联合举办，也可以采用各级学校或文化馆附设的办法。教学时间一般规定每周不少于6个小时，全年不少于240个小时。修业年限分别为2年和5年。此外，对于已有相当文化程度职工的业余教育，一般组织技术班和政治班，进行比较系统的技术及政治理论学习。

1949年以后，大规模的经济建设的任务摆在面前，培养大批工农知识分子成了一项非常重要的任务。在培养新型知识分子这个前提之下，对于工农分子的教育，除了思想、政治方面的内容之外，主要是文化补习，因为学文化乃是学习理论和其他专业知识的前提。

为了迅速提高优秀工、农、兵的文化水平，除了普通学校向工、农、兵开门、在入学条件等方面给予适当照顾，从宽录取之外，还创办了大批以培养工农知识分子为专任的新型学校——工农速成中学。它以普通文化教育为主，实际上是为接受高等教育作准备的预备学校。

工农速成中学兴办于1950年4月，1955年停止招生，至1958年全部在校生毕业而告结束。开始时，工农速成中学是一种独立的成人中等教育机构，修业年限为3—4年，设置的课程有语文、数学、自然、化学、物理、地理、历史、政治、制图、体育、音乐，招生对象为参加革命或产业劳动一定时间的优秀工农干部及工人。由于工农速成中学主要为高等学校输送工人和干部学员,所以在1951年以后,根据教育部的规定,工农速成中学开始有计划有步骤地附设于高等学校。这样,学制、课程设置,教学计划等也作了相应的改变,开始实行文史、理工、财经、政法、农、医等分类教学,以便学员毕业后直接升入高等学校继续学业;招生范围也扩大及青年店员、青年农村干部。工农速成中学开办之初,全国仅有18所,学生2500人。到1955年,学校数将近90所,在校人数达84000人,发展非常迅速。

1958年,刘少奇提出半工半读的学校教育制度和半工半读的工厂劳动制度,作为与全日制学校教育制度和8小时工作、劳动制度相辅而行的另一种教育和劳动制度。1958年,天津国棉一厂率先创办全国第一所半工半读学校,实行"六二制"(6小时劳动,2小时学习)。此后,天津其他一些工厂和其他省、市纷纷仿效。据16个省、市的统计,到1959年初参加半工半读学习的达29万人。主要形式有3种,除"六二制"之外,还"七一制"、"四四制"。① 然而,除少数办得较好的之外,大多数未能坚持多久。

1964年,刘少奇再次提出这个问题,并把推行半工半读的学习和劳动制度看做是普及教育和"反修防修"的一个措施。此后,半工半读再次引起重视,一些省、市和国务院的一些部成立了半工半读的领导机构。在1965年11月中旬召开的中央政治局扩大会议上,刘少奇将半工半读作为与全日制教育和业余教育并列的国民教育三种形式之一。1965年,全国掀起了半工半读教育的高潮。"据不完全统计,到1965年下半年,全国半工半读学校达4000余所,学生80多万人。"②

"文化大革命"期间,原有的各级各类职工学校、半工半读学校停办,代之以"七·二一大学"等各种名目的学校。在"突出政治"原则的指导下,职工的文化和技术水平大幅度下降。1978年,通过对部分地区1500万职工的调查,发现其中大专文化程度的仅占总人数的3%～5%,有高中文化程度的占5%～10%,初中文化程度的占40%,小学文化程度的占30%,文盲、半文盲占5%。被调查的工人平均技术等级为3.1级,3级以下的工人占60%～70%。③ 针对这种情况,全国展开了整顿、恢复和发展职工教育的工作,形成了1949年以来职工教育的又一个高潮。

1981年2月,中共中央、国务院颁布的《关于加强职工教育工作的决定》要求各地区、各部门、各企事业单位有计划地实行全员培训,建立比较正规的职工教育制度。同年3月,国务院召开了以贯彻《决定》精神为主旨的全国教育工作会议。此后,中央各有关部门分别或联合制定并陆续颁发了《关于编制职工教育事业计划的意见》、《关于职工教育经费管理和开支范围的暂行规定》、《关于切实搞好青壮年职工文化、技术补课工作的联合通知》、《关于职工大学和职工业余大学建校审批工作及毕业生学历等若干问题的意见》。

1981年起,凡1968年至1980年初、高中毕业而实际文化水平达不到初中毕业程度的职工和未经专业技术培训的三级工以下的职工,都分批接受"双补"教育。所谓双补,指补学文化、使之达到初中毕业程度;补学技术,使之达到三级工应知应会的水平。全国

---

① 张健主编. 毛泽东教育思想研究 [M]. 杭州:浙江教育出版社,1993:296.
② 同上书,297.
③ 董纯朴编著. 中国成人教育史纲 [M]. 北京:中国劳动出版社,1990:293.

需接受"双补"的职工约 3000 万人。"到 1985 年 7 月底为止,全国文化补课累计合格率为 75.9％,技术补课累计为 74.4％,基本上达到了高限要求。"①

在职工中等教育方面,除了高中文化教育之外,还有中等专业学校。教育部于 1987 年颁布了《关于举办职工中等专业学校试行办法》,规定招生对象为具有初中毕业实际文化程度并具有 2 年工龄的正式职工,年龄一般不超过 35 岁;采取脱产、半脱产、业余等多种形式办学;脱产学习的学习年限一般为 3 年(文科某些专业,根据情况可定为 2.5 年),理论教学总时数(包括讲授、实验、课堂练习、课程设计),文科不少于 2400 学时,工科不少于 2700 学时,半脱产和业余学习的,总学时可根据情况减少一些。

职工大学和职工业余大学招收具有 2 年以上工龄和高中毕业实际水平的职工,年龄一般不超过 30 岁;按大专水平的教学计划和教学大纲进行教学,教学总时数,理工科为 2000—2200 学时,文科不低于 1800 学时;脱产学习的年限为 3 年,半脱产和业余学习的为 4~5 年。除职工大学和职工业余大学之外,还有全日制高等学校的函授教育、夜大学、广播电视大学等。高等教育自学考试也是成人高等教育事业的一种形式。

4. 农民教育

同职工教育一样,农民教育也是国家教育系统的一个组成部分。农民教育的层次主要是初等和中等教育,其内容包括政治教育、文化教育和技术教育。

中华人民共和国成立以后,在政治、经济、文化发展的不同历史阶段,根据农村不同的中心任务和形势发展的需要,党和政府都适时地提出了农民教育的任务和实施办法。

1950 年 12 月,政务院批准颁布的《关于开展农民业余教育的指示》指出,开展农民业余教育、提高农民的文化水平,是我国文化建设的重大任务。该指示对于农民业余教育形式等提出了指导性的意见:除了继续坚持冬学之外,还要争取条件,使季节性的业余学习逐步转变为常年业余学习;在有条件的地方应尽量举办和坚持农民业余学校,并转以各种分散形式的和有专人领导的识字班或小组;学习的形式要多种多样,不强求一律。

农民业余初等学校分初级班和高级班,初级班以扫除文盲为主要任务。脱盲的农民进高级班学习,高级班开设政治、语文、算术、农业科学常识。根据教育部的规定,农民业余初等学校毕业时,只考试语文和算术 2 门。毕业标准为:语文课,要求识字 2700 个左右,能看懂农村常用的各种便条和一般书信,阅读通俗政治,技术书籍以及报刊上有关农村生产、生活的文章,能写常用的便条、一般书信及简单的生产计划和情况报告;算术课要求会整数、小数和百分数的基本知识,学会珠算的加、减、乘、除方法,能记工分、算工账,看懂公布的账目。

农民业余中学是带有职业性的学校,除学政治、文化外,还根据各地区的特点和需要,以及工、农、林、牧、副、渔等各行各业的不同要求进行职业技术教育。关于课程设置问题,根据教育部 1959 年的规定,农民业余中学的课程设置分为两类:一类较低,除了学习语文、数学两科以外,可以根据需要,选学与生产有关的植物、动物、物理、化学等一两门科学知识;另一类要求较高,设置科目较多,学习条件好的青年可以学习这类课

---

① 董纯朴编著. 中国成人教育史纲 [M]. 北京:中国劳动出版社,1990:306—307.

程。无论设置哪一类课程，都必须结合生产进行一定的技术教育。农民业余中学一般以大队（村）为单位设立，其主要课程达到相当于全日制初中毕业水平。

"文化大革命"结束以后，针对农村中存在的文化水平低、技术水平低、管理水平低、农业技术人员少的"三低一少"问题，在扫除文盲、普及文化学习的同时，加强了技术教育。根据教育部1982年6月公布的《县办农民技术学校暂行办法》，"文革"期间建立的"五·七"农民大学整顿后改为农民技术学校。《暂行办法》规定，农民技术学校是属于农业（包括林、牧、副、渔、工等）中等专业教育性质的学校，其任务是为农村培养具有相当于中等农业科学技术水平的人才。学校以县为单位设置，规模200人至300人，招收具有初中毕业以上实际文化程度的农村管理干部、技术员、具有一定生产经验的农村青年和农民教育的教师，学习年限为2年或3年。

80年代以后，随着我国经济结构的调整，农村经济也不断向专业化、商品化、现代化发展，在这种形势下，国家教委、农牧渔业部、财政部于1987年联合颁布了《乡（镇）农民文化技术学校暂行规定》。农民文化技术学校是由乡（镇）政府举办和管理的以文化技术教育为主体的综合性、多功能的农村成人教育基地；旨在提高农民的思想道德素质和文化技术素质，为振兴以当地经济为中心的各项事业服务；主要对当地青壮年农民、特别是在乡知识青年进行实用技术、经营管理知识的培训，有计划地进行初、中级技术培训，对农村基层干部、技术人员，乡（镇）企业职工进行岗位培训，对农民进行时事政军教育、法制教育、人口教育、开展社会文化、体育和生活教育等。

1981年，国家创办了中央广播农业学校，下设28个省级和2000多个县级分校，2万多个乡镇基层教学班，覆盖面遍及全国。

就目前中国农村经济和文化水平来讲，农民教育主要是初等和中等文化、技术教育。农民高等教育主要是接受远距离教育，如全日制高等学校的函授教育、中国广播电视大学等。

5. 高等教育自学考试

高等教育自学考试是中国实行改革、开放政策以后，为适应国家发展各个方面的需要而采取的又一种成人高等学历教育的形式。

1978年2月，第五届全国人民代表大会第一次会议的政府工作报告中指出，我们要建立适当的考试制度，业余学习的人们经过考核，证明达到高等学校毕业生同等水平的，就应该在使用上同等对待。1980年5月，中共中央书记处对于我国教育工作的问题进行了讨论，提出凡是自学高等教育课程、经过考试合格的人，可以发给证书，加以录用。同年12月，教育部拟定了《高等教育自学考试试行办法》。1981年1月，国务院批转上述《办法》，此后，高等教育自学考试在经过试点的基础上，逐渐在全国推行，成为一种新的成人教育的形式。

申请参加考试的人不受年龄、职业、学历、婚姻状况、身体条件等任何方面的限制，凡中华人民共和国的公民，都可以参加。

全国高等教育自学考试的领导机构为1983年5月成立的全国高等教育自学考试委员会。委员会在国务院的领导下，国家教委、国家计委、国家人事局、国家劳动总局、国务院科技干部局、高等学校及有关专家、教授组成，具体工作由国家教委承担。全国高等教育自学考试委员会的任务是制订考试的方针、政策、统一考试标准，并研究指导考试工作。各省、市、自治区的领导机构为各省、市、自治区政府领导下成立的省、市、自治区的高等自学考试委员会，具体工作由省教委（教育厅）负责，其任务是公布考试的专业，自行组织考试或指定主考高等学校组织考试，颁发毕业证书和单科成绩证书等。主考单位负责公布考试科目、介绍参考书、提出具体考试办法、评定成绩、颁发单科成绩证明。

作为成人高等教育的一种形式，高等教育自学考试不是办学的制度，因此它不以学校为其存在的方式。申请自学考试者没有任何学校的学籍，但有自学者考试的考籍。考试的方法有三种：（1）由主考高等学校采用学分累计制办法，按照专业教学计划要求，分学科考试；考试合格者，由主考学校发给单科成绩证明书；学分累计达到规定的毕业要求者，由自学考试委员会发给毕业证书。（2）由主考高等学校按照各专业教学计划要求，确定考试科目，进行一次性考试，考试合格者，由自学考试委员会发给毕业证书。（3）由省、市、自治区自学考试委员会按照各专业教学计划要求确定考试科目，组织统一考试，考试合格者，由自学考试委员会发给毕业证书。高等教育自学考试是一种国家考试性质的制度。毕业证书获得者，国家承认其学历。

最早开始进行高等教育自学考试试点工作的是北京、天津、上海和辽宁。北京于1981年成立了高等教育自学考试委员会，并制订了中文、法律、工业经济、商业经济、金融、数学、英语、档案管理8个专业的考试计划，组织了哲学、语文、高等数学、英语、俄语、日语、公共课政治经济学、财经类政治经济学8门学科的考试。从报名申请考试的1.1万多人来看，将近90%的是在职人员，分布在各行各业，既有工人、农民、解放军指战员，也有党、政、科技干部和教师。在经过试点，取得经验的基础上，向其他省、市、自治区逐步推广，同时开考的专业也不断扩大。

自高等教育自学考试制度建立以来，经过一段时期的实践和完善，逐渐在全国范围内形成了个人自学、社会助学、国家考试三者互相配合、协调一致的新的教育形式。它不仅调动了广大群众学习科学文化知识的积极性，而且对于树立良好的社会风尚具有很大的积极作用。这是一种节约教育投资，多渠道选拔人才的教育措施。

6. 辉煌的成就

中国的成人教育自1949年中华人民共和国成立以来有了长足的进步，引起了世人的瞩目。70年代中期粉碎"四人帮"以后，在邓小平建设有中国特色社会主义理论的指导下，中国的成人教育更是进入了一个新的发展时期，在社会主义物质文明和精神文明的建设方面，发挥了不可取代的作用。90年代以来，中国的成人教育发展成为通过各种教育手段或形式实施的从扫盲、初等教育到高等教育完整的体系，表6-2和表6-3[①]分别说明了成人学校的学校数和成人学校在校学生数，这些数字有力地说明了中国成人教育所取得的辉煌成就。

---

① 采自中国成人教育.1996（3）：46. 表中的数字由国家教委成人教育司提供。

表 6-2　1990—1995 年中国成人学校数　　　　　　　　　　　　　　（单位：所）

	1990 年	1991 年	1992 年	1993 年	1994 年	1995 年	1995 年比 1990 年增、减
成人高等学校	1321	1256	1198	1183	1172	1156	－165
广播电视大学	40	42	44	45	46	46	6
职工高等学校	835	776	726	714	703	694	－141
农民高等学校	5	5	5	5	4	4	－1
管理干部学院	172	175	168	166	170	166	－6
教育学院	265	254	251	249	245	242	－23
独立函授学院	4	4	4	4	4	4	0
成人中等学校	58501	240076	294959	308957	354396	409720	351219
成人中等专业学校	4942	4721	4776	4783	4811	4904	－38
成人中学	6968	6731	6071	5879	4756	6020	－948
成人技术培训学校	46591	228624	284112	298295	344829	398796	352205
成人初等学校	258134	155461	157038	159435	163423	167487	－90647
职工初等学校	3744	2171	1385	1959	1115	1078	－2666
农民初等学校	254390	153290	155653	157476	162308	166409	－87981

表 6-3　1990—1995 年中国成人学校在校学生数　　　　　　　　　（单位：万人）

	1990 年	1991 年	1992 年	1993 年	1994 年	1995 年	1995 年比 1990 年递增（%）
成人高等学校	166.64	147.60	147.87	186.29	235.20	257.01	9.05
成人中等专业学校	158.79	168.04	174.43	206.76	263.81	242.94	8.88
成人中学	88.47	89.87	68.82	68.64	60.62	74.22	－3.45
成人技术培训学校	1282.2	3165.69	3691.20	4172.51	4757.83	5329.15	32.97
成人小学	2282.1	853.60	828.89	787.69	761.34	731.19	－20.36
其中：扫盲班	559.81	562.90	552.71	507.42	463.36	441.66	－4.63

第四节　终身教育的理论、实践和未来

在本章前面三个部分的叙述中，我们可以看到，在最初的"教育"这一概念中就蕴涵着终身学习或终身教育的思想，只是由于后来学校教育的发展，这种思想才逐渐淡化，以至人们普遍地把学习和接受教育仅仅看做是人生某一阶段的事情。后来，由于以成人教育为主要形式的正规学校教育以外的教育活动开展，这种最初就包含在"教育"概念之中的终身学习、终身教育的思想再次引起人们的重视。20 世纪以来，尤其是第二次世界大战以后，随着成人教育实践的不断发展和人们对成人教育意义的理解不断加深，逐渐孕育了现代终身教育思想。

虽然成人教育的实践和理论孕育了终身教育思想,而且终身教育这一概念最早也是在成人的教育会议上提出的,但是,现代终身教育决不等同于成人教育。现代终身教育理论创立者和终身教育积极推动者保罗·朗格朗指出:"我们绝不会把终身教育和成人教育混为一谈,遗憾的是,一般人是经常这样认为的……我们所使用的终身教育意指一系列非常具体的思想、实验和成就,换句话说,终身教育即教育这个词所包含的所有意义,包括了教育的各个方面、各种范围,包括从生命运动的一开始到最后结束这段时间的不断发展,也包括了在教育发展过程中的各个点与连续的各个阶段之间的紧密而有机的内在联系。"[①]

终身教育思想是一种新的教育观念,它不仅是20世纪教育发展的一个重要成果,而且对于今后教育的发展也有很大的指导意义。

一、保罗·朗格朗的终身教育思想

终身教育的理论家和实践家保罗·朗格朗1910年出生于德国。巴黎大学毕业,曾在中小学和大学任教,1948年以后任联合国教科文组织专门职员,致力于终身教育事业;1965年首次提出系统的终身教育思想,把终身教育提高成为新的教育原则,后来任联合国教科文组织成人教育规划局长。1970年出版的《终身教育导论》是保罗·朗格朗的代表作,集中体现了他的终身教育思想。

1. 终身教育的必要性

"教育"这个概念中本来就含有的终身学习、终身教育思想在长期被人们忽视以后,于20世纪60年代重新引起人们的注意,是同当时的政治、经济、科学技术的飞速发展密切相关的。朗格朗把现代社会中终身教育的必要性概括为"现代人面临的挑战"。他认为,这些挑战在某种程度上改变了个人与群体的命运,使人们的行为更为复杂而不可理解。朗格朗指出现代人面临的挑战性因素有9种[②]:

第一,变革的加速。世界处于不断变化的状态,这是自古以来人类的共识。现代人面临的问题是,世界变化的速度不断加快,以往需要几代人才能完成的革新,现在只靠一代人就能完成。人类在物质、精神和道德领域内的变化,其速度之快,往往使人的思想观念落后于社会结构的变更。

社会结构不断加快的变化,使人们长期以来形成的传授知识的方式和结构,在很大的程度上失去了效率。这样,教育本身以及传统的教育过程和作用,成了人们抨击和指责的对象,这就迫使教育寻找新的途径。

第二,人口的增长。人口数量的增长和人的平均寿命的延长,不仅在教育的数量方面提出了新的要求,而且在教育的职能和性质方面提出了变革的迫切性。为了在教育上满足人口增长的需要,教育就要打破"正规的学校教育"的局限性,大规模地广泛地借助于现代媒体,只有这样,才能够做到既满足人口增长所造成的不断增长的教育需要,同时又不至于破坏自然资源。

---

① 保罗·朗格让.终身教育导论[M].滕星等译.北京:华夏出版社,1988:16.保罗·朗格让(Paul Lengrand)在国内的译名不统一,有的译为保罗·朗格朗,也有的译为P.伦格兰德。

② 保罗·朗格让.终身教育导论[M].滕星等译.北京:华夏出版社,1988:21—32.

第三，科学技术的发展。科学技术发展造成了工艺技术淘汰的速度和知识更新的速度加快，无论从事哪种行业的工作，都必须不断学习，无论对于儿童的教育或是各种专业人才的培养，都应将重点放在"如何学习"上面。跟不上时代步伐的人将要落伍，每个人都要学习一辈子，这一现实将改造学校教育，促进成人教育。

第四，政治的挑战。政治是世界的支配因素，在世界性的社会、经济和技术结构发生变革的同时，国家的政治结构也在发生着变革。社会的政治、法律、伦理道德和阶级结构的变化，将出现新的统治阶级以及公民与统治者之间的新型关系。

在国家政治结构发生变革的时代，要实现国家的发展、稳定和社会公正，使国家的政治、经济以及文化的民主建立在稳固的基础之上，无论对国家的公民或国家的领导人，都提出了新的要求。就公民来讲，他要承担新的责任和义务；对于国家的领导人来说，他要具有责任心。所以，社会中的每一个人都不是社会变革的旁观者，而是要担当某种角色并发挥作用，在这个方面，教育虽不是决定性的因素，但对于思想、道德风尚、习惯、人际关系的改变，能够发挥自己的作用。

第五，信息。现代社会中的报纸、广播、电视等大量的媒体，将各种信息传达到每一个人，这样就加强了现代文明世界中每一个人与他人的联系，同时，从长远的观点看，这对增进国际间的理解和协作也是有益的。然而，要真正使现代社会中大量的信息起到建设性的作用，需要通过教育来增强人们理解、解释、运用所获得的信息和数据的能力，此外，还要培养批判的意识和选择的能力。

第六，闲暇。现代社会的发展使人们闲暇的时间增加，无论从个人自身的利益或整个社会的利益来考虑，都要合理地利用闲暇的时间。教育有责任帮助人们利用闲暇时间掌握人类丰富的文化，丰富自己的生活，而不至于造成空虚、无聊。

第七，生活模式和互相关系的危机。在过去几个世纪中慢慢形成的传统观念和生活模式，已不能适应今天的人类和今天的社会情况。此外，传统的联合、社会关系乃至年龄对于一个人的意义，全都发生了变化。然而，新的生活模式和相互关系又没有牢固地确立，这给人们对于现实生活中出现的种种问题的解决，带来了困惑。这是人类面临的一种挑战。

第八，身体。现代社会出现了精神与肉体的分裂。它使个人、社会和人类文明都面临着挑战。教育的责任乃是减轻这种分裂带来的不良后果，吸取一切有益的因素去帮助人们过一种和谐的与人性真谛相一致的充实的生活。

第九，意识形态的危机。在道德、人与人之间关系和思想领域，都出现了危机，这种危机的表现就是，单一模式的信仰越来越少了。在新的思想、新的思潮不断出现的情况下，每个人都有权研究各种变化，有权作出自己的选择，然而，权利和义务是统一的，自由和责任也是统一的，现代社会中个人的自由，意味着要对自我负责，对自己的思想、判断、感情负责。因此，只有那些愿意付出代价的人才能获得自由，而这个代价就是教育。教育是永无止境的，它从智力、情感和想象等方面调动人类的全部能动性。

2. 终身教育的意义

由于人类面临着前所未有的挑战，所以，在现代社会，人凭借某种固定的知识和技能就能度过一生的观念，已经成为过去。因此，将教育仅仅局限于人生某一阶段所接受的正规的学校教育也是不适当的。朗格朗认为，终身教育的意义或作用体现在下列几个方面。

第一,终身教育可以满足人生各个阶段的需要。教育不存在任何年龄方面的限制。虽然在人的一生中也许有几个需要将自己的主要精力用于学习的阶段,也许有几个特别适宜于学习的阶段,但是,"如果同意教育过程必须贯穿于人的一生的话,那么,就不能认为哪一个年龄阶段不适于教育"。①

朗格朗认为,在从童年到人生最后时期的漫长过程中,每个年龄阶段都有其强弱,有其长处和短处,而且,在人生的每一个年龄阶段"都会出现问题,甚至是猝不及防的危机",为了使人的每个阶段都获得充分的意义,"使之成为朝着更敏捷的意识,更牢靠的知识和尽可能自我掌握的道路中前进的因素,在每一个关键时期,像刚刚进入青年期那样,在教育上都需付出特殊的努力"。② 在他看来,教育是生活的方式,更确切地说是认识世界的方式。教育对于人生的任何阶段来说,不仅是必需的,而且是可能的。

第二,终身教育有利于个性的发展。在朗格朗为《国际教育百科全书》写的词条"终身教育:观念的发展"③ 和《终身教育导论》中,都强调了终身教育对于人的个性发展的意义。他认为,终身教育的意义不能根据学生掌握知识的多少,而要按照每个人的个性发展来判断。

朗格朗认为,虽然人有共性,但每个人都是独特的个体。每个人都力求在自己的一生中有所作为。然而,目前的教育没有考虑人的个性的基本因素。学校教育只是在一个固定的年龄阶段进行,又在一个特定的年龄阶段结束。学校教育没有考虑这样一个事实:具有相同智力和能力的个人,他们智力和能力发展的节奏是不同的;有的人早慧,有的人较晚。

学校教育的考试和文凭在使人失去个性的过程中也起了重要的作用。作为对学生进行评价之基础的标准,往往是专断的、任意的,早就确定了的。这种评价标准只适应某种类型社会的需要或职业的需要,而不考虑学生的个性,不考虑学生生物的、心理的、社会的、历史的和地理的需要,不考虑不断变化的现实和人的个性发展的规律。

朗格朗认为,终身教育将适合人们更多的、不同的需要。对于终身教育来说,考试失败和成功的概念都将失去意义。在持续不断的教育过程中,人们不断地学习新的东西,即使失败,那也只是相对的,还可以获得许多其他的机会。成功同样也是相对的。由于终身教育大大地扩展了传统教育的范围,因而可以使每个人的创造力、才能获得充分发展的机会。

第三,终身教育使成人教育获得了更加重要和突出的地位。终身教育成功与否,要依赖于是否建立了一个广泛的成人教育的网络。朗格朗指出,终身教育的概念是循环的,只有当人们在童年就接受了一个好的、合理的教育,终身教育才能名副其实,但是,除非成人教育已经在人们的头脑中深深打下烙印,除非成人教育已经有一个牢固的制度基础,否则终身教育就不能实现。

在终身教育思想指导下的成人教育,决不是学校教育的简单伸延。由于成人区别于儿童的各种特点,成人教育是非强制性的教育形式,最能体现教育的本色,即教育的过程乃

---

① 保罗·朗格让.终身教育导论[M].滕星等译.北京:华夏出版社,1988:45.
② 同上书,47.
③ 胡森主编.国际教育百科全书(第5卷)[M].贵阳:贵州教育出版社,1990:728—732.

是一种交流和对话的过程。"简言之，至少不论把成人教育的生命安置在何处，决不会为了职业的、政治的或党派的理由，硬性地给它套上异己的模式，成人教育是在自由中，为了自由和通向自由所进行的教育。"①

第四，终身教育将影响学校教育的思想和实践。终身教育不仅弥补了学校教育的不足，而且对克服学校教育的缺点提出了一种可供选择的办法。学校教育不能满足人性的一般需要和不同类型学生的特殊需要，因为学校教育的重点在于按照某种模式复制、而不是创造。在传统教育观念的支配下，学校教育成了人生的预备阶段，以为只要在这个阶段用各种事实充塞学生的头脑，将来就可以过上满意的生活。

朗格朗在《终身教育：观念的发展》一文中指出，根据终身教育的观点，学校的作用要完全改变。基础教育应该成为一个序曲，它基本上不是一个获得知识的过程。基础教育应该使未来的成人掌握自我表达和与别人交流的方法；主要应该强调的是掌握语言，发展注意和观察的能力，知道怎样和在哪里获得信息，以及与他人合作工作的能力。

朗格朗认为，终身教育观念的提出旨在说明教育在其完整意义上的过程的统一性，以及阐明这一过程的不同阶段的内在联系和相互依存关系，因此，无论学校教育或任何其他的教育形式，都要考虑终身教育的因素，否则就不可能找到解决目前教育方面出现的种种问题和困难。"从今以后，教育将被看做一个密切相关的统一结构，这个结构中的每一个部分都依靠另一部分，也只有与其他部分有联系时才有意义。如果一部分消失，结构的其余部分将失去平衡。"②

3. 关于终身教育战略的建议

终身教育不以获取知识作为目标，它最关心的是个人的发展和自我实现。因此，终身教育的责任是："确定能够帮助一个人在其一生中不断学习和得到训练的结构和方法"；"通过多种自我教育的形式，向每一个个人提供在最高、最真实程度上完成自我发展的目标和工具。"③

朗格朗认为，由于每一个国家的结构、传统以及条件各不相同，而且在历史不同阶段发展的重点各异，所以不可能为终身教育构建一个统一的、固定的模式，各国应该根据本国的情况谋求实际的解决方式。然而，无论什么国家、无论处于何种发展阶段，终身教育都应遵循下列几个原则：④

第一，确保教育的连续性以防止知识的老化；

第二，教学计划和方法要适应每一个团体的具体目标和根本目标；

第三，无论哪一级教育水平，教育对于人的塑造都要以适应进步、变化和改革的生活为宗旨；

第四，要突破传统的教育定义和组织机构的限制，大量地利用和安排各种各样的信息和训练；

第五，各种活动（技术的、政治的、工业的、商业的等）形式要服从于各种教育的

---

① 保罗·朗格让.终身教育导论[M].滕星等译.北京：华夏出版社，1988：18.
② 同上书，53.
③ 同上书，45.
④ 同上书，66.

目标。

在提出构建终身教育模式的上述原则的基础之上,朗格朗概括了当时教育领域出现的若干与终身教育有关的趋势,它们是:面向成人的趋势,面向儿童的趋势,以及重视扫盲教育的趋势。

在面向成人的趋势方面,由于终身教育的观念突出了成人教育的作用和地位,因此,为了使成人教育得到"所需要的数量和实力",国家必须干预并支持成人教育。政府对成人教育的支持表现在几个方面。在经费方面,国家除直接投资之外,还可以间接地支持私人组织的教育活动。在行政和管理方面,国家要加强成人教育的立法,引导人们参与政治、经济的管理,以及给予时间、设施方面的保证等。此外,还应该注意从事成人教育工作的职员的培养,加强对成人教育的研究。

在面向儿童的趋势方面,朗格朗认为,小学、中学和大学的教育的内容和方式必须进行改革,否则终身教育便不能成功。现在的学校教育是"基于古代模式"、"按照贵族社会的需求方式所制定的",不符合现代化社会的要求。学校要改革目前专注于知识传授的状况,考虑青少年"在情感、社会、艺术、生理各方面的发展",考虑学生的个别差异。为此,学校教育应该注意因材施教,使每个人都能按自己的本性去发展,而不是将每个人的发展都纳入一个预先设计好的、仅仅适合某一特殊学科的模式中去。学校教育要发展学生的思考能力、组织工作能力、分析和综合的能力,并养成学生对话和协作的习惯。此外,学校教育还要加强与日常生活的联系,为他们将来承担生活的义务和责任做好准备。

在扫盲教育方面,朗格朗认为扫盲教育的意义远不止于使人会读、会写、会算,使人掌握一种新的表达方式,其真正含义是从一种类型文化到另一种类型文化的转移。具体地说,扫盲教育是使人从口头文化转向书面文明的过程,是一个从自我封闭社会到一个开放社会的转移。在朗格朗看来,扫盲教育最能体现终身教育的特点,因为凡是成功的扫盲教育,都考虑到受教育者的社会和经济环境,考虑到已经获得知识的效果和未来的运用,考虑到每个人的特点,而这些乃是终身教育这一概念的应有之义。他强调指出,扫盲教育若想完全彻底地完成其使命,那么,它将不可避免地与应用于成人教育的终身教育的理论和实践建立起更加紧密的联系。

作为终身教育理论的奠基人,朗格朗对终身教育充满了自信,认为"现在这一事业是可能实现的。就目前来看,终身教育是大有希望的。这希望是建立在相信人、相信人的能力的基础上,即相信人能发展成为对自己思想、情感、选择负有责任的成年人"。[①]

二、终身教育理论的确认和推广

终身教育思想的提出和推广,都和国际教育组织和国际教育会议有关。

比较系统的终身教育理论虽然是保罗·朗格朗在1965年提出的,但这种思想的孕育却经历了一个很长的时期,其中,1960年召开的"第二次国际成人教育会议"对终身教育思想的形成具有直接的推动作用。根据联合国教科文组织1972年发表的一个关于国际成人教育回顾的文件,在第二次国际成人教育会议所取得的成就中,除了各国对成人教育的性质和范围取得了广泛一致的看法之外,与会各成员国认为,成人教育乃是"综合教

---

① 保罗·朗格让.终身教育导论[M].滕星等译.北京:华夏出版社,1988:84.

育"的一个必要的组成部分,成人教育应该实现与正规的学校教育一体化。这次会议认为,以青少年为对象的正规学校教育与成人教育的目的和方法,应该在大体上相似。此外,同正规的学校教育一样,成人教育应该由国家提供。

1965年,保罗·朗格朗在"第三届促进成人教育国际委员会"的会议上作题为《终身教育》(Lifelong Education)的学术报告。朗格朗的报告引起了与会专家和有关组织的极大兴趣。

在比较系统的终身教育理论提出以后,除了赞成的意见之外,在接受终身教育观念方面,也曾出现过两种不同的意见。一种意见认为,终身教育的思想虽然具有很大的合理性,但只是一种"乌托邦",因为对于大多数国家来说,这是无法实现的。另一种意见认为,"终身教育"充其量只是一个用以表示成人教育的新术语;在教育方面,已经有了诸如普及教育或普及文化、大众教育、基础教育等术语,现在再加上"终身教育",只会引起人们思想的混乱。

尽管存在着上述否定的意见,由于终身教育这种新的教育观念的巨大的建设性的作用,反对的意见很快便逐渐消失,越来越多的人接受了这种新教育观。

1967年,联合国教科文组织文化合作委员会考虑把终身教育作为它在教育方面全部工作的重要指导思想,并编辑、出版了有关终身教育的重要文献。

1968年,联合国教科文组织第15届大会决定1970年为"国际教育年",并确定了12项重大目标,其中之一就是终身教育。这次大会的决议指出,"不管是完成了工业化的社会,还是发展中地区,在对待教育问题时,要把各种教育制度、各种形态的校外教育,甚至连使文化发展的所有政策都包括在内的终身教育观点作为基础",① 并要求成员国根据这个观念着手教育改革。

1970年是国际教育年,对终身教育来说,也是极为重要的一年。联合国教科文组织在这一年出版了保罗·朗格朗的《终身教育导论》。联合国教科文组织总干事指出,"终身教育是解释现代化教育的真正含义的一个概念,是包括并贯穿于一切教育改革的全部努力的一个概念"。② 在这一年召开的联合国教科文组织全体会议采纳了终身教育的概念,并用它来解释整个的教育过程;同时,教科文组织将终身教育思想介绍给各成员国,作为各国进行必要改革的总的指导方针。从此以后,教科文组织在教育计划方面的文件中,不断地提到终身教育。"1970年,该组织着手实施的49项工程都与终身教育有关:或是考察它在识字教学和职业选修等领域的应用,或者把它应用于规划新的活动,或者试图阐明终身教育的概念。……这一切表明,终身教育是这一年该组织及各成员国执行各种项目过程中的主要课题之一。这个国际教育年被认为是该组织探讨会员国及各成员国执行各种项目过程中的主要课题之一。这个国际教育年被认为是该组织探讨会员国教育问题的一个重要转折点。"③

1972年对终身教育来说是又一个重要的年份。国际教育发展委员会在这一年发布的《学会生存》建议将终身教育作为发达国家和发展中国家今后若干年内制定教育政策的主

---

① 转引自平塚益德主编.世界教育辞典[M].黄德诚等译.长沙:湖南教育出版社,1989:606.
② 转引自乔冰等.终身教育论[M].沈阳:辽宁教育出版社,1992:16.
③ 乔冰等.终身教育论[M].沈阳:辽宁教育出版社,1992:16—17.

导思想，并指出，终身教育这个概念"包括教育的一切方面，包括其中的每一件事情。整体大于其部分的总和。世界上没有一个非终身而又分割开来的'永恒'的教育部分。换言之，终身教育并不是一个教育体系，而是建立一个体系的全面组织所根据的原则，而这个原则又是贯串在这个体系的每一个部分的发展过程之中的"。[①]

《学会生存》把终身教育作为教育政策的指导原则，每个人必须继续不断地学习。终身教育是学习化社会的基石。除此之外，《学会生存》还提出了一系列的原则和建议。相对于保罗·朗格朗的《终身教育导论》来说，这些建议要具体得多、全面得多，这也是《学会生存》在发展终身教育理论方面作出的贡献。从这些原则和建议中我们可以看到，无论教育的概念或教育的结构，都发生了重大的变化。《学会生存》在第八章中的"革新和寻求其他可能的途径"[②]部分所提出终身教育思想指导下教育"革新"的原则如下：

关于教育的"总的前景"的原则（第二条）是，必须在空间和时间上重新分配教学活动，从而在教育中恢复生活经验的各个方面。

在各级各类教育方面，《学会生存》分别提出学前教育（第五条）、基础教育（第六条）、普通教育（第七条、第八条）、高等教育（第十条）、成人教育（第十二条）、扫盲教育（第十三条）的原则。上述各级各类教育分别满足了人生不同阶段的教育需要，哪个方面也不能偏废。为了满足社会上不同地区、不同阶层人的终身教育的需要的目的，就应该合理分配资源，同时各级各类教育也要进行变革。例如，为了发展学前教育，家庭和社区应该一起工作，分担费用；为保证所有儿童基础教育的需要，可以实行半日制，或具有"适当节奏"的初等教育。此外，普通教育的观念应该显著扩大（参见本书第五章第二节）；高等教育应该多样化等。此外，在满足人终身教育的需求方面，也不能忽视商业、工业和农业机构所具有的广泛的教育功能（第九条）。

在教育的实施方面，终身教育的观念也要求有一些新的原则。终身教育要求减少教育机构中的形式主义（第三条），应该给人以更多的选择手段和方法的自由，重要的不在于人通过什么手段学到了什么，而是他"获得"了什么。为此，教育系统应该向学习者开放，要打破正规教育与非正规教育的障碍，以提高流动性和选择性（第四条）。正像朗格朗曾经指出过的那样，学校的考试和文凭妨碍了人的个性的发展，因此要重新考虑选拔的标准（第十一条）。

终身教育对于教学的方法和手段也提出了新的原则。自学（第十四条）在任何教育体系中都有无可替代的价值。学会自学乃是"一种特殊的教学方式"，教师们首先要精通它。另一方面，为了帮助学习者自学，"应该建立一些新的机构和服务设施以帮助人们自己教育自己，而这些机构和服务设施应该结合到所有的教育体系之中。这类机构和服务设施有：语言实验室、技术训练实验室、问讯处、图书馆以及有关的服务站、资料库、程序教学与个人教学的辅助器、直观教具等等。"此外，学校还要充分利用技术进步和科学发明所提供的教育技术（第十五条），为了广泛而有效地应用新技术（第十六条），要重新设计教师的培训计划，并在教育预算中保留此项专用经费。

---

① 联合国教科文组织国际教育发展委员会编著．学会生存［M］．上海师范大学外国教育研究室译．上海：上海译文出版社，1979：241．

② 同上书，240—291．

对于师资的培训（第十八条）应该考虑到正规教育与非正规教育、学校教育与校外教育、儿童教育和成人教育等诸方面的区别正在消失的情况，以及 2000 年以后的需要。因此，对于教师的培训，应该旨在"使他们成为教育工作者而不是变成传递预先规定课程的专家"。这样，就要使目前培训教师的条件得到深刻的改变，并加强职后的培训。今后教育工作者的培养要做好两个方面的工作，一个方面是，使一定数量的未来教师在学前教育、学校教育、技术教育、迟钝儿童训练、"终身教育学"等方面专业化；另一个方面是，要培养一批组织者兼教育家，至少应该使他们在理论上懂得在校内外如何对儿童和成人进行教学。这样做是完全必要的，因为教育正在成为一种全社会的职能，将有越来越多的其他行业的人员参与教育，教育工作者如何同他们合作并帮助他们，将越来越重要（第十九条）。对于现职的教师应该注意增加教师的薪金以提高教师的地位。此外，无论在薪金和晋级方面，小学教师、技术学院教师、中学教师、大学教授之间的区别不应含有等级差别（第十七条）。

学习者的负责的态度和对学习活动的积极参与是教育取得成功的重要条件（第二十一条），就教育者来说，应该使学习者成为教育活动的中心，使教学适应于学习者，而不是使学习者屈从于预先规定的教学规则（第二十条）。

《学会生存》的发表对于终身教育的推广无疑有着巨大的推动作用。朗格朗在《终身教育：观念的发展》中写道：《学会生存》发表以后，"终身教育的概念推广到了一切教育领域。现在负责教育问题的教员、管理者和官方机构很容易地谈及这个概念已是一种正常的事情了。关于终身教育的书面材料也已经在图书馆占了许多位置"。[①]

1975 年，联合国教科文组织分别召开了"从终身教育的观点看教师以外的人员对教育活动的贡献"和"从终身教育看教育内容"的讨论会和专家会议。1977 年又召开"使终身教育成为大学正规活动的一部分"的专家委员会会议。这些活动深化了人们对终身教育的认识。与此同时，日本、法国、加拿大等国家也开始重视终身教育，并提出了一些实施终身教育的原则或措施，这对丰富和完善终身教育的理论也发挥了积极的作用。

联合国教科文组织汉堡教育研究所（UIE）承担了对于终身教育概念的基础研究以及与终身教育有关的其他方面的研究。"这些研究强调了在社会经济、技术和文化及个人生活不断发生着迅速的、前所未有的变化的情况下，开展终身教育的必要性和重要性。终身教育被视为包含了正规教育、非正规教育和日常教育，并贯穿个人一生的教育的综合概念，其目的在于使人获得个人、社会以及职业生活中最充分的发展。它还试图从总体性出发来看待教育，这包括人们为了获取知识和增长知识，在家庭、学校、社区、工厂以及通过大众传播媒介或其他场合和机构接受教育。"[②] 1975 年，该研究所主任戴夫将终身教育的基本特征概括为 20 个方面[③]，它们是：

（1）终身教育这个概念是以"生活"、"终身"、"教育"三个基本术语为基础的。这些术语的含义和对它们的解释基本上决定了终身教育的范围和含义。

（2）教育不是在正规学校教育结束时便告终止，它是一个终身的过程。

---

① 胡森主编．国际教育百科全书（第 5 卷）[M]．贵阳：贵州教育出版社，1990：731．
② 胡森主编．国际教育百科全书（第 9 卷）[M]．贵阳：贵州教育出版社，1990：380．
③ 孙世路等．成人教育[M]．哈尔滨：黑龙江教育出版社，1989：59—60．

(3) 终身教育不限于成人教育，它包括并统一所有阶段的教育，而且全面地看待教育。

(4) 终身教育既包括正规教育，也包括非正规教育。

(5) 家庭在终身教育过程的初期起着决定性的作用，家庭学习贯穿于一个人的一生。

(6) 当地社会在终身教育体系中也起着重要作用，这种作用是从儿童与它接触时开始的。

(7) 中小学、大学和训练中心之类的教育机构固然是重要的，但这不过是终身教育机构的一种。它们不再享有教育的垄断权，也不再能够脱离其他社会教育机构而存在。

(8) 终身教育从纵的方面寻求教育的连续性和一贯性。

(9) 终身教育从横的方面寻求教育的统合。

(10) 终身教育与拔尖主义的教育相反，具有普遍性，它主张教育的民主化。

(11) 终身教育的特征是，在学习的内容、手段、技术和时间方面，既有机动性，又有多样性。

(12) 终身教育是对教育进行生动有力的探讨，它促使人们能够适应新的开发，自行变更学习内容和学习技术。

(13) 终身教育为受教育者提供各种可资的选择的教育方式和方法。

(14) 终身教育有两个领域，即普通教育与专业教育。这两者不是孤立的，而是互相联系、互相作用的。

(15) 通过终身教育来实现个人或社会的适应机能和革新机能。

(16) 终身教育实行补正的机能，克服现行教育制度的缺点。

(17) 终身教育的最终目标是维持和改善生活的质量。

(18) 实施终身教育有三个主要的前提条件：提供适当机会、增进学习动机、提高学习能力。

(19) 终身教育是把所有的教育组织化的原理。

(20) 在付诸实施方面，终身教育提供一切教育的全部的体系。

从上面的叙述中，我们可以看到，终身教育这一概念的内涵在不断地丰富，到70年代，终身教育的理论体系已经基本形成。我们可以相信，随着终身教育实践的不断开展，终身教育的思想还将不断地丰富和发展。此外，由于联合国教科文组织对终身教育思想的认可和推广，它已经开始形成一股新的教育思潮，这种教育思潮将影响各国的教育实践。

三、终身教育的实践

由于终身教育思想的合理性和时代性的特征，所以，这种理论在发达国家和发展中国家引起了共鸣，许多国家根据本国的具体情况，开始终身教育的实践。

E. 格尔皮在为《国际教育百科全书》写的一个条目中为教育实践中的终身教育概括了下列15个方面：[1]

(1) 国际经济关系和国际劳动组织的发展及其对教育政策的重要性。

(2) 寻找具有不同发展模式的但又连贯的教育。

---

[1] 胡森主编. 国际教育百科全书（第5卷）[M]. 贵阳：贵州教育出版社，1990：738.

(3) 在不同的文明中寻找终身教育的历史起源。

(4) 在教育政策和体制中作为综合改革计划的终身教育。

(5) 为响应在教育中寻找新价值观而形成的终身教育。

(6) 作为改变教育和产业结构的社会计划的终身教育。

(7) 在制定教育政策和实践方案时的组织、非集权化、社区参与及基层积极性。

(8) 终身教育和教育时间的组织（三明治式课程、周期性更新教育、商业中的课程、产业工作介绍、享受薪金的休假年）。

(9) 在日常生活中的任何时间任何地点通过大众传媒途径进行的教育和自学。

(10) 对教育机构及其向外界的开放性表示疑问（大学、学校、图书馆、博物馆）。

(11) 正规和非正规教育间通过整合、联系、辩证所产生的关系和/或它们的冲突关系。

(12) 终身教育、活力和文化活动。

(13) 文化间联系和终身教育（农业季节工人、国际训练计划、国际学校、国外学习补助）。

(14) 通过艺术和其他任何审美生活及感觉的表达进行的终身教育。

(15) 寻找基础和终身职业训练的新道路：普通教育和职业教育的整合。

格尔皮对于终身教育的实践所列举的15个方面，的确很全面，但这些方面并不是在各国普遍出现的情况。朗格朗对于终身教育实践情况所作的判断则比格尔皮保守得多。朗格朗认为，自从《学会生存》发表以后，对于终身教育的理论研究表现了很大的进步，但在实践方面，并未有太多的给人留下深刻印象的东西。诚然，在终身教育方面的确搞过许多活动，也出现了与终身教育精神相一致的计划和经验，但是，在很多情况下，人们对终身教育的兴趣只是停留在嘴巴上说说而已。现在还不能说传统的教育结构在事实上已经有了实质性的改革。

终身教育的思想对世界各国的教育改革产生了广泛的影响，就实践的方面来说，这种影响主要体现在正规的学校教育制度之外的领域，而对于学校教育的触动则小得多。造成这种现象的原因很复杂。终身教育的理论，自朗格朗系统地提出来以后，在不断发展的过程中，其内涵不断地得到丰富，但远未达到认识统一的地步，因此，在终身教育的名义下，人们可以提出许多构想。由于理论上的模糊，影响了对实践的指导。此外，人们普遍存在的保守的思想意识，也使学校教育的改革举步维艰。终身教育在实践方面的进展，主要体现在：

1. 政府通过立法或行政手段实施终身教育

系统的终身教育理论提出以后，不少国家采纳了终身教育思想，并通过政府立法来保证终身教育的实施。

法国是较早采取立法手段的国家之一。1971年7月，法国的《终身教育范围内的职业继续教育组织法》开始生效，取代了以前各项对职业培训的规定。该法明确指出，接受终身职业教育是国民的一项权利，并且规定，工作两年以上的雇员有权申请培训假，每年的带薪培训假不少于100个工时。为了加强对继续教育的宏观调控和领导，教育局设立了继续教育司（后改为继续教育局）。此后法国又陆续公布了有关的法律。例如，1972年的法律规定，凡雇用10名以上工作人员的雇主，每年交纳的"继续教育税"不得少于工资总额的0.8%。到1976年,这个数额上升到2%。①

日本也是接受终身教育思想较早的国家。1971年,日本中央教育审议会提交了《今后学校教育的综合扩充与整顿的基本措施》的报告。这份报告揭开了日本第三次教育改革的序幕。该报告提出要"从终身教育的观点出发,对整个教育体系进行综合性的整顿",而且要对这项"实施的方略"再进行专业性技术性的研讨。② 1981年,中央教育审议会提出的《关于终身教育(咨询报告)》,系统地阐述了终身教育的意义以及实施终身教育的基本方针,其中专门提到了立足于终身教育来发展学校教育。日本临时教育审议会在1985年6月至1987年8月之间共提交了4次咨询报告,每次报告都提到终身学习("终身教育")的问题,③从第二次报告起,每次报告都有专章论述"终身学习体系"。此外,在第一次报告中,终身学习是改革的8个原则之一,而第四次报告(终结报告)将改革的基本观点精简为3个,其中的一个就是"向终身学习体系过渡",由此可见终身教育在日本第三次教育改革中的地位。1987年,内阁会议决定的《关于当前教育改革的具体方略》第一条就是"完善终身学习体制"。1990年,日本成立了终身学习审议会。这些事实都表明日本政府对终身教育的重视,而且日本政府采取的一系列的行政手段对于终身教育的推行无疑具有保证作用。

有些国家虽然不是像日本那样明确以终身教育作为国家的教育政策,但对于体现了终身教育思想的新的实践形式给予了法律的支持。例如,1973年联合国经济合作和发展组织提出了作为"终身教育战略"的回归教育,得到许多发达国家的支持。比利时在1973年通过了保证职工接受回归教育的法律,后来又得到了加强,凡报名参加社会进步课程、大学课程和一般教育课程学习的工人,第一年可以获得补贴,使工资收入不受损失。德国和瑞典也有专门的立法规定,以保护职工带薪接受再教育的权利。苏联1988年的《关于教育体制改革的决定》提出,要在国内建立一个包括学前机构和校外机构、普通教育和职业技术教育、高等和中等专业学校各级教育以及干部进修和再培训系统在内的连续教育系统。这里的连续教育实质上就是终身教育。

除了发达国家之外,发展中国家的政府也同样注意采用立法的手段以保证终身教育的实施。在70年代,"拉美许多国家在制订教育计划的过程中,已将终身教育作为一种主导思想并努力开始实践——巴西、智利、哥伦比亚、墨西哥、秘鲁等国已颁布了终身教育法和终身教育计划,将成人教育纳入到终身教育的体系中去,并将终身教育的理论作为成人教育的理论和实践基础,不仅注重成人教育在数量上的发展,而且要求在质量上有所突破"。④

鉴于终身教育的重要性,韩国的宪法增补了有关终身教育的条款,规定政府有责任为终身教育的发展和完善提供一切必要的资助。根据宪法的精神,韩国先后颁发了《学前教

---

① 参见梁晓华.当今法国教育概览[M].郑州:河南教育出版社,1994:155—156.
② 瞿葆奎主编.教育学文集·日本教育改革[M].北京:人民教育出版社,1991:268.
③ 关于"终身学习"和"终身教育"的关系,日本中央教育审议会1981年6月的《关于终身教育(咨询报告)》和1988年12月日本文部相中岛向日本内阁会议提交的1988年度教育白皮书要点《我国的文教政策——终身学习的新发展》中都有说明。人们按照自己的意志进行贯穿一生的学习活动为终身学习;为了支持这种学习而使社会的各种教育机能得到综合性的充实和完善,即为终身教育。
④ 曾昭耀等主编.战后拉丁美洲教育研究[M].南昌:江西教育出版社,1994:353.

育促进法》和《社会教育促进法》。① 其他许多国家虽未在宪法中写上终身教育的条款，但对于终身教育精神下实施的各种成人教育、社会教育等，都作了法律的规定。

2. 注重职业技能的培训

《学会生存》虽然提出了科学的人文主义教育目的问题，但它对于终身教育的倡导，在很大程度上反映了当时社会发展，尤其是科学技术飞速发展对于教育的要求。《学会生存》的一个重要的意图是解决教育与科学技术发展不相适应的问题。这是该报告的一个重大贡献，从一定的意义上说，也是它的不足之处。70 年代以后成人教育的实践反映了《学会生存》的这一重点，即注重于教育同物质生产领域的联系，注重职业技术能力的提高（出现这种情况归根结底是由于各国政治经济的需要，但《学会生存》的倡导，或许也是其中的一个因素）。

根据终身教育的理论，应该对目前整个的教育系统进行改革，其中一个极其重要的部分或内容是改革正规的学校教育制度。日本第三次教育改革"向终身学习体系的过渡"的措施中，"初等教育和中等教育的改革"就是一个重要的内容。然而，各国在正规学校教育的改革方面，终身教育思想的地位并不十分突出。终身教育思想影响教育实践的部分，主要在成人教育方面。在许多国家，终身教育实际上仍然是成人教育，所以，终身教育的发展往往主要体现在成人教育的发展上。它大大地改变了成人教育的面貌，以致形成了 70 年代以后成人教育的终身教育阶段。这一点，本章第二节已经有了比较具体的说明，这里不再重复。需要强调的是，70 年代以后的终身教育，或 20 世纪成人教育的终身教育阶段的主要内容是职业技术能力的提高。

拉斯卡在 1985 年出版的《今天的教育与明天的挑战》中写道："在近来的其他革新中，终身教育与回归教育很受重视，在发达国家尤其备受重视；新技术与媒体日益运用到教育之中；校外机构，诸如工业企业和职工大学，提供了教育服务。"② 除了回归教育之外，还有一种终身教育的形式，这就是以职业技术教育为重点的继续教育。

美国终身教育的含义实际上就是成人教育。70 年代以后，美国成人接受教育的人数不断增加，"如果把这些人接受教育的目的分为提高知识教养和开发职业能力两类，那么后者占三分之二"。③ 在继续教育方面，除了利用电视、广播、计算机网络等先进的传播手段，大公司、大企业积极参与之外，高等学校也发挥了非常重要的作用。"强调企业对科技竞争的需求是继续工程教育决定性的动力。例如，美国的继续教育由大学承办的占24％，一批著名的大学都设有专门的继续教育部或职业进修部。……在美国，有 24 所大学还联合成立了国家技术大学（UTU）的电视继续教育节目；33 所大学也联合成立了一个类似的继续教育网络（AMCEE），利用卫星在全美进行继续教育服务。"④

法国在 1980 年和 1984 年分别制订了 3 年和 5 年继续教育计划，强调培养电子计算机制造与开发、电子计算机应用技术、生物工程在农业和食品加工中的应用、建筑和土木工

---

① 张晓昭. 韩国的终身教育 [J]. 教育科学，1994（3）.
② 瞿葆奎主编. 教育学文集·国际教育展望 [M]. 北京：人民教育出版社，1993：290.
③ 国家教育发展与政策研究中心编. 发达国家教育改革的动向和趋势（第三集）[M]. 北京：人民教育出版社，1990：123.
④ 吴中仑等. 当今美国教育概览 [M]. 郑州：河南教育出版社，1994：252.

程现代化技术和国际贸易管理等领域的科技人员继续教育项目。苏联从1973年起颁布了一些法令,强调受过高等教育的专家以及国民经济领导干部的业务进修,1983—1984年在继续教育进修机构学习新科学知识和技术的达37000多人。①

德国的终身教育包括学校教育和其后的"继续教育",这里的继续教育相当于广义的"成人教育"。德国的经济部门是成人教育开展得十分活跃的一个领域。对职工进行经常性的继续教育被认为是促进经济和社会进步不可缺少的一种措施。其原因在于,随着技术和经济的发展扩大和加深在职业训练中获得的知识和技能越来越起着重大的作用。为了确保经济的发展,企业对继续教育非常重视,企业继续教育的主要课题是:数据处理、对本部门人员的领导、销售业务训练、劳动保持等。

从上述几个发达国家的情况来看,自从60年代联合国教科文组织等国际组织倡导终身教育、终身学习以来,出现了一股终身学习的热潮。这股热潮反映了现代科学技术迅速发展的趋势和各国经济发展的需要。然而,根据终身教育倡导者的理想,终身教育对社会和个人发展的意义,显然远非止于此。1981年6月,日本中央教育审议会提出的《关于终身教育(咨询报告)》中指出,"在现代社会中,我们所有年龄层的人……在各种信息和文化现象的影响下,获得知识和技能,培养情操,保持并增进身心健康,为形成自我和提高生活水平而从事必要的学习。""因此,在研讨今后的教育模式时,必须考虑人生各个时期人的形成"。②

终身教育关心的是"人生各个时期"、"所有年龄层的人"的"人的形成"问题,而不仅仅是职业技能的获得。因此,除了职业技能之外,艺术、兴趣、运动、信仰、修养等"与人的内心有深刻联系的东西",终身教育也应该给予足够的关注,以便达到"人的形成"的目的。

3. 扫盲和基础教育

如果说注重职业技能的培训是发达国家终身教育的一个特点,那么,对于发展中国家来说,终身教育的重点则表现在成人扫盲教育,以及与之有密切关系的基础教育的发展上面。

扫除文盲不是终身教育思想提出以后才提出的问题。1948年通过的《世界人权宣言》把获得能读能写的能力看做是人的基本人权,也是现代生活的一种工具。从50年代起,世界各国,尤其是刚刚取得独立的新兴国家,都掀起了一个声势浩大的扫盲运动。当时对于扫盲意义的认识,表现在两个方面。一方面,人们普遍认为,文盲的扫除将使人们摆脱无知和贫困,促进经济发展。另一方面,扫除文盲也是社会发展所必需,它有助于人们更好地行使公民的权利,承担公民的义务。基于上述两点认识,各国政府都热心于扫盲运动,并把文盲率的降低,作为政府的业绩之一。

终身教育思想提出以后,对于扫除成人文盲的问题,又有了进一步的认识。成人的脱盲除了具有政治、经济的意义之外,还有人的发展的意义。1985年第四次国际成人教育会议指出,扫除文盲是人整个一生接受教育的持续过程的起点。1990年3月在泰国宗迪恩举行的"世界全民教育大会"的宣言指出,无论成人和儿童,能够掌握读、写、口头表

---

① 毕淑芝等主编. 比较成人教育[M]. 北京:北京师范大学出版社,1994:73.
② 瞿葆奎主编. 教育学文集·日本教育改革[M]. 北京:人民教育出版社,1991:326.

达、演算等基本学习手段和知识、技能等基本学习内容"是人们为能生存下去、充分发展自己的能力、有尊严地生活和工作、充分参与发展、改善自己生活质量、作出有见识的决策并能继续学习所需要的","它是终身学习和人类发展的基础"。[①] 一个人如果还没有脱盲,终身教育便无从谈起。

70年代以后,发达国家提出了功能性文盲的概念,而在发展中国家,扫除文盲则是终身教育的一项重要内容。

扫除文盲之所以成为发展中国家终身教育方面一项重要的工作,还有一个极其重要的原因,这就是发展中国家文盲人口的增加。由于各国教育的发展,尤其是普及小学义务教育和扫盲教育的实施,"从50年代初起,文盲率直线下降:从1950年的44.3%跌到1970年的34.2%,1980年下降到28%"。[②] 由于人口的增加,在文盲比例下降的同时,文盲的绝对数却在上升。1985年,全世界15岁以上人口中文盲人数8.57亿(占26.8%),其中女性5.15亿(占所有成年女性的32%);除了0.2亿文盲之外,其余的文盲都在发展中国家;非洲国家有文盲1.62亿,占19%,拉丁美洲和加勒比海地区有文盲0.44亿,占5%;文盲率最高的是非洲(54%),其次是亚洲(35%)。拉丁美洲和加勒比海地区(11%)。[③] 据联合国1993年的一份文件,全世界当时仍有9.48亿成人属于文盲,其中2/3是妇女;9个人口最多的发展中国家成人文盲人数占9.48亿的72%,而印度和中国两国就分别占到总人数的30%和23%。[④]

造成文盲比率下降而文盲人数上升的主要原因除了人口的增长之外,另一个不可忽视的原因为数众多的青少年"辍学者"的出现,这些辍学者很可能成为新文盲。根据80年代初的估计,读完小学最后一年便辍学的比率幅度分别为:非洲,0—75%;拉丁美洲 0—72%;亚洲和大洋洲地区,0—89%;在小学第一和第二年间的辍学者比率,非洲为17%,南亚为30%,拉丁美洲为36%。读到五年级的学生,非洲仅为3/5,拉丁美洲为2/3。[⑤]

文盲的问题已经成为我们时代的一个主要问题。文盲问题的解决,必须同发展全民的基础教育联系起来考虑,只有这样,才能杜绝新文盲,使脱盲问题获得彻底的解决。为了解决扫除文盲的问题,联合国教科文组织教育研究所从70年代起,在终身教育理论的指导下开展了一系列的"效果研究"和"实例研究"。从1981年开始,该研究所召开了各种国际性的或区域性的研究和讨论会,议题是关于发展中国家终身教育范畴内的扫盲后教育和新文盲扫盲教育的发展战略。在1981年和1982年,来自约50个发展中国家的许多重要人物参与了这项计划。

联合国大会确定1990年为国际扫盲年。为了迎接国际扫盲年,联合国教科文组织于1987年5月在蒙古首都乌兰巴托召开"国际扫盲年准备工作国际研讨会"。这次会议通过

[①] 赵中建编.教育的使命——面向二十一世纪的教育宣言和行动纲领[M].北京:教育科学出版社,1996:15—16.

[②] 胡森主编.国际教育百科全书(第1卷)[M].贵阳:贵州教育出版社,1990:215.

[③] 瞿葆奎主编.教育学文集·国际教育展望[M].北京:人民教育出版社,1993:244.

[④] 转引自赵中健编.教育的使命——面向二十一世纪的教育宣言和行动纲领[M].北京:教育科学出版社,1996:2.

[⑤] 胡森主编.国际教育百科全书(第1卷)[M].贵阳:贵州教育出版社,1990:212.

的《乌兰巴托宣言》指出,"文盲威胁着人类的进步和繁荣;它的消除必须成为所有人民的国家的共同目标";"扫盲年应该强调终身教育的概念,这是一个开始于扫盲前状态,并通过扫盲扩展到更高级的学习水平和一生都学习的机会的连续统一体"。[①] 1990年的国际扫盲年活动更是提高了公众和各国政府对扫盲问题的关注,以便使扫盲工作持续进行下去。同年召开的世界全民教育大会提出的中期目标之一是将成人文盲率减少至1990年水平的一半,并特别重视妇女扫盲,以减少男女文盲率之间的差异。

1993年12月,孟加拉、印度、巴基斯坦、印度尼西亚、中国、埃及、尼日利亚、巴西和墨西哥9个人口大国在印度新德里召开关于全民教育的首脑会议,会议通过的《德里宣言》宣布,9国将在全民教育整体战略部署中改进、扩大扫盲计划以及成人教育计划。

1994年9月在开罗举行了国际人口与发展大会,183个国家、20多个联合国系统的机构、5个区域性经济委员会、30多个国际政府间组织以及一大批非政府组织代表出席了会议。这次会议通过的《国际人口与发展大会行动纲领》被认为是可以改变世界今后20年的行动纲领。该文件明确指出,消除文盲是人类发展的先决条件之一。会议要求世界各国巩固90年代在普及初等教育方面所取得的成果,并作出进一步的努力,以确保在2015年前使所有的男女儿童接受初等和同等程度的教育。

在1995年3月社会发展问题世界首脑会议通过的《哥本哈根社会发展问题宣言》中,与会各国作出了一系列的"承诺",其中包括在国家一级制定并加强消除文盲和普及基础教育的有时间期限的国家战略;重视终身学习,以便使所有的人能充分发展健康和尊严方面的能力,充分参与社会、经济和政治的发展过程。

在1995年9月于北京召开的第四届世界妇女大会通过的《行动纲领》中,"消灭妇女文盲现象"被列为第二个战略目标;其中包括,到2000年普及女孩的初等教育,至少将女性文盲率减少到1990年的一半,要缩小发展中国家和发达国家之间的差距等。

在国际社会重视扫盲问题的同时,各国政府也作出了很大的努力。

中国是人口大国,也是文盲绝对数较多的国家。中华人民共和国成立时,中国的文盲率在80%以上,1988年,文盲率下降到20.6%。据1987年1‰人口抽样调查推算,全国尚有文盲2.2亿,其中2.1亿在农村。1988年2月,国务院发布了《扫除文盲工作条例》,1992年《中华人民共和国义务教育法实施细则》又规定要"分阶段、有步骤地推行九年制义务教育",以避免新文盲的出现。与此同时,对成人文盲加强扫盲教育。

国务院1988年2月颁布的《扫除文盲工作条例》规定,凡15—40周岁的文盲、半文盲公民,除不具备接受扫盲教育能力者之外,都有接受扫盲教育的权利和义务。同年11月召开的全国扫盲工作会议提出,今后10余年内平均每年扫除400万文盲,争取在20世纪末或稍长一点的时间内,完成扫除我国青壮年文盲的历史任务。所谓"基本扫除",根据《扫除文盲工作条例》,主要指15~40周岁人口中的非文盲人数,在农村达到85%以上,在企业、事业单位和城镇达到90%以上。

90年代以来,中国每年扫除的青壮年文盲平均都在400万以上。据国家教委计划建设司公布的1995年全国教育事业统计公报,1995年全国共扫除文盲434.47万人。1996

---

① 赵中建编. 教育的使命——面向二十一世纪的教育宣言和行动纲领[M]. 北京:教育科学出版社,1996:49,51.

年1月下旬，国家教委召开了1996年教育工作会议，讨论教育事业"九五"计划和2010年发展规划。会议在总结"八五"期间教育事业的发展时，有关负责人指出，北京、天津、上海、吉林、黑龙江、辽宁、广东、江苏8个省、市已经实现基本扫除青壮年文盲的目标；约1亿职工参加了岗前、在岗、转岗培训；有3亿农民不同程度地受到各种形式的文化补习和实用技术培训。关于"九五"期间教育事业发展的目标，属于终身教育范围的有：近几年争取每年扫除文盲400万人左右，巩固脱盲率达到95％以上，青壮年文盲率降低到5％以下，基本扫除青壮年文盲。加强县乡两级文化和职业培训中心建设，使岗前、在岗、转岗培训以及继续教育有较大发展，使未升学的初中毕业生接受各种培训人数的比重达到70％以上。此外，成人高等学历教育在校生年递增率达到1.7％等。

中国在终身教育方面所作出的努力和所取得的成绩，引起了世界的重视，联合国教科文组织副总干事科林·N.鲍尔在论述近几十年扫盲和全民教育的成就时写道："我应该指出，中国在这一面向全民教育的运动中一直走在前面。在过去的40年中，中国的整个教育制度确实得到了重建，而教育又重建了中国的社会。"[1]

印度是又一个人口大国，文盲率和文盲人数都比较高。1977年，印度政府宣布成人教育和初等教育的普及是教育规划的重点，而扫盲教育则为重点的重点。尽管如此，文盲人数仍然居高不下。为此，1986年5月起，印度全国又开展了一场大规模的扫盲运动。同年，印度人力资源开发部的《国家教育政策》规定，整个国家必须决心扫除文盲，特别要消除15～35岁年龄组中的文盲。群众扫盲计划除了识字之外，还包括实用知识和技能的学习，以及使初学者意识到社会—经济的现状以及改变这种现状的可能性。[2] 为此，印度在各地设立了扫盲中心。

除了中国和印度之外，亚洲、非洲、拉丁美洲的发展中国家和文盲率本来就很低的发达国家，几乎每个国家都为消除文盲而努力。看来，要实现消除文盲的理想，还需作长期的坚持不懈的努力。卡塞勒斯在1990年写的《20世纪末世界脱盲展望：到2000年所有人脱盲的目标在统计上有可能吗？》一文中写道："对发展中国家而言，根据预测的（乐观的）1990年的数字和趋势，消除文盲至少花21年而不是10年，亦即要到2011年才能使估计的2000年的成人人口脱盲。但是到了2011年，成人人口又增加了，这一点又使我们看到了扫盲这一任务的艰巨性。"[3]

四、终身教育的未来：打开21世纪光明之门的钥匙

终身教育的观念一经提出，无论在理论上或是在实践上，都有了很快的发展。终身教育理论和实践的发展，给"教育"这个麻烦事本来就很多的领域又增添了许多新的值得认真思考和妥善处理的新问题，例如，正规的学校教育和非正规教育、职业教育和普通教育、基础教育和继续教育、青少年教育和成人教育等，它们之间的关系究竟如何处理，都是需要人们在实践中进行探索的问题。

虽然目前人们尚不能准确地预测终身教育今后的发展，也难以刻画未来终身教育的模

---

[1] 赵中建编.教育的使命——面向二十一世纪的教育宣言和行动纲领[M].北京：教育科学出版社，1996：5.
[2] 瞿葆奎主编.教育学文集·印度、埃及、巴西教育改革[M].北京：人民教育出版社，1991：262-263.
[3] 瞿葆奎主编.教育学文集·国际教育展望[M].北京：人民教育出版社，1993：262-263.

式，但有一点可以肯定，这就是终身教育或终身学习的活动将日益扩大，将会成为人们未来的一种生活方式。之所以作如此预测，主要基于下面一些理由：

第一，科学技术的发展的因素。新科技革命造成的职业流动速度越来越快。新科技革命造成的知识爆炸，生产工艺的更新等，使工业化国家和发展中国家的产生结构发生了变化。在第三产业部门工作的人数将越来越多。此外，即使农业部门的工作，对于知识和技能的依赖也将越来越大，所以，无论从国家经济的发展、或是个人谋生的需要，终身学习都将成为一种不可阻挡的趋势。

第二，人口的因素。人口爆炸的主要原因是出生率高，此外，人类平均寿命的延长也是一个原因。战争，尤其是造成大量人员伤亡的战争的减少，生活条件的改善，卫生、医疗设施的增加，使人类的死亡率降低，平均寿命大大增加。目前，不少国家已进入高龄化社会。工业化国家超过65岁老人的比例将从1990年的12％增至2010年的16％和2025年的19％。丰富的、有意义的晚年生活将提出教育上的要求。美国在50年代开始感到老人有接受教育的必要，1952年，芝加哥大学开设第一个老人教育的函授课程，此后美国的老人教育便开始持续发展。[①] 除了美国之外，许多发达国家以及包括中国在内的不少发展中国家，老人教育都先后开展了起来。

人口因素造成的终身教育的需要，还有另一方面，即移民问题。移民既指一国内的移民，也指国际的移民。无论国内移民或国际移民，都表现出一个共同趋势，即人口由经济欠发达地区涌向发达地区，从农村移向城市。中国近几年出现的"民工潮"就是国内移民的一个典型的例子。国际移民问题，与欧、美等发达国家人口负增长和劳动力老化，发展中国家人口增长速度较快有关。尽管发达国家采取种种限制移民的措施，但很可能只收到一时之效。"各国现在都在大力限制甚至阻止移居。但是，这不可能吓住铤而走险的移民。美国1986年颁布的移民归化法和墨西哥边界沿线的巡逻队都没有挡住移民大批北迁，他们的人数每年再次大大超过100万"；"目前，在中欧和东南亚的难民营里有1500万男女老幼，他们都希望有个去处"。[②] 根据世界银行的《1995年世界发展报告》，目前至少有1.25亿人居住在其原国籍之外。移民的流向一是去中东产油国家、新兴工业化国家，另一是北美、澳大利亚等工业化国家。不管怎么说，这两类移民的谋生问题，也提出了终身教育的必要性。

第三，闲暇时间的增加。社会的发展、科学技术的进步，一步一步地将人从繁重的生产活动中解放出来，人们获得了越来越多的闲暇时间。这既为终身教育提供了可能性，也提出了必要性。从亚里士多德开始一直到现在，闲暇与教育的关系问题始终受人关注。"马克思认为，'时间实际上是人的积极存在，它不仅是人的生命的尺度，而且是人的发展的空间。'他又特别认为，自由时间，即劳动时间以外的时间，一般物质生产劳动所占的时间以外的时间，是人的发展的一个重要领域。"恩格斯描绘了这样的前景："正是由于这种工业革命，……使每个人都有充分的闲暇时间从历史上遗留下来的文化——科学、艺术、交际方式等——中间承受一切真正有价值的东西；并且不仅是承受，而且还要把这一

---

① 老人教育（台湾）[M]．台北：师大书苑有限公司．1991：28，334－338．
② 保罗·肯尼迪．未雨绸缪：为21世纪做准备[M]．何力译．北京：新华出版社，1994：39－40．

切从统治阶级的独占品变成全社会的共同财富和促进它进一步发展。"① 合理利用闲暇时间，发展有价值闲暇活动的选择和判断力，培养从事有价值的闲暇活动的兴趣、爱好和能力，不仅是普通学校教育应该关注的一个问题，更是终身教育可以大显身手的领域。

根据1991年联合国教科文组织大会的一个决议，1993年初成立了"国际21世纪教育委员会"。当时任欧洲联盟主席的雅克·德洛尔任委员会主席，包括一名中国代表在内的世界各地区的14位代表任委员。1996年，该委员会向联合国教科文组织提交了一份题为《教育：财富蕴藏其中》的报告。"该报告根据委员会对未来教育面临的挑战的研究和思考，提出了可供高层决策者作为教育革新和行动依据的建议。该报告着眼于未来的大目标并从各国的实际出发，视野广阔、深刻，又注意可行性。其中许多内容是具有开创性的，对各国教育决策和教育实践具有指导意义。"②

《教育：财富蕴藏其中》论述了教育的地位和作用，把德育放在突出的位置等许多教育的重大问题，其中也包括终身教育。

该报告肯定，"没有什么可以代替正规教育系统，在该系统中，每个人初步学习各种形式的知识学科。也没有什么可以代替师生之间的主从关系、但也是对话的关系"，③应该由教师将人类从自身和自然界学到的东西以及一切重要的创造发明都传授给学生。然而，在迅速变革的时代，终身教育应该处于"社会的中心位置上"；终身教育是打开21世纪之门的一把钥匙。

1. 终身教育的概念

国际21世纪教育委员会决定"把与生命有共同外延并已扩展到社会各个方面的这种连续性教育称之为'终身教育'。"终身教育不仅是进入21世纪的关键所在，"也是必须适应职业界的需要和进一步控制不断变化的个人生活的节奏和阶段的条件"。④《教育：财富蕴藏其中》对终身教育这个概念的内涵作了进一步的揭示。终身教育固然要重视在使人适应工作和职业需要方面的作用，然而，这决不意味着人就是经济发展的工具。除了人的工作和职业需要之外，终身教育还应该重视在铸造人格、发展个性、使每个人的潜在的才干和能力得到充分的发展。"这既符合教育的从根本上来说是人道主义的使命，又符合应成为任何教育政策指导原则公正的需要，也符合既尊重人文环境和自然环境又尊重传统和文化多样性的内源发展的真正需要。特别是，尽管终身培训确实仍是21世纪末的一个重要思想，但是重要的是应使其超越纯粹就业范围，而将其列入作为人的持续协调发展条件加以设计的终身教育这一含义更广的概念之中。"⑤

2. 终身教育赖以建立的支柱

下一世纪的教育应该承担双重任务，一方面，要发展人的认识水平，并掌握相应的知

---

① 这部分的引用语，包括马克思和恩格斯的原话，都引自或转引自王焕勋主编．马克思教育思想研究［M］．重庆：重庆出版社，1988：171，172．
② 国际21世纪教育委员会．教育：财富蕴藏其中［M］．联合国教科文组织中文科译．北京：教育科学出版社，1996：前言1．
③ 同上书，8．
④ 国际21世纪教育委员会．教育：财富蕴藏其中［M］．联合国教科文组织中文科译．北京：教育科学出版社，1996：90．
⑤ 同上书，70—71．

识和技能；另一方面，教育还要找到并标出判断事物的标准，使人不致迷失方向。为此，教育应该围绕4种基本学习加以安排，这4种学习将是人一生中的知识支柱。这4种学习是：学会认知，学会做事，学会共同生活，学会生存。

第一，学会认知（learning to know）。学会认知旨在获得认识和理解的手段，而不是获得经过分类的系统化的知识。学会认知虽然不以包罗万象的各种知识的掌握为目的，但并不排斥知识的学习。它强调的是掌握普通文化知识，并深入研究少数学科。除此之外，还必须学会学习，以便从终身教育提供的种种机会中受益。

在学会学习方面，首先要学会运用注意力，应该从小就学会将注意力集中在人和事上。其次是记忆力，记忆力应该从小训练，而不应该任意取消那些使人厌烦但十分必要的传统的训练方法。最后是思维能力。应该在教学和研究中，把演绎法和归纳法结合起来。

第二，学会做事（learning to do）。学会做事固然包括既往的物质生产过程所必需的种种职业技能，然而，在信息社会中存在的大量的行业以不生产物质产品为共同的特征，因此，学会做事更主要的内涵乃是学会有效地应付变化不定的情况以及参与创造未来的能力。能力是"每个人特有的一种混合物，它把通过技术和职业培训获得的严格意义上的资格、社会行为、协作能力、首创能力和冒险精神结合在一起。""交往能力、与他人共事的能力、管理和解决冲突的能力越来越重要。服务性活动的发展进一步加强了这一趋势"。①

第三，学会共同生活（learning to live together）。人类的历史始终是一部冲突史。20世纪的发展增强了人类的自毁能力，教育应该在使人类避免冲突或以和平方式解决冲突方面有所作为。在这个方面，教育应当采取两种相互补充的办法，一是发现他人，另一是为实现共同目标而努力。所谓发现他人就是使学生懂得人类的多样性，认识到所有人之间具有的相似和相互依存。认识他人的一个必要的前提是认识自己。只有在人认识自己的时候，才能真正设身处地去理解他人的反应。所谓为实现共同的目标而努力，指在共同项目的活动中，增进相互了解，以削弱乃至消除分歧。概言之，学会共同生活的途径是"本着尊重多元性、相互了解及平等价值观的精神，在开展共同项目和学习管理冲突的过程中，增进对他人的了解和对相互依存问题的认识"。②

第四，学会生存（learning to be）。1972年《学会生存》的报告指出的世界因技术发展而出现的非人化现象，在21世纪可能会在更广的范围出现，因此，学会生存仍然是教育的支柱之一。"国际21世纪教育委员会"重申《学会生存》报告提出的原则：发展的目的在于使人日臻完善；使他的人格丰富多彩，表达方式复杂多样；使他作为一个人，作为一个家庭和社会的成员，作为一个公民和生产者、技术发明者和有创造性的理想家，来承担各种不同的责任。

应该强调指出，终身教育的概念包括人一生各个阶段以及各个方面的教育，正规的学校教育也在其中。因此，终身教育的4个支柱，实际上也是学校教育的支柱。

3. 终身教育的实施

终身教育意指人的一生都要学习，而且，无论童年、青年或是老年时期的学习，其内

---

① 国际21世纪教育委员会. 教育：财富蕴藏其中［M］. 联合国教科文组织中文科译. 北京：教育科学出版社，1996：80.

② 同上书，87.

容和宗旨都是相同的,这就是将学会认知、学会做事、学会共同生活、学会生存这4种基本的学习灵活地结合起来,使每个人能生动地了解世界、了解他人、了解自己。因此,启蒙教育和继续教育之间的差别已不复存在。这种理想的实现,需要考虑下列几个问题。①

第一,终身教育与教育民主。终身教育与其他教学和学习的形式具有互补性,其中关系比较密切的是基础教育。成功的基础教育能够激起人们继续学习的欲望,这种欲望一方面能促使人们在正规的教育系统内继续学习,另一方面,它也可以使人终生具有教育的需求。事实证明,由于教育机会不平等的现象在不断加剧,发展中国家和发达国家存在着大量的文盲或功能性文盲,接受继续教育的机会也不平等,存在着诸多的限制,所有这些,都是终身教育的障碍。另一方面,终身教育也有助于实现教育民主。"如果能认识到这些不均等现象和努力采取有力措施予以纠正,终身教育就会为那些因种种原因而未能完成全部学业或因学业失败而离开教育系统的人提供新机会。实际上,只要提高处境不利居民的入学率或加强对过早辍学之青年的非正规教育等,教育机会不均等现象就不会全部地和自动地重新出现。"② 所以机会均等是实施终身教育的一项主要标准。

第二,终身教育应该提供多层面的教育。时代的变化、社会生活的变革、科学技术的进步,使现有的非正规和正规教育系统越来越不能适应人们多层面的教育要求。在每个人的自然环境和社会环境都有全球化趋势的情况下,对人的终生进行多层面的教育显得越来越有必要。终身教育需要解决的问题是:如何将人的自然环境和教育环境变成一个教育和行动的空间;为使每个人都受益于世界文化遗产的多样性及其历史的特殊性,如何同时进行普遍性知识培训和特殊性知识培训。

第三,充分利用时间和空间。用于工作的时间在缩短,空余的时间在增加,教育的时间也在增加。此外,教育的环境更加多样化。因此,终身教育应该充分利用社会提供的一切机会。

第四,终身教育与教育社会。《教育:财富蕴藏其中》的报告提出了一个新的概念——教育社会。教育社会概念的提出,同"信息社会"的出现密切相关。信息技术的革命将使人们在越来越短的时间内传输越来越多的信息。信息社会的出现对民主和教育提出了新的挑战,"教育系统承担着重大责任:它应使每个人拥有控制信息大量增加的手段,即有办法本着批判精神,对信息进行筛选,将其分出主次;它还应帮助人们与传媒和信息社会(逐渐变成短暂性和瞬时性的社会)保持一定的距离。……教育系统在提供必不可少的融入社会生活的方式的同时,也应为树立适合于信息社会的公民意识奠定基础"。③

教育社会建立在获取、更新和使用知识的基础之上。"由于信息社会不断发展,增加了接触数据和事实的可能性,教育应使每个人都能利用种种信息,收集、选择、整理、管理和使用这些信息。"④ 在教育社会中,家庭、社区、职业生活、博物馆、图书馆等文化机构,广播、电视等大众传媒,都具有教育的作用,所以,终身教育的概念同教育社会的概念是联系在一起的。在教育社会中,事事都可能成为学习和发挥才能的机会。

---

① 国际21世纪教育委员会.教育:财富蕴藏其中[M].联合国教科文组织中文科译.北京:教育科学出版社,1996:89—102.
② 同上书,91.
③ 同上书,52.
④ 同上书,10.

随着社会的发展和人们对于教育地位和作用认识的深化，20世纪60年代开始系统提出的终身教育概念，其内涵也在不断地丰富。从保罗·朗格朗的《终身教育导论》到《教育：财富蕴藏其中》，对终身教育的认识经历了一个不断深化、发展的过程。可以预料，随着实践的发展，终身教育的理论和实践还将不断地丰富、完善。

第七章 马克思主义与中国教育（上）

鸦片战争以后，为了实现富国强民，免遭外国的侵略，中国努力学习西方和日本。然而，到20世纪初，学外国学了几十年，而中国却仍然是日渐衰落。俄国十月社会主义革命的胜利，鼓舞了灾难深重的中国人民，马克思主义也因此在中国得到广泛的传播。许多先进的知识分子转而信仰马克思主义，并于1921年成立了用马克思主义武装起来的无产阶级的政党——中国共产党。

马克思主义在中国的传播以及中国共产党的成立，改变了中国的面貌，也改造了中国的教育。20世纪中国教育发展最根本的特征是：马克思主义指导下的教育理论和实践，逐渐成为中国教育理论和实践发展的主流。本章主要叙述的是，1949年以前马克思主义教育思想在中国的传播以及在马克思主义教育思想指导下中国教育理论和实践的发展。

第一节 从学习西方文明到接受马克思主义

1848年《共产党宣言》的发表，标志马克思主义的诞生。作为无产阶级的世界观和思想体系，马克思主义是无产阶级进行革命斗争的强大的理论武器，具有很强的生命力。马克思主义诞生以后，很快就在资本主义国家得到广泛的传播，掀起了波澜壮阔的国际共产主义运动。20世纪初，俄国诞生了列宁主义，把马克思主义推进到一个崭新的阶段，并导致俄国十月革命的成功。

当马克思主义在欧、美各国传播的时候，灾难深重的中国人，为了救亡图存，正在努力学习西方和日本的资本主义。直到19世纪末、20世纪初，马克思主义才陆续介绍到中国，到20年代前后，先进的中国知识分子开始接受并传播马克思主义。从1840年鸦片战争以后，中国人开始睁开眼睛看世界、并努力学习西方开始，到20世纪20年代前后马克思主义开始在中国传播，其间经历了几十年的时间。然而，一旦中国人民接受了马克思主义之后，中国的面貌就发生了变化，中国教育的理论和实践，也发生了变化。

一、从"西化"到"现代化"

毛泽东在《论人民民主专政》中，对于近代中国为使国家强盛而进行的艰苦奋斗过程作出了概括："自从一八四〇年鸦片战争失败那时起，先进的中国人，经过千辛万苦，向西方国家寻找真理。洪秀全、康有为、严复和孙中山，代表了在中国共产党出世以前向西方寻找真理的一派人物。那时，求进步的中国人，只要是西方的新道理，什么书都看。向日本、英国、美国、法国、德国派遣留学生之多，达到了惊人的程度。国内废科举、兴学校，好像雨后春笋，努力学西方。……要救国，只有维新，要维新，只有学外国。那时的外国只有西方资本主义国家是进步的，它们成功地建设了资产阶级的现代国家。日本人向西方学习有成效，中国人也想向日本人学。"①

在"图强"目标下寻求救国真理的过程中，教育显然是中国人关注的焦点之一。在外力的压迫下，鸦片战争以后，中国的封建主义教育制度经过洋务运动、戊戌变法和清末"新政"几个时期的教育改革，逐渐演变为半殖民地半封建的教育制度。

1. 模仿西方与中国封建主义教育制度的瓦解

舒新城先生将清朝同治元年（1862年）以后至20世纪初中国教育思想的演变概括为"模仿期"。在《近代中国教育思想史》中，舒新城先生分别论述了模仿期的5种教育思想，②它们分别是：

方言教育思想。所谓方言教育，即外国语教育。同治元年，恭亲王奕䜣倡议在北京设立京师同文馆，方言教育思想由此开始。方言教育虽然以学习外国语、培养外交人才为目的，"但主持还另有一种理解，以为方言是一种基本学问，若国内有人通各国方言，西洋国情可以了解，西洋学术即可以完全输入中国，中国即可以富强。"方言教育不仅培养了许多外交人才，而且翻译、出版了西方自然科学和政治等各方面的书籍。

军备教育思想。军备教育思想自同治元年至清末，绵延了四十多年。同治年，总理衙门提议招考"天文、算学人员"，其"目的在图自强，而自强之基础，在于能制造机器火车军事。"同治十一年，曾国藩、李鸿章因容闳的建议，派幼童去美国留学，"更明白以各种科学都是军事的工具。"光绪二年（1876年），李鸿章奏派卞长胜等去德国学习陆军，并派遣福建船厂学生赴英、法学习驾驶、制造；光绪六年，李鸿章奏请购买"铁甲船"，不久又奏请吴赞诚驻天津督办水师学堂。以后又在天津等地设立武备学堂、派人去国外学习武备等。

西学教育思想。"西学"的含义很不确定。同治时期，以天文、算学为西学的主要内容。到光绪初年，西学的范围又扩大到宗教、法律、理科、医学。甲午战争以后，学习"西学"成为一种时代的思潮，因而对"西学"的含义也渐趋分歧，主要的意见有：西学就是自然科学（梁启超）；西学是算学、格致（物理）、商务、方言，以算学为西学之根本（《湘乡东山精舍章程》）；西学为数学、机械、工程电矿、方言、法律（盛宣怀）；自然科学、社会科学、应用科学统称为西学（《官书局议复开办京师大学堂折》）；西学为方言、机械、船政、公法、军事等（张之洞）；西学需包括西艺、西政（张之洞、陈宝箴）；经学、中国文学以外的各科统称为西学（张之洞、荣庆、张百熙）。西学教育思想对近代中国的影响非常深刻，时间也最长。舒新城先生对于西学教育思想的变迁作过如下概括："自同治初年至光绪初年，可称为西学萌芽期。自光绪初年至甲午之役，西学的范围已扩充及于政教及理科医学，可称第二期。甲午而后西学的含义最为分歧，其范围狭到仅指自然科学，广到泛指西洋一切文化，直至清末而止，可称为第三期。民国以来，西学的名词渐不习见，而以'西洋文化'四字代替，但'中学为体，西学为用'的思想仍深存于一部分人的心意之中，不过力量不及主张全盘承受西洋文化之大耳，可称为第四期。"

西艺教育思想。西艺教育相当于今天的职业技术教育。西艺原为西学的一部分。在同治年间中国人学习西方的过程中，学和艺未作严格的区分，而且在中国传统的文化中，技

---

① 毛泽东选集（一卷本）[M]．北京：人民出版社，1976：1358—1359．
② 见舒新城编．近代中国教育思想史[M]．上海：中华书局．1928：21—112．

艺一直被视为低于学理的末技，故不受重视。甲午战争以后，人们对于造成外国人"坚甲利兵"的技艺的作用以及"富国理财"、"发达实业"的迫切性有了认识，"于是西艺思想在光绪二十五年至二十九年之间即隐然为一种重要的教育思潮；它底势力虽然不能敌西政思想，但从前模糊不清的西学思想，至此也渐有重心。"在西艺教育思想的影响下，各省的各种"实业学堂"纷纷设立；留学生的政策也有变化，留学生"非习农工格致三科不给学费"；张百熙的奏订学堂章程将大学分为政、艺两科，学艺进入高等教育领域。此外，宣统元年（1909年）设立的清华学校"对于去美学习科目之规定则以十分之八习农工商等科，十分之二习法政理财师范之学"，"清华游学的全部政策亦为西艺的教育思想所支配"。西艺教育思想持续的时间不长，此后便演变为职业技术教育。

西政教育思想。"西政"指西方政治。同西艺一样，"西政"也是从西学中分化出来的。甲午战争以后，在认识到"西艺"重要性的同时，"西政"的重要性也凸显了出来。由于"艺难成而需时久，虽为立国基础，不过与政治相较在时间上则可稍缓，所以西政西艺一经分开而后，西政教育即特为国人所重视"。然而，在封建统治的清朝，要以"西政"来改变中国现有的政治制度和社会组织，谈何容易。所以，西政教育最终只能落实在废科举、兴学校的号召上面，而且，其持续的时间也很短，只是在戊戌变法期间风行一时，"西政教育思想，随变法思潮以起，亦随变法思潮而落，为时不过在自甲午至清末之十余年耳。"

从上述自鸦片战争以后至1911年辛亥革命以前，中国出现过的5种教育思潮来看，这些教育上的变革都是在"不得已"的情况下被动的模仿。尽管中国人对于西学处处都在模仿，但这种模仿"真可谓在昏天黑地的沙漠中'走道儿'，虽然费了若干人力，若干金钱，切实地在那里求出路，但至今还没有找到一条坦荡的康庄"。①

尽管长达几十年的学欧美、学日本并未使中国改变面貌，但这几十年的"西化"努力并非一无所获。在这几十年的过程中，中国的教育从1862年在北京设立京师同文馆开始，由学习西方的语言、天文、算学、军备，到学习西方的技艺，直至学习西方的政治制度，表明了在吸纳西方文化过程中从器物层面到制度层面的深化。1898年的戊戌变法在教育方面的改革如废除八股、改革科举制度，在北京设立京师大学堂，将各地旧有的书院改为兼习中学和西学的各级学堂，设立译书局和实业学堂等，都是富有资本主义色彩的制度层面的重大改革。尽管戊戌变法只热闹了一百多天，最后以失败告终，但它对20世纪初中国封建教育制度的最终瓦解，起到了推动的作用。

中国人民是在反对帝国主义的革命斗争的高潮中迎接20世纪的。1900年爆发的义和团反帝爱国运动虽然被八国联军镇压，但帝国主义的侵略和国内人民的不满，迫使清朝政府推行"新政"。在"新政"的一系列改革措施中，历时一千多年的科举制度最终被废除；1902年制定的"壬寅学制"和1904年公布并实施的"癸卯学制"，标志着学校教育制度在中国的确立，并建构起从中央到地方的学校管理机构。此外，在新的教育制度的推动下，不仅留学人数大大增加，而且随着大批学校的设立，全国的就学人数也猛烈增长。"自光绪二十九年（一九〇三年）至宣统元年（一九〇九年），学校数由七百一十九所增加到五万两千多所，约增加七十三倍。自光绪二十八年（一九〇二年）至宣统元年，学生数

---

① 舒新城编．近代中国教育思想史[M]．上海：中华书局．1928：10.

由六千九百四十三人增加到一百五十六万二千一百七十人,增加了二百二十五倍。"①

20世纪初清朝政府新教育制度的颁行,标志着当时的中国教育从形式上具备了资本主义新教育制度的特征,封建主义教育制度开始瓦解。

2. 20世纪初中国教育现代化的探索

清朝统治者旨在延续自己统治的新政,产生了与他们主观意志相违背的客观效果。大批新式学堂的兴办,蔚然成风的出洋留学,使西学的传播更为广泛,这使具有西方民主、自由政治思想和"西学"文化素养的知识分子队伍迅速扩大。从一定的意义上讲,清朝政府的"新政"形成了自己的掘墓人。以孙中山为首,最初以海外留学生为骨干,并在日本成立的同盟会,成了推翻清王朝的骨干力量;辛亥革命中打响第一枪的是湖北新军,这些都不是纯粹的偶然。

1911年辛亥革命后建立了民主共和政权,政治体制的重大变革,为中国教育走向现代化、民主化的道路创造了条件。但新政权很快落入军阀袁世凯手中。袁世凯不仅将《临时约法》规定的政府组织由责任内阁制改为由他本人专权的总统制,而且还上演了一出当皇帝的闹剧。此后,除了短暂的宣统皇帝复辟之外,中国1927年以前的中央政权始终由北洋军阀控制。武昌起义的成功并不意味着资产阶级革命的完全胜利,先进的中国人仍然在继续寻找救国的真理。

虽然辛亥革命并未从根本上改变中国的面貌,但它对中国思想界的影响却是深刻的。

辛亥革命前,在"西学东渐"的大潮下,封建统治阶级在封建政治体制的支持下,固守"中体西用"的宗旨,力图维系儒家学说的正统。虽然蕴涵在"西学"之中的资产阶级价值观、意识形态乃至行为规范对封建主义正统的纲常、伦理具有冲击的作用,但统治者往往可以凭借政治权势来强制调整或纠正。总之,在一个相当长的时期内,西方的政治思想、价值体系等都置于"中体西用"的樊篱之中,未构成对封建正统思想的直接威胁。

随着宣统皇帝的退位,以儒家思想为核心的传统伦理道德、价值信仰等由于失去了政治体制的支持,因而也逐渐丧失了既往笼罩在其上面的神圣光环,以及对人们思想和行为的约束力。旧的传统思想失去了往日的权威,但一时又没有任何一种可以取代其地位的意识形态,以统整全国人民的思想,并规范人们的行为。就像辛亥革命以后北洋军阀统治时期中央政治集权的体制被打破、不同派系的军阀连年争权夺利、国家陷于混乱一样,在思想界,各种思想主张也非常活跃。应该说,这是中国思想界进行系统的调整的时期。

在辛亥革命以后涌现的各种思潮之中,来自欧、美的各种思想仍然占据主流,当时的中国人仍然没有放弃向西方学习。这种现象在教育的思想和实践方面,也有充分的反映,换言之,中国教育现代化之路,是从学习西方开始的。20世纪以来,波及全球的欧美民主主义教育思想对中国也有很大的影响。辛亥革命以后,虽然袁世凯和北洋军阀政府曾经掀起过尊孔读经的复古主义逆流,但这毕竟是明日黄花。尽管西方的民主主义未能最终改变中国的面貌,但在一段时期内深刻地影响了中国的教育。民国时期,在探索学校教育民主形式过程中,当时教育家们开始重新评估自身的目标和实践。当时教育部考虑到日本人的侵略野心,以及西方教育思想日益扩大的影响,转向从欧美进步主义教育思想中寻求启

---

① 王炳照等.简明中国教育史[M].北京:北京师范大学出版社,1985:327.

示。第一次世界大战后,很多进步的教育家被邀请访问中国,其中有克伯屈、罗素、泰戈尔、约翰·杜威等人。一些教学实验得到展开,如道尔顿计划,巴塔维亚制(Batavia plan)、葛雷制、文纳特卡制以及克伯屈设计教学法等。1919年,中华新教育共进社成立,致力倡导职业教育,出版机关刊物《新教育》杂志,影响颇巨。①

辛亥革命以后,中国教育在探索现代化道路过程中出现的向西方学习的现象,同清朝后期的西化是有区别的。舒新城先生将辛亥革命以后十多年的民国时期教育思想称为"自觉期"。自觉期的特征"就是在国际上有种族的自觉,觉得中国的事情应由中国人自己负责,不容外人干涉,在内政上有政权的自觉,觉得政治是全国人民的责任,不容少数特殊阶级分子包办。至于社会生活的不安,无人不觉到是国际资本帝国主义的压迫与不平等条约底束缚而时时图谋解放。在学术上则由中学为体西学为用的思想进而为有抉择地葆扬固有文化,有抉择的采用西洋文化"。② 舒新城先生列举了在中国教育思想自觉期的十多年的时间内涌现出来的12种教育思想。如果将"自觉期"与同治元年(1862年)至辛亥革命近五十年"模仿期"的教育思想相比较,足可说明辛亥革命以后中国教育思想活跃的程度。《近代中国教育思想史》中列举的教育思想有:

军国民教育思想与军事教育思想。1912年(民国元年),教育部征集教育宗旨意见时,许多教育者提出了军国民教育,所以在同年公布的教育宗旨中,列上了军国民教育这一项。当时任教育总长的蔡元培认为,提倡军国民教育乃是不得已而为之的权宜之计,因为当时的中国强邻交逼,亟图自卫,历年丧失的国权需凭借威力恢复,而且在"军人革命以后难保无军人执政之一时期"。这同清末的尚武教育是有区别的。1925年"五卅"惨案以后,军事教育思想更是风靡一时。

实利教育思想与实用教育思想。实利教育发轫于清末,民国时期昌盛。1912年确定的教育宗旨将实利主义教育列入其中。最早倡导实利教育思想的是商务印书馆发行的《教育杂志》编辑陆费逵。蔡元培虽也主张实利教育,但实利教育同军国民教育一样,只处于"辅"助道德教育的地位。实用教育思想针对当时学校教育偏重于书本、不能适应社会实际需要的弊端而提出,实用教育思想倡导者为黄炎培,很快便流行全国,成为一种思潮。

美感教育思想。美感教育的首倡者是蔡元培。蔡元培倡导的美感教育是中国近代教育哲学的一种创见,舒新城先生给予了高度的评价。蔡元培不仅倡导美感教育、论述美感教育的必要性,而且还在1922年发表《美育实施方法》一文,具体阐述实施美感教育的方法。美感教育自1911年提出以后,未引起人们的重视。1921年,刘伯明在南京高师教育研究会发表演讲,论述了美育的价值以及中国不重视美育的缺点。此后,1922年李石岑主编的销路最大的《教育杂志》也倡导美育,开始在全国蔚成思潮。1922年"壬戌学制"公布以后,"全国教育联合会拟定的中小学课程纲要,小学艺术课程达全体百分之十八(含音乐),中学的百分之八",此外,各地的美术院校纷纷设立,蔡元培倡导的美感教育终于在实际上发生了影响。

大同教育思想。在近代中国教育史中首倡大同教育思想的是康有为。此后,高一涵等人也对此作过论述。这是一种期望通过教育的手段以建立最自由最合理世界的乌托邦

---

① 约翰·柯莱威利.中国学校教育[M].张昌柱等译.石家庄:河北教育出版社,1995:53.
② 舒新城编.近代中国教育思想史[M].上海:中华书局,1928:18.

思想。

职业教育思想。实利教育倡导者黄炎培受欧美职业教育思想的影响，同时看到当时中国的中学生升学者日少，深感"非提倡治生之职业教育不能济其穷"，于1917年在上海创办中华职业教育社，提倡职业教育。黄炎培主张的职业教育有3种方式：推广职业教育；改良职业教育；改良普通教育使之为职业教育作准备。职业教育最初仅旨在谋生，"操一技之长而藉以求适当之生活"。而且其范围限于中学程度以下。1919年以后，职业教育的宗旨由"谋生"扩展至"做人"，其主旨在于为各人谋生做准备；为个人服务社会做准备；为国家及世界增加生产能力。1921年，全国教育联合会提出以职业教育取代以前的实业教育。1922年的壬戌学制以法令的形式确认了职业教育的地位，其范围也及于高等教育。此外，职业教育的含义也更丰富、更全面。邹恩润（即邹韬奋）在《职业教育研究》中对职业教育的定义是："职业教育乃操一技之长，从事有益社会之生产事业，藉求适当之生活——其大目标在培养知力、意志、情感各方面而为完全有用之人物；质言之，必当培养儿童有自求知识之能力、巩固之意志、优美之情感，能应用于职业而自谋其生活，同时能进而协助社会国家之幸福，方为完全有用之人物。"① 职业教育在现代中国教育史上历久未衰，其影响也日渐扩大，"1909年有实业学堂254所，1926年增加到846所；1918年全国职业教育机构531个，1926年增加到1695个；中华职业教育社成员，从1917年的786人，增加到1927年的6582人。从而使职业教育终于在中国教育领域占有重要地位"。②

民治教育思想。这里的民治教育即民主（democracy）教育。清王朝专制政体的覆灭，无疑为民治思想的传播创造了条件。蔡元培在担任教育总长期间，就曾强调"共和国民健全之人格"的养成和儿童个性之发展。民治教育思想的昌盛则在1919年之后。这显然同新文化运动和"五四"运动有关。除此之外，杜威于1919年5月来华讲学，宣传他的实验主义也是一个重要的因素。"杜威在中国讲学两年，足迹遍十一省，所讲者既以教育为主，其在北京之长期讲演录，在两年之间发行十余版，杜威两字在当时几于妇孺皆知，而由其主张演成之'教育即生活，学校即社会'的标语，也成为教育界最普遍的口头禅。"③民治教育思想无论对中国教育思想的发展和实践的推进，都发生过极其深刻的影响。

独立教育思想。教育独立的思想源于1921年北洋政府拖欠教育经费而引起的教育界"教育经费独立"的要求，但很快就发展为教育脱离政治、脱离宗教而在立法和行政上完全独立的主张。1921年2月，李石岑在《教育杂志》发表《教育独立议》。此后，周太玄、蔡元培、梁启超、陈衡哲、任鸿隽等也提出了有关教育独立的种种见解和主张。不过，独立教育论多停留于议论，对于教育的实际影响很小，持续的时间也不长。

科学教育思想。科学教育旨在培养一般人的科学思想、普及科学方法，并应用科学。这同清末以科学的直接应用为目的的西艺教育思想是有区别的。近代中国首创科学教育的是严复。1914年，中国留美学生在美国发起"中国科学社"，次年发行《科学》月刊。该杂志第1卷第12期发表任鸿隽的《科学与教育》。任鸿隽在这篇文章中论述了科学与教育

---

① 转引自舒新城编. 近代中国教育思想史 [M]. 上海：中华书局，1928：213.
② 孙培青等主编. 中国教育思想史（第三卷）[M]. 上海：华东师范大学出版社，1995：201.
③ 舒新城编. 近代中国教育思想史 [M]. 上海：中华书局，1928：240.

的关系，主张将科学方法应用于教育。此后，《科学》杂志发表了一系列的提倡科学方法的文章，但未引起人们的重视。"五四"运动以后，科学教育的思想开始昌盛，人们对于科学教育的含义也有了深入的理解，认为科学教育不止于在学校中开设理科的科目，还应该培养研究科学的人，并用科学方法解决问题。在倡导科学教育思想的过程中，虽然曾经出现过以张君劢为代表的"怀疑科学"的意见，但以吴稚晖等人为代表的主张科学教育的意见获得了更多人的支持。

非宗教教育思想。非宗教教育思想主要是针对西方列强在中国的教会机构主持办理的基督教的教会学校。中国传统上不接受西方的宗教，即使在鸦片战争以后倡导"西学"最盛的时期，西方的宗教也被排斥在"西学"之外。西方在中国实施的宗教教育、开办的教会学校的基础是不平等条约。北洋军阀统治时期，教育经费没有保障，学校难以维持，而教会学校凭借其经济实力乘机扩张，引起教育界有识之士的反抗。非宗教教育思想的形成还有更为深刻的原因，那就是辛亥革命以及清王朝的覆灭，鼓舞了中国人的勇气，引发了民族主义思想的高涨。1917年蔡元培在北京神州学会发表《以美育代宗教》的演讲，正式提出非宗教教育的主张。1922年，北京和南京成立了非基督教大同盟的组织，非宗教教育思想得以广泛传播，并影响到教育的实际。1925年1月，北洋政府教育部颁布外国人捐资在华设立学校的《请求认可办法》，其中规定：学校之校长须为中国人，如校长原系外国人者，必须以中国人充任副校长，即为请求认可时之代表人；学校设有董事会者，中国人应占董事名额之半数；学校不得以传布宗教为宗旨；学校课程需遵照部定标准，不得以宗教科目列入必修课。①

国家主义教育思想。鸦片战争以后，中国外患内忧接连不断，为图国家的自立自强，国家主义教育思想开始孕育。1922年以后，国家主义教育思想引起人们的关注。主张国家主义教育思想的主要人物有余家菊、陈启天、李璜。余家菊在他的论文集《国家主义教育学》中提出：国家主义教育，"简言之，即以国家主义为依归之教育也。其含义可随时伸缩。就中国目前而言之，则莫急于（一）培养自尊精神以确立国格；（二）发扬国华以阐扬国光；（三）陶铸国魂以确立国基；（四）拥护国权以维国脉矣。盖自尊精神为国民昂藏之气所由生，失此则濒于奴隶之境矣；国华为数千历史所鼓铸而成，理宜引申而发扬之；国魂为全体国民情意之所由融洽，步趋之所由协谐；国权为民命之所由保，行动之所凭借也"。② 国家主义教育思想提出以后，在1923年至1924年间出版的《教育杂志》、《新教育》、《教育与人生周刊》、《新教育评论》等刊物都发表了讨论、研究的文章，当时"辩论极多，中国共产党则以政见之不同而反对之，教会教育界则以利害关系而反对之，提倡此种教育者则更竭全力以宣传之"。③ 尽管当时争辩非常激烈，但国家主义教育思想对实际并未产生很大影响。

公民教育思想。虽然在辛亥革命以后建立了"民国"，但对于广大民众来说，尚不知道如何行使公民的权力以及应该担负的政治责任，曾经担任过民国外交总长和代国务总理的伍廷芳曾经感慨地说过，"民国无民，国民无国。"于是，公民教育的问题便引起了人们

---

① 见舒新城编．近代中国教育思想史[M]．上海：中华书局，1928：322.
② 同上书，338.
③ 同上书，336.

的关注。虽然1906年清朝学部颁布的教育宗旨中"尚公"的规定以及蔡元培在1912年《新教育意见》关于"公民道德"的论述，都含有公民教育的思想，但公民教育成为一种影响广泛的思潮，则在杜威来华讲学、宣传美国民主主义教育思想之后。全国教育联合会、中华教育改进社、江苏省教育会、中华职业教育社等教育团体，都尽力推行公民教育，不过，大家对公民教育含义的意见却不尽一致。1922年"壬戌学制"公布以后，许多教育团体主张将学校的"修身科"改为"公民科"。全国教育会新学制课程标准规定小学公民课的目的是"使学生了解自己和社会（家庭、学校、社团、地方、国家、国际）的关系，启发改良社会的思想，养成适于现代生活的习惯"。初中公民学的目的是"1. 研究人类社会的生活；2. 了解宪政的精神；3. 培养法律的常识；4. 略知经济学原理；5. 略明国际的关系；6. 养成公民的道德"。[①]

党化教育思想。党化教育思想是国民党根据"以党治国"的口号而来的，是为国民党实行统制人民思想、一党专政服务的。舒新城先生指出："党化教育四字虽然是因有国民党而产生的，但在国民党的经典并无根据，不过因'世俗'用语而演成一种思潮。因为其为世俗用语而非出于先觉者之系统的提倡，所以内容不确定，民众易误解。近三四年来，因为政治势力的驱策，混沌的党化教育思想，竟发生许多恶果。"[②]

除了党化教育思想完全是出于国民党的政治需要之外，上述十几种"教育思想"传播范围的大小和持续时间的长短不尽相同，对于教育实际所产生的影响力有很大差别，而且，这些教育理论倡导者的政治态度也很不一致，但有一点是共同的，它们都是为中国教育现代化而努力。舒新城先生也察觉到这些教育思想的作用，但有一点却忽视了，那就是在上述教育思想存在的同时，也还存在着早期马克思主义者的教育观点，马克思主义教育思想逐渐在中国传播，尤其是杨贤江的教育思想的形成，标志着系统的马克思主义的教育思想在中国出现。

二、新文化运动

以1915年9月《青年杂志》（该杂志自第2卷起改名为《新青年》）创刊为标志的新文化运动，是现代中国的思想启蒙运动，从一定的意义上讲，也是一场教育运动。新文化运动对中国教育的现代化产生了极其深刻的影响。在新文化运动高潮中发生的五四运动以及马克思主义思想的传播，使新文化运动的主流从批判旧世界转变为建立新世界，引发了中国共产党领导的政治大革命，并最终改变了中国的面貌。

1. 封建主义文化的沉渣泛起

辛亥革命赶走了清朝的皇帝，但没有清除封建思想。民国成立以后，中国的封建主义势力曾在帝国主义支持下，先后发生过以袁世凯、张勋、段祺瑞为首的三次复古运动。与此同时，封建文化也乘势泛起。

康有为，这位曾经受过慈禧太后迫害并差一点送掉命的中国近代改良派领袖，在辛亥革命以后对清朝皇帝仍然忠心耿耿，对于辛亥革命以后，南京临时政府教育部废止尊孔、读经的举措深为不满，认为这将使教化衰息、纲纪扫荡，并主张中国需要建立宗教，而中

---

① 转引自舒新城编.近代中国教育思想史[M].上海：中华书局，1928：357－358.
② 同上书，386.

国的宗教无须从西方引入，孔教可以立为国教。在康有为及其门徒的努力下，各地发起了尊孔活动，并成立了孔教会，1913年康有为任孔教会会长。袁世凯窃取了大总统的职位以后，很快就恢复学校祀孔典礼，并于1913年的宪法草案规定"国民教育以孔子之道为修身之大本"。①

1914年，袁世凯指使"政治会议"通过《祀孔案》，规定全国一律恢复祀孔典礼。1915年1月，袁世凯发布《颁定教育要旨》，其中的一个要旨就是"法孔孟"。同年2月，又发布《特定教育纲要》，其中"教育要言"的第一条就规定"各学校均应崇奉古圣贤以为师法，宜尊孔以端其基，尚孟以致其用。"第二条是，"中小学教员宜研究性理，崇习陆王之学，导生徒以实践。教科书宜采辑学案，以明尊孔孟之渊源。"对于"教科书"则明确规定，"中小学均加读经一科，按照经书及学校程度分别讲读，由教育部编入课程"；初等小学应读之经为《孟子》，高等小学为《论语》，中学为《礼记》和《左传》（都为节读）。除了专设的读经课外，"中小学校国文教科书除编定者外，应读《国语》、《国策》，并选读《尚书》"。此外，对于全国教育的"建设"，袁世凯提出，必须在现有的大学之外"独立建设"经学院，"按照各经种类，分立科门"，还"提倡各省各处设立经学会，以为讲求经学之所，并冀以养成中小学校经学教员及升入经学院之预备"。②

除了恢复尊孔读经之外，对于南京临时政府教育部确定的学制也加以改动。袁世凯在《特定教育纲要》的总纲中，明确规定"改革小学中学学制，改初等小学校为两种：一名国民学校以符义务教育之义，一名预备学校专为升学之准备"。③ 他认为，让"只求识字之平民子弟与有志深造之士族子弟，受同式之教育，于人情概有未顺，于教育实际亦多违碍"。于是将小学分为两种，一种是为平民子弟开设的国民学校，学制4年，分多级、单级、半日各种，对于这类学校的办理"可从简便"。另一种是预备学校，是为"志在升学"的士族子弟而设，其办理"须求完备"。显然，这种学制的改革，将南京临时政府确定的单一学制改为双轨制，其目的在于为"士族"服务。

以袁世凯为代表的北洋军阀控制的所谓"民国"政府掀起的这股封建主义文化复辟的逆流一时来势凶猛，康有为甚至把孔子的学说升格为一种宗教信仰，倡言立孔教为国教。这股逆流虽然也曾得到张东荪等人的响应，但更重要的是，它激起了一大批进步知识分子的反对。这些事实启示他们，中国的改造，仅在器物的层面学习一点西方文化的皮毛不行，仅有制度的改革也不能彻底，中国的改造必须要深入到思想的层面。围绕着尊孔和反孔，双方都在悄悄地积聚力量，一场意识形态领域的较量，势在必行。这场意识形态的较量，是以新文化运动的形式展开的，而新文化运动的矛头指向已经意识形态化的孔子学说也是顺理成章的事情。

2.《新青年》

新文化运动触及"文化"这个概念的各个方面，从宗教、政治、教育、伦理到语言、文学、艺术等各个方面，几乎无所不包。新文化运动的核心力量是以《新青年》杂志为核心的一批主张构建中国新文化的进步知识分子。

---

① 转引自陈学恂主编.中国教育史研究（现代分卷）[M].上海：华东师范大学出版社，1994：1.
② 舒新城.中国近代教育史资料（上册）[M].北京：人民教育出版社，1961：260-268.
③ 同上书，259.

后来成为中国共产党第一任总书记的陈独秀1915年夏从日本回到上海。在从日本返沪的海船上，陈独秀即酝酿办《青年杂志》，返沪后，在群益书社的帮助下，1915年9月15日，16开本的《青年杂志》月刊第一期问世，可是发行仅千册。第二年9月，该杂志自2卷1号起，改名为《新青年》。① 1917年，陈独秀任北京大学文科学长之后，《新青年》编辑部由上海迁往北京。

《新青年》第一炮对准的是孔子。对于当时尊孔复古的逆流，陈独秀发表了《宪法与孔教》、《孔子之道与现代生活》、《再论孔教问题》、《复辟与尊孔》等一系列的文章，即便是仅仅从文章的题目来看，陈独秀对于孔子问题的议论，不是局限于学术讨论的范围之内，而是把尊孔摆到国家政治的高度来看。在《宪法与孔教》一文中，陈独秀一开始便明确指出："'孔教'本失灵之偶像，过去之化石，应于民主国宪法，不生问题。只是袁皇帝干涉宪法之恶果……附以尊孔之文，敷衍民贼……盖孔教问题不独关系宪法，且为吾人实际生活及伦理思想之根本问题也。"陈独秀指出，今日益世觉民之正轨在于"增进自然界之知识"，而"一切宗教，无神治化，等诸偶像"；推尊孔教，侵害了宗教信仰的自由。陈独秀断言："欲建设西洋式之新国家，组织西洋式之新社会，以求适今世之生存，则根本问题，不可不首先输入西洋式社会国家之基础，所谓平等人权之新信仰，对于与此新国家新信仰不可相容之孔教，不可不有彻底之觉悟，猛勇之决心；否则不塞不流，不止不行！"② 鲁迅在1918年5月发表的《狂人日记》则以文学的形式，深刻地揭露了封建礼教"吃人"的本质。在反孔的过程中，尽管有胡适等人力求"公允"评价孔子的意见，有对孔子学术思想的辨析，甚至也有认为孔子的思想具有古为今用的价值，但陈独秀对孔子激烈批判的态度，显然为更多人所接受，并演变为一场"打倒孔家店"的运动。这场"打倒孔家店"的运动，不仅大大地扩大了《新青年》在全国思想界的影响，而且使"言必称欧美"成为一时之风尚。

白话文运动是《新青年》的又一功绩。胡适自己说："由于我个人的历史观念很重，我可以说我经常是一个很保守的人。"③ 如果说胡适对"打倒孔家店"显得不那么热心的话，对于白话文运动的贡献却是不能抹杀的。当时在美国留学的胡适应陈独秀的稿约，在1917年1月的《新青年》上发表了《文学改良刍议》，提出了8条建议：须言之有物，重点应在内容而不在形式；不模仿古人，其重点是一个时代要有一个时代的文学；须讲求文法；不作无病呻吟；务去滥调套语；不用典；不讲对仗；不避俗字俗语。④ 陈独秀看了胡适的来稿以后"快慰无似"，并在紧接的下一期发表了《文学革命论》。在这篇文章中，陈独秀称赞"吾友胡适"为文学青年"首举义旗之急先锋"，并明确表示，"余甘冒全国学究之敌，高张'文化革命军'大旗，以为吾友之声援。旗上大书特书吾革命军三大主义：曰，推倒雕琢的阿谀的贵族文学，建设平易的抒情的国民文学；曰，推倒陈腐的铺张的古典文学，建设新鲜的立诚的写实文学；曰，推倒迂晦的艰涩的山林文学，建设明了的通俗的社会文学"。⑤ 胡、陈的两篇文章共同组成了文学革命的宣言。

---

① 见朱洪. 从领袖到平民——陈独秀沉浮录[M]. 北京：中国档案出版社，1994：65—71.
② 陈独秀. 独秀文存[M]. 合肥：安徽人民出版社，1987：73—79.
③ 唐德刚译注. 胡适口述自传[M]. 上海：华东师范大学出版社，1993：137.
④ 同上书，149—150.
⑤ 陈独秀. 独秀文存[M]. 合肥：安徽人民出版社，1987：95—96.

同"打倒孔家店"一样,这种以白话文运动为形式的文学革命也引起了很大的争论,但白话文的传播终究具有不可阻挡之势。1917 年,陈独秀在蔡元培的支持下,改革了北京大学的预科课程并用白话进行教学。胡适后来在回忆这场运动时说,对于白话文运动兴起的势头之猛烈,很出乎他的意料。他原以为要经过 25 至 30 年的长期斗争才会有相当的结果,实际上只用了短短的 4 年左右的时间,"在学校里用白话代替文言,几乎已经完全成功了"。"因此在我们的斗争中,至少获得了充分的胜利。其中重要的部分就是以白话文为教育工具。在此之前,纵使是小学教材,所用的也是已死的古文。这些死文字却必须要以各地人民所习用的话的方言来把它译成语体。所有在这个革命运动中,有关教育的一方面,却于 1920 年,在那个守旧政府教育部明令[支持]之下得到了胜利!"① 欧洲的文艺复兴运动用各国的文字代替拉丁文,这种改革对于知识的传播和思想的启蒙发挥了重大的作用;同样的,中国的白话文运动对于新文化的传播、普及以及打破儒家经典的垄断地位,其意义也是深远的。

以《新青年》杂志为核心的新文化运动在中国教育、伦理思想发展史上再一个伟大贡献就是输入科学、民主等西方的文化精神。当时陈独秀认定,西洋人因为拥护德先生(即民主)和赛先生(即科学),闹了许多事,流了许多血以后,这两位先生才把他们从黑暗中救出来,引到光明世界。而中国的政治、道德、学术若想从黑暗走向光明,必须也要认定这两位先生,并且要决心为这两位先生而承受政府的压迫,社会的攻击笑骂,甚至断头流血。1915 年 1 月,陈独秀在为《新青年》所写的《〈新青年〉罪案之答辩书》中,对于当时社会上一些人非难《新青年》破坏孔教、破坏礼法、破坏国粹、破坏贞节、破坏旧伦理、破坏旧艺术、破坏旧宗教、破坏旧文学、破坏旧政治等方面的言论,作了令人振聋发聩的答辩。陈独秀对于上述种种指责"直认不讳",紧接着理直气壮地指出:"《新青年》杂志同人本来无罪,只因为拥护那德莫克拉西(Democracy)和赛因斯(Science)两位先生才犯了这几条滔天的大罪,要拥护那德先生,便不得不反对旧艺术、旧宗教;要拥护德先生又要拥护赛先生,便不得不反对国粹和旧文学。大家平心细想,本志除了拥护德、赛两先生之外,还有别项罪案没有呢?若是没有,请你们不要专门非难本志,要有气力有胆识来反对德、赛两先生,才算是好汉,才算是根本的方法。"②

作为中国的思想启蒙运动,新文化运动起到了震古烁今的作用,对于中国教育现代化产生了深远的影响。胡适更喜欢用"中国文艺复兴"来指称这一运动,此外,他还概括了这一运动的"四重意义",即"重新估定一切价值"(严肃分析我们所面临的活生生的问题);"输入学理"(从海外输入新理论、新观念、新学说);"整理国故"(对传统的学术思想持批判的态度);"再造文明"(产生一个新的文明)。③ 值得注意的是,在《新青年》"输入"的"学理"中,马克思主义也在其中,而且《新青年》还曾出过一期"马克思专号"。

---

① 唐德刚译注. 胡适口述自传[M]. 上海:华东师范大学出版社,1993:164.
② 陈独秀. 独秀文存[M]. 合肥:安徽人民出版社,1987:242-243.
③ 唐德刚译注. 胡适口述自传[M]. 上海:华东师范大学出版社,1993:171-175.

3. 北京大学改制[①]

北京大学前身为1898年维新运动时期建立的京师大学堂。辛亥革命以后，1912年2月改为北京大学堂。此后，严复、章士钊、马良、何时、胡仁源先后出任校长。在1917年1月蔡元培就任北京大学校长以前，北京大学沿袭了京师大学堂的封建气息，因循守旧、学风不正。北洋军阀政府对学生采取高压政策，不停地提出合并、解散学校的计划。

蔡元培去北大担任校长时，新文化运动已经蓬勃兴起，这对他以民主主义思想来改革北大，无疑创造了一个良好的环境。北京大学的改革是当时大学改革的典型，主要表现在下述几个方面：

树立新的办学宗旨，改变读书做官之观念。蔡元培以"研究高深学问"作为北大的办学宗旨。他就任时对学生提出的第一点要求就是"当以研究学术为天职，不以大学为升官发财之阶梯"。他提倡"砥砺德行"，在师生中组织"进德会"，主张束身自爱，力矫颓俗，并发起有益的课外活动。

坚持"思想自由"、"兼容并包"，"囊括大典，网罗众家"的办学思想。蔡元培主张各种学说"无论为何种学派，苟其言之成理，持之有故，尚不达自然淘汰之命运者，虽彼此相反，而悉听其自由发展"。在北大的教师队伍中，既有陈独秀、李大钊、鲁迅等新文化运动的骨干人物，也有辜鸿铭、刘师培等政治上的守旧派。只要有学问，并热心教学工作的学者，他都努力聘请。对于教师的任用，学问是最重要的标准，而不顾学历、资格、权势等其他因素。曾经担任过北大文科教师的，除上面提到的那些人之外，还有胡适、钱玄同、刘半农、沈尹默、杨昌济、马叙伦、陈垣、徐悲鸿等。在理科方面则有夏元瑮、李仲揆、冯祖荀、颜任光、李书华、秦汾、俞同奎、何杰、翁文灏等。而对于不合格的中外教员，无论其背景如何，予以辞退。到1918年，北大共有教员200多人，教授平均年龄只有30多岁。这支具有活力的教师队伍对校内改革以及民主、科学思想的传播起了很大的作用。

改革学校管理体制。学校设立评议会，以决定学校重大事务；校长为评议会议长，而评议员则从各科学长和教授中选举，每年选举一次。设立行政会议以实施评议会决定的事项；行政会议为全校最高行政机关，成员以教授为限，校长为行政会议议长。设立教务处、总务处。废门改系，系主任由教授互选，各系成立教授会，规划本系教学工作。

除了上述几项之外，还进行了学科和课程设置的改革。在教学方面，则注重外语的学习和使用，并建立了旁听生的制度。

北京大学改革意义最为深远的是蔡元培倡导的思想自由和学术民主。改革以后，校内的学术团体纷纷成立，如新闻研究会、哲学研究会、进德会、平民讲演团、地质研究会、国民杂志社、新潮社、国故月刊社、孔子研究会、雄辩会、数理学会，还有书法、画法、音乐、击技等研究会。各研究会都得到教授、学者的支持，例如，蔡元培担任了新闻研究会的会长，发起成立哲学研究会的是杨昌济、马叙伦。此外，学校还支持学生自办刊物。据胡适回忆，当时一批"成熟的学生们办了一个《新潮》的刊物，这份《新潮》月刊表现

[①] 本书这一部分所据资料，除特别注明者，均来自陈学恂主编．中国教育史研究（现代分卷）[M]．上海：华东师范大学出版社，1994；11—19；毛礼锐等主编．中国教育通史（第五卷）．济南：山东教育出版社，1988；34—37.

得甚为特出，编写皆佳。互比之下，我们教授们所办的《新青年》的编排和内容，实在相形见绌"。①

改革后的北京大学成为中国新思潮的摇篮，正像费正清指出的那样，"从1917年开始，知识界的这一思想酝酿运动集中在北京大学（中国人简称为北大）"。② 北大后来成为"五四"运动的发祥地，决不是一件偶然的事情。

三、马克思主义思想在中国的传播

早在上世纪末，马克思和恩格斯的思想就已传到中国，但那时马克思的学说是作为"西学"之一种来介绍的。中国人真正将马克思主义作为社会革命的指导思想则在十月革命之后。正是在这个意义上，毛泽东说，"中国人找到马克思主义，是经过俄国人介绍的。在十月革命以前，中国人不但不知道列宁、斯大林，也不知道马克思、恩格斯。十月革命一声炮响，给我们送来了马克思列宁主义。十月革命帮助了全世界的也帮助了中国的先进分子，用无产阶级的宇宙观作为观察国家命运的工具，重新考虑自己的问题"。③ 马克思主义在中国的传播，是中国现代革命史和中国现代教育思想发展史中的一件大事。

1."五四"运动以及中国人对西方的信仰危机

马克思主义得以在十月革命以后被中国人作为革命指导思想而加以接受，原因是多方面的。第一次世界大战期间，在西方列强忙于战争而无暇东顾的间隙，中国民族工业有了较大的发展，与此相伴随的是工人阶级力量的壮大，以新文化运动为形式的中国启蒙运动造成的思想解放，俄国十月社会主义革命胜利等等，都是中国人向往并接受马克思主义的重要原因。除了这些以外，"五四"运动所表现出来的中国民族主义热忱以及"五四"以后知识分子参与社会改造的高涨的政治热情，也是极为重要的原因。

1919年5月4日在北京爆发的以反对帝国主义和封建主义为主要内容的"五四"运动，其导火线是1919年召开的"巴黎和会"。早在1915年，日本就迫使袁世凯政府接受独霸中国的"二十一条"。在"巴黎和会"上，作为战胜国之一，中国理应收回被日本占领的原德国在山东的租借地和胶济铁路，废除日本与袁世凯订立的"二十一条"，并希望帝国主义放弃在华特权。但中国的正当要求遭到参加和会的美、英、日、意等帝国主义国家的拒绝，和会还决定在《凡尔赛和约》中明文规定日本夺得山东的权益。北洋军阀政府竟准备在和约上签字。消息传来，举国愤怒。几千名北京大学和其他学校的学生拥向街头举行抗议和示威活动。这场发起于北京，最初以知识分子为主的爱国运动很快波及全国，参加者也不断由学生扩大到市民、商人和工人。"五四"运动成为中国开始新民主主义革命的标志。

"五四"运动的爆发是中国人民"空前的最广泛的表达民族感情的示威"，④ 它表明，"中国人民大众的民族主义情绪在对西方人然后是日本人入侵，而作的反应有了新的高

---

① 唐德刚译注．胡适口述自传 [M]．上海：华东师范大学出版社，1993：172-173. 引文中的"特出"，疑为"突出"之误．
② 费正清．美国与中国 [M]．张理京译．北京：商务印书馆，1987：167.
③ 毛泽东选集（一卷本）[M]．北京：人民出版社，1967：1359-1360.
④ 费正清．美国与中国 [M]．张理京译．北京：商务印书馆，1987：167.

涨"。① 长期以来，在中国人思想中占据重要地位的"宗族"、"种族"以及"真命天子"，逐渐被"民族"、"国家"所取代，国家的兴亡同"宗族"、"种族"以及个人命运的联系，被人们越来越清楚地认识到。所以，在"五四"运动以后，以新文化运动为形式的文化改造运动势必要转向社会改造运动，而且前者为后者提供了很好的思想基础。《新青年》的变化清楚地显示了这一点。陈独秀在《新青年》创刊时定的宗旨是，"改造青年的思想，辅导青年之修养，'批时评政，非其旨也'"。② 而在1919年12月1日陈独秀写的《〈新青年〉宣言》中，明确提出"我们主张的是民众运动社会改造"，"相信真的民主政治必会把政权分配到人民全体……这种政治，确是造成新时代一种必经的过程"。值得注意的是，《宣言》在表示"和过去及现在各派政党绝对断绝关系"的同时，承认政党"是运用政治应有的办法"，③ 表现了对社会改造、政治、甚至政党的热情。

在认识到必须进行社会改造之后，接下来的一个严峻问题是如何进行社会改革。从1840年鸦片战争以来，中国人为"图强"，走了一条向西方学习的道路，其结果如何？正像费正清所说的那样，"1898年立宪维新运动和1911年后的国会运动都失败了，这证明仅仅抄袭西方是不足以改造中国的。1895年日本的战胜中国、1901年的辛丑条约和1915年的"二十一条"这些国耻，已经提高了人们的认识，觉得必须实行最根本的变革，才能以某种方式复兴和整顿中国社会"。④ 费正清对"五四"时期中国社会思潮的分析固然比较中肯，但他忽略了另一个重要事实，即包括美国在内的西方列强在巴黎和会上的丑恶表演对中国民族主义社会思潮的催化作用。中国人对于西方文明标榜的"自由、平等、博爱"一直抱有幻想，指望巴黎和会能够体现"公理战胜强权"，然而，实际上由美国总统威尔逊操纵的巴黎和会"最高会议"进行了一系列肮脏的交易，在中国权益的问题上最终满足了日本的要求。巴黎和会使中国人民看清了西方帝国主义丑恶的嘴脸，就这个意义来讲，"五四"运动的爆发标志着中国人对"西方文明"的失望，标志着中国人民对西方文明信仰的破产。

与此同时，1917年俄国十月社会主义革命以后建立的苏维埃俄罗斯，却以一种迥异于西方国家的崭新的形象而吸引了中国人的视线。当时的知识分子从苏维埃俄罗斯实施的社会主义制度中，看到了实现中国传统文化中固有的"大同社会"的希望。同巴黎和会上西方帝国主义国家的表现相比较，苏维埃俄罗斯宣布废除不平等条约，更使西方相形见绌。原先在中国人看来很落后、很少人想学的俄国，突然成了人们注意的焦点，"中国人和全人类对俄国人都另眼相看了。这时，也只是在这时，中国人从思想到生活，才出现了一个崭新的时期"。⑤ 在学西方学了几十年而毫无结果的情况下，中国人转而"以俄为师"。

2.《新青年》的分化和马克思主义思想的传播

"五四"以后，随着中国民族主义思潮的高涨，先进知识分子变革中国社会的政治热

---

① 费正清. 美国与中国 [M]. 张理京译. 北京：商务印书馆，1987：197.
② 朱洪. 从领袖到平民——陈独秀沉浮录 [M]. 北京：中国档案出版社，1994：69.
③ 陈独秀. 独秀文存 [M]. 合肥：安徽人民出版社，1987：245.
④ 费正清. 美国与中国 [M]. 张理京译. 北京：商务印书馆，1987：165.
⑤ 毛泽东选集（一卷本）[M]. 北京：人民出版社，1967：1359.

情也释放了出来。以传播新文化、探索中国社会改造道路的出版物和社团纷纷出现。"1919年'五四运动'之后，全国青年皆活跃起来了，不只是大学生，纵是中学生居然也要办些小型报刊来发表意见。只要他们在任何地方找到一架活字印刷机，他们都要利用它来出版小报。找不到活字印刷机，他们就用油印。"① 在1919年至1920年期间，全国新出现刊物四百多种，从大城市到边远省区，分布在全国各地。这些刊物所宣传的思想，可谓应有尽有，"但总的来说，反映了'五四'以来新文化运动共同的趋向，即关心国家民族的命运，探索中国的前途和社会改造问题，开展了热烈的讨论，各种'新思潮'纷至沓来。'五四'以前反封建的新文化运动中资产阶级的民主主义、人文主义、个性解放的思想还在为人们谈论，反帝爱国的思想在激荡着青年的热血，但在中国社会改造的讨论中社会主义思潮广泛传播，形形色色的无政府主义、空想社会主义、新村主义、泛劳动主义、工读主义等思想和科学社会主义一起被介绍到中国来。封建军阀、官僚、资产阶级、一切剥削制度、劳心与劳力分离……一起在批判之列。有些人把民主主义扩大为社会主义，有的把传统的大同思想附会社会主义。与此同时，马克思主义逐渐在中国传播"。②

最早出现马克思和恩格斯名字的中文报刊，是1899年上海广学会办的《万国公报》，当时马克思和恩格斯是作为"德国讲求养民学"的名人而加以介绍的。20世纪初，一些流亡在国外的中国知识分子，如梁启超、朱执信等人介绍资产阶级政治学说和物质文明时，在自己办的刊物上零星地介绍了马克思、恩格斯的学说。自1911年以后，国内的出版物也开始陆续介绍马克思、恩格斯及其学说。总的来说，这些介绍都是把马克思、恩格斯的学说作为"西学"中诸多学说的一种，而且对于马克思学说的理解也不深刻。所以，这些介绍在实际中没有产生多大的影响，因而也未引起人们的重视。③

中国第一个马克思主义者李大钊对于马克思主义在中国的传播发挥了意义深远的作用。"直到凡尔赛会议和五四运动之前，除李大钊外，几乎没有中国人发现十月革命对自己的国家有任何意义，即使李大钊，中国第一位宣布忠实于布尔什维克革命的重要的知识分子，也直到1918年夏季才公开表达他的观点。"④ 莫里斯·迈斯纳在分析了李大钊迟至十月革命胜利7个月以后才公开表达自己的观点的几个原因，其中主要的是，"从民主和科学已经获得胜利的法国、英国、美国的政治和社会思想，转向落后的、农业的俄罗斯，以便得到政治上和思想上的指导，这是在紧要关头重新定向，并非一朝一夕之功。即使李大钊对西方的民主和科学的热情不像他的同事那样高，他仍然主要是从先进的西方思想家那里汲取知识的力量。除托尔斯泰之外，他几乎没有受过俄国思想家的影响"。⑤ 这种分析是中肯的，而且，李大钊思想的转变乃是当时中国先进知识分子群由效法西方转为以俄为师的一个缩影，很有典型意义。

李大钊对于马克思主义在中国传播的贡献，表现为下列几个方面：

首先，通过撰文、讲演、创办刊物等方式，宣传十月革命和马克思主义。1918年7

---

① 唐德刚译注. 胡适口述自传［M］. 上海：华东师范大学出版社，1993：163.
② 毛礼锐等主编. 中国教育通史［M］. 济南：山东教育出版社，1988：12.
③ 参见孙培青等主编. 中国教育思想史（第三卷）［M］. 上海：华东师范大学出版社，1995：278—280.
④ 〔美〕莫里斯·迈斯纳. 李大钊与中国马克思主义的起源［M］. 中共北京市委党史研究室编译组译. 北京：中共党史资料出版社，1987：67.
⑤ 同上书，1989：69.

月,李大钊发表《俄法革命之比较》。在这篇文章中,李大钊指出,"法人当日之精神,为爱国的精神,俄人今日之精神,为爱人的精神。前者根于国家主义,后者倾于世界主义;前者恒为战争之泉源,后者足为和平之曙光,此所异者耳。""法兰西之革命,非独法兰西人心变动之保证表征,实十九世纪全世界人类普遍心理变动之表征。俄罗斯之革命,非独俄罗斯人心变动之显兆,实二十世纪全世界人类普遍心理变动之显兆"。① 1917年11月和12月,李大钊又先后发表了《庶民的胜利》和《Bolshevism 的胜利》,在人们欢庆第一次世界大战"公理战胜强权"的时候,李大钊慧眼独具地指出,我们"是为全世界的庶民庆祝","Bolshevism 的胜利,就是二十世纪世界人类人人心中共同觉悟的新精神的胜利!"② 1919年,李大钊在《新青年》上发表长达一万多字的《我的马克思主义观》,系统地阐述了马克思主义在经济思想史上的价值以及"唯物史观"、"阶级竞争说"、"经济论"("余工余值说"、"资本集中说")。《李大钊年谱》作者在评论这篇文章时指出,它"是我国最早的全面系统地介绍马克思主义基本内容的重要著作,为当时先进知识分子学习共产主义提供了最好的材料,从而推动了马克思主义传播运动的深入发展"。③

第二,成立马克思主义研究会。1918年底,李大钊组织成立的马克思主义研究会是中国第一个以马克思主义为宗旨的团体,参加者多为北京大学的学生。李大钊带领学生对马克思主义理论进行自由讨论,这些讨论往往在晚间秘密进行。毛泽东在第一次由湖南去北京期间,曾参加了在李大钊的办公室举行的讨论会。当时任北京大学图书馆主任的李大钊还安排毛泽东担任图书馆管理员。毛泽东后来对埃德加·斯诺说,在那个时期他迅速地向马克思主义靠拢。包括毛泽东在内,北京大学的很多青年学生,后来都成了中国共产党的领导人,他们都是在"五四"运动之前几个月通过李大钊的讨论会而了解马克思主义的,其中有瞿秋白,还有邓中夏、张国焘等。李大钊的办公室很快成了红色的堡垒。

第三,捍卫马克思主义思想。"五四"运动以后,马克思主义思想逐渐开始在越来越广泛的范围内得到传播,逐渐成为一种强大有力的新思潮。然而,在当时的中国,马克思主义的传播也引起了知识界一部分人的反对。"问题与主义"的争论,就是马克思主义和非马克思主义思想的交锋。

"问题与主义"的争论是由胡适于1919年7月在《每周评论》上发表的《多研究些问题,少谈些"主义"》一文引起的。事实上,引发这场争论的前因早就存在。在新文化运动发展的过程中,以《新青年》为核心的一批新文化的斗士也开始分化。如前所述,十月革命以后,李大钊将自己关注的焦点由"文化"转移到"政治"或社会改造之上,并坚信中国革命应该以俄为师。陈独秀仍然恪守不参与政治的原则,并继续倡导体现西方文明精神的科学和民主。不过,"五四"运动爆发以后,陈独秀放弃了这一原则,并且在6月12日因参加政治活动被捕。此后很快就转而信仰马克思主义。胡适却继续在"文化"的道路上走下去。胡适向他的同事们建议,"我们要致力于[研究解决]我们所认为最基本的有关中国知识、文化和教育方面的问题,我并且特地指出我们要'二十年不谈政治;二十年

---

① 李大钊文集(上)[M]. 北京:人民出版社,1984;573、575.
② 同上书,593、603.
③ 转引自孙培青等主编. 中国教育思想史(第三卷)[M]. 上海:华东师范大学出版社,1995;280-281.

不干政治'"。① 所以，胡适把"五四"运动说成是"一场不幸的政治干扰"。《多研究些问题，少谈些主义》反映了当时正在中国讲学的杜威的社会改良的主导思想，文中说了三点："第一，空谈好听的'主义'，是极容易的事。第二，着重外来进口的'主义'对解决中国实际问题，是没有用处的。……第三，偏向纸上的'主义'是很危险的。"② 同年8月，李大钊以给胡适通信的形式撰写了《再论问题与主义》。在这篇文章中，李大钊指出，社会运动固然要研究实际问题，但也要宣传理想的主义。并明白地告诉胡适，"我是喜欢谈谈布尔什维主义的。"值得注意的是，李大钊还应用马克思主义提出"根本解决"的办法，"依马克思的唯物史观，社会上法律、政治、伦理等精神的构造，都是表面的构造。他的下面，有经济的构造作他们的一切基础"。③ 此外，李大钊还指出，如果没有以阶级斗争形式出现的工人运动，经济的革命是不能实现的。这场争论虽然没有从根本上改变胡适的思想，但对于马克思主义的传播，是有积极意义的。"经过这场'问题与主义'之争后不久，《新青年》又搬迁至上海编辑。北京同人便渐渐少寄文稿，且为《新青年》编辑方针发生过一些争论。以后，《新青年》团体便无形中解散了。"④

早期在中国传播马克思主义的还有陈独秀、杨匏安、李达、李汉俊、毛泽东、周恩来、邓中夏、蔡和森等。在传播马克思主义的过程中，除了上述"问题与主义"的争论之外，中国早期的马克思主义者还同基尔特社会主义、无政府主义等非马克思主义思想进行交锋。这些思想上的争辩，不仅扩大了马克思主义在中国的影响，而且也大大地提高我国早期共产主义者的理论水平。

第二节　中国早期马克思主义教育思想和实践

作为马克思主义思想的一个有机组成部分，马克思主义教育思想在中国的传播同马克思主义思想的传播是紧密联系在一起的。在中国早期马克思主义者以马克思主义为革命指导思想，探索中国社会改革道路的时候，教育的问题也纳入他们的视野之中。因此，尽管并不系统、完整，但在中国早期马克思主义者对于种种社会问题的讨论中，已经勾勒了马克思主义教育思想的基本主张。具备比较完备而系统的形态的马克思主义教育的理论，则在稍晚的时候出现，其标志是杨贤江于1930年3月出版的著作——《新教育大纲》。在中国早期马克思主义者传播马克思主义教育思想的同时，还开展了多种形式的教育实践。所有这些，对于中国马克思主义教育思想和实践的发展，无疑具有意义深远的作用。

一、中国早期马克思主义者的教育观

中国早期马克思主义者在思想上都经历了一个从效法欧美到以俄为师的过程，他们基本上都从事过教师的职业，具有教育工作的经历，而且不少人在日本或欧洲留过学。所以，无论是他们的教育实践或教育思想，都经历了一个从民族主义、资产阶级民主主义到

---

① 唐德刚译注. 胡适口述自传 [M]. 上海：华东师范大学出版社，1993：190.
② 同上书，191.
③ 李大钊文集（下）[M]. 北京：人民出版社，1984：37.
④ 易竹贤. 胡适传 [M]. 武汉：湖北人民出版社，1994：244.

马克思主义的转变过程,在他们的论述中,尤其是接受马克思主义、成为共产主义者之前的论述中,民主主义思想的成分是存在的。尽管如此,中国早期马克思主义者的教育观对于中国马克思主义教育思想的孕育、发展发挥了积极的作用。这一部分主要阐述李大钊、陈独秀、恽代英等人的教育思想。

1. 教育与社会的关系

中国早期马克思主义者李大钊、陈独秀等人根据唯物史观,肯定一定社会的教育由一定社会的经济基础所决定,同时又指出,教育对于社会的进步发挥重大作用,为此,要对旧教育进行改造。

李大钊在《我的马克思主义观》中阐述唯物史观时指出,"人类社会生产关系的总和,构成社会经济的构造。这是社会的基础构造。一切社会上政治的、法制的、伦理的、哲学的,简单说,凡是精神上的构造,都随着经济的构造变化而变化。"促使"基础构造"变化的内部的最高动因,是生产力,而属于人类意识的东西,"丝毫不能加他以影响",相反,基础构造"却可以决定人类的精神、意识、主义、思想,使他们必须适应他的行程"。① 在《物质变动与道德变动》一文中,李大钊又具体分析了道德、宗教、哲学、政策、主义乃至风俗与习惯都随着社会生活的要求、随着经济变动的情况,并在最后总结他这篇文章的"论旨"时提出,"一代圣贤的经训格言,断断不是万世不变的法则。什么圣道,什么王法,什么纲常,什么名教,都可以随着生活的变动、社会的要求,而有所变革,且是必然的变革"。② 虽然李大钊没有具体提到教育,但教育显然是包含在他所说的"精神的构造"之中的。

在教育同经济基础的关系方面,陈独秀的表述更为形象。他认为,教育与知识、思想、言论等一样,都是"经济的儿子",而不是"经济的弟兄";教育与思想、文化、宗教、道德等均属于"心的现象即精神现象","都是经济的基础上面之建筑物,而非基础本身"。在这里,陈独秀明确提出了教育属于上层建筑的见解。③

在教育同政治的关系方面,中国早期马克思主义者都明确指出,教育离不开政治,教育受制于政治。20世纪初,具有民主主义思想的进步知识分子,往往自恃清高,对政治有一种疏离的倾向。陈独秀和《新青年》同人在早期也以不谈政治为宗旨,但即使在那个时期,他也看到了政治对于教育的制约作用。当《新青年》读者对陈独秀撰文评论"时事"表示疑惑时,陈独秀复信指出,"中国政治所以至此者,乃因一般国民雅不欲与闻政治"。至于教育,他认为,只有"政治进化在水平线以上,然后教育事业实有发展之余地",所以,"而今而后,国民生活倘不加以政治彩色,倘不全力解决政治问题,则必无教育实业之可言,终于昏弱削亡而已"。④

针对20年代的青年由于受"旧时观念"影响而"不喜过问"政治的情况,李大钊指出:"前几年,人家以为教育与政治是两件事,……须知政治不好,提倡教育是空谈的。

---

① 李大钊文集(下)[M]. 北京:人民出版社,1984:59,151.
② 同上.
③ 见陈独秀文章选编(中)[M]. 北京:生活·读书·新知三联书店,1984:379、377.
④ 陈独秀文章选编(上)[M]. 北京:生活·读书·新知三联书店,1984:225.

从前蔡元培先生等抱此种观念，决不干预政治。结果国立北京八校竟有停办的危机。"①

在教育与社会发展的关系上，早期马克思主义者坚信教育是改造社会的工具，在承认经济基础决定上层建筑的前提下，他们充分肯定了人的意识和活动的能动作用，这乃是理解教育与社会发展关系的基础。

李大钊对于将"决定论"等同于"宿命论"的观点持反对态度。他指出，"有人说，历史的唯物论者以经济行程的进路为必然的、不能免的，给它以一种定命的彩色，后来马克思派的社会党，因为信了这个定命说，除去等着集体制自然成熟以外，什么提议也没有，以致现代各国社会党却遇见很大的危机"。然而，自《共产党宣言》发表以后，"大家才知道离开人民本身，是万万做不到的，这是马克思主义的一个绝大的功绩"。② 他还指出，"历史的唯物论者所说的经济现象有不屈不挠的性质，……在他面前都低头的话，那也不能认为正确了"。③ 在1920年发表的《唯物史观在现代史学上的价值》中，李大钊对人的能动性之于推动历史发展的作用说得更为明白、直率："我们要晓得一切过去的历史，都是靠我们本身具有的人力创造出来的，不是那个伟人圣人给我们造的，将来的历史，亦还是如此。"④

教育要发挥改造社会、促进社会发展的作用，首先要使教育同政治相结合。这里的政治是指阶级的政治。李大钊在分析宗教、哲学的历史变迁过程时指出，自从社会"分出治者与被治者阶级"以后，人类"从前受制于自然，现在受制于地位较高的人类了"。在工业革命以后的现代社会中，劳工阶级"知道现在资本主义制度是使他们贫困的唯一原因，知道现在的法律是阶级的法律，政治是阶级的政治，社会是阶级的社会"。⑤ 不言而喻，教育需要结合的是"劳工阶级"的政治。

第二，教育要培养改造社会的人才。社会改造的根本解决方法是"经济问题的解决"。然而，经济问题的解决需要有自觉地进行阶级斗争的人。陈独秀认为教育是智慧的源泉，没有教育，就不能培养出社会上经营各项事业的人才；如果教育得法，终有救国新民之一日。李大钊指出，"知识是引导人到光明与真实境界的灯烛，愚暗是达到光明与真实境界的障碍，也是人生发展的障碍"。⑥ 在这里，人的能动作用、教育的作用得到了充分的肯定。恽代英认为，教育要发挥改造社会有力工具的作用，关键在于培养社会所需要的人才，当时中国最急需的是"能革命的人才"，"中国今日之教育，宜单纯注意救国的需要，才能举救国的实效"。⑦ 为此，情意的教育要重于知识的教育；社会科学知识的学习要重于技术科学知识的学习；对于在革命时期能起巨大作用的人才的培养要特别重视。

2. 用社会主义的理想来改造旧教育

1922年7月，李大钊发表了《平民政治与工人政治》一文，对于"尚在孕育期"、"尚不能明了地"指出社会主义是一种什么制度的情况下，从人的知、情、意三个方面

---

① 李大钊文集（下）[M]．北京：人民出版社，1984：575—576．
② 同上书，64．
③ 同上书，66．
④ 同上书，365．
⑤ 同上书，143．
⑥ 同上书，8．
⑦ 转引自孙培青等主编．中国教育思想史（第三卷）[M]．上海：华东师范大学出版社，1995：214．

"觅出了他的根蒂：(一)知的方面，社会主义是对于现存秩序的批评主义。(二)情的方面，社会主义是一种使我们能以较良的新秩序代替现存秩序的情感；这新秩序，便是以对于资本制度的知的批评主义的结果，自显于意象中者。(三)意的方面，社会主义是在客观的事实界创造吾人在知的和情的意象中所已经认识的东西的努力，就是以工人的行政代替所有权统治的最后形体的资本主义的秩序的努力"。① 李大钊对于社会主义的构想，体现了"不破不立、不塞不流"，换言之，更多的是体现在对当时存在的旧秩序的批评。同样的，对于理想中的社会主义教育，由于当时实践的限制，更多的也是体现在对旧教育的批评上面。

首先，中国早期共产主义者对旧教育制度的阶级性进行揭露，并努力争取工、农群众的受教育权利。

在《劳动教育问题》中，李大钊对于资本家剥夺劳工受教育权表示了极大的愤慨："人但知道那些资本家夺去劳工社会物质的结果，是资本家莫大的暴虐，莫大的罪恶，那知道那些资本家夺去劳工社会精神上修养的工夫，这种暴虐，这种罪恶，却比掠夺他们的资产更是可怕，更是可恶！"在揭露旧教育阶级性的基础之上，李大钊指出，"人类的生活，衣食而外，尚有知识；物的欲望而外，尚有灵的要求，所以，在教育上，也要求一个人人均等的机会，去应一般人的要求"。② 为了保证劳工受教育的机会，李大钊提出，应该多设教育的补助机构，以便使他们就近得到适当的机会以补助知识的需求；必须用"通俗的文学法"，以便使一般劳工了解许多道理；要缩短工作时间，以便使劳工有时间去读书。

至于农民的教育，李大钊在《青年与农村》一文中指出，"农村的教育机关，不完不备，虽有成立一二初等小学的地方，也不过刚有一个形式。小学教师的知识，不晓得去现代延迟到几世纪呢？至于那阅书报的机关，更是绝无仅有"。李大钊认为，造成这种现象的根本原因是"那些赃官、污吏、恶绅、劣董，专靠差役、土棍作他们的爪牙，去鱼肉那些老百姓"。③ 除此之外，还有一个缘故，那就是一般有知识的青年专想在官僚中讨生活，而不愿回到田园。因此，他号召有知识的青年到农村去作开发农村、改善农民生活的事业。"只要知识阶级加入了劳工团体，那劳工团体就有了光明；只要青年多多的还了农村，那农村的生活就有了改进的希望；只要农村生活有了改进的效果，那社会组织就有进步了，那些掠夺农工、欺骗农民的强盗，就该销声匿迹了。"④

其次，对于旧教育的教育目的作了很好的剖析。在《新教育是什么？》一文中，陈独秀在指出旧教育"减少训练的效力"、"减少学术应用的效力"、"减少文化普及的效力"等缺点的同时，尤为着重地批评了旧教育"是要受教育者依照教育者的理想，做成伟大的个人，为圣贤，为仙佛，为豪杰，为大学者"，⑤ 而不是注重在改良社会。恽代英对旧教育的目的作了类似的批评，他指出，中学教育片面追求高深、广博，实际上成了高等学校的预备科。"现在的教育，只有有学者禀赋的人，能最得益。因为他才可以用学者的脑筋去

---

① 李大钊文集(下)[M].北京：人民出版社，1984：574.
② 同上书，632—633.
③ 同上书，649.
④ 同上书，652.
⑤ 陈独秀文章选编(中)[M].北京：生活·读书·新知三联书店，1984：75.

领会他。其余的人,既以其无关于日常生活,不易引起研究的兴味;便会觉得这些抽象的教材,是玄秘,是枯寂。既自信不能领会,亦复不肯耐耐烦烦去领会他。这是所以现在中学,每班三四十人中,总只成就得三五个人的原故。"①

在人与社会的关系上,陈独秀坚信社会的力量远远大于个人,社会能够支配个人,而个人不能支配社会。在分析了孔子、释迦牟尼和耶稣三人的思想同受他们三人思想影响颇大的中国、印度和欧洲社会之间内在的关系之后,文章中写到,"这完全是有中国的社会才产生孔子的学说,决不是有孔子的学说才产生中国的社会";"他们所在的社会都有支配他们思想的力量。"② 显然,教育应该满足社会的需要,而当时社会最大的需要是促进社会的改革。

第三,反对封建主义教育内容和帝国主义的文化侵略。作为新文化运动的斗士,陈独秀对于北洋军阀尊孔复古的种种逆行,从未停止过口诛笔伐。值得指出的是,即使在陈独秀创刊《新青年》伊始、申言不谈政治的1916年,对于孔子的批评,也是从政治标准出发的。那一年发表的《宪法与孔教》一文,表达了陈独秀的这一思想,即他之所以反对尊孔,其原因在于孔教有违于他的民主主义的政治理想:"使今尤在闭关时代,而无西洋独立平等之人权说以相较,必无人能议孔教之非。即今或谓吾华贱族,与西人殊化,未可强效西颦,愚亦心以为非而口不能辩。惟明明以共和国民自居,以输入西洋文明自励者,亦于与共和政体西洋文明绝对相反之别尊卑明贵贱之礼教,不欲吐弃,此愚之所大惑也。"③ 3年以后,陈独秀在《孔教研究》中明确说明:"文明反对孔教,并不是反对孔子个人,也不是说他在古代社会无价值。不过因为他不能支配现代人心,适合现代潮流,还有一般人硬要拿他出来压迫现代人心,抵抗现代潮流,成了文明社会进化的最大障碍。"④ 可见反孔的原因在于政治,而且陈独秀在那个时候就已经做到把人同思想区分开来了。

如果说陈独秀对于孔子的抨击主要出于政治的原因,那么,李大钊对于孔子的批评主要是从唯物史观出发的,孔子的学说之所以应该打倒,是因为这种学说赖以支持的经济基础发生了变化。在《由经济上解释近代中国思想变动的原因》一文中,李大钊认为,"孔子的学说所以能支配中国人心有二千余年的原故,不是他的学说本身具有绝大的权威,永久不变的真理,配做中国人的'万世师表',因他是适应中国二千余年来未曾变动的农业经济组织反映出来的产物,因他是中国大家族制度上的表层构造,因为经济上有他的基础。"然而,现在的情况是,"时代变了!两洋的文明打进来了!西洋的工业经济来压迫东洋的农业经济了!孔门伦理的基础就根本动摇了"。⑤

在反对封建主义教育的同时,对于帝国主义的文化侵略也采取反对态度。当中国社会主义青年团1922年在上海发起组织全国"非基督教大同盟"时,陈独秀积极支持,随后并发表专论,揭露教会学校强迫非教会学生读经、祈祷等,其目的在于垄断中国的教育权。恽代英在《反对帝国主义的文化侵略》中指出,文化侵略是"帝国主义者一种软化驯服弱小民族的文化政策"。其内容是:"(1) 宣传上帝耶稣天堂地狱的迷信,使弱小民族不

---

① 转引自孙培青等主编.中国教育思想史(第三卷)[M].上海:华东师范大学出版社,1995:315—316.
② 陈独秀文章选编(中)[M].北京:生活·读书·新知三联书店,1984:76.
③ 陈独秀文章选编(上)[M].北京:生活·读书·新知三联书店,1984:148.
④ 同上书,392.
⑤ 李大钊文集(下)[M].北京:人民出版社,1984:179.

注意眼前所受切身的痛苦，而希冀修身行道，以求将来的幸福于虚无缥缈之中。(2) 鼓吹帝国主义国家之文明，而隐藏他们实际上存在的各种罪恶，而承认帝国主义为文物上邦。(3) 宣传片面的和平博爱学说，对于帝国主义蹂躏弱小民族的罪恶，则不能而且不敢加以指责反对。(4) 鼓吹帝国主义者对弱小民族之德政，使弱小民族生感激之心，成为永不反叛的臣民。"① 1924 年 7 月，陈独秀在《收回教育权》一文中，对教育权的问题发表了很有见地的主张。他认为，中国应该收回教育权，教会学校必须接受中国政府的管理，但是，在国民革命成功以前，"收回教育权"的主张恐难实现。所以，"破坏外人在华教育权"的主张更有现实意义。"至于破坏的责任，便不需依赖政府与教育界，主要在教会学校受奴隶教育的二十万男女青年有这样的觉悟与决心。"② 尤其难能可贵的是，无论反对封建主义教育或是反对帝国主义的文化侵略，陈独秀最终都落实到对当时中国教育的改造上。他指出，"教会学校的学生，对于社会服务，接近社会及纪律的卫生的训练这两点，实在比中国公私立学校的学生都好得多"，③ 因此，如果中国的教育不进行改革，那么，教会学校的努力还将进一步蔓延，教育权的问题，政治的因素固然重要，但起决定作用的还在教育本身，这种见解是发人深省的。

李大钊 1922 年曾联合当时的进步人士发起组织"非宗教大同盟"，他向国人指出，"教毒日深，真理日泯"，主张"依科学之精神，吐进化之光华"；坚决反对当时帝国主义对中国的文化侵略以及基督教教育，指出帝国主义者"最可痛恨的毒针，就是全力煽惑青年学生"。④ 李大钊对于宗教的态度似乎比陈独秀更彻底。他不仅"首先反对这个最有势力因而流毒最广的基督教，随着必要也要反对佛教，或发动反对儒家和道教的运动"。其原因在于，"宗教是向人们宣传廉价的妥协性的东西，它妨碍彻底探求真理的精神，是人类进步的巨大的障碍"。⑤ 此外，他不仅反对当时在中国的教会学校把《圣经》列为教学科目，而且，对于欧洲学校的世俗化表示赞赏。在评述巴黎公社壮举的《一八七一年的巴黎〈康妙恩〉》中，李大钊特地提到了巴黎公社"使教会与国家分离，没收教会的财产，由教育削去宗教科目"这一革命措施。

第四，主张改革教学方法。对于当时教学方法的批评，主要集中在"教训"的教育方法上面。陈独秀指出，"旧教育是教学生应当如何如何，不应当如何如何，完全是教训的意味，不问学生理会不理会，总是这样教训下去"。⑥ 恽代英用"注入式教学"这个名词来概括传统教学方法的特征。他还深刻地分析了注入式教学方法存在的 8 种弊病：⑦ (1) 上课时教师太劳、学生太逸；(2) 学生脑筋退化，活动力减少；(3) 在一定的时间内教材不能传习太多，教师只好做不必要的解释参考功夫，糟蹋有用光阴；(4) 学生依赖教师；(5) 既有书本，又用口说，既浪费上课的时间，又不能引起学生的兴趣；(6) 教师无法注意学生的个性发展和学生的个别差异；(7) 学生课外负担太重，没有时间从事其他课

---

① 毛礼锐等主编. 中国教育通史（第五卷）[M]. 济南：山东教育出版社，1988：507.
② 陈独秀文章选编（中）[M]. 北京：生活·读书·新知三联书店，1984：536.
③ 同上书，180.
④ 参见罗炳之. 中国近代教育家 [M]. 武汉：湖北人民出版社，1958：136—137.
⑤ 李大钊文集（下）[M]. 人民出版社，1984：556.
⑥ 陈独秀文章选编（中）[M]. 北京：生活·读书·新知三联书店，1984：79—80.
⑦ 参见孙培青等主编. 中国教育思想史（第三卷）[M]. 上海：华东师范大学出版社，1995：320—321.

外活动;(8)学生太看重教师,自己不能养成好学研究思考的习惯,所以离开学校和教师后,便无法做学问。

为了克服旧的教学方法的弊端,陈独秀提倡"启发式"教学,而这种"启发式"教学,显然受到当时欧美进步主义教育思潮的影响,在《近代西洋教育》中,陈独秀介绍了当时西洋教育,"自幼稚园以至大学,无一不取启发的教授法,处处体贴学生心理作用,用这种方法启发他的性灵,养成他的自动能力,好叫人类固有的智能得以自由发展"。① 恽代英根据自己从事教学工作实践的经验,提倡"自学辅导法"。② 自学辅导法是学生在教师指导下通过自学掌握知识、培养自学能力和习惯的教学方式。其价值主要表现为:(1)可以增加学生注意力;(2)引起疑问之习惯;(3)养成无师自习之习惯;(4)便于个别指导。

3. 教育青年个人解放、投身于社会改造

在青年教育方面,随着李大钊、陈独秀等由民主主义者向共产主义者转变,他们对青年教育的重点也有不同侧重,在早期主要提倡青年的个人解放,对于一切旧思想、旧价值观、旧道德乃至旧制度的反对,都是以妨碍个人解放的基点出发而加以抨击的,而后来则将重点放在教育青年投身于社会改造方面。

李大钊于1916年12月写的《宪法与思想自由》一开始便提出,"人莫不恶死而贪生,今为自由故,不惜牺牲其生命以为代价而购求之,是必自由之价值与生命有同一之贵重,甚或远在生命之上"。然而,"吾国自秦以降,其为吾人自由之敌者,惟皇帝与圣人而已",而且民国以后,仍规定"国民教育以孔子之道为修身大本",这将扼杀"民族之生命、民族之思想"。有感于当时我国思想界之消沉,李大钊指出,"非大声疾呼以扬布自我解放之说,不足以挽积重难返之势";对于当时宪法的制定,"其他皆有商榷之余地,独于思想自由之保障,则为绝对的主张"。在当时李大钊的思想之中,个人的自我发展具有至高的价值。他指出,"唯取孔子之说以助益取自我修养,俾孔子为我之孔子可也。奉其自我以贡献于孔子偶像之前,使其自我为孔子之我不可也。使孔子为青年之孔子可也,使青年尽为孔子之青年不可也"。③

陈独秀在早期把社会改良的希望寄托在新陈代谢的规律之上,"青年之于社会,犹新鲜活泼细胞之在人身",而且"社会遵新陈代谢之道则隆盛"。所以他寄希望于青年。不过,他希望青年的仅仅是以个性解放为核心的思想修养。在《青年杂志》创刊时登载的《敬告青年》中,陈独秀"所欲泣涕陈词"的"六义"是:"自主的而非奴隶的";"进步的而非保守的";"进取的而非退隐的";"世界的而非锁国的";"实利的而非虚文的";"科学的而非想象的"。④

在1915年的《今日之教育方针》中,陈独秀提出的方针是,"第一当了解人生之真相,第二当了解国家之意义,第三当了解个人与社会经济之关系,第四当了解未来责任之艰巨"。然后,对应于这个方针所列的4点,他提出了现实主义、唯民主义、职业主义、

---

① 陈独秀文章选编(上)[M].北京:生活·读书·新知三联书店,1984:219.
② 参见孙培青等主编.中国教育思想史(第三卷)[M].上海:华东师范大学出版社,1995:321—322.
③ 李大钊选集(上)[M].北京:人民出版社,1984:214—217.
④ 陈独秀文章选编(上)[M].北京:生活·读书·新知三联书店,1984:73—78.

兽性主义，并分别对这些主义的意义作了说明。被陈独秀列为教育方针第一点的"了解人生之真相"的"现实主义"的含义是，"一切思想行为莫不植基于现实生活之上。古之所谓理想的道德的黄金时代，已无价值可言"。① 在《人生真义》（1918年）这篇文章中，陈独秀的"现实主义"所包含的争取个人解放的意思表达得更为明显。陈独秀在分析孔、孟学说时说，"吾人若是专门牺牲自己，利益他人，乃是为他人而生，不是为自己而生，决非个人生存的根本理由"。在列举了人生真义9个要点之后，陈独秀得出的关于"人生真义"的结论是，"个人生存的时候，当努力造成幸福，享受幸福；并且留在社会上，后来的个人也能够享受。递相授受，以至无穷"。陈独秀认为，"社会是个人集成的，除去个人，便没有社会；所以个人的意志和快乐，是应该尊重的"。② 他似乎坚信，每个人的解放就是社会的解放，而当时的中国，最迫切需要的，不是对社会进行改造，而是使人人自我解放。

在李大钊和陈独秀先后信仰马克思主义，转变成为马克思主义者以后，他们对于青年的教育便从个人的解放转为教育青年参加社会改造运动。这时候，唯物史观关于经济基础决定上层建筑，"经济的解决是最根本解决"的观点，显然成了决定性的因素。

1919年5月，李大钊明确地指出，"不改造经济组织，单求改造人类精神，必致没有结果。不改造人类精神，单求改造经济组织，也怕不能成功。我们主张物心两面的改造，灵肉一致的改造"。③ 在这里，李大钊明确地肯定了社会经济组织改造的重要意义，物的改造的重要性显然置于心的改造之上。原先以为科学和民主能够解决中国一切问题，并表现出将"科学"意识形态化，使之处于与"民主"同等地位倾向的陈独秀，1921年在《社会主义批评》中表达了对于包括欧美各国民主政治的失望，提出"阶级战争的观念确是中国人应该发达的了"，并且指出，"在生产方面废除了资本私有和生产过剩，在分配方面废除了剩余价值，才可以救济现代经济的危机及社会不安的状况，这就是我们所以要讲社会主义之动机"。④

在进行社会改造、实现社会主义方面，中国早期马克思主义者都非常注重青年的作用。李大钊指出，改造中国的任务乃是青年的责任，"我们青年的群众运动，就是社会革命的先锋。"⑤ 为了使青年更好地承担这一使命，青年的教育便是一个不容忽视的问题。

首先，鼓励青年关心政治，学习马克思主义。李大钊号召青年要关心政治，仅仅做到"独善其身"、"洁身自好"，不能算是尽到对社会的责任。在他担任了北京大学图书馆主任以后，除了补充马克思主义著作供青年阅读之外，后来还在北大发起组织马克思主义研究会，讲解马克思主义的学说。值得注意的是，李大钊、陈独秀等人从一开始就要求青年在学习马克思主义学说方面注重理论联系实际。李大钊在《现代青年活动的方向》一文中，号召青年学生们增强自己的社会责任感，投入到实际行动中去，"尽管拿你的光明去照彻大千的黑暗，就是有时困于魔境，或竟作了牺牲，也必有良好的效果，发生出来"。⑥ 李

---

① 陈独秀文章选编（上）[M]．北京：生活·读书·新知三联书店，1984：85、87．
② 同上书，239—240．
③ 李大钊文集（下）[M]．北京：人民出版社，1984：68．
④ 陈独秀文章选编（中）[M]．北京：生活·读书·新知三联书店，1984：98、87．
⑤ 李大钊文集（下）[M]．北京：人民出版社，1984：575．
⑥ 李大钊文集（上）[M]．北京：人民出版社，1984：667．

大钊组织的北大马克思主义研究会,不是一个坐而论道的学术团体,而是以马克思主义为指导思想的社会改造的组织。在"五四"运动"以后的两个月里,红楼成了学生们制定其行动计划的会议地点之一。与此同时,李大钊还要求马克思主义研究会的成员,将"五四"运动扩大到其他城市中去。在响应这一号召的人当中,有李大钊的学生、后来成为杰出的共产主义者的邓中夏。邓中夏出发去上海,并参加了6月初在那里开始的工人阶级大罢工"。①

陈独秀在1922年5月为中国社会主义青年团成立大会和马克思纪念大会而写的《马克思的两大精神》一文中,希望青年学习马克思"实际研究的精神"和"实际活动的精神"。"我很希望青年诸君须以马克思实际研究的精神研究社会上各种情形,最重要的是现社会的政治及经济状况";"青年们尤其是社会主义青年团的诸君,须发挥马克思实际活动的精神,把马克思学说当做社会革命的原动力,不要把马克思学说当做老先生、大少爷、太太、小姐的消遣品"。②

其次,要求青年进行思想改造。"五四"运动之后,李大钊认为,要改造中国的社会,创造"少年中国",需要有"精神改造"和"物质改造"。在精神改造的方面,要"本着人道主义的精神"来教育青年,就是要"宣传'互助'、'博爱'的道理,改造现代堕落的人心,使人人都把'人'的面貌拿出来对他的同胞,把那占据的冲动,变为创造的冲动;把那残杀的生活,变为友爱的生活;把那侵夺的习惯,变为同劳的习惯;把那私营的心理,变为公善的心理"。③

李大钊不但提出了青年思想改造的必要性以及思想改造的目标,而且还提出了青年进行思想改造的途径。"这个精神的改造,实在是要与物质的改造一致进行,而在物质的改造开始的前期,更是要紧。"④ 显然,思想改造不是修身养性、更不能孤立进行,而是要在改造客观世界("物质改造")的同时改造主观世界("精神改造"),而且这种改造不能毕其功于一役,要贯穿人的一生。李大钊用形象的语言说明这一点——应该把这两种改造"当做车的两轮,鸟的双翼,用全生涯的努力鼓舞着向前进行,向前飞跃"。⑤ 因为如果没有物质的改造,"这表面构造(就是一切文化的构造)的力量,到底比不上基础构造(就是经济构造)的力量大。你只管讲你的道理,他时时从根本上破坏你的道理,使他永远不能实现"。然而,如果没有精神的改造,由于"习染恶性很深,物质的改造虽然成功,人心内部的恶,若不划除净尽,他在新社会新生活里依然还要复萌,这改造的社会组织,终于受他的害,保持不住"。⑥

最后,青年知识分子要走与工农相结合的道路。青年知识分子与工农相结合的必要性,体现在两个方面:社会改造的需要;青年知识分子自身的需要。

中国社会改造的成功,需要发动广大工农群众。中国革命的主力军是工农群众,知识分子只有与工农相结合,才能把在纸面上的笔墨运动变为社会上的群众运动,否则将一事

---

① 莫里斯·迈斯纳. 李大钊与中国马克思主义的起源 [M]. 北京:中共党史资料出版社,1989:112-113.
② 陈独秀文章选编(中)[M]. 北京:生活·读书·新知三联书店,1984:177、178.
③ 李大钊文集(下)[M]. 北京:人民出版社,1984:43.
④ 同上.
⑤ 同上.
⑥ 同上.

无成。李大钊在《普遍全国的国民党》（1923年4月）一文中曾指出，国民党的一个错误是，只顾以武力抵抗武力，不大看重民众运动的势力。这就像一些虚浮无根的花，一阵风来吹遍大地，旋即萎谢了。然而，怎样才能够向全国国民进行宣传，使社会改造扎根于群众呢？李大钊认为，"要想把现代的文明，从根底输入到社会里面，非把知识阶级与劳工阶级打一气不可。我甚希望文明中国的青年，认清这个道理"。① "知识阶级的意义，就是一部分忠于民众作民众运动的先驱者。"② 李大钊认为，当时中国都市和农村隔绝的情况是由于物质交通的阻塞和文化交通的阻塞造成的，前者可以通过邮电舟车克服，而后者则需要青年知识分子去农村，"只要山林里村落里有了文明的足迹，那就是改造的种子，因为得了洁美的自然，深厚的土壤，自然可以发育起来，那些天天和自然界相接的农民，自然都成了人道主义的信徒"。③

中国工人阶级在20世纪初、尤其是第一次世界大战期间有了较大的发展，李大钊等早期马克思主义者清楚地看到这一新兴阶级在社会改造方面的巨大作用，在与劳工阶级联合口号的鼓舞下，"五四"前后，不少青年学生以提高民众知识水平，唤醒民众斗争意识为目的，到工厂去，到农村去，为第一次国内革命战争的展开作出了贡献。

李大钊等人早在"五四"运动之前就提出了"劳工神圣"的著名论断，青年知识分子要使自己不致"在工作社会以外作一种文化的游民"，④ 成为社会革命的先锋，也必须走与工农相结合的道路。中国旧式知识分子长期以来，在"劳心者治人，劳力者治于人"观念的支配下，鄙视劳动、鄙视劳动人民，以学问作为装饰，于中国社会的实际不能发挥积极作用，而且，"殆一入社会，则渐染渐深，愈久愈甚，终成为一无希望之恶人"。⑤

李大钊在《庶民的胜利》一文中指出，"今后的世界，变成劳工的世界"，"今后世界的人人都成了庶民，也就都成了工人"，这是一股"只能迎、不可拒"的世界新潮流，"我们应该用此潮流为使一切人人变成工人的机会"。⑥ 当时有一部分"自命为绅士的人"反对"劳工神圣"，并说知识分子到工农群众中去是"学低级劳动者的行为"，针对这一情况，李大钊义正词严地作了驳斥："我请问低级高级从哪里分别？凡是劳作的人，都是高尚的，都是神圣的，都比你们这些吃人血不作人事的绅士、贤人、政客们强得多。"⑦

中国早期马克思主义者对于教育问题的种种见解是非常丰富而深刻的。在他们从民主主义者向马克思主义者的转变过程中，对于教育问题的论述，不可避免地或多或少地留有民主主义、民族主义、俄国民粹主义思想的痕迹，但是，在他们信仰了马克思主义以后，他们对于教育问题分析的一个最显著的特征，就是自觉地以唯物史观作为思想武器，并把教育问题作为改造社会的整个革命事业的一个组成部分。他们的努力为马克思主义教育思想在中国的传播和发展起了奠基的作用。尽管在以后的漫长的历史发展过程中，早期马克思主义者的思想、经历和结局都互不相同，但是，他们在中国传播马克思主义的伟大功绩

---

① 李大钊文集（上）[M]．北京：人民出版社，1984：648．
② 李大钊文集（下）[M]．北京：人民出版社，1984：208．
③ 同上书，44．
④ 同上书，43．
⑤ 陈独秀文章选编（中）[M]．北京：生活·读书·新知三联书店，1984：100．
⑥ 李大钊文集（上）[M]．北京：人民出版社，1984：595．
⑦ 李大钊文集（下）[M]．北京：人民出版社，1984：204．

是不应抹杀的,他们用马克思主义观点对教育问题的分析及其结论,是中国教育的一份宝贵的财产。

二、马克思主义教育理论家杨贤江的教育思想

杨贤江(1895—1931)是中国教育史上第一位自觉地运用马克思主义观点比较系统地阐述教育原理的理论家,是中国马克思主义教育理论的先驱者,也是中国共产党在文化教育战线上捍卫马克思主义原理的自觉而忠贞的斗士。他的辉煌著作《新教育大纲》的出版,标志着中国马克思主义教育思想已经具备了系统的理论形态。

1. 教育领域反文化"围剿"的斗士

中国自"五四"运动以后,"以俄为师",从政治上彻底改革中国社会是挽救中国的必由之路,这成为许多先进人士的共识。1921年中国共产党成立以后,在马克思主义思想指导下,共产党立即发动并组织工人、农民、青年知识分子进行革命斗争,成为一股新兴的、极富生命力的重要政治力量。以孙中山为代表的民主主义者在经历了一系列的挫折、失败以后,抛弃了对议会政治的幻想,在1923—1924年改组国民党,并确立"联俄、联共、扶助农工"的三大政策,担负起对民众进行政治动员和领导国民革命的任务。

游离于迅速崛起的共产党和国民党政治两极之间的为数众多以独立自许的知识分子,尽管在政治上能够置身于上述两大政治集团之外,但却永远无法逃避中国的政治现实。面对北洋军阀政府统治下中国呈现出的严重危机,知识分子具有的对于国家、民族前途的责任意识和参与冲动,促使他们以自身特有的方式投身于改造中国的活动之中。在教育方面,本章第一节所列举的那些教育思想的出现以及本书第六章中有关平民教育、乡村建设等方面的活动,都是这一部分人在改造中国的目的驱使下所作出的贡献。当然,这部分以独立自许的知识分子,在20世纪中国社会改造大潮的裹挟下,难以永远独立下去。随着中国革命进程的不断展开和深入,他们必将发生分化。

囿于时代的局限,孙中山的"以俄为师"是有限定内容的。孙中山"师俄"的内容主要是以党治国、以党率军,在意识形态方面,他不接受共产主义而坚持三民主义。[①] 孙中山逝世以后,蒋介石利用自己掌握的军权,在国民党中的地位日益上升,并逐步控制国民党。在1927年北伐取得节节胜利的情况下,蒋介石公开抛弃孙中山的"三大政策",经过"四•一二"政变,4月18日在南京成立国民政府。经过"七•一五"宁汉合流,至1928年,蒋介石确立了自己在国民党党、政、军中的领袖地位。张学良于1928年底率东北军

---

① 1924年1月20日,孙中山在《关于组织国民政府案之说明》一文中,对于俄国十月社会主义革命有若干评论:"现尚有一事可为我们模范,即俄国完全以党治国,比英、美、法之政党,握权更进一步;我们现在并无国可治,只可说以党建国。待国建好,再去治他。当俄革命时,用独裁政治,诸事均一切不顾,只求革命成功。……故俄国六年前之奋斗,均为民族主义的奋斗。……其最初之共产主义,亦由六年间之经验渐与民生主义相暗合。可见俄之革命,事实上是三民主义。其能成功,即因其将党放在国上。……应该先由党造出一个国来,以后再去爱之。……党有力量,可以建国。故大家应有此思想与力量,以党建国。"[中山大学历史系孙中山研究室,广东省社会科学院历史研究所,中国社会科学院近代史研究所中华民国史研究室合编.孙中山全集(第九卷).北京:中华书局,1986:103-104.] 1923年1月16日,孙中山与苏俄驻华大使越飞在上海谈判,26日发表《孙文越飞联合宣言》,其中第一条为:"孙逸仙博士以为共产组织,甚至苏维埃制度,事实均不能引用于中国。因中国并无使此项共产制度或苏维埃制度可以成功之情况也。"[中山大学历史系孙中山研究室,广东省社会科学院历史研究所,中国社会科学院近代史研究所中华民国史研究室合编.孙中山全集(第七卷).北京:中华书局,1985:51-52.]

在"东北易帜"之后,国民党至少在名义上统一了中国。然而,南京政府除了面对国内地方军事实力派和日本的挑战之外,一个最大的心腹之患是共产党在南昌起义、秋收起义之后建立的农村革命根据地。面对共产党这一心腹之患,南京政府同时进行军事和文化两个"围剿",必欲除之而后快。毛泽东在《新民主主义论》中分析了1927年以后中国革命进入新时期的情况,他指出,在中国共产党单独领导群众进行革命的时期,"是一方面反革命的'围剿',又一方面革命深入的时期。这时有两种反革命的'围剿':军事'围剿'和文化'围剿'。也有两种深入:农村革命深入和文化革命深入"。①

国民党的文化"围剿"主要是宣扬国家主义和法西斯文化,并给国民党专政赋以理论色彩。这个时期极力宣扬戴季陶主义、蒋介石的"力行哲学"、陈立夫的"唯生哲学",对于进步书籍、报刊采取查、禁、封,对进步文化人实施捕、关、杀的政策,都是国民党在意识形态领域剿灭马克思主义思想所作的努力。此外,面对国民党的文化"围剿",共产党则针锋相对地大力开展马克思主义的宣传,在国民党统治区开展并领导左翼文化运动。共产党在文化领域的反"围剿",推动了共产党人对马克思主义的理论研究,大大提高了中国共产党的马克思主义理论水平。以瞿秋白、恽代英、杨贤江等人为代表的共产党人,以及以鲁迅为代表的左翼人士,在这场反"文化围剿"中作出了可歌可泣的努力。杨贤江是教育思想领域的反"文化围剿"的杰出斗士。

杨贤江出生于浙江余姚一个贫苦的成衣匠家庭。同中国其他早期共产主义者一样,杨贤江也经历了一个从民主主义者到共产主义者的转变过程。1922年5月参加共产党以后,他一方面积极完成党交付给他的各项革命工作,另一方面,利用他参加编辑的《学生杂志》、《中国青年》、《上海时报》、《教育周刊》等阵地,积极引导教育工作者和青年,对启发知识分子和广大青年的革命觉悟,做出了很大的贡献。

为了反击国民党的文化"围剿",根据共产党六届二中全会的决定,成立了中央文化工作委员会,以便在包括文学、艺术、教育在内的社会科学领域,团结一切进步文化人士、积聚革命力量。杨贤江担任文委委员。据当时的文委委员吴亮平后来回忆:"那时文委决定要成立各种左翼文化群众团体,如左联、社联等,贤江同志不畏风险,不辞辛苦,联络同志,建立组织,促进工作大大开展。"② 根据党的指示,杨贤江参与了"中国社会科学家联盟"的组织和纲领制定工作。社联的主要任务是:③(1)以马克思主义的观点,分析中国及国际经济政治,促进中国革命;(2)研究并介绍马克思主义的理论,使它普及于一般;(3)严厉的驳斥一切非马克思主义的思想;(4)有系统地领导中国的新兴社会科学运动的发展,扩大正确的马克思主义的宣传;(5)革命的马克思主义者,决不限于理论的研究,无疑应该努力参加中国无产阶级解放运动的实际斗争。文委成立不久,杨贤江即接受文委分配的任务,于1928年10月着手撰写《中国教育状况的批评》。此文长达2万多字,分两次刊登在《新思潮》1929年第1期和第2、3期合刊上面。在这篇文章中,杨贤江针对1927年以后一、二年间南京政府教育宗旨"不一贯"的事实,揭示了国民党政权的教育为地主、资产阶级政治服务的本质。教育行政"并不是学术化,而是官僚化;并

---

① 毛泽东选集(一卷本)[M].北京:人民出版社,1967:662.
② 转引自金立人等.杨贤江传记[M].南京:江苏教育出版社,1990:259.
③ 见金立人等.杨贤江传记[M].南京:江苏教育出版社,1990:258.

不是'期达到三民主义',而是'期达到'包办;并不是发展,而是陷于停顿;所谓五年普及教育计划,并不真能做到,而只是标榜,和其他什么'训政'、'建设'等等好名词一样,不过借以欺骗民众增加民众对党国的幻想罢了"。① 此外,通过1927—1928年中国教育经费仅占1.70%,而军费竟占87%这一事实,说明"党国'善兵'重于'施教',所以无论是办教育的,或是受教育的,都苦到不堪言状"。② 其他如帝国主义的文化侵略、少数民族教育等问题,杨贤江也都作了鞭辟入里的分析。最后,杨贤江对国民党政府的教育做出了如下的概括:"党国的教育是党国政治的反映;它是不一贯的,是自相矛盾的,含有多种因素的——封建地主阶级的,资产阶级的,帝国主义的——而在教育上之无言论出版集会结社的自由,正和政治上对一般民众运动所用的手段一样无二;这一种的教育,正和党国自己所标榜的什么'学术化'、'革命化'、'三民主义化'恰恰相反,而是'官僚化'、'反动化'、'帝国主义化'。"③

1929年5月,杨贤江撰写的《教育史ABC》由世界书局出版。该书在中国的教育史研究领域第一次以唯物史观作为考察教育史的基本观点,运用阶级分析的方法,按照马克思主义关于社会发展形态的理论来阐述教育发展的历史进程。在这本书中,杨贤江通过"先史时代的教育"(即氏族社会的教育)、"古代的教育"(即奴隶制社会的教育)、"中世的教育"(即封建制社会的教育)、"近代的教育"(即资本主义社会的教育)的发展的史实,说明了这么一个真理:"人类历史自入于文明期,即社会有了阶级以来,教育总是阶级的,为供支配阶级'御用'的;无论重道德(在封建时代)或重知识(在资本主义时代)都是为了支配阶级的利益。"④ 在结论部分,杨贤江借用《古代社会》(摩尔根著)中的话表达了对于共产主义的憧憬和必胜的信念:"政治上的民主、社会中的博爱、权利的平等和普及的教育,将揭开社会的下一个更高的阶段,经验、理智和知识正在不断向这个阶段努力。这将是古代氏族的自由、平等和博爱的复活,但却是在更高级形式上的复活。"⑤

在反对文化"围剿"的斗争过程中,除了揭露国民党文化专制、推行国民党党治文化的实质之外,中共中央文化工作委员会"同时决定要加强马克思主义的宣传工作,这里有马克思、恩格斯、列宁等著作的翻译,而更重要的是用马克思主义的原理来解决中国的实际问题。所以决定组织编写'新兴社会科学丛书',要求深入浅出,作为通俗读物,力求普及。丛书分好多题目,有科学社会主义的历史,有经济方面的,有教育方面的。编写任务分别由文委委员承担,杨贤江就承担了编写教育方面书籍的任务"。⑥ 杨贤江接受任务以后,在一个多月的时间里完成了《新教育大纲》的写作。书稿完成以后,杨贤江将全书的基本内容向中央文委书记潘汉年和中央宣传部的吴亮平作了汇报,得到他们的赞赏。此书由南强书局于1930年3月出版,出版时署名李浩吾。张承先在纪念杨贤江逝世50周年大会上的讲话中对这部著作给予了高度的评价,认为《新教育大纲》"是我国第一部系统

---

① 中央教育科学研究所,厦门大学合编.杨贤江教育文集[M].北京:教育科学出版社,1982:297—298.
② 同上书,298.
③ 中央教育科学研究所,厦门大学合编.杨贤江教育文集[M].北京:教育科学出版社,1982:309.
④ 同上书,401.
⑤ 同上书,402.
⑥ 金立人等.杨贤江传记[M].南京:江苏教育出版社,1990:269.

地用马克思主义观点来阐明教育原理的、理论紧密联系中国实际的著作,也是杨贤江最主要的教育著作,集中反映了他的教育思想"。①

杨贤江英年早逝,1931年8月36岁时病逝于日本长崎。他未能亲眼看到中国革命的胜利,然而,他在传播、捍卫马克思主义教育思想方面作出的贡献,将永存在全国人民的心中。

2. 论教育的本质

上文已经提到,"五四"运动以后,在共产党和国民党这两大新兴的政治力量之间,游离着为数众多的知识分子。1927年国共分裂、形成了两个公开对立、你死我活的政治、军事集团以后,游离于两者之间的自由知识分子,一方面对于以共产主义作为革命指导思想的马克思主义一时不能理解,采取了拒斥的态度;另一方面,国民党的一党专政以及各种专制政策,同他们向往的自由、独立、民主的理想也相去甚远,所以,无论从思想上或是从实践上,都进行了一定程度的抵制和抗争。他们既不能像共产党领导下的左翼知识分子那样义无反顾地投身到人民革命运动中去,又不甘心充当"御用文人"的角色。背负中国知识分子"君子不党"、"卫道不仕"的包袱,走教育救国的道路乃是他们的一个很好的选择。然而,对于教育的本质究竟是什么,教育能否充当救国之重任,在思想上存在着许多模糊的认识。因此,用唯物史观来分析教育的本质,阐明教育的功能,不仅是宣传马克思主义、反击国民党文化"围剿"的一个重要方面,而且也是教育、争取知识分子,教育青年的需要。

杨贤江在《新教育大纲》中指出,"教育在人类生活进程上,自是一个重要的作用。但必到给教育说些不相干的漂亮话,添上些冠冕堂皇的假面具;那不特牵凿附会,且是假饰欺骗"。② 对于当时比较流行的具有掩盖教育本来面目,具有欺蒙麻醉作用的"教育神圣说"、"教育清高说"、"教育中正说"、"教育独立说",杨贤江逐一加以剖析,并且指出,就当时中国教育的实际情况而言,"一般人所迷信为'神圣'的不免有点'卑鄙';所迷信为'清高'的不免有点'污浊';所迷信为'中正'的,乃是掩饰'偏私'的假话;所迷信为'独立'的,更如奴厮之辈,自丑丢脸,而故意在大众面前装腔作势说大话罢了"。"故教育之为物,对待于'神圣',我将以'凡俗'名之;对待于'清高',我将以'平庸'名之;对待于'中正',我将以'阶级的'名之;对待于'独立',我将以'隶属的'名之"。③

既然教育的属性并不"神圣",也不"清高"、"中正"或"独立",那么,教育的本质究竟是什么?对于这个问题,杨贤江根据唯物史观,从教育的起源,教育与经济基础的关系,以及教育与政治、经济的关系等方面,进行了论述。

关于教育的起源,杨贤江在1929年7月发表的《读舒新城君〈致青年教育家〉》一文中指出,"教育的发生,简简单单地是在于人类实际生活的需要"。④ 在《新教育大纲》中,杨贤江又指出,教育的起源既不是根据人性,也不是根据教育者的意识或天命,"教

---

① 转引自孙培青等编. 杨贤江教育思想研究 [M]. 上海:华东师范大学出版社,1989:1.
② 李浩吾编. 新教育大纲 [M]. 上海南强书局,1930:69.
③ 同上书,101—102.
④ 中央教育科学研究所,厦门大学合编. 杨贤江教育文集 [M]. 北京:教育科学出版社,1982:312.

育的发生就只根于当时当地的人民实际生活的需要；它是帮助人营社会生活的一种手段。这所谓生活，一方面是衣食住的充分获得，他方面是知识才能的自由发展；还有，这种生活是集体的社会的，决不是孤立的个人的"。① 杨贤江提出的教育起源于人类实际生活需要的论断，科学地说明了教育起源这一重要的理论问题，这一论断包括了比教育起源于劳动这一论断更为丰富的内容，更接近于历史的真实。

在教育与"社会的经济构造"的关系方面，杨贤江认为，教育"是与社会的生活过程、物质的生产关系有密切联系的；而且是以这种实现的社会经济生活为基础的，只要是现实的经济关系变了，它是必然地跟着变的。若说教育是与现实的经济生活无关心地单凭某个人头脑中的思索所得决定，从来就没这样一回事"。② 所以，"教育是社会上层建筑之一，是观念形态的劳动领域之一，是以社会的经济阶段为基础的"。③

在肯定了教育是社会上层建筑之后，教育同经济和政治的关系也就迎刃而解了。

就教育和经济的关系而言，杨贤江根据唯物史观不仅指出了教育依经济基础以成形，跟随经济发展而变迁，而且肯定了作为上层建筑的教育"对于社会的经济关系及生产力也有影响的作用；就是有时可以促进生产力的发达，有时也可以拘束经济关系的发展"。④ 在《新教育大纲》中，杨贤江还着重分析了资本主义经济造成的"教育商品化"的若干特征：拿金钱计值（按受过教育的阶段以定薪水的高下）；大量生产（"无政府状态的生产"）；学校的工厂化（学生是教育劳动的原料或消费者，产品是"观念物"）；公平交易；把发明完全看做商品，可用金钱买卖；体育的营业化。

关于教育同政治的关系，杨贤江指出，教育"不仅由生产过程所决定，也由政治过程所决定"。⑤ 此外，同教育与经济的关系一样，教育与政治也存在着一种互相作用的关系。政治决定教育的表现是，"在阶级社会中，政治支配一般社会的精神生活过程；教育当然不在例外。教育意义的变迁，便为在社会阶级关系的历史变动期中所表现的形态；自有历史，就没有脱离过政治关系的教育。无论哪一种的教育制度，终只是由支配阶级，且是为支配阶级的"。⑥ 杨贤江还以大量的篇幅通过揭露1929年时日本的文化政策，以日本"准备帝国主义战争、资本主义合理化及反苏政策这三大政治中心问题为根柢"的事实，具体说明政治对教育的决定作用。至于教育对于政治的影响作用，杨贤江主要结合当时中国共产党反对国民党文化"围剿"的斗争来具体加以说明，并以苏联为例，说明"苏维埃学校及党的学校，也都为使苏维埃国家的建设事业能更迅速地更正确地向前进行；换言之，便是利用教育来促进建设社会主义社会的任务的"。⑦

需要特别指出的是，杨贤江半个多世纪以前在《新教育大纲》中关于教育本质的论述，对于目前我国教育理论界仍然具有重要的意义。杨贤江在肯定教育是社会上层建筑之一的基础上，明确指出："在新兴社会科学上解释各种精神生产即上层建筑时，往往不列

---

① 李浩吾编．新教育大纲［M］．上海南强书局，1930：14.
② 同上书，13—14.
③ 同上书，21.
④ 同上书，253.
⑤ 同上书，270.
⑥ 同上．
⑦ 同上书，290.

入教育一门，就为了教育只是一种动作，是一种技巧，以讲究怎样实施'支配思想'为务的。教育之不成为独立，不仅为了在旨趣及实施上受制于经济及政治；也为了在资料与方法上受制于其他各项精神生产的缘故。"① 杨贤江显然看到了作为上层建筑之一的教育同其他上层建筑之间的联系与区别。

首先，教育具有区别于法制、宗教、道德、艺术、哲学、科学等其他上层建筑的特殊性，这种特殊性"就是它不像别的精神生产各有各的内容，而是以其他的各项精神生产的内容为内容的"。② 学校的课程设置、课程内容、"学校科目所教授的样式、倾向等等"，都清楚地说明了这一点。

第二，与政治相比较，教育不能与之并列。杨贤江认为，虽然政治也是以社会的经济结构为现实基础的上层建筑之一，但"政治的本义是经济之集约的表现，即为权力之活动"，③ 然而，教育"虽和政治同为上层建筑之一，但它更较为第二义的，较为派生的"。④

第三，教育只是一种工具。作为工具，教育的任务是从事观念形态的创造、传递等工作，以便赋予劳动力以特定的资质，使他们由简单的劳动力转变为特殊的劳动力。自从人类社会分成阶级以后，这种工具就具有阶级性，变成了社会统治阶级的工具。在《新教育大纲》一书的"绪论"中，杨贤江"大声警告读者：教育这架机器早被强盗偷去了；强盗为了自己的利益，不为了受教育者的利益，在占有着它，运用着它"。⑤

在中国，杨贤江对于教育本质的这种论断可谓前无古人。半个世纪以后，中国的教育理论界曾对教育本质问题进行了为时不短的热烈争论，其中，关于教育属于生产力或是属于上层建筑或是两者兼而有之的问题，不少论者往往各执一端。事实上，杨贤江的论述对目前关于这个问题的讨论仍然是具有启示意义的。

3. 描绘社会主义教育的蓝图

在文化围剿的时期，杨贤江并未放弃"东方红"的必胜信念，而且还凭借东方显现的曙光和"新兴社会科学"的理论，描绘了未来的社会主义教育的蓝图。

杨贤江根据唯物史观的立场，指出未来的社会主义社会并不是这个人或那个人头脑里空想出来的，而是历史的必然的产物。关于未来的社会主义教育，杨贤江一方面介绍了马克思、恩格斯在《共产党宣言》、《哥达纲领批判》等著作中关于教育的论述；另一方面，根据资本主义国家内部的无产阶级教育运动和当时唯一的社会主义国家苏联的教育实践，来勾勒社会主义教育的基本特征。

在《新教育大纲》中，杨贤江介绍了马克思、恩格斯对于诸如共产主义不承认人的个性、共产主义要废绝文化、共产主义要破坏家族关系等资产阶级对于共产主义的非难所做的驳斥，并向中国的读者宣传了马克思、恩格斯关于教育的基本主张。最后，杨贤江根据自己的理解作出了概括："从上面所集的马克思的话中，寻出他的一贯的思想来，实不外

---

① 李浩吾编．新教育大纲[M]．上海南强书局，1930：21—22．
② 同上书，21．
③ 同上书，269．
④ 同上书，270．
⑤ 同上书，4．

是'教育与劳动的结合''对一切儿童施行公共的免费的教育''与小学校联系的专门学校（理论上及实际上的）'等根本问题。"①

杨贤江指出，马克思、恩格斯所描绘的理想的新社会决不是一朝一夕所能整个实现的，在由资本主义社会到这种理想的新社会之间，势必要经历一个无产阶级的专政时期。在无产阶级专政下的教育，"以养成无产阶级忠实斗士，且由此以准备将来的无产阶级社会为目的"。② 无产阶级专政时期的教育要旨，计有下列几点：③

第一，"对于学校问题也将同对于其他一切领域一样，不仅有创设的任务，也还有破坏的任务"。需要破坏的是学校的资产阶级的阶级性。

第二，"在新的学校中，要利用学校为实施社会主义教育与启蒙之工具"。学校要铲除资产阶级思想的影响，在儿童和成人中培养适合新的社会关系的思想意识。

第三，"对于儿童的观念将有大的变迁"。儿童不再被看做是父母的所有物，而是属于社会、属于人类，儿童教育的最根本的权利也当属于社会。

第四，"到了八岁至十七岁——据现行苏联的规定——是一切儿童青年受平等而且免费的公共教育之时期。施行这种教育的学校应该是统一的劳动学校"。

第五，"至十七岁以后，学生就变为劳动者……通常仅仅在劳动时间尽可缩至八小时七小时甚至六小时以下……一切成员尽有充分的时间供受专门教育之用"。

第六，"社会主义之下，专门或大学具有如何性质，此刻尚不能作正确的预想。所可说的是，学生将以劳动者为主……而教授与学生间的一切界限，也将消灭"。

第七，"除学校外，要有种种成人的教育机关及娱乐机关……不仅普遍，而且完全公开，让所有文化利器都变成大众共有共享之物。更让社会主义精神浸润在大众心里"。

《新教育大纲》的第三章，杨贤江用专节分别阐述了"劳动阶级的教育运动"、"教育劳动者的国际组织"。在介绍"苏联的教育"之前，专门写了一节"美国的教育"，之所以作如此安排，杨贤江讲了"二种原因：一是为了美国的学校教育所受于资本主义的影响最为显著；二是为了美国的学校教育正为我们中国目下教育界所竭力摹拟崇拜的标的"。④杨贤江指出，当时中国的教育家"竟有大半"受教于美国哥伦比亚大学，而且"正想拿它来改造中国的教育，教训中国的青年"。在"美国的教育"这一节中，杨贤江集中揭示了美国教育资产阶级"独占化"和"商品化"的两大特征。

为了"给读者以一种新感想"，杨贤江在"美国的教育"之后，紧接着介绍了"苏联的教育"情况。苏联的教育毫不讳言自己的阶级性，即"劳动阶级的教育"，"为了95%的工农大众的利益"；其当前的目标是使受教育者具有劳动者的心理和观念，为实现社会主义的理想而积极斗争，并赞助世界上其他部分的劳动者战胜资本主义与帝国主义。为了实现这些目标，苏联的教育遵循了下列原则：⑤

第一，"教育是建筑在劳动或肉体劳动的基础上的。学习的方法是经由实际的工作以行"。在苏联，劳动成为一切教育所围绕运转的枢纽，学校及其他教育机关，同周围人民

---

① 李浩吾编. 新教育大纲[M]. 上海南强书局，1930：237.
② 同上书，238.
③ 同上书，239—246.
④ 同上书，400.
⑤ 同上书，450—451.

的生活及工业的生产紧密联系。

第二,"自入校前教育(per-school)起,课程皆建筑在一个三层的基础上":个人周围的自然现象;人们的劳动;由劳动所产生的社会特征。

第三,"在各种集体的活动中,儿童和教师都要像劳动者一样的参与"。

杨贤江还介绍了苏联的教育行政、学制、文化事业经费等方面的情况,最后引用卢那察尔斯基在庆祝十月革命胜利十周年纪念会上所作的题为《十年间的文化发达》的报告,全面介绍了苏联文化、教育在十年间取得的成就。尽管限于当时的条件,杨贤江对无产阶级专政时期"教育要旨"以及苏联的教育原则,阐述得并不完全,有些地方也不甚准确,在他写《新教育大纲》一书时,可能他还不知道当时中国的革命根据地也已经开始了社会主义教育的尝试,但是,他对于马克思主义教育思想在中国的传播,对于粉碎文化围剿无疑起到了巨大的积极作用。

在传播马克思主义教育思想以及有关青年的教育、德育、教学理论等方面,杨贤江都做了大量的工作。潘懋元先生指出,杨贤江对于当时许多教育工作者和知识青年觉悟的提高起到了很大的作用,而且,"他的理论,对于倾向进步的学者也有很大的影响,如张栗原的《教育哲学》一书,其中'教育本质论'部分,主要论点便是直接采自《新教育大纲》的。在苏区以及后来的抗日根据地和解放区,《新教育大纲》是师范学校和教育工作者的重要读物。因为无法买到书本,许多章节,被刻成油印讲义流传"。[①] 作为中国早期的马克思主义教育思想的传播者,杨贤江对于马克思主义理论的某些方面有掌握得不够准确、对于苏联教育实践缺乏分析、对于资产阶级教育理论的批判不够彻底的地方,这些现象的存在是可以理解的,也是难以苛求于故人的。

三、中国早期共产主义者的教育实践

俄国十月革命以后,马克思主义思想被中国部分先进的民主主义者作为社会革命的指导思想而加以接受,他们并且转变为共产主义者。中国早期共产主义者如李大钊、陈独秀、毛泽东、恽代英、周恩来、蔡和森等,在传播马克思主义思想的过程中,为了从事社会革命运动,还非常注意通过教育来唤起广大工农群众和青年知识分子的革命觉悟。中国早期共产主义者的教育实践,不仅提高了共产党人马克思主义教育思想的理论水平,而且为1927年以后革命根据地的教育事业准备了干部、提供了经验。

1. 开展工农教育、参加平民教育运动

平民教育思潮是20世纪初民主思想在中国传播的结果。早在戊戌维新时期,一些先进的思想家即已认识到要救国必须先救民的必要。严复在当时提出了"鼓民力"、"开民智"、"新民德"的主张。20世纪初,梁启超写出《新民说》。在这篇文章中,梁启超表达了与严复略有差别的"新民"思想。严复注重的是"开民智",梁启超强调的是"新民德","他认为'新民'应该具备的人格特征有18种之多,诸如:国家思想、权利思想、政治能力、冒险精神以及公德、私德、自由、自治、自尊、尚武、合群、生利、民气、毅力等品质"。[②] 梁启超更为强调的是培养一种具有资产阶级思想的新人。但不管梁启超还

---

① 孙培青等编.杨贤江教育思想研究 [M].上海:华东师范大学出版社,1989:35.
② 孙培青等主编.中国教育思想史(第三卷)[M].上海:华东师范大学出版社,1995:107.

是严复,都认识到了提高民众的知识以及道德、政治水平的重要性。这一点对以后的平民教育运动是有影响的,早期共产主义者在这方面也是受益不浅。

陈独秀在创刊《青年杂志》时,也表现出"救国先救民"的思路。其《敬告青年》、《法兰西人与近世文明》、《今日之教育方针》、《抵抗力》、《东西民族根本思想之差异》、《吾人之最后觉悟》等一系列文章,都表达了他以青年为对象的"新民"思想。1918年4月,毛泽东、蔡和森、何叔衡等在长沙组织的革命团体取名为"新民学会",这固然体现了梁启超本人的影响力,但也从一个侧面反映了民众的启蒙教育的重要性已经成为社会的共识。

新文化运动高举民主的大旗,杜威来华讲学对于民主主义教育的宣传,"五四"运动对于民族感情的唤起等,汇集为"五四"时期中国教育领域的平民教育运动。这个运动聚集了中国各种类型的知识分子,融合了各种教育主张和理想,本书第六章已经有过详细叙述。需要强调指出的是,中国早期共产主义者开展工农教育、参加平民教育的目的,主要在于强调工农群众平等的受教育权,启发工农群众的革命觉悟,进而实现自身的解放。

2. 工读运动——留法勤工俭学

新文化运动对于中国传统文化的否定,西方理性精神的弘扬,以及十月革命胜利带来的"劳工神圣"、尊重劳动的观念,造成的一个结果是"工读主义"思潮的勃兴。提倡、参与工读的人对工读的社会意义的理解不尽相同,像蔡元培、吴玉章、李石曾等人,都是工读运动的积极提倡者。这个运动引起了早期共产主义者、无政府主义者以及自由民主主义者的注意。工读的基本含义是提倡做工与求学相结合,做工与读书相结合。早期共产主义者组织、参与了留法勤工俭学运动。

在"五四"时期的工读运动中,对于中国现代教育史和革命史具有深远影响的是留法勤工俭学运动。"勤工俭学运动的潮流之所以涌向法国,最主要的原因是留法经费节俭和有一批留法前辈积极倡导。既然要'俭学',自然要往留学费用低廉的国家跑。当时,欧美各国中要算法国的生活费用最低廉。不过这只是事情的一方面,另一方面则不能不归功于一批强有力的组织发动者"。① 除了上述原因之外,第一次世界大战以后,法国缺乏劳动力显然也是法国吸纳中国学生的原因之一。总之,在各种因素的促动下,"五四"前后,赴法勤工俭学在中国形成了一个为时并不长的高潮。当1919年5月两批100多名中国学生到达法国时,当时的"华法教育会"书记李石曾曾对法国记者夸口中国将有2万青年赴法留学,事实上在赴法留学热潮持续的将近3年的时间里,抵达法国的中国青年人数为1600多名。② 然而,这一千多人来自全国18个省。

留法勤工俭学的人员是一个十分复杂的社会群体。从年龄看,最长者年过半百,最幼者仅10岁;从学历看,上至大学、下至小学,以中学生居多;从职业看,有学校教职员、医生、律师,也有中下级军官、小商业者。然而,在这么一个十分复杂的群体中,无论是组织者或是参加者的队伍中,都有中国早期马克思主义者跻身其间。

就组织者而言,除了有李石曾、蔡元培、吴稚晖、汪精卫之外,吴玉章、李大钊、毛

---

① 王奇生.中国留学生的历史轨迹[M].武汉:湖北教育出版社,1992:65.
② 同上书,67—73.

泽东也参与其事。勤工俭学学生中，虽然非共产党者居大多数，①但也有后来对中国革命产生重要影响的著名共产党人蔡和森、向警予、徐特立、蔡畅、周恩来、邓小平、赵世炎、陈延年、陈乔年、罗学瓒、王若飞、陈毅、李富春、聂荣臻、李维汉、邓颖超、何长工等。

虽然赴法勤工俭学学生的目的、动机各异，但是，中国早期马克思主义者对于包括留法勤工俭学在内的工读运动，是同进行中国社会改造的革命运动联系在一起的。1918年，毛泽东在同新民学会会友讨论向外发展问题时，大家认为留法勤工俭学很好，并决定派蔡和森赴北京筹备。为了促进这一运动，毛泽东于同年8月到达北京，并于1919年3月伴送湖南首批赴法青年抵达上海，将大家送上启程的航船。1920年，毛泽东在致陶毅的信中说："我们同志，应该散于世界各处去考察，天涯海角都要去人，不应该堆积在一处。最好是一个人或几个人担任去开辟一个方面。各方面的'阵'，都要打开，各方面都应该去打先锋的人。"②当时新民学会去法国、日本、南洋留学或工作的会员达40%。

在留法勤工俭学学生中，逐渐出现了各种社团，其中影响最大的是由新民学会会员李富春、张昆弟、李维汉等人组织的勤工俭学励进会（后改为工学世界社）和赵世炎、李立三等人组织的劳动学会（后以它为核心组织了勤工俭学者同盟）。在劳动、学习和斗争中，他们接受了马克思主义，成为开展革命的中坚力量。1922年6月，在周恩来、赵世炎、李维汉等人的努力下，在巴黎郊区成立了旅欧中国少年共产党（1923年1月改为中国社会主义青年团），邓小平、王若飞、陈延年等为这一组织的发展和建设作出了重要贡献。同年秋冬之际，成立了中国共产党旅欧支部。后来，第一次国内革命战争开始时，大批同志回国，为中国革命作出了重大的贡献。

第三节 马克思主义教育理论在革命根据地的实践

1921年7月，中国共产党成立以后，在历次党的代表大会上，都提出了教育问题。根据当时的情况，共产党的教育纲领主要是，为广大工农群众争取受教育的权利，开展工农教育以提高他们的政治觉悟，参加革命运动。关于这方面的情况，本书第六章已有叙述。

随着马克思主义的影响不断扩大，群众运动的开展，在工人群众中涌现出大批的先进分子，群众教育和干部教育的问题日益重要。1924年国共合作以后，除了共产党办的干部教育（如1921年8月毛泽东、何叔衡等在长沙创办的湖南自修大学、1921年12月在上海创办的平民女校等）之外，共产党与国民党也合作创办了许多以培养干部为主的学校，其中比较著名的有：1922年10月成立的上海大学；1924年7月在广州开办的农民运动讲习所、黄埔军官学校等。③

---

① 盛成在1932年出版的《海外工读十年纪实》中称，"勤工俭学生，在中国，在外国，几乎同共产党，同流氓的意义差不多。然而，勤工俭学生中非共产党者居大多数"。转引自王奇生. 中国留学生的历史轨迹 [M]. 武汉：湖北教育出版社，1992：68.
② 转引自孟湘砥主编. 毛泽东教育思想探源 [M]. 长沙：湖南教育出版社，1993：53.
③ 详见陈学恂主编. 中国教育史研究 [M]. 上海：华东师范大学出版社，1994：75—83；顾明远总主. 中国教育大系·马克思主义与中国教育（下）[M]. 武汉：湖北教育出版社，1994：993—995.

1927年"七·一五"宁汉合流以后,中国共产党人经过南昌起义、秋收起义,以毛泽东为代表的共产党人坚持采取农村包围城市的正确革命策略。继毛泽东在江西井冈山地区建立第一个农村革命根据地之后,陆续又建立了湘鄂、海陆丰、鄂豫皖、琼崖、闽浙赣、湘赣、左右江、陕甘、湘鄂川黔等根据地,并在江西中央革命根据地建立了以瑞金为首都的中华苏维埃共和国。中国从此建立了无产阶级领导的红色政权。此后,这个红色政权虽然在抗日战争时期改名为陕甘宁边区政府,解放战争时期称为解放区,但革命根据地人民民主专政的性质始终并未改变。

革命根据地实施的是全新的教育制度,是马克思主义教育思想在中国特定历史条件下的具体实践。革命根据地的教育改变了旧中国教育的性质,培养了大批革命的知识分子,积累了丰富的革命教育的经验,为中国化的马克思主义教育思想即毛泽东教育思想提供了实践的基础,所有这些,都为后来中华人民共和国的教育起到了奠基的作用。

一、土地革命时期苏区的教育(1927—1937)

十年土地革命时期,中国共产党创立了以江西中央苏区为首的10多块革命根据地。各根据地不相贯通,条件也各异,但在教育的方针、政策以及实施方面,却是比较一致的。

1. 教育的方针和政策

毛泽东在率领工农革命军创建井冈山革命根据地期间,于1927年12月在宁冈砻市龙江书院创办第一个工农革命军教导队,学员为工农革命军下级军官和赤卫队干部,共150人,学习期限为一个半月,内容包括军事、政治两个方面,也兼学文化。[①] 由于当时处于根据地初创时期,战争频繁,还不可能制定系统的教育方针和政策。

当根据地逐渐巩固以后,有些苏区便从斗争的实际出发,制定了各自的教育方针和政策。"例如1930年7月,闽西苏维埃政府文化部教育计划委员会提出了以下的教育方针:(一)养成在革命环境中所需要的革命工作的干部人才;(二)社会教育,普遍而深入地提高群众的阶级觉悟、政治水平、文化程度;(三)儿童教育:(甲)采取强迫性的教育,凡6岁至11岁的儿童有必须受小学教育的权利和义务;(乙)施教方针,以养成智力和劳力作均衡之发展的原则,并与劳动统一的教育之前途"。[②]

1931年11月,中华苏维埃共和国临时中央政府成立以后,在马克思主义教育思想指导之下,结合当时苏区的实际情况,颁布了一系列有关文化教育的政策法令,这些政策、法令,都体现了下列原则:

(1)与一切非马克思主义的旧教育决裂。1931年11月通过的《中华苏维埃共和国第一次全国工农兵代表大会宣言》规定,"取消一切麻醉人民的封建的、宗教的和国民党的三民主义的教育","取消各宗教团体的特别权利……教育机关与宗教事业绝对分离,但人民有信仰宗教或反对宗教的自由"。[③] 1932年5月,《中华苏维埃共和国湘鄂赣省苏维埃政府训令》对于"封建制度的教育"、"近世资本主义制度的教育"、"国民党党化教育"、"帝

---

① 滕纯主编. 毛泽东教育活动纪事[M]. 长沙:湖南教育出版社,1993:73.
② 顾明远总主编. 中国教育大系·马克思主义与中国教育(下)[M]. 武汉:湖北教育出版社,1994:996.
③ 同上书,1029.

国主义的教会教育"的本质进行了分析,并明确提出要"废除反动统治阶级占为工具的教育"。

(2) 保证工农群众受教育的权利。1931 年通过的《中华苏维埃共和国第一次全国工农兵代表大会宣言》宣布,"一切工农劳苦群众及其子弟,有享受国家免费教育之权,教育事业之权归苏维埃掌管"。1934 年通过的《中华苏维埃共和国宪法大纲》规定,"中华苏维埃政权以保证工农劳苦民众有受教育的权利为目的,在进行革命战争许可的范围内,应开始施行完全免费的普及教育,首先应在青年劳动群众中施行,应该保障青年劳动群众的一切权利"。① 在保障工农群众受教育的权利方面,尤其强调女子在教育上享有与男子同等的权利。

(3) 教育为战争服务,为巩固和发展苏区政权服务,教育工作的重点是成人教育。早在 1933 年 5 月,《江西省第一次工农兵代表大会教育工作决议》就提出,"群众教育不独与儿童教育并重,以目前革命需要发展斗争的形势而论,应视为首务"。② 1933 年 4 月《中华苏维埃共和国临时中央政府教育人民委员部训令(第一号)》指出,"苏区当前文化教育的任务,是要用教育与学习的方法,启发群众的阶级觉悟,提高群众的文化水平和政治水平,……加入战争,深入阶级斗争,和参加苏维埃各方面的建设";对当时"有些地方偏重儿童教育和学校教育,忽视了革命主力军的青年、成年"教育的情况提出了批评,并指出,"我们要坚决反对过去许多地方只办小学校忽视社会教育和成年青年教育的错误"。同年 10 月的《中央文化教育建设大会决议案》批评教育部"缺乏对于教育服从于战争的了解",同时还指出,"摆在目前重要的任务,必须进行有系统的培养工农的干部"。③

在经过毛泽东和当时中央政治局负责人博古关于先教成人或是先教儿童的争论并经过调查以后,毛泽东的先教成人的意见受到多数人赞成。1934 年 1 月,毛泽东代表中央执行委员会和人民委员会作了《对第二次苏维埃代表大会的报告》,明确提出苏维埃文化教育的总方针"在于以共产主义的精神来教育广大的劳苦民众,在于使文化教育为革命战争与阶级斗争服务,在于使教育与劳动联系起来,在于使广大中国民众都成为享受文明幸福的人"。毛泽东还指出,"执行苏维埃的文化教育政策,开展苏维埃领土上的文化革命,用共产主义武装工农群众的头脑,提高群众的文化水平,实施义务教育制度,增加革命战争中动员民众的力量,同样是苏维埃的重要任务"。④

(4) 因时因地制宜,采取多种教育形式。根据《中央文化教育建设大会决案》中关于苏维埃学校建设的决议,在"对于一切人民,施以平等教育"的原则下,考虑到当时"革命形势的激急的转变"以及对人才的需求,"因此在学校种类上、科目增减上、修业期限上、课程标准上,以至教材选择上,均需有极大的伸缩,唯不违背实际环境,逐渐进到统一目标"。⑤ 苏区的教育分为四类:

---

① 顾明远总主编. 中国教育大系·马克思主义与中国教育(下)[M]. 武汉:湖北教育出版社,1994:1029、1055.
② 转引自陈桂生. 现代中国的教育魂[M]. 沈阳:辽宁教育出版社,1993:64.
③ 顾明远总主编. 中国教育大系·马克思主义与中国教育(下)[M]. 武汉:湖北教育出版社,1994:1033、1034、1040.
④ 人民教育出版社编. 毛泽东同志论教育工作[M]. 北京:人民教育出版社,1992:8.
⑤ 顾明远总主编. 中国教育大系·马克思主义与中国教育(下)[M]. 武汉:湖北教育出版社,1994:1040.

第一类学校属于青年和成年的教育,主要是消灭文盲,同时提高文化和政治水平。属于这一类的学校有,夜校和星期学校(主要是消灭文盲,以每村一校为原则);短期的职业学校(提高青年和成年群众一般生活和技术,城市以工业为主、农村以农业为主);短期的政治学校(提高青年和成年群众的政治水平);短期的教员训练班(培养初级的教员)。

第二类学校是劳动小学校,分劳动学校和儿童补习学校两种,对所有7至13岁的儿童施以强迫教育。

第三类是劳动学校和大学之间的学校,其中有列宁师范学校;职业学校(培养工农业及其他职业的教师和管理人员);政治学校(培养中级政治干部);蓝衫团学校(培养专门艺术人才)。

第四类是大学,旨在培养高等专门人才。

在经济和文化非常落后的苏区,为了使工农群众获得更多的受教育机会,除了各级各类学校教育之外,苏区政府还提倡各种各样的文化教育形式,本书第六章对此已有叙述。

(5)利用旧知识分子。1932年5月,《中华苏维埃共和国湘鄂赣省苏维埃政府训令(文字第一号)》规定,要"使专门技术家及知识阶级服务于革命而终于从资产阶级里面观念的阵地夺取转来"。① 1933年8月,少共中央局中央教育人民委员部联席会议作出的《关于目前教育工作的任务与团对教育部工作的协助的决议》中明确指出,"发展文化教育的一个重要条件,是培养干部和利用旧的知识分子问题。……必须学习苏联利用资产阶级的专门家的光荣的例子"。② 在对待旧知识分子的问题上,苏区曾经有过"左"的倾向。洛甫在《论苏维埃政权的文化教育政策》一文中列举了"左"的种种表现。由于有"左"的倾向,致使这些知识分子大都隐藏不出。洛甫指出,这种"左"的倾向必须立即纠正,我们不但应该尽量利用这些知识分子,而且为了吸收这些知识分子参加苏维埃的文化教育工作(其他工作也是如此),我们还可以给他们以优待,使他们能够安心地为苏维埃政府工作。在1933年9月毛泽东签署发布的《中华苏维埃共和国中央人民委员会训令(第十七号)》对于教育部工作中在利用资产阶级知识分子问题上犯"左"的机会主义错误提出了批评。1934年1月,毛泽东在第二次全国苏维埃代表大会的报告中强调,"为了造就革命的知识分子,为了发展文化教育,利用地主资产阶级出身的知识分子为苏维埃服务,这是苏维埃文化政策中不能忽视的一点"。③

2. 教育的实施

从创建革命根据地开始,对于红军、干部和工农群众的教育即着手实施。限于当时恶劣的环境和战争频繁的实际情况,不可能有系统的学校教育的形式。教育的内容主要在于提高军队的政治素质、提高干部群众的思想觉悟,就教育的形式来说,主要是作报告、上政治课,即人即事的教育。

当革命根据地相对稳定以后,苏区的各级各类活动也开始陆续展开,并出现了学校教育的形式。1931年苏区中央临时政府成立以后,建立了从中央到省、县、区比较完整、

---

① 顾明远总主编.中国教育大系·马克思主义与中国教育(下)[M].武汉:湖北教育出版社,1994:1030.
② 同上书,1038.
③ 人民教育出版社编.毛泽东同志论教育工作[M].北京:人民教育出版社,1992:8.

严密的教育行政机构,有些根据地建立了一套相对完整的学校系统。如前所述,在苏区的教育实施方面,主要属于成人教育,其重点在于培养干部。

(1) 干部教育。在战争时期,以提高政治、军事素养为重点的红军干部教育具有特别重要的地位。红军干部的教育始于随军的训练班、教导队。1929 年 12 月的《古田会议决议》提到,红军党内最迫切问题,要算是教育问题。该决议在《士兵政治训练问题》部分,提出了对士兵训练要编制课本,根据不同教育对象分班上课的问题。

自 1930 年以后,闽西红军学校(后改称红军军官学校第十分校)、红军洪湖军事政治学校、中央军事政治学校(后改称中国工农红军学校)等一系列军事学校在根据地纷纷成立。这些学校学习的时间 3 个月至半年不等,设置的科目也不尽相同。"中央军事政治学校设步兵班、机关枪科、炮兵科和工兵科。其训练方针是培养红军的连排干部,学制一般为 3 个月至 5 个月"。①

在红军干部教育中,规模最大的是 1933 年 11 月在瑞金成立的中国工农红军大学。红军大学第一期设指挥系、政治系、参谋系和高干部。学习期限为 8 个月。学员都是从红军部队轮番抽调出来久经战斗锻炼、有实际工作经验、质量优秀、可堪深造的营以上干部。为加紧培养红军各级干部和专门人才,中央军委在开办红军大学的同时,还开办了红军第一步兵学校(工农红军彭杨步兵学校)、红军第二步兵学校(工农红军公略步兵学校),红军特科学校,游击干部学校。

1929 年 12 月,毛泽东在根据中共中央 9 月给红四军前委发出的《指示信》的精神起草的《古田会议决议》中,除了强调红军教育的问题之外,还提出了著名的"十大教授法":启发式;由近及远;由浅入深;说话通俗化(新名词要释俗);说话要明白;说话要有趣味;以姿势助说话;后次复习前次的概念;要提纲;干部班要用讨论式。毛泽东的"十大教授法"对苏区的红军教育乃至各级各类的干部教育都产生了深远的影响。红军大学的专职教员并不多。由于学员都具有相当丰富的经验,所以他们既作学生、又作先生。"为了联系实际,'红大'经常派人参加前线战斗的指挥集体工作,经常举行各种军事演习,以及参加扩军、选举、查田、查阶级、生产节约、武装保卫春耕秋收、慰劳、祝捷以及新兵等社会活动"。②

红军大学在二万五千里长征时改名为"干部团"。1936 年到达西北后改称"抗日红军大学",为 1937 年春成立的"中国人民抗日军事政治大学"的前身。

除了红军以及红军干部的教育之外,其他各级各类干部教育也同样受到重视。在干部教育方面,除了采取各种类型的短期训练班的形式之外,当革命根据地稍事稳定、巩固以后,学校教育形式的干部教育也开展了起来。苏区中央临时政府成立以后,先后陆续成立了一系列的干部学校。在中央革命根据地,著名的干部学校有:

马克思共产主义大学,1933 年 3 月创办于瑞金,是中共中央的党校,任弼时、张闻天、董必武、李维汉先后担任校长。毛泽东、朱德、周恩来、陈云、博古、徐特立、刘伯承等都在该校兼过课。这所学校设有 3 种类型的班:(1) 新苏区工作人员训练班,学习时间为 2 个月,主要培养新苏区和白区工作人员;(2) 训练班,学习期限为 4 个月,按党、

---

① 顾明远总主编. 中国教育大系·马克思主义与中国教育(下)[M]. 武汉:湖北教育出版社,1994:1227.
② 陈学恂主编. 中国教育史研究·现代分卷[M]. 上海:华东师范大学出版社,1994:185.

团、政（苏维埃）、工会工作干部分班；（3）高级训练班，学习期限为6个月，主要训练省委、省苏维埃、省工会派送的干部。学校的办学宗旨是：（1）培养无限忠诚于党，忠诚于工农大众的干部；（2）学习马列主义，总结亲身革命经验，提高政治思想水平；（3）锻炼思想意识，使学生能够适应土地革命战争的需要，为粉碎国民党的反革命围剿作出贡献。各个类型训练班开设的主要课程有，马克思主义基本原理、党的建设、工人运动、游击战争等，文化课程有历史、地理、自然科学常识等。

苏维埃大学，1933年8月由临时中央政府人民委员会创办，校址在瑞金。创办这所大学的目的是为了吸收和争取新的力量、造就大批新的工农干部。大学委员会委员有毛泽东、沙可夫、林伯渠、梁柏台、潘汉年。毛泽东任校长。同年8月21日召开的苏维埃大学委员会第一次会议决定招收学员1500人，分普通班和特别班。普通班为预科，对文化水平较低的学员进行补习。特别班为本科，设土地、国民经济、财政、工农检察、教育、内务、劳动、司法、公安、粮食10个专业班。1934年4月，为纪念苏维埃革命运动的领袖沈泽民，学校更名为"沈泽民苏维埃大学"，校长为瞿秋白。瞿秋白在开学典礼的讲话中指出，学校的任务是为中国苏维埃革命的发展提供革命运动的干部人才。学习的主要内容为政治课，以及各专业的业务知识和实习课。教学工作贯彻了教育为革命战争与阶级斗争服务、教育与生产劳动相结合的方针，以及理论联系实际的原则。同年7月，苏维埃大学与马克思主义大学合并。

除了马克思共产主义大学、苏维埃大学之外，苏区创办的其他干部学校还有列宁师范学校、红色医务学校、中央农业学校、高尔基戏剧学校等。"这些学校有固定的校址，有比较正常的教学秩序，分设了专业，有比较统一的教学计划。学习的内容不局限于只是解决工作中和思想中的问题，而是学习马列主义理论和各种专业知识。学习期限也相对的固定下来，一般学校是3个月或半年一期，也有一年一期的。学员结业时都须经过考试，考试及格者发给证书。这些学校根据需要制定了教学计划，还自编了不少教材，这些教材不仅有较高的科学水平，而且紧密结合实际的需要，从实际中提出问题，进行理论的分析，因此，学生学习进步是很快的。不过，在战争环境中，教学计划往往不是固定不变的，而是在制订教学计划与随时改变教学计划中来完成教学任务的"。①

（2）工农群众教育。同干部教育一样，工农群众的教育也是苏区教育的一个重点，因为它是争取革命胜利，完成各项工作的锐利武器。工农群众教育的首要任务是以识字教育为主要内容的扫除文盲教育，其方式主要是群众性的识字运动。为了扫除文盲，苏区创造了诸如夜校、半月学校、识字班、识字组、补习学校等多种组织形式，并在城、乡各地广泛地开展了读报组、列宁室、俱乐部、墙报、戏剧等群众文化活动。

工农群众教育除了以扫除文盲为主要任务之外，还结合识字以及群众文化活动进行以阶级教育为主要内容的思想政治教育，反对封建迷信教育以及军事教育、生产知识技能教育、卫生教育等。这部分内容在本书第六章已有叙述。

（3）普通教育。根据1934年2月颁布的《中华苏维埃共和国小学校制度暂行条例》②，小学教育"是要训练参加苏维埃革命斗争的新后代，并在苏维埃革命斗争中训练

---

① 顾明远总主编．中国教育大系•马克思主义与中国教育（下）[M]．武汉：湖北教育出版社，1994：997．
② 同上书，1041－1042．

将来共产主义的建设者"。该条例的"总纲"指出，文化教育"是革命的阶级斗争工具之一"，教育要"与斗争联系起来"，"使教育与劳动统一起来"；小学教育"要发展儿童的创造性和自治能力，儿童在学校，当有自己的组织和独立的活动，教育者只站在领导地位"。小学前3年设置的科目为国语、算术、游艺（唱歌、运动、手工、图画）。但国语的科目中要包括乡土地理、革命历史、自然和政治等（不单独教授政治自然及其他科目）；游艺也须与国语、算术及政治劳动教育等有密切联系。小学后2年设科学和政治等科目。

在学校管理方面，根据1934年4月教育人民委员部颁布的《小学管理法大纲》[①]规定，小学的管理，旨在"发展儿童的自治能力，养成学生自觉的遵守团体纪律的习惯，确立整个学校（校长教员学生）的集体生活"，坚决反对"把学生群众当做'被统治者'看待的"地主资产阶级的学校管理法。学校除了要与学生家长有"密切的联系"之外，还必须"与工会或贫农团合作社等建立经常的关系"，"学校应定期的约会这些团体派代表参观或开联席会议讨论学校的改良问题"。此外，小学在每个学区之内，"应当成为当地的文化中心"。

在极其艰难困苦的情况下，共产党领导下的苏区教育取得了很大的成绩。苏区的教育不仅有比较系统、完整的教育方针、政策、法规、制度，而且逐步形成了一个相对完整的教育体系。苏区的教育在工农武装割据地域内改变了旧中国教育的性质，而且培养了大批的人才。

二、抗日战争时期根据地的教育（1937—1945）

1934年10月，中央红军主力被迫离开苏区，进行了二万五千里长征。几年苦心经营的苏区教育事业遭受了巨大的损失和破坏，在长征的过程中，苏区的干部教育大量缩编、合并，军事学校改为随营学校性质，而苏区的工农群众教育、普通教育除极少数仍以各种形式坚持进行之外，绝大部分被南京国民党政府破坏。

1937年7月7日，日本帝国主义为全面侵占中国，挑起了"卢沟桥事变"。在中国人民生死存亡的紧急关头，由于中国共产党的努力，实现了第二次"国共合作"，结成了抗日民族统一战线。

在艰苦卓绝的八年抗战时期，中国共产党领导的敌后抗日根据地不断发展和扩大，除了党中央所在地陕甘宁边区之外，还建立了18块根据地，广泛地分布在华北、华中、华南的敌后地区。这些抗日民主根据地的教育，尽管由于环境和条件的巨大差异而形成了各自不同的重点和特点，但都是马克思主义教育思想在中国的实践。随着抗日战争经历的战略防御、相持和反攻阶段，中国共产党在根据地实施的教育也经历了恢复、发展、巩固和提高的阶段，取得了丰富的经验，并形成了具有中国特色的新民主主义的教育体系。

1. 教育的方针和政策

中国共产党在抗日战争时期实施的教育，坚持了土地革命时期形成的马克思主义教育的原则和优良传统，这是最根本的一个方面。然而，中国人民在抗日战争时期面对的是日本侵略者，在"平津危急！华北危急！中华民族危急！"以及与国民党结成了抗日民族统

---

① 顾明远总主编.中国教育大系·马克思主义与中国教育（下）[M].武汉：湖北教育出版社，1994：1051—1054.

一战线的形势下,抗日根据地的教育方针、政策也作出了相应的调整。

(1) 教育为长期抗战服务。在1937年"七七"卢沟桥事变后不久,毛泽东在《反对日本进攻的方针、办法和前途》一文中,针对国民党消极抗日的方针,提出了坚决抗战的8项方法,其中第6项即为"国防教育"。毛泽东指出,要坚决反对"亡国奴教育","根本改革过去的教育方针和教育制度。不急之务和不合理的办法,一概废弃"。[1] 同年7月22日,中共中央政治局扩大会议根据毛泽东提议,通过了《抗日救国十大纲领》,其中第8条为《抗日的教育政策》,提出要"改变教育的旧制度旧课程,实行以抗日救国为目标的新制度新课程";"实施普及的义务的免费的教育方案,提高人民民族觉悟的程度";"实行全国学生的武装训练"。[2]

1938年4月,陕甘宁边区国防教育会举行第一次代表大会,毛泽东在会议上发表的题为《教育与战争》的演说中指出,要"用教育来支持抗战。目前的抗战是规定一切的东西,我们的教育也要听抗战的命令,这就叫做抗战教育"。[3]

为了贯彻党中央"国防教育"的政策,1938年4月公布了《陕甘宁边区国防教育实施原则》,该《原则》对于"死读书"、"准备救国"以及"主张取消学校,取消社会教育"等错误思想提出批评,主张"一面学习,一面实践"。《原则》还指出,"国防教育的课程应以政治(抗日民族统一战线)、军事(游击战术)和战时知识(防空防毒救护等)为中心,一切课程内容都应与抗战联系,不适应战时需要的课程,应取消或减少钟点"。[4]

(2) 建立广泛的抗日教育统一战线。统一战线不仅是共产党长期坚持的政治上的一个重要政策,也是抗日战争时期教育的一个重要政策。1939年,毛泽东在为中共中央写的《大量吸收知识分子》的决定中提到,"在长期的和残酷的民族解放战争中,在建立新中国的伟大斗争中,共产党必须善于吸收知识分子,才能组织伟大的抗战力量,组织千百万农民群众,发展革命的文化运动和发展革命的统一战线。没有知识分子的参加,革命的胜利是不可能的"。[5]

1940年3月,《中央关于开展抗日民主地区的国民教育的指示》中,除了要求党组织"决心动员一批党员知识分子终身从事于国民教育的事业"之外,还要求"共产党应力求同有正义感的名流学者公正士绅实行统一战线"。[6]

为了做好抗日教育统一战线的工作,有些根据地还对这方面的工作作出具体的指导。1941年5月,《晋西北第二次三科长联席会议关于发展与巩固广泛的文化教育统一战线的决议》[7] 就是一个很好的典型。《决议》不仅阐述了发展与巩固广泛的文教统一战线的重要意义,建立、发展、巩固广泛的文教统一战线的原则,而且还具体分析了文化人、教育家和小知识分子的特点,以及"认真的根据总的原则、客观环境、各时期的形势、各个对象,研究出恰当的方法,对症下药,分别采取不同的态度、方法、方式,团结吸收广大文

---

[1] 毛泽东选集(一卷本)[M].北京:人民出版社,1967:320.
[2] 顾明远总主编.中国教育大系·马克思主义与中国教育(下)[M].武汉:湖北教育出版社,1994:1240.
[3] 转引自陈桂生.现代中国的教育魂[M].沈阳:辽宁教育出版社,1993:73.
[4] 顾明远总主编.中国教育大系·马克思主义与中国教育(下)[M].武汉:湖北教育出版社,1994:1072.
[5] 毛泽东选集(一卷本)[M].北京:人民出版社,1967:581.
[6] 顾明远总主编.中国教育大系·马克思主义与中国教育(下)[M].武汉:湖北教育出版社,1994:1080.
[7] 同上书,1083—1084.

化人、知识分子"的各种方法。

广泛的抗日教育统一战线的正确政策很快就使一大批教育家、文化人和各种知识分子投身到抗日教育事业中去，击破了敌伪欺骗、收买、争夺知识分子的阴谋，而且还吸收了大批沦陷区和国统区内的青年、知识分子投身到共产党领导的抗日民主运动中去。

（3）统一战线中独立自主地创办新民主主义的教育。抗日战争爆发以后，尽管建立了抗日统一战线，但南京政府和国民党方面始终把共产党视为心腹之患，把"防共"、"限共"、"溶共"作为自己政策的主线。正像毛泽东在《国共合作成立后的迫切任务》中所指出的那样，"今天的抗日统一战线，还没有一个为两党所共同承认和正式公布的政治纲领，去代替国民党的统制政策。现在国民党对待民众的一套，还是十年来的一套，从政府机构，军队制度，民众政策，到财政、经济、教育等项政策，大体上都还是十年来的一套，没有起变化"。① 在整个八年抗战时期，中国共产党一方面要抵抗日本帝国主义的侵略，另一方面，又要同统一战线内部的南京政府和国民党中的投降、分裂、反共的势力作斗争。在共产党内部，也曾经有过"一切通过统一战线"的错误主张。

1937年11月，毛泽东在延安党的活动分子会议上所作的题为《上海太原失陷后抗日战争的形势和任务》中提出，在全国要反对民族对民族的投降主义，在党内要反对阶级对阶级的投降主义。为了预防阶级投降主义，在军队中提出了"独立自主的山地游击战"的战略原则，在各革命根据地，同样提出了"统一战线中的独立自主"这个原则。

1940年3月，《中央关于开展抗日民主地区的国民教育的指示》② 明确要"加强党对国民教育的领导"，要求各地党的领导机关及其宣传部把开展民主地区的国民教育当做他们的中心任务之一。中央指出，"应该确定国民教育的基本内容为新民主主义的教育，这即是以马列主义的理论与方法为出发点的关于民族民主革命的教育与科学的教育"。

新民主主义教育是新民主主义文化的一个重要组成部分，它的性质和内容是由新民主主义文化的性质和内容所决定的。毛泽东在《新民主主义论》中指出，新民主主义文化是无产阶级领导的反帝反封建的文化，"居于指导地位的是共产主义思想"。尽管新民主主义文化中的"社会主义的因素"是起决定作用的因素，"但就整个社会来说，我们现在还没有形成这种整个的社会主义的政治和经济，所以还不能有这种整个的社会主义的国民文化"。③ 所以，"现阶段上中国新的国民文化的内容，既不是资产阶级的文化专制主义，又不是单纯的无产阶级的社会主义，而是以无产阶级社会主义文化思想为领导的人民大众反帝反封建的新民主主义"。④ 概言之，"民族的科学的大众的文化，就是人民大众反帝反封建的文化，就是新民主主义的文化，就是中华民族的新文化"。⑤

（4）干部教育第一、国民教育第二。在抗日战争时期，反对日本帝国主义侵略的民族革命乃是中国革命的最主要任务，在战争期间，教育的首急之务当是大量地培养党、政、军的干部。同苏区时代一样，干部教育在抗日民主根据地整个教育体制中，居于首要的地

---

① 毛泽东选集（一卷本）[M]．北京：人民出版社，1967：337.
② 顾明远总主编．中国教育大系·马克思主义与中国教育（下）[M]．武汉：湖北教育出版社，1994：1079—1080.
③ 毛泽东选集（一卷本）[M]．北京：人民出版社，1967：665.
④ 同上书，666.
⑤ 同上书，669.

位。事实上，除了初级小学教育之外，高小、中学教育也具有干部教育的性质，《陕甘宁边区文教大会关于边区教育方针的决议草案》明确指出，"培养边区知识分子，有两条主要的道路：一是提高现任干部的文化水平，……二是要通过学校的文化教育，确定中学和高小均以培养干部为主要任务"。①

在干部教育中，在职干部的教育又居于首位。1940年1月，《中共中央关于干部学习的指示》提出干部学习的10个问题，其中提到，建立在职干部每日两小时的学习制度，对于文化低或不识字的干部，先要学习文化课。1942年2月中央政治局通过的《中共中央关于在职干部的决定》又明确指出，"在目前条件下，干部教育工作，在全部教育工作中的比重，应该是第一位的。这是因为一切工作，包括国民教育工作在内，都须经过干部去做，'在政治方针决定之后，干部就是决定一切的因素'，如不把干部教育工作看得特别重要，把它放在全部教育工作中的第一等地位，就要犯本末倒置的错误了"。②

抗日民主根据地在干部教育方面，从形式上讲，既有各种规格的训练班，又有初级、中级、高级干部学校；从内容上讲，既有政治教育、军事教育，又有各种自然科学、师范、艺术等方面的教育，形成了一个比较完整的干部教育体系。

2. 教育的实施

抗日民主根据地创立了一个比较完整的新民主主义的教育体制，包括在职干部教育、干部学校教育、工农群众教育、国民教育（儿童教育）、军队教育。在各级各类教育的实施方面，继承了苏区时代形成的种种优良传统，并在新的形势和条件下有所发展，其中包括共产党领导下的各级教育行政机构，因地制宜的多种教育和办学形式，教育为党的中心工作服务、教育与生产劳动相结合、理论联系实际等。由于有些内容如工农群众教育等在本书其他章节已有叙述，这里主要叙述干部学校教育和小学教育。

（1）干部学校教育。在陕甘宁边区的干部学校主要有，中国人民抗日军事政治大学（简称抗日军政大学、抗大）、陕北公学、鲁迅艺术学院、泽东青年干部学校、中国女子大学、延安民族学院、华北理工大学、自然科学院、中国医科大学、延安大学、行政学院、边区农业学校、新文字干部学校、边区医药学校等；其他抗日根据地的干部学校有，晋察冀边区的白求恩行政干部学校、蒙藏学院、河北抗战学院、抗战建国学院等，晋冀鲁豫边区有行政干部学校、太行抗战建国学院、筑先抗战学院等，山东抗日根据地的山东财政经济学院、山东抗战建国学校、胶东建国学校等，苏皖边区的皖东北抗日军政干部学校、苏皖边区行政学院、江淮大学、鲁迅艺术学院华中分院、苏中公学等，浙东抗日根据地的浙东鲁迅学院等，鄂豫边区的洪山公学等。③

在干部教育方面，曾经有过不重视干部教育，特别是在职干部教育的情况，更为严重的是曾经存在过比较严重的教条主义学风。虽然早在1940年1月的《中共中央关于干部学习的指示》中就规定，"全党干部都应当学习和研究马列主义的理论及其在中国的具体运用"。④ 但是，在实际的教育活动中，教条主义学风并未根除。

---

① 顾明远总主编. 中国教育大系·马克思主义与中国教育（下）[M]. 武汉：湖北教育出版社，1994：1124.
② 同上书，1094.
③ 同上书，1089—1091.
④ 同上书，1078.

1941年5月,毛泽东在《改造我们的学习》中又明确指出,"对于在职干部的教育和干部学校的教育,应确立以研究中国革命实际问题为中心,以马克思列宁主义基本原则为指导的方针,废除静止地孤立地研究马克思列宁主义的方法"。① 然而,在实际的干部教育工作中,中央的指示并未得到很好的理解和贯彻。为此,1941年12月,中央政治局通过了"同时亦适用于各抗日根据地"的《中共中央关于延安干部学校的决定》。《决定》明确指出了当时干部学校存在的基本缺点"在于理论与实际、所学与所用的脱节,存在着主观主义与教条主义的严重毛病。这种毛病,主要表现在使学生学习一大堆马列主义的抽象原则,而不注意或几乎不注意领会其实质及如何应用于具体的中国环境。为了纠正这种毛病,必须强调学习马列主义的理论的目的是为了使学生能够正确的应用这种理论去解决中国革命的实际问题,而不是为了书本上各项原则的记忆与背诵"。②

为了克服干部学校上述"基本缺点",《决定》提出了一系列的教育改革措施:③

第一,明确规定中央研究院、中央党校、军事学院、延大、鲁艺等各学校的具体目的,要求各校的课程、教材与教学方法与各校的具体目的相结合,并使各校教育与中央各实际工作部门联系起来,以便加强各校的具体领导。

第二,各校招生采取少而精的原则,凡不合各校具体目的的学生,则分配工作或转学他处。

第三,改善教员质量,凡地委及团级以上干部的教育,应由中央委员及中央各机关负责同志亲身担任指导;对现有各校教员,根据新的标准分别审查处理;改善教员的政治与物质待遇。

第四,调整教学内容。凡文化水平太低而又需要与可能学习的县级营级以上工农出身的老干部,应先补习文化,以便学习马列主义理论。凡带专门性质的学校(如军事的、政治法律的、师范教育的、医学的等)应以各有关专业的理论与实际课程为主。一般说来,专业课应占50%(不须补习文化的学校应占80%),文化课占30%,政治课占20%。坚决纠正过去以政治课压倒其他一切课目的不正常现象。

第五,改善教学工作。无论教学的内容或方法,都要贯彻理论与实际一致的原则。通过调查研究的方式,用学校所在地区的实际材料充实教学内容。教学应坚决采取启发的、研究的、实验的方式,坚决废止注入的、强迫的、空洞的方式,以发展学生在学习中的自动性与创造性。

第六,改进马克思主义理论的教授与学习,坚决纠正过去不注重领会其实质而注重了解形式,不注重应用而注重死读的错误方向;学生是否真正领会以学生是否善于应用为标准,所谓应用,指用马列主义精神与方法分析中国历史与当前的具体问题,去总结中国革命的经验。

第七,学校行政组织以短小精干为原则。

第八,学校要养成学生自由思想、实事求是、埋头苦干、遵守纪律、自励自治、团结互学的学风,为此,教职员应该以身作则。

---

① 毛泽东选集(一卷本)[M]. 北京:人民出版社,1967:760.
② 顾明远总主编. 中国教育大系·马克思主义与中国教育(下)[M]. 武汉:湖北教育出版社,1994:1087.
③ 同上书,1088.

《决定》颁布以后不久的延安整风运动，对于干部教育的改革起到了直接的推动作用，使干部教育在提高干部和党员的马克思主义理论水平，坚持和发扬从实际出发，理论联系实际的作风方面发挥了巨大的作用，为抗日战争和中国革命的胜利，作出了不可磨灭的贡献。

（2）小学教育。抗日根据地实行的是"普及免费的儿童教育"，对于贫苦抗工属子女以及贫苦子女无力入学者，当地政府采取优待政策以保证他们入学。

1938年5月边区教育厅公布的《陕甘宁边区小学法》和《陕甘宁边区小学规程》[1] 规定，边区小学教育的宗旨和原则为，"发展儿童的身心，培养他们的民族意识、革命精神及抗战建国所必需的基本知识技能"。小学修业年限为5年，前3年为初级小学，后2年为高级小学。

小学课程以政治、军事为中心，科目有国语、算术、常识（政治、自然、历史、地理）、美术、劳作、音乐、体育。社会活动和生产劳动亦列入正式课程中，并要与其他科目取得密切联系。社会活动包括抗战宣传及一般改良社会宣传，优待军属，帮助自卫军放哨，除奸，组织识字组、夜校、半日校等。

在1937年到1941年期间，边区小学发展速度很快。1941年10月4日的《解放日报》社论[2]说，"经过了边区的党和政府的计划领导，经过了我全体教育工作同志的惨淡经营，就在这块荒地上到今天我们已经在教育建制上从无到有，在教育事业上我们年增一倍，在工作方法上我们由模仿到创造，四年之内，我们已经作出了旧制度下四十年也做不出的事业"。在数量发展的同时，质量的问题也提了出来。"我们广泛的建立了学校教育和社会教育的机关，但许多机关在今天还称不起传布民主思想与科学知识的堡垒；我们有了最前进的教育主张，但是许多学校的设施还未脱出三十年前的私塾状态"。造成这种状态的最主要原因是缺少知识分子，缺少教育干部。

提高教育质量的问题，早就引起了边区教育部门的重视。在提高边区教育质量方面，起先的目标是"不只要量的发展、也要质的提高"。接着是"注重质的提高、停止量的发展"。这些措施都未奏效。为了解决国民教育质量问题，1941年10月，陕甘宁边区召开第四届各县三科长联席会议，旨在深入了解各县情况的基础上，具体研究裁并小学，组织教员学习，转变整个工作方向的办法。这是一种"减少数量、提高质量"的思路。实际情况是，量没有减少下来，质也未见得提高。在这种情况下，1942年1月14日，《解放日报》发表题为《提高边区国民教育》[3] 的社论，提出了"应该同时采取"的两种办法。第一种办法"是所谓'重质不重量'的正规教育"，由"教育厅直接派人到各县，定期的、认真的、毫不姑息的进行学校的检查和教师的甄别。检查合格的学校，有几处算几处，甄试合格的教师有多少算多少"；第二种办法是"奖励并提倡私人兴学讲学"。

上述围绕质量问题提出的向着"正规教育"目标靠拢的种种措施是否符合抗日根据地的实际？答案显然是否定的。精简合并学校不能使学生就近入学，增加了动员儿童入学的

---

[1] 顾明远总主编. 中国教育大系·马克思主义与中国教育（下）[M]. 武汉：湖北教育出版社，1994：1074—1078.
[2] 同上书，1086—1087.
[3] 同上书，1092—1093.

困难。此外，在"正规"的口号下，教育的内容"由以抗日教育为主转而以科学为主，但这种科学也不讲边区人民所迫切需要的科学知识，而是讲了很多的火车、轮船、电气、机械等等，因而仍然不能引起群众的兴趣。教育制度、教育内容一天天实行'旧型正规化'的结果，不但和人民发生了距离，和干部也发生了距离"。①

为了纠正这种"旧型正规化"的倾向，继 1943 年 1 月陕甘宁边区政府教育厅召开中等学校整风会（这次会议主要是检讨过去教育工作脱离实际脱离群众的错误）之后，各地的初级学校也开始酝酿全盘的改革。

对于边区的教育来说，1943 年是开展批评的一年，而 1944 年则是发展改造的一年。1944 年 3 月，为纪念陶行知提倡生活教育运动 17 周年，延安教育界人士举行座谈会，交换对边区教育工作的意见。徐特立和边区教育厅长柳湜等发表了讲话，强调学习陶行知面向群众、实事求是的精神，并提议除完小仍由政府开办外，其余普通小学要大力提倡民办。同年 4 月 7 日，《解放日报》发表题为《根据地普通教育的改革问题》的社论，强调教育改革要从人民群众的需要出发，从旧的一套制度、课程、办法中彻底解放出来。6 月开始筹备边区文教大会，并动员、组织文教工作者分赴各地进行调查研究。10 月，陕甘宁边区文教大会召开，毛泽东在会上作了题为《文化工作中的统一战线》的讲话。毛泽东在讲话中强调了文化工作"广泛的统一战线"的必要性，并指出，"在教育工作方面，不但要有集中的正规的小学、中学，而且要有分散的不正规的村学、读报组和识字组。不但要有新式学校，而且要利用旧的村塾加以改造"。"一切为群众的工作都要从群众的需要出发，而不是从任何良好的个人愿望出发"。② 11 月 1 日颁布了《陕甘宁边区文教大会关于边区教育方针的决议草案》。③

陕甘宁边区文教大会通过的关于边区教育方针的《决议草案》包括目前边区的实际需要和边区教育目的，关于培养边区知识分子的问题，开展群众的教育运动，民办公助的方针问题。其中"小学教育"部分，规定小学教育的目标是培养"新民主主义的新公民"：要求在文化方面学会 1500 字以上，能读《群众报》，学会加减乘除；具有初步的卫生常识及政治常识（懂得边区或其他地区，共产党和其他党派的区别等）；具有生产劳动的习惯。在办学方面，小学以自愿的民办村学为主要形式，同时允许其他为老百姓所接受和欢迎的学校形式存在；学制不求一律，一般应废止正规的班级制和学期制；在教育方法上，强调使学生理解所学的东西，对于不重讲解、不会应用的老一套教育法，必须予以纠正；对学生的管理应以培养和奖励学生的自觉自治精神为主。在学校与社会的联系方面，要求学校组织学生进行诸如从事家庭劳动、社会服务等校外活动。在旧学校的改造方面，要求对老式的私塾和旧型正规化的中小学进行彻底改造，重要的是彻底改造旧的教育方针和教育内容（如打骂体罚，教四书五经，教育和群众实际脱节等）。

抗日根据地教育的发展是曲折前进的。在马克思主义教育思想的指导下，边区的教育，无论在干部教育、工农群众教育或是普通教育方面，都取得了长足的进步，培养了大

---

① 顾明远总主编．中国教育大系·马克思主义与中国教育（下）[M]．武汉：湖北教育出版社，1994：1127-1128.
② 毛泽东选集（一卷本）[M]．北京：人民出版社，1967：912-913.
③ 顾明远总主编．中国教育大系·马克思主义与中国教育（下）[M]．武汉：湖北教育出版社，1994：1124-1126.

批各级各类的人才，为抗日战争的胜利作出了巨大的贡献。更重要的是，自1927年苏区开创马克思主义教育理论在中国的实践以来，经过十多年的探索，中国人民不仅解决了大量的马克思主义教育理论和中国实际相结合的理论和实践问题，而且基本上形成了民族的、科学的、大众的新民主主义的教育理论和实践，这是中国共产党、中国人民对于发展马克思主义、使马克思主义教育理论中国化所作出的巨大贡献。

三、解放区的教育（1945—1949）

1945年8月，日本无条件投降，中国人民终于取得了抗日战争的胜利。日本鬼子赶走了，但中国人民和平建国的热切期望却最终落空了。南京政府为了独吞抗战胜利果实、消灭共产党领导的人民民主武装，经过一年的准备，终于在1946年7月挑起全面内战。共产党接受了这一挑战，并最终取得了战争的胜利。这一时期的教育，紧密地配合了党的中心工作，服务于战争，并为迎接全国的解放，培养了大批人才。

从1945年8月日本投降到1949年10月中华人民共和国成立，虽然只有短短的4年多的时间，国内政治、军事的发展和转变却极为迅速。从抗战胜利到1946年7月全面内战的爆发，国共两党谈谈打打为过渡时期。1946年7月至1948年7月是自卫阶段，在这个阶段，解放区军民粉碎了国民党军队的全面进攻和重点进攻。自1948年7月至1949年10月中华人民共和国成立，解放军发起反攻，基本上消灭了国民党军队在大陆上的主力，并解放了全国的大部分地区。在革命战争进展的上述不同阶段，教育的方针、政策也作了不同的调整。

1. 过渡时期的教育

解放区[①]的教育毫无间断地承袭了抗日战争时期根据地的教育。但是，面对抗日战争以后国内出现的新形势，教育的方针、政策以及实施，也有相应的变化。一年左右的过渡时期的教育，体现了为国内的斗争服务，为可能出现的全面内战作准备。

1945年8月13日，毛泽东在延安干部会议上作了《抗日战争胜利后的时局和我们的方针》的演讲。毛泽东根据马克思主义阶级分析的方法，深刻地分析了抗日战争胜利后的中国政治的基本形势，并提出了无产阶级的革命策略。面对中国两种命运、两个前途的抉择，代表无产阶级和人民大众利益的中国共产党，一方面要尽力争取和平，反对内战，另一方面必须对于国民党发动全面内战的阴谋有充分准备。毛泽东说，"从整个形势来看，抗日战争的阶段过去了，新的情况和任务是国内战争"。"蒋介石要发动全国规模的内战，他的方针已经定了，我们对此要有准备"。[②]

干部教育、工农群众的教育仍然是教育工作的重点。在干部教育方面，鉴于国内形势的迅速变化，加强了时事政治教育和政策策略教育，旨在使广大干部保持清醒的头脑，既不相信帝国主义的"好话"，又不害怕帝国主义的恐吓，具有明确的斗争方向和适当的工作方法。当时中共中央和各级解放区的主要负责人经常亲自给干部作形势和政策的报告，这些报告对于提高干部的政治水平、统一全党的认识是起了很大作用的。同时解放区经常通过报纸和电台发表重要的社论和文章，经常召开干部会议，经常有目的的开办大量的短

---

① 从1944年秋起，抗日根据地改称解放区。
② 毛泽东选集（一卷本）[M]．北京：人民出版社，1967：1028，1032．

期训练班,对在职干部进行培训。

抗日战争胜利后的2个月左右的时间,共产党领导的武装力量从日寇和伪军手中收复国土31.5万余平方公里,城市196座,同时也接管了新解放区中的大批各级各类的学校。改造这些新接管的学校,肃清日伪时期灌输的反共、反苏、反人民的毒害,使之为人民的革命事业服务成了教育工作者的一个重要的任务。

随着解放区的扩大,工农教育和市民教育的任务也更繁重了。毛泽东在《抗日战争胜利后的时局和我们的方针》中指出,"在人民中间,主要是在日本占领区和国民党统治区的人民中间,还有相当多的人相信蒋介石,存在着对于国民党和美国的幻想"。[①] 为了制止内战,准备国内战争,社会教育也是一个不容迟缓的问题。

斗争的需要和条件的改善,使这一时期的教育有了很大的发展。首先,从新解放区接管过来的大批专门学校,如农业学校、工业学校、医药卫生学校等,经过改造以后,成了为解放区培养各类专业人才的基地;其他普通学校经过改造以后,也改变了性质,成为人民教育事业的一个组成部分。

第二,老解放区原有的一些干部学校,如在延安的抗大、鲁艺、中央党校、自然科学院等,分别迁往新解放的东北、华北办学,其他各根据地原先设在农村的干部学校大多迁往城市,扩大了招生规模,改善了办学的条件。

第三,在新解放区各地,也开设了一批新的干部学校,如滨海建国学院(山东,1945年8月)、渤海公学(山东,1945年9月)、东北军政大学(通化,1945年10月)、武训师范(冠县,1945年10月)、山东大学(临沂,1945年10月)、华北联合大学(张家口,1945年秋)、东北大学(本溪,后移驻长春,1946年2月)、中原民主建国大学(罗山,1946年2月)等。"在华北地区。据1946年7月统计,晋察冀解放区有华北联合大学、白求恩医科大学、铁路学院、内蒙古学院、建国学院、行政干部学院、工、农、商专科学校,以及中学、师范学校六十余所,学生12000余人"。"山东解放区1946年有山东大学一所,设有财经队、文化队、合作人员训练班和附中等,另有中等学校四十一所,以及军政、工商等干校"。"苏皖解放区在1946年初有94所中等以上的学校,其中'包括一所建设大学、一所教育学院、一所工业专科学校、二所军事学校、六所师范学校、一所医务学校、一所新闻专科学校、三所综合性的干部学校,其余大部分都是普通中学。但大半都兼办了一些短期或正规的干部科,也有以干部训练为主,兼办普通科的(历年来许多教师、塾师或干部的短期研究班、轮训队都不计算在内)'"。[②]

2. 解放战争自卫阶段的战时教育

1946年6月国民党军队以大举进攻中原解放区为起点,发动了对解放区全面进攻。解放区的中心工作是自卫战争和土地革命。解放军采取运动战的作战方法,暂时放弃若干地区以及包括延安在内的许多城市,经过2年左右时间的战斗,最终粉碎了敌人的全面进攻和重点进攻。

这一时期的教育,围绕着争取自卫战争胜利和土地革命完成这一总的目标,转入战时

---

① 毛泽东选集(一卷本)[M].北京:人民出版社,1967:1029.
② 见毛礼锐等主编.中国教育通史(第五卷)[M].济南:山东教育出版社,1988:239—240.

教育状态。1946年9月，山东省政府批准公布的《山东省当前教育工作纲要》[①]指出，"战争问题已威胁我山东解放区军民现实生活中最关心的问题"，"必须动员全山东人民的力量，支援前线，一切为了争取自卫战争的胜利"，"我们一切的建设工作必须照顾并为了增强自卫战争的力量，既不能忽视必需的建设，不作长期打算，又不应脱离战争情况，而进行各种建设工作"。《纲要》提出了战时教育工作的总任务，其中有"注意团结教育现有一切知识分子，使为人民事业服务"；"在广大人民当中展开群众性教育活动"；"制定切合实际的教育制度与课程"；"广泛进行时事教育，动员广大人民参军参战，支援前线，为坚持和平、民主、独立，反对内战、独裁、卖国、而团结一致，坚决行动起来，以争取自卫战争的最后胜利"。

同年12月的《陕甘宁边区战时教育方案》[②]指出，"目前教育工作的中心任务是配合军事、政治、经济、群运等工作，争取人民自卫战争的胜利"，并提出了完成这一任务的4条工作方针：向广大群众解释战争的性质及其目的；揭露蒋管区的暴政及民不聊生的惨状，宣传边区的民主政治；向广大群众宣传国民党军民对立、官兵对立、军心厌战、民心反战，说明边区军民一家、官兵一致、士气旺盛的实况，以增强我军必胜的信心；揭露蒋军的暴行，宣传我军为民除害，使广大群众支援前线。

《陕甘宁边区战时教育方案》还提出了战时教育的实施原则：社会教育与学校教育相联系；时事教育与文化教育相配合；教育内容与战争生活相结合；不同地区采取不同的工作方式。在学校教育方面，为适合战争的需要，对于国语、政治、公民、史地、理化、体育等各门学科需要适当补充、增加的内容作出了规定。对于"如果战争到来，原有的学校和社会组织，不能适应战争环境时"应采取的工作步骤，《方案》也作出了规定，其中有将年龄太小不能离家的学生加以疏散、编为小组、参加儿童团的工作，教员采取轮教的方式坚持教育；如果沦于敌后，"在情况许可的情况下，可教小学生进行隐蔽的宣传及情报通讯活动"；"率领大学生撤退或转移，参加兵站、通讯站、俘虏营、野战医院等工作，教员亦随同参加指导，并进行可能的教育"；"派一部分教员和学生到民兵、游击队、担架队、运输队等组织中进行宣传教育活动"等。

在自卫战争期间，随着部分解放区及大部分城市的放弃，学校或者转移，或者分散，或者暂时解散，从事战时工作。但是，即使是在紧张激烈的战争环境中，党和地方政府依然坚持和发展干部教育。例如，在防御阶段的2年间，晋察冀豫解放区为各条战线培养了10000余名干部；华北联大于1946年初复校后的2年内输送的1800名毕业生都担负各项工作；至1948年8月止，东北地区共有中学145所，其中不少都办有地干班，这些学校为东北的建设和百万大军进关作战，输送了大批干部；陕甘宁边区在敌人重点进攻期间，干部教育和普通教育都遭到破坏，但在粉碎了敌人进攻之后，干部教育很快得到恢复和发展，1948年有延安大学、西北军政大学、工业、财经、艺术、行政等专科学校，各地还有其他干校10余处，中学师范27所。[③]

---

① 顾明远总主编.中国教育大系·马克思主义与中国教育（下）[M].武汉：湖北教育出版社，1994：1142-1143.

② 同上书，1144-1146.

③ 参见毛礼锐等主编.中国教育通史（第五卷）[M].济南：山东教育出版社，1988：239-241.

3. 解放战争反攻阶段的教育

在 2 年左右的自卫战争期间，解放军的运动战消耗了敌人大量的力量。1947 年 7 月起，解放战争转入反攻阶段。辽沈、淮海、平津三大战役的胜利，国民党军队的主力几乎丧失殆尽，解放军解放了全国大部分地区。1949 年 10 月 1 日，中华人民共和国宣告成立。

1948 年 9 月，中共中央在河北平山县西柏坡村召开了政治局会议，会议检查了过去时期的工作，并部署了今后工作的任务。在毛泽东为中央起草的《中共中央九月会议的通知》中指出，"夺取全国政权的任务，要求我党迅速地有计划地训练大批的能够管理军事、政治、经济、党务、文化教育等项工作的干部。战争的第三年内，必须准备好三万至四万下级、中级和高级干部，以便第四年内军队前进的时候，这些干部能够随军前进，能够有秩序地管理大约五千万至一万万人口的新开辟的解放区"。①

1949 年 3 月召开的中共七届二中全会确定，"从现在起，开始了由城市到乡村并由城市领导乡村的时期。党的工作重心由乡村移到了城市"。此外，毛泽东在七届二中全会的报告中还指出，只有将城市的生产恢复起来，人民政权才能巩固，因此，"城市中其他的工作，例如党的组织工作，政权机关的工作，工会的工作，其他各种民众团体的工作，文化教育方面的工作，……都是围绕着生产建设这一个中心工作并为这个中心工作服务的"。②

在这由战争转向和平、迎接全国胜利的阶段，教育也随着党的中心工作的开展以及工作重心的转移而发生着重大的变化。

首先，教育的重点发生了变化。自 1927 年苏区的教育以来，干部教育始终是整个教育工作的重点，而且干部教育又以培养军事、政治干部为主。解放战争后期，在大量需要干部的情况下，干部教育仍是教育的首要任务，然而，干部教育的含义有了变化，它包括培养各项生产建设所需要的知识分子。1948 年 10 月《东北行政委员会关于教育工作的指示》③ 提出，在新形势下，"教育工作的首要任务，是培养大批有文化知识、科学技术和革命思想的各种知识分子，以应建设事业的需要，因此，我们应该拿出一定力量来办大学、中学和师范、工业、农业、铁路、邮电、卫生、行政等专门学校，培养各种知识分子与干部"。此外，以前相对于干部教育、工农群众的社会教育来说，普通教育（国民教育）居于次要地位的情况，现在发生了变化。《指示》把"以新民主主义来教育后代"的"国民教育"列为仅次于培养知识分子和干部的"其次"地位，而对人民大众的"社会教育"则属于"再其次"。

第二，接管新解放区的学校，团结改造知识分子。早在反攻阶段刚刚开始的 1948 年 7 月，中共中央便发出《关于争取和改造知识分子及对新区学校教育的指示》。《指示》明确说明，争取和改造知识分子是共产党的重大任务，为此，应办抗大式的训练班，逐批的对现有的知识分子进行短期的政治教育，训练后派往各种工作岗位。每到一处，要保护学

---

① 毛泽东选集（一卷本）[M]．北京：人民出版社，1967：1241．
② 同上书，1317、1318．
③ 顾明远总主编．中国教育大系·马克思主义与中国教育（下）[M]．武汉：湖北教育出版社，1994：1152—1154．

校和各种文化设备，不要破坏。对于原有学校要加以必要的和可能的改良，开始时，只做可做到的事，如取消反动政治课程、公民读本及国民党的训导制度，其余一概照旧。① 在1949年4月的《中国人民解放军布告》中，又明确规定保护一切公私学校、文化教育机关等，"凡在这些机关供职的人员，均望照常供职，人民解放军一律保护，不受侵犯"。②

为了争取、团结、改造知识分子，各大行政区都成立了人民革命大学以专门从事这项工作。例如，北平、天津解放后成立的华北人民大学，第一期就招生12800名。人民革命大学按照"大量招收、严肃改造"的方针，在短短的时间里，把数十万知识分子培养成革命干部。经过短期培训的大批知识分子参加了南下工作团、土改工作团等，随军参加了新解放地区的接管工作。

第三，学校教育的正规化。抗日战争胜利以后，随着和平民主建设人才需求的增加、办学条件的改善，一些解放区的教育工作者曾经讨论过使教育新型正规化的问题。后来全面内战爆发，迫于战争的形势，学校新型正规化的问题只得暂时搁置。

解放战争转入反攻阶段，在全国胜利指日可待的时期，为了使人民政权得以巩固，生产建设成了中心工作，在这种情况下，为了培养大批各级各类建设人才，教育正规化的问题便成了教育工作的重点。

1948年秋，东北和华北大部分地区获得解放，山东以及其他解放区也迅速得到恢复和发展。在这种情况下，教育在满足解放战争所需各种干部的同时，也要着手准备即将来到的大规模经济恢复和建设所迫切需要的大批知识分子。为此，解放区开展了以新型正规化为主要内容的教育整顿。

中等教育的正规化是这次教育整顿的主要内容。1948年8月，东北行政委员会召开第3次教育会议，会议讨论了教育工作如何适应战争形势和生产建设的需要，走向新型正规化，做长期打算的问题。同月，华北人民政府教育部召开华北中等教育会议，并通过了若干文件。会议将华北区的中等教育确定为普通教育性质。1948年10月，《华北行政委员会关于教育工作的指示》指出，过去在开辟根据地时期，中等以上学校多办成短期政治培训班，带临时突击性，今后如有需要，还可以办。但是，今后要从事建设，教育工作就应作长期打算，建立适合于建设需要的正规教育制度和教育方法。关于学制、课程、教学管理、行政领导等，都应定出一定的章法。

1948年10月16日新华社发表题为《恢复与发展中等教育是当前的重大政治任务》③的社论。社论指出，"中学必须正规化"，并宣传了华北、东北在中等教育正规化方面的一些具体措施。中等教育正规化的内容有：

学制。解放区的中学一般采用"三三制"。师范学校的学制，华北决定三年制为主、一年制为辅，东北则采取四年制和两年制。

课程。东北和华北都决定文化课占90%，政治课占10%。东北决定师范课程文化课占70%至75%，业务课占10%至15%，政治课占10%。其他职业学校也都原则上规定文

---

① 顾明远总主编．中国教育大系·马克思主义与中国教育（下）[M]．武汉：湖北教育出版社，1994：1274.
② 毛泽东选集（一卷本）[M]．北京：人民出版社，1967：1347.
③ 顾明远总主编．中国教育大系·马克思主义与中国教育（下）[M]．武汉：湖北教育出版社，1994：1158－1159.

化课和业务课共占 90%，政治课占 10%。文化课包括国文、历史、地理、数学（分算术、代数、几何、三角）、自然科学（分植物、动物、矿物、化学、物理）、生理卫生、音乐、美术、体育等科。俄文为大城市中学的必修科。政治课包括政治常识和时事。师范业务课包括新民主主义教育建设，小学行政和生活指导，小学教材研究和各科教学法，社会教育以及参观实习等项。高小文化课占 90%，政治课占 10%。农民班课程，文化课（包括国文、算术、自然等科）占 70%，政治占 30%。

学习制度。建立入学和毕业制度、放假制度、考试制度，对于上课时间、课外活动也有规定。东北将学生学习时间一般规定为每日上课 8 小时，每周上课 30 小时。课外时间须保证大部分用于自修、温习功课、做练习题等，讨论会每周一次。学生课外的生产劳动与社会活动每周不得超过 6 小时，要纠正生产过多的偏向。

学校管理。华北确定了校长制，由校长对政府负责。新华社 1948 年 10 月 16 日的社论指出："对于新民主主义的学校管理，应该采取与工厂管理委员会大体相同的办法，即在校长领导下由学校主要教职员再加学生代表（1 人或 2 人）组织学校管理委员会，统一领导学校的一切工作。"

在中等学校教育正规化方面，对于教科书、中等学校师资以及教育经费等问题，也作出了必要的规定。

除了中等教育进行正规化的整顿以外，小学教育的正规化也受到了重视。1948 年 10 月《东北行政委员会关于教育工作的指示》中所列正规化措施也适用于小学。小学的学制采用"四二制"；高小文化课占 90%，政治课占 10%。初小课程全部为文化课，只有常识和国语课里包括一些政治常识。1949 年 5 月，华北人民政府在北平召开了为时半个月的华北小学教育会议，研究了小学教育改革和小学正规化的问题。

在普通教育进行整顿的同时，解放区原有的干部学校通过整顿也大部分转变为正规化的、专业化的高等学校。从新解放区接管过来的旧大学，也进行了必要的整顿和改造。所有这些，都为新中国的高等教育事业奠定了基础。

第八章　马克思主义与中国教育（下）

本章主要叙述1949年以后在马克思主义思想的指导下，中国探索社会主义教育发展道路以及创建有中国特色社会主义教育体制方面所作的种种努力和曲折的历程。

在长期的新民主主义革命斗争的过程中，产生了马克思主义普遍真理和中国具体实际相结合的结晶——毛泽东思想。毛泽东思想是中国共产党集体智慧的产物。毛泽东教育思想是毛泽东思想的一个重要的组成部分，也是中国教育理论和实践发展的指导思想，只有理解了毛泽东教育思想才能真正理解新中国的教育。

1949年以后，中国社会主义的教育事业有了飞速的发展，逐渐形成了比较完整的社会主义教育体制。然而，"文化大革命"的错误使社会主义教育事业蒙受了重大的损失。

"文化大革命"的结束使中国的教育走上了新的发展道路。邓小平继承和发展了毛泽东思想，提出了有中国特色的社会主义理论。在邓小平有中国特色社会主义理论的指引下，中国正在形成有中国特色社会主义教育的体制。

第一节　毛泽东教育思想

毛泽东是伟大的马克思主义者，中华人民共和国的主要缔造者和领导人。

毛泽东一贯坚持认为，马克思主义是放之四海而皆准的普遍真理，是指导我们思想的理论基础。在坚持马克思主义普通适用性的前提下，毛泽东又一贯坚持并身体力行地将马克思主义与中国革命的实际相结合。他谆谆告诫全党："共产党员是国际主义的马克思主义者，但是马克思主义必须和我国的具体特点相结合并通过一定的民族形式才能实现。马克思列宁主义的伟大力量，就在于它是和各个国家具体的革命实践相联系的。对于中国共产党说来，就是要学会把马克思列宁主义的理论应用于中国的具体的环境。成为伟大中华民族的一部分而和这个民族血肉相连的共产党员，离开中国特点来谈马克思主义，只是抽象的空洞的马克思主义。因此，使马克思主义在中国具体化，使之在其每一表现中带着必须有的中国的特性，即是说，按照中国的特点去应用它，成为全党亟待了解并亟须解决的问题。"[①] 毛泽东本人就是"使马克思主义在中国具体化"的光辉典范，毛泽东思想就是"在中国具体化"的马克思主义，或中国化的马克思主义。

毛泽东教育思想是毛泽东思想的一个重要组成部分，毛泽东教育思想就是"在中国具体化"的马克思主义教育思想。

作为一个马克思主义者，毛泽东在关于教育的社会性质、人的本质和人的全面发展、教育与生产劳动相结合、知识的来源等与教育有直接关系的一系列基本观点，同马克思、

---

① 毛泽东选集（一卷本）[M]．北京：人民出版社，1967：499-500．

恩格斯的教育思想是一致的。作为中国革命的领袖和中国的马克思主义者,毛泽东在解决中国教育的理论和实践问题时,又使马克思主义关于教育的根本思想在中国具体化,与中国教育文化的传统、中国的国情和中国革命的主要任务结合起来,并进一步丰富和发展了马克思主义的教育思想。

美国学者约翰·霍金斯(John N. Hawkins)对毛泽东教育思想及其对中国教育实践的影响有过下列评论,他认为,"毛泽东一生对于教育投入了极大的关注,他对教育的关心在许多大政治家中都是独树一帜的。因此,要想了解中国的现代教育,是无法离开对毛泽东教育思想与实践的了解的。尤其当中国教育已成为发展中国家的一种模式时,他在教育上的许多创举及对教育的影响也是教育工作者所应关注的。因此,有必要把毛泽东在成为一个马克思主义者之后、在长期革命斗争中所形成的教育思想看做是新中国教育政策与实践的基础。"实际上,不少有志于中国教育的学者也都抱有与约翰·霍金斯相同的看法,他们认为,"为了对中国共产主义革命作出全面理解,研究毛泽东教育思想是一项基本的工作"。①

毛泽东教育思想是在长期革命斗争的实践过程中形成、发展的。毛泽东教育思想指导了革命战争时期根据地教育的理论和实践,以及中华人民共和国成立以后中国社会主义教育理论和实践的探索。虽然毛泽东本人已经走进了历史,但毛泽东教育思想仍然长留人间,对中国现在和今后教育理论和实践的发展仍将具有普遍的指导意义。

一、教育与政治、经济的关系

马克思主义科学地说明了社会的发展过程,科学地说明了社会结构中诸因素的关系,从而使教育与政治、经济的关系得到科学的说明。在《新民主主义论》中,毛泽东根据历史唯物主义的基本观点,对于文化与政治、经济的关系作了经典性的说明:"一定的文化(当做观念形态的文化)是一定社会的政治和经济的反映,又给予伟大影响和作用于一定社会的政治和经济;而经济是基础,政治则是经济的集中的表现。这是我们对于文化和政治、经济的关系及政治和经济的关系的基本观点。那么,一定形态的政治和经济是首先决定那一定形态的文化的;然后,那一定形态的文化又才给予影响和作用于一定形态的政治和经济。"② 这里所讲的"文化",包括教育在内。

1. 政治、经济制约教育的性质和方向

在《新民主主义论》中,毛泽东"把政治与经济的关系同文化与政治、经济的关系并提,以前者为后者的补充,以政治为文化与经济联系的中介,在政治是经济的集中表现的意义上,揭示文化为政治服务同文化为经济服务的一致性,着重突出文化与政治的关系。不仅符合马克思主义关于社会结构的学说,而且对于正在进行中的伟大的政治斗争与文化斗争有现实的指导意义"。③

(1)政治是阶级对阶级的斗争。与资产阶级政治家把政治看做是治理众人之事不同,马克思主义者认为政治乃是人民群众的事。列宁曾经指出:"政治应该是人民的事,应该

---

① 丁钢.中国教育的国际研究 [M].上海:上海教育出版社,1996:162、167.
② 毛泽东选集(一卷本) [M].北京:人民出版社,1967:624.
③ 陈桂生.现代中国的教育魂 [M].沈阳:辽宁教育出版社,1993:243.

是无产阶级的事。"① 毛泽东对于政治的观点与列宁完全一致。在《在延安文艺座谈会上的讲话》中，毛泽东指出："政治是指阶级的政治、群众的政治，不是所谓少数政治家的政治。政治，不论革命的和反革命的，都是阶级对阶级的斗争．不是少数个人的行为。"②

既然政治、经济决定包括教育在内的文化，而政治又指阶级的政治，那么，在存在着阶级和阶级斗争的条件下，教育一定具有阶级性。毛泽东在《在延安文艺座谈会上的讲话》中就明确指出，在现在的世界上，一切文化或文学艺术都是属于一定的阶级，属于一定的政治路线的。不存在超阶级的文学艺术或文化。"讲话"主要针对的是文学艺术，对于教育没有专门谈。"讲话"发表的15年以后，毛泽东在《打退资产阶级右派进攻》中明确提到了教育："至少在帝国主义消灭以前，……学校教育，文学艺术，都是意识形态，都是上层建筑，都是有阶级性的。"③ 根据上述教育与政治关系的分析，无产阶级的教育必须为无产阶级政治服务。

（2）在不同的历史时期，政治有不同的内涵。政治不是一个抽象的概念，除了具有阶级性之外，不同历史时期，政治也具有不同的内涵。无产阶级政治是无产阶级和广大人民群众利益的集中体现，因此，不同历史时期无产阶级政治的内容也有不同的变化，教育应该主动适应这种变化。

在无产阶级夺取政权以前，"革命的中心任务和最高形式是武装夺取政权，是战争解决问题。这个马克思列宁主义的革命原则是普遍地对的，不论在中国在外国，一概都是对的"。④ 毛泽东在具体分析了中国和资本主义国家不同特点的基础上，指出中国主要的斗争形式是战争，主要的组织形式是军队，其他的一切，如民众的组织和民众的斗争等，都是为着战争的。在战争爆发以前，这些是为了准备战争的，在战争爆发以后，则是直接或间接地配合战争的。至于包括教育在内的革命文化，应该为全民族中百分之九十以上的工农劳苦民众服务。"革命文化，对于人民大众，是革命的有力武器。革命文化，在革命前，是革命的思想准备；在革命中，是革命总战线中的一条必要和重要的战线。"⑤ 本书第七章第三节关于革命根据地不同历史阶段教育实践的叙述，清楚地说明了这一点。

在无产阶级夺取全国政权、即中华人民共和国成立以后，教育为无产阶级政治服务的内容主要是，为社会主义建设服务，把我国建成社会主义的现代化强国。早在战争期间，毛泽东就预见到革命战争胜利以后党的中心工作的转移。1941年1月31日毛泽东给当时尚在苏联的儿子毛岸英、毛岸青写了一封长信，对他们的学习和发展方向提出了见解。他说："唯有一事向你们建议，趁着年纪尚轻，多向自然科学学习，少谈些政治。政治是要谈的，但目前以潜心学习自然科学为宜，社会科学辅之。将来可倒置过来，以社会科学为主，自然科学为辅。总之注意科学，只有科学是真学问，将来用处无穷。"⑥

中华人民共和国成立前夕，毛泽东在《在中国共产党第七届中央委员会第二次全体会议上的报告》中指出，今后工作的重点将由乡村转移到城市，无产阶级的政治主要体现为

---

① 上海师大教育系编．列宁论教育［M］．北京：人民出版社，1979：253—254.
② 毛泽东选集（一卷本）［M］．北京：人民出版社，1967：823.
③ 毛泽东选集（第五卷）［M］．北京：人民出版社，1977：444.
④ 毛泽东选集（一卷本）［M］．北京：人民出版社，1967：506.
⑤ 同上书，668.
⑥ 黄丽镛编著．毛泽东读古书实录［M］．上海：上海人民出版社，1994：138.

巩固政权，而要巩固政权，必须恢复和发展城市的生产，所以，文化教育方面的工作以及其他各项工作，都要围绕生产建设这一中心工作并为这个中心工作服务。

中华人民共和国成立以后，毛泽东在1954年的讲话中提到，"我们是一个六亿人口的大国，要实现社会主义工业化，要实现农业的社会主义化、机械化，要建成一个伟大的社会主义国家，……大概经过五十年即十个五年计划，就差不多了，就像个样子了，就同现在大不一样了"；"准备在几个五年计划之内，将我们现在这样一个经济上文化上落后的国家，建设成为一个工业化的具有高度现代文化程度的伟大的国家"。1963年，毛泽东还指出，"如果不在今后几十年内，争取彻底改变我国经济和技术远远落后于帝国主义国家的状态，挨打是不可避免的"，并提出"力求在一个不太长久的时间内改变我国社会经济、技术方面的落后状态，否则我们就要犯错误"。[①]

（3）学校工作要把坚定正确的政治方向放在一切工作的首位。政治、经济对于教育的制约作用，要求学校教育把正确的政治方向放在一切工作的首位，无论在革命战争时期还是在社会主义建设时期，毛泽东的这个思想是一贯的。

1939年5月，在题为《抗大三周年纪念》的文章中，毛泽东指出："抗大的教育方针是：坚定正确的政治方向，艰苦奋斗的工作作风，灵活机动的战略战术，这三者，是造成一个抗日的革命的军人所不可缺一的，抗大的职员、教员、学生，都是根据这三者去进行教育与从事学习的。"[②]

在社会主义建设时期，在《关于正确处理人民内部矛盾的问题》中，毛泽东提出，应该使受教育者在德育、智育、体育几个方面都得到发展，并强调使受教育者成为"有社会主义觉悟的有文化的劳动者"。60年代，毛泽东提出社会主义阶段阶级斗争和无产阶级专政下继续革命理论以后，对于学校工作政治方向的问题更是一再强调，这可以从他在1966年5月7日给林彪的一封信和后来的"五·七"道路中清楚地看出来。

毛泽东强调教育必须为无产阶级政治服务，以及学校工作坚定正确的政治方向，决不是形式主义的空头政治，而是要根据他的人格道德理想来塑造受教育者，并为实现政治理想服务。实现政治理想的一个前提，乃是人的道德风范。因此，理想的人格道德的塑造，乃是学校政治工作方向的一个极其重要的内容。

毛泽东一贯反对压抑人的个性自由发展，但是，他同样"强调个人对社会和集体的责任、义务。这种观点和中国古老的传统观念中所强调的个人应受约束的思想是协调一致的"；"个体的价值以他对人民、群众、集体的服务来衡量。如果一个人能够完全溶合于集体之中，那么，他只有在提高共同利益和集体目标时，而不是在个人有所成功时得到满足和自由"。[③]

早在1937年10月，毛泽东在《为陕北公学成立与开学纪念题词》中就提出了他的人格道德理想："要造就一大批人，这些人是革命的先锋队。这些人具有政治的远见，这些人充满着斗争精神和牺牲精神。这些人是胸怀坦白的，忠诚的，积极的，正直的。这些人

---

① 毛泽东著作选读（下）[M]．北京：人民出版社，1986；712，715，848-849．
② 人民教育出版社编．毛泽东同志论教育工作[M]．北京：人民教育出版社，1992；67．
③ 王景伦．毛泽东的理想主义和邓小平的现实主义——美国学者论中国[M]．北京：时事出版社，1996；303．

不谋私利,唯一的为着民族与社会的解放。这些人不怕困难,在困难面前总是坚定的,勇敢向前的。这些人不是狂妄分子,也不是风头主义者,而是脚踏实地富于实际精神的人们,中国要有一大群这样的先锋分子,中国革命的任务就能够顺利的解决。"①

这一段话清楚地表明,毛泽东对于受教育者和干部的政治要求,当然主要是要坚持马克思列宁主义,但往往表现为人格道德的要求。虽然毛泽东经常贬抑孔子而颂扬秦始皇,但在政治与道德的关系上,毛泽东继承并改造了孔子"政者,正也"以及"为政以德"的思想。

抗日战争时期毛泽东写的《纪念白求恩》、《为人民服务》、《愚公移山》,在"文化大革命"时期被称为"老三篇"。在社会主义建设时期,毛泽东又写了"向雷锋同志学习"的题词。从毛泽东树立的值得全党、全军、全国从高级干部到普通党员、普通战士和普通老百姓学习的典范人物来看,他们或者是普通战士(张思德、雷锋)或者是外国的共产党员(白求恩)、或者是寓言故事中的人物(愚公),都是"小人物",然而,在他们身上都体现了毛泽东的向往。他希望"六亿神州尽舜尧",希望这些人的优秀品质成为中国社会的道德风尚。在这些人物身上体现的人格道德是:"毫不利己专门利人的精神";"对工作的极端负责任,对同志对人民的极端的热忱";"对技术精益求精";"毫无自私自利之心";"完全为着人民"、"彻底地为人民的利益工作";"为人民服务";"如果有缺点,就不怕别人批评指出";"为人民的利益坚持好的,为人民的利益改正错的";对于压在中国人民头上的帝国主义和封建主义两座大山"毫不动摇,每天挖山不止"。除了这些之外,毛泽东号召发扬的道德风尚还有一辈子做好事不做坏事;密切联系群众;艰苦朴素;言必信、行必果;戒骄戒躁;革命第一、工作第一、他人第一;要光明正大、不搞阴谋诡计等。所有这些,体现的都是一个"公"字,或"为人民服务"。

2. 教育给予伟大影响和作用于一定社会的政治和经济

毛泽东有丰富的教育实践经验,对于教育在社会政治、经济方面的作用,有着深刻的认识。

毛泽东在青年时期曾经有过教育救国的思想。在《湘潭教育促进会宣言》里,毛泽东写道,"教育为促使社会进化之工具,教育者为运用此种工具之人。故教育学理及教育方法必日有进化,乃能促社会使之进化;教育者之思想必日有进化,乃能吸收运用此种进化之学理及方法而促社会使之进化。"在《学生之工作》中,毛泽东提出,"言世界改良进步者,皆知须自教育普及使人民咸有知识始。欲教育普及,又自兴办学校始"。②

在毛泽东信仰马克思主义,成为共产主义者之后,"毛泽东的教育思想由教育救国论发展到革命救国论,由把教育作为改造国民性、促使社会进化的工具发展到把教育作为阶级斗争的工具,成为无产阶级手中夺取革命胜利的武器,无疑是一次教育思想上质的飞跃。这是他接受马克思主义的阶级斗争学说,批判教育救国论后,所必然要得出的结论"。③ 虽然毛泽东不再把教育作为救国的工具,但是,对于教育在革命工作中的作用和地位,始终非常重视。

---

① 人民教育出版社编. 毛泽东同志论教育工作 [M]. 北京:人民教育出版社,1992:41.
② 孟湘砥主编. 毛泽东教育思想探源 [M]. 长沙:湖南教育出版社,1993:225-226.
③ 同上书,231-232.

(1) 革命的教育是革命工作的一个有机组成部分。教育工作能够启发广大的工农群众的觉悟，发动他们自觉地参加革命斗争。这是革命取得胜利的一个必要条件。中国共产党成立以后，毛泽东任中共湘区委员会书记，为了发动工农革命，毛泽东派优秀干部到工人比较集中的地区举办工人夜校、工人补习学校、工农子弟学校或工人俱乐部。他本人还亲自去安源路矿。在他的倡议下，中共湘区委员会在湘江学校增设了农村师范班，以培养从事农民运动的干部。他本人在韶山开展的农民运动，也是从农民夜校入手，以培养骨干。此后，无论在第二次国内革命战争时期，抗日战争时期或解放战争时期，对于工农的教育，始终都是围绕着革命斗争需要这一中心任务而展开的。

(2) 教育是培养干部的一个重要手段。为了培养革命干部，毛泽东与何叔衡、易礼容等于1921年8月在长沙创办了湖南自修大学。1923年湖南军阀赵恒惕强行关闭学校之后，毛泽东和李维汉、何叔衡等随即又在长沙开办了湘江学校，培养了很多优秀干部。

根据斗争的需要，从建立井冈山根据地开始到中华人民共和国成立，干部教育一直是根据地教育的重点。在1929年12月的《古田会议决议》中，毛泽东指出，"红军党内最迫切的问题，要算是教育的问题。为了红军的健全与扩大，为了斗争任务之能够负荷，都要从党内教育做起"，否则"便决然不能健全并扩大红军，更不能负担重大的斗争任务"。[1]

抗日战争时期，边区及各抗日根据地的教育较前有了更大的发展。1939年时，在党中央直接领导下建立了抗大、陕北公学、中央党校等10多所学校，学生多的万余人，少的几百人几十人，几千干部从事教育工作。在国民党搞反共活动、"国民党投降可能已经成为最大的危险"的情况下，毛泽东在对延安高级干部报告中，还是强调了"学习运动"。他指出，"全党干部学习运动，对提高全党干部的理论文化水平，有头等重要意义"；即使延安失守，也要"好好保护与教育青年学生、新干部、新党员"；要"保存一个领导集团、一个教育集团、一个军事集团"。甚至在撤离延安、"准备过游击战争生活"的情况下，毛泽东仍然要把"教育集团"同"领导集团"和"军事集团"一样加以保持，并且坚信，只要保存这3个集团，"依靠很好地形，很好民众，一定有办法"。[2]

抗日战争时期边区和其他敌后抗日根据地形成的干部教育的方针、政策、制度和方法，一直延续到解放战争时期以及在1949年以后。通过教育培养出来的大批干部，是取得革命战争胜利和无产阶级政权巩固的一个不可缺少的因素。

(3) 教育应该培养又红又专的人才。毛泽东之所以非常重视教育，是因为他认识到，无论革命和建设，都离不开知识分子。根据对知识分子所作的阶级分析，毛泽东认为，在革命战争时期，除一部分反对民众的知识分子之外，中国的知识分子"有很大的革命性。他们或多或少地有了资本主义的科学知识，富于政治感觉，他们在现阶段的中国革命中常常起着先锋的和桥梁的作用"。[3] 在由革命战争转入社会主义建设时期，知识分子的重要性更显得突出。

要发挥知识分子对于革命和建设的积极作用，知识分子需接受改造。在这方面有两个

---

[1] 毛泽东文集（第一卷）[M]．北京：人民出版社，1993：94．
[2] 毛泽东文集（第二卷）[M]．北京：人民出版社，1993：224，227．
[3] 毛泽东选集（一卷本）[M]．北京：人民出版社，1967：604．

重要的命题，一是知识分子与工农相结合，另一是又红又专，前者更多的是强调知识分子的政治角色，后者是在社会主义经济建设时期对知识分子的要求，实际上也是对教育的要求。

1957年2月，毛泽东在《关于正确处理人民内部矛盾问题》中指出："不论是知识分子，还是青年学生，都应该努力学习。除了学习专业之外，在思想上要有所进步，政治上也要有所进步，这就需要学习马克思主义，学习时事政治。没有正确的政治观点，就等于没有灵魂。"① 在这里，毛泽东虽然没有使用"红"与"专"的概念，但从他对于知识分子和青年学生期望的内容来看，他的这段话蕴涵了红与专两个方面的要求。

1958年1月，毛泽东写了《工作方法六十条》，其中的一条就是"又红又专"。需要指出的是，毛泽东这次提出的"又红又专"的要求，不单纯是对知识分子和青年学生，也包括"政治家"。他指出："政治家要懂些业务。懂得太多有困难，懂得太少也不行，一定要懂得一些。不懂得实际的是假红，是空头政治家。"②

毛泽东论述了红与专，政治与业务的对立统一的关系，一方面要反对空头政治家，另一方面要反对迷失方向的实际家。"政治和经济的统一，政治和技术的统一，这是毫无疑义的，年年如此，永远如此。这就是又红又专。将来政治这个名词还是会有的，但是内容变了。不注意思想和政治，成天忙于事务，那会成为迷失方向的经济家和技术家，很危险。思想工作和政治工作，是完成经济工作和技术工作的保证，它们是为经济基础服务的。思想和政治又是统帅，是灵魂。只要我们的思想工作和政治工作稍为一放松，经济工作和技术工作就一定会走到邪路上去。"③

毛泽东的上述关于教育同政治、经济关系经典性的论述具有普遍的指导意义。然而，在中国社会主义教育探索的实践过程中，往往出现与毛泽东的上述论述不一致的地方（本章下面部分将要叙述），其原因是复杂的。曾经长期担任毛泽东政治秘书的胡乔木对于中国长期存在的"左"的现象曾经有过分析。虽然胡乔木的分析并非专门针对中国的教育，但为我们理解中国教育50年代后期开始的长期"左"的事实，提供了一个背景。

1989年胡乔木访问美国。同年3月，胡乔木在加州理工学院作了一次题为《中国为什么犯二十年"左"倾错误？》的学术讲演。在讲演中，胡乔木谈了下列5个原因：

"企图以比第一个五年计划时期增长速度更高的速度来推进中国经济，并认为这个速度是可能的"；

"相信经济建设不能离开阶级斗争"；

"追求某种空想的社会主义目标"；

"因为当时国际环境恶化和对于国际环境的过火反应"；

"中国的文化落后和缺乏民主。"④

二、教育与生产劳动相结合

教育与生产劳动相结合是马克思主义教育思想的一个重要组成部分，也是毛泽东一生

---

① 毛泽东选集（第五卷）[M]．北京：人民出版社，1977：385.
② 毛泽东著作选读（下）[M]．北京：人民出版社，1986：804.
③ 同上书，803.
④ 叶永烈．胡乔木[M]．北京：中共中央党校出版社，1994：215.

中十分关注的一个问题。

1. 教育与生产劳动相结合是使人全面发展的一个重要途径

出于改造旧社会的志向和对社会主义社会的向往，青年时代的毛泽东对教育与生产劳动相脱离深表不满，认为这是造成社会愚昧和落后的一个原因。由于教育与劳动脱离，教育成了"贵族、资本家的特权利益"，"于是出了智愚的阶级"。1919年，他在《学生之工作》一文中提出一个实行工读主义的具体方案：时间的实数分配为："睡眠八小时，游息四小时，自习四小时，教授四小时，工作四小时。上列工作四小时，乃实行工读主义所必具之一要素。"毛泽东认为"必具"的4小时的"工作"就是指生产劳动，而且具体指种园、种田、种林、畜牧、种桑、鸡鱼等6种农业劳动（这同他后来经常说的农、林、牧、副、渔很相像）。毛泽东指出："旧日读书人不预农圃事。今一边读书、一边工作，以神圣视工作焉，则为新生活矣。"① 可见，毛泽东在青年时代，就希望过体力与脑力劳动相结合的"新生活"，认为教育与生产劳动相结合乃是培养劳心劳力结合的新人的途径。

1921年，毛泽东等创办的湖南自修大学的《组织大纲》中规定，"本大学学友为破除文弱之习惯，图脑力与体力平均发展，并求知识与劳力两阶级之接近，当注意劳动。本大学为达劳动之目的，还有相当之设备，如园艺、印刷、铁工等"。② 在这里，教育与生产劳动相结合的原则与工读主义是一致的，但劳动的内容有了差别，除农业劳动之外，还包括了工业劳动。此后，无论在江西苏区、陕甘宁边区时期或是他晚年的"文化大革命"时期，毛泽东一直强调教育与生产劳动相结合。

毛泽东强调教育与生产劳动相结合，当然看到其中的经济价值。毛泽东在《经济问题与财政问题》中写道：1939年全边区机关学校共开荒11万多亩，约收粗粮1万多担，蔬菜约60万公斤，解决了2万人所需粮食的1/4，马草1/2及一部分蔬菜肉食。毛泽东指出，机关学校生产自给不但供给了日常经费的大半，解决了迫切的财政困难，而且奠定了公营经济的基础，使我们能够依靠这个基础继续发展生产，解决今后的问题，至于从中学得了经营经济事业的经验，这更是不能拿数目来计算的"无价之宝"。③

同经济价值相比，毛泽东更重视教育与生产劳动相结合在培养人方面的意义。

第一，生产活动是人类最基本的实践活动，一切真知来源于实践。在《实践论》中，毛泽东分析了认识对于社会实践，即对生产和阶级斗争的依赖关系，他指出："人的认识，主要地依赖于物质的生产活动，逐渐地了解自然的现象、自然的性质、自然的规律性、人和自然的关系；而且经过生产活动，也在各种不同程度上逐渐地认识了人和人的一定的相互关系。一切这些知识，离开生产活动是不能得到的。"④ 无论认识的发生、发展或是认识的最终目的都离不开实践。学校和书本固然可以给人以知识，但它们并不是人获得知识的必要条件，更不是充分必要条件。逢先知在《读有字之书，又读无字之书》一文中写道，毛泽东重视书本知识，也重视实际知识，既提倡读有字之书，也提倡读无字之书，而

---

① 参阅汪澍白.毛泽东思想与中国文化传统[M].厦门：厦门大学出版社，1987：101—103.引文也转引自该处.
② 转引自张健主编.毛泽东教育思想研究[M].杭州：浙江教育出版社，1993：86.
③ 同上书，94—95.
④ 毛泽东选集（一卷本）[M].北京：人民出版社，1967：259—260.

社会上的一切即"无字天书"。毛泽东经常列举古今中外的事实,说明光有书本知识是不行的。毛岸英"回国不久,毛泽东让他跟一个劳动模范一起劳动,学习农业生产知识。后来,又派他去参加土改,学习阶级斗争知识,进一步了解中国社会的特点;建国后,又让他参加抗美援朝战争,接受战争考验。"①

对于学校脱离实际的情况,毛泽东可谓深恶痛绝。他"认为从小学到大学一共十六、七年,二十多年来,看不见稻、粱、菽、麦、黍、稷,看不见工人怎样做工,农民怎样种田,商品怎样交换,身体也搞坏了,'真是害死人'"。②在《整顿党的作风》一文中,毛泽东分析了那些同社会实际完全脱离关系的学校里面出身的学生的状况。"一个人从那样的小学一直读到那样的大学,毕业了,算有知识了。但是他有的只是书本上的知识,还没有参加任何实际活动,还没有把自己学得的知识应用到生活的任何部门里去。……他们接受这种知识是完全必要的,但是必须知道,就一定的情况说来,这种知识对于他们还是片面性的,这种知识是人家证明了,而在他们则还没有证明的。最重要的,是善于将这些知识应用到生活和实际中去"。③在他生命的最后时刻,1976年3月,毛泽东在一次谈话中还是引用了孔子、秦始皇、汉武帝、曹操、朱元璋没上过大学来说明只有在实践中才能增长才干。④

教育与生产劳动相结合,乃是学生了解社会实际,获得全面知识,并发展使书而知识联系实际的能力的一个有效的途径。

第二,教育与生产劳动相结合有助于知识分子走与工农相结合的道路。根据对知识分子所作的阶级分析,毛泽东认为,知识分子如果不和工农民众相结合,则将一事无成。在1939年5月写的《五四运动》一文中,毛泽东明确地指出,"革命的或不革命的或反革命的知识分子的最后的分界,看其是否愿意并且实行和工农民众相结合。他们的最后分界仅仅在这一点,而不在乎口讲什么三民主义或马克思主义。真正的革命者必定是愿意并且实行和工农民众相结合的"。⑤

在写好《五四运动》一文几天以后,毛泽东又写了《青年运动的方向》。在这篇文章中,毛泽东除了再次引用关于判断知识分子是否革命最后分界的那句话之外,还充分肯定延安青年运动的正确方向。延安青年运动的方向之所以正确,一个重要的理由就是"实行劳动"。

第三,教育与生产劳动相结合可以实现知识分子劳动化,劳动人民知识化。教育与生产劳动相结合是毛泽东教育思想的一个主要组成部分,是学校培养全面发展人的一个重要途径。然而,它的意义并不仅仅限于此。教育与生产劳动相结合实际上也是毛泽东社会理想的一个方面。

毛泽东在青年时代即期望未来的新社会能消除劳心和劳力的差别,并提出通过使学校与社会相融合的途径来解决这一问题。在1917年的《夜学日志》中,毛泽东写道,"社会

---

① 龚育之等. 毛泽东的读书生活 [M]. 北京:生活·读书·新知三联书店,1986:271.
② 转引自陈桂生. 现代中国的教育魂 [M]. 沈阳:辽宁教育出版社,1993:393.
③ 毛泽东选集(一卷本)[M]. 北京:人民出版社,1967:774.
④ 黄丽镛编著. 毛泽东读古书实录 [M]. 上海:上海人民出版社,1996:325.
⑤ 毛泽东选集(一卷本)[M]. 北京:人民出版社,1967:523-524.

之人，皆学校毕业之人；学校之局部，为一时之小学校；社会之全体，为社会之大学校"。① 后来，他试图通过工读的结合，实现体力劳动与脑力劳动的结合。

在民主主义革命时期，斗争的需要和环境的恶劣，毛泽东对于体脑的结合更偏重于知识分子劳动化，但是，提高劳动人民文化水平，实现使他们知识化的要求始终没有放弃。1939年12月，毛泽东在《大量吸收知识分子》一文中提出，在吸收知识分子参加工作的同时，要切实鼓励工农干部加紧学习，提高他们的文化水平。使工农干部的知识分子化和知识分子的工农群众化，同时实行起来。

到了社会主义建设时期，毛泽东对劳动人民知识化的问题更为重视。他认为劳动人民的创造性积极性从来就是很丰富的，过去在旧制度压抑下没有解放出来，到了"大跃进"时开始发挥创造性了。在"大跃进"的高潮中，毛泽东想到了粮食多了怎么办的问题。他除了提出"休耕地"、"种树种花"的办法之外，还提出一天做半天活儿，另外半天搞文化、学科学、闹文化娱乐、办大学中学。毛泽东对人民公社情有独钟，因为人民公社工、农、商、学、兵（民兵）一应俱全。这里的学不单指学校，而是泛指文化、教育。人民公社是连接共产主义的桥梁，它将造就一代新人，而这一代新人的基本特点是能文能武，既是体力劳动者，又是脑力劳动者。

毛泽东在1958年的一次谈话比较完整地反映了他的看法："教育必须为无产阶级政治服务，必须同生产劳动相结合。劳动人民要知识化，知识分子要劳动化。"②

2. 实行教育与生产劳动相结合的措施

在不同的历史时期，毛泽东提出实施教育与生产劳动相结合的不同措施。

（1）半工半读、勤工俭学。本书第七章第二节中已经叙述过毛泽东在组织留法勤工俭学中的活动。事实上，毛泽东对于勤工俭学这一形式是一直提倡的。在1958年3月的成都会议上，毛泽东曾讲到勤工俭学问题，他说，资本主义国家就是半工半读，专读书就是最坏的，见书不见物，脱离实际，四体不勤。方针是不要全读书，一定要又读又劳动。③

1958年8月创办的江西共产主义劳动大学，实行的是半工半读、勤工俭学制度。1961年，毛泽东在听取该校情况汇报时说，看来，我在三几年想办的事，终于在你们江西实现了。同年7月30日，毛泽东给江西共大写信，在信中明确表示，你们的事业我是完全赞成的。半工半读、勤工俭学，不要国家一分钱，小学、中学、大学都有，分散在全省各个山头，少数在平地。这样的学校的确是很好的。

在给江西共大的信中，毛泽东还讲到，党、政、民（工、青、妇）机关，也要办学校，半工半学。不过同江西这类的半工半学不同。江西的工，是农业、林业、牧业这一类的工，学是农、林、牧这一类的学。而党、政、民机关的工则是党、政、民机关的工，学是文化科学、时事、马列主义这样一些的学。

（2）1958年关于各级各类学校实施教育与生产相结合的办学模式。1958年1月，毛泽东在《工作方法》（草案）中提出各级各类学校实施教育与生产劳动相结合的办学模

---

① 转引自汪澍白. 毛泽东思想与中国文化传统［M］. 厦门：厦门大学出版社，1987：102.
② 人民教育出版社编. 毛泽东同志论教育工作［M］. 北京：人民教育出版社，1992：273.
③ 李锐. "大跃进"亲历记［M］. 上海：上海远东出版社，1996：193.

式,① 其要点是：

一切中等技术学校和技工学校，凡是可能的，一律试办工厂或者农场，进行生产，做到自给或者半自给。学生实行半工半读。在条件许可的情况下，这些学校可以多招些学生，但是不要国家增加经费。

一切高等工业学校可以进行生产的实验室和附属工场，除了保证教学和科学研究的需要以外，都应当尽可能地进行生产。此外，还可以由学生和教师同当地的工厂订立参加劳动的合同。

一切农业学校除了在自己的农场进行生产，还可以同当地的农业合作社订立参加劳动的合同，并且派教师住到合作社去，使理论和实际结合。农业学校应当由合作社保送一部分合乎条件的人入学。

农村里的中小学，都要同当地的农业合作社订立合同，参加农、副业生产劳动。农村学生还应当利用假期、假日或者课余时间回到本村参加生产。

大学校和城市里的中等学校，在可能条件下，可以由几个学校联合设立附属工厂或者作坊，也可以同工厂、工地或者服务行业订立参加劳动的合同。

一切有土地的大中小学，应当设立附属农场；没有土地而邻近郊区的学校，可以到农业合作社参加劳动。

（3）"五·七指示"。1966年5月7日，毛泽东在给林彪的一封信中，对教育与生产劳动相结合的问题提出了全面的构想，从中可以看到毛泽东理想的新的教育模式，而这种新的教育模式，不单指学校教育，而是一种新的学习化社会，其主旨在于实现劳动人民知识化，知识分子劳动化。由于这封信写于5月7日，后来人们便简称"五·七指示"。毛泽东的这封信对于文化大革命期间中的学校教育、社会教育影响很大。在"文化大革命"期间，根据毛泽东这封信的精神，各行各业进行了各种类型的实践。"五·七指示"的内容如下：②

人民解放军应该是一个大学校。这个大学校，要学政治、学军事、学文化，又能从事农副业生产，又能办一些中小工厂，生产自己需要的若干产品和与国家等价交换的商品。这个大学校，又能从事群众工作，参加工厂、农村的社会主义教育运动；社会主义教育运动完了，随时都有群众工作可做，使军民永远打成一片，又要随时参加批判资产阶级的文化革命斗争。

工人以工为主，也要兼学军事、政治、文化。也要搞社会主义教育运动，也要批判资产阶级。在有条件的地方，也要从事农副业生产。

公社农民以农为主（包括林、牧、副、渔），也要兼学军事、政治、文化。在有条件的时候，也要由集体办些小工厂，也要批判资产阶级。

学生也是这样，以学为主，兼学别样即不但学文，也要学工、学农、学军，也要批判资产阶级。

商业、服务行业，党政机关人员，凡有条件的，也要这样做。

从毛泽东上述对于工、农、兵、学未来前景的期望来看，晚年的毛泽东和青年的毛泽

---

① 人民教育出版社编.毛泽东同志论教育工作[M].北京：人民教育出版社，1992：271-272.
② 转引自滕纯主编.毛泽东教育活动纪事[M].长沙：湖南教育出版社，1993：328-329.

东对于社会和全面发展人的理想是一以贯之的,这就是:整个社会就是一所大学校,社会中的每一个成员都能文能武,既能从事脑力劳动,又能从事体力劳动。

三、教育着重为工农服务

中国共产党和中国革命的性质,都决定了教育着重为工农服务这一基本特征。工农群众不仅是新民主主义革命和社会主义建设的主体,也是新民主义教育和社会主义教育的主体,教育应着重为工农服务是毛泽东教育思想的一个重要的组成部分。

1. 工农群众是教育的主要对象

中国共产党从成立起,即注意发动以工农群众为主体的广泛的社会力量起来进行反帝反封建的斗争。虽然占中国人口大多数的农民始终是中国共产党关注的目标,然而在开始时,更注重相对集中、容易组织的工人阶级。在中国共产党中,毛泽东、彭湃等人最早注意到中国革命应由注重城市向注重农村转移,而且毛泽东最早提出了农民问题是国民革命中心问题的见解。1927年第一次国共分裂,革命受到挫折以后,越来越多的人接受了毛泽东的观点。

毛泽东之所以重视并致力于农民运动,是因为他清楚地看到,在农村的革命斗争中,农民的政治斗争和经济斗争是交织在一起的,农民运动一起来,首先便要触动土豪劣绅长期以来形成的农村政权,而土豪劣绅占据的农村政权则是当时中国军阀政权的基础。这一点可以从毛泽东写的《湖南农民运动考察报告》中清楚地看出来。在这篇报告的"十四件大事"部分,其中有"推翻土豪劣绅的封建统治——打倒都团";"推翻县官老爷衙门差役的政权";"推翻地主武装,建立农民武装";"政治上打击地主";"经济上打击地主"等。毛泽东所列举的那些大事,很多是在城市的斗争中难奏其效的。也就是说,发动农民斗争,占领农村比城市斗争对于反动政权的打击更大、更直接。这恰恰是马克思主义普遍真理与中国革命实际相结合的产物,这恰恰是毛泽东对于发展马克思主义所作的贡献之一,这恰恰是马克思主义的中国化。毛泽东之所以成为中国共产党高级干部中第一个上山下乡,走农村包围城市的道路,乃是出于他对马克思主义真正的理解和对中国社会透彻的分析。

关心农民的教育和农民文化水平的提高,贯穿在毛泽东的一生之中。

1947年6月,在毛泽东主动撤离延安,同国民党军队周旋于陕北地区途中,曾同周恩来、任弼时等谈到:"小时候我喜欢看《三国》,读起来就放不下。有一天我忽然想到一个问题,怎么书里的人物都是武将、文官、书生,从来没有一个农民做主人公?我纳闷了两年,种田的为什么就没有谁去赞颂呢?后来我想通了,写书的人都不是种田的人!"[①]这件事充分地说明了毛泽东从"小时候"就对农民问题表示关注。

对于旧制度剥夺农民教育权的罪恶,毛泽东表示了极大的愤慨。1927年3月,毛泽东在《湖南农民运动考察报告》中写道:"中国历来只是地主有文化,农民没有文化。可是地主的文化是由农民造成的,因为造成地主文化的东西,不是别的,正是从农民身上掠取的血汗。中国有百分之九十未受文化教育的人民,这个里面,最大多数是农民。"[②]

---

① 黄丽镛编著. 毛泽东读古书实录[M]. 上海: 上海人民出版社, 1996: 168.
② 毛泽东选集(一卷本)[M]. 北京: 人民出版社, 1967: 39.

在1945年4月的《论联合政府》中，毛泽东借用孙中山的政治指示，把文化"为一般平民所共有"列在中国共产党的一般纲领之中。由于中国未受教育人口中的最大多数是农民，而且农民是"中国工人的前身"，"是中国工业市场的主体"，"是中国军队的来源"，"是现阶段中国民主政治的主要力量"，所以，"农民——这是现阶段中国文化运动的主要对象。所谓扫除文盲，所谓普及教育，所谓大众文艺，所谓国民卫生，离开了三亿六千万农民，岂非大半成了空话？"需要强调指出的是，毛泽东对于农民在中国社会发展和中国教育中的作用和地位作了充分的肯定，但这并不意味着毛泽东忽视工人阶级和其他人民群众。毛泽东进而指出："我这样说，当然不是忽视其他约占人口九千万的人民在政治上经济上文化上的重要性，尤其不是忽视在政治上最觉悟因而具有领导整个革命运动的资格的工人阶级，这是不应该发生误会的。"①

正像毛泽东本人所说的，在关于工人阶级对于革命的领导权的问题上，不应该有任何误会。美国学者斯图尔特·施拉姆在《对毛泽东的初步重新评价》中写道："1926年9月，毛在论中国社会各阶级的文章中，一方面强调了农民数量上的重要性以及农村中普遍贫困的程度（也就是同情革命的程度）；另一方面也描绘了城市无产阶级是革命的'主要力量'。虽然'无产阶级统治'这一概念是在1951年才插入这篇文章中的，但他还是早在1926年就已认识了马克思主义关于工人在革命过程中占有中心地位的原理。"② 毛泽东一再强调工人阶级在革命中的领导地位。在《新民主主义论》中，毛泽东在说明中国革命在实质上是农民革命、抗日实质上是农民的抗日的同时，明确地指出，贫农和中农都只有在无产阶级的领导之下，才能得到解放；而中国的无产阶级虽然是一个最有觉悟性最有组织性的阶级，但是如果单凭自己一个阶级的力量，是不能胜利的。无产阶级只有和贫农、中农结成坚固的联盟，才能领导革命到达胜利，否则是不可能的。1948年1月，毛泽东在给晋冀鲁豫新华社的电文中写道："像晋冀鲁豫这样大范围的政权机关不应只是代表农民的，它是应当代表一切劳动群众（工人、农民、独立工商业者、自由职业者及脑力劳动的知识分子）及中产阶级（小资产阶级、中等资产阶级、开明绅士）的，而以劳动群众为主体。"③

中国革命取得胜利，中华人民共和国成立以后，工人及其子女的教育问题占据了突出的地位。但是，人民民主专政的基础依然是工农联盟，人民民主的主体依然是工农群众，所以，在加强工人阶级及其子女教育的同时，农民教育的问题仍然是毛泽东关注的重点。教育着重为工农服务的基本特征没有发生变化。

2. 教育的内容

着重为工农群众服务是新民主主义教育最重要的内涵，它的内容和形式，可以用毛泽东在《新民主主义论》中关于新民主主义文化的基本特征加以说明，这就是"民族的科学的大众的文化"。④ 因此，新民主主义教育的内容和形式应该是民族的、科学的、大众的。

"民族的"。根据毛泽东对于新民主主义文化的一般特征的论述，"民族的文化"，就其

---

① 毛泽东选集（一卷本）[M]．北京：人民出版社，1967：959、978、979．
② 中共中央党史研究室第三室编译处．西方学者论毛泽东思想[M]．北京：中共党史出版社，1993：333．
③ 转引自滕纯主编．毛泽东教育活动纪事[M]．长沙：湖南教育出版社，1993：241．
④ 毛泽东选集（一卷本）[M]．北京：人民出版社，1967：666-669．

内容来说,"它是反对帝国主义、主张中华民族的尊严和独立的"。从国内范围来说,它带有中华民族的特性。中华民族由50多个民族组成,"民族的"教育包含尊重所有的少数民族的文化、发展他们教育的意思。毛泽东在《论联合政府》中提到,要"改善少数民族的待遇","争取他们在政治上、经济上、文化上的解放和发展,……他们的言语、文字、风俗、习惯和宗教信仰,应被尊重"。① 从国际范围来讲,它同一切别的民族的社会主义文化和新民主主义文化相联合,建立互相吸收和互相发展的关系。就其形式来说,它应该带有我们民族的特征。

"科学的"。毛泽东认为,新民主主义文化反对一切封建思想和迷信思想,主张实事求是,主张客观真理,主张理论和实践一致。对于中国灿烂的古代文化,应该批判地继承。

"大众的"。它应该为全民族中百分之九十以上的工农劳苦民众服务。

上述关于新民主主义文化的一般特征,规定了新民主主义教育的性质。

(1) 教育的内容要适合工农的需要。毛泽东在《湖南农民运动考察报告》中写道,以前当学生时,对于农民反对"洋学堂",总觉得农民未免有些不对。等到后来了解了实际情况,有了马克思主义的观点以后,"方才明白我是错了,农民的道理是对的。乡村小学校的教材,完全说些城里的东西,不合农村的需要"。② 在农民运动中,农民的文化运动开始以后,原先一向痛恶学校的农民,如今却在努力办学。农民对于学校由"一向痛恶"转变为努力举办,其根本原因在于教育内容。

毛泽东强调,对于农民的文化教育必须要考虑到农民各个方面的实际需要。"识字课本,各地不一,但都和农民的生产生活紧密联系,有的沿用'三字经'、'四言杂字'等韵文形式,好学好记。毛泽东在1955年还具体提出编写三种识字课本的指示:农民识字教育必须做到学以致用,符合农业合作化的要求,符合生产发展的要求。"③

(2) 工农群众的教育要服从于无产阶级斗争的需要。中国共产党是无产阶级的政党,中国革命是国际共产主义运动的一个组成部分。中国社会政治、经济的特殊性,使农民成为中国革命极其重要的力量。在《中国社会各阶级的分析》中,毛泽东对"农民"所作的阶级分析是,自耕农(中农)属于小资产阶级,绝大部分半自耕农,贫农包括在"半无产阶级"之内。在共产党领导的中国革命中,农民作为无产阶级革命的重要力量和作为半无产阶级、小资产阶级的小私有者和小生产者的双重身份,把教育农民的问题提了出来。换言之,要使由大量农民参加的革命斗争最终达到实现社会主义的政治目的,必须要对农民进行政治教育。

在江西苏区时期,对于小私有者的农民来说,"分田地"的吸引力无疑是强大的。随着革命的不断发展,小私有者的弱点与无产阶级的社会主义政治目标不协调也表现得越来越明显,以致毛泽东1948年1月在《在晋绥干部会议上的讲话》中指出,"我们赞助农民平分土地的要求,是为了便于发动广大的农民群众迅速地消灭封建地主阶级的土地所有制度,并非提倡绝对的平均主义。谁要是提倡绝对的平均主义,那就是错误的。现在农村中流行的一种破坏工商业、在分配土地问题上主张绝对平均主义的思想,它的性质是反动

---

① 毛泽东选集(一卷本)[M]. 北京:人民出版社,1967:965、985.
② 同上书,40.
③ 张健主编. 毛泽东教育思想研究[M]. 杭州:浙江教育出版社,1993:302.

的、落后的、倒退的"。① 中华人民共和国成立前夕，毛泽东在1949年6月底写的《论人民民主专政》一文中，毛泽东明确地提出，"严重的问题是教育农民"。②

作为无产阶级革命家，毛泽东早在江西苏区时期，就注重将政治教育列为工农群众教育的内容。在1934年1月提出的中华苏维埃共和国文化教育的总方针中，毛泽东开宗明义的第一句话就是"以共产主义精神来教育广大的劳苦民众"。这里的"劳苦民众"显然就是占人口绝大多数的工农群众。在对工农群众和穿军装的农民——红军战士的政治教育方面，长期以来形成了一套配合党的中心工作，联系当地实际，行之有效的丰富内容和生动的教育方法。

政治教育、文化教育除了主要服从于革命的政治目标之外，毛泽东也注意到它们对于经济发展的作用。早在1933年8月的《必须注意经济工作》一文中，毛泽东就指出，"用文化教育工作提高群众的政治和文化的水平，这对于发展国民经济同样有极大的重要性"。③ 因此，根据实际情况，文化教育也包括对工农群众的技术教育。1949年以后，随着社会主义建设事业的发展和工农群众文化水平的普遍提高，技术教育的内容也越来越多。

3. 培养工农出身的知识分子

毛泽东坚信实践出真知，称颂中国历史上读书很少但做出大事的英雄豪杰，鄙视只会舞文弄墨、脱离实际的知识分子。然而，尽管毛泽东推崇"秦皇汉武"、"唐宗宋祖"、"成吉思汗"等人的雄才大略，并把有的人赞誉为"一代天骄"，但对于他们"略输文采"、"稍逊风骚"、"只识弯弓射大雕"的状况也表示了"惜"的遗憾。毛泽东把劳动人民视作真正的英雄，他希望劳动人民具有"文采"、"风骚"，实现知识化。

早在江西苏区时期，为了造就工农出身的革命知识分子，发展苏区的文化教育，苏维埃政权除了利用苏区地主资产阶级出身的知识分子之外，还千方百计从白区引进知识分子。④ 由于中国农村文化基础的薄弱，环境的恶劣，劳动人民知识化主要体现为努力扫除工农群众的文盲，而在此基础上的文化水平的进一步提高，只能集中在干部身上，所以，干部教育成为根据地教育的重点。

中华人民共和国成立以后，条件的改善和建设的需要，在工农群众文化水平普遍逐渐提高的基础之上，培养工农出身的知识分子不仅有其必要性，而且有其可能性。

培养工农出身的知识分子由于1957年"反右派"运动显得尤为必要。在《一九五七年夏季的形势》中，毛泽东鉴于对当时国内政治形势的分析，明确地提出，只要世界上还存在帝国主义和资产阶级，我国的反革命分子和资产阶级右派分子的活动，不但总带着阶级斗争的性质，并且总是同国际上的反动派互相呼应的。中国的社会主义经济制度和政治制度要获得比较充分的物质基础，还需要10年至15年的时间。"为了建成社会主义，工人阶级必须有自己的技术干部的队伍，必须有自己的教授、教员、科学家、新闻记者、文

---

① 毛泽东选集（一卷本）[M]．北京：人民出版社，1967：1209．
② 同上书，1366．
③ 同上书，111－112．
④ 1933年毛泽东任中华苏维埃共和国临时中央政府主席期间，中央政府曾发布《征求专门技术人员启事》，《启事》称，凡白色区域的医师、无线电人才、军事技术人员愿去苏区工作者，苏区将以现金聘请。

学家、艺术家和马克思主义理论家的队伍。这是一个宏大的队伍,人少了是不成的。"①

在1957年10月的《做革命的促进派》一文中,毛泽东对建立工人阶级知识分子队伍表现出了更为迫切的心情。在1957年7月谈夏季形势时,毛泽东说"今后十年至十五年内"基本解决进一步扩大工人阶级知识分子队伍问题。在3个月后的《做革命的促进派》一文中,毛泽东把建立这支队伍的时间改为"这十年内",并要求"我们的党员和党外积极分子都要努力争取变成无产阶级知识分子。各级特别是省、地、县这三级要有培养无产阶级知识分子的计划,……中国有句古话,'十年树木,百年树人'。百年树人,减少九十年,十年树人。十年树木是不对的,在南方要二十五年,在北方要更多的时间。十年树人倒是可以的"。②

1958年1月,在《工作方法(草案)》中,毛泽东要求高级干部学点自然科学,技术科学、哲学、政治经济学、历史、法学、文学、文法和逻辑;学一门外语,争取5到10年的时间内达到中等程度。他还要求中央各部、省、专区、县三级"比"培养"秀才";强调"没有知识分子不行,无产阶级一定要有自己的秀才。这些人要较多地懂得马克思主义,又有一定的文化水平、科学知识、辞章修养"。③

"文化大革命"期间,毛泽东于1968年7月在一份调查报告上批示说,要走从工人中培养技术人员的道路。要从有实践经验的工人农民中间选拔学生,到学校学几年以后,又回到生产实践中去。由于毛泽东的这一批示写于7月21日,所以后来就简称"七·二一指示",根据这一指示精神办起的学校往往便称为"七·二一大学"。

四、坚持多种形式办学的方针

对于中国教育事业的发展,毛泽东坚持实行统一教育目的下的多种形式的办学方针,对国家办学和群众办学,正规教育和非正规教育,普及和提高等几个方面的关系,提出了一系列的见解。这些见解后来被概括为"两条腿走路"的方针。

毛泽东提出发展教育事业"两条腿走路"的方针,战争期间的艰苦条件和中国国情无疑是一个重要原因。毛泽东认为,中国的特点一为穷(经济不发达),二为白(文化、科学水平不高)。这种"一穷二白"的状况从客观上提出多种形式办学的必要性。但是毛泽东坚持"两条腿走路"的办学方针并非单独由这一个因素所决定的。

群众路线是毛泽东一贯倡导的工作方法。着重为工农群众服务的人民教育,既是为了群众,同时也要依靠群众。"这里所谓'群众'有两种含义:一是教育界相对于教育管理人员的教员、校内职员与工人及学生。在这个意义上,'教育工作中的群众路线'系指动员教育界的一切成员参与办学和学校管理。……二是指学校及教育部门以外的人民群众,主要是工农群众。在这个意义上的'教育工作中的群众路线',系指吸引工农群众及其他群众参与教育事业的创造与管理。"④

毛泽东坚持多种形式的办学方针,还有另一个原因,这就是他本人对于知识的获得和

---

① 毛泽东选集(第五卷)[M].北京:人民出版社,1977:462.
② 同上书,472.
③ 人民教育出版社编.毛泽东同志论教育工作[M].北京:人民教育出版社,1992:271.
④ 陈桂生.现代中国的教育魂[M].沈阳:辽宁教育出版社,1993:315.

教育的理解以及对于学校的看法。毛泽东认为，知识、学问主要是靠自己的学习、钻研才能获得，不能完全依赖学校和教师；学校和教师只是起打基础的作用。湖南自修大学的宗旨是"取古代书院与现代学校二者之长，……学习方法以自由研究，共同讨论为主。教师负提出问题、订正笔记、修改作文等责任"。① 晚年他又提出"要自学，靠自己学"；学生以学为主（强调的是学生的"学"，而不是教师的"教"）；学校的校长，教员是为学生服务的，而不是学生为校长，教员服务的。在毛泽东的一生中，对于正规学校教育的一些做法经常提出批评，这些批评的主旨在于，学校教育往往妨碍学生在各方面生动活泼地发展，教师的教往往会妨碍学生的主动"学"。毛泽东本人就是以"学"为主的光辉典范。他一生博览群书，手不释卷，1976年8月26日，在他逝世前的10几天，还向管理人员要《容斋随笔》，"直到他心脏停止跳动前的几个小时，已无力说话了，还让工作人员给他读鲁迅的著作"。② 毛泽东本人的经历和他对于求知、求学的认识，无疑使他更着重自学、看重学校教育制度之外的教育形式。

1. 正规的学校教育和非正规教育

毛泽东一贯主张，办学的模式不求一律，要因地制宜。为了提高工农群众及其子女的文化水平，只要条件许可，将兴办正规的学校教育，在校舍、设备、师资、经费上给予支持。早在江西苏区时期，"虽然是处在残酷的国内战争环境，并且大都是过去文化很落后的地方，但是已经在加速度地进行着革命文化建设了"。在江西苏区的文化建设中，既有正规的学校，同时也有大量的非正规教育的形式。据当时统计，江西、福建、粤、赣3省有列宁小学3052所，学生89710人。而非正规教育的识字组，仅江西、粤赣两省就有32388组，组员15.5万多人，③ 规模上大大超过正规教育。

1944年10月，在《文化工作中的统一战线》一文中，毛泽东提出："我们必须告诉群众，自己起来同自己的文盲、迷信和不卫生的习惯作斗争。……在教育工作方面，不但要有集中的正规的小学、中学，而且要有分散的不正规的村学、读报组和识字组。不但要有新式学校，而且要利用旧的村塾加以改造。"④ 在整个革命战争期间，非正规教育始终在根据地的教育事业中占据很重要的位置；而且，在夺取全国胜利以后，非正规教育依然受到毛泽东的重视。

毛泽东关于非正规教育的论述和实践引起了西方学者的注意。"毛泽东在办学形式上有着非常值得注意的地方，这就是他大力提倡半工半读和半农半读学校、技术夜校、工农业余学校，成人扫盲学校，以及'五·七'干部学校、赤脚医生等教育形式"。"这些非正规学校的教育，非常本质地反映了毛泽东的教育普及以及教育为政治服务的基本思想。"⑤

1955年，毛泽东在《中国农村社会主义高潮》的按语中要求在全国推行合作社组织农民学文化的经验。他提出农民学文化第一步为记工的需要，学习本村本乡的人名、地名、工具名和一些必要的语汇，大约两三百字；第二步再学进一步的文字和语汇。为此，

---

① 滕纯主编.毛泽东教育活动纪事[M].长沙：湖南教育出版社，1993：53.
② 黄丽镛编著.毛泽东读古书实录[M].上海：上海人民出版社，1996：328.
③ 人民教育出版社编.毛泽东同志论教育工作[M].北京：人民教育出版社，1992：5.
④ 毛泽东选集（一卷本）[M].北京：人民出版社，1967：912—913.
⑤ 丁钢.中国教育的国际研究[M].上海：上海教育出版社，1996：166.

分别编两种课本。第一种课本由各合作社编，每处自编一本，"不能用统一的课本"。第二种课本也只要几百字，"这种课本各地也不要统一"，由县、专区或省（市、区）级教育机关迅速加以审查。做完这两步工作后再做第三步，由各省（市、区）教育机关编第三种通常应用的课本。教员就是本乡的高小毕业生。毛泽东要求各地普遍地仿办这种学习班。

1958年9月，经过毛泽东审阅的《关于教育工作的指示》中提到，全日制学校与半工半读、业余学校并举，学校教育与自学（包括函授、广播学校）并举。在"大跃进"运动中，包括教育在内的各行各业都搞大规模的群众运动，有些人认为这"不正规"、是"农村作风"、"游击习气"，毛泽东认为"这显然是不对的"。①

长期以来，非正规教育在中国文化教育事业的建设中发挥了很大的作用。"多年来，这种非正规化的学校或学习组织，已基本定型，也就是形成了一定的模式。例如：只学习两三门主要课程的简易小学，识字班，送学到家的流动小学，小学附设初中班，以及高一级的学校附设低一级的学校或低一级的学校附设高一级学校的班级等等。总之，办学模式多种多样才能适合我国人口众多地域辽阔、文化教育发展不平衡的特点。"②

毛泽东注重非正规教育的思想在"文化大革命"中可谓发挥得淋漓尽致，对于这一点，西方学者的看法值得我们注意。丁钢根据西方学者对"文化大革命"期间中国教育的研究所作的分析，得出如下结论：总的来说，他们看到了这场教育革命所带来的种种危机，但他们也认为："这场教育革命本质上是毛泽东非正规教育思想在实践中的延续和发展，甚至其中不少人至今仍以为这是一场前所未有的'崭新'的'教育革新运动'。"③

1972年《学会生存》一书中提出的"学习化社会"的设想，其实在毛泽东的教育思想中早就体现了出来。事实上，只有将毛泽东的非正规化教育思想同他的"学习化社会"的理想联系起来考察，才能真正理解其意义。

2. 国家办学和群众办学

兴办教育，政府固然负有重要的责任，但政府不能包揽一切。在办学的问题上，在国家政策和统一的教育目的指引下，应该依靠群众办学。

毛泽东1927年在对湖南农民运动进行考察时，对于人民群众蕴藏着的巨大的办学热情留下了深刻的印象。

根据地时期的艰苦条件，使依靠群众办学的方针更具有必要性。在1938年10月写的《论新阶段》一文中，毛泽东提出了"文化教育政策"，其中有"广泛发展民众教育，组织各种补习学校、识字运动、戏剧运动……"，"主要的在于发动人民自己教育自己，而政府给以恰当的指导与调整，给以可能的物质帮助，单靠政府用有限财力办的几个学校、报纸等等，是不足完成提高民族文化与民族觉悟之伟大任务的"。④ 毛泽东提出的发展教育的"民办公助"政策一直延续了下来。

1953年5月，毛泽东主持中共中央政治局会议，在谈到教育问题时，毛泽东指出："允许小学民办，不限定几年，能办几年就办几年。不可能把小学都办成一样，不可能整

---

① 陈桂生. 现代中国的教育魂 [M]. 沈阳：辽宁教育出版社，1993：321－322.
② 张健主编. 毛泽东教育思想研究 [M]. 杭州：浙江教育出版社，1993：329.
③ 丁钢. 中国教育的国际研究 [M]. 上海：上海教育出版社，1996：186.
④ 人民教育出版社编. 毛泽东同志论教育工作 [M]. 北京：人民教育出版社，1992：48.

齐划一，不应过分强调正规化，农村小学可分为三类：中心小学，不正规的小学，速成小学。农村小学应便于农民子女上学。应允许那些私塾式、改良式、不正规小学存在。……要办重点中学，要特别着重培养工人出身的干部。"[1] 自 1949 年以后，小学、普通中学、中等专业学校、高等学校等各级各类教育事业有了很大的发展，1957 年时，教育经费已经占国家预算开支的 9%，但仍然不能满足广大群众的入学需求，升学和就业的矛盾日趋尖锐。"据 1957 年春估计，高小毕业生有 4/5 不能升初中，初中毕业生有 2/3 不能升高中和中等专业学校，高中毕业生有 1/3 不能升大学。1958 年春估计，高小毕业生 2/3 不能升学，初中毕业生有一半以上不能升学，高中毕业生有将近一半不能升学。另外，据上海第六女子中学当时统计，该校毕业生，共有 20% 升学，10% 就业，而不能升学就业的占 70%。"[2] 在这种情况下，走群众路线，多种形式办学的问题显得更有必要。

1957 年 3 月 7 日，在与七省市教育厅局长座谈中小学教育问题时，对社办、民办教育的问题，毛泽东明确指出："有条件的，应允许办。要同意厂矿、企业、机关办学校。"[3] 根据毛泽东指示的精神，同年 6 月，教育部发出提倡群众办学的通知。通知指出，中小学教育是"地方性"、"群众性"的事业。由于中国经济落后，中小学教育不能完全由国家包下来，必须采取多种办学形式。此后，各地纷纷办理民办学校。

1958 年 9 月《关于教育工作的指示》提出了发展社会主义教育事业的方针，这就是，动员一切积极因素，既要有中央的积极性，又要有地方的积极性和厂矿、企业、农业合作社和广大群众的积极性，学校和广大群众的积极性。这一指示提出了发展人民教育事业的 3 个原则，即统一性与多样性相结合的原则；普及与提高相结合的原则；全面规划与地方分权相结合的原则。在统一性与多样性相结合的原则下，要求实现几个"并举"。这些"并举"是：国家办学与厂矿、企业、农业合作社办学并举；普通教育与职业技术教育并举；成人教育与儿童教育并举；全日制学校与半工半读、业余学校并举；学校教育与自学并举；免费的教育与不免费的教育并举。

毛泽东倡导的国家办学和群众办学相结合的方针对于中国教育事业的发展起了很大的作用。在群众办学方面，虽然也曾有过一哄而起的现象（例如，1958 年"大跃进"时，有的工厂、人民公社宣布办成了从幼儿园到高等学校的"教育体系"，实现了人人劳动、人人学习的共产主义教育制度），但群众办学乃是符合中国国情的一种教育政策，所以一直坚持了下来。1992 年 10 月，江泽民在中共十四大报告中提出，政府要增加教育的投入，同时，也要鼓励多渠道、多形式社会集资办学和民间办学，改变国家包办教育的做法。

五、加强共产党对教育工作的领导

1958 年 8 月，毛泽东在天津大学视察的时候曾经说过："高等学校应抓住三个东西：一是党委领导；二是群众路线；三是把教育和生产劳动结合起来。"[4] 虽然这是针对高等

---

[1] 转引自张健主编. 毛泽东教育思想研究 [M]. 杭州：浙江教育出版社，1993：314-315.
[2] 陈桂生. 现代中国的教育魂 [M]. 沈阳：辽宁教育出版社，1993：320.
[3] 滕纯主编. 毛泽东教育活动纪事 [M]. 沈阳：湖南教育出版社，1993：294.
[4] 人民教育出版社编. 毛泽东同志论教育工作 [M]. 北京：人民教育出版社，1992：274.

教育而作出的指示，但是，毛泽东在这里所讲的这"三个东西"，适用于中国的一切教育。

中国共产党作为中国工人阶级的先锋队，党的领导的实质就是工人阶级的领导。自从毛泽东信仰马克思主义，成为共产主义者以后，一贯重视加强中国共产党对人民教育事业的领导，他不但论证了党领导教育事业的必然性，而且还提出了一整套党领导教育工作的方针和策略。

1. 教育工作必须由共产党领导

教育是整个革命工作的一个组成部分。中国的新民主主义革命是无产阶级（通过共产党）领导的革命，因此，教育工作只有在无产阶级（通过共产党）的领导下，才能保证其正确的政治方向，并推动革命事业的发展。

在转变成为马克思主义者以前，为了改造中国社会，毛泽东即对中国社会的"民众"进行了分类。当时毛泽东主要是从行业、而不是阶级属性对"民众"加以分类的。毛泽东一旦掌握了马克思主义，便利用阶级分析的方法对中国社会阶级进行分析。发表于1926年的《中国社会各阶级的分析》，乃是马克思主义和中国实际相结合的一个辉煌成果。毛泽东的分析向人们展示了对于中国社会结构的一个崭新的认识，而且这篇文章提出的结论实际上左右了此后几十年的中国共产党的基本政策。毛泽东的结论是："一切勾结帝国主义的军阀、官僚、买办阶级、大地主阶级以及附属于他们的一部分反动知识界，是我们的敌人。工业无产阶级是我们革命的领导力量。一切半无产阶级、小资产阶级，是我们最接近的朋友。那动摇不定的中产阶级，其右翼可能是我们的敌人，其左翼可能是我们的朋友——但我们要时常提防他们，不要让他们扰乱了我们的阵线。"① 毛泽东在这个时候得出的无产阶级是革命领导力量的结论，始终没有任何动摇。

在《新民主主义论》中，毛泽东论述了中国革命的历史进程。他认为，中国革命必须分两步走，第一步是民主主义革命，第二步是社会主义革命。所谓民主主义，是新范畴的民主主义，是"中国式的、特殊的、新式的民主主义"，是新民主主义。毛泽东论述了新民主主义的一系列特点，其中有：从革命的阵线上来说，中国的新民主主义革命属于世界无产阶级社会主义革命的一部分；新民主主义政治基础是无产阶级、农民、知识分子和其他小资产阶级，而无产阶级则是领导的力量；新民主主义的文化，"就是人民大众反帝反封建的文化；在今日，就是抗日统一战线的文化。这种文化，只能由无产阶级的文化思想即共产主义思想去领导，任何别的阶级的文化思想都是不能领导了的。所谓新民主主义的文化，一句话，就是无产阶级领导的人民大众的反帝反封建的文化"。②

1949年以后，毛泽东在对经济基础进行社会主义改造的同时，非常注重上层建筑的社会主义改造。除了告诫全党警惕资产阶级的"捧场"、"糖衣炮弹"，继续保持旺盛的革命斗志之外，对于文化教育工作，尤其强调党的领导。

第一，教育的阶级性决定党必须领导教育工作。毛泽东关于政治、经济与教育关系的分析，说明教育工作只有在党的领导下，才能给新民主主义和社会主义的政治、经济以积极的反作用。只有在共产党的领导下，教育工作才能体现无产阶级和广大人民的利益。

第二，国际、国内意识形态领域的阶级斗争。在国际上，帝国主义把和平演变的希望

---

① 毛泽东选集（一卷本）[M]．北京：人民出版社，1967：9.
② 同上书，659.

寄托在中国年轻一代的身上，国内剥削阶级的思想影响的存在，这些事实说明，要巩固无产阶级专政，必须加强党对文化教育工作的领导。1957年3月，毛泽东要求省、地、县三级第一书记要管教育，并指出不管教育的现象是不允许的。① 1957年10月，毛泽东总结过去的教训，再次强调党的领导。"每个省都有报纸，过去是不抓的，都有文艺刊物、文艺团体，过去也是不抓的，还有统一战线、民主党派，是不抓的，教育也是不抓的。这些东西都不抓，结果，好，就是这些方面造反。而只要一抓，几个月情况就变了。……无产阶级的'小知识分子'就是要领导资产阶级的大知识分子。"② 60年代以后，为了防止和平演变，防止出修正主义，党对于教育工作的领导，更是毛泽东非常关注的事情。

第三，对于文化教育领域斗争形势的估计。中华人民共和国成立以后，在上层建筑领域，政治权力牢牢地掌握在无产阶级手中，而在文化教育领域，毛泽东认为基本上仍是资产阶级的天下。1951年10月，在全国政协一届三次会议上，毛泽东认为基本上仍是资产阶级的天下。1951年10月在全国政协一届三次会议上，毛泽东指出，"思想改造，首先是各种知识分子的思想改造，是我国在各方面彻底实现民主改革和逐步实行工业化的重要条件之一"。③ 在过渡时期，知识界进行了思想文化方面的5次批判和斗争。④ 此后，毛泽东一再强调对知识分子团结、教育、改造的政策。1964年6月，毛泽东对文艺界整风报告有如下批示：一些文艺单位和刊物不去接近工农兵，不去反映社会主义革命和社会主义建设。最近几年竟然跌到修正主义的边缘。1966年5月，毛泽东在"五·七指示"中写道，学制要缩短，教育要革命，资产阶级知识分子统治我们学校的现象，再也不能继续下去了。从60年代毛泽东的这些批示、指示来看，文艺、教育界的无产阶级领导权的问题在1949年以后始终没有根本解决，以致在"文化大革命"中无产阶级要全面夺权。

2. 共产党能够领导教育

在新民主主义革命时期，无论在理论上和实践上，毛泽东都成功地解决了共产党对于教育的领导问题。共产党领导下的解放区，无论在干部教育或是以工农群众为主体的各级各类教育所取得的巨大成就，充分地说明了这一点。

中华人民共和国成立以后，中国共产党处于执政党的地位，而且毛泽东强调"领导我们事业的核心力量是中国共产党"；"指导我们思想的理论基础是马克思列宁主义"。⑤ 在共产党领导的"我们的事业"中，当然也包括教育。

关于共产党对教育的领导权问题，在教育界，没有人直接就"共产党不能领导教育"的问题进行过系统的论述。共产党能否领导教育的问题，只是一个更为一般的"外行能否领导内行"问题的引申。

50年代初，位居文教、宣传岗位的领导干部中，相当多的人文化程度不高，在工作作风上，有的也存在着简单、粗暴的缺点，个别人甚至以"大老粗"为荣。在"1957年，有些人批评共产党干部是'外行'，对教育工作领导不力，有些民主人士感到'有职无

---

① 滕纯主编. 毛泽东教育活动纪事[M]. 长沙：湖南教育出版社，1993：294.
② 毛泽东选集（第五卷）[M]. 北京：人民出版社，1977：479.
③ 同上书，49—50.
④ 这5次批判和斗争是：1951年对电影《武训传》的批判；1953年对梁漱溟思想的批判；1954年对《红楼梦》研究的批判；1954年对胡适的唯心主义的批判；1955年对胡风文艺思想的批判和"胡风反革命集团"的斗争.
⑤ 毛泽东著作选读（下）[M]. 北京：人民出版社，1986：715.

权',也有人主张'教授治校',还有人实际上存在无产阶级小知识分子不能领导小资产阶级大知识分子的观点,等等。其中多数人出于善意,不可否认也有极少数人对共产党领导教育不满。毛泽东把这些观点概括起来,称为'外行不能领导内行',针锋相对地提出'外行领导内行'的观点"。① 关于"外行领导内行"问题,毛泽东有下列看法。

第一,外行和内行是相对的。毛泽东承认,资产阶级知识分子,小资产阶级知识分子之所以有影响,"吃得开",是因为哪一样都缺不了他。"办学校要有大学教授、中小学教员,办报纸要有新闻记者,唱戏要有演员,搞建设要有科学家、工程师、技术人员。……资产阶级和他们的知识分子是比较最有文化的,最有技术的"。"讲文化,无产阶级、贫农、下中农不如他们,但是讲革命,就是无产阶级、贫农、下中农行"。所以,资产阶级和小资产阶级的知识分子虽然有文化,在一定的专业领域内,他们是内行,但是,如果要"讲革命",那么他们就是外行,无产阶级、贫、下中农就是内行。"不仅是无产阶级的小知识分子,就是大字不认得几个的工人、农民"也比资产阶级知识分子高明得多。因为他们在政治上能把握大方向。② 此外,外行可以变成内行。毛泽东在《做革命的促进派》一文中驳斥"外行不能领导内行"的言论时说,我们能领导。我们能者是政治上能,至于技术,我们有许多还不懂,但那个技术是可以学会的。为此,毛泽东提出了"又红又专"的要求。

第二,外行领导内行是一般规律。1958年5月,在中共八大二次会议上,毛泽东的第一次讲话主要是讲"破除迷信"问题。他要求不要怕教授,不要怕孔夫子,不要怕洋人;要敢于藐视资产阶级,藐视神仙,藐视上帝。会议期间,为了打掉工人、农民、新老干部的自卑感,毛泽东将会议印发的一个文件冠以"卑贱者最聪明,高贵者最愚蠢"的题目。毛泽东在这次会议的第三次讲话,一共讲了8个问题,其中除继续讲破除迷信的问题外,还专门讲了外行领导内行的问题。③

毛泽东认为,外行领导内行,这是一般规律。差不多可以说,只有外行才能领导内行。在这个问题上,以前我们是处于被动地位;报纸在这个问题上,对右派的批驳不系统,讲得不透,因为大多数共产党员、工人、农民都不是专家。

毛泽东之所以下外行领导内行是一般规律的断语,是因为他认为,世界上一万种行业,一万门科学技术,每人只能精通一行一门,所以,人人是外行。他还以戏剧和武艺为例,具体说明这个道理。他要求当时听他讲话的干部要对这个问题好好研究一下,因为有许多教授、工程师看我们不起,我们也觉得自己不行;硬说外行领导内行很难,要有点道理驳斥他们。

毛泽东关于外行领导内行的这些论述对于破除迷信、振作精神,加强党对包括教育在内的所有业务部门的领导,具有积极的意义。但是,如果因此就安于一辈子当外行,不注意钻研有关业务,这与毛泽东要求的又红又专,也是相去甚远。

1981年6月中共中央颁布的《关于建国以来党的若干历史问题的决议》指出,毛泽东思想是我们党的宝贵的精神财富,它将长期指导我们的行动。作为毛泽东思想的一个组

---

① 陈桂生. 现代中国的教育魂 [M]. 沈阳:辽宁教育出版社,1993:346.
② 毛泽东选集(第五卷)[M]. 北京:人民出版社,1977:484-485.
③ 李锐."大跃进"亲历记 [M]. 上海:上海远东出版社,1996:355-356.

成部分，毛泽东教育思想对中国教育的理论和实践产生过巨大的影响，对中国教育理论和实践今后的发展，仍具有指导意义，需要我们进一步学习和研究。

第二节　社会主义教育的探索

1949年10月1日中华人民共和国的成立，标志着中国进入一个新的历史发展时期，中国的教育也进入一个新的发展时期。随着人民政权在全国绝大部分地区的确立、巩固和发展，马克思主义教育理论和实践在中国也进入了一个全新的阶段。

从中华人民共和国成立到1976年"文化大革命"结束，随着中国政治、经济、文化发展呈现出的若干阶段性特征，教育的理论和实践也表现出相应的阶段性，在探索中国社会主义教育发展道路的27年的时期内，中国教育的发展也可以划分为3个阶段：以改造旧教育为主要内容的改造旧教育、创建社会主义教育阶段（1949—1956年），探索社会主义教育发展道路阶段（1956—1966年）；"文化大革命"阶段（1966—1976年）。

一、改造旧教育，创建社会主义新教育

中华人民共和国成立以后，为了实现由新民主主义向社会主义的转变，一个迫切需要解决的问题是政权的巩固。为此，解放军很快以多种方式解放了除台、港、澳之外的全部国土；在新解放区建立各级人民政权，并开展了土地改革；此外，还在全国范围内进行镇压反革命、"三反"、"五反"运动，以及抗美援朝运动。与此同时，迅速恢复了国民经济。1952年，中共中央提出过渡时期的总路线，提出了实现国家社会主义工业化、逐步实现对农业、手工业和资本主义工商业社会主义改造的方针。1953年起实行第一个"五年计划"。至1956年，全国绝大部分地区基本上完成了对生产资料私有制的社会主义改造。

1. 教育的方针、政策

中华人民共和国成立前夕（1949年9月29日）政协第一届会议通过的《中国人民政治协商会议共同纲领》规定了新中国教育的性质及基本政策："中华人民共和国的文化教育为新民主主义的，即民族的、科学的、大众的文化教育。人民政府的文化教育工作，应以提高人民文化水平、培养国家建设人才、肃清封建的、买办的、法西斯主义的思想、发展为人民服务的思想为主要任务。""提倡爱祖国、爱人民、爱劳动、爱科学、爱护公共财物为中华人民共和国全体国民的公德。""中华人民共和国的教育方法为理论与实际一致。人民政府应有计划有步骤地改革旧的教育制度、教育内容和教学法。""有计划有步骤地实行普及教育，加强中等教育和高等教育，注重技术教育，加强劳动者的业余教育和在职干部教育，给青年知识分子和旧知识分子以革命的政治教育，以应革命工作和国家建设工作的广泛需要。"[①]

1949年12月，教育部在北京召开第一次全国教育工作会议，确定了新中国教育的总方针："建设新教育要以老解放区新教育经验为基础，吸收旧教育某些有用的经验，特别要借助苏联教育建设的先进经验。"[②] 会议还确定了新教育的发展方向：

[①] 瞿葆奎主编. 教育学文集·中国教育改革[M]. 北京：人民教育出版社，1991：3—4.
[②] 顾明远总主编. 中国教育大系·马克思主义与中国教育（下）[M]. 武汉：湖北教育出版社，1994：1710.

教育的目的是为人民服务，首先是为工农兵服务，为当前的革命斗争与建设服务；

教育工作的发展方针是普及与提高的正确结合，学校要为工农子女和工农青年开门；

老解放区的教育工作，首先是中小学教育，应以巩固与提高为主，新解放区教育工作的关键是争取、团结和改造知识分子；

对中国人办的私立学校采取保护维持、加强领导、逐步改造的方针；

改革旧教育不能性急，必须经过各级教育的不断改革，待积累了比较成熟的经验之后才能进行比较全面的改革等。

为了使新中国教育方针政策得到贯彻和落实，有利于劳动人民文化水平的提高、工农干部的深造并促进国家建设事业的发展，1951年10月，政务院颁布了《关于改革学制的决定》。这是新中国实行的第一个学制。新学制具有以下几个特点：首先，它充分地保障了全国人民，尤其是工农劳动人民和工农干部受教育的权利和机会。在这个学制中，以招收工农青年、工农劳动者为主的业余初等学校，业余初、高级中学和以招收工农干部为主的工农速成初等学校、工农速成中学有了明确的地位，并且像传统的正规的全日制学校一样，与高等学校相衔接。第二，新学制颁布以前，我国的初等学校修业6年，并分为初级小学（4年）高级小学（2年），使广大劳动人民子女难以受到完全的初等教育。新学制将初等教育改为5年一贯制，其目的在于使劳动人民的子女能够受到完全的初等教育。第三，新学制的中等教育包含技术学校以及其他各类中等专业学校，适应了国家建设对于初、中级专业技术人才的需求。

2. 教育的实施

新中国除了在教育的性质、总方针、学制等根本性的方面作了明确的规定之外，对于各级各类教育的实施、旧学校的改造，教会学校的处置办法等各个方面，也都作出了一系列的部署和规定。这些政策和法令，保障了新中国成立以后由新民主主义教育向社会主义教育的顺利过渡，有力地支持了国家革命和建设的需要。在上述方针政策的实施方面，有些根据当时我国的实际情况，作了必要的、及时的修正，如小学5年一贯制的规定，由于师资、经费等问题，1953年6月的第二次全国教育工作会议决定"今秋起暂缓推行，暂沿用四二制"；1955年7月教育部、高教部发出联合通知，1955年秋季起工农速成中学停止招生，今后广大工农干部和工农群众的学习，坚持贯彻业余学习的方针。此外，有些方针和政策并未得到很好的理解和贯彻，例如，第一次全国教育工作会议确定的"借助"苏联教育建设的经验，在实际工作中，有时不考虑国情，将"借助"变成了简单的"移植"等。

（1）接管、整顿旧学校。这里的"旧学校"指新解放区的各级各类学校。在解放战争期间，对于学校采取了严格的保护政策，并采取各种措施，粉碎了国民党的迁校企图。

解放之初，除了依靠境外力量办的教会学校、尤其是教会办的高等学校之外，采取了管而不接的政策。抗美援朝运动开始以后，从接管教会学校开始、进而将私立大学全部接管。1952年起，分别各种不同情况，先后将中学和小学分批接管。这种从高等学校开始，然后中等学校（于1953年完成接办私立中学工作）、再后初等学校的接管工作，至1956年基本完成。

接管、整顿旧学校工作的关键是争取、团结和改造知识分子，主要工作是在教师和青年学生中进行政治和思想教育工作。1950年6月，毛泽东在中共七届三中全会上提出：

"有步骤地谨慎地进行旧有学校教育事业和旧有社会文化事业的改革工作,争取一切爱国的知识分子为人民服务。在这个问题上,拖延时间不愿改革的思想是不对的,过于性急、企图用粗暴方法进行改革的思想也是不对的。"① 为了做好团结、改造知识分子、进行政治和思想的教育工作,在教育系统逐步建立了共产党的基层组织并在教师和青年学生中发展党员和团员,以加强党对教育工作的领导。1951年5月,从批判电影《武训传》开始,在学校中进行了思想改造运动。与此同时,知识分子的政策也作了调整。1956年1月,周恩来在中共中央召开的关于知识分子问题会议上作的题为《关于知识分子问题的报告》中首次提出,知识分子已经成为我们国家的各方面生活中的重要因素,他们中间的绝大部分已经是工人阶级的一部分。

(2) 收回教育主权。② 解放初,中国境内有教会办的高等学校20余所,中等学校500余所,初等学校1100余所。1949年起,天主教会办的辅仁大学用减少补助经费来制造学校的困难。为保证学校正常运行,政府遂按期支付每月所需经费,但教会仍在学校制造矛盾。1950年9月,教育部长马叙伦发表书面谈话,严正指出,"在一个独立民主的国家里,不允许外国人办学校,除非是他们的侨民自己设立而为教育他们的子女的学校,这是世界通例"。但考虑到"外国人在旧中国所办的教会学校,因为它已经办了多年,所以必须在它真实的遵守中国人民政治协商会议共同纲领及教育方针与法令的条件下,可以暂时允许它继续办,但中央人民政府保有根据需要以命令收回自办的权利,更绝对不允许新设这类性质的学校"。由于教会坚持原有的立场,同年10月,政府明令将辅仁大学接收自办。马叙伦着重说明,"此次辅仁大学问题,是单纯的教育主权问题,与宗教问题毫无关系。"

1950年抗美援朝战争开始以后,中美实际上已处于交战状态,中国政府命令将接受美国津贴的各级各类学校接收,并规定一切接受外资津贴的学校都要登记。"1951年将接受美国津贴的学校全部处理完毕。1953年后,接办私立学校过程中,一并接收了外资津贴的中小学。"③

(3) 调整教育结构。为了贯彻中共中央提出的过渡时期的总路线,以及根据总路线提出的各项工作任务、尤其是发展国民经济的第一个五年计划(1953—1957),旧中国不合理的教育结构必须加以调整。

教育结构的调整,主要体现在中等教育和高等教育方面。根据国家建设和社会发展的需要,在中等教育阶段,增设了工业、农业、交通、运输等方面的技术学校,以及其他行业(贸易、银行、合作、艺术等)的中等专业学校。高等教育的调整体现在专业的设置和布局两个方面。

旧中国的高等教育,文、理类的专业居多,工科类院校很少,这种状况显然难以满足"优先发展重工业"政策对人才的需求,结构的调整势在必行。

早在1949年11月召开的华北区及京津19所高等院校负责人会议上,教育部副部长钱俊瑞就指出,高等教育改革的方向是一切服务于国家建设,特别是经济建设。1950年6

---

① 转引自陈桂生. 现代中国的教育魂 [M]. 沈阳:辽宁教育出版社,1993:122.
② 参见陈学恂主编. 中国教育史研究·现代分卷 [M]. 上海:华东师范大学出版社,1994:380-383.
③ 顾明远总主编. 中国教育大系·马克思主义与中国教育(下)[M]. 武汉:湖北教育出版社,1994:1714.

月召开的第一次全国高等教育会议又确定调整公私立高等学校或其某些院系,以配合国家建设的需要。因此,高等教育结构调整的重点是加强工程类和师范类的院系,发展专门学院和专科学校,以培养各种专门人才和中等学校、高等学校的师资。具体的做法是对原有大学的院、系加以调整,除保留少数综合大学之外,其他则分别按工、农、林、医、财经、政法、师范、语言、艺术、体育等类设置专门学院。另一种办法是建立新的院校。在高等学校的布局上,1955年开始,加强了内地,尤其是西南、西北地区高等学校的设置。除了在这些地区设立新的高校之外,沿海地区高校的迁移也是一个重要的手段。

(4)改革教学。教学的改革包括课程、教学内容、教学方法等方面。就中小学来讲,新中国成立以后首先取消的是旧政治课中的任何不符合新民主主义的内容,取消童子军训练课等,代之以革命的政治课。文化课的课程体系基本保持,但教学内容依据《共同纲领》中规定的文化教育政策作相应的改动。

高等学校的课程和教学内容的改革主要是加强政治课的学习,业务课程的内容必须符合建设的需要。高校课程和教学内容"改革的幅度相当大,如重庆大学中文系废除课程26门,保留仅11门;教育系废除课程25门,新添32门,保留6门。武汉大学各院系停开的课有300门,新开234门。湖南大学停开369门,新开261门。有些课程停开是必要的,但在课程增减上缺乏充分的论证,对正常的教学产生较大的冲击,也加重了学生的负担"。①

在进行教学改革方面,苏联的教学思想发挥了很大的影响作用。1950年12月,凯洛夫著《教育学》的中译本由人民教育出版社出版。此书一度作为我国教育干部、教师、教育理论工作者学习教育理论的重要书籍,对我国的教育理论和教学实践有很大影响。此外,苏联的教学模式,教学经验、教科书等也大量介绍或翻译出版。由于我国小学和中学的学习年限和阶段划分不同于苏联,难以移植苏联的教学计划和教材;而大学和中等专业学校则比较容易移植和模仿。以大学为例:教育部规定从1952年秋季入学的一年级学生开始采用原苏联教学计划和教学大纲,组织各校翻译原苏联教材等。② 其主要内容有:按苏联高校模式设置专业、统一教学计划和教学大纲;翻译苏联教材;按苏联教学组织形式设置教研室;学习苏联教学环节的安排;学习苏联学制,将部分高校学制延长至5年,除保留少数师专、医专外,理、工类专科停止招生。

在过渡时期的7年左右的时间内,各级各类教育都得到了很大的发展。"到1954年为止,已在职工中扫盲130多万人,在城市劳动人民中扫盲36万多人,在农村中扫盲850多万人,职工业余学校在校人数有290多万人,农民参加业余学校学习的有2330多万人。"③ 在学校教育方面,1956年,小学生达6346.6万人,相当于1949年的2.6倍;初中生438.1万人,是1949年的5.3倍;高中生78.4万人,相当于1949年的3.8倍;中等技术学校学生53.9万人是1949年的7倍;中等师范学校学生27.3万人,是1949年的1.8倍;大学生40.3万人,是1949年的3.5倍。④

---

① 陈学恂主编.中国教育史研究·现代分卷[M].上海:华东师范大学出版社,1994:391.
② 同上.
③ 同上书,412.
④ 见顾明远总主编.中国教育大系·马克思主义与中国教育(下)[M].武汉:湖北教育出版社,1994:1638—1639.

二、探索社会主义教育发展道路

从 1956 年中国共产党第八次代表大会召开到 1966 年"文化大革命"开始的 10 年，是中国开始全面建设社会主义的 10 年，也是探索中国社会主义教育发展道路的 10 年。同这一时期社会主义建设的道路一样，探索社会主义教育发展道路也经历了一个曲折的过程，其间有 1958 年的教育大革命，1961 年以后对教育大革命调整、总结，以及 1964 年以后的教育改革，尽管这个时期的探索所取得的成果毁于"文化大革命"，但十年中的经验和教训，都为中国教育后来的发展提供了许多有益的借鉴。

1. 社会主义教育方针

如何走中国式的社会主义教育发展道路，是一个至关重要的问题。1949 年以后，教育工作取得了很大的成绩，同时也存在着一些缺点：

第一，机械地移植苏联的经验。50 年代初，学习苏联经验是一个流行的口号。在学习苏联经验时，出现了一些不顾中国情况机械地照搬苏联经验的教条主义做法。"一位中国教授中肯地说，'三复制教学法'在 50 年代初十分流行：教师讲稿从苏联教材中复制，然后由教师一字不漏地复制在课堂黑板上，再由学生复制到他们的笔记本上。的确，大量的翻译和实行苏联方案的任务大大减少了中国教授从事自己教研活动的时间。""有人指责说，苏联学校有的而中国学校没有的就要添上，而苏联学校没有的而中国学校已有的却要删除。所以，苏联影响特别重要，正如毛泽东所说，'有的同志没有借鉴就感到惊慌'。"①

对于这种机械地移植苏联经验的情况，毛泽东在 1956 年 4 月的《论十大关系》中提出，对于包括苏联和其他社会主义国家在内的所有外国的经验，"一切真正好的东西都要学。但是，必须有分析有批判地学，不能盲目地学，不能一切照抄，机械搬运"。② 毛泽东再次强调了马克思主义普遍真理同中国革命的具体实践相结合的理论。毛泽东批评了《法门寺》里的贾桂式的人物，强调要把民族自信心提高起来。

第二，轻视劳动的倾向。政务院分别于 1953 年 11 月和 1954 年 4 月颁布的《关于整顿和改进小学教育的指示》和《关于改进和发展中学教育的指示》中指出，"小学学生毕业后，主要是参加生产劳动，升学的还只能是一部分，因此，在学校平时教育中不应片面强调学生毕业后如何升学，而应强调毕业后如何从事劳动生产"；"中学毕业生除部分根据国家需要升学外，大部分应该积极从事工农业生产劳动或其他建设工作。"但在实际生活中，轻视劳动的倾向仍然存在，认为中、小学毕业生都应该升学，不能升学而去从事工农业生产就是失学，因而悲观失望，甚至抱怨人民政府，在 1954 年和 1955 年夏、秋之际出现过紧张状况。

第三，学生的政治觉悟和文化水平都不够高。小学教育由于师资和校舍等问题，造成学校教学质量不高。中学教育由于对全面发展的教育认识不足，不注意学生的身体健康问题。在政治思想教育和文化知识的学习方面，曾出现过因强调政治思想教育而忽视科学知识的教学，后又出现了因重视科学知识教学而放松政治思想教育的顾此失彼的片面做法。1957 年 2 月，毛泽东在《关于正确处理人民内部矛盾的问题》中，对于放松思想政治工

---

① 约翰·柯来威利. 中国学校教育 [M]. 张昌柱等译. 石家庄：河北教育出版社，1995：147.
② 毛泽东选集（第五卷）[M]. 北京：人民出版社，1977：285.

作的现象提出了批评:"在知识分子和青年学生中间,最近一个时期,思想政治工作减弱了,出现了一些偏向。在一些人的眼中,好像什么政治,什么祖国的前途,人类的理想,都没有关心的必要。好像马克思主义行时了一阵,现在就不那么行时了。"①

从一定的意义上讲,毛泽东的《论十大关系》就是在中国着手进行社会主义建设之时对于中国国情的分析。他认为,中国有两条缺点,同时又是两条优点,这两条缺点或优点就是,一为穷、二为白。为了解决"穷"的问题,我们要发展工业、农业;为了解决"白"的问题,我们要提高文化水平、科学水平。根据中国的国情,以及当时教育的实际问题和我国社会主义建设的任务,毛泽东提出了我国社会主义的教育方针:"我们的教育方针,应该使受教育者在德育、智育、体育几方面都得到发展,成为有社会主义觉悟的有文化的劳动者。"②

这一教育方针不仅指出了教育工作务必达到的目的,而且也指明了青年一代发展的方向,这就是努力使自己成为"劳动者"。其原因在于,我们的国家是个一穷二白的国家,而且不可能在短时间内根本改变这种状态;要使国家富强,就要勤俭建国,要靠青年和全体人民团结奋斗几十年。社会主义制度的建立给我们开辟了一条到达理想境界的道路,而理想境界的实现还要靠我们的辛勤劳动。然而,社会主义建设需要的"是有社会主义觉悟的有文化的劳动者",为此,我们需要全面发展的教育,以便使他们在德育、智育、体育几方面都得到发展。

2. 社会主义教育的工作方针

毛泽东批评机械地搬用苏联经验的教条主义倾向,提出社会主义教育方针以后,总结1949年以来我国教育工作经验、贯彻教育方针、探索中国式的社会主义教育发展道路,就成为是教育的中心工作。为此,1958年9月,中共中央和国务院颁布了关于教育工作的指示。

《中共中央、国务院关于教育工作的指示》③ 对1949年以后9年教育工作的成绩、存在的问题进行了总结,并且明确而系统地提出了党和国家的教育工作方针:"党的教育工作方针,是教育为无产阶级的政治服务,教育与生产劳动结合;为了实现这个方针,教育工作必须由党来领导。"党的教育工作方针同"为教育而教育"、"劳心与劳力分离"和"教育只能由专家领导"的资产阶级教育工作方针之间的斗争,按其性质来说,是社会主义道路和资本主义道路两条道路之间的斗争。

(1) 教育为无产阶级政治服务。《指示》在这方面提到了3点。第一,进行马克思列宁主义的政治教育和思想教育。这种教育除了对学生加强政治思想工作之外,还必须在学校中设政治课,任何拒绝设政治课的借口都是错误的。政治教育和思想教育的内容和目的,都在于培养教师和学生的工人阶级的阶级观点,群众观点和集体观点。

第二,改变政治教育中的教条主义教学方法,使政治教育结合我国社会主义革命、建设和教育对象的实际。

---

① 毛泽东选集(第五卷)[M].北京:人民出版社,1977:385.
② 同上.
③ 见顾明远总主编.中国教育大系·马克思主义与中国教育(下)[M].武汉:湖北教育出版社,1994:1348—1350.

第三，把政治觉悟放在评判学生学习成绩的重要地位。政治觉悟的高低以学生的实际行动来衡量。

（2）教育与生产劳动结合。其要点是，第一，所有的学校必须把生产劳动列为正式课程。学生参加生产劳动是培养全面发展新人的一条正确道路。

第二，今后的方向是，学校办工厂和农场，工厂和农业合作社办学校。学校办的工厂、农场，应纳入地方的生产计划和商业销售计划；工厂和农业合作社办的学校应纳入地方的教育计划。

（3）教育工作必须由党来领导。其要点是：第一，所有的教育行政机关和一切学校，应该受党委领导。

第二，所有的高等学校应当实行学校党委领导下的校务委员会负责制。学校里班、级的领导工作、政治思想工作、行政工作、生产管理工作应当配备党员。

第三，所有的中等和初等学校，应该放在党委领导之下。

《中共中央、国务院关于教育工作的指示》除了提出党的教育工作方针之外，还提出了发展社会主义教育事业的办学原则和群众路线的工作方法。

3. 1958年的教育大革命

1958年的教育大革命是当时中国各行各业"大跃进"的产物，就这个意义来说，它是一种教育的"大跃进"。

在社会主义建设的问题上，毛泽东在1955年3月曾有过这样的论断："在我们这样一个大国里面，情况是复杂的，国民经济原来又很落后，要建成社会主义社会，并不是轻而易举的事。我们可能经过三个五年计划建成社会主义社会，但要建成为一个强大的高度社会主义工业化的国家，就需要几十年的艰苦努力，比如说，要有五十年的时间，即20世纪的整个下半世纪。"① 但是，发展迅猛的农业合作化运动显然改变了毛泽东的认识。在同年12月写的《〈中国农村的社会主义高潮〉的序言》里，他认为1955年是中国社会主义和资本主义决胜负的一年，在农业方面，到1959年或1960年，就可以基本上完成农业合作社由半社会主义到全社会主义的转变。"这件事告诉我们，中国的工业化的规模和速度，科学、文化、教育、卫生等项事业的发展的规模和速度，已经不能完全按照原来所想的那个样子去做了，这些都应当适当地扩大和加快。"②

1956年《人民日报》元旦社论《为全面地提早完成和超额完成五年计划而奋斗》，正式提出了又多又快又好又省的要求，从而使得各级计划部门和经济部门出现了"冒进"的偏向，造成生产资料和生活资料供应的紧张。为了使经济平衡发展，国务院采取了反冒进的措施。

1958年的"大跃进"开始于当年1月"南宁会议"批评1956年反"冒进"的错误。后来，在同年5月的中共八大二次会议上，制定了"鼓足干劲、力争上游、多快好省地建设社会主义"的总路线，号召"在继续进行经济战线、政治战线和思想战线上的社会主义革命的同时，积极地进行技术革命和文化革命，争取在15年，或者在更短的时间内，在主要的工业产品产量方面赶上和超过英国，争取提前实现《全国农业发展纲要》。毛泽东

---

① 毛泽东选集（第五卷）[M]. 北京：人民出版社，1977：139.
② 同上书，223.

在会上讲话，强调破除迷信，解放思想，发扬敢想敢说敢做的创造精神。会后，全国城乡迅速掀起'大跃进'的高潮"。①

1958年的教育大革命，是探索中国式的社会主义教育发展道路的大胆尝试。除了当时对于经济建设形势过分乐观的估计之外，同苏共二十大以后及反右派斗争后对于政治形势的新认识也有关系。

第一，阶级斗争的问题受到了重视。1956年，刘少奇在中国共产党第八次全国代表大会上作的政治报告中讲到，社会主义制度在我国已经基本上建立起来，今后国内主要矛盾是人民对于经济文化迅速发展的需要同当前经济文化不能满足人民需要的状况之间的矛盾，没有提到阶级斗争。但是，1957年毛泽东在《关于正确处理人民内部矛盾的问题》中指出，"现在的情况是：革命时期的大规模的急风暴雨式的群众阶级斗争基本结束，但是阶级斗争还没有完全结束"。②

第二，反对修正主义的问题提了出来。1956年，毛泽东在论述中国和外国关系时，强调反对照搬外国经验、苏联经验的教条主义。1957年5月，毛泽东在《事情正在起变化》中指出："几个月以来，人们都在批判教条主义，却放过了修正主义。教条主义应当受到批判，不批判教条主义，许多错事不能改正。现在应当开始注意批判修正主义。"③

第三，对知识分子的估计。毛泽东在上述同一篇文章中写道，"最近这个时期，在民主党派中和高等学校中，右派表现得最坚决最猖狂。"他们和左派争夺领导权，"右派的企图，先争局部，后争全部。先争新闻界、教育界、文艺界、科技界的领导权。他们知道，共产党在这方面不如他们，情况也正是如此。"在全体党外知识分子中，"右派大约占百分之一、百分之三、百分之五到百分之十，依情况而不同"。④ 因为工人和农民是不划右派分子的，所以，在右派分子中，知识分子占了绝大多数。当时担任中共华东局第一书记、上海市委书记的柯庆施在1957年11月曾经说过，尤其麻烦的是两种人，一种是上层小资产阶级，这一类人比较好对付，因为"只要工人阶级说几句话，他就缩回去了"。难办的是资产阶级知识分子，"第一，他说他有学问，他认识几个字，他尾巴翘得很高；第二，他说他没有剥削人家；第三，学生中他有影响，他还有点群众基础，这个事情是比较难办的"。⑤

概言之，在当时的形势下，我们在国际上多了一个敌人——修正主义，在国内多了一类敌人——右派，因此，阶级斗争这根弦不能放松，而且，知识分子改造的问题同阶级斗争联系了起来，因为知识阶级和旧社会过来的知识分子，要按照资产阶级的面貌来改造世界。对于知识分子最集中、而且又以培养知识分子为己任的教育界来说，如何改造旧知识分子、培养新型知识分子乃是一个必须作出正面回答的问题。

毛泽东早就把知识分子比喻为一定要附在皮上的毛，他的阶级属性由他附着的皮来决定，皮之不存，毛将焉附？因此，走与工农相结合的道路，是知识分子唯一正确的选择。

---

① 见顾明远总主编.中国教育大系·马克思主义与中国教育（下）[M].武汉：湖北教育出版社，1994：1736.
② 毛泽东选集（第五卷）[M].北京：人民出版社，1977：375.
③ 同上书，423.
④ 同上书，424—425.
⑤ 转引自李锐."大跃进"亲历记[M].上海：上海远东出版社，1996：50—51.

除了对现有的知识分子进行改造之外，还需要培养大批无产阶级的知识分子。1957年1月，毛泽东《在省市自治区党委书记会上的讲话》中提到，北京市的调查表明，高等学校学生大多数是地主、富农、资产阶级及富裕中农的子弟，工人阶级、贫下中农的还不到20%，要改变这种情况。1957年10月，毛泽东在题为《坚定地相信群众的大多数》的讲话中强调："无产阶级必须造就自己的知识分子队伍，这跟资产阶级要造就它自己的知识分子队伍一样。一个阶级的政权，没有自己的知识分子那是不行的。"[①] 所以，1958年的教育大革命要解决的根本问题有两个，一个是旨在促进知识分子与工农群众相结合的教育与生产劳动相结合的问题；另一个是大量培养知识分子的教育事业发展"大跃进"的问题。两者都体现了当时总路线多、快、好、省的基调，它们共同构成了1958年教育革命的主题。

（1）教育与生产劳动相结合，促进知识分子与工农群众相结合。《中共中央、国务院关于教育工作的指示》在肯定"成绩是主要的"同时，也指出了教育工作在一定时期内曾经犯过的错误：教育脱离生产劳动、脱离实际，并且在一定程度上忽视政治、忽视党的领导。这些错误的存在或克服，都要体现在通过教育所培养的人的规格方面。《指示》明确指出，共产主义社会的全面发展的新人，就是既有政治又有文化的、既能从事脑力劳动又能从事体力劳动的人，而不是旧社会的只专不红，脱离生产劳动的资产阶级知识分子。在这里，不能从事体力劳动、脱离生产劳动成了资产阶级知识分子重要特征。《指示》还指出，参加生产劳动对学生来说，在德育、智育、体育方面都有好处，这是培养全面发展新人的一条正确道路。当时，教育与生产劳动相结合的主要形式有：

勤工俭学。勤工俭学的活动在1957年时已经出现。1958年1月，共青团中央颁布《关于在学生中提倡勤工俭学的决定》，指出勤工俭学是具体实现知识分子和工农相结合、脑力劳动和体力劳动相结合的一个重要的途径。同年2月，教育部发出通知，要求各地教育部门积极支持和帮助共青团执行团中央的《决定》，并召开部分省市教育厅（局）负责人和中学校长关于勤工俭学的座谈会。此后，勤工俭学在全国推广。

学生下厂下乡。1958年春，学生参加生产劳动的活动很快发展成为规模宏大的下厂下乡运动。中等以上学校的师生，分批到工厂、矿山、农村，与工人农民实行"三同"（同吃、同住、同劳动），向工农学习。小学的师生则参加力所能及的社会公益劳动。

学校办工厂。根据毛泽东1958年1月在《工作方法（草案）》中的精神，全国各级各类学校都办起了工场、工厂或农场，作为学生劳动或实习的基地。在学校办工厂的热潮中，有些高等学校和中等专业学校还搞厂（农场）校合一，实行半工半读；一些中小学也与学校附近的工厂、农场、人民公社合并，学生半工半读。

（2）教育"大跃进"。在总路线的指引下，同工业、农业和其他行业一样，中央也给教育提出了"大跃进"的指标。《中共中央、国务院关于教育工作的指示》最后提出，全国应在3到5年的时间内，基本上完成扫除文盲、普及小学教育、农业合作社社社有中学和使学龄前儿童大多数都能入托儿所和幼儿园的任务；争取在15年左右的时间内，基本上做到使全国青年和成年，凡有条件和自愿的，都可以受到高等教育；我们将以15年左右的时间来普及高等教育，然后再以15年左右的时间来从事提高的工作。

---

① 毛泽东选集（第五卷）[M].北京：人民出版社，1977：489.

为了多快好省地造就无产阶级自己的知识分子队伍,教育方面采取了2个措施。

第一,加速改变学生阶级成分的比例。1958年1至2月,当时各地的高等学校在年初讨论了学校如何贯彻阶级路线,进一步向工农开门等问题。讨论中提出用扩大招生、加强培养等方法,加速培养工农知识分子。其中有些意见提到要采取优先录取,免试入学,直接向农业社招生,举办工农预科等办法,扩大学校中工农学生所占的比例;采取加强辅导,改进教学工作,办补习班等办法,加强对已在校工农学生的培养教育工作;举办工农干部特别班、函授等各种形式的短期训练班。

第二,"两条腿走路"。这是对于办学方针的形象的比喻。一条腿指国家办学;另一条腿指农业合作社和厂、矿企业办学。《中共中央、国务院关于教育工作的指示》提出了调动一切积极因素,多快好省地发展教育事业的办学原则,即既要有中央的积极性,又要有地方的积极性,和厂矿、企业、农业合作社、学校和广大群众的积极性,为此必须采取统一性和多样性相结合,普及与提高相结合、全面规划与地方分权相结合的原则。

《指示》发表以后,一些工厂、人民公社、机关、街道宣布办起了高等学校、中等专业学校、农业学校、普通中小学、幼儿园,以及红专大学、劳动大学、市民学校等名目繁多的各种形式的学校。有的工厂、人民公社还宣布办成了从幼儿园到高等学校的"教育体系"、"教育网",实现了"人人劳动、人人学习"的"共产主义教育制度"。1958年10月1日《光明日报》报道:从1月至8月,全国扫除文盲9000万,比8年来扫盲总数多2倍,全国67%的县市基本扫除了文盲;全国学龄儿童入学率已达93.9%,87%的县市基本普及小学教育;新建中学26000余所,全国中学生比1957年增长47%;全国中等专业学校已达6000余所,在校学生比1957年增长220%;本年新办高校800余所,全国已有高校千所以上;业余学校比1957年增长5倍半,学生达5000余万人;许多省初步建成了自己的高等教育体系,很多省决定在15年内普及大学教育。① 现在看来,上述数字简直不可思议。

教育的"大跃进",除了表现在教育事业发展的速度上之外,还表现在教育制度、教学方法等领域的改革方面。在总路线精神的指引下,各地开始进行缩短中小学学制的实验;有的进行文理分科的实验;有的在幼儿园进行汉语拼音、识字和计算教学的试验。"许多高等学校大搞所谓'三结合'编新教材,'苦战×周(或几月)放卫星';有的搞'现场教学'、'能者为师',大鸣、大放、大辩论的教学方法;搞集体互助'比四好,争四好'(政治思想、学习、身体、生产劳动),'跃进班'等。其中虽不无合理因素,但基本上是在教育工作中搬用政治运动和生产竞赛的办法。"② 许多学校还要求学生制定"大跃进"式的"红专规划"。此外,各级各类学校还展开了教育方针大辩论;教学思想、学术的批判、"拔白旗、插红旗"运动。

4.1961年以后教育的调整

同全国的经济形势一样,1958年教育"大跃进"也给教育工作带来了混乱。当时任

---

① 见顾明远总主编.中国教育大系·马克思主义与中国教育(下)[M].武汉:湖北教育出版社,1994:1743-1744.

② 郭笙.曲折前进的历程.//顾明远总主编.中国教育大系·马克思主义与中国教育(下)[M].武汉:湖北教育出版社,1994:1312.

中共中央文教组副组长的康生到处鼓吹教育"大跃进"。6月在中宣部召开的教育工作会议上宣布,教育部制定的教育规章制度一律无效;7月在北京师大说,师大有两大任务,大办工厂,大办学校,每个班都可以办一个工厂,师大从小学办到大学,今后至少办100个各种类型的学校;在北京农大说,教授要按所种作物评级,亩产1000斤的只能当5级教授,以此类推,一级教授要亩产5000斤;10月在河南对省教育厅的同志说,可以上课2小时、劳动3小时,可以劳动6小时、上课2小时,也可以只劳动不读书。他甚至要合肥工业大学敢于胡搞,胡搞就是科学研究。康生到处煽风点火,无疑加重了教育工作的灾难。1958年9月,为了响应党中央大炼钢铁的号召,全国大中小学教职工和高小以上的学生都投入大炼钢铁和三秋劳动,教学工作基本停顿。9月中旬,国务院抽调27600名高等、中等学校有关专业的学生分赴16个省市参加全民大办钢铁的运动。据9月底20个省、市统计,有21100所各级各类学校,共建小炼铁炉、小炼钢炉86000多座。

概言之,1958年的教育大革命盲目地破除了既有的教育规章制度,打乱了正常的教学秩序,而且,那些不得要领的思想、学术批判挫伤了知识分子的积极性。

1958年年底开始采取了一系列必要的措施,以恢复教学秩序,全日制学校恢复以教学为主的原则。虽然1959年教育工作的方针是巩固、调整、提高,并在这个基础上有重点地发展,但是,列于这个方针第一位的是"巩固",然后才是"调整、提高",还要"发展",所以,从1958年至1960年的三年中,高等学校、中等技术学校、中等师范学校的学校数和在校学生数仍然在逐年增加(唯一的例外是1959年中等技术学校在校人数略低于1958年,但1960年的在校人数又大大超过1958年)。1960年5月,教育部发出的《关于1960年暑期高等学校招考新生的规定》和招生工作的通知,还在要求各地千方百计扩大学生来源,争取超额完成招生任务。如果考虑到1958年是"大跃进"的一年,无论是学校数还是在校生数都较1957年有了大大的提高,那么,1960年的教育规模,确实是当时国家经济能力难以承受的。

1961年中共八届九中全会制定了对国民经济实行"调整、巩固、充实、提高"的方针,此后,教育工作便按照此方针进行了一系列的调整。

(1)压缩规模、合理布局。1961年2月,中共中央批转中央文教小组《关于1961年和今后一个时期文化教育工作安排的报告》。《报告》提出,1961年和今后一个时期教育工作的安排是:节约劳动力,支援农业生产;今后三五年内,农村16岁以上的在校学生占全部劳动力的比例,应控制在2%左右;根据不同情况,有计划地、积极地普及适龄儿童的小学教育;通过多种形式发展中等学校;积极而有控制地办好业余教育;办好幼儿教育。在学校的布局方面,《报告》提出,今后几年大城市一般不再新建高等学校和中等专业学校,新建学校要尽可能安排一些在农村和中小城市;专业学校一般要接近生产基地。

经过1962年、1963年的调整、精简,各级各类学校的规模、布局、科类的比例都作了统一的调整和安排。表8-1反映了1957年至1963年各级各类学校数和在校学生人数,从一个侧面说明了1958年教育"大跃进"以及1961年以后调整、精简的情况。

表 8-1　1957—1963 年各级各类学校数及学生数

学校数单位：所
学生数单位：万人

年份	普通高等学校		中等学校										小学	
			中等技术学校		中等师范学校		普通中学			工农中学及预科		农业中学职业中学			
	学校数	学生数	学校数	学生数	学校数	学生数	学校数	初中学生数	高中学生数	学校数	学生数	学校数	学生数	学校数	学生数
1957	229	44.1	728	48.2	592	29.6	11096	537.7	90.4	58	2.2	/	/	547306	6428.3
1958	791	66.0	2085	108.4	1028	38.6	28931	734.1	117.9	39	0.8	20023	200.0	776769	8640.3
1959	841	81.2	2341	95.5	1365	54.0	20835	774.3	143.5	48	4.0	22302	219.0	737445	9117.9
1960	1289	96.2	4261	137.7	1964	83.9	21805	858.5	167.5	26	9.5	22597	230.2	726484	9379.1
1961	845	94.7	1771	74.1	1072	46.2	18983	698.5	153.5	9	1.1	7260	61.2	645170	7578.6
1962	610	83.0	956	35.3	558	18.2	19521	618.9	133.9	6	0.5	3715	26.7	668318	6923.9
1963	407	75.0	865	32.1	490	13.1	19599	638.1	123.5	/	/	4303	30.8	707959	7157.5

资料来源：顾明远总主编：《中国教育大系·马克思主义与中国教育（下）》，湖北教育出版社，1994 年，第 1636—1639 页。

（2）强调对知识分子的团结和使用。1961年上半年，彭真在中共中央书记处的会议上说，"新的一代要超过老的一代"，但不是现在已超过了。现在新的有骄傲情绪，要纠正。青年人一定要向老年人学习。至于两个学派，爱相互学就学，不爱学就算了。学派之间要自由些，我们提倡学派之间在学术问题上互相探讨。同年7月，中共中央发出关于自然科学工作中若干政策问题的批示。批示强调指出："近几年来，有不少同志，在对待知识、对待知识分子的问题上，有一些片面的认识，简单粗暴的现象也有所滋长，必须引起严重注意，以端正方向，正确贯彻执行党的政策。在几年来深入进行政治思想革命取得很大胜利的基础上，目前有必要强调对知识分子的团结和使用问题，以争取一切可以争取的知识分子，使用一切有用的力量，为社会主义事业服务。"①

1962年3月，周恩来对在广州召开的全国科学工作、戏剧创作等会议代表作题为《论知识分子问题》②的讲话。周恩来说，"不论是在解放前还是在解放后，我们历来都把知识分子放在革命联盟内，算在人民队伍当中。"关于如何正确对待知识分子，周恩来认为有六个问题要解决好：第一，信任他们。第二，帮助他们。第三，改善关系。"过去关系不好的，应该改善，先从党委、党员方面做起，先检查自己，不能只责备人家。"第四，要解决问题。第五，一定要承认过去有错误。"过去对同志们批评错了的、多了的、过了的，应该道歉。党内我已道过歉，现在利用这个机会，再作个总道歉。"第六，承认了错误还要改。"只承认错误，不去改正，还是空话。"同月27日、28日，周恩来在二届人大三次会议上做的《政府工作报告》，进一步阐明了知识分子在社会主义时期的地位和作用，明确肯定了知识分子绝大多数是"属于劳动人民的知识分子"。

此后，对于在1958年受到错误批判或对待的知识分子作了一些甄别工作或善后工作。周恩来的讲话和报告，在全国知识分子中间引起了强烈的反响，调动了知识分子的积极性。

（3）规范学校的管理。中共中央八届九中全会以后，全国各条战线都大兴调查研究之风，总结经验、制定政策，以便工作有所遵循。毛泽东指出："有了总路线还不够，还必须在总路线指导之下，在工、农、商、学、兵、政、党各个方面，有一整套适合情况的具体的方针、政策和办法，才有可能说服群众和干部，并且把这些当做教材去教育他们，使他们有一个统一的认识和统一的行动，然后才有可能取得革命事业和建设事业的胜利，否则是不可能的。"③继1961年3月《农村人民公社工作条例（草案）》（即"人民公社六十条"）制定以后，"工业企业七十条"，"科学研究工作四十条"等，分别制定、试行或实行。同其他行业一样，教育系统也制定了一系列教育工作的条例。

在有关教育工作的一系列文件中，比较重要的是由中共中央制定的《教育部直属高等学校暂行工作条例（草案）》（1961年9月）、《全日制中学暂行工作条例（草案）》（1963年3月）和《全日制小学暂行工作条例（草案）》（1963年3月），④这三个文件分别简称

---

① 见顾明远总主编.中国教育大系·马克思主义与中国教育（下）[M].武汉：湖北教育出版社，1994：1755.
② 周恩来选集（下卷）[M].北京：人民出版社，1984：353—369.
③ 毛泽东著作选读（下册）[M].北京：人民出版社，1986：830—831.
④ 顾明远总主编.中国教育大系·马克思主义与中国教育（下）[M].武汉：湖北教育出版社，1994：1355—1375.

"高教六十条"、"中学五十条"、"小学四十条"。

这三个条例在"总则"部分都肯定了毛泽东在1957年提出的教育方针和教育为无产阶级政治服务、教育与生产劳动相结合的工作方针；在"教学工作"部分都肯定了三级全日制学校必须贯彻"以教学为主"的原则，并根据各自的培养目标分别规定了提高教学质量的教学工作实施要求；"高教六十条"还明确规定在教学中起主导作用的是教师，课堂讲授是教学的基本形式；三级学校的条例都列有"生产劳动"章，都肯定学生参加生产劳动的目的主要是养成劳动习惯。对于学生思想、政治的要求都列有专章，大、中、小学的要求和具体做法，体现了层次性。这一点从标题就可以看出，"高教六十条"的标题为"思想政治工作"，"中学五十条"为"思想政治教育"、"小学四十条"为"思想品德教育"。此外，对于诸如"教师"、"行政工作"等方面，都根据不同情况和要求，分别作出了规定。尽管这些条例还存在着一些历史的局限性，但对于教育方针的贯彻、正常教学秩序的建立以及教育质量的提高，无疑都具有积极的意义。此外，1958年教育大革命中取得的经验，也以条例的形式得以巩固。

5. 1964年以后的教育改革

1949年以后，毛泽东最为关注的是农民问题和意识形态问题。农业合作化以后，农民的问题解决了，剩下的是意识形态问题。1957年，毛泽东在上海干部会议上作的题为《打退右派的进攻》的报告中讲到知识分子的毛和皮的关系。他认为，过去中国知识分子这个毛先后曾经附过五张皮，即帝国主义所有制、封建主义所有制、官僚资本主义所有制、民族资本主义所有制、小生产所有制（农民和手工业者的个体所有制），前三张皮在1949年民主革命胜利时就不存在了，后二张皮经过农业合作化和资本主义手工业改造之后，也不存在了。至于意识形态领域的斗争，远不如农业合作化运动那样干净利落。从1951年批判电影《武训传》开始，批杜威、批胡适等，几乎接连不断。这个事实本身就反映了意识形态斗争的复杂性和长期性。当农村合作社跃进到人民公社、并完成了资本主义工商业的社会主义改造以后，意识形态的问题便凸显了出来。现在所说的阶级斗争主要不是表现在生产资料所有制的阶级斗争，而是意识形态领域内的阶级斗争。

知识分子同意识形态的关系最为密切。对于反右运动以后中国知识分子的状况，毛泽东有一个基本的估计。为了说明这个问题，这里引用毛泽东在一次干部会议上讲话的一段原话："一百天以前我在这个地方讲过，从旧社会来的知识分子，现在没有基础了，他丧失了原来的社会经济基础，就是那五张皮没有了，他除非落在新皮上。有些知识分子现在是十五个吊桶打水，七上八下。他在空中飞，上不着天，下不着地。我说，这些人叫'梁上君子'。他在那个梁上飞，他要回去，那边空了，那几张皮没有了，老家回不去了。老家没有了，他又不甘心情愿附在无产阶级身上。你要附在无产阶级身上，就要研究一下无产阶级的思想，要跟无产阶级有点感情，要跟工人、农民交朋友。他不，他也晓得那边空了，但是还是想那个东西。我们现在就是劝他们觉悟过来。经过这一场大批判，我看他们多少会觉悟的。"现在，知识分子只有附在公有制这张皮上，否则将有衣食之虞。"谁给他饭吃？就是工人、农民。知识分子是工人阶级、劳动者请的先生，你给他们的子弟教书，又不听主人的话，你要教你那一套，要教八股文，教孔夫子，或者教资本主义那一套，教出一些反革命，工人阶级是不干的，就要辞退你，明年就不下聘书了。"① 经过反右派、反右倾、拔白旗、批判修正主义等接连不断的政治运动，大多数知识分子或者努力改造自己，或者明哲保身，构不成对权力的直接威胁。

相对于知识分子而言，毛泽东更担心的是党内，因为中国共产党是执政党。鉴于苏联共产党由马克思主义政党沦落为修正主义的党、导致国家变色的和平演变的深刻教训，毛泽东尤其关注党内意识形态的斗争和预防和平演变的危险。他认为，国内反对马克思主义、反对社会主义道路的力量将复辟资本主义的希望寄托在党内，党内在如何建设社会主义问题上的分歧乃是阶级斗争在党内的表现，资产阶级就在党内。在1962年八届十中全会上强调阶级斗争之后不久，1964年年底1965年年初，毛泽东明确指出，社会主义教育运动的重点是"整党内走资本主义道路的当权派"。1966年，毛泽东进而认定党中央有一个走资本主义道路、反对无产阶级革命路线的资产阶级"司令部"，而且在各省市自治区和中央各部门都有代理人。在1963年以后的哲学、文学、艺术、戏剧等领域内意识形态的斗争中，毛泽东斗争锋芒所指，都是这些领域中的当权派，并严厉批评文化部成了帝王将相部，才子佳人部，外国死人部；基本上不执行党的路线等。

为了防止资本主义复辟，1963年春开始进行社会主义教育运动；加强政治思想工作，开展"向雷锋同志学习"活动，加强对党员和基层干部的教育等。同时，毛泽东也极其关注意识形态领域的动态。在八届十中全会上，针对康生制造的所谓"利用小说搞反党活动"的事件，毛泽东就谈到，凡是要推翻一个政权，首先是制造舆论，先做意识形态方面的工作，搞上层建筑。革命的阶级是这样，反革命的阶级也是这样。随后，毛泽东批评文学、艺术、戏剧部门不为社会主义经济基础服务，关注哲学界关于"一分为二"和"合二为一"的争论，而且对这些问题都是从阶级斗争的角度去加以审视的。教育，尤其是培养干部为主的高等教育无疑在毛泽东的视野之中，因为要保证党不变修、国不变色，革命事业接班人是一个至关重要的问题。

自1964年年初起，毛泽东对教育表现出较多的关注。"正当教育界上下积极试行大、中、小学教育工作条例之际，毛泽东于1964年春节（2月13日）在人民大会堂召集教育工作座谈会。出席这次会议的，除毛泽东、刘少奇、邓小平、彭真、陆定一、康生、林枫外，有章士钊、陈叔通、郭沫若、许德珩、黄炎培，以及朱穆之、张劲夫、杨秀峰、蒋南翔、陆平，共17人。这是毛泽东自1958年以来长期沉默之后在教育界几乎可算是首次亮相。"② 毛泽东的这次谈话，被称为"春节谈话"，此后，"自1964年4月至1965年8月间，他在接待外宾时常常提到教育问题。至少有13次之多"。③ 在这些谈话中，毛泽东反复重申了"春节谈话"的精神。

毛泽东在"春节谈话"中讲道：教育的方针路线是正确的，但是办法不对；我看教育要改变，现在这样还不行；学制可以缩短；现在学校课程太多，对学生压力太大，讲授又不甚得法，考试方法以学生为敌人，搞突然袭击，这三项都是不利于培养青年们在德、智、体诸方面生动活泼地主动地得到发展；学制、课程、教学方法、考试方法都要改；我

---

① 毛泽东选集（第五卷）[M]. 北京：人民出版社，1977：453—454.
② 陈桂生. 现代中国的教育魂 [M]. 沈阳：辽宁教育出版社，1993：183.
③ 同上书，185.

看课程可以砍掉一半,学生要有娱乐、游泳、打球、课外自由阅读时间;现在的考试方法是用对付敌人的办法,实行突然袭击等。

1964年,除了"春节谈话"之外,在接见一个外国教育代表团时,毛泽东还讲到,我劝你们千万不要迷信中国的教育制度,不要以为它是好的,现在要改革,还有很多困难,有很多人就是不赞成;目前赞成新方法的少,不赞成的多。

毛泽东对于教育的关心,主要是在阶级斗争的框架中,考虑中国坚持走社会主义道路的问题。毛泽东的谈话包含了许多真知灼见,但对于他的有些意见的实施,当时的确一下子难以办到。教育部的负责人提出了思想积极、行动稳妥的原则。一方面抓教育思想领域的阶级斗争,如反对片面追求升学率、批评"母爱教育"思想等,另一方面,对于学制、课程、教学方法、考试制度的改革则主张先试点、后推广;对于课程设置,能砍的就先砍一些,不要乱砍。不管怎么说,无论思想上出于被动或是主动,行动上即时或滞后,1964年以后还是在防止资本主义复辟思想指导下,根据"春节谈话"精神推行了教育改革,而且这种改革的力度逐渐加大,到1966年5月"文化大革命"发动时,制定不久的"高教六十条"、"中学五十条"、"小学四十条"实际上已不起作用。

(1) 推行两种教育制度。两种教育制度和两种劳动制度是一对孪生兄弟,一种是全日制的学校教育制度和8小时工作的劳动制度。另一种是半工半读的学校教育制度和半工半读的工厂劳动制度。两种教育制度和劳动制度最早由刘少奇于1958年5月在中共中央政治局扩大会议上提出,在同年的"大跃进"运动中,各地曾出现过各种类型的半工半读学校,其中有一些办得好的,如天津感光胶片厂办的半工半读学校等校,坚持了下来,但多数学校未能坚持。

1964年"春节谈话"以后,刘少奇同志在天津、安徽、山东、湖北、广西等十多个省市的视察和报告中,多次讲到两种劳动制度和教育制度。他认为,半工半读的教育制度可以减轻国家和家庭负担,有助于普及教育,更重要的是可以培养既能从事脑力劳动又能从事体力劳动的人。他建议各地着手试验,5年初步总结经验,扩大试验,10年以后推广,为了推行这种制度,刘少奇成立了一个教育办公室,此外,教育部成立了半工半读教育办公室,有些省市也成立了专事负责这项工作的第二教育局、工读教育局等。1965年3月,教育部召开全国农村半农半读教育会议,刘少奇听取了汇报。同年10月,教育部又召开全国城市半工半读教育会议,中共中央政治局扩大会议听取汇报,并进行了讨论。这次会议把实行两种劳动制度和两种教育制度看做是巩固无产阶级专政,防止资本主义复辟的根本措施之一。同年年底至1966年年初,教育部又召开全国半工(农)半读高等教育会议,参加会议的代表达247人。所有这些会议,除了充分肯定这种新型教育制度对于国家前途的深远意义之外,还强调要坚持试验,然后再推广。用当时高教部部长蒋南翔的话来说,就是决心要大,步子要稳。

"据教育部1965年下半年不完全统计,有8个省份先后举办了半工(农)半读的高等学校。全国66所高等农业院校中,已试办半农半读的37所,学生占在校人数的15%;307所中等农业学校中,实行半农半读的220所,学生占在校学生数的52%"在普通教育方面,"全国有半工(农)半读分校4000所,学生80多万。";"据1964年4月统计,全国农村耕读小学有 40 万所，占全国小学总数的 31.4%。"①

（2）改革学制。自 1951 年政务院颁布新中国的第一个学制以后，改革学制的思想和工作几乎没有间断。有的主张大改，有的主张小改；有的主张延长，有的主张缩短；至于各级教育的分段，更是意见纷纭。1958 年以后，在多快好省思想的指导下，对于学制改革的基本倾向是缩短。1964 年"春节谈话"前夕（2 月 6 日），中共中央成立了由林枫、蒋南翔、张盘石、范长江、高云屏、刘季平等 9 人组成的学制问题研究小组（后小组成员增加了何伟等人），解决修业年限长，课程负担重的问题，同年 2 月 13 日的春节座谈会就是从邓小平代表这个学制问题研究小组汇报学制改革初步设想开始的。

"春节谈话"以后，1964 年 7 月，中央学制问题研究小组召开扩大会议，邀请中央有关业务部门和 13 省、市、自治区学制小组（或教育厅、局）的代表参加，最后草拟了《学制改革初步方案（征求意见稿）》。该方案规划的新学制将有全日制、半工（农）半读、业余三类学校。全日制小学的基本学制为 5 年一贯制，中学为 4 年一贯制，设高等学校 2 年制预科和地方办的 2 年制分科预备学校，作为 4 年制中学教育和高等教育的衔接和过渡。半工（农）半读学校的中等阶段，定为中等技术教育和师范教育（农业中学，初、中级技术学校，师范学校）。业余学校分初、中、高三级。

1964 年 10 月，高教部批准清华大学、南京工学院试办预科。1965 年 10 月，教育部批准天津大学试办 2 年制预科。

（3）课程改革。学制的改革必然牵动课程。1958 年以后，缩短中小学修业年限成为主要趋势，因此，自 1959 年以后，中小学的课程，教材不断地作了变动，改革的基本倾向是缩短年限、控制学时，精简内容、提高程度。在教育部 1963 年 7 月发出的实施全日制十二年制中小学新教学计划（草案）的通知中，提出加强小学、中学政治课，劳动课的教学的具体要求。在文化课方面，新教学计划也适当地提高了语文、数学、外国语三门课程的教学要求，增加了课时；为加强物理、化学的实验和课堂练习，课时也有增加；历史、地理、生物则避免不必要的重复。与此同时，高等学校的专业划分和课程设置已经进行了一定的调整。对于各级各类的学校来说，"少而精"和"启发式"是课程设置和教学方法改革统一的要求或方向，而且，各级各类学校的改革都没有冲破各自《条例》的框框，都体现了"以教学为主"的原则。

"春节谈话"以后，牵动面最大的是高等教育。1963 年以后，中苏两党的分歧公开化。自 1963 年 9 月起陆续发表 9 篇系列性的评苏共中共的公开信，以 1964 年 7 月发表《关于赫鲁晓夫的假共产主义及其在世界历史上的教训——九评苏共中共的公开信》为结束。列宁亲手缔造的第一个社会主义国家变修无疑使毛泽东的思想受到震动。为了避免苏联"卫星上天，红旗落地"的悲剧在中国重演，意识形态领域的斗争必须加强，为此，高等学校的政治课和政治思想教育工作越来越受到重视，占据的时间不断增加，而且形式也不断变化。1963 年春，为了让大学生经历阶级斗争风雨的考验，部分大学生参加了农村社会主义教育运动（也叫"四清运动"），其目的在于让学生接受阶级斗争的教育。

出于"有些单位的领导权不是掌握在无产阶级手里，不少资产阶级专家正在同我们争夺青年学生"的阶级斗争形势的估计，1964 年 9 月，中共中央国务院通知，组织高等学

---

① 陈学恂主编. 中国教育史研究·现代分卷 [M]. 上海：华东师范大学出版社，1994：430-432.

校文科师生参加社会主义教育运动。高校文科师生主要参加农村的"四清运动"。四年制和五年制的师生（包括研究生）参加运动的时间为一年到一年半，必须参加完一期"四清"的整个过程和一期"五反"的主要过程，二年制和三年制的则要求在一年内参加完一期"四清"的整个过程。各专业毕业班学生参加运动的时期至少半年，争取参加完一期"四清"的整个过程或主要过程，这样，首先突破的是高等学校的"以教学为主"的原则，因为学时如此大量缩短，课程、教材内容必须有较大的变动。

这次教育改革涉及的范围并不仅仅局限于文科。1964年7月，毛泽东同他的侄子，当时哈尔滨军事工程学院学生毛远新作了一些涉及教育改革的谈话（教育部于同年11月转发这次谈话的纪要）。根据毛远新后来的追记，毛泽东在谈到教育问题时说："阶级斗争是你们的一门主课。""你们学院应该去农村搞'四清'，去城市搞'五反'。""阶级斗争都不知道，怎么能算大学毕业？"

把阶级斗争作为学校教育尤其是高等教育的一门课，而且作为主课，是课程领域最彻底的改革。1965年2月，中共中央、国务院通知组织高等学校理工科师生参加社会主义教育运动，规定从1965年暑假起，分期分批组织理工高年级师生参加一期"四清"的全部或主要过程，理工科教师原则上也应与大学生一样参加劳动。

在1964年以后的教育改革中，除了上述几项以外，在教育思想尤其是从苏联搬过来的教育思想和其他非马克思教育思想的清理方面，做了不少工作；学习毛主席著作、学解放军、学大庆、学郭兴福教学法活动的开展；高等学校招生、分配；中小学课程、教材以及教学方法改革等几乎教育领域的所有方面，都推行改革。所有这些改革，都体现了一个主题：防止重蹈苏联的覆辙，反对苏联模式，开创中国社会主义教育发展的道路，以确保马克思主义的大旗永远高高飘扬。

从1956年中苏两党在一些原则问题上出现分歧以后，中国即决心走自己的道路，尽管为此付出了代价，但是，中国共产党、中国人民、毛泽东本人捍卫和发展马克思主义，执著地追求共产主义理想的勇气和创造精神，是可歌可泣、永载史册的。

三、"文化大革命"对社会主义教育事业的破坏

1966年5月至1976年10月，毛泽东发动和领导的实质为政治运动的"文化大革命"，使党、国家和人民遭受到1949年中华人民共和国成立以来最严重的挫折和损失。1981年中共十一届六中全会一致通过的《关于建国以来党的若干历史问题的决议》[①] 指出，"历史已经判明，'文化大革命'是一场由领导者错误发动，被反革命集团利用，给党、国家和各族人民带来严重灾难的内乱。"

毛泽东之所以发动"文化大革命"，主要原因在于对国内政治形势错误的估计和错误的判断。正像《决议》所指出的那样，当时他认为，一大批资产阶级的代表人物、反革命修正主义分子已经混进党里、政府里、军队里和文化领域的各界里，相当大的一个多数的单位的领导权已经不在马克思主义者和人民群众手里。党内走资本主义道路的当权派在中央形成了一个以刘少奇、邓小平为首的资产阶级司令部，它有一条修正主义的政治路线和组织路线，在各省、市、自治区和中央各部门都有代理人。过去的各种斗争都不能解决问

---

① 中共中央文献研究室. 关于建国以来党的若干历史问题的决议注释本 [M]. 北京：人民出版社，3—71.

题，只有实行文化大革命，公开地、全面地、自下而上地发动广大群众来揭发上述的黑暗面，才能把被走资派篡夺的权力重新夺回来。这实质上是一个阶级推翻一个阶级的政治大革命，以后还要进行多次。

1966年，毛泽东决心发动"文化大革命"。在中共八届十一中全会上毛泽东发表了《炮打司令部——我的一张大字报》的文章，这就意味文化大革命除了进行意识形态领域的斗争之外，还要进行夺权的政治斗争。林彪、康生、江青等一伙人一方面把对毛泽东个人的崇拜鼓吹到狂热的地步，乘机对广大的知识分子、革命干部等进行疯狂的、惨无人道的迫害；一方面大肆篡夺党和国家的权力。林彪反革命集团的阴谋失败以后，王洪文、江青、张春桥、姚文元结成"四人帮"反革命集团。虽然周恩来在整个"文化大革命"期间为减少党和国家的损失、保护党内外干部做了坚持不懈的努力，邓小平在1975年时一度对工业、农业、交通、科技等方面进行整顿，但在"四人帮"的阻挠和破坏下，这些努力都无法从根本上改变国家政治、经济的混乱，直到1976年10月"四人帮"反革命集团被彻底毁灭。

1966年5月开始的这场所谓"一个阶级推翻一个阶级"的政治大革命首先是从教育开始的。在"文化大革命"的十年动乱时期，教育成了动乱的重灾区，它不仅破坏了我国社会主义教育事业的成果、使广大教师遭受迫害，而且还耽误了一代青年的健康成长。

1. 对教育工作的错误估计和判断

"文化大革命"首先从教育领域开始，固然同毛泽东注重意识形态领域的斗争和一贯关心教育问题有关，更重要的是，他认为教育领域阶级斗争的形势极其严重。

1966年5月，毛泽东在给林彪的一封信中写道，"教育要革命，资产阶级知识分子统治我们学校的现象再也不能继续下去了。"不言而喻，教育领域阶级斗争的焦点在于，学校的领导权不在无产阶级手里，而是由"资产阶级知识分子"霸占着，这种状况必须改变。

毛泽东认为"统治我们学校"的"资产阶级知识分子"的内涵究竟是什么？在《毛泽东选集》中，第一次出现"资产阶级知识分子"这一概念是在1954年10月《关于红楼梦研究问题的信》中，不过那时并未对这个概念作任何界定。1957年3月，《在中国共产党全国宣传工作会议上的讲话》中，毛泽东对"资产阶级的知识分子"有了说明："我们现在的大多数知识分子，是从旧社会过来的，是从非劳动人民家庭出身。有些人即使是出身于工人农民的家庭，但是在解放以前受的是资产阶级教育，世界观基本上是资产阶级的，他们还是属于资产阶级的知识分子。"[①] 从这段话中可以看出，毛泽东当时认为，"资产阶级的知识分子"占了知识分子的"大多数"，此外，判断知识分子阶级属性的标准，较前有了变化。从《毛泽东选集》第一卷的第一篇文章开始，毛泽东对知识分子属性的判断主要依据是看知识分子这个毛究竟附着在哪张皮上面，看其对革命的态度、服务的对象，而现在则强调"家庭出身"、"世界观"，这也是一个非常微妙的变化。既然知识分子的"大多数"被判定为"资产阶级的"，对于知识分子成堆的教育界来说，阶级斗争的形势当然是极为严重的了。

---

① 毛泽东选集（第五卷）[M]．北京：人民出版社，1977：409.

1966年发动"文化大革命"时,毛泽东断定学校已经被资产阶级知识分子统治,这必然导致对1949年以来我国社会主义教育已经取得的巨大成就的重新认识。张健等在《32年教育工作的回顾》中概述了从1949年到1966年17年中国教育事业的成绩:"全日制高等学校为国家培养了16000名研究生,155万名大专毕业生;中等专业学校培养了295万名毕业生;业余、函授教育培养了20万名大专毕业生,2000多万名中专毕业生。这些毕业生绝大多数已经成为各条战线的业务骨干,是我国四化建设的智力基础。这些毕业生的思想政治觉悟也是比较高的,他们中的绝大多数积极学习马列主义、毛泽东思想,拥护中国共产党的领导,热爱社会主义祖国,有良好的道德风尚,做到了红与专的统一。"① 此外,"1949—1965年期间,工农子弟占大学招生的64.6%,来自剥削阶级家庭的学生占9.4%。在中学,77.9%的学生据报道来自工农家庭,只有5.2%来自曾为剥削阶级的家庭"。② 然而,尽管取得如此巨大的成就,最终也未逃脱被全盘否定的命运。

康生、陈伯达、江青、张春桥一伙别有用心地把教育领域的问题夸大,并以教育为突破口,达到全国大乱。在1971年4月至7月的全国教育工作会议上,张春桥、姚文元、迟群一伙控制会议,炮制了《全国教育工作会议纪要》。《纪要》作出了分别针对教育部门各级党政领导和广大教师的"两个基本估计"。一个是,新中国成立后17年,在毛主席革命路线照耀下,教育方面也有一些进步,但是,由于一小撮叛徒、特务、走资派把持教育部门领导权,疯狂推行反革命修正主义路线,毛主席的无产阶级教育路线基本上没有得到贯彻、执行,教育制度、教学方针和方法几乎全是旧的一套。另一个是,原有教师队伍中,比较熟悉马克思主义并且站稳无产阶级立场的是少数;大多数是拥护社会主义、愿意为人民服务的,但是世界观基本上是资产阶级的,对我们国家抱敌对情绪的知识分子是极少数。应该指出的是,这些文字只是给人看看而已。在实际工作中,所谓"一小撮"实际上是一大片,因为任何教育部门,从教育部到乡村小学,几乎没有一个单位没有"一小撮"。此外,对于知识分子的"大多数",由于以"世界观"作为划定阶级属性的标准,而判定人的"世界观"的依据又是五花八门,有的甚至将爱整洁、讲卫生也列为资产阶级世界观的表现,所以,作为第二类的"大多数"和作为第三类的"极少数"之间的界限极为模糊,在越"左"越革命的潮流下,"大多数"往往归之于"极少数"。"文化大革命"中发生的事实是,"仅教育部所属单位和17个省市教育界,受诬陷迫害的干部、教师就达142000余人,卫生部所属14所高等学院674名教授、副教授中,被诬陷迫害的就有500余人"。③ 这才是"一小撮"和"极少数"的真实情况。

张春桥一伙炮制的《纪要》还把所谓"全民教育"、"天才教学"、"智育第一"、"洋奴哲学"、"知识私有"、"个人奋斗"、"读书做官"、"读书无用"等称为17年资产阶级统治学校的精神支柱,全盘否定中华人民共和国成立以后17年的教育工作。

2. 学校政治化运动

从1966年6月1日中央人民广播电台广播北京大学哲学系聂元梓等7人写的"全国第一张马列主义的大字报"之后,高等学校和中等学校先后以不同形式,不同程度地闹了

---

① 顾明远总主编. 中国教育大系·马克思主义与中国教育(下)[M]. 武汉:湖北教育出版社,1994:1298.
② 约翰·柯莱威利. 中国学校教育[M]. 张昌柱等译. 石家庄:河北教育出版社,1995:173.
③ 陈桂生. 现代中国的教育魂[M]. 沈阳:辽宁教育出版社,1993:225.

起来。同年7月,陈伯达、江青、康生、张春桥、姚文元等宣布大中学校放假半年闹革命。此后,学校中打、砸、抢、武斗等事件层出不断,而且无奇不有。1967年年初,即使是以中共中央、国务院、中央军委、中央文革小组名义发出的"复课闹革命"的通知、号召,实际上也难以收到实效了。

当学生"闹"的历史使命结束、各地各级成立了"革命委员会"这一新的权力机构以后,为了整顿学校,1968年7月起,各级学校先后进驻了"军宣队"、"工宣队"或"贫宣队",同时,种种教育革命也开始"试验"了起来。这种教育改革"试验"唯一遵循的,就是中共中央、国务院、中央军委、中央文革于1967年12月发出的《毛主席论教育革命》一书,因为这本书是进行教育革命的伟大纲领,全国所有的学校都要掀起一个学习和执行这一伟大纲领的群众运动。

自从"夺权"以后,或者更早一点,自从"文化大革命"闹起来以后,教育部的工作即陷于瘫痪的状态。一直到"文化大革命"结束,全国大、中小学的学制、课程、招生等,从未有过一个统一的章程。教育权实际上下放到各省、市、自治区。此外,种种教育改革的举措,始终处于"试验"状态,不断地在变。最高当局的一句话,一个"指示"、一篇社论,甚至实际工作中的一个事件,都可能改变甚至全盘推翻"教育革命"既定的进程。例如,1968年11月《人民日报》发表的侯振民、王庆余建议公办小学下放到大队办的一封信(简称"侯王建议"),1969年梨树县《农村中小学大纲》的发表,1970年北京市三十一中《用毛泽东思想统帅文化课》的文章,1973年"白卷英雄"的一封信,"一个小学生的日记摘抄",1974年的马振扶公社中学的事件等,都曾在教育界引起轩然大波。如果要对"文化大革命"中的教育革命加以概括,似乎可以说,这实际上是一场学校政治化的运动,因为教育的功能只体现在作为实现夺权目的的政治斗争的工具。

(1)培养目标。对于"文化大革命"中教育改革所实现的培养目标,如果仅从公布的文字来看,似乎无可厚非。《关于无产阶级文化大革命的决定》重申了毛泽东在1957年提出的那个教育方针。1970年6月,中共中央批转的北京大学、清华大学关于招生的请示报告中所列的培养目标,在一大串套话以后落实在"有文化科学理论、又有实践经验的劳动者"上。然而,如果考察一下所谓教育改革、教改"试验"的实际,人们就不难得出这样的结论,林彪、"四人帮"一伙操纵的教育改革乃是为了满足他们的政治需要、培养忠于他们的所谓路线斗争的战士。

被看做是"文化大革命的纲领性文件"的《关于无产阶级文化大革命的决定》,把"斗垮走资本主义道路的当权派"列为"文化大革命"的首要任务。所以,夺权是最大的政治需要,为了满足这一政治需要,他们甚至不惜国家经济崩溃、人民生灵涂炭,至于教育,更是他们夺权活动中的一支别动队。

根据"文化大革命"发展的进程和夺权活动不同阶段的需要,强调的重点也略有不同。在全国没有完全闹起来的时候,青年学生的使命是全国串联,煽风点火,在这种情况下,"经风雨、见世面";敢想、敢说、敢做、敢闯、敢造反乃是首要之务。待各地革命委员会成立、夺权活动暂告一个段落之后,稳定局势成了最大的需要,于是,复课闹革命,斗、批、改成了急务之需,受教育者需要的是服从,即服从军宣队、工宣队、贫宣队。1973年,邓小平恢复国务院副总理职务,并着手整顿时,为了反对邓小平,"四人帮"又把"反潮流"精神作为教育培养人的重要目标,张铁生等"英雄"被作为楷模。然而,在这种看似变化莫测的现象背后，对于培养人的规格有一条是始终不变的，那就是完全服从于夺权活动的政治需要。

(2) 课程、教材、教法。《关于无产阶级文化大革命的决定》把1949—1966年的教育称为"旧的"教育，并规定了教学改革的根本原则：学制要缩短；课程设置要精简；教材要彻底革命，有的首先删繁就简。学生以学为主，兼学别样，也就是不但要学文，也要学工，学农，学军，也要随时参加批判资产阶级的"文化革命"的斗争。

1971年的《全国教育工作会议纪要》强调，教育必须要无产阶级政治挂帅，用政治统帅业务，把转变学生思想放在首位。要坚持以学为主的原则，上好政治课和社会主义文化课，要把学文和兼学别样结合起来。在这些冠冕堂皇的老腔老调背后，无非是把学生的思想转变到为"四人帮"夺权服务的所谓正确路线上来，充当他们"路线斗争"的马前卒。

"文化大革命"中，学校的课程设置，全国没有统一的规定。1969年5月《人民日报》发表的梨树县《农村中小学大纲》（草案）中规定，小学设语文、算术、革命文艺、军事体育、劳动5门课；中学设毛泽东思想教育、农业基础、革命文艺、军事体育、劳动5门课。在城市中小学改革方面，1969年的《红旗》杂志也介绍了一个样板：兰州五中将全日制中学改为厂办半工半读中学，并将原来的17门学科合并为5门，即毛泽东思想、工业基础、农业基础、革命文艺、军事体育。不过这些方案并未得以在全国普遍推广。实际上，所谓"新"教育的中小学课程设置，后来逐渐又恢复了"旧的"教育的那些学科，不过，除了变换学科的名称之外，还有几个重要的变化。

第一，政治教育加强。在"政治思想正确与否决定一切"的口号下，不仅政治课的课时增加，而且政治活动也增多，政治可以冲击一切业务。学习《毛主席语录》，背诵老三篇，访贫问苦、吃忆苦饭、与工人农民一起开批判会乃是经常采用的活动形式，其目的在于提高所谓的"路线斗争观念"，进行无产阶级专政下的继续革命。

第二，"学工"、"学农"、"学军"列为正式课程，所谓"学工"、"学农"，并无教材，同参加工业、农业生产劳动几乎没有区别，至于"学军"，除了军训之外，野营拉练是通常采用的形式。

第三，教材的内容有了很大的变化。学制的缩短（通常的情况是，小学5年，中学4年），政治、学工等科目的增加，势必要挤压文化课的学习时间。在"删繁就简"原则的指导下，删去的是各门学科基础知识的讲授和基本技能的训练，而诸如写大批判文章，如何丈量土地，如何估产，如何使用化肥、农药，以及"三机一泵"（拖拉机、柴油机、电动机、水泵）等却成了主要的内容。

第四，教材的政治思想性。在"用毛泽东思想统帅文化课"的口号下，学科的逻辑性、系统性是没有地位的。历史课只讲农民起义，通过讲授政治口号进行识字教学，用毛泽东诗词、著作、大批判文章作为中学语文教材等做法，可谓司空见惯。外语无须系统地教授发音、语法。数学、物理、化学等学科也必须实施政治思想的教育，有时教师不得不"穿靴戴帽"，生拉硬扯，往往令人忍俊不禁。

中小学的课程改革已经不伦不类，不过，同高等教育相比，又是"小巫见大巫"了。自从"工农兵学员"进入大学以后，为了与"旧的"教育彻底决裂，进行了彻底的课程改革。根据1970年6月《北京大学、清华大学关于招生（试点）的请示报告》，学制定为2

至3年，设置的课程为"以毛主席著作为基本教材的政治课；实行教学、科研、生产三结合的业务课；以备战为内容的军事体育课"；此外，各科学生都要参加生产劳动。同年7月，清华大学工宣队、军宣队在《红旗》杂志发表文章，提出创办"社会主义理工科大学"的6个方面的问题，其中提到，教材的改革要大破买办洋奴哲学、爬行主义，要打破旧的教材体系，以工农兵的需要为出发点，三大革命为源泉，编写新教材；"坚持把政治教育作为一切教育的中心"；"坚持以阶级斗争为主课"；革命大批判"是教育革命的一门主课"；"把大学办到社会上去"，以社会为课堂等。

周恩来以及不少有识之士曾提出要注意提高质量、加强基础理论教学，加强基本功的训练。但是，在"四人帮"把持大权的年代，这些意见不仅不被采纳，而且还要遭批判。此外，还有一点必须指出，上述"基本教材"、"主课"、"课堂"的具体内容，是随着政治气候、夺权活动需要的变化而变化的。根据"四人帮"路线斗争的需要，往往变换主题，或者揪"资产阶级复辟势力"的代表人物，或者"批林批孔"，或者"批儒评法"。理工科提倡"按产品划分专业"，"当人们提出不应忽视基础理论教学时，'四人帮'迫不及待地狡辩'马克思主义是最基础的理论'。到'四人帮'末日猖狂中进而提出：大学只有一个专业，这就是'斗走资派'的专业"。①

高等学校的教学力图打破以课本为中心、以教师为中心的方法。文科以革命大批判带动各科的教学；理科则结合生产、科研任务中的典型工程、典型产品、典型工艺、技术革新等进行教学。无论文科或是理科、无论大学或是中学，各科的教学往往围绕一个政治任务或中心任务展开，它们之间的界限往往要打破，而且，在保证完成"战斗任务"的前提下，即使有幸能开展一些教学活动，也必须遵循林彪倡导的原则，即带着问题学、活学活用、急用先学、立竿见影。

(3) 学校管理。为了"彻底改变资产阶级知识分子统治我们学校的现象"，学校实施了"三结合"的领导体制。所谓"三结合"，指三种力量的结合，一是工人群众，二是解放军战士，三是学校中学生、教师、工人中的积极分子。1968年8月，姚文元在《工人阶级必须领导一切》的文章中，引述了毛泽东的话，工人宣传队要在学校中长期留下去，参加学校中全部斗、批、改任务，并且永远领导学校。在农村，则应由工人阶级的最可靠的同盟者——贫下中农管理学校。

同年11月，在发表了上文提到的"侯王建议"之后，《人民日报》即开辟"关于公办小学下放到大队来办的讨论"专栏。不久又开展"城市的小学和中学应当如何办"的讨论。经过这些讨论以后，农村小学改由大队经办，教师都回本大队办的小学工作，中学则由公社和大队经办，这就是所谓"民办公助"，城市的中小学多数改为由工厂或街道办理。70年代初党组织恢复以后，学校党组织对于学校管理作用的发挥也不同于"文化大革命"以前，因为自夺权、成立了革命委员会以后，各级革命委员会成了最高权力机构。

相对于中小学来说，高等学校的领导权更为重要。从1927年革命根据地的教育开始，高等教育作为培养干部的模式就固定了下来，1949年以后也未作改变。"文化大革命"中的教育虽然有些变化（部分实施高等教育的学校在分配原则中有"社来社去"，回原单位原地区工作的规定，但"根据国家需要统一分配"仍然是分配的原则之一。事实上，即使

---

① 陈桂生. 现代中国的教育魂 [M]. 沈阳：辽宁教育出版社，1993：218.

是"社来社去","社去"的高等学校毕业生往往也会安排做各种干部的工作),但高等教育作为干部教育的格局依然保留了下来,所以,"四人帮"对于高等教育的控制,始终没有放松。

"实现工人阶级的领导",以及"工人阶级必须在斗争中牢牢掌握教育革命的领导权"在高等教育的管理中居于压倒一切的地位。派驻高等学校的军宣队、工宣队,无论在数量上或所谓政治素质上,都是最强的。此外,为了保证学校政治化的实施,前往高等学校学习的"工农兵学员"被赋予"上、管、改"的使命,所谓"上、管、改",就是"工农兵学员"在高等学校中的任务是"上大学、管大学、用毛泽东思想改造大学"。有资格当选为工农兵学员的第一个条件是政治思想好,其次是身体健康,再次是工龄,年龄、文化程度("相当于初中以上的文化程度")。所谓"政治思想好",往往是夺权所需的所谓"路线觉悟"。

3. 时隐时现的曙光

"实践证明,'文化大革命'不是也不可能是任何意义上的革命或社会进步。它根本不是'乱了敌人'而只是乱了自己,因而始终没有也不可能由'天下大乱'达到'天下大治。'"[①] 教育是"文化大革命"的"重灾区",蒙受了严重的损失。在"文化大革命"的10年中,一大批学有专长、兢兢业业工作的专家、教授,大、中、小学的教师以及干部惨遭诬陷、打击,其中许多人被迫害致死,大多数教师在"资产阶级知识分子"这顶帽子的压制下,接受名目繁多、没完没了的"再教育"、"思想改造",精神压抑,经济困窘。1949年以后,教育工作者苦心经营17年、已经具有一定规模的校舍、图书、仪器、设备遭受严重的破坏。更重要的是,"文化大革命"破坏了中华民族优秀的文化传统和学校的良好风尚。

在黑白颠倒、是非混淆的10年中,中国大地的上空被一片浓厚的乌云笼罩着。然而,即使是在黑云压城城欲摧的时候,仍然存在着时隐时现的希望的曙光。林彪和"四人帮"两个阴谋集团的暴政并未泯灭中国人的良知,广大教师热爱祖国,走社会主义道路的信念没有改变。无论在"文化大革命"的哪一个阶段,在教师、干部、学生中都存在着一股抵制和反对"文化大革命"的积极力量。尽管林彪、"四人帮"肆虐一时,夺得了很大一部分权力,但他们的日子从来就没有安稳过,可以说,在"文化大革命"发动的时候,就注定了最终失败的命运。

除了人民群众中潜在的抵制、反对"文化大革命"的力量之外,在中央部门,继"炮打司令部"之后,刘少奇被迫害致死,邓小平被下放江西劳动之后,以周恩来为代表的一批干部同林彪和"四人帮"进行了坚决而机智的斗争。在"文化大革命"中,周恩来为恢复文教科技部门的正常工作,发表了一系列的意见。[②] 周恩来强调,培养的人"不但要有政治水平,同时要有较高的文化水平。没有基本功和丰富的知识不行。"1972年7月,周恩来指出,要把综合大学的理科办好,提高基础理论水平,并强调有什么障碍就要拔除。同年8月,周恩来对当时国务院科教组和科学院的负责人指出,要"好好议一下,并要认真实施,不要如浮云一样,过了就忘了"。根据周恩来的要求,周培源同年10月在《光明

---

① 中共中央文献研究室.关于建国以来党的若干历史问题的决议注释本[M].北京:人民出版社,1983:30.
② 见周恩来选集(下卷)[M].北京:人民出版社,1984:467—474.

日报》发表《对综合大学理科教育革命的一些看法》，强调基础科学和理论的研究，批评了"理向工靠"、"理工不分"，"以校办工厂代替实验课教学"，"按产品划分，设置专业"的倾向。文章发表以后，张春桥、姚文元指使《文汇报》连续发表《这样提出问题是否妥当?》、《马克思主义是最基础的理论》、《打什么基础理论》等文章，对周培源进行围攻，并把矛头指向周恩来。

虽然毛泽东在全局上一直坚持"文化大革命"的错误，但是，他也使一些负责干部重新回到重要的领导岗位，在被打倒以后东山再起的负责干部中，对"文化大革命"乃至中国发展历史进程起决定性影响的无疑是邓小平的复出。1973年5月，中共中央决定恢复邓小平国务院副总理的职务。复出后的邓小平协助周恩来做了大量的工作，因而"四人帮"把他视为眼中钉，肉中刺，欲除之而后快。碍于邓小平的复出乃是毛泽东的决策，"四人帮"只能敢怒而不敢言，但他们夺权之心不死。一方面"四人帮"在毛泽东面前进谗言，搬弄是非，另一方面又蓄意制造事端。

1973年7月，《辽宁日报》以《一份发人深省的答卷》为题发表了张铁生的一封信。8月，《人民日报》、《红旗》杂志、《教育革命通讯》以张铁生的信为引子发表文章、评论，说高等学校的入学文化考查是"旧高考制度的复辟，是对教育革命的反动"，是"资产阶级向无产阶级反扑"，在全国的学校中煽起"反潮流"，否定文化学习的歪风。

1973年12月，《北京日报》、《人民日报》，各地的报刊、电台、电视台相继发表或播送《一个小学生的来信和日记摘抄》。《北京日报》的"编者按"说，这个小学生"提出的问题虽然涉及的主要是'师道尊严'的问题，但在教育战线上修正主义路线的流毒远不止于此，在政治与业务的关系，上山下乡、工农兵上大学、'五七道路'、开门办学、考试制度、教师的思想改造、工人阶级领导学校等问题上，也都存在着尖锐的斗争，需要我们努力作战。《人民日报》的"编者按"鼓励学生、教师要"敢于向修正主义路线开火"，"要注意抓现实的"阶级斗争，路线斗争和思想斗争。于是，全国的学校又涌起一股"破师道尊严"、批判修正主义路线"回潮"的恶浪。

一波未平，一波又起。1974年年初，迟群、谢静宜利用一所农村中学的班主任批评学生不学外语，导致学生自杀事件而炮制的《河南省唐河县马振公社中学情况简报》以中共中央的名义发表。此后，马振公社中学负责人罗天齐、班主任杨天成被判刑，唐河县层层办学习班，共批斗280余人。全国各地也纷纷"反复辟"、"批回潮"；致使又一批教师"下放"、撤职、开除、甚至判刑；学校纪律松弛、秩序混乱，教学质量严重下降。

1975年1月，邓小平担任中共中央副主席，不久又担任国务院第一副总理。在四届人大第一次会议上的《政府工作报告》中，周恩来重申1964年12月在三届人大一次会议上提出的发展国民经济的主要任务，即"在20世纪内，全面实现农业、工业、国防和科学技术的现代化，使我国国民经济走在世界的前列"，[①] 并且指出，今后10年是关键的10年。

在周恩来病情日益严重的情况下，中央日常工作由邓小平主持。在主持中央日常工作以后，为实现上述"四个现代化"的宏伟蓝图，邓小平果断地大刀阔斧地对各行各业进行了整顿，教育当然也包括在其中。

---

① 周恩来选集（下卷）[M]．北京：人民出版社，1984：479．

邓小平说，"我们有个危机，可能发生在教育部门，把整个现代化水平拖住了"。① 为了不使教育拖"四个现代化"建设的后腿，邓小平提出，文化教育也要整顿。

邓小平对"四人帮"搞的所谓教育改革提出了质问："大学究竟起什么作用？培养什么人？有些大学只是中等技术学校水平，何必办成大学？……一点外语知识、数理化知识也没有，还攀什么高峰？中峰也不行，低峰还有问题。"② 邓小平指出："现在相当多的学校学生不读书，这也不符合毛泽东思想。毛泽东同志反对的是教育脱离实际、脱离群众、脱离劳动，并不是不要读书，而是要读得更好。毛泽东同志给少年儿童的题词是'好好学习，天天向上'嘛。还有，毛泽东同志讲了四个现代化，还讲过阶级斗争、生产斗争、科学实验是三项基本社会实践，现在却把科学实验割裂出来了，而且讲都怕讲，讲了就是罪，这怎么行呢？"③ 邓小平以大无畏的气概同"四人帮"破坏教育工作的劣行进行了针锋相对的斗争，要求要办好学校，大学不能只办"七·二一大学"这一种形式；为了办好各类学校，必须要落实党的知识分子政策，尊重教师。邓小平严正地指出："要解决教师地位问题。几百万教员，只是挨骂，怎么调动他们的积极性？"④

第四届全国人民代表大会以后，国务院恢复了教育部，周荣鑫任部长。周荣鑫积极贯彻邓小平"整顿"的精神，着手研究文化教育长远规划的方针、政策、综合平衡、奋斗目标和重大措施。同时，教育部广泛地召开座谈会，研究整顿教育的问题。在有关的会议上周荣鑫着重指出："毛主席从来没有讲过不要文化。现在一谈起文化，就谈虎变色，怕得要死。""根本不要文化，就讲培养有社会主义觉悟的劳动者，行吗？""几百万教师在培养学生，还天天说他们是资产阶级知识分子，这不是自己打自己的嘴巴吗？""我们教育革命的片面性和形而上学的倾向很严重，非出问题不行。""当前形势，就是要把培养无产阶级革命事业接班人的任务和适应四个现代化的需要统一起来，不能割裂开。我们现在有人把政治和经济、业务、技术总是割裂开。毛主席一再教导，要讲对立统一，割裂开的思想不对，而现在有人就是搞形而上学。"⑤

两军对峙已经达到了"短兵相接"的地步。"四人帮"决不甘心束手就缚。为了抵制教育领域的整顿工作，江青一伙又一次祭起所谓"革命大批判开路"的法器。1975年11月，他们相继在北京大学、清华大学策划了所谓"教育革命大辩论"。12月，《红旗》杂志发表北大、清华大学批判组题为《教育革命的方向不容篡改》的文章。文章把邓小平、周荣鑫关于整顿教育的言论指为"奇谈怪论"，并影射国务院是"右倾翻案风风源"。不久，中共中央转发《清华大学关于教育革命大辩论的报告》，给整顿扣以"右倾翻案"的罪名，并认为"在教育界，尤其突出"。周荣鑫等受到追查和批判，全国教育界还要再折腾一番。

当1976年的自然节气转入春天的时候，中国的政治却进入阴风凛冽的隆冬。1月8日周恩来逝世以后不久，2月，中共中央召开了"打招呼"会议，要大家批邓。3月2日《人民日报》发表《从资产阶级民主派到走资派》一文，煽动迫害老干部；3月25日，

---

① 邓小平文选（第二卷）[M]．北京：人民出版社，1994：34.
② 同上书，33—34.
③ 同上书，37.
④ 同上书，34.
⑤ 顾明远总主编．中国教育大系·马克思主义与中国教育（下）[M]．武汉：湖北教育出版社，1994：1795.

《文汇报》发表题为《走资派还在走,我们就要同他斗》的新闻稿,竟敢冒天下之大不韪,影射攻击周恩来。文中有一句明眼人一看就知为何物的话:"党内那个走资派要把被打倒的至今不肯改悔的走资派扶上台。"(此前,"四人帮"即有过"批林批孔批周公"的号召,以"周公"影射周恩来。)"四人帮"的倒行逆施得到了什么?3月25日《文汇报》的那篇文章出笼不久,《文汇报》收到的是420多封抗议信和1000多次抗议电话,以及1976年清明节前全国各地以及天安门广场自发的大规模的悼念周总理、抗议"四人帮"的群众运动。

毛泽东在全局上始终坚持"文化大革命"的思想使他不能分清是非敌我,加上他的联络员毛远新的代表"四人帮"上进的谗言,这些导致了毛泽东再次作出错误的判断。天安门广场的群众运动被镇压以后,毛泽东同志撤掉邓小平党内外一切职务,邓小平发动的整顿工作,刚开始起步,就被扼杀。

冬天来了,春天当然不会太远。在接下来的"四人帮"发动的批判邓小平的活动中,出现了"四人帮"始料未及的情况。聪明的中国人从受到批判的邓小平的言论中,从整顿工作初显的端倪中,看到了希望,看到了中国改革初现的蓝图,他们发出了会心的微笑。对于"四人帮"来说,真可谓搬起石头砸自己的脚。春风在人们心头吹拂,喷薄欲出的地火在运行,现在的问题已经不是"四人帮"会不会垮台,而是何时垮台。

1976年10月,"四人帮"反革命集团被一举粉碎。笼罩在中国上空的乌云终于被驱散,中国社会主义建设的进程发生了伟大的历史转折!

第三节　创建中国特色的社会主义教育

1976年10月,"四人帮"集团被粉碎以后,伴随着开始部分地进行的党和国家组织的整顿和冤假错案平反工作的进行,教育领域也拨乱反正。邓小平首先推翻"文化大革命"对教育的"两个估计"。1977年8月,在《关于科学和教育工作的几点意见》中,邓小平肯定17年(1949—1966)的教育"主导方面是红线。应当肯定"。[①] 一个月后,邓小平在对教育部主要负责同志谈话中提出:"'两个估计'是不符合实际的。怎么能把几百万、上千万知识分子一棍子打死呢?我们现在的人才,大部分还不是17年培养出来的?"[②] 在进行教育战线拨乱反正的同时,全国的教育工作开始走向正常。

1978年12月召开的中共十一届三中全会是我国发展历史的伟大转折点。这次会议批判了"两个凡是"(即"凡是毛主席作出的决策,我们都坚决拥护;凡是毛主席的指示,我们都始终不渝地遵循")的错误方针,开始全面地认真地纠正"文化大革命"中和"文化大革命"以前的"左倾"错误,使我国的政治和经济都出现了很好的形势。

1981年,中共十一届六中全会通过的《关于建国以来党的若干历史问题的决议》。《决议》总结了我国社会主义建设的基本经验,并坚持以经济建设为中心,实行改革开放等,初步总结了建设有中国特色社会主义的理论。

1982年9月,邓小平在《中国共产党第十二次全国代表大会开幕词》中明确指出:

[①] 邓小平文选(第二卷)[M].北京:人民出版社,1994:49.
[②] 同上书,67.

"把马克思主义的普遍真理同我国的具体实际结合起来,走自己的道路,建设有中国特色的社会主义,这就是我们总结长期历史经验得出的基本结论。"[1]

邓小平关于建设有中国特色社会主义的一系列的论述,特别是有中国特色的社会主义教育思想,为我们认识社会主义教育的性质、特征开辟了新的思路,并成为创建有中国特色社会主义教育的根本指导思想。在邓小平有中国特色社会主义教育思想的指导下,中国的社会主义教育进入了一个新的发展阶段。

一、邓小平的有中国特色的社会主义教育思想

邓小平有中国特色的社会主义教育思想是邓小平建设有中国特色社会主义理论的一个有机的组成部分,因此,只有深刻地理解了后者,才能把握前者。

邓小平建设有中国特色社会主义理论继承并发展了马克思主义、毛泽东思想,是当代中国的马克思主义,其哲学基础是:以实事求是为核心的辩证唯物论和以生产力标准为基础的历史唯物论。

毛泽东在长期革命斗争的实践中,在将马克思主义与中国实践相结合的过程中,概括了"实事求是"这一党的思想路线,邓小平坚持了这一思想路线,并根据我国新的历史条件,丰富了它的内容。1980年2月,邓小平在题为《坚持党的路线,改进工作方法》的讲话中指出:"马克思、恩格斯创立了辩证唯物主义和历史唯物主义的思想路线,毛泽东同志用中国语言概括为'实事求是'四个大字。实事求是,一切从实际出发,理论联系实际,坚持实践是检验真理的标准,这就是我们党的思想路线。"[2] 1992年1月至2月,邓小平又强调:"最近,有的外国人议论,马克思主义是打不倒的。打不倒,并不是因为大本子多,而是因为马克思主义的真理颠扑不破。实事求是是马克思主义的精髓。要提倡这个,不要提倡本本。"[3]

除了坚持实事求是这一马克思主义思想路线之外,邓小平还强调历史唯物主义的最基本观点,即生产力是人类社会发展的最终决定力量。毛泽东在《论联合政府》中曾阐述过这一观点,他说:"中国一切政党的政策及其实践在中国人民中所表现的作用的好坏、大小,归根到底,看它对于中国人民的生产力的发展是否有帮助及其帮助之大小,看它是束缚生产力的,还是解放生产力的。"[4] 邓小平强调,马克思主义最注重发展生产力。在明确提出我国实现"四个现代化"的奋斗目标之后,他指出,衡量一切工作最根本的是非标准是对实现四个现代化有利还是有害。1992年年初,邓小平强调,改革是解放生产力,并具体提出了3个"有利于"的历史唯物论的生产力标准:"判断的标准,应该主要看是否有利于发展社会主义社会的生产力,是否有利于增强社会主义国家的综合国力,是否有利于提高人民的生活水平。"[5] 只有坚持实事求是的思想路线,充分认识生产力在社会发展中的最终决定作用,才能自觉地坚持建设有中国特色社会主义的基本路线。

为了建设有中国特色社会主义,必须实行改革、开放的政策。在中国社会主义社会发

---

[1] 邓小平文选(第三卷)[M]. 北京:人民出版社,1993:3.
[2] 邓小平文选(第二卷)[M]. 北京:人民出版社,1994:278.
[3] 邓小平文选(第三卷)[M]. 北京:人民出版社,1993:382.
[4] 毛泽东选集(一卷本)[M]. 北京:人民出版社,1967:980.
[5] 邓小平文选(第三卷)[M]. 北京:人民出版社,1993:372.

展动力的问题上，我们曾经走过以政治革命为中心，关起门来搞阶级斗争的路，实践已经证明其错误。邓小平认为，社会主义社会发展的动力是改革，"改革是中国的第二次革命"。① 十一届三中全会以后，以邓小平为核心的党中央作出以经济建设为中心，实行改革、开放的决策，提出以四项基本原则（在思想上和政治上坚持社会主义道路，坚持无产阶级专政，坚持中国共产党的领导，坚持马列主义和毛泽东思想）作为立国之本；实现从单一的计划经济向市场经济的转变；规划了20世纪末我国奔向小康社会的战略目标和步骤。在建设有中国特色社会主义的实践中，必须做到物质文明和精神文明一起抓。

邓小平在深刻地揭示以发展生产力为主要特征的社会主义本质的同时，预见到科学和教育在社会主义现代化建设中的地位和作用。早在1977年，他自告奋勇管科教方面的工作，并且指出："我们国家要赶上世界先进水平，从何着手呢？我想，要从科学和教育着手。"② 1985年，邓小平又指出："我们不是已经实现了全党全国工作重点的转移吗？这个重点，本来就应当包括教育。"③ 显然，在建设有中国特色的社会主义方面，教育具有非常重要的地位。

同毛泽东一样，邓小平非常关注教育，在阐述有中国特色的社会主义理论时，邓小平经常论述教育的各个方面，从宏观的教育体制到微观的教材、考试问题，从初等教育到高等教育，从教学到科研，从教育的行政领导到学校内部管理……几乎所有教育的大小问题都有或多或少的涉及。所有这些都构成了邓小平教育思想的丰富内容。同邓小平有中国特色社会主义理论一样，邓小平教育思想哲学基础就是以实事求是的辩证唯物论和生产力为标准的历史唯物论，并且具体体现了社会主义初级阶段的阶段特色，逐步向社会主义市场经济过渡的体制特色，改革、开放的政策特色和"两个文明"一起抓的实践特色。邓小平的教育思想就是有中国特色的社会主义教育思想，就是当代中国的马克思主义教育思想，也是创建有中国特色社会主义教育的根本指导思想。

1. "三个面向"是新时期教育改革与发展的战略

"三个面向"指"教育要面向现代化，面向世界，面向未来"。这是1983年9月邓小平为北京景山学校的题词。"三个面向"的基础是对中国国情的准确分析和对未来世界的科学估计。

（1）教育要面向现代化。其实质是教育要为中国的社会主义现代化服务。围绕要不要搞四个现代化，邓小平曾经同"四人帮"进行过尖锐激烈的斗争。实践证明，只有进行现代化建设，才能巩固社会主义制度，并为实现共产主义奠定物质基础。社会主义现代化不仅是客观的要求，也是当前中国最大的政治，所以，"教育要面向现代化"实质上规定了中国教育发展的政治方向。"教育要面向现代化"包含两个方面的内容：培养社会主义现代化建设需要的人才；教育自身的现代化。

第一，教育要在数量、质量、结构上培养社会主义现代化建设的人才。邓小平认为，实现现代化的关键是发展科学技术，其基础是通过教育培养科技人才。因此，现代化的建设有赖于教育，教育的发展乃是国家经济发展决策的依据之一。"我们多次说过，我国的

---

① 邓小平文选（第三卷）[M]．北京：人民出版社，1993：113．
② 邓小平文选（第二卷）[M]．北京：人民出版社，1994：48．
③ 邓小平文选（第三卷）[M]．北京：人民出版社，1993：121．

经济,到建国一百周年时,可能接近发达国家的水平。我们这样说,根据之一,就是在这段时间里,我们完全有能力把教育搞上去,提高我国的科学技术水平,培养出数以亿计的各级各类人才。"[①] 邓小平的这一段话,充分地显示了教育在国家经济发展方面所处的极为重要的地位。

尽管教育对于社会主义现代化具有极为重要的作用,但这种作用的发挥,却要求对教育的社会功能有一种正确的认识。社会主义现代化建设的内容很多,包括经济建设、思想文化建设、民主与法制建设、国防建设等,其中的经济建设是中心。教育面向现代化,也必须体现"以经济建设为中心"。也就是说,对于教育社会功能的认识,必须坚持以生产力标准为基础的历史唯物主义。

中国的教育历来注重对人思想、品德的教化。孔子的教育目的是"修己以安人"的统治人才;孟子主张"明人伦","人伦明于上,小民亲于下";《四书》之一《大学》中说:"大学之道,在明明德,在亲民,在止于至善";董仲舒"以教化为大务";王充的理想是"能精思著文,连结篇章"的"鸿儒";韩愈追求的是"明先王之教";朱熹旨在明"五教",即父子有亲,君臣有义,夫妇有别,长幼有序,朋友有信;王阳明的"君子之学"在于"致良知"、"知行合一";王夫之教育要通过"礼"来"养其生理自然之文而修饰之,以成乎用者";戴震希望通过教育去"私"去"蔽",以达到"仁且智";康有为虽然提出了一个系统的资产阶级教育制度,而他的教育宗旨却"专在激励气节,发扬精神,广求智慧";梁启超的"新民"思想,旨在为建立议会制度创造条件,因为"强国以议院为本,议院以学校为本"。虽然近代的颜元主张教育要培养"经世致用"的大儒,"斡旋乾坤、利济苍生"的圣贤,反映了当时市民阶层的愿望,但他的主张毕竟不是中国教育的主流。概言之,在中国教育的历史传统中,教育促进生产力发展的功能经常受到忽视。

无论在第二次国内革命战争时期或是在抗日战争时期,根据地的教育注重的也是政治功能、军事功能,教育的经济功能的发挥并不明显。1949年以后,教育在社会主义经济建设中的作用受到了重视,但是,自从阶级斗争、无产阶级专政下继续革命的理论提出以后,教育的经济功能又受到挤压。在"文化大革命"期间的学校教育政治化的过程中,"宁要社会主义的草,不要资本主义的苗"更是将红与专、政治和经济置于水火不容的对立地位,教育的强烈的政治功能使人才培养的目标变得十分狭窄,如果不改变这种教育观念,教育就无法面向现代化,教育也无法体现在社会主义现代化建设中的战略地位。

培养大批各级各类建设人才是教育面向现代化的一个重要任务,因此,在坚持正确的政治方向的前提下,教育要提高科学文化的教学水平,为社会主义建设培养各条战线所需的人才。

第二,教育自身的现代化。中国实行改革、开放以后,尤其在社会主义市场经济的新形势下,教育制度、教育思想、办学模式,教育经费的筹措,各级各类学校的比例,专业的结构,教学内容、教学方法等,都要体现时代的要求和特征。

(2)教育要面向世界。其实质是教育必须为我国对外开放服务。自从打破了闭关锁国的格局以后,中国在政治、经济、科技、文化等各个方面都同世界各国加强了交流。在和平与发展成为主要特征的时代,经济竞争、综合国力的竞争,科学技术的竞争将成为国际

[①] 邓小平文选(第三卷)[M].北京:人民出版社,1993:120.

竞争的重要内容，其中科学技术的竞争居最重要的地位。邓小平《在全国科学大会开幕式上的讲话》中指出，由于"四人帮"的破坏，我国科学技术与世界先进水平的差距愈拉愈大，"几亿人口搞饭吃，粮食问题还没有真正过关。我们钢铁工业的劳动生产率只有国外先进水平的几十分之一。新兴工业的差距就更大了。在这方面不用说落后一二十年，即使落后八年十年，甚至三年五年，都是很大的差距"。① 教育要面向世界，就是要使中国认识世界、走向世界并赶上世界先进水平。

教育必须要适应国际竞争需要的高层次的建设人才和高素质的劳动大军，使中国自立于世界民族之林。为此，教育首先要处理好敢于学习和善于学习的问题。邓小平指出，认识落后，才能去改变落后；学习先进才有可能赶超先进。但是，这种学习必须要从中国的实际情况出发，遵循"洋为中用"的原则。其次，要处理好学习和创新的关系。中国的教育曾经有过照搬苏联模式的教训。有中国特色的社会主义教育，归根到底，要依靠中国人自己的智慧来创造，学习是为创新服务的。最后，要加强教育的国际交流。

（3）教育要面向未来。其实质是教育必须适应未来的经济、社会发展的需要。邓小平指出，历史上的劳动力，都是掌握了一定的科学技术知识的劳动力。"今天，由于现代科学技术的日新月异，生产设备的更新，生产工艺的变革，都非常迅速。许多产品，往往不要几年的时间就有新一代的产品来代替。劳动者只有具备较高的科学文化水平，丰富的生产经验，先进的劳动技能，才能在现代化的生产中发挥更大的作用。"② 因此，培养训练专门家和劳动后备军的教育，必须要有周密的计划，同时，"我们不但要看到近期的需要，而且必须预见到远期的需要；不但要依据生产建设发展的要求，而且必须充分估计到现代科学技术的发展趋势"。③

面向未来的教育必须克服教育规划、教育改革中急功近利的短期行为，高瞻远瞩，为20世纪末实现经济发展第二步目标和21世纪中叶实现经济发展第三步目标做好各方面人才的储备工作。因此，必须要充分认识和理解教育在培养科技人才方面发挥的基础作用，真正把教育置于优先发展的战略地位，即使在社会主义的初级阶段经济实力还不够强大的情况下，教育的发展也不可忽视。1988年9月，在题为《科学技术是第一生产力》的谈话中，邓小平从战略方针、战略措施的角度出发，讲了关于教育、科技、知识分子的意见。他除了强调科学技术是"第一"生产力，要注意解决高级知识分子待遇问题之外，还指出，从长远看，要注意科学技术、农业和教育的投入，"我们要千方百计，在别的方面忍耐一些，甚至于牺牲一点速度，把教育问题解决好"。④

"三个面向"是一个统一的整体，其核心是"面向现代化"。教育的改革和发展，都必须实现使教育为社会主义现代化建设服务。

2. 建设有中国特色的社会主义教育制度

为了不使教育拖社会主义现代化建设的后腿，在实行国家经济体制改革以后，教育必须改革，以创立有中国特色的社会主义教育制度。教育的改革包括领导和管理体制的改

---

① 邓小平文选（第二卷）[M]. 北京：人民出版社，1994：90.
② 同上书，88.
③ 同上书，108.
④ 邓小平文选（第三卷）[M]. 北京：人民出版社，1993：275.

革、办学体制的改革和教育结构的改革。

（1）领导和管理体制的改革。教育工作必须坚持党的领导，为了更好地发挥党的领导作用，还要改善党的领导，以便使各级管理部门和学校具有活力，发挥各自的积极性和创造性。为此，必须处理好党政关系和分级管理的问题。

在党政关系方面，邓小平在全国科学大会开幕式上的讲话中指出："党委的领导，主要是政治上的领导，保证正确的政治方向，保证党的路线、方针、政策的贯彻，调动各个方面的积极性。"① 至于日常行政工作、业务工作，应该尽可能地交给业务部门承担，而行政管理也要逐步规范化、法制化。

关于分级管理的问题，邓小平认为，权力过分集中将妨碍社会主义民主制度和党的民主集中制的实行。因此，在加强宏观管理，大政方针必须集中统一的前提下，要扩大学校、尤其是高等学校办学的自主权。

（2）办学体制改革。中国人口多、经济底子薄，仅仅依靠政府的财政投资，既不能满足人民日益增长的教育需要，也不能适应现代化建设对于人才的需求。为了克服需要和可能之间的矛盾，邓小平从中国的国情出发，坚持了毛泽东提出的"两条腿走路"的方针。所谓"两条腿走路"，就政府方面来说，在国家财政对于教育的拨款增加的同时，充分发挥地方政府办教育的优势和积极性；就政府与企业、社会团体和人民群众的关系方面来说，在中央和地方政府增加教育投资力度、作为办学主体的同时，发挥群众办学的积极性，以拓宽筹措教育经费的路子。1985年5月，邓小平在全国教育工作会议上讲到教育发展的问题时指出，除了经济的发展必然会带动教育的发展之外，"我国城乡和社会各界，蕴藏着极大的办学热情，不少爱国侨胞也热心捐资办学。现在我们又有了一个正确的纲领。在这样的条件下，只要各级领导认真抓，我看教育的事情好办，悲观是没有根据的"。②

（3）教育结构的改革。教育要为社会主义现代化建设服务，所以，教育的结构必须适应产业的结构。改革、开放以来，中国产业结构的比例发生了变化，其趋势是第二产业和第三产业在三级产业中的比重不断增加，其中第三产业增长的速度更快。中共十三大提出，要重视发展第三产业，努力实现一、二、三产业协调发展。为此，教育的结构必须改革。

1978年4月，邓小平就提出要使教育事业的计划成为国民经济计划中的一个重要组成部分，"应该考虑各级各类学校发展的比例，特别是扩大农业中学、各种中等专业学校、技工学校的比例；要研究发展什么样的高等学校，怎样调整专业设置、安排基础理论课程和进行教材改革。要制定加速发展电视、广播等现代化教育手段的措施，这是多快好省发展教育事业的重要途径，必须引起充分的重视"。③ 因此，基础教育、职业技术教育、高等教育、成人教育的比例、专业设置等都要优化。

3. 教育的目标是培养"有理想、有道德、有文化、有纪律"的社会主义建设者

社会主义建设需要多种多样的人才，但是，各种人才都必须有一个统一的基本要求。

---

① 邓小平文选（第二卷）[M]．北京：人民出版社，1994：98．
② 邓小平文选（第三卷）[M]．北京：人民出版社，1993：122．
③ 邓小平文选（第二卷）[M]．北京：人民出版社，1994：108．

关于合格人才的基本标准，邓小平多次强调了"四有"。1982年7月，邓小平在军委座谈会上发表讲话，他指出："搞社会主义精神文明，主要是使我们的各族人民都成为有理想、讲道德、有文化、守纪律的人民。"① 1985年3月，在全国科技工作会议上他"提醒大家"，在建设有中国特色的社会主义社会时，一定要"教育全国人民做到有理想、有道德、有文化、有纪律"。② 1989年10月，邓小平在给少年先锋队题词时又写道，"培养有理想、有道德、有文化、有纪律的无产阶级革命事业接班人。"

在"四有"之中，邓小平特别强调有理想和有纪律。有中国特色的社会主义社会乃是"实事求是"原则指导下的现阶段的任务，其最终目标是实现共产主义。因此，在进行物质文明建设的同时，丝毫不能放松精神文明的建设，否则，物质文明的建设也难以成功，即使成功了，也会偏离社会主义道路。邓小平指出："我们一定要经常教育我们的人民，尤其是我们的青年，要有理想。为什么我们过去能在非常困难的情况下奋斗出来，战胜千难万险使革命胜利呢？就是因为我们有理想，有马克思主义信念，有共产主义信念。我们干的是社会主义事业，最终目的是实现共产主义。"③ 作为精神支柱的共产主义理想，要有纪律才能实现。针对党政机关中出现的以权谋私、化公为私以及其他种种不正之风的现象，邓小平指出这些"就是没有理想、没有纪律的表现"，没有理想、没有纪律，就会出现旧中国一盘散沙的现象。"所以，有理想，有纪律，这两件事我们务必时刻牢记在心。一定要让我们的人民，包括我们的孩子们知道，我们是坚持社会主义和共产主义的，我们采取的各方面的政策，都是为了发展社会主义，为了将来实现共产主义。"④

以"四有"作为教育目标，并强调"四有"中的理想和纪律，充分体现了邓小平把坚定正确的政治方向放在学校工作第一位的指导思想，然而，这同"四人帮"在"文化大革命"中搞的学校政治化运动有着原则的区别。第一，"政治"的目的不同。"四人帮"手中的"政治"是实现他们夺权阴谋的整人的棍子，是他们实现法西斯专政的幌子，所以，学校政治化运动严重地损害了学校的思想政治教育。"'四人帮'在口头上政治喊得响，实际上搞的是反革命反社会主义的政治，是用剥削阶级最腐朽最反动的思想来毒害青少年"。⑤ 邓小平坚持把正确的政治方向放在首位是为了保证改革、开放的社会主义性质，旨在恢复和发扬优良的革命传统，消除"开放"可能带来的消极影响。第二，政治的内涵不同。"文化大革命"中所讲的政治，指阶级斗争，而且，在"穷则变、富则修"的错误思想指导下，经济建设置于次要地位。邓小平在1979年3月就指出，我们当前及今后相当长一个历史时期的主要任务就是搞现代化建设，"社会主义现代化建设是我们当前最大的政治，因为它代表着人民的最大的利益、最根本的利益"。⑥ 第三，政治和业务的关系不同。"四人帮"将政治和业务截然对立起来，鼓吹"知识越多越反动"、"宁要没有文化的劳动者"，利用人们的无知来实现对他们政治的盲从。邓小平则强调，把坚定正确的政治方向放在首位，对学校而言，不等于将大量的课时用于思想政治教育，对学生而言，学习科学文化要

---

① 邓小平文选（第二卷）[M]．北京：人民出版社，1994：408.
② 邓小平文选（第三卷）[M]．北京：人民出版社，1993：110.
③ 同上．
④ 同上书，112.
⑤ 邓小平文选（第二卷）[M]．北京：人民出版社，1994：105.
⑥ 同上书，163.

更自觉、更刻苦。

4. 教师队伍的建设

1978年4月,邓小平在全国教育工作会议上发表的讲话,一共讲了4点意见,其中的一点就是"尊重教师的劳动,提高教师的质量问题"。在讲话中,邓小平充分肯定了教师在教育过程中的地位和作用,"一个学校能不能为社会主义建设培养合格的人才,培养德智体全面发展、有社会主义觉悟的有文化的劳动者,关键在教师"。①

邓小平正确地分析了包括教师在内的知识分子的阶级属性。邓小平在十届三中全会上的讲话中要求完整地正确地理解毛泽东思想。在谈到关于知识分子问题时,邓小平指出:"应该承认,毛泽东同志曾经把他们看做是资产阶级的一部分。这样的话我们现在不能继续讲。"② 1978年2月,在全国科学大会开幕式的讲话中,邓小平指出,在社会主义历史时期中,知识分子需要注意是否坚持工人阶级立场的问题,"但总的说来,他们的绝大多数已经是工人阶级和劳动人民自己的知识分子,因此也可以说,已经是工人阶级自己的一部分。他们与体力劳动者的区别,只是社会分工的不同。从事体力劳动的,从事脑力劳动的,都是社会主义社会的劳动者"。③

对教师劳动的肯定和尊重,同邓小平一贯尊重知识、尊重人才的思想是密切相关的。没有知识、没有人才,现代化的建设就不能进行。令教育工作者感动欣慰的是,邓小平要求全党尊重的知识和人才,不仅仅指从事高、精、尖技术研究的科技工作者,教师也包括在其中。"我们要把从事教育工作的与从事科研工作的放到同等重要的地位,使他们受到同样的尊重,同样的重视。一个小学教师,把全部精力放到教育事业上,就是很可贵的。要当好一个小学教师,付出的劳动并不比一个大学教师少,因此小学教师同大学教师一样光荣。"④ 教师在政治地位上列为工人阶级的一部分,在社会地位上与科技工作者相同,令全国教师兴奋不已。

邓小平对于教师劳动的尊重,不仅表现在提高教师社会地位,号召全党全国尊重教师,切实改善教师的物质待遇等方面,还表现在注重教师队伍的建设、提高全体教师的思想政治素质和业务素质方面。

在提高教师思想政治素质方面,邓小平要求"各级党委和学校的党组织,应该热情地关心和帮助教师思想政治上的进步,帮助他们认真学习马克思列宁主义、毛泽东思想,使更多的人牢固地树立起无产阶级的共产主义的世界观。要积极地在优秀的教师中发展党员"。⑤ 他还要求党组织提高政治工作的水平,改进政治工作的方法,抛弃形式主义的东西,认真学习解放军政治工作的优良传统。

在提高教师的业务素质方面,邓小平强调的是提高教师的教学能力和教学质量。为此,他要求把师资培训列入规划,列入任务;"教育部和各地教育行政部门,要采取切实有效的措施,比如充分利用广播、电视,举办各种训练班、进修班,编印教学参考资料

---

① 邓小平文选(第二卷)[M].北京:人民出版社,1994:108.
② 同上书,43.
③ 同上书,89.
④ 同上书,50.
⑤ 同上书,109.

等,大力培训师资"。① "要请一些好的教师当教师的教师,大学教师要帮助中学教师提高水平"。② 除了教师的在职培训之外,邓小平还重视教师的职前培训,要求办好师范大学,省、市管的师范院校,教育部也要经常派人去检查,因为不办好师范教育,教师就没有来源。

除了上述内容之外,关于教育与生产劳动相结合、教材建设、考试制度、教学方法的改革、留学生政策与国际教育文化交流等问题,邓小平也都有过精辟的阐述。在邓小平教育思想的指导下,中国的教育改革、教育事业的发展都进入了一个新的阶段。

二、创建有中国特色的社会主义教育体制

"教育体制"这个概念包括的内容比较广泛,包括学校教育制度、教育管理制度、办学制度、教育投资制度等。

1976年10月,"四人帮"集团被粉碎以后,教育界迫切需要解决的问题和主要工作是拨乱反正,整顿和恢复被"文化大革命"破坏了的教育体制。1978年12月,中共十一届三中全会确立了改革开放的方针以后,经济体制的改革推动了政治体制和科技、教育体制的改革,所有这些改革,都是旨在建立有中国特色的社会主义制度。随着中国经济体制改革的不断深入,这个时期中国教育体制的改革或有中国特色的社会主义教育体制的创建也经历了2个阶段。这2个阶段的标志分别是1985年3月颁布的《中共中央关于教育体制改革的决定》和1993年2月印发的《中国教育改革和发展纲要》。

1.《中共中央关于教育体制改革的决定》

为了把中国建设成为社会主义现代化强国,邓小平提出了一个适合中国国情的经济发展战略的总体构想,即到20世纪末我国要实现翻两番,使国民生产总值达到10000亿美元,按人口总数12亿计算,人均国民生产总值800美元,使人民生活达到小康水平。在此基础上,再发展30到50年,力争接近世界发达国家水平。

这一经济发展战略目标的实现关键在于努力发展社会生产力。根据生产关系一定要适合生产力发展的客观规律,在邓小平建设有中国特色社会主义理论指导下,十一届三中全会以来,中国逐步形成了一种以公有制为主体、其他经济成分与之并存、共同发展的所有制结构;以按劳分配为主体、其他分配形式为补充的分配制度。此外,在经济体制方面,从社会主义计划经济的观念逐步转向社会主义市场经济的观念。

1984年10月,中共十二届三中全会通过的《关于经济体制改革的决定》,突破了十一届六中全会通过的《关于建国以来党的若干历史问题的决议》关于必须在公有制基础上实行计划经济,同时发挥市场调节作用的局限,提出社会主义计划经济是"公有制基础上有计划的商品经济"。这个决定为中国从计划经济向市场经济转变迈出了关键的一步。

《关于经济体制改革的决定》公布不久,继1985年3月,中共中央作出了《关于科学技术体制改革的决定》之后,同年5月又颁布了《中共中央关于教育体制改革的决定》。实际上,科技体制的改革和教育体制的改革都服务于经济体制的改革,或者说,科技体制改革和教育体制改革这两个决定乃是经济体制改革决定的配套文件。两者都体现了社会主

---

① 邓小平文选(第二卷)[M].北京:人民出版社,1994:109-110.
② 同上书,55.

义商品经济发展的需要，促进科技成果商品化，加快技术成果向生产能力的转化，要求教育主动适应经济和社会主义发展的多方面的需要。关于教育体制改革的决定，明确地规定了教育体制改革的指导思想：教育必须为社会主义建设服务，社会主义建设必须依靠教育。

（1）教育体制改革的根本目的是提高民族素质，多出人才，出好人才。

在1982年9月召开的中共十二大上，邓小平提出了建设有中国特色社会主义的理论。在这一理论的指导下，十二大提出了党在新的历史时期的总任务：团结全国各族人民，自力更生，艰苦奋斗，逐步实现工业、农业、国防和科学技术的现代化，把我国建设成为高度文明、高度民主的社会主义国家。这次会议除了把继续推进经济建设确定为首要任务之外，同时也高度重视社会主义精神文明的建设，指出这是社会主义的重要特征，也是社会主义优越性的重要表现。

《中共中央关于教育体制改革的决定》[①]指出，"社会主义现代化建设的宏伟任务，要求我们不但必须放手使用和努力提高现有的人才，而且必须极大地提高全党对教育工作的认识，面向现代化、面向世界、面向未来，为90年代以至下世纪初叶我国经济和社会的发展，大规模地准备新的能够坚持社会主义方向的各级各类合格人才。"根据物质文明和精神文明一起抓的精神，对于各行各业"人才"的规格，除了在专业知识、业务能力方面提出了要求之外，还提出了思想政治方面的要求。"所有这些人才，都应该有理想、有道德、有文化、有纪律，热爱社会主义祖国和社会主义事业，具有为国家富强和人民富裕而艰苦奋斗的献身精神，都应该不断追求新知，具有实事求是、独立思考、勇于创造的科学精神。"

（2）改革的内容。80年代以后，和平和发展成了世界的潮流，在这种形势下，经济的竞争是国际竞争的主要形式。经济竞争最终表现为科学技术的竞争和人才的竞争。面对着对外开放、对内搞活，经济体制改革全面展开的形势，面对着世界范围的新技术革命正在兴起的形势，中国在计划经济体制下长期形成的教育体制的弊端和教育事业落后于经济发展的状态，表现得更为突出。为了实现教育体制改革的上述目的，改革的具体内容有下列3个方面：

第一，改革教育管理体制。我国教育管理体制存在的问题是，政府有关部门对学校主要是对高等学校统得过死，使学校缺乏应有的活力，而政府应该加以管理的事情，又没有很好地管理起来。为此，《决定》指出，对于教育管理体制的改革，要在加强宏观管理的同时，坚决实行简政放权，扩大学校的办学自主权。

第二，改革学校结构。加强基础教育，使基础教育无论是在学校数量、质量、师资、设备等方面成为提高民族素质、保证国家兴旺发达的基础；国家经济建设大量急需的职业和技术教育要得到应有的发展；高等教育内部的科系、层次比例要协调。

第三，改革教育思想、内容和教学方法。强调用马克思主义思想教育学生，从小培养学生独立生活和思考的能力，为祖国富强献身的精神。此外，还要更新教学内容，加强实践环节，专业的设置要满足经济、社会和当代科学文化发展的需要。

---

① 顾明远总主编.中国教育大系·马克思主义与中国教育（下）[M].武汉：湖北教育出版社，1994：1402—1406.

总之，教育体制的改革，要"使基础教育得到切实的加强，专业技术教育得到广泛的发展，高等学校的潜力和活力得到充分的发挥，学校教育和学校外、学校后的教育并举，各级各类教育能够主动适应经济和社会发展的多方面的需要。"

（3）改革的措施。《决定》从中国的国情和实际情况出发，强调因时因地制宜，鼓励在《决定》指引的方向下进行创造性的探索和尝试。在教育经费上，《决定》明确规定了"二个增长"，即"在今后一定时期内，中央和地方政府的教育拨款的增长要高于财政经常性收入的增长，并使按在校学生人数平均的教育费用逐步增长。"这是一个很大的突破。除了这些之外，《决定》还提出了下列几项改革措施：

第一，把发展基础教育的责任交给地方，有步骤地实行九年制义务教育。基础教育部分，除大政方针和宏观规划由中央决定外，具体政策、制度、计划的制定和实施，以及对于学校的领导、管理和检查，责任和权力都交给地方。为了实行九年制义务教育，1996年4月颁布了《中华人民共和国义务教育法》，规定国家实行九年制义务教育。

第二，调整中学教育结构，大力发展职业技术教育。为使高、中、初三级人才有适当比例，中学阶段开始分流，并有计划地将一批普通高中改为职业高中，力争在5年左右的时间内使大多数地区的各类高中阶段的职业技术学校招生数相当于普通高中的招生数。

第三，改革高等学校的招生计划和毕业生分配制度，扩大高等学校办学自主权。高等学校的这些改革措施，除了更好地发挥培养人才的作用之外，还要充分发挥它们的优势，使高校具有根据经济建设、社会发展和科技进步需要进行调整、改革的活力。

第四，加强领导，调动各方面积极因素，保证教育体制改革的顺利进行。为了加强党和政府对教育工作的领导，成立国家教育委员会。鼓励各民主党派、人民团体、社会组织、离退休干部和知识分子、集体经济单位和个人采取多种形式和办法，帮助教育事业发展。

《中共中央关于教育体制改革的决定》规定了中国80年代教育体制改革和教育事业发展的方向，并取得了明显的成效。

2.《中国教育改革和发展纲要》

中共中央、国务院于1993年2月印发的《中国教育改革和发展纲要》标志着有中国特色社会主义教育体制的建设进入了一个新的发展阶段。

同1985年教育体制的改革一样，1993年《纲要》的公布是中国经济体制改革进入进一步深化在教育领域的反映，是经济体制改革推动的结果。

在经济体制改革方面，十一届三中全会意识到单一的计划经济的不足，需要辅之以"市场调节"，十二届三中全会确认社会主义经济是有计划的商品经济，标志着社会主义市场经济理论形成过程中认识上的两次重大突破。不过，在十二届三中全会通过的《关于经济体制改革的决定》虽然强调商品经济的充分发展是实现我国经济现代化的必备条件，但仍认为计划经济是社会主义优越性的表现。

邓小平对于社会主义市场经济理论的创立作出了突出的贡献。早在1979年11月，邓小平就指出："社会主义也可以搞市场经济。"[①] 1991年1月和2月，邓小平在上海视察时

---

① 邓小平文选（第二卷）[M].北京：人民出版社，1994：236.

说，计划经济和市场经济都是手段，市场也可以为社会主义服务。1992年1月和2月，邓小平在《在武昌、深圳、珠海、上海等地的谈话要点》中明确指出："计划经济不等于社会主义，资本主义也有计划；市场经济不等于资本主义，社会主义也有市场。计划和市场都是经济手段。"① 这就把市场经济从"姓社"或"姓资"的争论中解放了出来。

中共十四大确立了社会主义市场经济的新概念，并明确指出中国经济体制改革的目标是建立社会主义市场经济体制，进一步解放和发展生产力。这是一个新的突破。在这种形势下，如何使教育适合社会主义市场经济的体制，更好地为社会主义现代化建设服务，就成了一个迫切需要解决的问题。为此，中共中央和国务院于中共十四大之后不久便印发了《中国教育改革和发展纲要》。②

（1）教育体制改革的目标。在世界政治风云变幻、国际竞争日趋激烈、科学技术发展迅速的时代，国际间的经济竞争、综合国力竞争，实际上是科学技术的竞争和民族素质的竞争，而这两种竞争又在很大程度上表现为教育的竞争，"从这个意义上说，谁掌握了面向21世纪的教育，谁就能在21世纪的国际竞争中处于战略主动地位。"在对教育功能的这种认识之下，教育体制改革的根本目标是，增强教育在社会主义市场经济体制下的主动适应经济和社会发展的活力，为建立具有中国特色社会主义教育体系奠定基础。

《纲要》提出了90年代教育体制改革的目标，这就是，"采取综合配套、分步推进的方针，加快步伐，改革包得过多、统得过死的体制，初步建立起与社会主义市场经济体制和政治体制、科技体制改革相适应的教育新体制。"教育体制的改革要做到3个"有利于"，即"有利于坚持教育的社会主义方向，培养德智体全面发展的建设者和接班人；有利于调动各级政府、全社会和广大师生员工的积极性，提高教育质量、科研水平和办学效益；有利于促进教育更好地为社会主义现代化建设服务。"

（2）改革的内容和措施。

第一，改革办学体制。改变政府包揽办学的格局，逐步建立以政府办学为主体、社会各界共同办学的体制，同时欢迎港、澳、台同胞、海外侨胞和外国友好人士捐资助学。

第二，深化中等以下教育体制改革，继续完善分级办学、分级管理体制。

第三，深化高等教育体制改革。主要是解决政府与高等学校、中央与地方、国家教委与中央各业务部门之间的关系，逐步建立政府宏观管理、学校面向社会自主办学的体制。

第四，改革高等学校的招生和毕业生就业制度。改变全部按国家统一计划招生的体制，实行国家任务计划和调节性计划相结合；逐步实行上大学收费制度；实行少数毕业生由国家安排就业，多数学生自主择业的就业制度。此外，中等专业学校和技术学校的招生、分配制度也要照此精神加快改革。

第五，学校内部管理体制改革。在合理定编的基础上，对教职工实行岗位责任制和聘任制，在分配上按照工作实绩拉开差距。

第六，管理手段的改革。加快教育法制建设，建立和完善执法监督系统，逐步走上依法治教的轨道。

---

① 邓小平文选（第三卷）[M]．北京：人民出版社，1993：373．
② 见中华人民共和国教育法·中华人民共和国义务教育法·中华人民共和国教师法[M]．北京：中国法制出版社，1995：39—64．

第七，改革和完善教育投资体制，增加教育经费。要逐步建立以国家财政拨款为主，辅之以征收用于教育的税费、收取非义务教育阶段学杂费、校办产业收入、社会捐资集资和设立教育基金等多种渠道筹措教育经费的体制。通过立法，保证教育经费的稳定来源和增长。

中国的社会主义教育事业经历了将近半个世纪的曲折发展的历程，自从邓小平提出有中国特色的社会主义理论以来，为建立有中国特色的社会主义教育体制，十多年来又经历了两次重大的教育体制改革。虽然有中国特色的社会主义教育体制的最终确立和完善尚待时日，但在过去的探索和改革实践中，初步明确了建设有中国特色社会主义教育体系的主要原则。《中国教育改革和发展纲要》概括的主要原则有8项，这就是：第一，坚持把教育摆在优先发展的战略地位；第二，坚持党对教育工作的领导，坚持教育的社会主义方向；第三，坚持教育为社会主义现代化建设服务，与生产劳动相结合，自觉地服从和服务于经济建设这个中心，促进社会的全面进步；第四，坚持教育的改革开放，努力改革教育体制、教育结构、教学内容和方法，大胆吸收和借鉴人类社会一切文明成果；第五，全面贯彻党和国家的教育方针、遵循教育规律，全面提高教育质量和办学效益；第六，依靠广大教师，不断提高教师政治和业务素质，努力改善他们的工作、学习和生活条件；第七，充分发挥各级政府、社会各方面和人民群众的办学积极性；第八，从中国国情出发，实行多种形式办学，培养多种规格人才，根据各地区的实际发展教育。

三、学校教育的改革

"文化大革命"结束以后，学校教育工作的秩序逐步正常。中共十一届三中全会以后，随着有中国特色社会主义理论的提出，学校教育的各个方面进行了一系列的改革。十一届三中全会以后学校教育的改革，始终体现了以经济建设为中心，坚持社会主义，坚持改革开放。

1. 对学校教育社会属性和职能认识的不断深化

1949年以后至"文化大革命"以前，中国的教育理论界受苏联学者的影响，并接受了苏联教育界1951年《关于作为社会现象的教育的专门特点的争论总结》[①] 中的观点，认为教育是社会上层建筑，教育又有自己专门的特点。在教育的社会职能方面，强调教育为无产阶级政治服务。60年代初，由于阶级斗争理论的提出，"政治"又被狭隘理解为"阶级斗争"，在实际工作中，教育目的中的"劳动者"的概念逐渐被"革命事业接班人"代替。到"文化大革命"期间，教育成了阶级斗争的工具，并使这一命题绝对化，严重地破坏了学校正常的教学秩序。

中共十一届三中全会提出的把工作重点转移到社会主义现代化建设上来的战略决策，引发了对于教育的社会属性和职能的重新思考。继于光远于1978年在《学术研究》杂志第3期发表《重视人的培养活动》，对教育是上层建筑的观点提出挑战以后，教育理论界对这一问题进行了热烈而有益的讨论。在讨论的过程中，除了继续坚持教育是上层建筑这一观点之外，还出现了诸如教育是生产力，教育是一个专门的、特殊的范畴，教育具有多

---

① 见华东师范大学教育系教育学教研室编.教育学参考资料（上册）[M].北京：人民教育出版社，1980：131—157.

重属性，教育是培养人的社会实践活动等几类观点，其中每一类观点又有若干大同小异的提法。在这场讨论中，出现了1949年以来少有的"百家争鸣"的状况。

虽然这场讨论最后并未形成一个被普遍接受的关于教育的社会属性和职能的界说，但是，讨论无疑深化了人们对这个问题的认识。事实上，对于这个问题长时间而热烈的争论本身就说明了作为一种社会历史现象的教育的复杂性。通过讨论，人们认识到，教育是一种复杂的社会历史现象，它受到社会的政治制度、经济制度、生产力发展水平、科学技术发展水平，甚至自然地理环境、人口等因素的制约，同时，它又通过所培养人才的规格影响人们社会生活的各个方面。因此，教育的社会属性是丰富的，其职能也不是单一的。教育应该为社会政治、经济、科学技术、文化等各个方面的发展和受教育者自身的发展服务，而这些都必须通过培养具有一定规格的人来实现。

各级各类学校培养目标的变化，很好地反映了对于教育的社会属性和职能的认识。80年代初以来，中共中央的文件和《政府工作报告》中涉及教育培养人的规格，都强调"又红又专"。1985年《中共中央关于教育体制改革的决定》明确提出教育要大规模地培养各级各类合格人才：数以亿计的劳动者，数以千万计的厂长、经理、工程师、农艺师、经济师、统计师和其他经济技术人员；数以千万计的教育、科学、医务、理论、文化、新闻出版、法律、外事、军事、党政工作者。1986年公布的《中华人民共和国义务教育法》规定，义务教育必须"使儿童、少年在品德、智力、体质等各方面全面发展，为提高全民族的素质，培养有理想、有道德、有文化、有纪律的社会主义建设人才奠定基础"。1993年的《中国教育改革和发展纲要》强调，"教育必须为社会主义现代化建设服务，必须与生产劳动相结合，培养德、智、体全面发展的建设者和接班人"。同以往过分强调教育的政治职能相比较，80年代以后则比较全面地反映了社会主义现代化建设在政治、经济、科学技术、文化等方面对于教育的要求，即提高民族素质，多出人才、出好人才。

2. 课程改革

"文化大革命"以前，中小学已经建立了一个全国统一的门类齐全的课程体系。这个课程体系强调基础知识的传授，基本技能的培养，强调教材的思想性、科学性、系统性。随着政治形势和学制的变化，曾有过5套教学计划和教学大纲，编出过6套教材和教学参考书，但其基本特点是：以课程与学科（教材）为中心；每门学科的教材组织的主要依据是学科的科学逻辑；教学计划、教学大纲、教科书全国统一；基本上不开设选修课等。

"文化大革命"以后，中小学课程设置沿袭了"文化大革命"以前的基本格局。不可否认，这种课程的模式在中国的社会主义建设过程中曾经发挥过巨大的积极作用。改革、开放的政策使中国的经济体制、政治体制、科技体制和社会结构都发生了很大的变化，在这种形势下，这种课程也表现出明显的不足之处。

第一，课程的设置和教材的内容，主要为升学作准备，升学的要求统摄着学校的教学活动，所以课程被狭隘地理解为学科教学，而学科教学又主要指知识的传递和复制。在实践中往往表现为重知识、轻能力，重理论、轻实践，重复制、轻创造，不利于民族素质的提高，同时又没有照顾到升学与就业的关系。

第二，课程的结构不合理。在必修课和选修课的关系上，忽视了选修课，而且必修课对于学生课业的要求又在不断提高，使学生疲于应付，造成学校无特色，学生无特长；在各个学科所占的比重上，升学时需要考试的学科比重大，历史、地理、生物、音乐、体育、美术以及劳动课等课程的教学则受到削弱。这既不利于多规格、多层次人才的成长，也不利于学生全面而和谐的发展。

第三，教材的品种缺乏多样化，不同程度地存在着脱离各地区、各民族和农村实际的情况。

为了改变中小学的课程、教材不适应经济、文化发展的状况，80年代后期，国家教委根据既要解放思想、实事求是地改革，又有计划有步骤安排的精神，提出了两步走的设想："第一步在1990年前对现行多数通用教材的基本内容、主要体系不作大的变动的前提下，修订现行教学大纲，作为过渡性大纲。这套大纲已经过国家教委教材委员会审定，于1987年颁发。第二步是制定新的教学计划和大纲，按新的大纲组织编写九年义务教育的各科教材，1990年后逐步使用。同时研究制定高中的教学计划和教学大纲。……国家教委计划在走完上述两步后，争取再用五年到十年的时间，通过改革、试验，进一步提高质量，组织编写出几套符合我国国情、适应现代化建设需要，并能较好体现基础教育要求的中小学教材。"①

80年代后期开始的课程改革，体现了下列几个特点。

(1) 课程改革的目标。课程结构的调整和教学内容的更新，旨在适合现代科学技术文化发展和社会主义现代化建设的需要，而不是主要考虑升学的需要。《中国教育改革和发展纲要》明确提出，要"加强基本知识、基础理论和基本技能的培养和训练，重视培养学生分析问题和解决问题的能力，注意发现和培养有特长的学生。中小学要切实采取措施减轻学生过重的课业负担，职业技术学校要注重职业道德和实际能力的培养，高等教育要进一步改变专业设置偏窄的状况，拓宽专业业务范围，加强实践环节的教学和训练，发展同社会实际工作部门的合作培养，促进教学、科研、生产三结合。"

(2) 改革课程的结构。为了改变单一的学科课程和必修课"一统天下"的局面，国家下放了一部分中小学课程设置的管理权。中小学的课程除了国家统一安排的必修课（门类、课时、教学内容、教学要求由国家统一规定）之外，地方和学校可以根据本地区、本校的实际情况安排部分课程。这部分课程可以是学科类课程，也可以是活动课；既可以安排必修课，也可以安排选修课。例如，80年代后期，上海市改革后的中小学课程由必修课、选修课和活动课三个板块构成，九年义务教育阶段统筹安排，在学生活动总量基本不变的情况下，必修课占学生活动总量比例降低，选修课和课外活动增加。此外，七至九年级设置"综合学科"。综合型的社会学科称为"社会"，将历史、人文地理和社会学的一些知识融合在一起，使学生了解人类社会历史发展的基本过程；综合型的自然学科称为"理科"，学习有关自然地理、物质、运动、能、生命科学、宇宙、地球等方面的初步知识，使学生从整体上认识自然界的规律性，了解这些知识对于经济发展和社会进步的意义和它们在实际中的应用。所有这些努力，都旨在克服以学科为中心的课程和单一的必修课课程可能有的弊端。

(3) 更新课程内容。在为升学作准备思想的指导下，以往的课程要求所有学生在所有学科上都达到可以进入大学的任何专业、学习任何课程的程度，这样，课程的内容偏深、

---

① 王生洪．在上海中小学课程教材改革委员会成立大会上的讲话（1987年5月）．//上海中小学课程改革委员会办公室编．上海中小学课程教材改革专辑（1）．上海：上海教育出版社，1990：4．

要求偏高。更新的课程内容一般体现了以下一些特点，第一，提高课程内容的基础性和适用性，适当降低了理论的深度和难度，加强动手操作能力、应用知识能力的培养。第二，提高课程内容的先进性，删去陈旧的内容，代之以反映现代科学文化水平的内容。第三，提高教材内容的思想性，对有助于提高学生思想、文化、身体、技能素养的内容得到了加强。

（4）改革教材的编审制度。在中小学的教材方面，以往基本上采用"一纲一本"的国定制，即全国使用统一的教学大纲和统一的教材，而且是编审合一的国定制。这种"一纲一本"的做法不符合我国多民族、广地域、不平衡的基本国情。为了改变这种情况，1986年9月成立了全国中小学教材审定委员会，中小学教材由国定制和编、审不分改为审定制和编、审分开。实行新的编、审分开的教材编审制度的目的是，在保证国家统一的基本要求的前提下，逐步实现教材的多种风格。简言之，新的编、审分开的办法旨在实现"一纲多本"的目的，即全国一个教学大纲，但可以有多种教材；鼓励各地方、各个学校、科研单位乃至专家、教师个人按教学大纲规定的统一要求，编写不同风格的教材，包括适合不同特点的民族教材、乡土教材等。1988年，国家教委召开的教材改革规划会议决定，根据"一纲多本"的原则，编写适合普通水平的"六三制"教材、"五四制"教材3套，面向发达地区和条件较好地区的教材2套和适合老、少、边地区程度略低、基本达到大纲要求的教材1套。

高等学校的课程改革，由于专业设置上加强了应用性、技术性、边缘性的专业，课程改革的幅度和教学内容更新的幅度都比较大。总的趋势是：拓宽基础课的范围，增加基础课的门类；加强理工结合、文理渗透，以改善学生知识结构、能力结构；拓宽专业口径，扩大学生的知识面等。

3. 改进德育工作，提高德育工作的科学性和实效性

虽然60年代初的"高教六十条"、"中学五十条"、"小学四十条"对学校德育工作有过实事求是的规定，但是，在1957年"反右"扩大化和1958年"大跃进"至"文化大革命"结束期间，学校德育的调门总的趋势是越来越高，而实际成效甚微，以至"文化大革命"结束以后，出现了所谓"信仰危机"。

"文化大革命"结束以后，各级各类学校很快恢复并加强了德育工作。实行改革、开放的政策以后，在社会主义市场经济的体制下，社会风气和价值观都有很大的变化，学校德育工作面临着一系列新的挑战。为了使学校德育工作从"以阶级斗争为纲"转移到为社会主义现代化建设服务上来，中共十一届三中全会以后，学校德育工作进行了一系列改革的努力。

1985年公布了《中共中央关于改革学校思想品德和政治理论课教学的通知》；1988年颁布了《小学德育纲要（试行草案）》、《中学德育大纲（试行稿）》，《小学生日常行为规范（试行稿）》，《中学生行为规范（试行稿）》，以及中共中央《关于改革和加强中小学德育工作的通知》；1994年颁布了《爱国主义实施纲要》，以及《中共中央关于进一步加强和改进学校德育工作的若干意见》。除了上述文件之外，在陆续公布的一系列教育法令中，对学校的德育工作也有若干规定。这些文件和法令规定了学校德育的目标、内容、实施途径、评定办法、领导和管理等，它们都围绕一个主题，提高德育工作的科学性和实效性。这也是改进学校德育工作的最显著特征。

(1) 德育的目标。德育任务的确定一改过去空洞、笼统、拔高、脱离实际的现象，体现了实事求是、切合实际的原则。《关于改革和加强中小学德育工作的通知》提出的中小学德育工作的基本任务是："把全体学生培养成为爱国的具有社会公德、文明行为习惯的遵纪守法的好公民。在这个基础上，引导他们逐步确定科学的人生观、世界观，并不断提高社会主义觉悟，使他们中的优秀分子将来能够成长为坚定的共产主义者。"① 从中可以看出，德育的任务既坚持未来的共产主义的方向，又立足于社会主义初级阶段的现实；既明确了面向全体学生的基本要求，又指出了少数优秀分子的努力方向，充分地体现了德育目标的层次性。

(2) 德育的内容。德育工作任务的完成，有赖于德育内容的选择和确定。在德育内容方面，体现了下列几个特点。

第一，全面理解德育的任务，在进行政治教育、思想教育的同时，加强道德教育。1957年以后，学校德育的内容主要以政治、思想、党的方针政策教育，而学生道德品质和社会公德教育相应地受到忽视。《通知》指出，中小学德育要以爱祖国、爱人民、爱劳动、爱科学、爱社会主义为基本内容。《中学德育大纲（试行稿）》在各教育阶段安排适当的政治、思想教育内容序列的同时，安排了公民教育、文明礼仪和现代生活方式教育、青春期道德教育等内容。职业学校则加强职业道德的教育等。此外，对学生道德情操、心理品质的培养和训练，也列入了德育的内容。

第二，德育的内容更符合时代的特征。学生不是生活在真空之中，对于现代社会政治、经济、文化中不断出现的一些理论和现实问题，需要有正确的理解和认识，因此，不少中学和高等学校有针对性地开展了诸如"形势与政策"、"法律基础"、"青年思想修养"、"政治常识"、"经济常识"、"人生哲理"等内容的讲座。

第三，德育的内容具有层次性。根据学生生理、心理发展的阶段性特征，小学、初中、高中、大学德育的每一序列都表现出明显的层次性，避免一刀切，儿童教育成人化的现象。

第四，注重学生思想品德能力的培养。学生思想品德的能力，主要指分辨是非的能力、自我教育的能力、自我管理的能力。

(3) 德育的途径。除了改革大、中、小学各类德育课程的内容、教学方式、方法，以及在各科教学中渗透思想政治教育之外，还发展或开拓了一些新的有效的德育途径。

第一，建立中小学的德育基地。对于学生富有教育意义的场所，如博物馆、纪念馆、烈士陵园等，开辟为德育基地，并聘请劳动模范、离退休干部、解放军战士等为校外的德育教师。大学生则利用寒暑假时间开展社会调查，以了解国情、了解社会。

第二，建立学校、家庭、社区的德育网络。

第三，注重校园文化建设、优化育人环境。

第四，寓德育于实践活动之中。生产劳动、社会公益活动以及各种形式的社会实践活动是德育的又一种课堂。

第五，开展心理咨询，促进学生心理健康。中学生和大学生处于青春期，生理上开始成熟，心理上开始出现微妙变化、尚不成熟，往往出现一些心理健康方面的问题。因此，除了社会上开展心理咨询、青少年服务热线电话外，不少学校也成立了由教师、心理学、

---

① 瞿葆奎主编.教育学文集·中国教育改革 [M].北京：人民教育出版社，1991：885。

医学工作者组成的学生心理服务机构,开设诸如"青年心理卫生"、"中西方青年心理比较"、"公共关系学"等青春期教育内容的讲座,对学生的生活、学习、交友、择业等方面进行指导。如果我们想到"文化大革命"期间甚至将学生的思想认识问题也拨到政治问题的高度加以批判、斗争,现在在德育工作方面关心学生的青春期教育、心理健康的教育,不能不说是德育工作的重大突破。

(4) 开展德育研究。这是在提高德育工作科学化、实效化方面所作的又一种努力。除了对学生的道德认识(判断)、道德情感、道德行为发展的规律进行实证研究、以改进德育工作之外,80年代以后,在德育研究方面广泛开展并加以实验的一项工作是学生品德的测评,全国出现了许多品德测评的方案。虽然品德测评在理论上和实践上尚有许多重要问题需要解决,但这种努力是值得肯定的。

(5) 加强德育工作的管理。中共中央《关于改革和加强中小学德育工作的通知》提出,要建立校长负责德育工作的体制,加强德育工作队伍的建设。中小学的校长对德育工作负有领导责任,德育工作的状况作为考核校长工作业绩的重要依据。各校成立了负责全校德育工作的机构。除了学校与家庭、社区组成校外的德育网络之外,学校内部也形成了由全校各个部门组成的校内德育工作的网络。

4. 教学的理论与实验

"文化大革命"以后,在教学方面,中国的教育理论界介绍、引进国外的教学理论可谓最多。皮亚杰关于儿童智慧发展的理论,布鲁纳的学科结构理论,施瓦布的探索学习理论,奥苏伯尔的有意义学习理论,班杜拉的社会学习理论,加涅的学习层次理论,赞可夫的发展教学理论,根舍因、克拉夫基的范例教学理论,斯金纳的程序教学理论,巴班斯基的教学过程最优化理论,布卢姆的掌握学习理论,阿莫那什维利等的合作教育学,罗杰斯的非指导性教学,洛扎洛夫的暗示教学法,沙塔洛夫的"纲要信号"图表法,雷先科娃的远景——超前教学法等,从学派、理论到具体方法,应有尽有,在十多年的时间里,国外各种教学理论一下子涌到中国来,令人目不暇接。

这么多外来的教学理论对于我国教学理论的发展、教学思想和教学方法的革新,无疑具有推动的作用。事实上,在课程、教材进行改革之前,教学的领域就已经开展了各种探索和变革。

(1) 教学工作不仅是传授知识,还要重视发展学生的智力和能力。新技术革命造成的所谓"知识爆炸"的现象以及社会主义现代化建设对于传统的人才观念的挑战,促使教育理论工作者和实际工作者对传统的教学工作进行反思。

70年代末80年代初,围绕着知识与智力、能力的关系,教育界展开了讨论。在学生掌握知识的程度与智力发展水平的关系上,虽有不同意见,但大多数人认为,知识掌握的多少同智力发展水平之间不同步,亦不成正比。因此,在教学目标上,应该如何处理使学生掌握知识与发展学生智力、培养学生能力的问题也就顺理成章地提了出来。在讨论过程中,曾出现过3种意见,一种意见认为,教学应以使学生掌握知识为主要目标;一种意见认为,时代要求将发展学生智力置于教学的第一位目标;另一种为大多数教育工作者接受的教学工作的指导思想是,"打好基础、发展智力、培养能力"。因此,重视发展学生的智力和培养学生解决问题的各种能力,成了教学改革的一个重要内容。

(2) 确立学生在教学过程中的地位。"文化大革命"以后,哲学界对于认识过程中主客体的关系进行了深入的探讨。在教育领域，于光远在1979年提出了关于教育过程中教育者、被教育者和客观环境之间相互作用的"三体"的见解，① 由此引起了教学过程中谁是主体问题的讨论。

在讨论中出现了类似于知识和智力问题讨论中的3种主张，一种主张认为，学生是教学过程中的主体（其中，有人认为学生是教学认识活动中的主体，有人认为学生是学习的主体，有人认为学生是"潜在的主体"、"自我教育的主体"）；一种主张认为教学过程应以教师为主体（其中，有人认为教师是教学实践的主体，有人认为教师是教授活动的主体）；还有人认为教学过程的主体既包括教师，也包括学生，这就是所谓"双主体"的观点。伴随着教学主体的讨论，教学过程中教师和学生的教学关系也提了出来，不少学者用"教师主导、学生主体"加以概括。这又引起了不同见解之间的讨论，以及对于"主导"、"主体"概念的种种界定。

尽管目前在这些问题上仍然存在着不同的意见，但有一点是肯定的，那就是，教学过程是教与学的辩证统一的过程，它既包括教师教的过程，也包括学生学的过程，两者相互依存、相辅相成。教师教的成效，最终要通过学生的学才能体现出来。因此，10多年来在教学领域的另一个重大变化是注重对于学生学习问题的研究，教学领域的改革把促使学生肯学、会学、乐学放在一个相当突出的地位。在教学的实践中，注重学生情意的发展以及对学生学习方法的指导。

（3）教学改革实验。通过实验取得经验，然后进行大面积推广，是十多年来教学领域改革的又一个显著特征。全国各地围绕发展智力、提高能力，减轻学生学习负担，全面提高学生的素质等主题而展开的各种教学实验数以千计，实验的对象达百万以上。实验的类型有探索型的，也有验证型的；实验的内容有单项实验，也有整体综合实验；实验的对象有小学、也有中学；实验的规模有小型、中型，也有大型。在如此多的种种教学改革的实验中，影响比较大的有：小学语文"注音识字、提前读写"教学改革实验，② 中学数学自学辅导教学实验，③ "尝试指导、效果回授"的数学教改实验，④ 愉快教育（愉快教学），⑤ 成功教育⑥等。

5. 学校内部管理体制的改革

在有中国特色的社会主义理论的指导下，伴随着国家教育体制的改革，学校内部管理体制也进行了一系列改革。学校内部管理体制的改革，主要表现在学校工作运行机制方面实行校长负责制、教职工岗位责任制；在学校工作动力机制方面完善奖惩制度、实行校内结构工资制；在学校工作的保障机制方面完善教育立法。

（1）校长负责制。1949年以后，中国学校的领导管理体制几经变动。就中小学而言，先后实行过校务委员会制、校长负责制、党支部领导下的校长负责制、"革命委员会"制等。"文化大革命"以后，中小学恢复实行了党支部领导下的校长分工负责制。这种管理体制固然有其长处，但在实践中往往造成党、政的职责不明、以党代政的问题。

---

① 于光远. 关于教育科学体系问题. 教育研究，1979（3）.
② 小学语文"注音识字、提前读写"教学改革实验纲要（初稿）. 人民教育，1988（11）.
③ 卢仲衡. 中学数学自学辅导教学实验81届扩大研究结果. 教育研究，1985（6）；潘菽. 数学自学辅导教学实验的初步总结. 教育研究，1984（2）.
④ 上海市顾泠沅数学教改实验小组. 大面积提高数学教学质量的改革实践与理论探讨. 教育研究，1989（9、10）.
⑤ 倪谷音主编. 愉快教育. 上海：华东师范大学出版社，1992.
⑥ 刘京海主编. 成功教育. 福州：福建教育出版社，1993.

为了提高工作效率，完善学校的管理，80年代初开始在一些大、中、小学进行校长负责制改革试点工作。1985年《中共中央关于教育体制改革的决定》提出，"学校逐步实行校长负责制，有条件的学校要设立由校长主持的、人数不多的、有威信的校务委员会，作为审议机构。"此后，全国大、中、小学加快了推行校长负责制的进程，甚至高等学校也开始进行校长负责制的试点工作。1986年年底，全国实行校长负责制的高等学校达100余所，占全国高等学校总数10%左右。1993年的《中国教育改革和发展纲要》虽然未就高等学校的管理体制作出明确规定，但提出"中等及中等以下各类学校实行校长负责制。校长要全面贯彻国家的教育方针和政策，依靠教职员工办好学校。"

实行校长负责制的各级各类学校的共同特点是：党政分开，校长全面负责学校的工作，学校的党组织起保证和监督作用，教职工民主管理。

校长的产生，除了由上级主管部门任命这一通常的做法之外，也可以由教职工（或教职工代表会议）民主推选，由上级主管部门聘任。校长一般采取任期制。校长的职责和权力一般都有明确规定。

学校党组织的保证和监督作用，主要体现在保证党的路线、方针、政策在学校得到贯彻落实，保证学校的社会主义方向，保证学校的工作任务能够完成。

教职工对学校民主管理作用主要通过教职工代表会议来发挥。教职工代表会议的职责是代表全体教职工对于校长关于学校各项工作的决策提出意见和建议。

（2）教职工实行岗位责任制和聘任制。《中国教育改革和发展纲要》指出，学校内部管理体制改革的重点之一，是"在合理定编的基础上，对教职工实行岗位责任制和聘任制。"这种制度的实行，主要目的是调动教职工的积极性、促进教师队伍的优化组合和合理流动，从而提高学校各项工作的活力。

（3）完善奖励制度。在充分运用激励机制、调动教职工积极性方面，改革幅度比较大的是在工资总额包干的基础上，实行校内结构工资制。分配制度是有中国特色经济制度的一个部分。按劳分配，效率优先、兼顾公平是社会主义的分配原则。《中国教育改革和发展纲要》指出，"改革的核心在于，运用正确的政策导向、思想教育和物质激励手段，打破平均主义，调动广大教职工积极性，转换学校内部运行机制，提高办学水平和效益。"所以，在人事制度方面实行岗位责任制和聘任制的同时，在分配方面实行校内结构工资制，在分配上按照工作实绩拉开差距。结构工资一般由基本工资、岗位工资、奖励工资、补贴工资组成，切实体现多劳多得、优质优酬的原则。

（4）学校内部管理体制的法律保障。改革开放以来，在进行社会主义现代化经济建设的同时，社会主义的法制建设也受到了高度的重视。在党和政府制定的重要的政策文件如《中共中央关于教育体制改革的决定》和《中国教育改革和发展纲要》中，都提出了加强教育立法工作的要求。

自1980年2月全国人大常务委员会第13次会议审议通过并公布了1949年以来第一个教育法律《中华人民共和国学位条例》以后，陆续公布了《中华人民共和国义务教育法》、《中华人民共和国未成年人保护法》、《中华人民共和国教师法》、《中华人民共和国教育法》等，这一系列文件不仅是建设有中国特色的社会主义教育体制的依据和法律保障，也是学校内部管理体制改革的法律依据和保障。正是由于有了法律的保障，学校内部管理体制的改革才得以顺利进行。

结　束　语

20 世纪教育发展的历程给我们的启示

20 世纪即将结束，在人们憧憬着即将来到的 21 世纪时，有必要思考一下 20 世纪教育给我们的启示。

第一，关于教育的功能。瑞典教育家爱伦·凯（Ellen key）对于 19 世纪末、20 世纪初欧洲新教育运动的意义曾经作过一番估计，认为新教育运动将是"儿童世纪"的开始。然而，在 20 世纪行将结束的时候，我们回顾已经过去的近百年的教育历程，却不得不得出这样的结论：20 世纪不是儿童的世纪。

20 世纪教育的历程表明，满足政治、军事、经济方面的需要几乎成为各国不同时期教育发展和改革追求的目标，而儿童发展的需要几乎成了一种奢侈品。事实已经证明，离开人类整体利益和长远利益而片面追求社会高速度发展，将使人类付出沉痛的代价，这一点已经引起了人们的警觉。1989 年年底，联合国教科文组织在北京召开了"面向 21 世纪国际研讨会"。这次会议通过的文件之一题为《学会关心：21 世纪的教育》。针对《学会生存》发表以来教育专注于社会物质文明发展以及其他社会因素造成的许多新的社会问题，会议提出了"学会关心"的建议和一系列对策。[①] 1992 年"联合国环境与发展大会"提出"可持续发展的新战略"以后，国际社会广泛地认同"可持续发展"这一全新的发展观。[②]《中华人民共和国国民经济和社会发展"九五"计划和 2010 年远景目标纲要》也把科教兴国和可持续发展战略作为指导今后经济和社会发展的两大基本战略。

既往的历程表明，教育在为各国政治、军事、经济服务方面作出过巨大的贡献，但这种贡献往往是以人的个性充分发展为代价的。可持续发展的概念给教育提出了新的需求。

可持续发展包括经济发展、社会发展和环境保护这 3 个相互依赖、相互加强的组成

[①] 关于这次会议的资料有：International Symposium and Round Table：Qualities Required of Education Today to Meet Foreseeable Demands in the Twenty-first Century, UNESCO, 1990；王一兵译. 学会关心：21 世纪的教育——圆桌会议报告. 教育研究, 1990（7）. 有关这次会议的介绍和研究材料主要有：桑新民, 邵伯栋. 世纪结束年代的教育思考——"面向 21 世纪教育"国际研讨会综述. 高等师范教育研究, 1989（6）；徐辉."学会生存"与"学会关心"——二十一世纪国际教育的呼唤. 比较教育研究所庆专刊, 1995（10）.

[②] 有关资料见赵中建编. 教育的使命——面向二十一世纪的教育宣言和行动纲领. 北京：教育科学出版社, 1996.

部分。

可持续发展的战略要求我们进一步思考人与社会、人与自然的关系。无论经济发展、社会发展或环境保护，其核心是人。换言之，可持续发展战略的提出是为了人，而且，可持续发展目标只有通过人才能实现。因此，可持续发展的战略不仅要求我们对于教育的功能，尤其是教育对于全体人的发展的功能有全面的认识，同时对于教育目标的确定也要进一步加以思考。可持续发展战略要求教育培养的人应该具有什么品质，这是我们应该认真思考的问题。

第二，创建有中国特色的社会主义教育体制。20世纪的教育，尤其是20世纪晚期的教育，出现了两种相反相成的趋势：国际化和本土化。

第二次世界大战以后，教育国际化的趋势日渐明显。这里所说的教育国际化指国际组织对世界各国教育的影响日渐增大，国际之间教育的交流和合作日益加强。战后，联合国及其各个下属机构以及其他一些世界性、区域性组织对各国教育的发展发挥了很大的影响作用。这些组织作用的发挥，一方面通过专业人员、资金的援助，另一方面通过公约、宣言，以及专门委员会的研究报告来规范各国的教育活动或提出建议。此外，在战后国际间政治对话，以及国际经济、贸易、科技、文化交流日益加强的形势下，在教育方面，留学生的接纳和派遣，国际间互相承认学历、文凭，教师的互换、交流，国际间的合作研究和学术交流等活动也日益频繁。

教育国际化的趋势并没有出现国际贸易、经济活动中的"同国际接轨"的现象。恰恰相反，教育国际化带来的是各国教育本土化趋势的加强。这里所说的本土化指各国在建立适合本国国情和文化传统的教育体制方面所作的努力。教育在现代社会中的巨大作用，发展中国家照搬外国教育体制的教训，各国在政治、经济、文化发展方面的巨大差异等，都是造成这种趋势的原因。欧洲的新教育、美国的进步主义教育在20世纪初可以造成席卷全球之势，然而，到20世纪80年代，任何国家的教育改革的模式则难以再现如此巨大的魔力，这是各国教育进步和成熟的表现。

著名教育家胡森曾经说过，教育作为一个实践的领域，其真正的本质在于地方性和民族性。教育毕竟是由它所服务的具体国家的文化和历史传统形成的。胡森的这一议论值得我们思考。主要由现代科学技术造成的现代化的进程，使世界各国在物质生产领域出现了越来越明显的趋同倾向，各国的工业产品、电器产品、建筑等许多方面表现出越来越多的统一性，这一事实本身就说明了以文化传承为己任的教育实现本土化的必要性。在实现世界大同之前，培养本国的公民仍然是教育必须达到的基本目标之一。即使实现了世界大同，从人类文化发展的角度看，各民族在历史发展过程中形成的丰富多彩的文化特色也不应因"大同"而被抹杀，因为没有个性也就没有创造性，发展也失去了动力。

邓小平有中国特色社会主义理论为创建有中国特色社会主义教育体制提供了最根本的指导思想，但这一体制的创建尚需我们作出艰苦的努力。邓小平以实事求是为核心的辩证唯物论是指导中国教育改革的理论基础。在创建有中国特色社会主义教育体制的过程中，应考虑中国的国情和文化传统，这也应该是我们判断一切教育改革举措的标准。

第三，重视教育的普及。20世纪教育发展的一个重要趋势是教育的民主化。迄今为止，教育民主化的含义主要是教育机会的平等和参与教育管理的平等。教育民主化是20世纪激荡全球的科学和民主思潮的产物。就教育机会平等来说，其主要表现是教育的普及。在一段很长的历史时期内,接受教育只是少数人才有资格享受的一种特权。19 世纪 70 年代以后,由于生产的需要和工人阶级争取受教育权的斗争,少数工业化进程较早的欧、美国家才开始实施普及教育的计划。20 世纪初,工业化国家普及了初等教育。第二次世界大战前夕,国际教育局已经提出了"中等教育入学机会均等"的问题,普及中等教育提上了议事的日程。第二次世界大战结束以后,随着法西斯制度的铲除,民主思潮高涨。1948 年 12 月联合国通过的《世界人权宣言》把受教育权规定为人的基本权利之一,同时提出,至少初等教育和基础教育应该是免费的;初等教育是义务的,高等教育应该根据才能对所有的人完全平等地开放。

王承绪等先生在《〈战后国际教育研究丛书〉总序》中写道,20 世纪的世界教育经历了激烈巨大的变化,归结起来可以说发生了三件大事,一是 20 世纪初工业国家完成了初等教育的普及;二是在二次大战后完成了中等教育的普及和实现了高等教育的大众化;三是发展中国家由教育的极端落后向普及教育迈进。这是了不起的大事。它对战后的发展起着不可估量的作用。

虽然世界各国都以法律的形式保障了每个人的受教育权利,但实际情况仍有很大差异。男女受教育机会不平等、辍学、文盲等仍然是目前各国教育面临的重大问题。为此,90 年代召开了"世界全民教育大会"(1990 年),"世界儿童问题首脑会议"(1990 年),"世界特殊需要教育大会"(1994 年),"第 44 届国际教育大会"(1994 年)等会议,此外,在诸如"联合国环境与发展大会"(1992 年),"社会发展问题世界首脑会议"(1995 年),"第四届世界妇女大会"(1995 年)等国际会议上,教育问题都被列为重要的议程。教育的问题之所以受到如此普遍的关注,保障"人人享有受教育的权利"固然是第一位重要的原因,但其意义并不限于这一点。越来越多的人认识到,普及教育,不断提高人类受教育的水平,同解决人类目前面临的诸如人口、环境、贫穷、战争等令人生畏的问题有内在的联系,不断提高人类受教育的水平,也是实现可持续发展的一个重要的条件。因此,90 年代以后,人们越来越多地、越来越自觉地将教育同人类面临的各种重大问题联系起来加以综合地考察。

作为世界上人口最多的国家,中国在进入 20 世纪时,文盲充斥全国,绝大多数人民尚不知道"普及教育"为何物。1949 年中华人民共和国成立时,文盲占全国人口 80% 以上。然而,在 20 世纪结束时,中国将实现普及九年制义务教育。这是举世瞩目的伟大成就。由于教育在可持续发展方面的作用,我们在普及教育方面仍需作出持续的努力。

第四,建立终身学习体系。自 1965 年联合国教科文组织提出终身教育方案之后,1972 年,联合国教科文组织"国际教育发展委员会"提交的题为《学会生存》的报告,又提出了"学习化社会"的概念,并把终身教育作为学习化社会的基石。1996 年,联合国教科文组织成立的以"思考 21 世纪的教育与学习"为主要任务的"21 世纪教育委员会"在题为《教育:财富蕴藏其中》的报告中,把"终身教育"列在该报告的"原则"部分之中,强调终身学习是打开 21 世纪光明之门的钥匙。值得注意的是,终身学习的问题已经受到国际教育组织以外的国际组织和国际会议的关注。1995 年,"社会发展问题世界首脑会议"发表了《哥本哈根社会发展问题宣言》,在这个宣言中,100 多个国家的元首或政府首脑对"重视终身学习"这一现代教育的原则作了书面的"承诺"。由于国际社会的倡导,终身教育或终身学习体系构建的问题已经引起越来越多国家的重视。

日本中央教育审议会在1971年就提出从终身教育的观点出发，对整个教育体系进行综合性的整顿。后来，终身教育被列为80年代日本的第三次教育改革的基本原则之一。1988年12月，日本文部相向日本内阁会议提交的白皮书把终生学习定为日本的文教政策。80年代以后，欧、美工业化国家普遍重视终身教育或终身学习。1983年，美国"国家教育优异委员会"的报告《国家在危急中：教育改革势在必行》，提出了"学习化社会"的理想并指出，没有终身学习，人们的技能很快会过时。法国教育部1989年4月的《法国教育指导法案》提出，在义务教育结束以后，每个学生都有权继续就学，以达到公认的教育程度。在关于这个法案的附加报告草案中，个人终身教育被看做是学校、大学及其工作人员的一项使命。英、德等国家的连续教育，其主旨在于使人能够终身学习。俄罗斯也并未因苏联的解体而放弃建立连续教育体系的努力。"根据俄罗斯教育界专家学者们较为一致的看法，与现行教育体系相比，连续教育体系的建立应该在一系列方面实现具有突破性的进步，这包括：完整统一性、连续性、超前性、灵活机动性、适应性等等。"[①]

　　建立终身学习体系对我国尤为必要，我国人口众多，经济尚不发达，仅仅依靠学校教育，难以满足广大人民群众不断提高的教育要求。此外，终身学习体系的建立，也有助于克服我国学校教育中长期存在的一些问题。

---

① 高凤仪等. 当今俄罗斯教育概览. 郑州：河南教育出版社，1994：15.

参 考 书 目

I

苏联教育科学院编.马克思恩格斯论教育（上卷）[M].华东师范大学《马克思恩格斯论教育》辑译小组辑译.北京：人民教育出版社，1985.

苏联教育科学院编.马克思恩格斯论教育（下卷）[M].华东师范大学《马克思恩格斯论教育》辑译小组辑译.北京：人民教育出版社，1986.

上海师范大学教育系编.列宁论教育[M].北京：人民教育出版社，1979.

毛泽东选集（一卷本）[M].北京：人民出版社，1964.

毛泽东选集（第五卷）[M].北京：人民出版社，1977.

毛泽东选集（第一卷、第二卷）[M].北京：人民出版社，1993.

毛泽东著作选读（上下册）[M].北京：人民出版社，1986.

毛泽东书信选集[M].北京：人民出版社，1983.

毛泽东同志论教育工作[M].北京：人民教育出版社编辑出版，1992.

邓小平文选（第一卷）[M].北京：人民出版社，1989.

邓小平文选（第二卷）[M].北京：人民出版社，1983.

邓小平文选（第三卷）[M].北京：人民出版社，1993.

周恩来选集（上卷）[M].北京：人民出版社，1980.

周恩来选集（下卷）[M].北京：人民出版社，1984.

II

丁钢.中国教育的国际研究[M].上海：上海教育出版社，1996.

李大钊文集（上、下）[M].北京：人民出版社，1984.

教育改革重要文献选编[M].北京：人民出版社，1988.

力平等编.田家英谈毛泽东思想[M].成都：四川人民出版社，1991.

上海毛泽东思想理论与实践研究会.毛泽东——走自己的路[M].上海：上海社会科学院出版社，1993.

马骥雄主编.战后美国教育研究[M].南昌：江西教育出版社，1991.

王景伦.毛泽东的理想主义和邓小平的现实主义——美国学者论中国[M].北京：时事出版社，1996.

王焕勋主编.马克思教育思想研究[M].重庆：重庆出版社，1988.

王承绪等主编．战后英国教育研究［M］．南昌：江西教育出版社，1993．

中共中央党史研究室第三室编译处．西方学者论毛泽东思想［M］．北京：中共党史出版社，1993．

中共教科所，厦门大学合编．杨贤江教育文集［M］．北京：教育科学出版社，1982．

巴斯特．欧美近代教育史［M］．刘伯骥译．台北：台湾中华书局，1978．

陈独秀文章选编（上、中、下）［M］．生活·读书·新知三联书店，1984．

加斯东·米亚拉雷等主编．世界教育史（1945年至今）［M］．张人杰等译．上海：上海译文出版社，1991．

成有信编．九国普及义务教育［M］．北京：人民教育出版社，1985．

朱永新等主编．当代日本教育改革［M］．太原：山西教育出版社，1992．

乔冰等．终身教育论［M］．沈阳：辽宁教育出版社，1992．

华东师范大学教育系、杭州大学教育系编译．现代西方资产阶级教育思想流派论著选［M］．北京：人民教育出版社，1980．

孙世路等．成人教育［M］．哈尔滨：黑龙江教育出版社，1989．

孙培青等编．杨贤江教育思想研究［M］．上海：华东师范大学出版社，1989．

孙培青等主编．中国教育思想史（第三卷）［M］．上海：华东师范大学出版社，1995．

约翰·杜威．民主主义与教育［M］．王承绪译．北京：人民教育出版社，1990．

约翰·杜威．人的问题［M］．傅统先等译．上海：上海人民出版社，1965．

约翰·柯莱威利．中国学校教育［M］．张昌柱等译．石家庄：河北教育出版社，1995．

邢克超主编．战后法国教育研究［M］．南昌：江西教育出版社，1993．

杨德广等主编．世界教育兴邦与教育改革［M］．上海：同济大学出版社，1990．

李其龙等．战后德国教育研究［M］．南昌：江西教育出版社，1995．

李鹏程．毛泽东与中国文化［M］．北京：人民出版社，1993．

苏珊·雅各比．苏联学校内幕［M］．辽宁教育学院教研部外语教研室译．沈阳：辽宁人民出版社，1978．

吴福生等．伟大的社会工程——我国普及义务教育的理论与实践［M］．北京：北京教育出版社，1990．

邱兆伟主编．教育哲学［M］．台北：师大书苑有限公司，1996．

汪澍白．毛泽东思想与中国文化传统［M］．厦门：厦门大学出版社，1987．

张健主编．毛泽东教育思想研究［M］．杭州：浙江教育出版社，1993．

张人杰主编．国外教育社会学基本文选［M］．上海：华东师范大学出版社，1989．

张新生．英国成人教育史［M］．济南：山东教育出版社，1993．

陆有铨．现代西方教育哲学［M］．郑州：河南教育出版社，1993．

陈晋．毛泽东的文化性格［M］．北京：中国青年出版社，1991．

陈桂生．现代中国的教育魂——毛泽东与现代中国教育［M］．沈阳：辽宁教育出版社，1993．

陈独秀. 独秀文存[M]. 合肥：安徽人民出版社，1987.

国际 21 世纪教育委员会. 教育—财富蕴藏其中[M]. 联合国教科文组织总部中文科译. 北京：教育科学出版社，1996.

国家教育发展与政策研究中心编. 发达国家教育改革的动向和趋势（第二集）[M]. 北京：人民教育出版社，1987.

国家教育发展与政策研究中心编. 发达国家教育改革的动向和趋势》（第三集）[M]. 北京：人民教育出版社，1990.

国家教育委员会教育发展与政策研究中心、中国联合国教科文组织全国委员会秘书处编. 世界中等教育发展与改革的趋向[M]. 北京：人民教育出版社，1987.

罗伯特·梅逊. 西方当代教育理论[M]. 陆有铨译. 北京：文化教育出版社，1984.

金立人等. 杨贤江传记[M]. 南京：江苏教育出版社，1990.

金重远主编. 战后世界史[M]. 上海：复旦大学出版社，1995.

孟湘砥主编. 毛泽东教育思想探源[M]. 长沙：湖南教育出版社，1993.

赵中建. 战后印度教育研究[M]. 南昌：江西教育出版社，1992.

赵中建编. 教育的使命——面向二十一世纪的教育宣言和行动纲领[M]. 北京：教育科学出版社，1996.

赵祥麟等编译. 杜威教育论著选[M]. 上海：华东师范大学出版社，1981.

赵祥麟主编. 外国现代教育史[M]. 上海：华东师范大学出版社，1987.

查尔斯·赫梅尔. 今日的教育为了明日的世界——为国际教育局写的研究报告[M]. 王静等译. 北京：中国对外翻译出版公司，1983.

保罗·肯尼迪. 大国的兴衰——1500—2000 年的经济变迁与军事冲突[M]. 王保存等译. 北京：求实出版社，1988.

保罗·肯尼迪. 未雨绸缪：为 21 世纪作准备[M]. 何力译. 北京：新华出版社，1994.

保罗·朗格让. 终身教育导论[M]. 滕星等译. 北京：华夏出版社，1988.

顾明远总主编. 中国教育大系·马克思主义与中国教育（上、下）[M]. 武汉：湖北教育出版社，1994.

顾明远主编. 战后苏联教育研究[M]. 南昌：江西教育出版社，1991.

莫里斯·迈斯纳. 李大钊与中国马克思主义的起源[M]. 中共北京市委党史研究室编译组译. 北京：中共党史资料出版社，1989.

徐宗林. 现代教育思潮[M]. 台北：五南图书出版公司，1988.

高奇主编. 中国教育史研究（现代分卷）[M]. 上海：华东师范大学出版社，1994.

教育发展与政策研究中心编. 发达国家教育改革的动向和趋势（全一册）[M]. 北京：人民教育出版社，1987.

曹孚编. 外国教育史[M]. 北京：人民教育出版社，1979.

黄鸿钊主编. 百年国际风云[M]. 南京：南京大学出版社，1990.

黄富顺. 比较成人教育[M]. 台北：五南图书出版公司，1988.

黄丽镛. 毛泽东读古书实录[M]. 上海：上海人民出版社，1994.

龚育之等.毛泽东的读书生活[M].北京:生活·读书·新知三联书店,1986.

菲利浦·孔布斯.世界教育危机:八十年代的观点[M].赵宝恒等译.北京:人民教育出版社,1990.

眭依凡等.大教育:21世纪教育新走向[M].南昌:江西教育出版社,1995.

康内尔.二十一世纪世界教育史[M].张法琨等译.北京:人民教育出版社,1990.

梁忠义主编.战后日本教育研究[M].南昌:江西教育出版社,1993.

博伊德等.西方教育史[M].任宝祥等译.北京:人民教育出版社,1985.

联合国教科文组织国际教育发展委员会编.学会生存——教育世界的今天和明天[M].上海:上海师范大学外国教育研究室译.上海译文出版社,1979.

董纯朴编.中国成人教育史纲[M].北京:中国劳动出版社,1990.

雅克·哈拉克.投资于未来:确定发展中国家教育重点[M].尤莉莉等译.北京:教育科学出版社,1996.

傅统先、张文郁.教育哲学[M].济南:山东教育出版社,1986.

傅聚文主编.世界近现代史[M].北京:高等教育出版社,1995.

舒新城编.近代中国教育思想史[M].上海:上海中华书局,1929.

曾昭耀等主编.战后拉丁美洲教育研究[M].南昌:江西教育出版社,1994.

滕纯主编.毛泽东教育活动记事[M].湖南:湖南教育出版社,1993.

滕纯主编.邓小平教育思想研究[M].沈阳:辽宁人民出版社,1992.

滕大春主编.外国教育通史(第四卷)[M].济南:山东教育出版社,1992.

滕大春主编.外国教育通史(第五卷)[M].济南:山东教育出版社,1993.

滕大春主编.外国教育通史(第六卷)[M].济南:山东教育出版社,1994.

滕大春.美国教育史[M].北京:人民教育出版社,1994.

瞿葆奎主编,雷尧珠、余光、黄荣昌选编.教育学文集·中国教育改革[M].北京:人民教育出版社,1991.

瞿葆奎主编,马骥雄选编.教育学文集·美国教育改革[M].北京:人民教育出版社,1990.

瞿葆奎主编,杜殿坤、俞翔辉、朱佩荣选编.教育学文集·苏联教育改革(上集)[M].北京:人民教育出版社,1993.

瞿葆奎主编,杜殿坤、俞翔辉、朱佩荣选编.教育学文集·苏联教育改革》(下集)[M].北京:人民教育出版社,1988.

瞿葆奎主编,李其龙、孙祖复选编.教育学文集·联邦德国教育改革[M].北京:人民教育出版社,1991.

瞿葆奎主编,钟启泉选编.教育学文集·日本教育改革[M].北京:人民教育出版社,1991.

瞿葆奎主编,金含芬选编.教育学文集·英国教育改革[M].北京:人民教育出版社,1993.

瞿葆奎主编,张人杰选编.教育学文集·法国教育改革[M].北京:人民教育出版社,1994.

瞿葆奎主编，赵中建、夏孝川、邓明言、马荣根、吴志宏选编. 教育学文集·印度、埃及、巴西教育改革［M］. 北京：人民教育出版社，1991.

Ⅲ

Brubacher, J. S. A History of the Problems of Education. McGraw-Hill Book Company, Inc., New York, 1947.

Goodlad, J. I. A Place Called School. MeGraw-Hill Book Company, New York, 1984.

Hutchins, R. M. The Conflict of Education In a Democratic Society. Harper and Row, New York, 1953.

Johnson, J. A. et al. Introductions to the Foundations of American Education. Ally and Bacon, Inc, Boston, 1973.

Morris, V. C. et al. Philosophy and the American School. Houghton Mifflin Company, Boston, 1976.

Ozmon, H. A. et al. Philosophical Foundations of Education (Third Edition). Merrill Publishing Company, Cotumbus, 1981.

Pratte, R. Contemporary Theories of Education. Haddon Craftsmen, Inc., Scranton, 1971.

Rugg, H. Foundations for American Education. World Book Company, New York, 1947.

Skinner, B. F. Beyond Freedom and Dignity. Alfred A. Knopf, Inc., New York, 1971.

Walker, W. Philosophy of Education. Philosophical Library, lnc., 1963.

Wynne, J. P. Philosophies of Education: From the Standpoint of the Philosophy of Experimentalism. Greenwood Press, Westport, 1947.

原 版 后 记

当最终完成本书写作的时候，我确有如释重负的感觉：几年来一直萦绕在心头的事，现在总算有了个交代。

1990年夏季，我参加了在成都召开的"全国中青年教育理论工作者学术研讨会"，会议结束以后，北京师大的吴忠魁同志和我酝酿以中青年同志为主要参加者的研究课题。经过几番商量，同年秋在北京确定"20世纪教育回顾与前瞻"这一选题，在与部分学校的青年教师、研究生商谈之后，此选题很快得到大家的认可与支持。

在山东教育出版社的热情鼓励和大力支持下，1991年5月于济南召开了课题组成员会议。北京师大顾明远老师和山东师大潘伯庚老师应邀自始至终地参加了这次会议，并对课题研究的总体设计以及各方面具体的研究工作提出了许多宝贵的指导意见。对于他们的支持和鼓励，在此表示深切的感谢。当时大家商定，先分割出若干子课题分别加以研究，这一阶段各子课题研究的成果以丛书的形式表现，在此基础上，课题组成员集体撰写一份总研究报告。后来，由于种种情况的变化，这一设想并未完全实现。1995年年初，山东教育出版社出版了作为子课题研究成果的"20世纪教育回顾与前瞻丛书"共九种，而总报告的撰写，受制于各方面的条件，难以落实。作为课题组的负责人，我对此负有无法推卸的责任，只有勉力承担这一任务。

在写作的过程中，始终得到许多同志的关心和帮助。张人杰老师、陈桂生老师、丁钢博士、赵中建博士以及其他许多同志与我多次进行了长时间（有几次竟通宵达旦）具体、细致的讨论，使我受到很大的教益。戚万学、赵洪海、于建福、陈建华等同志分别在上海、南京、北京、香港等地帮助我收集、复印有关资料，给我提供了许多方便。张畹玲、陈建华、张国霖、李剑萍等同志对初稿提出了许多有价值的修改意见。《中学教育》编辑部的同事为使我专心写作，主动分担了许多本该属于我的常规工作。对于他们的帮助，在此表示深切的感谢。

我清楚地知道，本课题的时间、空间跨度及其综合性，与我个人的学力和能力是很不相称的。（在写作过程中，我几次闪现因种种顾虑而搁笔的念头，本书责任编辑谢荣岱同志对我的信任和鼓励，无疑是使我坚持到最后的一个重要原因）本书肯定存在许多缺点和错误，恳请读者给予批评指正。

陆有铨

1997.8.4　上海

一个批判型的思想者

（代后记）

牟宗三曾经说过，世界是混沌的，哲学家是通过某个孔道注入一缕光线、照亮整个世界的人。我们的导师陆有铨先生，就是这样的一个人，一个批判型的思想者。他的思想睿智而深刻，充满锋芒，入木三分。

先生 1943 年 4 月 6 日出生于上海，先后就读于薛家浜路小学、斯盛初级中学和大同高级中学，华东师范大学教育系 1967 届本科毕业，到军队农场劳动一年后赴山东省临邑师范学校和临邑三中任教。1982 年获山东师范大学教育学硕士学位，毕业后任教于山东师范大学教育系，1988 年晋升为教授，1990 年被评为博士生导师。期间曾任山东师范大学教育系副主任、主任。1991 年任教于上海教育学院，曾任教育科学研究所所长，《基础教育》杂志主编。1997 年起任教于华东师范大学教育学系。现为华东师范大学终身教授、博士生导师，中国教育学会教育学研究会副会长、教育哲学专业委员会主任，先后被聘任为东北师范大学、西南师范大学、山东师范大学等十余所大学的兼职教授。1980 年代后期在山东师范大学带第一届研究生，至今已为教育学领域培养了 70 多位专门人才，包括博士 45 人，硕士 8 人，博士后 6 人，访问学者 11 人。

先生主要致力于教育哲学、道德教育和现代教育改革等领域的研究，为我国教育科学的繁荣发展作出了杰出贡献。他主持"学校教育与儿童发展"等国家重大项目、省部级重点项目多项，著有《躁动的百年——20 世纪的教育历程》、《现代西方教育哲学》、《皮亚杰理论与道德教育》，出版译著《西方当代教育理论》、《学习的条件》、《儿童的道德判断》、《儿童的早期逻辑发展》、《意识的把握》、《成功与理解》、《民主社会中教育上的冲突》、《道德教育的理论与实践》等，主编有《西方文化辞典》、《20 世纪教育回顾与前瞻》丛书（共 9 本）、《教育大辞典·教育哲学》（副主编）、《走向研究教师之路——教育研究方法与应用》、《转型期西方教育理论与实践》丛书（共 8 本）等，在《教育研究》等刊物上发表论文多篇。其中《皮亚杰理论与道德教育》获全国首届教育科学研究优秀成果著作一等奖、山东省哲学社会科学优秀成果著作一等奖，《现代西方教育哲学》获上海市哲学社会科学优秀成果著作一等奖，《躁动的百年——20 世纪的教育历程》获全国第二届教育科学研究优秀成果著作一等奖、上海市哲学社会科学优秀成果著作一等奖、第十一届中国图书奖，《20 世纪教育回顾与前瞻》丛书（共 9 本）获第十届中国图书奖。1988 年他被评为山东省首批专业技术拔尖人才，1991 年获国务院特殊津贴，1993 年获"曾宪梓优秀教学奖"，2000 年获"宝钢优秀教师奖"。特别值得提出的是，先生 20 多年来一直致力于西方教育哲学思潮、中国教育哲学学科体系建设的研究，不仅学术成果丰硕，而且有力地推动了我国教育哲学学科的建设与发展。他在国内较早翻译介绍了皮亚杰、加涅、赫钦斯等人的教育著作和教育思想，对现代西方教育哲学的研究有较深的造诣。他始终以睿智的目光，关注教育实践，研究教育问题，批判教育现实，追问教育真谛。他独特的批判视角、睿智的思想光芒，已照射在中国教育理论的发展途程当中，无疑已成为其中的一个发展标识。

先生是我们的恩师，在他七十岁生日之际，我们根据先生多年来的言行和思想，试图从研究视角、研究方法以及研究结果等方面，对先生的教育思想作一个浮光掠影的总结，并以此作为对先生七十岁生日的纪念。

一、关于教育哲学学科发展的探索

哲学是智慧之学，体现一个民族的悟性。黑格尔说，"一个有文化的民族"，如果没有哲学，"就像一座庙，其他各方面都装饰得富丽堂皇，却没有至圣的神那样"。一个没有哲学思维的民族，是没有文化创造力的民族。教育哲学是与人类的教育活动同步产生的，任何教育活动的发生都离不开教育哲学思想。中国的教育哲学学科形成于20世纪30年代[①]。1949年以后，教育哲学作为一门学科在高校停开。直到20世纪80年代，中国教育学者又重新开始研究和讲授教育哲学[②]。1979年，先生作为山东师范大学和华东师范大学联合招收的研究生，跟随我国著名教育哲学家傅统先、张文郁先生学习教育哲学，并把西方教育哲学思想作为自己的研究方向。自1982年在山东师范大学开设教育哲学课以来、特别是担任教育哲学专业委员会主任以后，先生一直致力于教育哲学研究工作，为该学科的发展贡献了自己的智慧。

先生认为，教育哲学的核心是教育的价值问题，它不是既定的知识、不是现成的结论、不是实例的解说、不是枯燥的条文，而是追问教育观念的前提、探寻教育常识的根据、反思历史进步的尺度、推敲评价真善美的标准。在教学过程中，相对于知识的教学，先生把对问题的发现、思考放在第一位。先生认为，相对于理论创新、现实问题的解决，知识是最好学的，但对人的发展，知识的作用不能看得太高。教育哲学学科的最大价值，就是引发问题。它更多的不是回答问题，而是提出问题，让人不断地思考。学教育哲学不是学知识，而是遵循历史与逻辑的统一，对教育思想的产生和历史的演变作出自己的判断。教授教育哲学不是教学生接受某一派教育思想，而是要培养几个"不受惑的人"。"达摩自东方来，他要找到一个不受惑的人。"

在教育哲学学科建设方面，先生进行了重要的划界工作。哲学最根本的特征是追根性，强调对人生深层意义的挖掘，有着可以穿透我们日常生活层面的无限的深度。它关注的是我们在世上生存和发展的终极意义，它将我们日常生活的枝节、常识和现象加以剖析，使我们懂得激发人性深处的精神潜力。而教育哲学之区别于教育科学，先生认为，根本的是教育哲学的任务不在于发现教育事实，而在于对事实进行解析，对教育过程有潜在制约作用的真善美规则进行探究。教育科学侧重于发现事实，通过科学的研究，使教育过程脱离经验的局限。教育哲学也区别于教育理论。教育理论是人们在教育实践中借助概念、判断、推理表达出来的知识体系，是对教育实践的概括总结。理论的形成需要理论思维。理论思维需要哲学，哲学起着统率的作用。任何理论的发展都受时代的哲学发展的影

---

① 陆有铨，迟艳杰．中国教育哲学的世纪回顾与展望 [J]．教育研究．2003（7）．
② 陆有铨，迟艳杰．中国教育哲学的世纪回顾与展望 [J]．教育研究．2003（7）．

响。先生认为，真正良好的社会应该是以哲学为定向的社会。中国教育的落后首先是教育哲学的落后。教育哲学对教育理论的提高具有很大的作用。

先生还站在新世纪的起点上，明确教育哲学的功能，展望教育哲学的发展趋势。先生认为，教育哲学具有两大功能，即批判功能和理想引导功能。教育哲学的反思与批判功能就是对教育问题所蕴涵的前提予以反思，也就是对教育问题的"前提"进行诘问性的思考，或者是把"前提"作为"问题"予以追究和审讯。发挥教育哲学的批判功能不是对教育现实的彻底否定，而是在观念、精神活动层面形成一种制约或导向，在这个意义上的批判也就是一种建议和建设，引导教育健康发展①。先生自己就经常对一些教育口号进行前提性追问，如"科教兴国"、"一切为了学生，为了一切学生，为了学生一切"、"没有教不好的学生，只有不会教的老师"等。教育哲学的理想引导功能，就是要给年轻一代以超现实的理想和信念，使他们爱智、求真、向善、趋美，具有蓬勃向上的精神和高尚的追求。先生认为，未来教育哲学的发展有两大趋势。第一个趋势是向具体研究领域深入。教育哲学自身分化出教育美学和教育伦理学等；在纵向教育系统上，出现高等教育哲学和基础教育哲学的研究；在横向的教育学各领域中，出现文化教育哲学、教学哲学、道德教育哲学等；其他还有课程哲学、教师教育哲学、社会教育哲学、家庭教育哲学等。第二个趋势是教育哲学研究的国际视野。一方面是以宏观的视野研究西方20世纪中叶以后出现的时代性问题，如人类自身存在和发展中的问题、知识经济的问题、科学技术发展提出的问题、经济全球化的问题等；另一方面是加强国际的交流与合作，把中国教育哲学的研究成果推向世界。

先生主张，教育哲学研究的最重要的目的不是为了获得知识，而是为了提高教育反思能力。在研究现代西方教育哲学的过程中，先生一直把研究的着力点放在对历史的政治、经济、文化背景的把握上，主张对其进行宏观的概括和审思。在内容的涉及上，先生的研究工作可以归纳为四种具体的研究视角。从这些独特的视角出发，先生提出了自己对现代西方教育哲学思潮的独特见解。

第一种视角是总揽100年西方教育哲学思潮，展示西方教育家是如何思考的。如对杜威的"教育无目的"这一学说的理解，先生阐述道，因为人的活动总是具体的，具有时空的特定性，人的活动又总是与具体问题有关，只要人有活动，就会有问题。人的活动归根结底是解决问题的活动，而且是解决切近的问题。因此，教育没有终极的目的。

第二种视角是对不同的教育思潮进行共同点与分歧点的辨析，揭示教育内涵的丰富性，展示对教育问题思考的多方位视角。如杜威用经验的方法研究伦理问题，试图把事实判断与价值判断联系起来，就是解决道德教育这一世界性难题的途径。由此联系我们目前的道德教育，先生认为，我们的误区在于由事实判断直接代替了价值判断。我们学校用我们国家物产丰富、地大物博对学生进行爱国主义教育，这是需要进一步讨论的。这样做的最大危害，是使道德教育成了不道德的教育。

第三种视角是通过对西方不同时期社会条件与教育内部条件的分析，把握西方教育家100年关注的教育焦点，以此反观今天我国的教育问题。教育上没有新问题，西方教育家对教育问题的研究，可以给我们很多的启发。还以先生对杜威的研究为例。先生认为，杜

---

① 陆有铨，迟艳杰. 中国教育哲学的世纪回顾与展望[J]. 教育研究. 2003（7）.

威对自由、民主与教育之间关系的理解，非常值得我们借鉴。杜威认为，自由不是一种状态，而是一个过程，所谓自由就是"争自由"，所谓民主就是"争民主"。我们往往把主体性的发挥看成是无条件的，把自由看成是绝对的，并与纪律对立起来，把民主理解为少数服从多数。这都隐藏着很大的危险，极容易形成多数人的暴政，"文革"就是一个典型的例证。

第四种视角是对不同流派的基本主张进行评析，深刻理解每一种教育哲学思潮、学派、学说在特定国家、特定历史时期的"绝对"（被决定性、必然性、合理性）及其在历史发展进程中的"相对"（历史局限性、偏颇），明确研究问题应有的态度、方法，提高反思能力。如通过对进步主义和永恒主义的对比，先生认为，教育主张没有绝对的好与坏之分，只有合适与不合适之别，适合当下的社会需要、适合学生作为人的内在的自然的教育就是好的教育。

这些研究方法和研究视角贯穿着反思、批判，从不同角度引出问题，常常有拨云见日、使人顿开茅塞之效。

二、关于20世纪教育发展历程的探索

先生致力于现代西方教育哲学思潮的研究，先后出版了《现代西方教育哲学》、《躁动的百年——20世纪的教育历程》等专著，主编了《20世纪教育回顾与前瞻丛书》共计九种，内容涉及20世纪东西方教育改革、教育目的观、道德教育理论、教育科学研究方法论、新教学论、教育法、教育经济学、教育心理学、教育技术等诸方面，对整个20世纪教育发展作了一种全方位、多视角、深入细致的"世纪末的思考"。

《现代西方教育哲学》1993年由河南教育出版社出版。它是国内研究西方现代教育哲学的扛鼎之作。先生自1982年取得硕士学位留山东师范大学工作以后，遵从师命开设教育哲学课，主要讲授现代西方教育哲学。该书就是在上课讲稿的基础上，根据"教育哲学系列研究"课题的需要，加以补充、修改而成的。该书共分七章，大体按照时间的线索，介绍、评述了20世纪以来西方教育哲学的下列几个重要流派：进步主义、要素主义、永恒主义、改造主义、新行为主义、存在主义、分析教育哲学、西方"新马克思主义"。对每一个流派的思想渊源、产生的时代背景、理论基础，以及诸如教育目的、课程、教学方法、教学过程中的师生关系等主要的教育主张，都进行了系统的阐述，并对每一个流派进行了中肯的、有见地的分析和评论。先生开设现代西方教育哲学课已经二十余年，每次讲课均受到博士生、硕士生的欢迎，每每成为选修人数最多的课之一。《现代西方教育哲学》一书也被国内诸多的师范院校作为硕士、博士研究生的学习、研究范本。先生并不满足于现成的研究成果，每次讲课均作认真准备，不断补充新材料、发展提炼新观点；讲课以后均作深入的反思，不断提炼、不断补充，为以后的授课做准备。

先生把20世纪西方教育哲学的发展高度概括为"一条主线三个转向"。"一条主线"是指科学主义与人文主义的争斗。杜威提出，学校日常工作有科学的和人文的两种办法，"一个办法是企图诱使教育者回到科学方法还没有建立以前的几个世纪就已出现的种种理智的方法和观念"，"另一种可供选择的办法是系统地利用科学的方法"。他认为，"要使教

育工作不至于漫无目标地随波逐流，只有在两种办法中选择出一种办法来。"[①] 整个20世纪的教育表现为这两种主张的争斗，论战不断、各执一端。先生把20世纪科学主义与人文主义之争比喻为一条直线，认为它们之间没有绝对的中点，也没有绝对的两端。而且二者之争呈现为越来越分离的趋势，一方面，人文主义教育的观念，从永恒主义到存在主义，越来越远离中点；另一方面，科学主义教育的观念，从进步主义、改造主义到新行为主义，也是越来越远离中点。联合国教科文组织国际教育发展委员会在其编写的《学会生存——教育世界的今天和明天》中表现出来的基本立场是力图将两者综合起来[②]。对此，先生评论说："这是偷懒的方法。我反对'有机的结合'、'辩证的统一'这样的提法，这涉及范式的可不可通约的问题。把几个方面的优点综合在一起，看起来很完美，但有时是无法通约的。"先生用禅师的"棒喝法"幽默地说："有没有胆固醇的肥肉吗？可以同时具有姚明的个子加刘翔的速度吗？可以同时拥有大象的力气加猴子的灵活吗？"先生说："试图把科学主义和人文主义综合在一起，是极端困难的。两者能各占五成吗？如果不能，应该是什么比例？为什么是这个比例？"直到今天，我们看到的事实不是科学与人文的融合，仍然是二者的逐渐分离。

先生把西方教育哲学的发展变化概括为"三个转向"。第一个转向是由对普遍性、共性的追求，转向尊重个性、多样性，尊重多元。既往的教育是追求普遍性、追求统一，以培养人的共性为己任。20世纪以后，人们发现对统一性的追求是不可能的。在教育上由过去对共性的追求转变为追求个性，培养学生个性。

第二个转向是由注重理性转向注重非理性。既往的教育是理性主义处于统治地位，认为人的理性是万能的，其根本观点是二元论的，强调主客分离；认为人的理性最大的作用是认识宇宙中的逻辑。在教育中注重学生理性的发展。历史到杜威这里，二元论被彻底颠覆了。杜威把认识者与认识对象统一为经验。强调知者与被知者二者的不可分，认为世界上本不存在逻辑，逻辑、规律是人强加的。先生将其归结为"教育无规律说"，即教育是有规则的，但是没有规律。规律是不以人的意志为转移的、客观的必然，规律具有可重复性。教育上的规则都是人定的，而且没有可重复性。

第三个转向是对人主体性发挥的认识由无限转向有限。人们认识到，教师主体性的发挥是有限的，教师的作用是有限的，学校的作用也是有限的，教师的劳动要有价值，也要与学生的自然相配合。离开学生的自然，教育必然失败。

《躁动的百年——20世纪的教育历程》洋洋七十余万言，是"20世纪教育回顾与前瞻"这一研究课题的总报告。本书的特点不仅在于材料的翔实与全面、发人之未发，更为重要的是总揽了东西方教育发展过程中的各家学说，理出了一条20世纪教育理论演变的脉络以及教育理论的发展趋势与可能。更见功力的是，本书不局限于一般的介绍，而是着眼于作出中肯的评价，这些评价颇多独到、发人深思之处。

马克思在《政治经济学批判》中对于经济基础和上层建筑变更的关系指出："我们判断一个人不能以他对自己的看法为根据，同样，我们判断这样一个变革时代也不能以它的意识为根据；相反，这个意识必须从物质生活的矛盾中，从社会生产力和生产关系之间的

---

① 杜威. 我们怎样思维·经验与教育 [M]. 姜文闵，译. 北京：人民教育出版社，2005：294.
② 陆有铨. 躁动的百年——20世纪的教育历程 [M]. 济南：山东教育出版社，1997：482.

现存冲突中去解释。"[①] 先生以此经典性说明为指导思想，在一个比较广阔的世界政治、经济、科学技术和文化发展的背景下，对20世纪的教育改革从纵横两个方向进行了深入研究。在横的方向上，以世界性的教育改革为线索，将总体发展进程划分为三个阶段；在纵的方向上，就教育发展纵向的特征概括为几个"化"。

先生把20世纪教育的发展分为了三个阶段。第一阶段从19世纪末、20世纪初开始至1945年第二次世界大战结束。这一阶段的主要特征是资产阶级民主主义的教育改革以及资本主义制度发生裂变以后的其他形态的教育改革。在俄国十月革命以前，以欧洲的新教育和美国的进步主义教育为代表的民主主义教育的改革形成了一股浪潮，包括中国在内的大多数国家，都受到这股思潮的影响。俄国十月社会主义革命是资本主义的一次裂变，建立了无产阶级性质的教育制度，实行了共产主义的教育改革。资本主义的裂变还表现在德国、日本、意大利等法西斯主义国家的兴起，在教育方面，进行了为法西斯主义政治服务的国家主义的教育改革。第二阶段从第二次世界大战结束到20世纪70年代末。第二次世界大战摧毁了法西斯主义的武装和社会制度，出现了以苏联为首的社会主义和以美国为首的资本主义两大阵营，且两大阵营处于严重的对峙状态。这种"双峰对峙"状态深刻地影响了战后的教育。这一阶段，教育改革的主要趋势是教育事业的大发展以及追求科学知识教育的高质量，改革主要集中在课程和教学方法方面。以美国和苏联为例，改革的动力除了政治、军事、经济的因素以外，主要是新科技革命和苏联人造卫星上天的影响。第三阶段从20世纪80年代以后。这一阶段的特征寓于80年代后期重点各异的教育改革之中，主要是在世界多极政治格局以及新技术革命背景下美国、苏联、日本等国进行的教育改革。从70年代开始，有的国家即开始酝酿教育改革，但由于70年代工业化国家发生了经济危机，因而第三次教育改革的高潮推迟到80年代才出现。这次改革有三个特点：第一，反映了和平与发展的主题；第二，改革具有整体性；第三，各国改革的重点不同，这同多极世界的政治格局有关。在纵的方向上，先生也按照自己的标准进行了梳理，抽取了几个重要的方面进行了详述，如教育思想、终身教育的理论和实践、中国的教育等。对20世纪的教育思想，《躁动的百年——20世纪的教育历程》一书主要按照人文主义教育思想和科学主义教育思想的争斗这个线索来展开。先生将其概括为几个"化"，即教育的政治化、民主化、终身化和国际化。

三、关于教育研究方法的探索

先生认为，教育理论探讨的分歧是在哲学观上。研究教育，首先要研究人。我们的教育研究似乎存在着一个隐性的关于人性的前提，即往往把学生看成天使，把教师看成圣贤。这种人性论的假设是值得讨论的。我们要追问，人到底是什么，社会到底是什么，教育到底是什么。抛开对人的关注，抛开一般的人性的假设，把教育看做孤立于社会的活动，就学校教育研究学校教育，而不与人的其他活动作联系、作比较，这种研究方法是值得反思的。

研究教育要先研究事实，再作价值判断。先生说，上来就作价值判断，不是研究的态度；先有价值判断，再根据判断剪裁事实，更是危险的做法。现成的价值判断，很可能被

[①] 陆有铨. 躁动的百年——20世纪的教育历程 [M]. 济南：山东教育出版社，1997：3.

当做躲避批评的"防空洞"。又如,对"进步"我们习惯作正向的价值判断,但是没有看到,"骗子"的技术越是进步,对社会的危害就越大。又如,对"强制"我们是否定的,但是没有看到人不能离开外在的压力,因此在基础教育中就导致一些教师很难做。再如,我们仅仅把学校教育看成是培养人的,而没有看到义务教育阶段之后学校教育的甄别、选择作用,因此我们才会不遗余力地批评高考。学术上有很多这样的"防空洞"。教育学上的"防空洞"更多。过去被教育家定论过的东西,最有可能成为"防空洞",如个别差异、环境等。真正的学者是试图解决这些"防空洞"。我们作研究,不要受历史上的大思想家的影响,上来就想当然地作价值判断。客体本身是无所谓好坏的。只有与人的需要发生关系时,价值才出现。以人性的善恶为例,要先研究它是什么,再判断好坏。而现在的人性论研究,往往是先作价值判断。比如人的好吃懒做,是好是坏?它可能是坏的,但也有好的一面,它促进社会的发展。人类社会的发展,从根本上是源于人的好吃懒做。促进人类社会进步的不是善良的人性,而是巧妙利用人性中恶的部分。挖掘人性中善的东西是肤浅的,我们整天喊的"促进"、"弘扬"能起多大作用呢?我们到处张贴的标语、口号,有多少转化为人的行动力量了呢?学校里表扬、奖励等教育手段,当然具有一定的教育作用,但这些手段是否真正重要到要以它为主呢?表扬潜藏着道德危机,它可能培养出"伪君子",因为表扬下产生的行为不一定是出于道德的目的。在教育中,使人进步大、印象深刻的是表扬还是非表扬呢?恶也是重要的教育力量,教育要探讨如何利用人性中的恶。发展市场经济就是利用了人性中的恶。人没有"私"比没有"公"更可怕。关键是怎么利用恶。

研究从问题开始。任何科学发明都是解决问题的。人类的希望掌握在思考问题的知识分子手中。先生常说,可以三天不看书,但是不能一天不思考。先生引用胡适说过的"做学问要在不疑处有疑,做人要在有疑处不疑"这句话,来鼓励学生质疑。鼓励学生对确信无疑的问题产生怀疑,对人们熟知的、习以为常的教育生活作追根式的反思、批判。问题不是人造的,是生活中固有的。因此先生倡导对学生每天看到的熟悉的现象、思维方式、价值取向进行追问,对日常知识的前提反复追思,追问它何以如此,以发现问题。先生常说,我没有学问。不了解的人以为是先生在谦虚,其实,这就是先生的知识观。先生推崇的不是现成的死知识,而是对知识的使用。先生认为,可以说所有的知识都是死的,也可以说根本没有死知识。知识之死,罪不在知识,而在于使用者。知识只是思维的材料,学习知识是为了利用知识进行思考。人的肉体生命是脆弱的,但是人能思考,人的全部尊严在于思考。

教育研究要有代价意识。由于采取某个方案而带来的负面影响,就是为实施该方案而付出的代价。任何问题的解决方案,都是要付出代价的,都要有某些"副作用",不能指望某个方案或者学说能解决所有的问题。作教育研究要达到十全十美是不可能的。要弄清楚"搞"有什么代价,"不搞"有什么代价,两相比较,取其代价轻者。先生鼓励学生在研究初期可以极端一些,攻其一点、不计其余。他追求思想的深刻,对问题的解剖入木三分。哪怕这种解剖是错的,但对后人也有启发,错误的价值是不能低估的。解决方案要有针对性,对症下药,越是普遍越是没用;肤浅的综合,看起来是辩证的,但实际上对解决问题没有任何价值。以高考为例,先生认为目前还没有什么选拔人才的办法比高考更公正。它有问题,但不能简单否定它。在公平的定义下,它存在着某些不公平;在不公平的定义下，它又是最公平的。需要对其作具体情况下的具体分析，不断地改进。教育上动不动用革命的、全盘否定的办法是不可取的。Revolution 与 evolution 英文只相差一个字母，社会变革在有些情况下用 revolution 是可取的；而教育，先生一贯主张用 evolution。因此在别人对高考进行攻击的时候，先生就为高考辩护。先生说，我真不明白有些人怎么那么恨高考，"文革"期间打着公平的旗号取消高考，给中华民族带来了一场灾难，反而导致了最大的不公平。

先生一贯提倡作研究就是要增加新东西，或者观点是新的，或者方法是新的，或者视角是新的，反对说"正确的废话"。他要求学生写文章要"刺刀见红"，要有自己的见解。先生从教三十余年，仅发表论文二十几篇、出版专著三部。非不能，不屑为也。没有真知灼见，没有创造出新的知识，先生从来不滥竽充数。就是已经成熟的观点、主张，先生也从来不急于拿出来发表，而是斟酌再三、反复探究，有很多东西往往是放上几年再发表。因此，我们本文涉及的思想，有很多是他在课堂上或是带学生过程中思考、阐述的意见，但是从来没有以文字形式发表过。即使这样，也可能正因为这样，仅仅几部著作，已奠定了先生在国内教育哲学研究领域的学术地位。

四、关于学校道德教育的探索

学校道德教育问题一直是先生关注的重点。经过多年对学校道德教育的研究，在考察古今中外道德教育思想史的基础上，先生提出了两个重要的理论，即"道德在生活之中"和"道德是自足的"。从这些理论出发考察目前的学校道德教育，先生认为学校道德教育目标的定位值得进一步研究，这也是解决目前学校道德教育缺乏有效性的根本所在。

道德在生活之中。先生认为，传统的哲学史探讨道德主要有两条途径：一个是三大宗教的传统，借助于绝对的权威和神威，把道德看做它们意志的产物；另一个是从生理学、心理学的角度，借助于人的理性，从价值的层面来进行思考。这两条途径都是从特定时代人的具体生活以外来探讨道德，这是有问题的。先生认为，人的道德就在人的生活之中，必须从人的生活本身来探讨道德。道德的发生与发展离不开人的生活，特别是在人类早期，在与环境斗争的过程中形成了种种行为规范，这是人生活的必需物。人的生活本身需要法律、纪律、道德，三者都是人的主观性的产物，这个意义上三者是一致的，差别在于三者处理的问题不同。法律代表国家意志，是统治阶级主观意志的产物；纪律是在一定范围内处理群体的关系；处理个人与个人之间以及个人与社会之间关系的范畴就是道德。法律、纪律、道德的宗旨与价值都是满足人的生存和发展。道德不同于其他二者的是，道德凭借人的良心，即黑格尔所说的"普遍的善"。真正的道德是主观的，只有符合自己意志、出于自己意愿的行为才是道德的行为。

道德是自足的。先生从对人的需要的考察提出"道德自足"的理论。先生认为，人类从事的政治、文学、艺术等活动是人类普遍性的产物。由此出发，不断追问，人为什么要从事这些活动？追问到不能再问，就要落脚于人的需要。对道德教育目标、手段的思考，同样也离不开对人类需要的考察。而人类最基本的需要主要有个体生存的需要（如衣食住行）、社会的需要（包括社会认同感、社会归属感、尊敬感以及爱人和被爱的需要）、精神的需要（包括审美的和科学的）等。人类在长期的进化中，人的需要与其他生物的需要有一个最根本的区别，就是人的客观所需与人的主观所欲高度一致，我们想要的东西往往也是客观上需要的东西。而所有想要的需要都可以归结为解决个体的生存及种的繁衍。因此，我们把道德与个人的生活归结起来，道德是人自身所需要的东西，而不是外在的东西。满足了人的基本需要，道德就是他自己的东西，就是他需要的东西，这和人的生活的发展是一致的。也就是说，只有出于人类自身需要的，才是道德的；凡是人类自身不需要的、不想要的，都是非道德的。

目前学校道德教育目标定位的问题。既然人之所欲与所需高度一致，就不会有非道德出来。但问题并不这么简单。先生认为，我们对人性的界定还要考虑人之为人的其他属性，人的身上还有兽性。人区别于其他动物的一个根本特征是，人是否定性的存在，其他动物是肯定性的存在。人之所以建有高度的物质文明，主要是由于人的自我否定性。而动物的发展完全是被动的，它受制于环境的变化。人的否定性是人的主体性的主要内涵。人作为动物进化的结果，出现了一个严重的现象，就是所需与所欲的分离。由于不能理解自己的最基本的利益、最基本的需要，于是就有了道德的需要。从这样的追问出发，先生进一步提出了学校道德教育目标的定位问题，即学校道德教育最根本的目标是解决人类行为中不道德的问题，而不是解决更道德的问题。因为有不道德的行为在先，才需要道德教育；就像先有犯罪行为，然后才有法律一样。然而在中小学教育中，道德教育的目标往往定位于更道德，所以不道德的问题就留待于大学解决了。目前的种种道德虚无主义都是目标定位带来的问题。

关于学校道德教育有效性问题。在雄辩论证的基础上，先生提出六条提高学校道德教育有效性的意见。

第一，建立正确的道德教育方法论基础。关于学校道德教育方法论的基础，先生认为，可以归结为对这个问题的追问：一个人是因为不断解决自己的不道德而成为道德的人，还是因为不断做更道德的事情才成为道德的人？先生给出的答案是前者。也就是说，作为个人发展的最根本的动力，是个人实际的道德行为状况与人的最根本的需要所产生的规则之间的矛盾运动，正是在这个矛盾中获得了发展的动力。

第二，学校道德教育要符合人性。道德教育的有效性取决于道德教育是否符合人性。目前存在着两种不符合人性的教育：极端个人主义道德，表现为自私自利、放荡不羁；国家主义或绝对整体主义道德，表现为不断牺牲、不断付出、不断奉献。这二者都是把想要的东西置于需要的东西之上，这种想要或者是以个人的名义，或者是以国家的名义、上帝的名义，是不符合人性的，是不可取的。符合人性是满足人的基本需要，对受教育者而言，就是要达到道德义务与道德权利的一致。既往的道德对受教育者是无道德权利的道德义务，对教育者而言是无道德义务的道德权利。道德成了学生生活以外附加的东西，有效性从根本上受到动摇。

第三，构建自律道德的可靠基础。正确价值观的构建，是自律道德的可靠基础。任何道德教育都不可避免地要涉及价值和价值观的问题，而我们在道德教育中往往是把价值观的教育放在次要的地位，注重的是道德规则的教育。这是可怕的。价值观的教育不能灌输，只能引导。所谓引导，是教育者告诉学生自己的道德主张、价值取向，而不是强求；在教育过程中要提供经验的事实；帮助学生厘定价值观的内涵以及对他个人的意义。

第四，重视道德感、责任感的培养。道德教育的支柱是道德感的形成，而道德感的核心是责任感。道德感是一种压力感，是一种在特定道德情境下做什么、不做什么的压力感。它区别于目前东西方道德教育中作为达到教育有效性使用的原罪感、犯罪感、羞耻感,这些都是消极的,而只有道德感是积极的。作为它的核心,责任感是基于对公共基本需要感受而产生的对个人责任、义务的认同。道德感的发展包括对自我的认识、对他人的认识、对公共利益的反省思考和认同、对个人与公众关系的认识以及自觉察觉自己行为的能力等。

第五,在道德教育中,要慎重谈功能、作用以及各种正向、负向的控制措施。由于道德是自足的,它无须任何外在的东西。真正的道德是合乎自己意愿的,符合自己所想的。现在所谓的引导、榜样、奖励、鼓励等不是道德的手段,因为在善意下的积极反馈,可能会内化为学生的需要,而成为道德行为的交换物。学生从事道德行为,目标可能就是盯着奖励。道德是主观的,凡是违背人的主观意志,不是出于人自己意愿的行为都是不道德的。做奴隶不好,做权力的奴隶不好,做荣誉的奴隶同样不好。这样最大的危害是可能造就"伪君子",或者是培养了些"谨慎的人"而已。一旦失去外力支持,道德状况可想而知。

第六,重视学生生活自身。我们建立了丰富的道德教育资源,但却忽略了学生自身的生活,包括学习生活、日常生活,特别是学生的自发活动、课外游戏等。只有在日常生活中,学生才能感受到人与人、人与社会、人与环境的真正的道德内涵,也才能对各种规则有深切的了解。

五、关于创造力培养的探索

教育作为人类特殊的活动,是做什么的?教育的作用到底有多大?学生的学习是怎样发生的?教师在学生的学习中能发挥多大作用?先生经常对这些问题做追根性的寻问。先生在研究后得出很多发人深省的结论:所谓的教学归根结底是学生自己在学,教师只是引导、帮助,教师教的作用是有限的,学校教育能做的事情是有限的。

美国哲学家阿德勒在《为教育哲学辩护》一书中,把教育看做是"合作的艺术"[①]。他把艺术的事业分为操作的艺术和合作的艺术,为了进一步加以说明,他举例子说,生产一双鞋、一座雕像、一首诗需要操作的艺术;而农业生产,则是合作的艺术,没有人参与,土地也生长植物。他认为教育也是这样,因为人的心灵天然地存在着一种学习和获取知识的倾向,这同土壤天然地生长植物一样。先生受此启发,把教师比作"农民",把教育比作"农业"。他说,教师教学也像农民种庄稼一样,没有农民的劳动,大自然天然地生长农作物,农民所能做的只是浇水、捉虫,让农作物生长得更好而已。学生学习的发生,教师不是绝对的条件。有了教师,学生可以学习得更好;没有教师,学生也可以学习。第一位的是学生的学,而不是教师的教。"没有教不好的学生,只有不会教的教师"这句话是值得商榷的。正像农民浇水、施肥超过农作物的需要,可能涝死、毒死农作物一样,也有可能因为教师不正常的方法把学生好的料子弄坏了。某些情况下,教育的成功往往意味着失败,而教育的失败往往意味着成功。所谓教育,就是把人固有的本质力量引发出来。

最近十年以来,我国教育理论和实践工作者就发展学生的创造能力、培养创造型人才

---

① 陆有铨. 现代西方教育哲学[M]. 郑州:河南教育出版社,1993:202.

问题进行了热烈的讨论。不少研究者在努力揭示创造发明的规律，概括、总结创造型人才培养途径，探索创造发明的具体方法、策略。在肯定这种研究的意义的同时，先生表示了深深的质疑，认为创造性活动、创造型人才的培养是否具有普遍的规律等前提性的问题需要进一步的讨论，把对诸如"头脑风暴法"、"原型启发法"等发明创造的技法的掌握看做是培养学生的创造力，显然过于简单，学生创造力的发展显然不是掌握了方法就可以实现的。先生首先对什么是创造以及创造的本质等问题进行了哲学上的追问，认为创造是人之为人固有的本质力量，人的创造能力不是外铄的，不是别人传授、教授的结果。在这方面，学校、教育、教师的作用是有限的。因此，先生提出创造能力不能培养只能养育的观点。学校能做的不是"教"学生如何创造，而是"让"学生创造。所谓"让"，主要是指教师应该鼓励、认可学生在创造活动时的自由想象甚至想入非非，应该为学生的创造活动提供必要的条件。

创造的逻辑起点是问题。创造活动始终是以解决问题为定向的。我们学生的创造力哪里去了呢？经与美国学生作比较，先生得出结论：是被我们的家庭、学校扼杀掉了。先生指出，我们的教育中，普遍存在着教育者不欢迎学生质疑，对学生提出的问题不予理睬，乃至讽刺、挖苦、打击，想方设法把学生的想法、思路纳入自己的既定程序等现象，正是这些现象把学生许多富有创造性的、新颖的想法、思路无情地扼杀了。因此，先生提出，就学生创造精神、创造能力的发展而言，不妨碍、不压制、不打击，就是"培养"。这正如一个农民对待农作物的态度一样，也正如我们常说的"保护环境"一样。所谓的"保护环境"，就其本质不是去"做"一些保护的行为，而是"不做"破坏的行为。

但是，先生认为学校在学生创造能力的发展方面也不是无所作为的。创造活动的发生还受到个性、知识、技能的制约。个性因素在创造活动中总是处于核心地位。创造活动能否发生，创造者首先碰到的问题是"想不想"、"敢不敢"创造的问题，没有对真理的热爱，没有对人类和民族前途的深切关怀，没有百折不挠的意志和毅力，创造活动就难以发生和展开。就这意义上说，养育学生健全的个性就是在培养创造型人才。然后，还有"能不能"创造的问题，脱离了知识和技能要想取得创造的成果也是徒劳的。创造活动是在前人已经达到的基础上的开拓，扎实的知识、技能有利于加深对现实批判的力度和深度，基础知识和基本技能还有利于在批判过程中发现问题和解决问题。因此，学校教育绝不能放弃在传递知识方面应该肩负的使命。此外，创造者的价值取向与创造活动也是须臾不可分离的，创造及其结果不是单向度的，它既可以是积极的，也可以是消极的；既可以向善，也可以为恶。因此，在发展学生创造能力方面，正确的价值观的引导以及正确的价值层级的构建，乃是学校教育始终应该关注的不可推卸的责任。

六、关于教育工具价值的探索

目前的学校教育制度形成于近代。欧洲中世纪以后，伴随着近代化、工业化、城市化的进程，学校教育也经历了一系列的变化。对教育目的的强调，也从强调知识过渡到强调人的发展。目前的主流观点是对教育工具主义的批判，强调人的发展。先生认为，对学校教育目的的反思，包括对教育的工具主义的批判，是值得进一步研究的。人的发展最终还是要落脚于国家的需要。尤其是在当前国际竞争的大环境下，教育是增强国家竞争力、实现民族富强的重要手段。教育归根结底还是具有工具价值。

目前的主流观点认为，教育的工具主义倾向否定了人的"社会历史活动的主体"的地位。长期以来，学校教育主要强调的是人的工具价值，而人的全面发展却成为现代学校教育的奢侈品。这样，学校教育所培养的只是马尔库塞所谓的"单向度的人"。受教育者作为人的发展受到了严重的忽视。

先生认识到，教育固然要为经济发展服务，但人不是单纯的经济工具，因为经济的发展并非社会发展的全部内涵，财富的积累也不是人生的最高目的。在当前经济大发展的热潮下，教育仍然不能放弃自己的根本目的，而应该把既往所遗忘了的人重新找回来，把培养人作为主要的目的。在不同的历史社会条件下，强调知识和强调人的发展都是对的。没有绝对的好与坏的教育，只有适合与不适合的教育。中国近代以来迫于西方列强的压制和欺凌，以及"保国保种"、"救亡图存"的现实需要，特别是进入20世纪以来，随着国家之间、国际利益集团之间斗争日益加剧，国家之间在意识形态、军事力量、经济实力、综合国力方面的竞争日趋激烈，学校作为实现国家目的的工具具有越来越重要的价值。国家要富强，教育的社会功能越是应该得到强化，学校越是要成为服务于政治、经济的主要工具，成为培养各种专业技术人才和提高劳动力素质的主要基地。在维持现有社会的政治体制的目下，学校除了努力养成受教育者一定的价值观、态度和行为规范之外，还应尽可能地传授与生产、尤其是与工业有关的各种分门别类的知识和技能。

先生认为，强调人的发展是对的，但对这个问题的研究不应止步于此。对这个问题的探索还是要再往前跨出一步，这就是要追问：为什么要提出人的发展？人的发展的最终目的是什么？这是教育在当前知识经济大背景下对国家、民族富强之需要必须作出的应答。教育发展必须首先关注国家的需要。人的发展、创造性的发展最终还是以国家、社会的发展为目的。离开了社会的需要，个人的发展方向、内涵等都会失去着落。个人发展的方向、内涵都是取决于社会的。任何时代，个人兴趣的方向都要受到社会的潜在制约。离开社会的发展谈学生的个人发展，是毫无意义的。学生个性发展不是为发展而发展，最终还是要落到国家的需要上。在当前，强调学生个人发展的重要性，强调学生创造力的培养，把它放在学校工作的中心地位都是对的。这是相对于过去只注重知识的传授而提出的，是在知识经济时代对培养什么样的人提出的要求。相对于以知识为本，强调学生个性发展是有价值的，过去是强调通过知识传授达到国家富强的目的，现在是必须培养民族创新精神、提高学生创造力来达到国家富强的目的。这种教育培养目标的转向是正确的。但个人发展不是根本，国家富强才是教育的根本任务。教育的根本目的永远是社会的。我们国家要富强，要把沉重的人口负担转化为人力资源，教育是个重要的手段。教育归根结底是为了中华民族的发展。

先生研究视野的宽度和思考问题的深度，远非这样一个"管窥"所能把握。对先生的思想，我们所能展示的只是寥寥几个方面。除了上面涉及的几个问题之外，先生对人文精神的养育、对教育民主、对教育的角色化等问题都有独到的见解，这些思想有待于我们进一步加以研究。先生给我们最大的启示是：在研究的方法上，要把教育问题提高到哲学层面加以研究、思考，有宽阔的研究视野；在研究的起点上，要从对人的认识出发思考教育，而不是就教育论教育；在研究结论上，也不是就教育看教育，而是更多地关注国家、民族、人类的命运。但是，这样的一个"管窥"过程，已经让我们感受到了先生深深的教育情怀和严谨的研究态度。正像先生所说："知识分子要思考人类的命运，要承担批判的使命，要时刻为真理而战。"先生的话正可以作为先生人生的最好写照。

以上是对先生在教育领域的多方面探索进行的简要总结。实际上，先生关于教育的思想是极其丰富的，很难用文字进行概括。此外，先生对于学生的指导教育和人文关怀更是让人敬佩，堪称榜样。

在学术研究上，先生对学生要求特别严谨，无论是学术写作的技术问题，还是学术研究的思想问题，先生都循循善诱地引导我们，带领我们一步一步地走进学术殿堂。先生反对"做大事不拘小节"，严格要求学生遵循学术研究的规范。先生教导我们"选题跟着问题走"，无论是平时的课程论文写作，还是学位论文选题，都要树立鲜明的问题意识。先生一直跟我们学生讲，无论写哪种类型的论文，一定要用简明扼要的几句话把要表达的东西概括清楚。无论是在山东师范大学还是在华东师范大学，先生的教育方式都是一道亮丽的风景线，深深地吸引着他的弟子，也深深地吸引着一批又一批求学的其他学者。

先生对学生的生活关怀备至。先生常跟学生一起吃饭、唱歌、打牌。歌词常常成为先生在课堂上解读流行文化的文本；吃饭时会讲历史名人故事、各地风土人情等等，把饭桌变成了增广见闻的第二课堂。先生很擅长模仿各地方言，被不少地方的同学"误认为老乡"。学生毕业前，先生还有一个固定的节目——带毕业生游上海。先生带领学生一起骑着自行车穿行在上海的大街小巷，去看周公馆、多伦路、绿房子，听老上海的故事……这是每届毕业生都很期盼的事情，也是其他同学羡慕万分的活动。

无论是求学期间或是工作以后，每次与先生的见面，都让我们这帮晚辈弟子获益匪浅。先生不仅在学术研究上对我们有无微不至的关怀，更在人生道路上继续指引着我们。先生经常讲，不要总是想着追求好生活，好好生活就是好生活。"好好生活就是好生活"，这句话已经成为我们这帮晚辈弟子的人生座右铭。

今年4月6日是先生的七十寿诞。作为先生的及门弟子，我们总想在先生的七十寿诞之年为先生做点事，表达弟子对先生的尊敬之情。在2010年的山东师范大学教育哲学年会上，全体参与年会的弟子开了个碰头会，大家有一个共同的心愿，重新结集出版先生的教育代表作。恰逢北京大学出版社的姚成龙主任也参加这次年会，他很支持我们的想法。姚成龙主任为书稿的整理工作做了精心的策划和指导，在此我们表示诚挚的感谢。华东师范大学教育系主任杜成宪教授一直很关心陆老师著作集的出版，并对此作了细心的指点，在此一并致谢。尤其让我们感动的是，中国教育学界泰斗——九十高龄的黄济教授欣然答应为著作集作序，在此向黄老先生致以崇高的敬意！全国各地的同门弟子通过各种方式支持陆老师教育著作集的出版工作，特别是董吉贺、尹伟、王俏华、王佳佳、魏筠、孙虎等同学，为陆老师教育言论的记录和整理付出大量心力，以实际行动表达晚辈对于师恩的感激。

在先生的教育著作集即将出版之际，我们谨代表陆门弟子作此记述，衷心祝愿我们敬爱的老师永葆青春，继续关怀我们的学术道路和人生道路。

戚万学、陈时见、马和民、陈建华、谭维智
2012年2月